LIDERANÇA

Henry Kissinger

Liderança
Seis estudos sobre estratégia

TRADUÇÃO
Cássio de Arantes Leite

Copyright © 2022 by Henry Kissinger

*Grafia atualizada segundo o Acordo Ortográfico da Língua Portuguesa de 1990,
que entrou em vigor no Brasil em 2009.*

Título original
Leadership: Six Studies in World Strategy

Capa
Darren Haggar

Preparação
Giovana Bomentre

Índice remissivo
Probo Poletti

Revisão
Ingrid Romão
Luís Eduardo Gonçalves

Dados Internacionais de Catalogação na Publicação (CIP)
(Câmara Brasileira do Livro, SP, Brasil)

Kissinger, Henry
   Liderança : Seis estudos sobre estratégia / Henry Kissinger ;
tradução Cássio de Arantes Leite. — 1ª ed. — Rio de Janeiro :
Objetiva, 2023.

   Título original : Leadership : Six Studies in World Strategy.
   ISBN 978-85-390-0760-8

   1. Chefes de Estado 2. Ciência política 3. Estratégia política
4. Liderança política I. Título.

23-146739   CDD-327.101

Índice para catálogo sistemático:
1. Liderança : Relações internacionais : Ciência
     política   327.101

Tábata Alves da Silva — Bibliotecária — CRB-8/9253-0

Todos os direitos desta edição reservados à
EDITORA SCHWARCZ S.A.
Praça Floriano, 19, sala 3001 — Cinelândia
20031-050 — Rio de Janeiro — RJ
Telefone: (21) 3993-7510
www.companhiadasletras.com.br
www.blogdacompanhia.com.br
facebook.com/editoraobjetiva
instagram.com/editora_objetiva
twitter.com/edobjetiva

A Nancy, inspiração da minha vida

Sumário

INTRODUÇÃO *11*
Os eixos da liderança *11* • A natureza das decisões de liderança *12* • Seis líderes em seus contextos *15* • Epítomes da liderança: O estadista e o profeta *19* • O indivíduo na história *22*

1. KONRAD ADENAUER: A ESTRATÉGIA DA HUMILDADE *25*
A necessidade de renovação *25* • Da tenra infância ao exílio interno *28* • A estrada da liderança *30* • O restabelecimento da ordem civil e a posse do chanceler *33* • O caminho para uma nova identidade nacional *37* • O desafio soviético e o rearmamento *41* • O passado inextrincável: Reparações ao povo judeu *47* • Duas crises: Suez e Berlim *50* • Três conversas com Adenauer *53* • A unificação alemã: Uma espera angustiante *63* • Conversas finais *66* • A tradição de Adenauer *68*

2. CHARLES DE GAULLE: A ESTRATÉGIA DA VONTADE *75*
Contatos imediatos *75* • O início da jornada *78* • Origens e intenções da conduta de De Gaulle *82* • De Gaulle na história da França *85* • De Gaulle e a Segunda Guerra Mundial *89* • A disputa norte-africana *96* • Conquistando o poder político *100* • Uma visita a Moscou *105* • De Gaulle e o governo provisório *109* • O deserto *114* • Fracasso na Indochina e frustração no Oriente Médio *117* • A Argélia e a volta de De

Gaulle *120* • A Quinta República *123* • O fim do conflito argelino *127*
• A Alemanha como chave para a política francesa: De Gaulle e Adenauer *131*
• De Gaulle e a Aliança Atlântica *133* • O Diretório Nuclear *136* • Resposta
flexível e estratégia nuclear *138* • O que é uma aliança? *140* • O fim da
presidência *142* • A natureza da habilidade de De Gaulle como estadista *145*
• De Gaulle e Churchill comparados *147* • Por trás do mistério *150*

3. RICHARD NIXON: A ESTRATÉGIA DO EQUILÍBRIO *153*
O mundo encontrado por Nixon *153* • Um convite inesperado *156*
• Decisões de segurança nacional na Casa Branca de Nixon *162* • A visão de
mundo de Nixon *166* • Diplomacia e vinculação *170* • Uma viagem à
Europa *174* • A Guerra do Vietnã e sua conclusão *178* • Diplomacia das grandes
potências e controle de armas *194* • Emigração da União Soviética *200*
• A abertura para a China *200* • O Oriente Médio em tumulto *208*
• A Guerra do Oriente Médio de 1973 *213* • A diplomacia do cessar-fogo *217*
• O processo de paz do Oriente Médio *221* • Bangladesh e as interligações da
Guerra Fria *223* • Nixon e a crise estadunidense *233*

4. ANWAR SADAT: A ESTRATÉGIA DA TRANSCENDÊNCIA *237*
A qualidade especial de Anwar Sadat *237* • O impacto da história *238*
• Infância *240* • Contemplações na prisão *243* • A independência do Egito *245*
• Porta-voz da revolução *247* • Nasser e Sadat *249* • A perspectiva de
Sadat *254* • A revolução corretiva *257* • Paciência estratégica *260*
• A Guerra de 1973 *267* • Meir e Sadat *273* • A reunião no palácio Tahra *276*
• De Genebra à desmobilização *280* • A dimensão síria *286* • Mais um passo
rumo à paz: O Acordo do Sinai II *289* • A viagem de Sadat a Jerusalém *294*
• A tortuosa estrada da paz *299* • O retrocesso *303* • Assassinato *307*
• Epílogo: O legado irrealizado *309*

5. LEE KUAN YEW: A ESTRATÉGIA DA EXCELÊNCIA *315*
Uma visita a Harvard *315* • O gigante de Lilliput *317* • Juventude imperial *320*
• Construindo um Estado *325* • Construindo uma nação *330* • "Que a história
julgue" *334* • Construindo uma economia *336* • Lee e os Estados Unidos *338*
• Lee e a China *344* • Entre os Estados Unidos e a China *348* • O legado de
Lee *352* • Lee, o homem *356*

6. MARGARET THATCHER: A ESTRATÉGIA DA CONVICÇÃO 361
Uma líder das mais improváveis 361 • Thatcher e o sistema britânico 362
• Os desafios adiante: A Grã-Bretanha na década de 1970 364
• A ascensão a partir de Grantham 370 • Uma estrutura para a liderança 375
• A reformadora econômica 378 • Em defesa da soberania: O conflito das
Falklands 383 • Negociações por Hong Kong 392 • Confrontando um legado
de violência: Irlanda do Norte 397 • Verdades fundamentais: O "relacionamento
especial" e a Guerra Fria 403 • Um problema em Granada 410 • Uma mudança
estratégica: Engajamento Oriente-Ocidente 411 • Defendendo a soberania do
Kuwait: A crise do golfo 418 • Os limites da liderança: A Alemanha e o futuro
da Europa 421 • Europa, a dificuldade sem fim 424 • A queda 428
• Epílogo 433

CONCLUSÃO: A EVOLUÇÃO DA LIDERANÇA 439
Da aristocracia à meritocracia 439 • Duras verdades 446
• A meritocracia vacilante 448 • Leitura profunda e cultura visual 450
• Valores subjacentes 453 • Liderança e ordem mundial 454
• O futuro da liderança 460

Agradecimentos 463

Notas 467

Créditos das imagens 509

Índice remissivo 511

Introdução

OS EIXOS DA LIDERANÇA

Toda sociedade, sob qualquer sistema político, transita perpetuamente entre um passado que constitui sua memória e uma visão do futuro que inspira sua evolução. Ao longo dessa jornada, a liderança é indispensável: há decisões a tomar, confiança a conquistar, promessas a manter, um caminho a propor. Nas instituições humanas — estados, religiões, exércitos, empresas, escolas —, a liderança se faz necessária para nos ajudar a ir do ponto onde estamos a um em que nunca estivemos e, por vezes, ao qual sequer imaginamos chegar. Sem liderança, as instituições ficam à deriva, enquanto as nações flertam com a crescente irrelevância e, em última análise, com o desastre.

Líderes pensam e agem na intersecção de dois eixos: o primeiro, entre o passado e o futuro; o segundo, entre os valores e as aspirações indeléveis de quem lidera. Seu primeiro desafio é a análise, que começa com uma avaliação realista da sociedade em que vivem com base em sua história, costumes e potencialidades. Em seguida devem equilibrar o que sabem, que é necessariamente extraído do passado, com o que intuem sobre o futuro, que é inerentemente conjectural e incerto. Essa percepção intuitiva da direção é o que possibilita aos líderes estabelecer objetivos e delinear estratégias.

Para que as estratégias inspirem a sociedade, os líderes devem ser educadores — comunicando objetivos, dirimindo dúvidas e angariando apoio. Embora o Estado por definição detenha o monopólio da força, depender da coerção é sintoma de uma liderança inadequada; bons líderes despertam no povo um desejo de caminhar a seu lado. Além disso, devem inspirar um círculo de pessoas próximas a traduzir seu pensamento de modo a influenciar as questões práticas em pauta. A presença de uma equipe dinâmica é o complemento visível da vitalidade interior do líder; ela oferece apoio a sua jornada e atenua os dilemas da decisão. O líder pode ser magnificado — ou diminuído — pelas qualidades daqueles que o cercam.

Os atributos vitais de um líder na consecução dessas tarefas, e a ponte entre o passado e o futuro, são coragem e caráter — coragem para escolher uma direção dentre opções complexas e difíceis, exigindo disposição para transcender a rotina; e força de caráter para sustentar uma decisão cujos benefícios e perigos podem ser vislumbrados de maneira apenas parcial na hora da escolha. A coragem invoca a virtude na hora da decisão; o caráter reforça a fidelidade aos valores por um período prolongado.

A liderança nunca é tão essencial quanto em períodos de transição, nos quais os valores e as instituições começam a perder a relevância e os contornos de um futuro digno se tornam controversos. Em épocas assim, exige-se que os líderes pensem de forma criativa e diagnóstica: quais são as fontes do bem-estar da sociedade? De sua decadência? Que legados do passado devem ser preservados e quais devem ser adaptados ou descartados? Que objetivos merecem comprometimento e que possibilidades devem ser rejeitadas, por mais tentadoras que pareçam? E, em última instância, sua sociedade é suficientemente forte e confiante para tolerar o sacrifício como uma etapa do caminho para um futuro mais gratificante?

A NATUREZA DAS DECISÕES DE LIDERANÇA

Líderes são inevitavelmente cercados por restrições. Exercem a liderança na escassez, pois toda sociedade enfrenta limitações em suas capacidades e seu alcance, ditadas pela demografia e pela economia. Também são pressionados pelo momento, pois cada época e cultura reflete os próprios valores, hábitos e atitudes predominantes que juntos definem os resultados desejados. E são pressionados pela competição, pois devem medir forças com outros atores

— aliados, potenciais parceiros ou adversários — que não são estáticos, e sim adaptáveis, com suas próprias capacidades e aspirações. Além disso, os eventos com frequência ocorrem rápido demais para permitir um cálculo preciso; os líderes têm de chegar a um parecer com base em intuições e hipóteses que não podem ser comprovadas no momento da decisão. Saber lidar com os riscos é tão crucial para o líder quanto a habilidade analítica.

A "estratégia" descreve a conclusão a que um líder chega sob essas condições de escassez, temporalidade, competição e fluidez. Ao escolher um caminho, a liderança estratégica pode ser comparada a uma corda bamba: assim como um acrobata cai se for tímido demais ou audacioso demais, o líder é obrigado a se mover por uma margem estreita, suspenso entre as certezas relativas do passado e as ambiguidades do futuro. A penalidade pela ambição excessiva — que os gregos chamavam de *hybris* — é a exaustão, enquanto o preço por repousar sobre os louros é a progressiva insignificância e, finalmente, a decadência. Passo a passo, os líderes devem adequar os meios aos fins e o propósito à circunstância se pretendem chegar a seu destino.

Na condição de estrategista, o líder enfrenta um paradoxo inerente: em circunstâncias que exigem ação, quanto maior a escassez de informação relevante, normalmente maior o escopo da tomada de decisão. Na altura em que mais dados estão disponíveis, a margem de manobra tende a estar mais estreita. Em meio às fases iniciais de uma corrida armamentista estratégica com a potência rival, por exemplo, ou no surgimento súbito de um vírus respiratório desconhecido, a tentação é encarar o presente fenômeno como transitório ou administrável segundo os padrões já estabelecidos. No momento em que a ameaça não puder mais ser negada ou minimizada, o escopo para a ação terá se estreitado ou o custo de enfrentar o problema poderá ter se tornado exorbitante. Com o tempo mal-empregado, os limites começam a se impor. Até a melhor das opções restantes será difícil de executar, com recompensas reduzidas em caso de sucesso e riscos mais graves em caso de fracasso.

É aí que o instinto e o discernimento do líder são essenciais. Winston Churchill compreendeu bem essa questão quando escreveu em *Memórias da Segunda Guerra Mundial* (1948): "Não se recorre ao estadista apenas para que resolva questões simples. Estas com frequência se resolvem sozinhas. É quando o equilíbrio estremece, e as proporções estão envoltas na bruma, que se apresenta a oportunidade para decisões que podem salvar o mundo".[1]

Em maio de 1953, um aluno de intercâmbio americano perguntou a Churchill como se preparar para enfrentar os desafios da liderança. "Estude a história. Estude a história", foi a resposta enfática de Churchill. "Todos os segredos da arte de governar residem na história."[2] O próprio Churchill foi um prodigioso estudante e um cronista da história que compreendeu perfeitamente a continuidade a partir da qual trabalhava.

Mas o conhecimento da história, embora essencial, não basta. Algumas questões permanecem eternamente "envoltas na bruma", inacessíveis até para o erudito e o experiente. A história ensina por analogia, por meio da capacidade de reconhecer situações equiparáveis. Seus "ensinamentos", porém, são em essência aproximações cujo reconhecimento põe o líder à prova e cuja adaptação às circunstâncias de sua própria época são igualmente sua responsabilidade. O filósofo da história Oswald Spengler, no início do século XX, percebeu essa missão quando descreveu o líder "nato" como "acima de tudo um avaliador — um avaliador de homens, situações, coisas... [capaz] de corrigir uma coisa sem 'conhecê-la'".[3]

O líder estratégico também precisa das qualidades do artista que intui como esculpir o futuro usando os materiais disponíveis no presente. Como observou Charles de Gaulle em sua meditação sobre a liderança, *O fio da espada* (1932), o artista "não renuncia ao uso da inteligência" — que é, afinal, fonte de "aprendizados, métodos e conhecimento". Em vez disso, ele acrescenta a essas fundações "certa faculdade instintiva que chamamos de inspiração", a única coisa capaz de proporcionar o "contato direto com a natureza do qual deve provir a centelha vital".[4]

Como a realidade é tão mais complexa, a verdade na história difere da verdade na ciência. O cientista busca resultados verificáveis; o líder estratégico historicamente informado empenha-se em destilar percepções aplicáveis a partir da ambiguidade inerente. Os experimentos científicos sustentam ou põem em dúvida resultados prévios, oferecendo uma oportunidade para os cientistas de modificarem suas variáveis e repetirem a experiência. Ao estrategista em geral é permitido apenas um experimento; suas decisões são normalmente irrevogáveis. O cientista, desse modo, aprende pela experimentação ou pela matemática; o estrategista raciocina, ao menos em parte, por analogia com o passado — primeiro estabelecendo quais eventos são comparáveis e quais conclusões prévias permanecem relevantes. Mesmo nesse caso, o estrategista deve escolher cuidadosamente as analogias, pois ninguém é capaz, em qualquer sentido real, de vivenciar o passado; só podemos imaginá-lo, como que "ao luar da memória", na expressão do historiador holandês Johan Huizinga.[5]

Escolhas políticas significativas raramente envolvem uma única variável; decisões sábias exigem uma combinação de percepções políticas, econômicas, geográficas e tecnológicas, todas informadas por um instinto para a história. No fim do século XX, Isaiah Berlin descreveu a impossibilidade de aplicar o raciocínio científico fora de seu âmbito e, consequentemente, o desafio contínuo do ofício de estrategista. Para ele, o líder, como o romancista ou o pintor de paisagens, deve absorver a vida em toda sua deslumbrante complexidade:

> o que faz dos homens tolos ou sábios, perspicazes ou cegos, por oposição a versados, instruídos ou informados, é a consciência dos sabores únicos de cada situação tal como é, em suas diferenças específicas — consciência do que ela tem de diferente de todas as demais situações, isto é, dos aspectos que a tornam inadequada ao tratamento científico.[6]

SEIS LÍDERES EM SEUS CONTEXTOS

É a combinação entre caráter e circunstâncias que produz a história, e os seis líderes examinados nestas páginas — Konrad Adenauer, Charles de Gaulle, Richard Nixon, Anwar Sadat, Lee Kuan Yew e Margaret Thatcher — foram todos moldados pelas circunstâncias de seus dramáticos períodos históricos. Posteriormente, tornaram-se também arquitetos da evolução de suas sociedades e da ordem internacional no pós-guerra. Tive a sorte de conhecer todos os seis no auge de sua influência e de trabalhar intimamente com Richard Nixon. Herdando um mundo cujas certezas haviam sido dissolvidas pela guerra, estes líderes redefiniram os propósitos nacionais, descortinaram novos panoramas e contribuíram com uma nova estrutura para um mundo em transição.

Cada um dos seis líderes, a seu próprio modo, passou pela fornalha flamejante da "Segunda Guerra dos Trinta Anos" — isto é, a série de conflitos destrutivos que se estendeu do início da Primeira Guerra Mundial, em agosto de 1914, ao fim da Segunda Guerra Mundial, em setembro de 1945. Como a primeira Guerra dos Trinta Anos, a segunda começou na Europa, mas o sangue respingou pelo mundo todo. A primeira transformou a Europa de uma região onde a legitimidade derivava da fé religiosa e da herança dinástica para uma ordem baseada na igualdade soberana de estados seculares e determinada a disseminar seus preceitos pelo globo. Três séculos depois, a Segunda Guerra dos Trinta Anos desafiou todo o sistema internacional a superar a desilusão na Europa e a pobreza na maior parte do restante do mundo com novos princípios de ordem.

A Europa ingressara no século XX no auge de sua influência global, imbuída da convicção de que o progresso dos séculos precedentes seria decerto incessante — se é que não predestinado. As populações e economias do continente cresciam a uma taxa sem precedentes. A industrialização e o livre-comércio cada vez mais amplo deram à luz a prosperidade histórica. Havia instituições democráticas em quase todos os países europeus: dominantes na Grã-Bretanha e na França, eram subdesenvolvidas — mas estavam ganhando relevância — na Alemanha e Áustria imperiais, e incipientes na Rússia pré-revolucionária. As classes cultas europeias no início do século XX partilhavam com Lodovico Settembrini, o humanista liberal do romance A montanha mágica de Thomas Mann, a fé de que "as coisas estavam tomando uma rota favorável à civilização".[7]

Essa visão utópica alcançou sua apoteose em 1910 no best-seller do jornalista inglês Norman Angell, o tratado The Great Illusion [A grande ilusão], segundo o qual a crescente interdependência econômica entre as potências europeias tornara a guerra proibitivamente dispendiosa. Angell proclamou "a irresistível deriva humana para longe do conflito e rumo à cooperação".[8] Essa e outras previsões semelhantes cairiam por terra muito rápido — talvez mais notavelmente a afirmação de Angell de que "não é mais possível a nenhum governo ordenar o extermínio de uma população inteira, de mulheres e crianças, ao antigo estilo bíblico".[9]

A Primeira Guerra Mundial exauriu tesouros, encerrou dinastias e destruiu vidas. Foi uma catástrofe da qual a Europa nunca se recuperou completamente. Na ocasião da assinatura do armistício, a 11 de novembro de 1918, quase 10 milhões de soldados e 7 milhões de civis haviam sido mortos.[10] De cada sete soldados mobilizados, um jamais regressou.[11] Duas gerações da juventude europeia foram esvaziadas — os rapazes mortos, as mulheres ficando viúvas ou sozinhas, os incontáveis órfãos.

Embora a França e a Grã-Bretanha saíssem vitoriosas, ambas estavam exauridas e politicamente fragilizadas. A Alemanha, derrotada, despojada de suas colônias e com imensas dívidas, oscilava entre o ressentimento contra os vitoriosos e o conflito interno de partidos políticos rivais. Os impérios Austro--Húngaro e Otomano entraram ambos em colapso, enquanto a Rússia passava por uma das revoluções mais radicais da história e ficava de fora de qualquer sistema internacional.

No entreguerras, as democracias cambalearam, o totalitarismo se pôs em marcha e a privação espreitou o continente. Arrefecidos os entusiasmos marciais de 1914, a Europa recebeu o início da Segunda Guerra Mundial em setembro de 1939 com resignada premonição. E, dessa vez, o mundo como um todo partilhou do sofrimento europeu. Em Nova York, o poeta anglo-americano W. H. Auden escreveria:

> *Ondas de raiva e medo*
> *Circulam pelas regiões brilhantes*
> *E obscurecidas da Terra,*
> *Obcecando nossas vidas privadas;*
> *O inefável odor da morte*
> *Ofende a noite de setembro.*[12]

As palavras de Auden se revelaram proféticas. O preço humano cobrado pela Segunda Guerra Mundial ficou em nada mais nada menos que 60 milhões de vidas, concentrado sobretudo na União Soviética, China, Alemanha e Polônia.[13] Em agosto de 1945, cidades como Colônia, Coventry, Nanjing e Nagasaki foram reduzidas a escombros pelo fogo de artilharia, o bombardeio aéreo, os incêndios e os conflitos civis. As economias destroçadas, a fome generalizada e as populações exaustas deixadas na esteira da guerra foram desafiadas a cumprir com custosas tarefas de reconstituição nacional. A reputação nacional da Alemanha, e quase sua própria legitimidade, fora obliterada por Adolf Hitler. Na França, a Terceira República desmoronara sob o impacto da agressão nazista de 1940 e, em 1944, apenas começava a se recuperar desse vácuo moral. Das principais potências europeias, só a Grã-Bretanha preservara as instituições políticas anteriores à guerra, mas a nação estava para todos os efeitos falida e em breve teria de lidar com a progressiva perda de seu império e persistentes apuros econômicos.

Em cada um dos seis líderes retratados neste livro, tais tumultos deixaram uma marca indelével. A carreira política de Konrad Adenauer (nascido em 1876), que serviu como prefeito-mor de Colônia de 1917 a 1933, abrangeria o conflito pela Renânia com a França, que aconteceu no entreguerras, bem como a ascensão de Hitler; durante a Segunda Guerra Mundial, ele foi preso duas vezes pelos nazistas. A começar por 1949, Adenauer guiou a Alemanha durante o ponto mais baixo de sua história, abandonando a aspiração nacional de décadas em dominar a Europa, ancorando o país na Aliança Atlântica e reconstruindo-o sobre uma fundação moral que refletia seus próprios valores cristãos e convicções democráticas.

Charles de Gaulle (nascido em 1890) passou dois anos e meio durante a Primeira Guerra Mundial como prisioneiro na Alemanha de Guilherme II; na Segunda Guerra, inicialmente comandou um regimento de tanques. Então, após o colapso da França, reconstruiu duas vezes a estrutura política de seu país — primeiro em 1944, para restabelecer a essência da França, e depois em 1958, para revitalizar a alma nacional e impedir a guerra civil. De Gaulle chefiou a transição histórica da França de um império derrotado, dividido e esgarçado a um Estado nacional estável e próspero sob uma constituição sólida. Partindo daí, ele devolveu para a França um papel significativo e sustentável nas relações internacionais.

Richard Nixon (nascido em 1913) extraiu de sua experiência na Segunda Guerra Mundial a lição de que seu país precisava ocupar uma posição de maior destaque na ordem mundial emergente. A despeito de ser o único presidente americano a ter renunciado, de 1969 a 1974 ele modificou as tensões entre as superpotências no auge da Guerra Fria e conduziu os Estados Unidos ao fim do conflito no Vietnã. Nesse processo, deixou a política externa americana em uma situação global construtiva: inaugurando as relações com a China, iniciando um processo de paz que transformaria o Oriente Médio e enfatizando uma concepção da ordem mundial baseada no equilíbrio.

Dois dos líderes examinados nestas páginas viveram a Segunda Guerra Mundial na condição de súditos coloniais. Anwar Sadat (nascido em 1918), quando era oficial do exército egípcio, ficou preso durante dois anos pela tentativa de colaborar com o marechal de campo alemão Erwin Rommel, em 1942, para expulsar os britânicos do Egito e posteriormente durante três anos, a maior parte em confinamento solitário, pelo assassinato do ex-ministro das finanças pró-britânico Amin Osman. Animado havia tempos por convicções revolucionárias e pan-árabes, Sadat foi catapultado, em 1970, com a morte súbita de Gamal Abdel Nasser, à presidência de um Egito chocado e desmoralizado pela derrota em 1967 na guerra com Israel. Mediante uma astuta combinação de estratégia militar e diplomacia, ele então trabalhou para recuperar os territórios perdidos e a autoconfiança do Egito, enquanto assegurava a paz há tanto desejada com Israel por meio de uma filosofia transcendente.

Lee Kuan Yew (nascido em 1923) escapou por pouco de ser executado durante a ocupação japonesa em 1942. Lee moldou a evolução de uma cidade portuária empobrecida e multiétnica às margens do Pacífico, cercada por vizinhos hostis. Sob seu governo, Cingapura emergiu como uma cidade-Estado segura, bem administrada e próspera, dotada de uma identidade nacional compartilhada que proporcionava unidade em meio à diversidade cultural.

Margaret Thatcher (nascida em 1925) se debruçava em torno do rádio com sua família para escutar os pronunciamentos de Winston Churchill durante a Batalha da Grã-Bretanha. Em 1979, Thatcher herdava a nação britânica enquanto antiga potência imperial dominada por uma atmosfera de exausta resignação com a perda de seu alcance global e o declínio de sua importância internacional. Sua renovação do país foi empreendida por meio de reformas econômicas e uma política externa que equilibrava ousadia com prudência.

Após a Segunda Guerra dos Trinta Anos, todos os seis líderes chegaram às próprias conclusões sobre como o mundo saíra do prumo, junto a uma vívida apreciação do caráter indispensável da liderança política ousada — e ambiciosa. O historiador Andrew Roberts nos lembra de que, embora em sua conotação mais comum "liderança" evoque uma bondade intrínseca, ela "é na verdade completa e moralmente neutra, tão capaz de conduzir a humanidade ao abismo quanto às elevações ensolaradas. É uma força proteana de poder aterrorizante" que devemos tentar direcionar para fins morais.[14]

EPÍTOMES DA LIDERANÇA: O ESTADISTA E O PROFETA

Os líderes, em sua maioria, não são visionários, mas gestores. Em toda sociedade, a cada nível de responsabilidade, intendentes fazem-se necessários para guiar o cotidiano das instituições confiadas a seus cuidados. Mas, nos períodos de crise — devido a guerras, mudança tecnológica acelerada, uma desarticulação econômica abaladora ou alguma reviravolta ideológica —, gerenciar o status quo talvez seja a forma mais arriscada de proceder. Em sociedades afortunadas, épocas assim suscitam líderes transformadores. Sua distinção pode ser categorizada em dois tipos ideais: o estadista e o profeta.[15]

Estadistas previdentes compreendem que têm duas missões essenciais. A primeira é a preservação de sua sociedade antes manipulando as circunstâncias do que sendo oprimido por elas. Tais líderes abraçarão a mudança e o progresso, ao mesmo tempo que asseguram que a sociedade conserve sua autoimagem primária por meio das evoluções que encorajam em seu seio. A segunda é temperar a visão com cautela, conservando um senso de limites. Tais líderes assumem responsabilidade não só pelos melhores resultados como também pelos piores. Tendem a ter consciência das inúmeras esperanças frustradas, das incontáveis boas intenções que não puderam ser consumadas, da obstinada persistência em questões humanas do egoísmo, da fome de poder e da violência. Por essa definição de liderança, os estadistas são inclinados a erigir proteções contra a possibilidade de que mesmo o plano mais perfeito se revele infrutífero ou a formulação mais eloquente dissimule motivos ocultos. Tendem a desconfiar daqueles que personificam políticas, pois a história nos ensina sobre a fragilidade das estruturas dependentes em larga medida de uma única pessoa. Ambiciosos mas não revolucionários, operam no que percebem como o veio da história, impelindo suas sociedades adiante conforme veem suas instituições políticas e seus valores fundamentais como uma herança a ser transmitida a futuras gerações (embora com ajustes que sustentem sua essência). Líderes sábios ao modo do estadista reconhecem quando circunstâncias inéditas exigem que instituições e valores existentes sejam transcendidos. Mas compreendem que, para sua sociedade prosperar, têm de assegurar que a mudança não vá além do que ela pode sustentar. Tais estadistas incluem os líderes do século XVII que conceberam o sistema estatal vestfaliano,* além de líderes europeus do século XIX como Palmerston, Gladstone, Disraeli e Bismarck. No século XX, Theodore e Franklin Roosevelt, Mustafa Kemal Ataturk e Jawaharlal Nehru foram todos líderes ao modo estadista.

---

* Estabelecido no século XVII após a Guerra dos Trinta Anos, o sistema vestfaliano agrupou os estados sobreviventes do conflito com base em interesse e soberania nacionais para substituir a fundação religiosa ou dinástica do período medieval precedente.

O segundo tipo de líder — o visionário ou profeta — trata as instituições predominantes menos da perspectiva do possível do que de uma visão do imperativo. Líderes proféticos invocam suas visões transcendentes como prova de sua retidão. Ansiando por uma tela em branco na qual traçar seus planos, assumem como principal missão a obliteração do passado — tanto seus tesouros como suas armadilhas. A virtude dos profetas é redefinir o que parece possível; são os "irracionais" a quem George Bernard Shaw credita "todo progresso".* Acreditando em soluções definitivas, líderes proféticos tendem a desconfiar do gradualismo como uma concessão desnecessária ao momento e às circunstâncias; o objetivo deles é transcender, mais do que gerenciar, o status quo. Akhenaton, Joana d'Arc, Robespierre, Lênin e Gandhi estão entre os líderes proféticos da história.

A linha divisória entre os dois modos parece absoluta; mas não é impenetrável. Líderes podem passar de um modo a outro — ou tomar emprestado aspectos de um ao mesmo tempo que habitam em larga medida as características do outro. Churchill em seus "anos de desterro" e De Gaulle como líder da França Livre pertenceram, durante essas fases de suas vidas, à categoria profética, assim como Sadat após 1973. Na prática, cada um dos seis líderes analisados neste livro foram uma síntese das duas tendências, embora com uma propensão ao estilo estadista.

Entre os antigos, a combinação ideal dos dois estilos era exemplificada pela liderança de Temístocles, o líder ateniense que salvou as cidades-estados gregas do domínio do império persa. Tucídides descreveu Temístocles como sendo "a um só tempo o melhor *juiz* nessas crises súbitas que admitem pouca ou nenhuma deliberação e o melhor *profeta* do futuro, mesmo de suas possibilidades mais remotas".[16]

O encontro entre os dois modos é com frequência inconclusivo e frustrante, resultando das respectivas medidas de sucesso: o teste do estadista é a durabilidade das estruturas políticas sob estresse, ao passo que o profeta mede suas realizações por meio de padrões absolutos. Se o estadista avalia possíveis estratégias com base antes em sua utilidade do que em sua "verdade", o profeta

---

* "O homem racional se adapta ao mundo; o irracional insiste em tentar adaptar o mundo a si mesmo. Logo, todo progresso depende do homem irracional" (George Bernard Shaw, *Man and Superman*).

encara essa abordagem como sacrilégio, um triunfo das conveniências sobre os princípios universais. Para o estadista, a negociação é um mecanismo de estabilidade; para o profeta, pode ser um meio de converter ou desmoralizar oponentes. E se para o estadista a preservação da ordem internacional transcende quaisquer disputas internas, profetas guiam-se por seu objetivo e estão dispostos a subverter a ordem existente.

Ambos os modos de liderança são transformadores, sobretudo em períodos de crise, embora o estilo profético, representativo de momentos de exaltação, em geral envolva maior desarticulação e sofrimento. Cada abordagem também tem sua antagonista. A do estadista é que o equilíbrio, embora possa ser a condição para a estabilidade e o progresso de longo prazo, não oferece o próprio impulso. Para o profeta, há o risco de que um estado de espírito extático submerja a humanidade na vastidão de uma visão e reduza o indivíduo a um objeto.

O INDIVÍDUO NA HISTÓRIA

Sejam quais forem suas características pessoais ou seus modos de agir, os líderes inevitavelmente enfrentam um desafio implacável: impedir que as exigências do presente oprimam o futuro. Líderes comuns procuram gerenciar o momento imediato; grandes líderes tentam elevar a sociedade à altura de suas visões. O modo de superar esse desafio é debatido desde que a humanidade considerou a relação entre o deliberado e o inevitável. No mundo ocidental, a partir do século XIX, a solução cada vez mais foi atribuída à história, como se os eventos oprimissem homens e mulheres mediante um vasto processo do qual estes eram instrumentos, e não criadores. No século XX, diversos estudiosos, como o eminente historiador francês Fernand Braudel, insistiram em ver os indivíduos e os eventos por eles moldados como meras "perturbações na superfície" e "cristas espumosas" em um oceano mais amplo de marés vastas e inelutáveis.[17] Pensadores importantes — historiadores sociais, filósofos políticos e teóricos de relações internacionais — costumam imbuir forças rudimentares com o ímpeto do destino. Ante "movimentos", "estruturas" e "distribuições de poder", dizem, é negada à humanidade qualquer escolha — e, por extensão, só lhe resta abdicar de toda responsabilidade. Claro que esses são conceitos válidos para análises históricas, e todo líder deve estar consciente da força deles. Mas eles são sempre aplicados pela agência humana e filtrados pela percepção humana. Ironicamente, nunca houve instrumento mais eficaz para a consolidação malévola do poder individual do que teorias sobre as leis inevitáveis da história.

O problema que parte daí é determinar se essas forças são endêmicas ou sujeitas à ação social e política. A física descobriu que a realidade é alterada pelo processo da observação. De forma similar, a história ensina que homens e mulheres moldam seu ambiente pelo modo que o interpretam.

O indivíduo faz diferença na história? Dificilmente ocorreria a um contemporâneo de César, Maomé, Lutero, Gandhi, Churchill ou Franklin Roosevelt perguntar tal coisa. Estas páginas tratam de líderes que, na incessante disputa entre o deliberado e o inevitável, compreenderam que o aparentemente inevitável assume tal condição pela agência humana. Eles fizeram diferença por transcender as circunstâncias herdadas e, desse modo, transportar suas sociedades às fronteiras do possível.

1. Konrad Adenauer: A estratégia da humildade

A NECESSIDADE DE RENOVAÇÃO

Em janeiro de 1943, na Conferência de Casablanca, os Aliados declararam que não aceitariam outra coisa além da "rendição incondicional" das potências do Eixo. O presidente americano Franklin Delano Roosevelt, a força propulsora por trás do anúncio, queria privar qualquer governo sucessor de Hitler da possível alegação de que fora levado a se render por promessas não cumpridas. A acachapante derrota militar da Alemanha, somada a sua total perda de legitimidade moral e internacional, levou à inexorável e progressiva desintegração de sua estrutura civil.

Observei esse processo como membro da 84ª Divisão de Infantaria do exército dos Estados Unidos conforme nos deslocávamos da fronteira alemã próxima ao território industrial do Ruhr até o rio Elba, perto de Magdeburg — a apenas 150 quilômetros da devastadora Batalha de Berlim. Durante a travessia da fronteira alemã, fui transferido para a unidade responsável pela segurança e prevenção contra a atividade guerrilheira ordenada por Hitler.

Para alguém como eu, cuja família deixara a pequena cidade bávara de Fürth seis anos antes, fugindo da perseguição racial, teria sido impossível imaginar um contraste maior com a Alemanha da minha juventude. Na época em que parti, Hitler recém-anexara a Áustria e estava no processo de desmembrar a Tchecoslováquia. A atitude predominante do povo alemão beirava a arrogância.

Agora, lençóis brancos podiam ser vistos nas janelas, indicando a rendição da população. Os alemães, que alguns anos antes haviam comemorado a perspectiva de dominação europeia do canal da Mancha ao rio Volga, estavam intimidados e perplexos. Milhares de refugiados — pessoas deportadas do Leste Europeu para trabalhos forçados durante a guerra — andavam pelas ruas à procura de comida e abrigo e da possibilidade de voltar para casa.

Foi um período desesperador da história alemã. A escassez de alimento era grave. Muita gente morreu de fome e a mortalidade infantil foi duas vezes maior do que no restante da Europa.[1] O intercâmbio estabelecido de bens e serviços entrou em colapso, e mercados clandestinos tomaram seu lugar. O serviço postal variava de insuficiente a inexistente. O serviço ferroviário era esporádico e o transporte por estradas ficara extremamente difícil com a devastação da guerra e a escassez de gasolina.

Na primavera de 1945, a tarefa das forças de ocupação era instituir algum tipo de ordem civil até que uma equipe de governo treinada pelos militares pudesse substituir as tropas de combate. Isso ocorreu na época da Conferência de Potsdam, em julho e agosto (entre Churchill/Attlee, Truman e Stálin). Nessa cúpula, os Aliados dividiram a Alemanha em quatro zonas de ocupação: para os Estados Unidos, uma porção sul contendo a Baviera; para a Grã-Bretanha, o norte industrializado da Renânia e o vale do Ruhr; para a França, o sul da Renânia e o território ao longo da fronteira alsaciana; e, para os soviéticos, uma zona que ia do rio Elba ao Oder — a Linha Neisse, que formava a nova fronteira polonesa, reduzindo o território alemão do pré-guerra em quase um quarto. As três zonas ocidentais foram colocadas cada uma sob a jurisdição de um funcionário sênior das potências de ocupação com o título de alto-comissário.

A governança civil alemã, outrora comprovadamente eficiente e inconteste, chegara ao fim. A autoridade suprema era agora exercida pelas forças de ocupação até o nível de condado (*Kreis*). Essas forças mantinham a ordem, mas levou quase dezoito meses para as comunicações voltarem a patamares previsíveis. Durante o inverno de 1945-6, a escassez de combustível obrigava até mesmo Konrad Adenauer, o futuro chanceler dali a quatro anos, a dormir com um pesado sobretudo.[2]

A Alemanha ocupada carregava não apenas o fardo de seu passado imediato, mas também a complexidade de sua história. Nos 74 anos desde a unificação, o país fora governado sucessivamente como monarquia, república e Estado totalitário. Ao final da guerra, a única memória de uma governança estável remontava aos primórdios da Alemanha unificada, sob a chancelaria de Otto von Bismarck (1871-90). Daí até o início da Primeira Guerra Mundial, em 1914, o Império Alemão foi acossado pelo que Bismarck chamaria de "pesadelo" das coalizões externas hostis, cuja existência fora provocada pelo potencial militar e pela retórica intransigente da Alemanha. Como a Alemanha unificada era mais poderosa do que todos os estados que a cercavam e, exceto pela Rússia, mais populosa, seu poder crescente e potencialmente dominante se transformou em um constante desafio à segurança da Europa.

Com o fim da Primeira Guerra Mundial, a recém-estabelecida República de Weimar foi empobrecida pela inflação e pelas crises econômicas e considerou abusivas as cláusulas punitivas incluídas no Tratado de Versalhes após o conflito. Sob Hitler, depois de 1933, a Alemanha buscou impor seu totalitarismo à Europa inteira. Em suma, ao longo de toda a primeira metade do século XX a Alemanha unida fora ora forte demais, ora fraca demais para a paz europeia. Em 1945, o país vira-se reduzido a sua posição menos segura na Europa e no mundo desde a unificação.

A tarefa de restaurar a dignidade e a legitimidade dessa nação arruinada coube a Konrad Adenauer, que servira como prefeito-mor (*Oberbürgermeister*) de Colônia por dezesseis anos, até ser exonerado por Hitler. Adenauer foi fortuitamente eleito, por sua formação, para um papel que exigia a um só tempo humildade para administrar as consequências da rendição incondicional e força de caráter para resgatar a posição internacional de seu país entre as democracias. Nascido em 1876 — apenas cinco anos após a unificação alemã sob Bismarck —, Adenauer ficou pelo resto da vida associado a sua cidade natal, Colônia, com sua imponente catedral gótica dominando o Reno e sua importância histórica na constelação hanseática de cidades-estados mercantis.

Como adulto, Adenauer vivenciara as três configurações pós-Bismarck do Estado alemão unificado: a truculência sob o governo do Kaiser, as convulsões domésticas da República de Weimar e o ímpeto de Hitler, culminando em autodestruição e desintegração. Lutando por reconstruir um lugar para seu país na legítima ordem do pós-guerra, ele enfrentou um legado de ressentimento global e, em casa, a desorientação de um público castigado pela longa sequência de revolução, guerra mundial, genocídio, derrota, divisão, colapso econômico e perda da integridade moral. Ele optou por uma estratégia ao mesmo tempo humilde e ousada: confessar as iniquidades alemãs; aceitar as penalidades da derrota e da impotência, inclusive a partilha de seu país; permitir o desmantelamento de sua base industrial como parte das reparações de guerra e buscar, por meio da submissão, construir uma nova estrutura europeia dentro da qual a Alemanha pudesse se tornar uma parceira confiável; a Alemanha, assim ele esperava, seria um país normal, ainda que sempre dotado de uma história anormal.

DA TENRA INFÂNCIA AO EXÍLIO INTERNO

O pai de Adenauer, Johann, outrora suboficial do exército prussiano, foi por três décadas um modesto servidor público em Colônia. Por nunca ter ido além do ensino primário obrigatório, Johann estava determinado a proporcionar aos filhos oportunidades para seus estudos e carreira. A mãe de Adenauer partilhava desse objetivo; filha de um funcionário de banco, ela suplementava a renda de Johann fazendo bordados. Juntos, prepararam assiduamente o jovem Konrad para a escola e fizeram de tudo para lhe transmitir seus valores católicos.[3] A consciência do pecado e da responsabilidade social dominaram a infância de Adenauer como uma força basilar. Enquanto estudava na Universidade de Bonn, ele conquistou a reputação de aluno comprometido por seu hábito de mergulhar os pés em um balde de gelo para superar a fadiga de estudar até tarde da noite.[4] O diploma de direito e o histórico familiar de serviço público o levaram a trabalhar no governo de Colônia em 1904. Ele recebeu o título de *Beigeordneter*, ou ajudante do prefeito, responsável especificamente por taxas e impostos. Em 1909, foi promovido a vice-prefeito sênior e, em 1917, tornou-se prefeito-mor de Colônia.*

Os prefeitos de Colônia eram normalmente ex-funcionários públicos tentando elevar sua conduta acima da política violenta e intensamente partidária da época. A reputação de Adenauer cresceu a tal ponto que, em 1926,

---

* Em 1917, o Kaiser Guilherme II mudou o título do prefeito de Colônia para prefeito-mor (*Oberbürgermeister*). Ver Dr. Matthias Opperman, "Biography of Konrad Adenauer", arquivos on-line da Fundação Konrad Adenauer (Konrad-Adenauer-Stiftung). Disponível em: <https://www.kas.de/en/konrad-adenauer>. Acesso em: 2 dez. 2022.

se discutia em Berlim até a possibilidade de recrutá-lo para chanceler de um governo de unidade nacional. O esforço não teve sucesso devido à dificuldade de encontrar uma aliança não partidária, condição imposta por Adenauer para aceitar o cargo.

A primeira conduta nacional conspícua de Adenauer ocorreu devido à nomeação de Hitler como chanceler a 30 de janeiro de 1933. Querendo fortalecer sua posição, Hitler convocou uma eleição geral e apresentou ao parlamento alemão a assim chamada Lei de Concessão, suspendendo o Estado de direito e a independência das instituições civis. No mês subsequente à indicação de Hitler, Adenauer empreendeu três manifestações públicas de oposição. Na Câmara Alta prussiana, à qual pertencia por direito enquanto prefeito-mor de Colônia, ele votou contra a Lei de Concessão. Adenauer recusou um convite para dar as boas-vindas a Hitler no aeroporto de Colônia durante a campanha de eleição. E, na semana anterior à eleição, ordenou a remoção das bandeiras nazistas de pontes e outros espaços públicos. Adenauer foi afastado da função uma semana após a vitória eleitoral predeterminada de Hitler.

Após ser dispensado, Adenauer pediu asilo a um antigo colega de escola que se tornara abade de um mosteiro beneditino. O pedido foi concedido e em abril ele se mudou para a abadia de Maria Laach, oitenta quilômetros ao sul de Colônia, no Laacher See. Ali, ocupou-se principalmente de mergulhar em duas encíclicas papais — promulgadas pelos papas Leão XIII e Pio XI — que aplicavam ensinamentos católicos aos acontecimentos sociais e políticos, especialmente às presentes condições da classe trabalhadora moderna.[5] Nessas encíclicas, Adenauer encontrou doutrinas que combinavam com suas convicções políticas: enfatizar antes a identidade cristã que a política, condenar o comunismo e o socialismo, aprimorar a luta de classes por meio da humildade e caridade cristãs e assegurar a livre competição em vez das práticas de cartel.[6]

A estadia de Adenauer em Maria Laach duraria pouco. Enquanto assistia à Missa do Galo — que atraíra gente de áreas próximas para vê-lo e apoiá-lo —, oficiais nazistas pressionaram o abade a expulsar seu admirado hóspede. Adenauer partiu no janeiro seguinte.

A década posterior de sua vida trouxe dificuldade e instabilidade. Houve momentos de grave perigo, especialmente após o complô malsucedido contra a vida de Hitler, em julho de 1944, organizado por representantes da classe alta prussiana e incluindo remanescentes da vida política e militar pré-nazista.

A desforra de Hitler foi buscar destruir todos esses elementos. Por um tempo, Adenauer escapou de seu destino viajando peripateticamente, sem nunca permanecer em um lugar por mais de 24 horas.[7] O perigo nunca mudou sua rejeição a Hitler por tripudiar sobre o Estado de direito, que Adenauer considerava uma condição sine qua non para o estado moderno.[8] Embora fosse um conhecido dissidente, ele não estava disposto a se juntar a conspiradores antirregime, fossem eles civis ou militares, em larga medida porque era cético quanto às possibilidades de sucesso.[9] No geral, como descreve um estudioso, "ele e sua família fizeram o máximo para levar uma vida tão tranquila e inconspícua quanto possível".[10]

Embora houvesse se afastado da política, os nazistas acabaram por prendê-lo. No outono de 1944, ele passou dois meses em uma cela de prisão de cuja janela testemunhou execuções, incluindo a de um jovem de dezesseis anos; acima de sua cela escutava gritos de outros presos sendo torturados.

No fim, seu filho Max, que servia no exército alemão, conseguiu providenciar sua soltura. Quando os tanques americanos entravam na Renânia em fevereiro de 1945, Adenauer começou a pensar se haveria um papel para ele em seu país militarmente derrotado, moralmente devastado, economicamente vacilante e politicamente arruinado.[11]

A ESTRADA DA LIDERANÇA

A brutal reação de Hitler ao golpe de julho no frenético último ano da Segunda Guerra Mundial dizimara as fileiras dos que poderiam tentar sucedê-lo. Alguns políticos importantes do Partido Social-Democrata (SPD) haviam sobrevivido aos campos de concentração — incluindo o mais recente rival de Adenauer, Kurt Schumacher — e detinham estatura política para o posto de chanceler. Porém todos careciam de um número suficiente de seguidores para conquistar o apoio público necessário de forma a implementar a rendição incondicional do país e as penalidades envolvidas — pré-condições para ganhar a confiança dos Aliados ocidentais.

Em maio de 1945, as forças americanas que inicialmente ocuparam Colônia reempossaram Adenauer como prefeito, mas, com a transferência da cidade para a autoridade britânica como resultado do acordo de Potsdam, as tensões se elevaram e, após alguns meses, ele foi exonerado pelos britânicos. Embora ficasse por ora excluído da vida pública pelo poder de ocupação, Adenauer se concentrou calmamente em construir uma base política como preparativo para o ressurgimento do autogoverno alemão.

Em dezembro de 1945, Adenauer participou de uma reunião para formar um novo partido influenciado tanto pelo cristianismo católico como pelo protestante. Antigos membros do católico Partido do Centro, ao qual Adenauer ficara associado como prefeito de Colônia, além do conservador Partido Popular Nacional e do Partido Democrático Liberal, participaram do encontro. Muitos haviam se oposto a Hitler e alguns foram presos por manifestar sua resistência. O grupo carecia de direção e doutrina políticas claras; na verdade, o tom das discussões nessa reunião inicial foi antes socialista do que classicamente liberal. Em parte devido às objeções de Adenauer, a questão dos primeiros princípios foi deixada de lado e os participantes simplesmente se decidiram por um nome: União Democrata Cristã.[12]

No mês seguinte, Adenauer ajudou a imbuir a União Democrata Cristã de sua filosofia política enquanto partido da democracia, do conservadorismo social e da integração europeia, rejeitando o passado alemão recente, bem como o totalitarismo em todas as suas formas. Em janeiro de 1946, no congresso dos membros importantes da CDU na zona de ocupação britânica em Herford, Vestfália, Adenauer aperfeiçoou esses princípios e consolidou sua liderança no partido nascente.

O primeiro discurso de Adenauer após o fim da guerra, em 26 de março de 1946, foi uma prévia de sua subsequente liderança política. Criticando a condução da Alemanha sob o governo de Hitler, Adenauer perguntou a um público de milhares de pessoas no auditório gravemente danificado da Universidade de Colônia como era possível os nazistas terem chegado ao poder. Eles haviam então cometido "grandes crimes", afirmou, e os alemães só poderiam encontrar o caminho para um futuro melhor reconciliando-se com o passado.[13] Tal esforço seria necessário para o país se reerguer. Dessa perspectiva, a atitude da Alemanha após a Segunda Guerra Mundial precisava ser o oposto de sua reação à derrota da Primeira. Em lugar de se entregar ao nacionalismo da autopiedade outra vez, a Alemanha buscaria seu futuro dentro de uma Europa em unificação. Adenauer proclamava uma estratégia de humildade.

Com grande estatura e aparentemente imperturbável, Adenauer tendia a ser conciso, embora sua concisão fosse atenuada pelas animadas entonações da

Renânia, mais conciliadoras que o modo de falar prussiano, no qual, segundo Mark Twain, as sentenças marcham pela conversa como se fossem formações militares. (A Renânia tivera uma história autônoma até ser adquirida pela Prússia em 1814-5.) Ao mesmo tempo, ele exalava vitalidade e autoconfiança. Seu estilo era a antítese do carisma estridente característico da era de Hitler e aspirava à autoridade serena da geração anterior à Primeira Guerra Mundial, que agia governada pela moderação e por valores compartilhados.

Todas essas qualidades, junto com a reputação adquirida após uma década de distanciamento ostensivo de Hitler, faziam de Adenauer o candidato mais óbvio para liderar o novo partido democrático. Mas ele não estava acima das manobras práticas para alcançar seu objetivo. Na primeira reunião da União Democrata Cristã, uma cadeira fora posicionada à cabeceira da mesa. Adenauer caminhou até ela e anunciou: "Nasci em 5 de janeiro de 1876, então provavelmente sou o mais velho por aqui. Se ninguém tiver objeções, vou considerar que tenho a primazia como presidente". Isso foi recebido com risadas e concordância; a partir daí, ele permaneceria incumbido de guiar o partido por mais de quinze anos.[14]

O programa da CDU, em cujo desenvolvimento Adenauer exerceu papel essencial, exortava os alemães a rejeitarem seu passado e abraçarem um espírito de renovação baseado nos ideais cristãos e princípios democráticos:

Fora com os slogans de um tempo desaparecido, fora com a fadiga da vida e do Estado! Uma mesma adversidade nos força todos a trabalhar. Seria uma traição da própria família e do povo alemão afundar no niilismo ou na indiferença, nesse momento. A CDU apela a todas essas forças recém-dispostas a incorporar com inabalável confiança as boas qualidades do povo alemão e a determinação indômita de fazer da ideia cristã e do elevado ideal da verdadeira democracia a base da renovação.[15]

Ao longo disso tudo, Adenauer sempre teve consciência da — e talvez fosse até obcecado pela — possibilidade da tragédia. A Alemanha, a seu ver, não era suficientemente forte em termos morais ou materiais para andar com as próprias pernas, e qualquer tentativa nesse sentido terminaria em desastre. Situada no centro do continente, a nova Alemanha precisava abandonar muitas de suas políticas e atitudes anteriores — em especial a manipulação oportunista de sua posição geográfica e a inclinação prussiana por boas relações com a Rússia. (A Prússia, principal fonte do militarismo alemão, seria formalmente abolida como estado dentro da Alemanha pelos Aliados em 1947.) A Alemanha de Adenauer em vez disso ancoraria sua democracia domesticamente nas regiões católicas e nos valores cristãos ecumênicos e internacionalmente em uma federação com o Ocidente — sobretudo nos laços de segurança com os Estados Unidos.[16]

Sobrevivendo ilesa aos ataques aéreos durante a guerra, a bucólica cidade universitária de Bonn fora selecionada como capital temporária até a iminente reunificação da República Federal da Alemanha (RFA), quando Berlim voltaria a servir de capital. Também era a preferência pessoal de Adenauer, por estar localizada perto de sua aldeia natal, Rhoendorf, e distante do tumulto da política. Adenauer foi capaz de influenciar a escolha de Bonn em setembro de 1948 — antes de se tornar chanceler — devido à sua posição como líder da CDU e presidente do Conselho Parlamentar, um grupo de figuras políticas alemãs que fora encarregado pelos Aliados de planejar a evolução política e esboçar uma nova Constituição, ou Lei Fundamental. Mais tarde ele gracejou que convencera o conselho a endossar Bonn apenas porque Rhoendorf era pequena demais (uma população inferior a 2 mil pessoas) para ser a capital.[17] Além disso, menos jocosamente, rejeitara a muito mais cosmopolita Munique devido à reputação bávara de sentimentalismo impetuoso e, como observou com escárnio, porque a capital não deveria ser contígua a plantações de batata. Adenauer também desdenhou cidades importantes como Frankfurt, sede de um parlamento de vida breve em 1848, onde as perspectivas da democracia podiam ser distorcidas por manifestações e tumultos públicos.

O RESTABELECIMENTO DA ORDEM CIVIL E A POSSE DO CHANCELER

Em 1946 começou aos poucos a reconstrução alemã. Foram convocadas eleições para níveis progressivamente mais altos do governo, restabelecendo estruturas e passando, de maneira gradual, a responsabilidade política aos próprios alemães. Em janeiro de 1947, os Estados Unidos e a Grã-Bretanha estabeleceram uma política econômica comum para suas zonas. A França se juntou a eles no ano seguinte, criando a "Trizona". O economista Ludwig Erhard foi nomeado diretor do Conselho Econômico e supervisionou uma transição suave para a nova moeda, o *Deutschmark*. Além disso, aboliu os controles de preços e o racionamento. A ousada política econômica de Erhard inspirou uma recuperação que terminou por capacitar a reconstrução política com base em uma Constituição aprovada pelas potências aliadas.[18]

Em 23 de maio de 1949 — quatro anos após a rendição incondicional —, a nova Constituição alemã (a Lei Fundamental) entrou em vigor e a República Federal foi oficialmente estabelecida, compreendendo as três zonas ocidentais. A República Democrática Alemã (RDA), substituindo a zona de ocupação soviética, seria formalmente constituída vários meses mais tarde.

A partilha da Alemanha agora espelhava as linhas divisórias da Europa. O processo culminou na eleição para um parlamento, o Bundestag, em agosto. Em 15 de setembro, o Bundestag votou por um chanceler que, pela Constituição, exigia maioria absoluta e só podia ser removido por uma votação de maioria absoluta para um sucessor previamente indicado — uma medida estabilizadora. Embora Adenauer fosse eleito por uma margem de apenas um voto (presumivelmente o dele mesmo) nesse parlamento de um Estado fragmentado, ele conseguiu vencer quatro eleições consecutivas, servindo por catorze anos.

No entanto, a soberania alemã permaneceu severamente restrita. A posição oficial dos Aliados, que exerciam autoridade suprema sobre a Alemanha Ocidental ocupada por intermédio de seus respectivos altos-comissários, era de que o povo alemão iria "usufruir do autogoverno no máximo grau possível". Mas identificavam uma série de questões — indo de relações exteriores ao "uso de verbas, alimento e outros recursos" — sobre as quais os três altos-comissários e outras autoridades da ocupação teriam a palavra final.[19] O Estatuto de Ocupação, do qual as citações acima são extraídas e que entrou em vigor duas semanas antes do estabelecimento da República Federal em maio, estava acima da Lei Fundamental. Um documento relacionado, o Estatuto de Ruhr, determinou o controle aliado sobre o centro industrial epônimo e delineou os critérios de desmantelamento da indústria alemã para as reparações.[20] Outra base industrial — o vale do Sarre —, recebera, porém, status autônomo especial em um estágio comparativamente precoce.

A tensão entre manter a autoridade aliada e restabelecer o autogoverno alemão ficou especialmente evidente em 21 de setembro de 1949, quando os três altos-comissários se reuniram em Bonn para dar as boas-vindas a Adenauer como novo chanceler da República Federal e primeiro sucessor legítimo de Hitler. Adenauer afirmara antes da cerimônia que não contestaria a partilha da Alemanha nem o prejuízo de sua soberania advindo dos estatutos impostos pelos Aliados como um preço pela rendição incondicional. Mas aproveitou a ocasião para demonstrar que o faria com dignidade e autorrespeito. Um lugar tinha sido separado para ele fora do tapete vermelho onde os altos-comissários estavam reunidos. Quando a cerimônia começou, numa completa violação do protocolo, Adenauer abandonou seu lugar e ficou *junto* com os altos-comissários sobre o tapete — indicando que a nova República Federal insistiria em ter status igualitário no futuro, ainda que acatasse as consequências das recentes transgressões da Alemanha.

Em um breve discurso de posse, Adenauer enfatizou que, como chanceler, aceitava o Estatuto de Ocupação e outras limitações sobre a soberania. A subordinação alemã a suas disposições, observou ele, havia sido combinada no estatuto com sua partilha; em reconhecimento pela aceitação desses sacrifícios, ele exortava, portanto, os altos-comissários a aplicarem as disposições dos vários estatutos de "maneira liberal e generosa" e a fazerem uso das cláusulas permitindo mudanças e acontecimentos que pudessem capacitar o povo alemão a atingir sua "plena liberdade" no devido tempo.

A essência de seu discurso de posse não foi apelar por generosidade aos vitoriosos, mas a visão sem precedentes da nova Europa à qual ele confiava a nova Alemanha. Repudiando uma volta ao nacionalismo ou às motivações europeias do pré-guerra, Adenauer defendeu a construção de "uma federação europeia positiva e viável", destinada a superar

a concepção nacionalista estreita dos estados tal como prevaleceu no século XIX e início do XX [...]. Se nos voltarmos agora às origens de nossa civilização europeia, nascida do cristianismo, não deixaremos de conseguir restabelecer a unidade da vida europeia em todos os campos do empreendimento. Essa é a única garantia efetiva para a manutenção da paz.[21]

O discurso de Adenauer implicava uma profunda transformação de seu país. No contexto da rendição incondicional, era também um astuto apelo por igualdade com os vitoriosos, a única reivindicação assim disponível à Alemanha.

O discurso também descortinou panoramas mais fundamentais. O novo chanceler estava simultaneamente aceitando a divisão indefinida (possivelmente permanente) de seu país e proclamando uma política externa em parceria com as potências estrangeiras que agora o ocupavam. Enquanto admitia a submissão da Alemanha, também anunciava objetivos nacionais de federação com os adversários históricos de seu país na Europa e de aliança com os Estados Unidos.

Adenauer promoveu essas ideias visionárias sem floreios retóricos. Os deveres das nações, como os via, eram sua própria justificativa; o embelezamento da oratória serviria apenas para distrair desse entendimento fundamental. O estilo inconspícuo de Adenauer também sugeria o papel que ele previa para a nova Alemanha de ajudar a moldar uma nova Europa mediante consenso.

Fazia mais de um século que um líder europeu confrontara o desafio de devolver seu país à ordem internacional. A França saíra totalmente derrotada ao final das Guerras Napoleônicas e sua capital fora ocupada por forças estrangeiras, mas a unidade nacional francesa permaneceu ilesa. Após a guerra, o Congresso de Viena aceitou Talleyrand como principal representante de uma França com direitos iguais enquanto Estado histórico. Konrad Adenauer assumiu tarefa comparável sob circunstâncias muito mais ominosas. Os vizinhos *não* aceitavam seu país como igual. Para eles, a Alemanha continuava basicamente "sob condicional".

Para uma sociedade desmoralizada e derrotada, a passagem ao restabelecimento da soberania democrática representa um dos desafios mais difíceis às habilidades do estadista. Os vitoriosos relutam em conceder a um antigo inimigo a autoridade legal, e ainda mais a capacidade de recuperar sua força. O derrotado abatido mede o progresso pelo grau e pela velocidade com que é capaz de retomar o controle sobre seu futuro. Adenauer estava dotado dos recursos internos para transcender essas tensões. A estratégia da humildade era composta por quatro elementos: aceitar as consequências da derrota; reconquistar a confiança dos vitoriosos; construir uma sociedade democrática; e criar uma federação europeia que transcendesse as divisões históricas da Europa.

O CAMINHO PARA UMA NOVA IDENTIDADE NACIONAL

Adenauer considerava essencial fortalecer os laços com o Ocidente, especialmente com os Estados Unidos, para o restabelecimento do lugar da Alemanha no mundo. Em suas memórias, Dean Acheson descreveria entusiasmado sua primeira reunião como secretário de Estado americano com Adenauer em 1949:

> Fiquei admirado com a imaginação e a sabedoria de sua abordagem. Sua grande preocupação era integrar a Alemanha completamente à Europa Ocidental. Na verdade, ele dava a esse objetivo prioridade sobre a reunificação da Alemanha infeliz e dividida, e percebi por que seus vizinhos talvez olhassem para isso quase como um requisito para a reunificação [...]. Ele queria que os alemães fossem cidadãos da Europa, que cooperassem, com a França especialmente, em desenvolver interesses e uma perspectiva comuns e enterrar as rivalidades dos últimos séculos [...]. Eles deviam liderar o renascimento da Europa.[22]

Os Estados Unidos foram fundamentais no apoio a essas metas com um plano de recuperação econômica. A 5 de junho de 1947, o general George C. Marshall, predecessor de Acheson como secretário de Estado e antigo chefe de estado-maior, afirmara na Universidade Harvard:

> Nossa política é dirigida não contra um país ou uma doutrina, mas contra a fome, a pobreza, o desespero e o caos. Seu propósito deve ser a recuperação de uma economia ativa no mundo de modo a permitir a emergência de condições políticas e sociais em que instituições livres podem existir.[23]

Adenauer tomou o discurso de Marshall e o subsequente plano formal como razão para aquiescer ao Estatuto de Ruhr de 1949, um dos outros meios pelos quais os Aliados mantinham controle sobre a indústria alemã. Ele interpretou o Plano Marshall como um freio às exigências feitas a Alemanha e, mais crucialmente, como um primeiro passo para a federalização europeia:

> Se [o Estatuto de Ruhr] for usado como instrumento para segurar a economia alemã, o Plano Marshall é uma tolice [...]. Se, porém, o Estatuto de Ruhr for usado como

instrumento no interesse alemão e europeu, se ele significa o início de uma nova ordem econômica na Europa Ocidental, nesse caso pode se tornar um promissor ponto de partida para a cooperação europeia.[24]

Era irônico que o Partido Social-Democrata alemão, sob a liderança de Kurt Schumacher, surgisse agora como o principal adversário doméstico de Adenauer. O SPD tinha uma história de profundo comprometimento com a democracia, remontando à criação do Estado alemão; mas, durante o período imperial, ele se isolara dos grupos líderes, uma vez que, como partido marxista, não fora considerado confiavelmente nacionalista. Seu então líder, Schumacher, sofrendo com problemas de saúde após mais de uma década preso no governo Hitler, estava convencido de que seu partido jamais venceria uma eleição no pós-guerra a menos que se estabelecesse como *nacional* em seus propósitos. Ele se opôs assim à estratégia de Adenauer do restabelecimento pela submissão: "Enquanto povo, temos de fazer políticas públicas alemãs, ou seja, políticas públicas não determinadas por uma vontade estrangeira, mas pelo produto da vontade do nosso povo".[25] Uma espécie de populismo passou a ser a insistente demanda de Schumacher. Embora compreensível em termos da história do SPD, era incompatível com a rendição incondicional ou com a experiência europeia da Alemanha sob Hitler.

Adenauer partilhava dos princípios democráticos do SPD, mas havia também uma razão estratégica para acolher a democracia. Ele estava determinado a transformar a submissão em virtude e percebia que a desigualdade temporária de condições era um requisito para a igualdade de status. Durante os debates parlamentares em novembro de 1949, enfatizou isso aos brados (o que era muito incomum para ele): "Quem os senhores pensam que perdeu a guerra?".[26] A submissão era o único caminho à frente: "Fui informado pelos Aliados de que o desmantelamento das fábricas seria interrompido apenas se eu satisfizesse o desejo aliado por segurança", explicou, antes de perguntar ironicamente: "Será que o partido socialista quer que esse desmantelamento siga até seu amargo fim?".[27]

Outro objetivo básico de Adenauer era a reconciliação com a França. Adenauer se reunira com Robert Schuman, na época ministro de relações exteriores francês, pela primeira vez em 1948. Na época, as políticas públicas francesas visavam incapacitar a produção industrial alemã e controlar a região do Sarre. Adenauer redefiniu a questão; o desafio supremo não era estratégico ou financeiro, mas político e ético. Em julho de 1949, antes de se tornar chanceler, ele aprofundou esse tema em uma carta a Schuman:

A meu ver, qualquer vantagem econômica obtida por [outro] país como resultado da alocação de fábricas desmanteladas é ofuscada pelo grande dano ocasionado ao moral do povo alemão [...]. Imploro ao senhor, uma vez que possui um olhar tão especial sobre o problema da reconciliação entre França e Alemanha e do princípio da cooperação europeia, que encontre maneiras e meios de acabar com essas medidas totalmente incompreensíveis.[28]

Domesticamente, Adenauer enfatizou que a cooperação com as várias medidas punitivas dos Aliados era a única estratégia ajuizada. A 3 de novembro de 1949, ele deu uma entrevista ao semanário alemão *Die Zeit*:

Se mostrarmos simplesmente uma reação negativa em relação ao Estatuto de Ruhr e à Autoridade do Ruhr, a França interpretará como um sinal de nacionalismo alemão, como um ato de desafio rejeitando toda fiscalização. Tal atitude pareceria uma resistência passiva contra a própria segurança. E isso deve ser evitado acima de tudo.[29]

A abordagem de Adenauer se revelou efetiva. Nesse mesmo mês, os Aliados o convidaram para negociar uma nova dinâmica com a Autoridade de Ocupação, reduzindo o número de fábricas marcadas para desmantelamento e estabelecendo um caminho para o acesso alemão ao Conselho da Europa, que fora fundado nesse ano. Em 24 de novembro, ele apresentou o novo acordo a um Bundestag em que o nacionalismo ainda grassava. Schumacher ficou tão exaltado que chamou Adenauer de o "chanceler dos Aliados". Suspenso do parlamento por essa ofensa, Schumacher não demorou a ser reempossado e renovou o ataque imediatamente.[30] Em resposta, Adenauer frisou que a humildade era a estrada para a igualdade:

Creio que, em tudo que fazemos, devemos ter clareza de que nós, enquanto resultado do total colapso, estamos impotentes. É preciso ter clareza de que nas negociações, algo que nós alemães devemos conduzir com os Aliados a fim de progressivamente deter um poder cada vez maior, o momento psicológico desempenha um papel muito grande. Não se pode exigir e esperar confiança logo de saída. Não podemos e não devemos presumir que entre os demais haja ocorrido subitamente uma completa mudança de humor em relação à Alemanha, mas que, pelo contrário, a confiança só pode ser recuperada lentamente, pouco a pouco.[31]

A abordagem de Adenauer foi recebida com mais entusiasmo pelos vizinhos da Alemanha que por seus críticos domésticos. Em março de 1950, o Conselho da Europa abriu as portas para a República Federal, embora apenas como membro associado. Em um memorando a seu gabinete, Adenauer encorajou o ingresso a despeito do status discriminatório: "Por ora, continua sendo o único jeito. Devo advertir contra sujeitar a Alemanha ao ódio de ter levado as negociações europeias a nada".[32]

Três meses depois, Robert Schuman, ansioso em atrelar a Alemanha à França, promoveu um plano para desbancar e substituir a Autoridade do Ruhr. Publicado em 9 de maio de 1950, o Plano Schuman levaria à criação de uma Comunidade Europeia do Carvão e do Aço (CECA), superficialmente um mercado comum para tais produtos, mas cujo objetivo principal era político. Com tal acordo, declarou Schuman, "a guerra entre a França e a Alemanha passa a ser não apenas meramente impensável, mas materialmente impossível".[33]

Em uma coletiva de imprensa, Adenauer endossou o plano em termos similares, dizendo que havia "criado o genuíno alicerce para a eliminação de todos os futuros conflitos entre a França e Alemanha".[34] Em um encontro com Jean Monnet, comissário-geral da Comissão Francesa de Planejamento Nacional e posteriormente primeiro presidente (1952-5) da Alta Autoridade da Comunidade Europeia do Carvão e do Aço, Adenauer reforçou o argumento de Schuman: "Os vários governos envolvidos deveriam estar menos preocupados com suas responsabilidades técnicas do que com sua responsabilidade moral diante das grandes esperanças suscitadas por essa proposta".[35] Em uma carta a Schuman, em 23 de maio de 1950, Adenauer mais uma vez enfatizou os objetivos não materiais: "Na verdade, triunfaremos apenas se não permitirmos que nosso trabalho seja guiado unicamente por considerações técnicas e econômicas, e sim o pusermos numa base ética".[36]

O Plano Schuman acelerou o ingresso da Alemanha em uma Europa unificada. Como afirmou Adenauer num discurso em fevereiro de 1951 em Bonn:

O Plano Schuman serve à meta de construir uma Europa unificada. Por esse motivo, desde o início adotamos a ideia que injeta aprovação no Plano Schuman. Permanecemos fiéis a essa ideia ainda que às vezes as coisas tenham ficado extremamente difíceis para nós.[37]

O estatuto da CECA foi rubricado a 19 de março de 1951. No janeiro seguinte, o Bundestag ratificou-o pela votação de 378 a 143.[38] O Bundesrat (a câmara alta representando os dez estados da República Federal) demonstrou um prolongado sentimento nacional alemão requisitando a Adenauer "assegurar que a Alta Comissão Aliada abolisse todas as restrições à produção de ferro e aço na Alemanha e que Berlim Ocidental fosse expressamente incluída no território coberto pela CECA".[39] Neste episódio, Berlim Ocidental foi especificamente incluída no território da CECA e a produção de aço e carvão alemã cresceu sob os auspícios da nova comunidade. Além do mais, como Schuman propusera, a CECA substituiu de maneira oficial a impopular (pelo menos na Alemanha) Autoridade do Ruhr.

Apenas dois anos após se tornar chanceler, Adenauer obtivera a adesão alemã à integração europeia — e a conseguira mediante uma política pública empenhada em suplantar o passado alemão. Sua motivação era sem dúvida parcialmente tática e nacional, bem como ética. Mas a tática se fundira à estratégia, e sua estratégia estava sendo transformada em história.

O DESAFIO SOVIÉTICO E O REARMAMENTO

A União Soviética considerava a reconstrução da economia da Alemanha Ocidental e o progressivo estabelecimento das instituições políticas alemãs como um desafio direto. A ameaça comunista começava a eclipsar o temor de um ressurgimento alemão entre as democracias ocidentais quando, em junho de 1948, a União Soviética bloqueou as rotas da zona de ocupação soviética ao redor de Berlim que davam acesso à cidade. Isso representou uma provocação ao arranjo de quatro potências para a governança berlinense, estabelecido na Conferência de Potsdam em 1945. No fim, o transporte aéreo americano para Berlim Ocidental levou a melhor sobre a chantagem soviética. Os Estados Unidos deixaram claro que não permitiriam o colapso de Berlim e que recorreriam à escalada militar para abrir as rotas de acesso, caso necessário. Em maio de 1949, Stálin ordenou o fim do bloqueio. A 7 de outubro de 1949, a União Soviética transformou sua zona de ocupação em um Estado soberano (embora satélite), selando a partilha da Alemanha.

Nesse processo de ampliar os compromissos, os Estados Unidos e seus aliados estabeleceram o que veio a ser um pilar da política americana: a Organização do Tratado do Atlântico Norte. No que consistia uma garantia americana unilateral de seu território, a República Federal ficou sob a égide da Otan a partir de 1949, embora o desarmamento continuasse em vigor e ela não fosse considerada tecnicamente membro da organização. Mas um ano depois, em 1950, a invasão da Coreia do Sul pela Coreia do Norte persuadiu os Aliados de que o desafio comunista era a maior prioridade. Respondendo aos apelos europeus, o presidente Truman designou o general Dwight D. Eisenhower como comandante aliado supremo da Otan. O general insistiu que a defesa da Europa exigia trinta divisões (aproximadamente 450 mil soldados),[40] número que não poderia ser alcançado sem a participação alemã.

Os aliados dos americanos ficaram compreensivelmente indecisos ante a perspectiva de que o mesmo país agressor de poucos anos antes agora devesse contribuir com um significativo componente militar para a defesa ocidental. De início, os líderes da Europa Ocidental insistiram que as tropas designadas à defesa da Alemanha fossem fornecidas por outros países. Mas, após refletir — e sob pressão americana —, a maioria dos líderes europeus aceitou que era impossível assegurar a defesa da Alemanha sem uma contribuição militar alemã.

Em suas memórias, Adenauer refletiria sobre como a Guerra da Coreia pusera um fim aos últimos resquícios da política de enfraquecimento da Alemanha:

> Era do interesse dos Estados Unidos que a Alemanha voltasse a ser forte. Logo, os muitos exemplos de discriminação, como o Estatuto de Ruhr, o Estatuto de Ocupação e as disposições relativas ao rearmamento da Alemanha, podiam ser apenas de natureza transitória.[41]

Adenauer considerava o rearmamento alemão necessário tanto pelo bem da Europa como para a recuperação da identidade política alemã. Tendo de início desencorajado o debate público sobre o assunto, de modo a não interferir no progresso da participação alemã nas instituições europeias, ele logo mudou de ideia. A confiança aliada podia ficar abalada, argumentou, se a Alemanha Ocidental não fosse considerada confiável, ou não confiasse em si mesma, para cuidar da própria defesa.[42]

O rearmamento alemão foi formalmente proposto pela Grã-Bretanha e pelos Estados Unidos em agosto de 1950 e logo endossado pela Alemanha. A França reagiu sem muito entusiasmo com o "Plano Pleven", que em outubro de 1950 propôs um exército europeu de nacionalidade mista incluindo unidades alemãs. Um tratado de recrutamento foi delineado, estipulando a criação de uma Comunidade Europeia de Defesa (CED) que teria um contingente alemão integrado. Uma controvérsia amarga se seguiu quando Adenauer informou importantes deputados do parlamento alemão sobre o conteúdo do rascunho.[43] Schumacher chegou a ponto de chamar o tratado de "um triunfo da coalizão aliado-administrativa contra o povo alemão".[44]

Em março de 1952, para evitar uma comunidade de defesa europeia e o rearmamento alemão, Stálin propôs formalmente a unificação alemã sob cinco condições: (a) todas as forças de ocupação, incluindo soviéticas, seriam retiradas dentro de um ano; (b) a Alemanha unificada assumiria status neutro e não participaria de alianças; (c) a Alemanha unificada aceitaria as fronteiras de 1945 — ou seja, a Linha Oder-Neisse que constituía a disputada fronteira do pós-guerra com a Polônia; (d) a economia alemã não ficaria limitada por condições impostas de fora — em outras palavras, abolir o Estatuto de Ruhr que limitava a economia alemã; e (e) a Alemanha unificada teria o direito de desenvolver as próprias forças armadas. Essas propostas foram encaminhadas aos Aliados ocidentais, enfatizando a posição secundária da Alemanha.

A proposta de Stálin era genuína ou ele estava tentando constranger Adenauer, conduzindo-o à posição de parecer preferir uma Alemanha dividida dentro da Europa a uma Alemanha unificada, nacional, neutra? Na prática, Stálin pedia a Adenauer para abandonar todo o progresso que obtivera pela integração europeia em troca da unificação.

A evidência contemporânea sugere que Stálin fez essa proposta apenas após escutar repetidas promessas de seu ministro de relações exteriores de que ela seria recusada. Não obstante, pôs Adenauer numa saia justa. Pela primeira vez desde a rendição incondicional, uma Alemanha unificada fora formalmente apresentada perante as potências aliadas e o povo alemão. Na

Alemanha, Schumacher argumentou que a oportunidade de negociar não devia ser perdida e que o Bundestag alemão deveria se recusar a ratificar a Comunidade Europeia de Defesa até que o posicionamento de Stálin houvesse sido explorado. "Qualquer um que aprove a CED nas [presentes] circunstâncias", argumentou ele, "não pode continuar a se dizer alemão."[45]

Adenauer aguentou firme. Ele compreendia que uma negociação tendia a terminar em impasse e levaria a unificação da Alemanha para um terreno ideológico no qual o país ficava isolado, a ser temido de todos os lados. Caso a Alemanha agisse unilateralmente, a negociação se transformaria em um campo de batalha no qual os europeus se digladiariam por suas rivalidades destrutivas.

Para evitar tais opções, Adenauer tentou não assumir uma posição pública sobre a proposta de Stálin adiando a discussão até que o conceito de eleições livres tivesse sido aceito por todos os países ocupantes e incorporado à Constituição de uma Alemanha em processo de unificação. Nesse ínterim, ele defendeu a ratificação do Tratado da CED em nome de uma defesa aliada comum.

Essa abordagem encetou o que o secretário de relações exteriores britânico, Anthony Eden, chamou de "batalha das notas diplomáticas". Adenauer foi apoiado por Eisenhower, na época candidato à presidência dos Estados Unidos e, até 30 de maio de 1952, ainda o supremo comandante aliado da Otan. Mais preocupadas com a perspectiva de uma Alemanha neutra do que com a pressão soviética, Grã-Bretanha e França cederam à jogada de Adenauer. O consenso foi expresso em notas diplomáticas aliadas enviadas para o Kremlin a 25 de março e a 13 de maio, exigindo eleições livres na Alemanha Ocidental e Oriental como um prelúdio à unificação. A resposta soviética em 24 de maio asseverava que as notas aliadas haviam interrompido qualquer possibilidade de reunificação alemã "por período indefinido".[46]

Com renovada urgência de demonstrar o potencial do projeto europeu, agora que aparentemente chegaria a custar a unificação alemã, em 26 de maio de 1952, Adenauer assinou os acordos contratuais sobre a Comunidade Europeia de Defesa.* Mas muitos na França relutavam em compartilhar um exército com uma nação contra a qual seu país travara guerras em todas as gerações desde o século XVI, que devastara parte do país na Primeira Guerra Mundial e ocupara todo ele na Segunda. Dois anos após o acordo, em 30 de

---

* Um dia após a assinatura do tratado em Paris.

agosto de 1954, a Assembleia Nacional francesa se recusou a ratificar a CED — ao mesmo tempo descartando o Plano Pleven.

Chamando isso de "um dia sombrio para a Europa",[47] Adenauer expressou suas preocupações aos representantes de Luxemburgo e Bélgica:

> Estou firmemente convencido, 100% convencido, de que o exército nacional a que somos impingidos por [o primeiro-ministro francês Pierre] Mendès France constituirá um grande perigo para a Alemanha e a Europa. Quando não estiver mais por aqui, não sei o que será da Alemanha, a menos que ainda consigamos criar a Europa a tempo.[48]

Por causa dessas premonições, Adenauer abandonou o projeto da CED e conduziu pessoalmente negociações sigilosas com os Aliados, delineando um exército nacional alemão.

A liderança americana se revelou crucial. Eleito presidente em novembro de 1952, Eisenhower decidira que a unificação da Europa e a defesa conjunta do continente, incluindo a República Federal da Alemanha, eram, nas palavras de um historiador, uma

> espécie de chave-mestra, revelando a solução de uma série de problemas ao mesmo tempo e, mais importante, fornecendo um tipo de "contenção dupla". A União Soviética seria mantida de fora e a Alemanha, dentro da Europa, nenhuma das duas sendo capaz de dominar o continente.[49]

Junto com o secretário de relações exteriores britânico, Eden, Eisenhower forjou uma modificação no Tratado da CED que permitia a criação de um exército alemão. Menos de uma década após a rendição incondicional, a Otan seria composta de forças nacionais confederadas, inclusive alemãs.

Uma viagem feita por Adenauer a Washington em 1953 marcou o ponto alto dessas tentativas. A 8 de abril, ele visitou o Túmulo do Soldado Desconhecido. A bandeira alemã — a bandeira tricolor preta, vermelha e dourada da República Federal, não a águia negra portando a espada da Prússia, tampouco a suástica do Reich de Mil Anos — foi hasteada no Cemitério Nacional de Arlington. Uma salva de 21 tiros ecoou em uma cena com a qual Adenauer encerraria o volume de 1945-53 de suas memórias:

Uma banda americana executou o hino nacional alemão. Vi lágrimas a correrem pelo rosto de um de meus companheiros e também fiquei profundamente comovido. Fora uma estrada longa e difícil desde a total catástrofe do ano de 1945 até esse momento do ano de 1953, quando o hino nacional alemão foi ouvido no cemitério nacional dos Estados Unidos.[50]

Adenauer reconstruiu as forças armadas alemãs ao longo de seus anos restantes no cargo sem ressuscitar o intermitente militarismo histórico da Alemanha. No início de 1964, as forças do Bundeswehr como um todo somavam 415 mil oficiais e membros alistados. Um historiador o descreveu como "a ponta de lança" da aliança da Otan e a "peça-chave" da defesa da Europa Ocidental contra um ataque soviético convencional.[51] Mais do que isso, o exército serviu de trampolim para o reingresso da RFA na diplomacia internacional — um sinal tangível de que a nova Alemanha não só gozava da confiança da Otan como também contribuía responsavelmente para a defesa comum.

Adenauer recorreria ao capital político acumulado durante a formação da Otan para consumar sua busca subjacente pelo fim da ocupação da Alemanha. Para conquistar a plena participação na Otan e proceder ao desmantelamento do Estatuto de Ocupação, Adenauer concordou em 1954 em adiar a resolução do território do Sarre — que Paris buscava manter como protetorado neutro sob ocupação francesa — até 1957. Manobras parlamentares complicadas foram necessárias para induzir o Bundestag a ratificar ambos os tratados em fevereiro de 1955.[52]

Quando os tratados foram efetivados a 5 de maio de 1955, a República Federal se tornou mais uma vez um Estado soberano. Se a eleição de Adenauer fora ratificada pelos altos-comissários aliados seis anos antes, agora eles aceitavam a própria dissolução. Adenauer assistiu dos degraus de seu complexo administrativo — o Palais Schaumburg — à bandeira alemã ser erguida acima dos edifícios do governo por toda Bonn. Sua primeira grande tarefa — assegurar o fim pacífico, rápido e amigável do Estatuto de Ocupação — fora cumprida.[53]

Dois dias mais tarde, para simbolizar o compromisso de seu país com a plena parceria na Europa e na Aliança Atlântica, Adenauer chefiou uma delegação a Paris, quando a Alemanha assumiu igualdade de status dentro da Otan. Em seis anos memoráveis, Adenauer levara seu país da partilha no pós-guerra, das restrições sob o Estatuto de Ocupação e das reparações à participação na

Comunidade Europeia e à plena integração na Otan. A estratégia da humildade conquistara sua meta de igualdade em uma nova estrutura para a Europa que a posse de Adenauer significara.

O PASSADO INEXTRINCÁVEL: REPARAÇÕES AO POVO JUDEU

A base ética para a política externa em que Adenauer confiara ao longo das negociações da Alemanha com os Aliados ocidentais era especialmente complexa em relação ao povo judeu. Os crimes nazistas contra os judeus haviam sido singularmente indiscriminados, bárbaros e obstinados. Cerca de 6 milhões de pessoas, mais de um terço da população judaica mundial, foram assassinadas em uma política metodicamente planejada e executada de extermínio em massa.

Perto do fim da guerra, os Aliados ocidentais incluíram os crimes nazistas em categorias de detenção automática, a serem implementadas por pessoal da inteligência aliada e parcialmente baseadas na posição que o acusado detinha no Partido Nazista. No início da ocupação, essa categorização criminal se aplicou a dezenas de milhares de indivíduos. À medida que o governo era progressivamente passado à República Federal Alemã, o mesmo ocorria com o processo de desnazificação, tornando-se assim um problema político doméstico. Adenauer considerava as reparações ao povo judeu tanto um dever moral como decididamente parte do interesse nacional alemão; seu compromisso com o processo de desnazificação foi mais opaco, uma vez que ele era também chefe da CED e, nessa capacidade, profundamente consciente de que um esforço rigoroso afetaria uma significativa proporção de eleitores.

Adenauer portanto restringiu o processo de desnazificação a um número politicamente administrável e defendeu menos a desforra que a reconciliação doméstica bem como a compensação para os sobreviventes do Holocausto. Na prática, isso significava concentrar as investigações por crimes de guerra primeiramente em ex-nazistas de alto escalão ou em oficiais cujos crimes específicos pudessem ser comprovados em um tribunal. Isso, é claro, deu ampla margem para ambiguidade, ilustrada no fato de que Hans Globke — um dos autores das leis raciais de Nuremberg — passou a chefiar o gabinete de Adenauer. Ao mesmo tempo, Adenauer nunca hesitou em afirmar as obrigações morais impostas à Alemanha pelo passado nazista. Assim, como símbolo de arrependimento e ponte para a justiça e a reconciliação com o povo judeu, ele comprometeu a República Federal a discutir as reparações com os líderes judeus e também com Israel, que reconhecia como representante do povo judeu como um todo.

Em março de 1951, o governo israelense enviou às quatro potências de ocupação e aos dois governos alemães um pedido de reparações para os sobreviventes e herdeiros no valor de 1,5 bilhão de dólares. Nem a União Soviética nem a República Democrática Alemã jamais responderam diretamente. Mas Adenauer sim, em nome da República Federal, dirigindo-se ao Bundestag a 27 de setembro de 1951:

> Em nome do povo alemão [...] foram cometidos crimes hediondos que exigem reparação moral e material [Wiedergutmachung]. Esses crimes envolvem danos a indivíduos judeus, bem como a propriedades judaicas cujos donos não estão mais vivos [...]. Os primeiros passos já foram dados neste momento. Muito permanece por ser feito. O governo da República Federal apoiará a rápida conclusão de uma lei referente à restituição e à sua justa implementação. Parte das propriedades judaicas identificáveis será devolvida. Outras restituições se seguirão.[54]

Agora era dever da Alemanha, continuou Adenauer, resolver essa questão de modo a "facilitar o caminho para uma purificação interior".[55]

A lei de reparações passou no Bundestag em 18 de maio de 1953. Os catorze membros do Partido Comunista a rejeitaram, apelando ao nacionalismo alemão. O Partido Social-Democrata apoiou as reparações por unanimidade. Para o governo, o resultado foi mais ambíguo: 106 membros do parlamento da coalizão liderada pela CED votaram sim; 86, principalmente da ala bávara mais conservadora da CED, abstiveram-se.[56]

A despeito dessas reservas parlamentares, Adenauer atingira seu objetivo. O historiador Jeffrey Herf resume os benefícios alemães estendidos a Israel:

> As remessas da Alemanha Ocidental a Israel de navios, máquinas-ferramentas, trens, carros, equipamento médico e mais totalizaram entre 10% e 15% das importações anuais israelenses. Segundo relatórios da República Federal, a restituição para sobreviventes individuais da perseguição política, racial e religiosa nazista, a maioria dos quais era sobrevivente judeu, somava 40,4 bilhões de marcos alemães

em 1971, 77 bilhões em 1986, cerca de 96 bilhões em 1995 e totalizariam cerca de 124 bilhões de marcos no geral.[57]

Não obstante, os cidadãos israelenses estavam profundamente divididos ante a perspectiva de aceitar "dinheiro sujo de sangue" como uma forma de expiação pela carnificina genocida. Os debates no Knesset, o parlamento israelense, foram ferozes e acompanhados de manifestações de rua. Durante todo esse período Adenauer manteve contato pessoal com Nahum Goldmann, fundador do Congresso Judaico Mundial.

A República Federal estabeleceria relações diplomáticas plenas com Israel em 1965, dois anos após Adenauer deixar o cargo. No ano seguinte, Adenauer visitou Israel, na época lar de cerca de 150 mil sobreviventes do Holocausto, apenas como cidadão. Ao chegar, afirmou, "esse é um dos momentos mais belos e solenes da minha vida [...] nunca pensei, quando me tornei chanceler, que um dia seria convidado a visitar Israel".[58]

A despeito dessa abertura, a visita ocasionou o surgimento de uma tensão — talvez não surpreendente — entre Adenauer, com noventa anos, e o primeiro-ministro israelense, Levi Eshkol. "Não esquecemos e jamais deveremos esquecer", afirmou Eshkol a Adenauer em um jantar em homenagem ao estadista alemão, "o terrível Holocausto em que perdemos 6 milhões de pessoas do nosso povo. As relações entre alemães e israelenses não podem ser relações normais."[59] Ele acrescentou que as reparações da Alemanha a Israel eram "apenas simbólicas" e não podiam "apagar a tragédia ocorrida". Sempre sereno, Adenauer respondeu: "Sei como é difícil para o povo judeu esquecer o passado, mas se não conseguirem reconhecer nossa boa vontade, nenhum bem advirá disso".[60]

As imagens mais memoráveis da estadia de Adenauer em Israel vieram de uma aflitiva (para todos os envolvidos) visita ao Yad Vashem, memorial e museu do Holocausto, localizado na encosta oeste do monte Herzl, em Jerusalém.[61] Mantendo um silêncio digno, Adenauer foi conduzido à Câmara de Recordação — um salão cavernoso e fracamente iluminado cujo teto evoca o dossel de uma tenda —, onde o convidaram a acender uma vela e depositar uma coroa de flores para as vítimas desconhecidas dos campos de extermínio. Inesperadamente presenteado com uma insígnia exibindo a palavra hebraica para "lembrar", ele respondeu, "mesmo sem esta insígnia, eu jamais esqueceria".[62]

DUAS CRISES: SUEZ E BERLIM

Para Adenauer, o fim da ocupação e a introdução da Alemanha na ordem europeia e internacional marcavam o apogeu de um esforço histórico. Mas a história não dá trégua. Um ano após o restabelecimento da soberania alemã em 1955, o conflito no Oriente Médio desafiou as premissas subjacentes à Aliança da Otan.

No fim de outubro de 1956, Adenauer ficou chocado com a decisão dos Estados Unidos de apoiar uma resolução da Assembleia Geral das Nações Unidas condenando a operação militar franco-britânica para reverter a nacionalização egípcia do canal de Suez. Adenauer presumira que a Aliança, por definição, protegeria os interesses centrais de cada país-membro. Agora a oposição formal dos Estados Unidos à Grã-Bretanha e à França na ONU os separava de seus principais aliados conforme se engajavam em uma ação militar no que concebiam como seu interesse nacional. Poderiam outros — e particularmente a Alemanha — em alguma circunstância futura sofrer destino similar?

Adenauer usou a oportunidade de uma visita rotineira a Paris em novembro de 1956 para um debate do Euratom (a Comunidade Europeia de Energia Atômica) para expressar seu ponto de vista — embora em um grupo muito restrito, incluindo o primeiro-ministro francês Guy Mollet e o ministro do exterior Christian Pineau. O trem de Adenauer chegou a Paris em 6 de novembro, um dia após o premiê Bulganin da União Soviética, principal patrono e fornecedor de armamentos para o regime de Nasser, ter ameaçado Grã--Bretanha e França de ataque nuclear caso dessem andamento às operações militares ao longo do canal de Suez.

O governo francês recebeu Adenauer em uma acolhida atípica. Ele foi saudado por uma companhia da Garde Civile. Ambos os hinos nacionais foram executados.[63] Um membro da comitiva de Adenauer descreveu a cena:

> O chanceler acolheu a saudação como uma estátua, imóvel. Fiquei pensando na cena do Cemitério Nacional em Arlington, próximo a Washington [em 1953]. Até o mais insensível deve ter se comovido com a significação do momento e seu simbolismo. Na hora mais grave vivida pela França desde o fim da guerra, os dois governos estavam lado a lado.[64]

Durante a viagem de Paris, Adenauer soube da recusa americana em impedir a desvalorização da libra esterlina, um duro golpe para sua aliada britânica. Embora desolado, não chegou a ponto de questionar a importância da Otan. Pelo contrário, achava imperativo a Europa manter os laços com os Estados Unidos. A aliança da Otan, argumentou, era o componente mais importante da segurança de cada país europeu. Ele advertiu seus anfitriões sobre a controvérsia pública com os Estados Unidos e desaconselhou especialmente qualquer tipo de retaliação, mesmo verbal. Os aliados europeus da América na verdade deveriam fortalecer sua cooperação *dentro* da Europa:

A França e a Inglaterra jamais serão potências comparáveis aos Estados Unidos e à União Soviética. Tampouco a Alemanha. Para elas resta apenas uma maneira de desempenhar um papel decisivo no mundo: o de se unir para construir a Europa [...]. Não temos tempo a perder: a Europa será sua vingança.[65]

Foi durante a crise de Suez que Adenauer começou a considerar a necessidade de usar a integração europeia — e particularmente a relação franco-alemã — como uma barreira contra a hesitação americana.

A França, na década subsequente à volta de De Gaulle à presidência, em 1958, seguia esse preceito, embora (como veremos no capítulo seguinte) não precisasse do encorajamento alemão para caminhar rumo à autonomia europeia.* A relação franco-alemã se intensificou efetivamente durante a presidência de De Gaulle, após a visita noturna de Adenauer à casa deste último em Colombey-les-Deux-Églises, em setembro de 1958 — convite nunca estendido a nenhum outro líder estrangeiro.**

Dois anos depois de Suez, as dúvidas de Adenauer sobre a confiabilidade americana voltaram a tona quando, em novembro de 1958, o líder soviético Nikita Khrushchev desafiou o status de Berlim. Embora a Autoridade de Ocupação das Quatro Potências continuasse a funcionar formalmente, Berlim Ocidental fora governada de fato desde 1957 pelas leis da República Federal; sua estrutura legal se baseava em eleições livres contestadas pelos principais

---

* Ver capítulo 2, pp. 133-6 e 140-1.
** Ver capítulo 2, pp. 131-2.

partidos da RFA nas seções da cidade ocupadas pelos Aliados.* Na região leste de Berlim, a República Democrática Alemã governava por imposição soviética. Um vestígio do controle das quatro potências possibilitava que funcionários públicos do Ocidente e do Oriente circulassem por toda a cidade.

O ultimato de Khrushchev aos Aliados ocidentais, exigindo um novo status para Berlim em seis meses, desafiava diretamente os alicerces da política externa de Adenauer e da Aliança Atlântica. Qualquer mudança significativa no status berlinense sob a ameaça soviética sinalizaria a eventual dominação comunista da cidade e colocaria em risco sua visão de construir a República Federal sob um guarda-chuva nuclear aliado, especialmente o estadunidense. Embora Khrushchev ameaçasse fazer uso da força, faltou-lhe a confiança para executar esta ameaça antes do prazo final do próprio ultimato.

Eisenhower postergou habilmente o confronto atraindo Khrushchev para um prolongado diálogo, em boa medida processual, sobre as questões em que seu ultimato implicava, culminando em um convite ao líder soviético para um giro pessoal pelos Estados Unidos em setembro de 1959. O primeiro-ministro britânico Harold Macmillan aplicou uma estratégia similar com uma visita a Moscou em fevereiro de 1959. Entre os principais aliados, apenas De Gaulle permaneceu distanciado dessa estratégia, insistindo na retirada do ultimato soviético antes de participar das negociações.

Sem fazer ideia de como implementar suas ameaças — ou pelo menos relutante em enfrentar as consequências militares —, Khrushchev retirou seu prazo final em maio de 1959. Durante a visita aos Estados Unidos, ele e Eisenhower concordaram em divulgar um comunicado conjunto contendo a frase "todas as questões internacionais extraordinárias [como Berlim] devem ser solucionadas não pelo emprego da força, mas por meios pacíficos, mediante negociações", levando a uma breve aproximação nas relações entre Estados Unidos e União Soviética.[66]

Apesar desse acordo, Khrushchev insistia em tentar isolar e desmoralizar a Alemanha de Adenauer. Em maio de 1960, as tentativas do líder soviético

---

* No período de Adenauer, Willy Brandt, o prefeito do setor ocidental de Berlim de 1956 a 1966, viria a ser uma figura nacional na Alemanha Ocidental. Brandt foi eleito chanceler em 1969, quando Berlim Ocidental se tornaria, para todos os propósitos práticos, parte da República Democrática Alemã.

resultaram numa cúpula sobre Berlim, a ser realizada em Paris entre os líderes das quatro potências de ocupação — sem a República Federal, sugerindo desse modo a possibilidade de que o resultado seria imposto à Alemanha.

A cúpula preparava um cronograma quando o destino, ou um acidente, interveio. Um avião de espionagem U2 americano foi derrubado sobre a Rússia em 1º de maio de 1960, e Khrushchev usou o incidente para exigir um pedido de desculpas dos Estados Unidos antes de proceder a quaisquer discussões mais significativas. Quando Eisenhower se recusou, Khrushchev abortou a cúpula, sem porém reafirmar sua ameaça. As questões relativas a Berlim — e à confiabilidade estadunidense — seriam debatidas por Adenauer com o sucessor de Eisenhower, John F. Kennedy.

TRÊS CONVERSAS COM ADENAUER

Por uma ironia do destino, mais de vinte anos após fugir com minha família da Alemanha nazista, tive a oportunidade de participar da elaboração da política americana de longo prazo em relação ao país — agora parte da Aliança da Otan — como consultor da Casa Branca sob o governo Kennedy.

Primeiro como acadêmico, no final dos anos 1950, estudando a história europeia, e então como consultor da Casa Branca no início dos anos 1960, passei a me reunir com funcionários de governos estrangeiros. A despeito de minha admiração por Adenauer, durante esse período, continuava preocupado com o impacto da turbulenta cultura política alemã nas decisões impostas ao país pela Guerra Fria. Como escrevi em um memorando para o presidente Kennedy em abril de 1961:

> Um país que perdeu duas guerras mundiais, passou por três revoluções, cometeu os crimes da era nazista e viu sua riqueza material liquidada duas vezes numa só geração está fadado a sofrer de profundas cicatrizes psicológicas. Há uma atmosfera de histeria, uma tendência a ações desequilibradas. Um amigo alemão, escritor, comentou comigo que, dos principais países europeus, só a Alemanha não sofreu um evidente choque psicológico após a guerra. O país sublimou seus problemas na tentativa frenética de se reconstruir economicamente. Mas continua candidato a um colapso nervoso.[67]

Essa passagem capta a atmosfera instável em que Adenauer atuava e os desafios psicológicos a suas políticas.

Reuni-me com ele pela primeira vez em 1957 durante uma viagem acadêmica à Alemanha e continuaríamos a nos encontrar até sua morte, uma década depois. Os últimos de nossos dez ou mais encontros foram realizados após sua aposentadoria, em 1963, quando me tornei um ouvinte compreensivo para reflexões por vezes melancólicas sobre sua vida e o futuro de seu povo em um país que — a despeito do fim da ocupação — parecia destinado a abrigar os exércitos britânico, francês e americano indefinidamente, agora para dissuadir a agressão soviética.

O escritório do chanceler ficava no Palais Schaumburg, outrora residência de um aristocrata renano. Elaborado nos padrões de outra época, era pequeno demais para acomodar o aparelho de um Estado burocrático-tecnológico moderno. O escritório era dominado por espreguiçadeiras e sofás, com um mínimo de parafernália técnica visível; tinha mais o caráter de uma sala de estar do que de um centro de poder. A não ser por alguns poucos conselheiros principais, o pessoal operacional ficava sediado em Bonn, cidade modesta demais para servir como capital de um país importante.

A autoridade de Adenauer se originava em parte de sua personalidade, que combinava dignidade e força. Seu rosto, que ficara parcialmente paralisado com os ferimentos sofridos em um acidente de carro aos quarenta e poucos anos, e sua postura, ao mesmo tempo educada e remota, transmitiam uma mensagem inequívoca: você estava em um mundo guiado por princípios e imune a slogans ou pressões. Ele falava com calma, gesticulando apenas ocasionalmente em prol da ênfase. Sempre preparado para questões contemporâneas, nunca discutia a vida pessoal na minha presença. Tampouco perguntava sobre a minha, embora — haja vista a efetividade perene da burocracia alemã — com certeza conhecesse meu histórico familiar e compreendesse os caminhos em que o destino pusera cada um de nós.

Adenauer tinha um olhar afiado para o caráter e de vez em quando expressava suas observações de maneira sardônica. Em uma discussão sobre as qualidades da liderança firme, advertiu-me a "nunca confundir energia com força". Em outra ocasião, conduzia-me até a sua sala no exato momento em que outro visitante, que recentemente catalisara a atenção da mídia com ataques contra ele, estava de partida. Minha surpresa com a maneira cordial como se despediram deve ter ficado evidente. Adenauer iniciou a conversa afirmando: "Meu caro professor, na política é importante retaliar a sangue-frio".

Outubro de 1957

A primeira conversa começou pelas relações entre o Ocidente e a União Soviética. Adenauer insistia que o conflito era tanto fundamental como permanente e advertiu sobre concessões aos soviéticos ou alemães orientais. O atual status dividido de Berlim, embora difícil, era defensável, disse ele, acrescentando que qualquer proposta respaldada pelos soviéticos para "modificá-lo" ou "melhorá-lo" fatalmente enfraqueceria a unidade ocidental e a autonomia de Berlim — assim como pretendera a astuciosa proposta de unificação de Stálin, cinco anos antes.

Tampouco era a União Soviética a única ameaça pairando sobre o mundo, no entender de Adenauer. Ele perguntou se eu tinha consciência de que, na avaliação de observadores sérios, uma cisão entre China e Rússia era iminente. Em face de desafios novos como esse, prosseguiu, o Ocidente deveria tomar um cuidado especial para não se enfraquecer com disputas entre aliados. Como uma cisão sino-soviética não era uma expectativa geral na época, abstive-me de comentar. Adenauer decidiu tratar o silêncio como concordância. Em sua conversa introdutória com o presidente Kennedy em 1961, repetiria essa mensagem de advertência, acrescentando "e o professor Kissinger concorda comigo".[68]

O propósito primordial da minha primeira conversa com Adenauer era explorar a confiabilidade da garantia nuclear americana. Os armamentos nucleares na época tinham pouco mais de uma década e nenhuma experiência comparável na história poderia servir de precedente para um país se arriscar a ser devastado em nome de outro. Na fase inicial da aliança, a Otan, como o próprio órgão admitiu, não contava com forças suficientes para uma defesa convencional. Assim a questão central veio a ser: os Estados Unidos assumiriam os riscos nucleares?

Quando argumentei que, na presente ordem mundial emergente, os Estados Unidos não fariam distinção entre os interesses aliados e os seus próprios, Adenauer observou de maneira educada mas firme que durante a crise de Suez, apenas um ano antes, os Estados Unidos haviam fracassado em tratar nesse espírito os interesses até de seus principais aliados (Grã-Bretanha e França).

Uma vez manifestada, a preocupação de Adenauer com a confiabilidade americana no quesito nuclear ficou cada vez mais explícita, levando-o a conceber engenhosos cenários hipotéticos que pudessem pôr à prova a determinação presidencial estadunidense. Um líder dos Estados Unidos, por exemplo, correria o risco de uma devastação nuclear nos últimos meses de sua presidência? Ou no intervalo de três meses entre a eleição e a posse? Ou depois de uma bomba de hidrogênio ter explodido em uma grande cidade americana? Nesse estágio da relação EUA-Alemanha, as questões de Adenauer, por mais diretas que fossem, eram feitas acima de tudo para suscitar tranquilidade. Repeti a resposta-padrão americana de uma reiteração irrestrita do compromisso dos Estados Unidos. Mas a preocupação de Adenauer com a energia nuclear cresceu em abrangência e intensidade em todas as nossas conversas posteriores.

Maio de 1961 — Resposta flexível

Minha conversa seguinte com Adenauer ocorreu em 18 de maio de 1961, num contexto político distinto. A experiência prévia de Adenauer não o preparara para um líder como John F. Kennedy, o novo presidente americano. Eloquente, jovial e dinâmico, que serviu com distinção no Pacífico durante a Segunda Guerra Mundial, Kennedy representava uma ruptura geracional com seus predecessores, todos eles nascidos antes da Primeira Guerra Mundial. Imbuído da confiança da "Maior Geração de Todas", Kennedy empenhou-se em canalizar a energia e a fé no país dessa geração no intuito de atingir os objetivos globais dos Estados Unidos.* Embora tivesse passado um tempo na Europa no período em que seu pai serviu como embaixador na Grã-Bretanha (1937-40) e viajado pela Alemanha em diversas ocasiões como estudante e senador, Kennedy mal começava a enfrentar o problema de encontrar maneiras de tranquilizar uma Alemanha derrotada e simultaneamente voltada à reconstrução da Europa e à defesa de sua estrutura política das ameaças soviéticas.

---

* O governo Kennedy incluía uma quantidade sem precedentes de acadêmicos — entre eles Arthur Schlesinger Jr., John Kenneth Galbraith e Carl Kaysen — que tinham acesso direto ao presidente. Mais familiarizados com a atmosfera informal da vida acadêmica do que com os intrincados sistemas de permissão oficial por meio dos quais a diplomacia se protege (e protege o país), eles empreenderam por vezes reflexões públicas que foram interpretadas no exterior como preferências presidenciais. Isso complicou os diálogos com líderes estrangeiros.

Kennedy foi obrigado a fazer política diante de uma reserva crescente de armamentos nucleares soviéticos. Os soviéticos haviam testado uma arma nuclear pela primeira vez em 1949. Quando Eisenhower tomou posse, em 1953, contavam com cerca de duzentas armas nucleares; quando Kennedy foi eleito presidente, em 1961, possuíam cerca de 1500 ogivas e começavam a desenvolver sistemas de ataque intercontinental — gerando, desse modo, preocupações precoces quanto a uma suposta defasagem de mísseis. As apreensões se revelariam exageradas, pois, no início dos anos 1960, os Estados Unidos continuavam em posição de prevalecer com um primeiro ataque preventivo.

Adenauer, de sua parte, continuava a encarar a Aliança Atlântica como a chave para o futuro estratégico e político da Alemanha. Mas a Aliança enfrentava discordâncias internas tanto em relação aos objetivos políticos gerais quanto a uma estratégia militar comum. Como Adenauer expressara a mim em nossa conversa anterior, o pomo da discórdia quanto à estratégia nuclear era se a Aliança sempre seria capaz de depender de uma quase reflexa autoidentificação estadunidense com os objetivos do grupo quando os aliados fossem ameaçados de agressão.

Kennedy e seus assessores, mais notavelmente o secretário de defesa Robert McNamara, procuraram mitigar o impacto desse dilema com uma doutrina de resposta flexível, pela qual imaginavam criar vários limites no combate para possibilitar que um adversário considerasse outras respostas que não a retaliação massiva. Mas as armas eram tão colossalmente destrutivas que a elaboração técnica desses cenários hipotéticos se revelou mais persuasiva do que a diplomacia promovida em nome deles.

O ministro da defesa alemão, Franz Josef Strauss, tornou-se sonoro opositor da estratégia nuclear americana. Um bávaro quintessencial, volúvel e apaixonado, cuja barriga dava testemunho do quanto desfrutava as libações de sua região, Strauss tocou na questão da aplicabilidade de uma "resposta reflexa" a uma crise de Berlim numa conversa que tivemos a 11 de maio, durante essa mesma visita a Bonn.[69] Quanto território seria perdido, perguntou, antes que a resposta do "limite" fosse atingida? Qual seria a duração de uma "pausa"? Quem tomaria as decisões em cada suposto estágio, especialmente no salto da guerra convencional para a guerra nuclear? Ele duvidava que os Estados Unidos seriam capazes ou estariam dispostos a efetivar uma política tão complexa e ambígua. Outros participantes alemães no encontro apoiaram Strauss, especialmente o chefe de estado-maior das recém-criadas forças armadas.

Adenauer demonstrou o impacto do pensamento de Strauss dando início abruptamente à conversa, mais uma vez em sua sala no Palais Schaumburg, com a afirmação,[70] "Vocês, estadunidenses, pecaram demais contra a Otan". Adenauer ficara revoltado com a proposta norte-americana de que os aliados da Otan elaborassem um sistema para controlar as forças nucleares independentes da Grã-Bretanha e da França e relacioná-las a uma estratégia integrada através de uma Força Multilateral. Ele perguntou como alguém poderia esperar que países sem armas nucleares próprias fizessem propostas sensatas? A equipe do secretário-geral da Otan era reduzida demais e estava muito pouco familiarizada com questões nucleares para se encarregar dessa tarefa. Se queriam realmente tentar a coordenação nuclear, argumentou ele, a autoridade do secretário-geral precisava ser fortalecida e sua equipe, ampliada.

A proposta da Casa Branca a que Adenauer se referia fora rascunhada na expectativa de que ele e sua comitiva concluíssem, devido à própria falta de familiaridade com a estratégia nuclear, que a responsabilidade por ela tinha que permanecer com os Estados Unidos. Mas Adenauer chegara à inesperada conclusão de que a capacidade europeia para forças nucleares autônomas devia ser ampliada.

Foi por esse motivo que Adenauer passou a falar sobre De Gaulle. De Gaulle o advertira que os Estados Unidos, a despeito de suas promessas, abandonaram a França nas Nações Unidas na crise com a Argélia exatamente como fizeram antes, em 1956, na questão de Suez. Segundo Adenauer, De Gaulle argumentara que a diplomacia conduzida pelos Aliados em relação a Berlim carecera de determinação e direção. Em vez de contemporizar, os Estados Unidos deveriam ousar assumir a dianteira e rejeitar sumariamente as exigências soviéticas. De Gaulle o pusera a par de uma conversa entre Eisenhower e Khrushchev que, na interpretação de Adenauer, podia deixar os soviéticos tentados a continuar a pressionar, em especial considerando a postura complacente do primeiro-ministro britânico Macmillan. A firmeza era ainda mais necessária por Adenauer estar convencido também de que os soviéticos jamais se arriscariam à autodestruição em nome de Berlim.

Respondi com uma recapitulação do que eu dissera em nossa primeira conversa: que, pelo que entendia do pensamento americano, a liberdade de Berlim e da Europa como um todo era vista como inseparável da nossa. Isso levou Adenauer ao assunto da força nuclear independente da França. Fortalecia

58

a Aliança? Era necessária? Expressei meu ceticismo de que o Kremlin interpretaria uma força nuclear francesa distinta como substituta do compromisso nuclear estadunidense. Nisso, Adenauer convidou Heinrich von Brentano, ministro do exterior, a juntar-se a nós e pediu-me que repetisse a ele minhas observações anteriores. Como um profissional militar como De Gaulle podia ambicionar algo tão fora da realidade? Adenauer prometeu investigar a questão no próximo encontro entre ambos.

No mês seguinte, as preocupações de Adenauer com o futuro da relação entre Alemanha e Estados Unidos se intensificaram quando Khrushchev reiterou o ultimato de Berlim. Em resposta, Kennedy mobilizou unidades da Guarda Nacional e nomeou o general Lucius Clay como "representante pessoal com posto de embaixador", na prática fazendo dele o principal funcionário estadunidense em Berlim. Khrushchev contribuiu ainda mais para a escalada da crise em 13 de agosto construindo um muro através da cidade, dividindo-a brutalmente. O status de quatro potências de Berlim fora apagado.

Junto a medidas de prontidão militar, o governo Kennedy elaborou uma série de propostas políticas para deixar o acesso a Berlim sob a jurisdição de uma autoridade internacional no lugar das quatro potências; ela seria composta de igual número de comissários da Otan e do Pacto de Varsóvia (oito para cada) — além de três de países europeus neutros. Nesse esquema, a determinação final da qual a paz e a guerra dependiam seria removida da Aliança Atlântica e entregue nas mãos de países que haviam se declarado neutros principalmente para ficar longe das questões cotidianas. A proposta nunca foi formalmente explorada, já que Adenauer recusou-se a considerar a perspectiva de trocar a supervisão americana das rotas de acesso por essa dos três países europeus neutros.

Outro conjunto de ideias para resolver o impasse de Berlim envolvia maneiras de fazer a Alemanha aceitar a Linha Oder-Neisse, que reduzira o território alemão pré-guerra em quase um quarto ao final da Segunda Guerra Mundial. Adenauer também o rejeitou, embora houvesse se preparado para aceitá-lo sob os termos apropriados — como, por exemplo, um acordo acerca da unificação alemã. Em seu entender, alterar os procedimentos de acesso a Berlim — que a seu ver já estavam funcionando adequadamente — não justificava uma concessão tão grande. Acima de tudo, a busca constante por fórmulas de negociação individual isolou a Alemanha. A estratégia de Adenauer dependia da política de contenção elaborada por George Kennan e implementada pelos secretários de Estado americanos Dean Acheson e John Foster Dulles. Ela pressupunha que o bloco soviético acabaria enfraquecido se confinado a seus próprios recursos e obrigado a confrontar seus dilemas internos. Esse, na opinião de Adenauer, seria o momento de negociar a unificação.

Fevereiro de 1962 – Kennedy e Adenauer

Havia um elemento melancólico nos encontros entre Kennedy e Adenauer. Ambos aspiravam a metas importantes, mas suas políticas derivavam de pontos de partida opostos e eram promovidas por diferentes métodos – no caso de Adenauer, resistência, e no de Kennedy, flexibilidade diplomática. Adenauer assumira o cargo no ponto mais baixo da história alemã; quando Kennedy se tornou presidente, os Estados Unidos estavam no auge de seu poderio e auto-confiança. Adenauer via como sua tarefa reconstruir os valores democráticos com base na moralidade cristã em meio ao caos da rendição incondicional; os propósitos abrangentes de Kennedy refletiam a crença incontestável na missão providencial dos Estados Unidos baseada em seus valores democráticos e poder dominante. Para Adenauer, a reconstrução da Europa envolvia a reafirmação de valores e verdades tradicionais; para Kennedy, era a afirmação de fé no progresso científico, político e moral do mundo moderno. Para Adenauer triunfar, era necessário estabilizar a alma da Alemanha; para um presidente americano, e especialmente para Kennedy, o objetivo era mobilizar um idealismo já existente. O que começou como uma parceria histórica gradualmente se tornou uma dinâmica tensa conforme o idealismo estadunidense sobrestimava a flexibilidade diplomática de que a Alemanha dispunha.

No caminho para construir uma Comunidade Atlântica, os objetivos estadunidenses e alemães haviam corrido paralelamente. As estruturas formadas durante o período de criatividade no fim da década de 1940 e início da década de 1950 baseavam-se numa visão substancialmente comum no campo político e um efetivo monopólio dos Estados Unidos na arena nuclear. Mas, uma vez completada a jornada, e em especial sob a pressão dos repetidos ultimatos de Khrushchev quanto a Berlim, a história cobrou seu preço; os interesses nacionais e até os estilos nacionais, refletindo séculos de diferente evolução interna, se reafirmaram. Como resultado, em 1962 chegavam relatórios a Washington afirmando que Adenauer desafiava a credibilidade dos compromissos nucleares estadunidenses e a política em relação a Berlim.

McGeorge Bundy, assessor de segurança nacional de Kennedy, solicitou em fevereiro de 1962 que eu, por estar familiarizado com Adenauer, me encontrasse com ele para ajudar a restabelecer a confiança nos assuntos nucleares. Respondi que, no entender de Adenauer, as questões políticas eram primordiais e permanentes enquanto as questões nucleares eram símbolos de confiabilidade política e ética. Para vencer as reservas de Adenauer, ficou combinado que eu lhe apresentaria um relatório especial sobre a política de segurança e as capacidades nucleares dos Estados Unidos. Ele fora desenvolvido pelo secretário de defesa McNamara e aprovado pelo secretário de Estado Dean Rusk e incluía detalhes sobre as estruturas e o planejamento da força nuclear norte-americana não compartilhados previamente com líderes de países aliados (a não ser com o Reino Unido). Devido ao componente nuclear do relatório, Adenauer estava acompanhado de um único intérprete.* (Como eu não conhecia os termos técnicos para estratégia nuclear em alemão, conduzi minha parte da conversa em inglês.)

Quando iniciava a apresentação em 16 de fevereiro,[71] reiterando a firmeza do compromisso americano, Adenauer interrompeu: "Já escutei isso em Washington. Não fiquei convencido por lá, por que me convenceria aqui?". Respondi que antes de mais nada eu era um acadêmico, não um funcionário do governo; quem sabe o chanceler poderia adiar seu julgamento até ter escutado a apresentação inteira? Sem se abalar, Adenauer respondeu: "Que proporção do seu tempo o senhor passa prestando consultoria em Washington?". Quando respondi cerca de um quarto, Adenauer replicou: "Vamos presumir então que me contará três quartos da verdade".

É bem possível que esse diálogo tenha desconcertado Walter Dowling, o embaixador estadunidense em Bonn, que me acompanhara à reunião. Mas, como o profissional que era, ele não demonstrou de maneira alguma. À medida que eu desenvolvia a apresentação nuclear, evidenciando a enorme disparidade existente na época entre as forças nucleares estratégicas estadunidense

---

* O relatório foi apresentado na sala do chanceler em Bonn. Embora nascido na Alemanha, eu geralmente falava inglês em conversas oficiais, mas não pedia tradução se meu interlocutor falasse alemão.

e soviética, a atitude de Adenauer se transformou. Conforme eu respondia as perguntas que ele fizera previamente a outros visitantes americanos sem se satisfazer, enfatizava que as forças de segundo ataque estadunidenses eram maiores e muito mais efetivas do que as forças de primeiro ataque soviéticas, e que um primeiro ataque estadunidense seria devastador.

O parágrafo final do relatório do embaixador Dowling resumiu o efeito da conversa sobre o chanceler:

> Em duas ocasiões em que Kissinger e eu fizemos menção de partir, [Adenauer] nos pediu para ficar de modo a ter outra oportunidade de expressar sua gratidão pelo que fora dito e sua forte concordância com tudo. Afirmou que estava aliviado em ver quanta força existia para defender a liberdade e que a principal tarefa era se precaver contra falhas humanas. Ao sair, Kissinger afirmou que as palavras sobre nosso poderio e dedicação à Comunidade Atlântica não eram mera retórica. O chanceler respondeu, "Graças a Deus que não!". Nessa nota, a reunião se encerrou.[72]

As "falhas humanas" a que Adenauer se referia incluíam claramente sua preocupação em desenvolver uma estratégia apropriada e a possível relutância estadunidense em empregar seu poderio esmagador.

Algumas décadas mais tarde, eu receberia uma carta da Alemanha ilustrando o valor que Adenauer depositava em honrar suas promessas. Trazendo o nome de um emissário que não reconheci, a carta me informava que seu autor servira como tradutor-intérprete durante essa antiga conversa. Seguindo instruções da Casa Branca, eu pedira que Adenauer não repassasse a ninguém a informação nuclear revelada, e ele dera sua palavra de honra de que respeitaria o pedido. O autor da carta agora confidenciava que, na verdade, registrara tudo o que fora dito — era seu dever como intérprete — e entregara a transcrição ao chanceler no dia seguinte. Mas Adenauer o instruíra a destruir a parte nuclear, pois não podia garantir que sua promessa continuaria a ser mantida depois que entregasse o cargo.

A história lançara Adenauer e Kennedy em uma espécie de dependência mútua, mas isso foi incapaz de compensar o abismo geracional e as diferenças resultantes dele. Kennedy via como seu objetivo primeiro reduzir e por fim eliminar a possibilidade da guerra nuclear; nesse intento, pretendeu engajar a participação soviética em uma longa jornada que exigia flexibilidade tática, inclusive por parte do chanceler alemão. Da perspectiva de Adenauer, porém, as táticas do presidente estadunidense ameaçavam dissipar a estabilidade e a solidez por ele forjadas a partir da desintegração da Alemanha de Hitler. Kennedy tinha uma abordagem mais global, Adenauer, a perseverança de enfrentar o colapso moral e físico de seu país, conviver com sua partilha e construir uma nova ordem europeia baseada na parceria atlântica.

A UNIFICAÇÃO ALEMÃ: UMA ESPERA ANGUSTIANTE

O povo alemão nunca fora governado dentro de fronteiras que correspondessem às do período pós-guerra.[73] Na ausência de um acordo Oriental--Ocidental, ou de um colapso no equilíbrio de poder existente, o estabelecimento dessas fronteiras parecia pressagiar a partilha incerta da Alemanha entre o Oriente comunista e o Ocidente democrático. Sem dúvida, o objetivo de unificação fora tacitamente afirmado pela existência de um Conselho de Controle das Quatro Potências para a totalidade da Alemanha ocupada e explicitamente abraçado pelas três potências ocidentais; mas era inevitável que a política doméstica alemã buscasse a unidade entre o Ocidente e o Oriente de forma mais explícita do que o faziam as potências de ocupação. A unificação se tornou uma questão política perene na Alemanha Ocidental e foi usada como instrumento estratégico pela União Soviética — a começar pela proposta de Stálin em 1952 e culminando nos ultimatos de Khrushchev sobre Berlim.

A política de Adenauer baseava-se em tratar a partilha do país como provisória; ele acreditava que a unificação acabaria por chegar mediante o desmantelamento da órbita de satélites soviéticos, o crescimento econômico superior da República Federal, a força e a coesão da Aliança Atlântica e o surgimento de tensões internas no Pacto de Varsóvia. Isso pressupunha um colapso do satélite da Alemanha Oriental — na verdade muito parecido com o que aconteceria posteriormente em 1989. Enquanto o colapso não vinha, as principais prioridades da RFA continuariam a ser a Aliança Atlântica, a manutenção de relações próximas com os Estados Unidos e a integração na Europa. A dificuldade da estratégia que trocou a submissão aos Aliados pela resistência era que Moscou provavelmente não permaneceria passiva nesse meio-tempo e tentaria prevenir tal resultado por meio de pressão diplomática e até militar, como aconteceu nas várias crises de Berlim. As controvérsias resultantes pouco a pouco enfraqueceram a posição doméstica de Adenauer.

Quando o satélite soviético da Alemanha Oriental se declarou soberano em outubro de 1949, Adenauer respondeu com a assim chamada Doutrina Brentano (batizada com o nome de seu ministro do exterior de 1955 a 1961), segundo a qual a República Federal suspenderia as relações diplomáticas com qualquer país que reconhecesse a RDA. Mas com o tempo, e diante das pressões alemãs internas por contato ao menos com o Leste Europeu e a Alemanha Oriental, a manutenção dessa política se revelou cada vez mais difícil.

Tentando se recuperar das derrotas eleitorais, e impactado pelas manobras de Khrushchev, o SPD começou a mudar de orientação, mobilizando apoio por meio da ênfase numa postura a favor de negociações com o Leste Europeu e especialmente com a Alemanha Oriental. Herbert Wehner, seu líder mais enérgico (embora inelegível para o cargo máximo devido ao seu período como prisioneiro de guerra na Suécia quando era agente soviético), encabeçou um processo interno que, em 1959, culminou na aceitação da adesão alemã à Otan pelo partido. À medida que o SPD cada vez mais se apresentava como um instrumento de unificação, o partido revivia sua política imediata no pós--guerra de buscar maior flexibilidade em negociar com os países orientais e a União Soviética, embora agora dentro de uma estrutura da Otan — a assim chamada Ostpolitik.[74]

Adenauer e a União Democrata Cristã argumentaram que o progresso para uma eventual unificação seria prejudicado ao transformar o status de Berlim, capital histórica da Alemanha, em uma negociação na qual os comunistas detinham todos os recursos geográficos e militares. A afirmação do objetivo final, na visão de Adenauer, podia paradoxalmente tornar a partilha provisória aceitável — ao contrário dos dias iniciais da República Federal, quando Adenauer fez de tudo para pôr a questão de lado.

Os debates entre a CDU e o SPD começaram a se sobrepor a divisões dentro da União Democrata sobre a sucessão de Adenauer. A questão da idade — ele estava com 86 anos em 1962 — combinada a disputas com os Estados Unidos devido à estratégia soviética pouco a pouco enfraqueceu sua posição doméstica. A recusa de Adenauer em se opor ao veto de De Gaulle ao acesso britânico à CEE* foi criticada por uma minoria substancial na CDU. Quando, na eleição de 1961, a CDU perdeu sua maioria no Bundestag, um governo de coalizão passou a ser necessário. Os Democratas Liberais — um partido moderadamente conservador, favorável ao livre-comércio, e o único parceiro de coalizão disponível — concordaram, sob a condição de que Adenauer deixasse o cargo antes do fim do mandato da coalizão, em 1965.

No outono de 1962, a questão da aposentadoria de Adenauer chegou a um ponto crítico. O ministro da defesa Franz Josef Strauss acusou a revista *Der Spiegel* de violar a segurança nacional ao publicar documentos do governo vazados em que ele explorava a ideia de assegurar armas nucleares táticas para a defesa da RFA.[75] Em resposta, Strauss acusou a *Der Spiegel* de sedição e recomendou que a polícia de Hamburgo realizasse uma batida na redação. Além disso, o jornalista responsável pela matéria foi preso na Espanha, onde passava as férias.

Todos os cinco ministros democratas liberais do gabinete renunciaram em protesto a 19 de novembro, e Strauss também foi posteriormente forçado a renunciar. O próprio Adenauer soubera do plano de Strauss — distraído pela Crise dos Mísseis em Cuba, segundo relatou — e, embora superasse a onda imediata de renúncias, seu tempo agora era claramente limitado.

Ao se preparar para deixar o cargo, Adenauer ficou especialmente preocupado em enraizar suas realizações na política externa em um terreno firme para o futuro. Um dos pilares de sua política externa fora a contenção do poder soviético — estratégia apoiada por todos os presidentes estadunidenses desde Truman. Baseada na convicção de que a ideologia e a assertividade estratégica dos soviéticos podiam ser superadas por meio da construção de situações de força aliada, especialmente na Europa Central, o conceito se revelou presciente. A desvantagem da contenção, porém, era não incluir nenhuma prescrição para transmitir a força ocidental ao adversário, tampouco a diplomacia que a implementaria, a menos que houvesse um ataque direto ou outras pressões. Como resultado, na política doméstica interna, a fortitude e a resistência de Adenauer tinham de ceder terreno para a Ostpolitik.

O outro pilar principal era a convicção de Adenauer de que o futuro da Alemanha e de uma Europa unida dependia da fé moral e do compromisso

---

* Ver capítulo 2, pp. 138-9.

com os princípios democráticos. Ele explicou isso em um discurso de 1956 sobre o futuro da Europa:

"Os grandes pensamentos brotam do coração", afirma um famoso ditado. E também nós devemos permitir que o grande pensamento de uma Europa unida brote de nossos corações se esperamos que se materialize. Não é como se a unidade europeia fosse uma questão de emoções, de sentimento, mas antes no sentido de que um coração firme, dedicado a uma grande tarefa, pode nos dar a força de prosseguir em face de todas as dificuldades com o que nossa razão reconhece como um direito. Se encontrarmos essa força, faremos justiça a todas as necessidades que mencionei. Então completaremos a grande obra de unificação que cada uma de nossas nações necessita, que a Europa necessita, e que o mundo todo necessita.[76]

Durante seu período no cargo, Adenauer conquistou o objetivo de implantar a democracia na Alemanha e modelar uma estrutura europeia dentro da qual o país pudesse ter um papel preponderante. Fundindo a estratégia de Adenauer às táticas de Kennedy, o objetivo final — a unificação alemã — foi conquistado com o colapso do império soviético mais de duas décadas após ambos terem deixado o palco.

CONVERSAS FINAIS

Adenauer entregou o cargo de chanceler em abril de 1963, após catorze anos de serviço.

Dean Acheson observou certa vez que muitos líderes, após deixar o cargo, agem como se um grande caso amoroso houvesse chegado ao fim. Eles acham difícil se separar dos problemas com que ocupavam seus dias; reflexões sobre estratégias alternativas preenchem muitas de suas horas e conversas.

Com Adenauer era diferente, e isso me ocorreu particularmente durante minha última visita, a 24 de janeiro de 1967, três meses antes de seu falecimento. A idade não o debilitara. Ele tinha uma preocupação especial com as tendências de longo prazo da Alemanha, não tanto com as questões de momento. Tocou num tema sempre presente em seu pensamento, mas até então desconhecido por mim: a evolução de como os alemães pensavam a seu próprio respeito. Os alemães eram um povo profundamente preocupado e dividido, disse Adenauer, não só devido ao passado nazista, mas também, em um sentido mais profundo, à ausência de um senso de proporção ou continuidade histórica. A evolução da história apresentaria os alemães a desdobramentos surpreendentes a que podiam reagir de uma maneira imprevista. Manter a estabilidade interna da Alemanha podia se transformar em um problema perpétuo.

À minha pergunta se a recém-formada grande coalizão entre os dois principais partidos — a CDU e o SPD — havia superado a ausência inerente de consenso nacional, Adenauer respondeu que ambos os principais partidos eram fracos demais. Ele se questionou em voz alta: "Ainda há líderes capazes de conduzir uma política de longo prazo genuína? A verdadeira liderança ainda é possível hoje?". O SPD, disse ele, tinha apenas um líder forte, Herbert Wehner, que era inelegível para a chancelaria devido a seu passado comunista. Além do mais, o SPD estava dividido entre os estrategistas políticos à direita e uma ala pacifista à esquerda. Com o tempo, isso podia levar o partido a se aproximar dos comunistas alemães orientais (o Partido Socialista Unificado da Alemanha), do satélite soviético alemão oriental ou até da própria União Soviética em bases nacionalistas.

Quanto à CDU, partido do próprio Adenauer, sua fraqueza residia no oportunismo. O então chanceler, Kurt Georg Kiesinger, que em 1966 substituíra o sucessor imediato de Adenauer, Ludwig Erhard, era um orador capaz, mas dotado menos de força que de beleza pessoal e excessivamente preocupado com as aparências. Mesmo assim, era melhor que Erhard, que na visão de Adenauer havia sido "estúpido" demais para o cargo de chanceler, a despeito de sua mágica econômica do pós-guerra. Quando comentei que "apolítico demais" talvez fosse o adjetivo mais apropriado, Adenauer respondeu: "Para um líder político, o adjetivo 'apolítico' é a definição da estupidez".

Adenauer foi enfático quanto ao papel estadunidense na Guerra do Vietnã. Estava além de sua compreensão por que os Estados Unidos haviam se estendido tão além da arena de seus principais interesses e por que o país agora achava tão difícil se desvencilhar dessa situação. Em resposta a meu comentário de que, ao defender nossos parceiros na Ásia, estávamos preocupados em proteger nossa credibilidade enquanto aliados no teatro principal, afirmou que queria pensar sobre esse aspecto: "Pode voltar amanhã para ouvir minha resposta?".

No dia seguinte, providenciou que sentássemos frente a frente e disse de uma maneira solene: "*Schau mir in die Augen*" [Olhe nos meus olhos]. E então, voltando às minhas garantias do dia anterior, falou:

Acha que continuo a crer que nos protegerão incondicionalmente? [...] Suas ações em anos recentes deixam claro que, para seu país, a détente com a União Soviética também será prioridade máxima em situações de crise. Não creio que um presidente estadunidense arriscará a guerra nuclear em nome de Berlim em qualquer circunstância. Mas a aliança permanece importante. O que tem nos protegido é o fato de os próprios líderes soviéticos não poderem ter certeza desse elemento de dúvida.

Assim, em um resumo impactante, Adenauer voltara ao assunto de nossa primeira conversa de dez anos antes: a ambiguidade inerente de uma ameaça nuclear. Mas ele também articulava outro princípio fundamental que lhe ocorrera em seus anos de serviço público: a importância decisiva da Aliança Atlântica.

O que começara como um apelo por tranquilização em uma crise se transformara em uma percepção estratégica de longo prazo. Adenauer reafirmou, em suas últimas palavras para mim, o compromisso com a parceria atlântica — mesmo expressando reservas sobre a complexidade de sua implementação. Aceitando a estratégia que conteria a União Soviética por quase meio século, ele percebeu que essa mesma ambiguidade gerava a dissuasão com a qual os aliados estadunidenses podiam contar para sua evolução dentro de uma estrutura política europeia e uma parceria com a América.

A TRADIÇÃO DE ADENAUER

Uma excelente liderança é mais do que a evocação de exultação transitória; ela exige a capacidade de inspirar e sustentar uma visão a longo prazo. Os sucessores de Adenauer descobriram que os princípios de sua visão formativa eram essenciais para o futuro da Alemanha. Isso era verdade até para Willy Brandt, que em 1969 se tornou o primeiro chanceler social-democrata da República Federal.

Brandt passara os anos de Hitler no exílio, primeiro na Noruega e depois na neutra Suécia. Como prefeito da Berlim Ocidental durante as crises de 1958-62, demonstrara grande liderança e capacidades retóricas que fortaleceram seu povo e ajudaram a restabelecer o moral.

Uma vez empossado como chanceler, Brandt se afastou do tradicionalismo de Adenauer. Mais importante, promoveu a Ostpolitik, que envolvia a abertura para o mundo comunista, ao mesmo tempo que mantinha as relações da Alemanha com seus aliados. Tanto o presidente Richard Nixon quanto eu, assim como seu assessor de segurança nacional, ficamos inicialmente desconfortáveis com a potencial evolução da Ostpolitik em uma nova variedade de nacionalismo alemão mascarado de neutralidade com que a República Federal pudesse tentar manobrar entre o Oriente e o Ocidente.

Embora parte da política externa de Brandt divergisse da de Adenauer, ele estava suficientemente comprometido com a Aliança Atlântica para poder se consultar de perto com Washington em qualquer negociação com Moscou. Em sua primeira semana no cargo, Brandt enviou seu amigo e assessor de política externa, Egon Bahr, a Washington. Para nossa surpresa, Bahr reforçou o compromisso da República Federal com a Otan e com a continuidade das tentativas da era Adenauer de unificar a Europa. O novo chanceler, contou-nos Bahr, coordenaria a Ostpolitik com seus aliados e sobretudo com a Casa Branca. Em resposta, Nixon superou nossas premonições e agiu com base nas garantias de Bahr mediante um processo de consultas estabelecido por meio de meu escritório.

Brandt manteve a palavra de Bahr. Desenvolvendo uma política imaginativa em relação ao Leste Europeu, especialmente a Polônia, ele abriu negociações com a União Soviética sobre a relação geral e também sobre o acesso garantido a Berlim. Essas negociações foram concluídas em 1972 e tiveram nosso intermédio pela política da vinculação [linkage].* Junto com os aliados ocidentais, Brandt concluiu um acordo sobre o acesso a Berlim, que continuou sem objeção até a unificação.

Ao mesmo tempo que Brandt mantinha o compromisso de Adenauer de consultoria dentro da Otan, ele desenvolvia a Ostpolitik com nações vizinhas a leste. Brandt viajou a Varsóvia em 1970 e visitou o memorial da Revolta do

---

* Ver capítulo 3, pp. 170-4.

Gueto de Varsóvia de 1943, na qual judeus poloneses haviam combatido a tentativa nazista de deportá-los para campos de extermínio e foram brutalmente assassinados. Brandt se penitenciou diante do memorial, depositando uma grinalda e então ficando de joelhos.

O gesto silencioso, que representou uma base moral para a reconciliação do pós-guerra entre a Alemanha e o mundo, falou por si mesmo. Brandt, sem dúvida, considerava a relação da RFA com a Polônia de grande valor estratégico, mas também a descreveu como de substancial "significação moral-histórica". Dava continuidade ao compromisso de Adenauer tanto com o arrependimento como com a dignidade — na verdade, a dignidade por meio do arrependimento.[77]

Quaisquer outras ambições eventualmente nutridas pelos defensores da Ostpolitik foram superadas pela saída de Brandt do cargo em 1974. Seu sucessor foi Helmut Schmidt (1974-82), um socialista sobretudo por acidente de nascimento na cidade-Estado de Hamburgo, onde os social-democratas eram o partido vigente e ele serviria como senador municipal na década de 1960. Em seus anos formativos, o jovem Schmidt presenciou mais o caos que a estabilidade. Ele serviu na Luftwaffe como oficial de artilharia antiaérea no front oriental em 1941,[78] mas era jovem demais para ser politicamente ativo durante o período nazista.

Schmidt centrou a política externa alemã essencialmente nos princípios de Adenauer. Como seu grande predecessor, estava convencido do papel crucial da moralidade. "Política sem consciência tende à criminalidade", disse certa vez, acrescentando: "Do modo como a vejo, a política é a ação pragmática em nome dos fins morais".[79] Em 1977, Schmidt me contou como algumas semanas antes uma unidade de comandos alemã empreendera uma ousada incursão para resgatar os reféns alemães sequestrados por terroristas em Mogadíscio, Somália, deixando-o angustiado durante as horas que precederam a notícia sobre o sucesso da investida. Se podia ser tão profundamente afetado pela sobrevivência de 86 reféns e da equipe de resgate, refletiu, como seria capaz algum dia de implementar a estratégia de armas nucleares da Otan?

Contudo, quando chegou o momento de decidir sobre a mobilização de mísseis americanos de médio alcance na Alemanha, no início da década de 1980, Schmidt fez o que considerou ser seu dever, opondo-se à maioria em seu próprio partido — ainda que esse ato corajoso fosse a causa mais próxima da queda do seu governo.

Schmidt foi também uma das forças motrizes por trás de um segundo aspecto da política de Adenauer: a unificação da Europa. Como Adenauer, ele dava prioridade especial à França. Ele e seu colega francês, o presidente Valéry Giscard d'Estaing, renovaram a cooperação Adenauer-De Gaulle, reforçada mais uma vez pela amizade pessoal. A dupla proporcionou ímpeto para a Conferência de Segurança Europeia de 1975, que acelerou o processo de deslegitimação do domínio soviético no Leste Europeu. Com forte apoio do presidente Gerald Ford, eles defenderam reuniões entre os chefes de governo democráticos — na época o G5, hoje o G7 — para expressar uma abordagem conjunta da ordem mundial.[80]

A concretização da visão de Adenauer de uma Alemanha unificada dentro de uma Europa unificada ocorreu durante a chancelaria do sucessor de Schmidt, Helmut Kohl, sob a qual o domínio soviético no Leste Europeu ruiu devido aos excessivos esforços e contradições internas da URSS. Um ponderado estudioso da história alemã que falava o dialeto de sua Renânia natal, Kohl era menos intelectual do que Schmidt e menos filosófico do que Adenauer. Ele governava mediante o domínio das atitudes de seu povo. Como Adenauer, estava determinado a evitar repetir os vacilos da Alemanha em meio às diversas tentações representadas por sua localização geográfica central e pela complexidade de sua história. Kohl resistiu às manifestações em massa, numa escala inédita na Alemanha, contra a mobilização de mísseis estadunidenses de médio alcance na Europa para contrabalançar uma mobilização soviética comparável. Sua fortitude foi recompensada por uma negociação EUA-URSS que, em 1988, levou ao tratado de forças nucleares de alcance intermediário, exigindo a retirada mútua dessa classe de armas nucleares de parte a parte — o primeiro, e até o momento único, acordo criado para eliminar uma categoria de armas nucleares.

A desintegração do regime comunista da Alemanha Oriental começou com a fuga da população em quantidade cada vez maior para os países vizinhos. Em agosto de 1989, o equilíbrio político mudou irrevogavelmente quando 9 mil alemães orientais que haviam fugido para a Hungria receberam permissão para deixar o país pela Alemanha Ocidental. Em outubro, milhares de alemães orientais se refugiavam na embaixada da Alemanha Ocidental em Praga. A desintegração final do satélite da Alemanha Oriental foi confirmada quando o governo se sentiu obrigado a permitir que os refugiados atravessassem em trens, com a assistência de funcionários da República Federal, o território alemão oriental antes de chegar à proteção da Alemanha Ocidental.[81]

A queda do Muro de Berlim em novembro de 1989 fez da reunificação alemã uma questão doméstica imediata outra vez. Elementos importantes da Alemanha Ocidental, incluindo seu presidente, o eminente Richard von Weizsäcker, argumentaram que o Ocidente deveria se dar por satisfeito — ao menos inicialmente — com a introdução de eleições democráticas na antiga zona de ocupação soviética. Kohl pensava de outra maneira. Na tradição de Adenauer, argumentou que, se dois estados alemães separados precisavam continuar a existir, mesmo que ambos fossem democráticos, eles nunca seriam unificados sem desenvolver a legitimidade por sua existência separada, na prática convidando a uma escalada de crises.

Kohl resolveu o problema com um ato de liderança decisivo e corajoso. Quando o regime alemão oriental anunciou eleições livres, ele procedeu como se a RDA não mais existisse e simplesmente programou visitas de campanha à Alemanha Oriental como se a eleição fosse na Alemanha Ocidental. A contrapartida alemã oriental da União Democrata Cristã conquistou uma vitória eleitoral esmagadora, abrindo caminho para a unificação formal da Alemanha — junto à continuidade da adesão alemã à Otan — em 3 de outubro de 1990.

Kohl ainda tinha de convencer a França e a Grã-Bretanha — ambas nutrindo compreensíveis reservas após duas guerras mundiais. A primeira-ministra britânica Margaret Thatcher ficou particularmente relutante.* O processo não se completaria senão em maio de 1990, quando os soviéticos concordaram com a retirada de suas tropas da Alemanha Oriental[82] e com a permanência na Otan da Alemanha unificada. As dificuldades domésticas da URSS desempenharam um papel significativo nesse ponto. Mas tal evento não teria ocorrido sem as políticas que os sucessores de Adenauer e os Aliados seguiram para concretizar seu plano, descrito por ele após a rendição incondicional como um modo de proporcionar a seu povo e a seu país dividido a coragem de começar outra vez.

Uma consequência imprevista da queda do Muro de Berlim foi que, em dezembro de 1989, uma obscura pesquisadora de física da Universidade Humboldt, na Alemanha Oriental, filha de um pastor e alguém que nunca se envolvera em política, decidiu entrar para um partido na Alemanha Oriental

---

* Como descrito no capítulo 6, pp. 421-4.

chamado "Despertar Democrático". Angela Merkel estava na época com 35 anos e não tinha a menor experiência política, mas possuía um forte cerne moral. No fim de 1990, seu partido se fundiu à União Democrata Cristã. Em novembro de 2005, ela foi eleita chanceler da Alemanha. Merkel permaneceu no cargo por dezesseis anos, conduzindo o país ao longo de múltiplas crises, elevando os propósitos nacionais em um mundo de alta tecnologia e emergindo como uma das principais líderes da ordem internacional pós-Guerra Fria, cumprindo o sonho de Adenauer para o futuro papel de seu país. Ela se aposentou em dezembro de 2021 e foi a única chanceler da RFA a fazê-lo na ausência de uma crise política.

Em 2017, no quinquagésimo aniversário da morte de Adenauer, Angela Merkel prestou um tributo à contribuição histórica dele:

> Celebro hoje um grande estadista que, com presciência e habilidade, proporcionou perspectiva e estabilidade a nosso país após o fracasso da República de Weimar e os horrores do Nacional Socialismo. Reverenciamos Konrad Adenauer com enorme gratidão. Também tomamos seu mérito como uma obrigação para nossas tarefas em um mundo confuso e difícil. Em vista do que Konrad Adenauer e seus contemporâneos conseguiram, deveríamos ter a coragem de continuar sua obra.[83]

De sua parte, Konrad Adenauer não perdia muito tempo com o julgamento da posteridade. Quando lhe perguntaram como queria ser lembrado, respondia simplesmente: "Ele cumpriu com seu dever".[84]

2. Charles de Gaulle:
A estratégia da vontade

CONTATOS IMEDIATOS

Um mês após sua posse como presidente a 20 de janeiro de 1969, Richard Nixon empreendeu o que foi descrito como uma visita de trabalho às capitais europeias para enfatizar a importância que depositava nas relações atlânticas. Nixon foi calorosamente recebido por seus pares europeus em Bruxelas, Londres e Bonn, com os quais já havia se reunido e que estavam ansiosos em afirmar o papel de liderança dos Estados Unidos nas relações atlânticas.

A atmosfera em Paris era sutilmente distinta. Cerca de meia dúzia de anos antes, não muito após a derrota de Nixon na eleição para governador da Califórnia, em novembro de 1962, Charles de Gaulle o recebera para um almoço na residência presidencial, o Palácio do Eliseu. Os elogios do presidente francês à perspicácia na política externa mostrada por Nixon quando atuava como vice-presidente de Dwight Eisenhower (1953-61) significaram um bocado para o americano, na época em um ponto baixo da carreira política. Agora De Gaulle acolhia Nixon e sua comitiva pessoalmente no aeroporto, tendo elevado a ocasião ao nível de uma visita de Estado.

Foi a primeira vez que me encontrei com De Gaulle. Ele aproveitou a oportunidade para dar uma declaração de boas-vindas sucinta, mas acolhedora a Nixon, enfatizando a identidade distinta e histórica da França:

Por duzentos anos, durante os quais tanta coisa aconteceu, nada foi capaz de abalar o sentimento de amizade que nosso país nutre pelo seu. Mas mudando de assunto, os senhores vieram nos visitar para especificarmos nossos pensamentos e intenções nas questões mundiais e assim poderem esclarecer suas próprias opiniões e iniciativas. Como deixar de conceder o maior interesse e a mais elevada importância a tais diálogos?[1]

A acolhida se baseava inteiramente no interesse nacional francês e na consideração pessoal de De Gaulle por Nixon. Evitava fazer menção à Otan, ao Mercado Comum e ao multilateralismo europeu — assuntos que constituíram a retórica-padrão de outros líderes nas capitais europeias.

A seguir houve uma recepção no Eliseu. No decorrer da festa um assessor de De Gaulle me puxou de lado e conduziu-me à presença de uma figura austera que assomava na multidão. De Gaulle não manifestou qualquer simpatia, tampouco deu mostras de um contato prévio[2] ou de uma acolhida nesse momento. Suas primeiras palavras para mim foram desafiadoras: "Por que não saem do Vietnã?" — uma pergunta estranha, considerando que precedera sua decisão de sair da Argélia apenas sete anos antes, com quase três anos de esforços militares intensificados. Quando respondi "Porque uma retirada súbita prejudicaria a credibilidade internacional estadunidense", ele retrucou com um curto "Por exemplo, onde?" ("*Par exemple, où?*"). Não me saí melhor com minha resposta seguinte: "Por exemplo, no Oriente Médio". Isso pareceu mergulhar De Gaulle em um momento de reflexão, que ele interrompeu afirmando: "Que coisa mais estranha. Até agora, eu achava que fossem seus inimigos [isto é, os soviéticos] que tivessem um problema de credibilidade no Oriente Médio".

No dia seguinte, De Gaulle arranjou uma reunião de fato com Nixon no elegante palácio do Grand Trianon dentro do complexo do palácio de Versalhes, construído por Luís XIV. Quando a discussão passou à Europa, De Gaulle aproveitou a oportunidade para elaborar sua declaração de boas-vindas por cerca de 35 minutos em uma exposição de extraordinária paixão, elegância e eloquência.

Historicamente, disse ele, a Europa fora a arena de diversas nacionalidades e convicções. Não havia algo como uma Europa política. Cada parte da Europa criara a própria identidade, passara pelos próprios sofrimentos, desenvolvera a própria autoridade e missão. Os países da Europa estavam em processo de recuperação da Segunda Guerra Mundial e procuravam se defender com base numa estratégia que definisse seu caráter. A situação desde a guerra produzira necessidades e perigos que exigiam estreita cooperação entre os estados europeus — e entre a Europa e os Estados Unidos. A França estava preparada para cooperar em tarefas comuns e se provaria uma aliada leal. Mas não abriria mão da capacidade de se defender nem entregaria a determinação de seu futuro a instituições multilaterais.

Esses eram os princípios em nome dos quais De Gaulle contestara as políticas atlânticas dos dois presidentes anteriores, Lyndon B. Johnson e John F. Kennedy. Nixon, que admirava De Gaulle e não estava disposto a tomar parte em um debate desse porte nos primeiros dias de sua presidência, convidou-me, na condição de professor de história, para comentar.

Um pouco perplexo com o pedido inesperado, falei: "Foi uma apresentação profunda e comovente. Mas como o presidente De Gaulle propõe impedir a Alemanha de dominar a Europa que descreveu?". Ele ficou em silêncio por um momento e então respondeu: *"Par la guerre"* ("Pela guerra").

Outra conversa significativa teve lugar no almoço, pouco depois. Admitindo que tinha conhecimento de meus esforços acadêmicos, De Gaulle perguntou sobre estadistas na segunda metade do século XIX: qual figura histórica me impressionara mais? Quando mencionei o chanceler alemão Otto von Bismarck (1871-90), quis saber qual de suas qualidades eu mais admirava. "Sua moderação, que infelizmente lhe faltou no acordo ao fim da guerra franco-prussiana de 1817", afirmei. De Gaulle encerrou a conversa evocando os momentos posteriores ao acordo: "Foi melhor dessa forma, pois nos deu a oportunidade de reconquistar a Alsácia".

Apenas seis anos antes, De Gaulle assinara um Tratado de Amizade com o chanceler alemão Konrad Adenauer, com quem desfrutava de relações pessoais mais cordiais do que com qualquer outro líder mundial. Mas, para De Gaulle, a amizade não apagava as lições da história ou as exigências da estratégia. Também é muito possível que seus comentários belicosos se destinassem a verificar como seu interlocutor reagiria.

Dois meses após a reunião com Nixon, De Gaulle renunciou. Não havia qualquer pressão doméstica ou internacional para que o fizesse. Ele escolheu o momento de sua própria despedida por ser o mais adequado para uma transição histórica.

Então quem era essa figura altiva, tão eloquente em suas reflexões sobre a ordem mundial, tão confiante que podia casualmente invocar a guerra com a Alemanha entre canapés, tão seguro de seu legado que podia renunciar quando julgasse propício? De Gaulle sabia muito bem que mantivera sua estatura legendária permanecendo envolto em mistério. Quem era o colosso por trás do véu?

O INÍCIO DA JORNADA

Em 21 de março de 1940, numa reação à derrota das forças francesas que tentaram repelir o ataque alemão contra a Noruega, Paul Reynaud foi nomeado para substituir Édouard Daladier como primeiro-ministro. Cinco anos antes, Reynaud ficou interessado nas opiniões do então tenente-coronel Charles de Gaulle, que viria a servir como assessor para o político mais velho.

Em meados de maio de 1940, o ainda pouco conhecido soldado profissional de 49 anos seria promovido de coronel a general de brigada interino em reconhecimento pela extraordinária liderança de um regimento blindado na luta para rechaçar a invasão alemã da Bélgica. Duas semanas mais tarde, Reynaud, atuando simultaneamente como ministro da defesa, escolheu De Gaulle para ser seu subsecretário de defesa.

De Gaulle estabeleceu seu escritório no Ministério da Defesa em 5 de junho, dia em que os ataques aéreos da Luftwaffe alcançaram a periferia de Paris. Uma semana depois o governo francês se retirava da capital. A 17 de junho, o recém-nomeado subsecretário, sendo informado da renúncia de Reynaud e do plano de buscar um armistício com Adolf Hitler, fugiu abruptamente de Bordeaux para Londres. O avião de De Gaulle sobrevoou os portos de Rochefort e La Rochelle, onde os alemães haviam incendiado dezenas e dezenas de navios, bem como a aldeia bretã de Paimpont, onde sua mãe Jeanne estava no leito de morte. Quando partia, ordenou que passaportes fossem rapidamente entregues a sua esposa e seus três filhos, de modo que pudessem se juntar a ele em Londres.[3] No dia seguinte, fez um pronunciamento à BBC anunciando a formação de um movimento de resistência para se opor às políticas do governo francês:

O destino do mundo está em jogo. Eu, general De Gaulle, ora em Londres, convoco todos os oficiais e civis franceses presentes em solo britânico, ou que possam estar no futuro, com ou sem armas, e convido a todos os engenheiros e trabalhadores habilitados das fábricas de armamentos presentes em solo britânico, ou que possam estar no futuro, a entrar em contato comigo. Aconteça o que acontecer, a chama da resistência francesa não deve e não irá morrer.[4]

Aí estava, para dizer o mínimo, uma declaração extraordinária de alguém ainda completamente ignorado pela esmagadora maioria do povo francês. Um ministro subalterno, o general menos graduado da França, solicitando de maneira ousada uma oposição ao governo francês que ele próprio passara a integrar menos de duas semanas antes e do qual em tese continuava sendo membro. As frases sucintas da transmissão, ao contrário da retórica elevada costumeira em outros acontecimentos históricos como a Declaração de Independência Americana (1776), eram exatamente o que pareciam ser: um convite aos cidadãos franceses em solo britânico a se rebelarem contra seu governo, feito em nome de se empreender algo indefinido.

Alguns dias antes, o governo britânico tentava dissuadir os líderes franceses de firmar uma paz separada com Hitler. Para impedir tal coisa, o primeiro-ministro Winston Churchill chegara até a propor uma fusão da soberania francesa e britânica de modo a prevenir o resultado mais temido: o completo colapso, seguido da absorção da França pela esfera alemã.[5] De Gaulle foi a favor da medida — embora cauteloso com certos detalhes — porque achou que encorajaria o governo a aguentar por mais tempo sem capitular.

A iniciativa havia sido concebida por Charles Corbin e Jean Monnet, que posteriormente desempenhariam papel significativo em um conceito de união europeia.[6] O plano para a união efetiva avançou com rapidez em 16 de junho. De Gaulle, então na Inglaterra para negociar com os britânicos, leu o plano ao telefone para Reynaud, que perguntou se Churchill o aprovara formalmente. De Gaulle pôs Churchill na linha, que repetiu a proposta. Reynaud respondeu que a submeteria a seu gabinete em uma hora. Como escreve um historiador:

Churchill, Attlee, Sinclair e os chefes de gabinete estavam todos prontos para serem transportados pelo cruzador *Galatea* nessa noite para Concarneau, no litoral da Bretanha, de modo a discutir com Reynaud e seus colegas o prolongamento da batalha — e o futuro dessa nova nação. Chegaram [...] até [a estação] Waterloo, onde se acomodaram em seus lugares em um trem especial com horário de partida para Southampton às 21h30.

Mas [...] o trem nunca deixou a estação. Churchill recebeu em mãos a nota de um secretário privado dizendo que a viagem estava cancelada devido a uma "crise ministerial" em Bordeaux [para onde fugira o governo francês].[7]

Reynaud foi exonerado e o marechal Philippe Pétain, de 87 anos, nomeado premiê.

Enquanto o resultado final das negociações de armistício permanecia incerto, os britânicos mantiveram De Gaulle oficialmente a uma distância segura. Sua convocação do que em pouco tempo passou a ser conhecido como oficiais e combatentes da "França Livre" não recebeu status formal, e a proposta de um novo pronunciamento à BBC foi cancelada.[8] Mas a sorte não tardou a ser lançada: a França assinou um cessar-fogo com a Alemanha em 22 de junho que deixava todo seu litoral atlântico e metade do país sob ocupação alemã. Era exatamente o que De Gaulle se determinara a impedir. Sua meta suprema a partir de então tornou-se restabelecer a soberania francesa por meio de uma liberação em que a França Livre desempenharia papel significativo, e depois transformar o processo de liberação no renascimento da sociedade francesa, feito necessário pelo colapso moral e militar de 1940.

Em 23 de junho, agora com a permissão do gabinete britânico, De Gaulle mais uma vez falou à BBC. Em tom desafiador, dirigiu-se ao marechal Pétain da França de Vichy — assim chamada devido ao resort no centro da França onde o governo retirado se estabeleceria, e que ao longo dos dois anos seguintes se tornou a autoridade governante, em colaboração com a Alemanha, sobre a porção não ocupada da França.

Pétain, que no início da década de 1920 servira como mentor de De Gaulle, era venerado por ter repelido o ataque alemão a Verdun durante a Primeira Guerra Mundial. Agora, ignorando a distância entre as suas patentes, o general francês menor se dirigia ao superior (e, até ali, tido na mais alta estima) com uma fulminante condescendência. Asseverando que o cessar-fogo reduzira a França à servidão, De Gaulle retrucou, mordaz: "Para aceitar tal ato de degradação não necessitávamos do senhor, *Monsieur le Maréchal*. Não necessitávamos da vitória em Verdun. Qualquer um a teria conseguido".[9]

O insulto a um só tempo completou a ruptura de De Gaulle com a França oficial e acelerou seus esforços de se estabelecer como chefe do emergente movimento França Livre. Na época, diversos refugiados franceses notáveis, sobretudo do mundo acadêmico, já residiam como exilados em Londres, mas careciam da estatura ou da convicção necessária para reivindicar a liderança de um movimento em tempos de guerra. De sua parte, a inteligência britânica viera acalentando a ideia de persuadir duas figuras políticas francesas eminentes da Terceira República na França ainda não ocupada — Édouard Daladier, o antigo primeiro-ministro, e Georges Mandel, o último ministro do interior — a formar um governo dissidente em exílio. Mas esse plano foi abandonado quando os dois homens, tendo escapado para a Argélia, foram impedidos pelos oficiais coloniais franceses fiéis a Vichy de entrarem em contato com os britânicos e então expulsos para a França metropolitana.

Foi a convicção de Churchill sobre a necessidade de uma expressão simbólica da resistência francesa que dirimiu todas as incertezas. "O senhor está sozinho", ele disse a De Gaulle. "Bem, vou reconhecê-lo sozinho." Em 28 de junho, meros onze dias após sua chegada, o governo do Reino Unido reconheceu Charles de Gaulle "como líder dos franceses livres onde quer que estejam".[10] Era uma decisão muito corajosa de Churchill, que não tinha como saber as opiniões de De Gaulle e não previu as brigas que incitaria no campo aliado.

Pouco depois, a Grã-Bretanha formalizou a relação com De Gaulle, aceitando a concepção única do general sobre a dignidade nacional francesa. Ele insistiu, por exemplo, que, embora a Grã-Bretanha fosse suprir a França Livre com recursos e fundos, isso se daria na condição de empréstimos a serem pagos, e não concedidos de mão beijada. Mais uma vez, embora as Forças Francesas Livres (que ainda não existiam em nenhum sentido formal) ficassem sob o alto-comando geral britânico ou aliado, operariam como unidades autônomas sob a liderança de oficiais da França Livre. Tal acordo representava uma conquista considerável para "um brigadeiro sem um tostão exilado numa terra cuja língua não conhecia".[11]

ORIGENS E INTENÇÕES DA CONDUTA DE DE GAULLE

Antes de 1940, De Gaulle fora conhecido como um soldado destacado e analista estratégico progressista, mas nada sugeria que ele um dia emergiria como líder mítico. Em 15 de agosto de 1914, estivera entre os primeiros soldados franceses feridos na Primeira Guerra Mundial quando recebeu um tiro no joelho na feroz batalha de Dinant, uma cidade belga às margens do Meuse. Após breve convalescença, voltou ao front. Em janeiro de 1915, foi condecorado com a Croix de Guerre por sua liderança nas ousadas missões de reconhecimento em que ele e seus soldados rastejavam pela terra de ninguém para escutar as conversas nas trincheiras alemãs. Em 2 de março de 1916, após sofrer um ferimento de baioneta na coxa, De Gaulle foi feito prisioneiro. A despeito de cinco tentativas de fuga, permaneceria como prisioneiro na Alemanha até o armistício de 11 de novembro de 1918.

De Gaulle aprendera alemão na escola e quando estava na prisão lia jornais alemães com o apetite de um estudante ávido e a curiosidade de um analista militar calejado. Escreveu extensamente sobre o esforço de guerra alemão, lia romances, participava de animadas discussões sobre estratégia militar com seus colegas prisioneiros e até realizou uma série de palestras sobre relações civis--militares ao longo da história francesa. Por mais que ansiasse para regressar ao front, o confinamento foi sua faculdade. E também um calvário de solidão. No caderno que mantinha na prisão, De Gaulle, aos 26 anos, escreveu: "Dominar--se deve se tornar uma espécie de hábito, um reflexo moral adquirido pela ginástica constante da vontade, especialmente nas menores coisas: vestir-se, conversar, o modo de pensar".[12]

Um leitor sensível e escritor de poesia nos tempos de aluno, De Gaulle, no início da vida adulta, pareceu se retirar para uma solidão que o dramaturgo francês do século XVII, Pierre Corneille, sugeria ser o preço pago por todo estadista: "A quem posso confiar/ Os segredos de minh'alma e as preocupações da minha vida?".[13] A virtude do autocontrole esboçada em seu diário viria a ser essencial em sua personalidade. Dali em diante, o estoicismo seria sua face pública, e a ternura, reservada sobretudo à família — especialmente à esposa, Yvonne, e a sua filha com deficiência, Anne.

Quando regressou ao serviço no exército em tempos de paz, De Gaulle reconheceu que a distinção que já não conseguiria satisfazer no campo de batalha podia ser alcançada por meios intelectuais. Em 1924, publicou *A casa do inimigo dividida*, uma análise penetrante das causas subjacentes ao colapso do esforço de guerra alemão em 1918. O livro, baseado em sua leitura dos jornais alemães, levou De Gaulle à atenção do marechal Pétain, que fez dele seu assessor, uma espécie de assistente de pesquisa para a elaboração de um livro — mais tarde abandonado — sobre a história do exército francês. Ele mostrou seu respeito pelas capacidades do jovem recomendando que desse uma série de palestras à Escola de Guerra francesa — comparecendo pessoalmente à primeira.

O dom da gratidão não estando entre as características mais altamente desenvolvidas em De Gaulle, nem o gesto de Pétain nem a diferença de patente entre eles impediram o jovem de confrontar seu mentor devido ao que considerava um crédito inadequado por suas contribuições literárias. À medida que as relações com Pétain se deterioraram, ele voltou a comandar e a escrever.

Em seu livro mais influente, *Em defesa de um exército profissional*,[14] De Gaulle questionou as políticas defensivas dos militares franceses, exortando em lugar disso uma postura estratégica baseada na guerra de agressão com veículos blindados. Na época, a França estava construindo a presumivelmente inexpugnável Linha Maginot na fronteira leste com a Alemanha, que em 1940 se provaria muitíssimo inútil contra uma invasão alemã blindada via Bélgica. Suas recomendações, ignoradas pelo exército francês, seriam em vez disso adotadas pela Alemanha em meados dos anos 1930 e comprovadas pela vitória alemã sobre a França apenas alguns anos depois.

De Gaulle percebeu logo no começo que os Estados Unidos acabariam sendo arrastados para a guerra, mudando assim o equilíbrio de forças contra as potências do Eixo. Ai de quem ficasse contra eles. "No mundo livre, potências imensas ainda não haviam feito suas contribuições", proclamou De Gaulle em julho de 1940, acrescentando:

Um dia, essas potências esmagarão o inimigo. Nesse dia, a França deve estar do lado vitorioso. Se estiver, tornar-se-á o que foi outrora, uma nação grande e independente. Esse é meu único objetivo.[15]

Mas, num padrão que se repetia, De Gaulle foi uma voz isolada entre seus contemporâneos militares franceses ao fazer essa análise correta.

Sob circunstâncias normais, com sua experiência no campo de batalha, uma promoção a general de brigada e seu brilho intelectual, De Gaulle podia ter aspirado a um comando superior no exército e, após cerca de uma década de serviço, talvez a uma posição no gabinete francês. Que fosse em vez disso emergir como símbolo da própria França dificilmente seria concebível.

Contudo, líderes que mudam a história raramente aparecem como o ponto final de um caminho linear. Poderíamos esperar que a entrada em cena de um general de brigada de baixa patente declarando o início de um movimento de resistência, em meio ao caos da capitulação francesa ante a Alemanha hitlerista, teria terminado merecendo talvez uma nota de rodapé admitindo seu papel como ator auxiliar em um futuro que seria determinado pelos vitoriosos finais. Porém, chegando a Londres com efetivamente nada além de seu uniforme e sua voz, De Gaulle se catapultou para fora da obscuridade e às fileiras dos estadistas mundiais. Em um ensaio que escrevi há mais de cinquenta anos, eu o descrevi como um ilusionista.[16] Primeiro como líder da França Livre durante a guerra, mais tarde como fundador e presidente da Quinta República, ele conjurou visões que transcendiam a realidade objetiva, convencendo seu público, no processo, a tratá-las como um fato. Para De Gaulle, a política não era a arte do possível, mas dos determinados.

Londres em tempos de guerra fervilhava de poloneses, tchecos, dinamarqueses, holandeses e meia dúzia de outras nacionalidades que haviam fugido de suas terras natais sob ocupação. Todas se consideravam parte do esforço de guerra britânico. Nenhuma fazia qualquer reivindicação de uma estratégia autônoma. Apenas De Gaulle fez isso desde o começo. Embora aceitasse a gestão britânica das operações militares, porque suas forças ainda eram pequenas demais para agir de outra forma, seu objetivo de guerra final era diferente do de seus aliados.

A Grã-Bretanha e, após 1941, os Estados Unidos lutaram pela derrota da Alemanha e do Japão. De Gaulle também lutou por esses objetivos, mas principalmente como uma etapa a caminho de sua meta final: a renovação da alma francesa.

DE GAULLE NA HISTÓRIA DA FRANÇA

É improvável que mesmo Churchill, no início da relação, captasse a magnitude da visão gaullista. Para De Gaulle, a França, em quase dois séculos, dissipara sua *grandeur*, a qualidade mística que significava sucesso material combinado à proeminência moral e cultural. Agora, no pior momento de seu país, De Gaulle se apresentava como o emissário do destino, cuja tarefa era reclamar a grandeza nacional francesa. O fato de que não recebera quaisquer presságios sobre tal missão nem pudesse oferecê-los não tinha relevância; sua legitimidade derivava de um senso nato de autoridade pessoal apoiado em uma fé inabalável na França e sua história.

Na opinião de De Gaulle, a França acumulara os elementos de sua estatura altaneira ao longo de um prolongado processo histórico que se iniciou na Europa medieval, quando os principados feudais resolviam seus desacordos mediante ajustes no equilíbrio de poder. Por meio disso, o núcleo da França se desenvolveu como uma entidade política governada do centro já a partir do século VI, sob o reinado de Clóvis.

No início do século XVII, com a monarquia Habsburgo na Áustria se expandindo pela Europa Central e chegando até o extremo oeste na Espanha, a França precisava de uma autoridade central fortalecida e uma estratégia complexa para se defender de um cerco. A tarefa recaiu sobre Armand-Jean du Plessis, o cardeal Richelieu, que serviu como principal ministro-chefe de Luís XIII de 1624 a 1642 e, em seguida, foi o principal arquiteto da França como potência europeia proeminente sob o reinado de Luís XIV. Rejeitando as estratégias prevalecentes baseadas na lealdade dinástica ou na afiliação confessional, Richelieu orientou, em vez disso, as políticas interna e externa da França de acordo com as "razões de Estado" (*raisons d'État*): ou seja, a busca flexível do interesse nacional com base integral em uma avaliação realista das circunstâncias.

Isso, para De Gaulle, marcou a primeira grande abordagem estratégica de assuntos europeus desde a queda de Roma. A França procuraria agora explorar a multiplicidade de estados na Europa Central, encorajando suas rivalidades e explorando suas divisões de modo a garantir seu próprio status como constantemente mais forte do que qualquer combinação possível entre eles. Ignorando a França e seu catolicismo pessoal, Richelieu e seu sucessor

Jules Mazarin apoiaram os estados protestantes na Guerra dos Trinta Anos que devastou a Europa Central, restando à França arbitrar suas rivalidades.

Desse modo, a França emergiu como o país mais influente da Europa continental, com a Grã-Bretanha desempenhando o papel de contrapeso. No início do século XVIII, a assim chamada Ordem Europeia do *Ancien Régime* consistia em duas coalizões parcialmente sobrepostas, às vezes em guerra entre si, às vezes firmando acordos, mas nunca levando os conflitos ao extremo de ameaçar a sobrevivência do sistema. Os elementos primordiais dessa ordem eram o equilíbrio na Europa Central, manipulado pela França, e o equilíbrio geral de poder alcançado por meio da Grã-Bretanha, que lançava seus recursos navais e financeiros contra a maior potência europeia do momento, normalmente a França.

De Gaulle saudou a estratégia básica de Richelieu e seus sucessores em um discurso de 1939:

> A França sempre encontrou aliados naturais quando o desejou. Para lutar contra Carlos V, em seguida a Casa da Áustria [Habsburgo] e finalmente a ascensão da Prússia, Richelieu, Mazarin, Luís XIV e Luís XV usaram um desses aliados de cada vez.[17]

Sob o comando de Napoleão, no início do século XIX, em vez de promover seus interesses por meio de alianças e da guerra limitada, a França começou uma derrubada da ordem prevalecente antes *conquistando* do que simplesmente derrotando os rivais, o tempo todo invocando o novo princípio da legitimidade popular da Revolução Francesa. Mas, no fim, até o poderio de Napoleão e sua "nação em armas" foi superado por um fatal erro de cálculo: invadir a Rússia. De Gaulle considerava Napoleão um gênio que só se via de mil em mil anos, mas também o culpava por dissipar o poder e o prestígio franceses: "Ele deixou a França menor do que a encontrou".[18] O brilho de Napoleão e sua capacidade para catastróficos erros de julgamento, acreditava De Gaulle, não podiam ser facilmente separados; as esmagadoras vitórias napoleônicas da França serviram de alicerce para seus eventuais desastres. É por isso que De Gaulle considerava a era de Napoleão o início do declínio francês enquanto potência mundial, mesmo que a França tivesse permanecido no centro dos eventos após Napoleão deixar o palco.

À medida que potências em ascensão como a Alemanha ultrapassavam o desempenho econômico francês, a França continuava a demonstrar sua eminência cultural. Na década de 1820, acadêmicos franceses decodificaram os hieróglifos da Pedra de Rosetta, desvendando antigas línguas. Em 1869, engenheiros franceses conectaram o mar Vermelho ao Mediterrâneo pelo canal de Suez. No último quarto do século XIX — quando Renoir, Rodin, Monet e Cézanne levaram as artes visuais a novas e sublimes alturas —, a França ocupava a vanguarda artística da Europa e seguia como potência comercial e econômica significativa. Quando o barão Georges Haussmann abriu grandes bulevares através de seu passado medieval e impôs a modernidade, Paris era o coração da civilização ocidental, "a capital do século XIX".[19] No além-mar, levando ao campo de batalha exércitos equipados com as armas mais recentes, a Terceira República francesa estabeleceu um vasto império colonial sob a bandeira da *mission civilisatrice.**

Esses triunfos imperiais e culturais obscureceram o declínio da força interior francesa. Na conclusão das Guerras Napoleônicas, em 1815, a França somava 30 milhões de habitantes, ultrapassando qualquer Estado europeu exceto a atrasada Rússia. Na aurora do século XX, esse número havia aumentado para apenas 38,9 milhões,[20] enquanto a população do Reino Unido crescera de 16 milhões para 41,1 milhões[21] e a da Alemanha de 21 milhões para 67 milhões.[22] Na produção industrial, em 1914 a França estava atrás dos Estados Unidos, Alemanha, Grã-Bretanha e Rússia — especialmente nos setores cruciais do carvão e do aço.[23]

Uma busca renovada e agora ansiosa por alianças se seguiu para mitigar o crescente desequilíbrio com a Alemanha. Uma aliança com a Rússia em 1894 e a Entente Cordiale de 1904 com a Grã-Bretanha foram as mais significativas. Com as principais potências cristalizadas em dois grupos aliados, a diplomacia se enrijeceu e permitiu que uma crise balcânica, em tudo mais pouco notável, entre Sérvia e Áustria no verão de 1914 precipitasse a guerra mundial, cujas

---

* O canhão de 75 mm francês, inaugurado em 1897, foi um equipamento de artilharia revolucionário, combinando longo alcance à extrema precisão. Armas de serviço francesas, como o rifle Chassepot 1866, eram excelentes rifles de ação de ferrolho que podiam ser adaptados para cartuchos metálicos. Chris Bishop, "Canon de 75 modèle 1897", em *The Illustrated Encyclopedia of Weapons of World War II* (Londres: Amber Books, 2014); Roger Ford, *The World's Great Rifles* (Londres: Brown Books, 1998).

baixas entre todos os participantes foram completamente desproporcionais à experiência histórica.

Porém mais do que para os outros, as perdas foram desproporcionais para a França, que sofreu 2 milhões de mortos — 4% de sua população — e a devastação de suas regiões setentrionais.[24] A Rússia, até então principal aliada da França, era convulsionada pela revolução de 1917 e foi em seguida empurrada centenas de quilômetros para o leste pelos vários acordos de paz. Como resultado da derrota austríaca combinada à doutrina de Woodrow Wilson da autodeterminação nacional e da ideologia democrática, uma pletora de estados estruturalmente fracos e dotados de recursos inadequados agora confrontava a Alemanha no Leste Europeu e na Europa Central. Qualquer futuro ressurgimento da capacidade militar alemã teria de ser combatido com uma ofensiva francesa na Renânia alemã.

Embora vitoriosa em 1918, a França sabia mais do que qualquer aliado como estivera perto da derrota. E o país perdera sua resiliência psicológica e política. Drenada de sua juventude, temerosa da antagonista derrotada, sentindo-se abandonada pelas nações aliadas e assolada por premonições de impotência, a França viveu durante as décadas de 1920 e 1930 uma sucessão quase ininterrupta de frustrações.

Nada podia ter expressado melhor a sensação de insegurança da França após 1918 do que a decisão de começar a construir a Linha Maginot em um momento no qual seu exército era o maior da Europa e o alemão estava limitado pelo tratado de paz a 100 mil homens. O que tornou a decisão ainda mais pungente foi que o Tratado de Versalhes proibira especificamente a Alemanha de estabelecer forças militares na Renânia — território que tinha de ser cruzado para lançar um ataque contra a França. Na sequência de sua vitória, a França manifestava tamanha insegurança que o país não acreditava ser capaz de contra-atacar uma ruptura flagrante no tratado de paz cometida pelo inimigo desarmado com sua ofensiva.

Como tenente-coronel em 1934, De Gaulle sujeitara a doutrina militar francesa a uma crítica seminal no livro *Em defesa de um exército profissional*. A mobilidade, escreveu, era a chave da estratégia, com a capacidade aérea e os tanques como principais forças de implementação.[25] Mas o exército em que ele servia havia elaborado uma estratégia de defesa estática, que se provaria desastrosamente inadequada.

Em uma passagem do livro de 1934, De Gaulle expressou sua melancólica conclusão:

Era uma vez um antigo país acossado de todos os lados por hábitos e circunspecção. Outrora o povo mais rico e poderoso dentre os que ocupavam o centro do palco mundial, após grandes infortúnios esse país se recolheu em si mesmo, por assim dizer. Enquanto outros povos cresciam ao seu redor, ele permaneceu imóvel.[26]

Essa era a atitude que De Gaulle, em todos os estágios de sua carreira, estava determinado a reverter.

DE GAULLE E A SEGUNDA GUERRA MUNDIAL

A posição de De Gaulle em Londres no verão de 1940 aparentemente não proporcionou escopo algum para o restabelecimento da *grandeur*. O coração do território europeu fora subjugado por Hitler. A União Soviética, última potência remanescente na Europa continental, assinara um pacto de não agressão com a Alemanha no ano anterior.[27] A França, agora governada por Pétain sob parcial ocupação alemã, oscilava entre a neutralidade e a colaboração.

De Gaulle não fora nomeado para liderar a França Livre por nenhuma autoridade francesa constituída nem tivera sua liderança confirmada por eleições. Sua reivindicação de comando derivava de sua própria proclamação. "A legitimidade do poder governante", escreveria mais tarde, "deriva da própria convicção, e da convicção que inspira, de encarnar a unidade nacional e a continuidade quando o país corre perigo."[28] Aludindo a outro momento de risco nacional, ele escolheu como bandeira de seu movimento a dupla Cruz de Lorena — símbolo da mártir Joana d'Arc, que com suas visões místicas arregimentara os franceses cinco séculos antes para retomar sua terra dos ocupantes estrangeiros. A reivindicação de De Gaulle — sem nenhuma evidência óbvia a sustentá-la — era de que ele estava "investido" da "suprema autoridade" de uma França eterna, invencível, que transcendia quaisquer tragédias temporais que pudessem ter tido lugar dentro de suas fronteiras físicas.[29]

Nos meses e anos que se seguiram, De Gaulle se conduziria com uma autoconfiança e uma recusa a compromissos que lhe permitiram extrair concessões (frequentemente a contragosto) dos líderes da Aliança — Churchill, Franklin D. Roosevelt e até Stálin —, todos os quais ele obrigou a levar em conta a autoproclamada indispensabilidade francesa para uma Europa reconstituída.

A começar por seu apelo em 18 de junho de 1940, De Gaulle se comportou como se a França Livre encarnasse não uma aspiração, mas uma realidade. Ele lançou a empreitada com um grupo de assessores escolhidos entre as eminentes personalidades francesas autoexiladas em Londres e uma força militar em grande parte recrutada das fileiras francesas dizimadas que haviam sido evacuadas de Dunkirk. No fim de 1940, quando um Conselho de Defesa do Império composto por apoiadores civis foi formado, havia apenas 7 mil combatentes efetivos nas Forças Francesas Livres.

Como concretizar sua visão com forças tão exíguas? De Gaulle compreendia que tinha poucas opções militares. Assim, decidiu se concentrar na criação de uma base geográfica para a legitimidade, atraindo para seu lado as forças de combate dispersas do império francês. Com esse intuito, viajou pelas colônias a fim de apartá-las de Vichy como um primeiro passo para a liberação da metrópole. Em todo esse processo, sua principal inimiga não era a Alemanha, mas Vichy; seu principal objetivo não era vencer a guerra (embora isso ajudasse), mas criar as condições para a renovação territorial, institucional e moral da França na paz que se seguiria.

Levaria dois meses para as tentativas territoriais de De Gaulle renderem frutos. Nesse ínterim, uma angustiante decisão se impunha aos Aliados: o que fazer com a frota francesa ancorada na base naval de Mers-el-Kébir, ao largo da cidade argelina de Orãn? Se caísse na mão dos alemães, ameaçava fazer a balança naval pender contra a Grã-Bretanha — ou até ajudar uma potencial invasão nazista das ilhas Britânicas. Churchill decidiu que era um risco que não queria correr. A 3 de julho, após exigir que a frota navegasse para portos britânicos, ordenou o bombardeio da base naval argelina. O ataque matou quase 1300 marinheiros franceses e afundou três embarcações, incluindo o encouraçado *Bretagne*. De Gaulle, embora aflito, reagiu com tranquilidade e defendeu o episódio na BBC: "Nenhum francês digno do nome pode por um momento duvidar que uma derrota britânica selaria permanentemente a servidão de seu país".[30] Após a guerra, ele afirmou que, no lugar de Churchill, teria feito a mesma coisa.[31]

Uma boa nova para a França Livre chegou finalmente em 26 de agosto, quando o governador-geral Félix Éboué, do Chade, primeiro administrador colonial afrodescendente de alto escalão, pleiteou o apoio da colônia para De Gaulle. Em uma transmissão de rádio no dia seguinte, De Gaulle louvou o acontecimento: "A França é a França. Ela possui dentro de si uma fonte secreta que sempre surpreendeu o mundo e ainda não cessou de surpreender. A França, oprimida, humilhada, abandonada, começa a voltar do fundo do abismo".[32]

A escalada não seria fácil com a África Ocidental francesa sob o firme controle de Vichy. Em setembro, uma flotilha franco-britânica rumou para o porto de Dakar com o objetivo de trazer Senegal e as colônias vizinhas para o lado das Forças Francesas Livres. A empreitada terminou em fiasco. Por alguns dias, De Gaulle ficou devastado.[33] Uma acolhida extasiada em Douala, Camarões, a 7 de outubro melhorou seu ânimo, e em pouco tempo Brazzaville, no Congo francês, foi declarada nova capital da França Livre. Uma pequena operação militar das Forças Francesas Livres conseguiu dominar o Gabão em 10 de novembro, incorporando toda a África Equatorial francesa à coluna de De Gaulle.

Fossem quais fossem as limitações financeiras e militares de seu movimento, De Gaulle conseguira seguidores. O Dia do Armistício, 11 de novembro, foi marcado por manifestações populares em Paris a favor das Forças Francesas Livres, incluindo alunos que subversivamente carregavam um par de varas de pescar ("*deux gaules*").

Estrategicamente localizado ao longo das rotas de comércio transaarianas, o Chade se provaria um palco vital para as operações militares da França Livre, em especial na colônia italiana da Líbia. No início de 1941, o coronel Philippe Leclerc de Hauteclocque, das Forças Francesas Livres, liderou uma coluna de quatrocentos homens pelos 1600 quilômetros de um terreno difícil para realizar uma ousada incursão em Kufra, cidade-oásis no sul da Líbia onde havia uma guarnição italiana completa estacionada. Em 1º de março, após um cerco de dez dias, os italianos se renderam. No que em pouco tempo veio a ser conhecida como a "Promessa de Kufra", Leclerc fez seus homens jurarem que só descansariam quando "nossas cores, nossas lindas cores, tremularem na catedral de Estrasburgo".[34]

A batalha de Kufra foi a primeira vitória militar importante das Forças Francesas Livres na guerra, um crucial apoio moral e uma justificação do preceito de De Gaulle: "Em nossa posição, quem para fica para trás".[35] Dois anos depois, após o desembarque aliado no Norte da África, Leclerc lideraria uma coluna das Forças Francesas Livres composta por 4 mil africanos e seiscentos franceses, partindo do Chade e atravessando a Líbia até a Tunísia, por ordens de De Gaulle, onde se juntaram aos britânicos numa intensa batalha contra o Afrika Korps de Rommel, marechal de campo alemão.

Mas antes que Leclerc pudesse marchar através da Líbia uma segunda vez, as Forças Francesas Livres tinham que provar sua bravura em outros teatros. Suas operações destinavam-se a liberar, com a ajuda aliada, territórios controlados por Vichy a fim de demonstrar ao mundo que as Forças Francesas Livres dispunham de ânimo, capacidade e determinação para restabelecer a posição da França como principal potência mundial. Procedendo dessa forma, De Gaulle insistiria que a França Livre cooperaria como parceira, não suplicante.

A invasão em junho de 1941 da Síria e do Líbano, territórios que haviam sido estabelecidos como domínio francês sob a Liga das Nações após a Primeira Guerra Mundial, repetiu o padrão africano. Enquanto a Grã-Bretanha procurava impedir a Alemanha de estabelecer bases aéreas no Levante, De Gaulle juntava seus limitados recursos ao esforço para defender a posição histórica francesa na região — que envolvia em boa parte uma feroz rivalidade com a Grã-Bretanha.

Como as autoridades de Vichy na Síria se recusavam a lidar com as Forças Francesas Livres, o comandante britânico negociou com Henri Dentz, alto- -comissário de Vichy. Um acordo em julho de 1941, chamado de Armistício de Saint Jean d'Acre, garantiu efetivamente a soberania britânica de todo o Levante. Que um território francês pudesse ser sujeito a uma negociação britânica com Vichy, porém, era execrável para De Gaulle. As disposições do tratado sobre repatriar tropas francesas para Vichy intensificaram ainda mais seu descontentamento. Ele esperava aumentar seu pequeno exército com desertores das forças de Vichy na Síria e, mais do que tudo, estava preocupado em não conseguir estabelecer um precedente para a futura disposição da própria França. Mais especificamente, temia que após a vitória final o governo da França fosse entregue ao controle aliado e que um novo governo francês pudesse ser legitimado pelos Aliados, não pelas ações da própria França.

Em 21 de julho, Oliver Lyttelton, ministro residente da Grã-Bretanha no Oriente Médio, recebeu De Gaulle em seu escritório no Cairo. De Gaulle ameaçou friamente retirar seus homens da força conjunta — e as Forças Francesas Livres, da subordinação ao comando britânico.[36] "No ambiente poroso, venal e carregado de intrigas que o Levante representava para os planos da Inglaterra", escreveria De Gaulle sobre esse episódio em suas memórias, "o jogo [...] era fácil e tentador. Apenas a perspectiva de uma ruptura conosco e a necessidade de conciliar os sentimentos franceses podiam impor certa moderação a Londres."[37] Lyttelton produziu sumariamente uma interpretação do armistício que aplacaria De Gaulle: "A Grã-Bretanha não tem o menor interesse na Síria ou no Líbano exceto vencer a guerra. Não temos o menor desejo de tomar a posição da França da forma que for".[38] Em suas memórias, De Gaulle também admitiria a preocupante verdade — de que "o dano moral e material que a separação da Grã-Bretanha acarretaria a nós estava destinado, obviamente, a nos fazer hesitar".[39] Quando De Gaulle se reuniu com Churchill a 12 de setembro, a conversa foi de início pontuada pela raiva e por longos silêncios. Um dos assessores do primeiro-ministro imaginou se os dois "haviam se estrangulado" e, embora os dois líderes tivessem saído da reunião fumando um charuto, não obstante não puderam concordar nem quanto às minutas conjuntas.[40]

Tendo desafiado Churchill, o líder que tornara sua notoriedade possível, De Gaulle não hesitou em atacar uma figura ainda mais formidável, o presidente Roosevelt, essencialmente pelas mesmas questões: o destino dos territórios franceses reconquistados por unidades aliadas. Aqui ele encontrou uma perspectiva menos tolerante. Roosevelt estava obstinadamente focado em vencer a guerra e disputas por status dentro da coalizão o irritavam, especialmente quando partiam de uma figura cuja reivindicação estava longe de ser respaldada por poder comparável. Ele não alimentava senão desdém pelo que via como o complexo de Joana d'Arc de De Gaulle.[41]

As controvérsias entre De Gaulle e os Estados Unidos começaram por causa de Saint-Pierre e Miquelon, duas ilhotas no litoral da Terra Nova: resquícios vestigiais do império norte-americano da França que haviam sido poupados pelo Tratado de Paris de 1763. Após o ataque a Pearl Harbor, Roosevelt contatara o oficial de Vichy responsável pelos territórios da França no hemisfério Ocidental, exigindo a neutralização formal das ilhas — impedindo a estação de rádio delas de fazer transmissões para submarinos alemães de passagem. Embora Vichy aquiescesse ao pedido, De Gaulle achou inaceitável que um país estrangeiro, ainda que benevolente, pudesse interferir nas questões internas francesas sem seu consentimento. Ele ordenou assim que o comandante de sua minúscula marinha, o almirante Émile Muselier, ocupasse as ilhas em nome da França Livre.

O que fez de sua iniciativa ainda mais atrevida foi que o desembarque teve lugar em 23 de dezembro, momento em que Churchill chegava a Washington para se consultar com Roosevelt no primeiro encontro em tempos de guerra dos dois como aliados. Escrevendo para Muselier na véspera de Natal, De Gaulle o instruiu a não se deixar dissuadir pelos protestos americanos:

Lançamos uma pedra de pavimentação em uma lagoa de rãs. Fique tranquilo em Saint-Pierre, organize o governo e a estação de rádio. Qualquer representante de qualquer governo estrangeiro que o procure em relação às ilhas deve ser orientado pelo senhor a procurar o Comitê Nacional [das Forças Francesas Livres].[42]

As forças de Muselier tomaram as ilhas sem resistência e, em 26 de dezembro, organizaram um plebiscito para confirmar a lealdade delas à França Livre.

Qualquer possibilidade de um ataque surpresa no hemisfério Ocidental, mesmo tão minúscula como essa, fatalmente aborreceria Washington, em especial duas semanas após Pearl Harbor. O secretário de Estado Cordell Hull ficou tão ultrajado que em um comunicado de protesto referiu-se às "assim chamadas Forças Francesas Livres", uma expressão amplamente criticada na mídia e no Congresso.[43] De Gaulle retaliou passando a se referir a Hull como o "assim chamado secretário de Estado". Em fevereiro de 1942, Sumner Welles, delegado de Hull, restabeleceu a cooperação entre as Forças Francesas Livres e Washington.[44]

Desse modo, a tática aparentemente absurda de De Gaulle virou um símbolo da recuperação política francesa. Na verdade, seu impulso consistente e em muitos aspectos heroico de defender a identidade histórica da França diante das grandes disparidades de poder se tornou o pré-requisito para restabelecer a grandeza da França. Ele tinha perfeita consciência de como isso era exasperante para seus aliados: "Talvez pensem que não sou a pessoa mais fácil de se trabalhar", matutou. "Mas, se fosse, estaria hoje no estado-maior do general Pétain."[45]

O comportamento desafiador de De Gaulle tinha origem no conceito de *grandeur* que ele procurava reviver. Derivado, como vimos, da conduta francesa na busca por proeminência no continente — uma proeminência sempre prestes a ser conquistada, eternamente frustrada pelas políticas de equilíbrio de poder da Grã-Bretanha —, o conceito infundiu a interpretação gaullista acerca de sua responsabilidade como líder das Forças Francesas Livres. De maneira inevitável, ele incluía uma tentativa de impedir quaisquer tentações de parte dos britânicos de resolver disputas históricas preventivamente durante o curso da guerra.

Exasperando-se ocasionalmente, Churchill certa vez gracejou: "Sim, De Gaulle acha mesmo que é Joana d'Arc, só que meus malditos bispos não me deixam queimá-lo". Mas, no fim, De Gaulle e Churchill chegaram a uma espécie ambivalente de cooperação durante a guerra. Churchill deu viabilidade financeira às tentativas de De Gaulle e o protegeu da hostilidade de Roosevelt — como em maio de 1943, quando o presidente sugeriu meio a sério exilar De Gaulle em Madagascar.*

No outono de 1943, De Gaulle pareceu perceber que se aproximava dos limites da tolerância britânica. Ele perguntou ao embaixador soviético Ivan Maisky se podia ser recebido em território russo caso as discordâncias com Churchill ficassem intensas demais. Sem rejeitar completamente a possibilidade, o embaixador soviético insistiu com De Gaulle para considerá-la cuidadosamente antes de submeter uma proposta formal. É pouco provável que De Gaulle estivesse sugerindo deslocar as Forças Francesas Livres para solo russo; muito mais provavelmente ele explorava opções para o futuro e demonstrava a Stálin que a Rússia era uma parte essencial de seus cálculos de longo prazo.

De Gaulle compreendia que, não demoraria muito, sua visão teria de ser concretizada na própria França. Ele se preparou cuidadosamente para essa batalha. Após a inauguração do Comité national français (CNF), em setembro de 1941, ele criou estruturas legais que pudessem ser transferidas para outro país quando o momento chegasse. Na ausência de uma legislatura e de tribunais, e seguindo uma antiga tradição francesa, o CNF usava uma gazeta (Journal officiel) para promulgar "leis" e decretos.** De Gaulle também permaneceu em contato próximo com a substancial comunidade de emigrados em Londres,

---

* Este território francês fora invadido pelos britânicos em maio de 1942 sem nenhum aviso prévio para De Gaulle.

** O Journal officiel existia desde o Segundo Império (1869) e durou por toda a Terceira República; Vichy também tinha sua versão. Atualmente há uma versão digital.

apresentando-se como a encarnação da verdadeira França. Sua legitimidade nunca foi contestada e ele atraiu um grupo de admiradores notáveis. Finalmente, cultivou seguidores dentro da França metropolitana enquanto cortejava diversas facções da Resistência, incluindo os comunistas.

A coesão entre todos esses elementos foi mantida graças a sua personalidade dominadora, distanciada, apaixonada, visionária e inefavelmente patriótica. Desse modo, a 18 de junho de 1942, em um comício no Royal Albert Hall em Londres, para celebrar o segundo aniversário de fundação das Forças Francesas Livres, De Gaulle declarou:

> Assim que nossa tarefa estiver encerrada, nosso papel completo, sobrevindo a todos aqueles que serviram a França desde a aurora de sua história, precedendo todos aqueles que a servirão pela eternidade de seu futuro, diremos à França, simplesmente, como [o poeta Charles] Péguy: "Mãe, contempla teus filhos que lutaram por ti".[46]

As Forças Francesas Livres necessitariam de toda essa devoção inquestionável, quase mística, para superar seu próximo desafio.

A DISPUTA NORTE-AFRICANA

A 8 de novembro de 1942, na "Operação Tocha", forças americanas e britânicas desembarcaram na colônia francesa do Marrocos e no vasto território da Argélia. As três regiões costeiras desta última eram administradas não como colônias, mas como departamentos da França — parte de seu território doméstico.* A Argélia detinha importância estratégica para os Aliados, dentre outras coisas porque o território era a base de um exército substancial que podia ser recrutado para aumentar as forças aliadas na eventual invasão da Europa. Mas para as Forças Francesas Livres ela pôs em evidência acima de tudo a questão da governança da própria França. Qualquer uma das forças a

---

* As três regiões costeiras de Orã, Argel e Constantina foram governadas como departamentos da França de 1848 a 1957. Uma quarta, Bône, foi acrescentada de 1955 a 1957. Além da costa, as regiões desérticas da Argélia nunca foram consideradas parte da "França metropolitana".

prevalecer na Argélia poderia fazer uma reivindicação decisiva de ser o legítimo governo da pátria francesa quando a guerra chegasse ao fim.

As potências "anglo-saxãs", como De Gaulle costumava chamá-las, tinham pouco interesse em ceder uma capacidade tão poderosa, para o incômodo líder das Forças Francesas Livres. Ele nunca foi informado desses planos; ficou sabendo sobre a invasão somente após ela já ter ocorrido. Mais significativamente, os Aliados trouxeram consigo para a Argélia um possível rival à liderança de De Gaulle.

Veterano da Primeira Guerra Mundial, o general Henri Giraud comandara tropas francesas nos Países Baixos durante a campanha de 1940. Feito prisioneiro, foi levado à fortaleza de Königstein, no topo de uma montanha, perto de Dresden, de onde escapou em abril de 1942, aos 63 anos, descendo com uma corda pelo paredão de quase cinquenta metros. A ousada fuga reforçou a já heroica reputação de Giraud,[47] estabelecida em uma fuga anterior de um campo de prisioneiros alemão na Primeira Guerra Mundial. Regressando à França de Vichy, tentou em vão persuadir Pétain de que a Alemanha perderia a guerra e a França devia passar ao campo dos Aliados. Embora Pétain rejeitasse os argumentos de Giraud, recusou-se a extraditá-lo para a Alemanha. Em 5 de novembro de 1942, Giraud foi secretamente levado da França para Gibraltar em um submarino britânico sob comando nominal estadunidense. A 9 de novembro, após os desembarques da Operação Tocha, voou para Argel, onde tanto Roosevelt como Churchill procuraram ungi-lo como a figura dominante.

Nessa disputa crítica pela legitimidade política, havia ainda um terceiro candidato em Argel, que por sua vez havia chegado pouco antes dos desembarques aliados. Era o almirante François Darlan, comandante da marinha de Vichy, que aparentemente viera visitar o filho enfermo.

Seria esse o primeiro passo dado por Pétain para se desvencilhar dos alemães? Ou um meio de organizar a defesa da Argélia contra uma possível invasão anglo-americana? Numa situação tão ambígua, os papéis de colaborador e patriota poderiam se confundir. Em 10 de novembro, Eisenhower, na condição de comandante supremo das forças aliadas, decidiu explorar a presença de Darlan para negociar um armistício com as forças de Vichy e nomeou-o alto-comissário da França na África em troca de sua cooperação com a campanha dos Aliados no Norte da África.

Darlan pôde exercer sua autoridade durante apenas 41 dias. Foi assassinado na véspera de Natal por motivos nunca revelados. Todas as partes em disputa tinham interesse em sua eliminação, mas nenhuma pretendia revelar seu papel nela.

Com isso Giraud passou a ser o principal rival de De Gaulle. Na verdade, ele representava a aspiração de redenção da França de Vichy.

Antes que a disputa entre os dois generais pudesse ir longe demais, Roosevelt, Churchill e seus estados-maiores se reuniram em Casablanca em janeiro de 1943 para planejar a estratégia da guerra anglo-americana e resolver a desavença entre, na visão de Roosevelt, duas primas-donas francesas. Roosevelt expôs a De Gaulle sua opinião sobre a questão no primeiro encontro dos dois, em 22 de janeiro. Ele defendeu o pesadelo gaullista de uma tutela anglo-saxã sobre a França reconquistada:

> O presidente mais uma vez aludiu à falta de poder por parte do povo francês para afirmar sua soberania nesse momento. O presidente observou que era necessário, portanto, recorrer à analogia legal da "tutela" e que na sua opinião as Nações Aliadas combatendo em território francês no momento combatiam pela libertação da França e deveriam manter a situação política sob "tutela" para o povo francês.[48]

O antagonismo de Roosevelt obrigou a explicitação do que estava implícito. De Gaulle usou o arcebispo Francis Spellman de Nova York para enfatizar sua determinação de aceitar apenas uma solução francesa. Spellman visitava tropas estadunidenses em Marrocos e fora recrutado por Roosevelt para convencer o general a aceitar um papel subordinado numa estrutura dominada por Giraud. Longe de se sujeitar, De Gaulle respondeu com uma ameaça: seria imprudente os anglo-americanos subverterem a vontade nacional francesa por temor de que o corpo político francês recorresse a uma terceira parte em busca de salvação — numa clara alusão à União Soviética.[49] Era uma variação da manobra que realizara em sua visita recente ao embaixador soviético em Londres.[50]

Roosevelt, com o apoio de Churchill, recuou para propor um duunvirato dos dois generais. De Gaulle rejeitou a proposta, mais uma vez com base no fato de que era ele quem representava a legítima França, uma posição na qual persistira por todos os três anos em que comparecera à conferência de Casablanca.

Se Giraud possuísse um mínimo de talento político, poderia ter conquistado um resultado propício para si. Suas limitações nessa área foram bem descritas por Harold Macmillan, na época ministro residente britânico em Argel e posteriormente primeiro-ministro:

> Imagino que nunca em toda a história da política um homem tenha dissipado um capital tão grande em um intervalo tão curto [...]. Ele sentou para jogar cartas segurando todos os ases, todos os reis e quase todas as rainhas do baralho [...], mas conseguiu por alguma extraordinária prestidigitação ludibriar a si mesmo e perder o que apostara.[51]

A derrocada de Giraud foi acelerada pela habilidade política de seu rival. Quando a questão passou a ser a melhor maneira de impedir os líderes "anglo-saxões" de impor uma solução a um assunto doméstico dos franceses, De Gaulle exibiu uma súbita e inesperada flexibilidade. Em abril de 1943, embora ainda o tratando com desdém — "Toda França está comigo [...] Giraud deveria prestar atenção! [...] Mesmo que acabe indo à França como vitorioso, sem mim, abrirão fogo contra ele —,"[52] convidou Giraud para um encontro (que finalmente se concretizou em 31 de maio). Nessa reunião ele aceitou o *princípio* da coliderança que rejeitara alguns meses antes e propôs um comitê consistindo de dois presidentes: ele, encabeçando o departamento político, e Giraud, chefiando os militares. Acima disso haveria um Comitê Francês de Libertação Nacional (CFLN) composto por três indivíduos nomeados por De Gaulle, três pelas autoridades argelinas e três por Giraud.

Foi uma jogada ousada de De Gaulle, que partiu da convicção de que suas habilidades superiores de governança convenceriam os membros do CFLN indicados pelas autoridades argelinas a respaldá-lo a longo prazo.[53] E, de fato, dentro da estrutura geral do CFLN — uma vez aceita a proposta estrutural de De Gaulle —, ele levou a melhor sobre o general mais velho e bem menos sutil. No fim, o comando militar de Giraud ficou subordinado ao controle "civil" nominal do Comitê, apresentando aos Aliados o *fait accompli* de uma autoridade francesa unificada. No processo, um novo comitê de defesa foi criado, com De Gaulle no leme, para supervisionar as operações militares, na prática empurrando Giraud para um status subalterno.[54]

O próprio De Gaulle descreveria posteriormente a derrocada política de Giraud desta forma:

Foi portanto inevitável que Giraud se visse gradualmente isolado e rejeitado, até o dia em que, confinado por limitações que não aceitava e, além disso, privado dos apoios externos que eram a origem de suas ambições mirabolantes, determinou--se a renunciar.[55]

De forma sutil e impiedosa, com autoconfiança e paciência infinitas, De Gaulle privou Giraud de qualquer acesso a uma posição de autoridade e transformou o próprio Comitê Francês de Libertação Nacional na base do futuro governo republicano da França.

Sob a liderança de De Gaulle, o CFLN procedeu na Argélia ao delineamento das instituições que governariam os assuntos domésticos e externos da França após a liberação — antecipando uma tutela anglo-saxã. Um decreto do CFLN em junho de 1944 estabeleceu tribunais especiais para a condução de julgamentos com júri — incomum na tradição do direito civil francesa — dos colaboradores nazistas após a liberação. Apenas cidadãos que dessem "prova de sentimentos nacionais", ou com um histórico impecável de guerra aprovado pelo comitê de liberação local, seriam elegíveis para atuar como jurados.[56] Desde o início, o proto-Estado de De Gaulle assumiu a forma de um Executivo forte auxiliado por conselhos consultivos com poder limitado, todos subordinados a De Gaulle, desse modo fazendo dele o líder óbvio de um futuro governo.

Em suas relações com Roosevelt e Churchill, De Gaulle agiu como se já fosse um chefe de governo e jamais perdeu de vista a missão cuja tarefa principal viria após a vitória. No momento em que os Aliados britânicos e americanos desembarcavam na França metropolitana em junho de 1944, o desconhecido general menor de junho de 1940 havia se tornado o líder inconteste do contingente francês dos Aliados e do potencial governo.

CONQUISTANDO O PODER POLÍTICO

O teste viria quando os Aliados ocidentais empreendessem a liberação da França, que haviam prometido a Stálin na cúpula de Teerã no fim de 1943. No prelúdio aos desembarques de junho de 1944 na costa francesa da Normandia, De Gaulle concentrou-se em evitar a guerra civil entre as próprias forças e as forças políticas da França que representavam a Resistência. Isso era ainda mais importante porque seus parceiros estadunidenses e britânicos, embora aceitassem com relutância seu controle do exército francês existente, ainda não estavam preparados para tratá-lo como seu igual no futuro governo francês. Tanto Roosevelt como, em menor grau, Churchill se esforçaram em reservar a decisão final sobre essa questão para a conclusão da guerra. Roosevelt compartilhou sua previsão da evolução política da França com o secretário de guerra Henry L. Stimson: "De Gaulle vai cair [...]. Outras partes surgirão com o decorrer da liberação e De Gaulle vai virar uma figura mínima".[57]

A despeito dos triunfos de De Gaulle em trazer o império francês no além--mar para seu lado e em superar o desafio de Giraud à sua liderança, o controle das Forças Francesas Livres sobre a França metropolitana era tudo menos pré-ordenado. As autoridades de Vichy haviam usufruído de considerável apoio popular no início da ocupação alemã. Os grupos da Resistência interna não haviam começado a se organizar em unidades maiores até o desembarque dos Aliados no Norte da África. Entre as forças da Resistência, os comunistas eram os mais bem organizados; a presença socialista também era significativa. No fim, os vários grupos internos nunca convergiram sob um único comando.

O pesadelo gaullista era que a entrada das forças aliadas na França pudesse formar um governo de transição e cumprir a previsão de Roosevelt. Era portanto essencial que De Gaulle aparecesse na França na primeira oportunidade, antes que tal governo pudesse ser estabelecido, e em Paris, como uma figura nacional transcendendo as divisões da Terceira República.

A 6 de junho de 1944, forças estadunidenses e britânicas desembarcaram na Normandia, em pouco tempo estabelecendo cabeças de ponte com cem quilômetros de comprimento e 25 de profundidade. Seis semanas se passariam até suficientes forças aliadas conseguirem se reunir para vencer a obstinada resistência alemã.

De Gaulle não esperaria tanto para começar a afirmar sua autoridade. Desde o dia do desembarque, insistiu em visitar o território recapturado. Churchill relutantemente concordou com uma visita ao setor britânico, instruindo o comandante responsável, general Montgomery, a receber De Gaulle não na pista aérea, em solo francês, mas no quartel-general britânico.

Essa desfeita se revelou útil para o propósito de De Gaulle, que era estabelecer sua presença política pessoal. Em 14 de junho, após uma breve visita ao quartel-general britânico, ele partiu para Bayeux, a maior cidade (15 mil habitantes) em território capturado pelos britânicos. Uma vez ali, De Gaulle recusou uma taça de champanhe do subprefeito de Vichy ainda no cargo, cumprimentou reservadamente os dignitários locais de Vichy e seguiu para a praça central no seu principal intuito, que era fazer seu primeiro discurso em solo na França metropolitana. À sombra da magnífica catedral de Bayeux, dirigiu-se à multidão reunida como se fosse composta de membros da Resistência francesa por toda a guerra ("Vocês nunca pararam [de lutar] desde o início da guerra") e como se tivesse a legitimidade de lhe dar ordens:

> Continuaremos a travar a guerra com nossas forças por terra, mar e ar, como fazemos atualmente na Itália, onde nossos soldados se cobriram de glória, assim como se cobrirão amanhã na França metropolitana. Nosso Império, inteiramente congregado a nossa volta, proporciona uma tremenda ajuda [...]. Prometo-vos que continuaremos com a guerra até a soberania de cada polegada do território francês ser restabelecida. Ninguém nos impedirá de fazer isso.
>
> Combateremos junto com os Aliados como uma nação Aliada. E a vitória que obtivermos será a vitória da liberdade e a vitória da França.[58]

Não houve menção às tropas britânicas que efetivamente libertaram Bayeux ou às forças estadunidenses que haviam sofrido inúmeras baixas no desembarque. De Gaulle queria transformar, na cabeça do público, o que era essencialmente uma expedição anglo-americana em uma singular vitória francesa. Ao visitar Bayeux, procurava menos reclamar o território da nação que arregimentar o espírito nacional. Não pela última vez, tentou convencer seus ouvintes a aceitar como evangelho uma versão dos fatos que guardava pouca relação com a realidade.

De Gaulle concluiu sua visita com um gesto sumamente político. Despedindo-se de Montgomery, observou numa postura quase casual que alguns membros de sua equipe permaneceriam por ali. Montgomery relatou o episódio, acrescentando: "Não faço ideia de qual seja a função deles". Mas De Gaulle fazia: deveriam estabelecer sua autoridade por meio de um novo governo civil.[59]

Nos dois meses seguintes, De Gaulle buscou reforçar sua posição entre os Aliados e visitou Roma para se reunir com tropas francesas vindas da Argélia que haviam se juntado à campanha italiana dos Aliados. Depois, fez sua primeira visita a Washington para melhorar as relações com os aliados estadunidenses.

Restavam menos de quatro semanas para se preparar para a culminação dos três anos de tumulto, esperança e ambição — para ser aceito como a encarnação da legitimidade política francesa em solo francês.

Paris era o único lugar em que isso podia ser conquistado, e apenas em retrospecto seu triunfo ali parecia inevitável. Ele não tinha nenhuma força militar própria. As Forças Francesas Livres que, cortesia do general Omar Bradley, haviam tomado a dianteira na aproximação final de Paris estavam sob o comando aliado. A Resistência era na época forte o bastante para sozinha combater as forças de ocupação alemãs. Contudo, De Gaulle viera não para celebrar a vitória deles sobre os alemães, mas para proclamar sua missão.

Após chegar de carro a Paris em 26 de agosto de 1944, ele parou na Gare Montparnasse, onde a Resistência aceitara a rendição das forças de ocupação alemãs na cidade, a fim de agradecer ao general Leclerc da divisão das Forças Francesas Livres. Dali se dirigiu à sala no Ministério da Defesa na qual servira como subsecretário por exatamente cinco dias antes de se exilar em Londres. Descobriu que nenhuma peça de mobília, sequer uma cortina, fora tirada do lugar após sua partida. De Gaulle tratou os quatro anos de intervalo como uma elipse na história francesa. Ele escreveria em suas memórias: "Nada faltava, exceto o Estado. Era meu dever restaurá-lo".[60]

Para simbolizar a continuidade da história francesa, a próxima parada de De Gaulle foi o Hôtel de Ville (sede do governo municipal de Paris), porque tanto a Segunda como a Terceira República haviam sido proclamadas ali.[61] Muitos esperavam que ele proclamasse uma Quarta, encerrando a Terceira, que perdera a guerra. Mas isso teria sido o oposto do que ele planejava. Quando Georges Bidault, líder nominal da Resistência, indagou se De Gaulle proclamaria uma República durante sua visita a Paris, ele respondeu secamente: "A República nunca deixou de existir [...]. Como assim, proclamá-la?".[62] Sua intenção era criar uma nova realidade política para o povo francês antes de declarar sua natureza.

De Gaulle foi recebido no Hôtel de Ville com discursos emocionados de Bidault e Georges Marrane, vice-presidente do Comitê de Liberação de Paris e um membro do alto escalão do Partido Comunista. Ele respondeu com uma declaração comovente sobre o significado do momento:

Como esconder a emoção que toma conta de todos os presentes, *chez nous*, em Paris, que se prontificou a se defender e que o fez sozinha. Não! Não esconderemos essa emoção sagrada e profunda. Alguns momentos estão além de nossas pobres vidas. Paris! Paris ultrajada! Paris arrasada! Paris martirizada! — mas Paris libertada! Libertada pelas próprias mãos, libertada por seu povo com a ajuda dos exércitos da França, com a ajuda e a assistência da França inteira, dessa França que combate, da única França, da verdadeira França, da eterna França.[63]

A extraordinária elevação metafísica da oratória de De Gaulle expressava sua fé na singularidade de seu país. Os exércitos aliados nos portões da cidade, que haviam graciosamente saído do caminho para permitir que as Forças Francesas Livres entrassem em Paris primeiro, não foram mencionados. Tampouco a Grã-Bretanha e os Estados Unidos, embora houvessem participado da guerra com enormes perdas e sacrifícios. A liberação de Paris foi tratada como uma realização puramente francesa. Ao proclamar que era assim, ele persuadia seu público de que era assim: a criação da realidade política por pura força de vontade.

Essa aparente falta de gratidão com os libertadores e a ênfase obsessiva no alegado papel francês refletiam outro propósito. De Gaulle tinha plena consciência de que grande parte da população francesa se ajustara à ocupação. Enfatizar esse período teria exposto ambivalências demais, ao mesmo tempo que destacar o papel das forças estadunidenses e britânicas teria impedido seu propósito último de restabelecer a fé da França em si mesma.

Um desfile pela Champs-Élysées, numa escala sem precedentes e talvez jamais igualado em seu fervor na história francesa, sacramentou a legitimidade de De Gaulle. Proporcionou aos parisienses a primeira oportunidade de ver a encarnação física do que fora previamente apenas uma voz na BBC. A multidão, entusiasmada e emocionada, observou o oficial de extraordinária estatura caminhar pela longa rota do Arco do Triunfo à praça da Concórdia. Com seu delegado parisiense à direita e Bidault à esquerda, De Gaulle marchava meio passo à frente, obviamente comovido, mas raramente sorrindo, apertando mãos aqui e ali. Na praça da Concórdia, a multidão era tão densa que ele teve de seguir de carro pelo resto do caminho até Notre-Dame. Em ambos os locais, houve disparos de atiradores contra De Gaulle. Assim como nas tentativas de assassinato anteriores — e em outros momentos na guerra —, ele não tomou qualquer providência para se proteger e se absteve de comentários. A coragem física inabalável que mostrou nesses dias ajudou a cimentar sua liderança na França.

A Resistência foi rapidamente absorvida pelo novo governo provisório. Em conversa privada na semana seguinte à liberação de Paris, De Gaulle abruptamente interrompeu um antigo membro da Resistência que precedia um comentário com, "A Resistência...", respondendo, "Fomos além da Resistência. A Resistência está encerrada. A Resistência agora deve ser integrada à Nação".[64]

Dois anos antes, em um discurso no Royal Albert Hall de Londres, em 1942, quando ainda estava se estabelecendo, De Gaulle citara o aforista do século XVIII Nicolas Chamfort: "Os racionais sobreviveram. Os passionais viveram". A seguir declarou que as Forças Francesas Livres prevaleceriam porque portavam em si as duas qualidades francesas da razão e da paixão. Em seu caso, a razão foi responsável pela frieza com que ignorou alguns dos que haviam combatido a seu lado. A paixão prevaleceu no desfile pela Champs--Elysées e na missa em Notre-Dame.

A 9 de setembro, De Gaulle formara um novo gabinete sob sua autoridade como presidente do governo provisório. Colegas de longa data das Forças Francesas Livres, experientes políticos da Terceira República sem a mácula de servir em Vichy, comunistas, democratas cristãos, antigos líderes da Resistência e tecnocratas foram todos persuadidos a se juntar a seu governo de unidade nacional. O modo austero com que De Gaulle inaugurou a primeira reunião de gabinete — "O governo da República, modificado em sua composição, tem prosseguimento" — refletia sua convicção de que, sem o Estado, haveria apenas caos.[65] Convencido de que as divisões da França haviam causado seu declínio, De Gaulle estava determinado que seu país começasse o período do pós-guerra com uma unidade digna de sua *grandeza* histórica.

UMA VISITA A MOSCOU

Os eventos de 26 de agosto haviam, na prática, marcado a coroação de uma monarquia republicana. Rejeitando qualquer forma de autoridade da ocupação aliada na França, o governo provisório de De Gaulle impôs ordem com notável presteza. Ele equilibrou as represálias populares e judiciais contra os líderes de Vichy e os simpatizantes nazistas fazendo pródigo uso do poder de perdoar. Embora tenha anteriormente se esforçado para arregimentar os componentes políticos da Resistência, ele agora insistia em um sistema presidencial forte que transcendesse o sectarismo divisório do fim da Terceira República.

Com sua autoridade na França estabelecida, De Gaulle viajou a Moscou em 24 de novembro, apenas três meses após a liberação de Paris. "Esperamos que não haja nenhuma revolução", gracejou impassivelmente, numa piada parcial, por ocasião de sua partida.[66] As forças alemãs ainda ocupavam partes da Alsácia e da Lorena. A guerra continuava a ser travada em solo francês; as tarefas de reconstrução eram intimidantes. Uma nova invasão alemã — a Ofensiva das Ardenas — era iminente, embora passasse despercebida pelos generais aliados.

De Gaulle via a reentrada da França na diplomacia internacional como um passo vital para a consolidação de sua autoridade doméstica, assim como para revigorar a moral da nação. A derrota francesa em 1940 deixara o país em segundo plano na diplomacia internacional. A França fora excluída da conferência de Teerã em 1943, quando Churchill, Roosevelt e Stálin chegaram a um acordo sobre a estratégia da guerra. Estaria igualmente ausente das conferências de Yalta e Potsdam em 1945, que estabeleceram a estrutura da Europa no pós-guerra. De Gaulle não podia restaurar a influência francesa se apresentasse uma postura de suplicante buscando admissão em conferências internacionais; tinha de demonstrar para a Grã-Bretanha e os Estados Unidos que a França era um ator autônomo com escolhas independentes cuja boa vontade era importante almejar. Se a França esperava voltar a integrar a primeira prateleira da diplomacia internacional, teria de criar as próprias oportunidades — a começar por sua ousada missão em Moscou para discussões com Stálin.

Antes dessa visita, quando queriam conferenciar com Stálin, Churchill e diplomatas estadunidenses como Averell Harriman e Wendell Willkie voavam pela rota norte para Murmansk. Mas De Gaulle não dispunha de aviões adequados para tal trajeto, tampouco de caças com alcance suficiente para atuar como escolta. Assim optou em vez disso por fazer um trajeto tortuoso num avião francês via Cairo e Teerã para Baku, no mar Cáspio, seguido de uma jornada de cinco dias em um trem especial, fornecido por Stálin, através de uma paisagem devastada pela batalha de Stalingrado e pelos combates em torno de Moscou. O desconforto da jornada foi um preço que valeu a pena. Possibilitou a De Gaulle discutir com o autocrata soviético o acordo de paz do pós-guerra antes da reunião seguinte entre ele e os anglo-americanos, e fazê-lo como o representante de uma potência por direito próprio. Era dessa forma o primeiro líder aliado a discutir o acordo pós-guerra com Stálin.

Quando chegou ao Kremlin, o principal assunto da conversa foi a estrutura pós-guerra da Europa. Stálin afirmou sem meias palavras que seu objetivo era dominar o Leste Europeu. Propôs que a França reconhecesse o governo de Lublin, que ele estabelecera na Polônia sob ocupação soviética como um futuro sucessor do governo polonês internacionalmente reconhecido — em nome de cuja integridade territorial a Grã-Bretanha havia declarado guerra contra a Alemanha em 1939. De Gaulle evadiu-se ao pedido dizendo que precisava conhecer melhor o governo de Lublin, dando a entender que apenas o endosso soviético era insuficiente para o reconhecimento francês, mas também que, para uma resposta apropriada, não era uma meta impossível de ser atingida por Stálin.

Por sua vez, De Gaulle promoveu sua própria proposta para a Europa Central, que consistia em reverter duzentos anos de história europeia. A seu modo de ver, os territórios alemães a oeste do Reno deveriam ser cedidos à França — incluindo a região do Sarre (um importante polo produtor de carvão) e partes da região industrial do Ruhr. Na Alemanha reconstituída, a Baviera se tornaria o maior Estado e a Prússia seria dissolvida, tendo sua principal porção designada à província reestruturada de Hanover.

De Gaulle não fez menção de consultar seus aliados, e Stálin sem dúvida compreendeu que os estadunidenses e os britânicos jamais concordariam com essa mudança drástica no mapa da Europa. Assim respondeu que precisava discutir a proposta com os britânicos — por cuja sensibilidade não demonstrara previamente qualquer preocupação especial. Porém, omitindo qualquer referência aos Estados Unidos, Stálin também sugeria que um acordo europeu separado excluindo os Estados Unidos podia ser providenciado.

No fim, os dois líderes chegaram a um pacto de assistência mútua para impedir a eventual agressão alemã no pós-guerra, mas, em uma surpreendente cláusula adicional, prometiam uma ação conjunta se um dos lados, após tomar "todas as medidas necessárias para eliminar qualquer nova ameaça da Alemanha", fosse invadido. Esse tratado de assistência mútua, reminiscente da aliança franco-russa que precedeu a Primeira Guerra Mundial, era destituído de efetividade prática imediata pela distância geográfica que separava as duas potências e pelo fato de que o governo francês fora estabelecido apenas três meses antes.

No processo, De Gaulle passou por uma primeira exposição ao estilo de negociação soviético que mais tarde, na Guerra Fria, viria a se tornar um estereótipo. O ministro de exterior soviético, Vyacheslav Molotov, que supervisionava a preparação dos documentos finais para Stálin, rejeitou o primeiro rascunho francês, prometendo logo apresentar uma alternativa. Mas, dois dias depois, no que ficara planejado como o jantar final da visita, nem sinal da minuta. De Gaulle não se fez de rogado. Permanecendo durante a refeição e uma série aparentemente infindável de brindes, levantou de seu lugar pouco após a meia-noite (cedo, para um banquete de Stálin) e requisitou que seu trem partisse cedo pela manhã.

Voltar de mãos abanando de uma jornada tão desencorajadora teria sido humilhante, mas a insistência funcionou. Às duas da tarde, um contra-rascunho soviético apareceu e, depois de mais modificações, mostrou-se aceitável para De Gaulle. Foi assinado às quatro da tarde na presença de Stálin, gracejando que os franceses haviam lhe passado a perna. Haja vista a reputação de astúcia e brutalidade de Stálin, comentários autodepreciativos dessa natureza haviam trazido satisfação outrora a muitos interlocutores, incluindo o ministro de relações exteriores de Hitler, Joachim von Ribbentrop.*

A volta de De Gaulle de Moscou a 17 de dezembro de 1944 foi celebrada em Paris como o reingresso francês na Europa após uma ausência de quatro anos e como um triunfo diplomático pessoal.[67] O acordo também fortaleceu a posição de De Gaulle domesticamente em relação aos comunistas franceses. Mas, em questão de dias, a guerra voltou ao primeiro plano com o início da ofensiva alemã na floresta de Ardenas e na Alsácia.

---

* Os negociadores estadunidenses seriam expostos depois a táticas similares, com um toque particularmente sinistro devido à reputação do caráter vingativo de Stálin. Durante a Guerra Fria, testar a resistência psicológica de um adversário por meio da procrastinação passou a ser quase um padrão na diplomacia Leste-Oeste soviética. E ainda assim houve a pressa para chegar a um acordo na fase final (um bom exemplo sendo a cúpula Nixon-Brezhnev em Moscou em maio de 1972) —, quase como se o planejamento e a autodisciplina, assiduamente cultivados ao longo de meses de negociação, fossem de súbito dominados pelo receio de que os frutos pacientemente perseguidos pudessem se perder mediante algum fatal erro de juízo da perseverança adversária.

DE GAULLE E O GOVERNO PROVISÓRIO

Durante toda sua liderança das Forças Francesas Livres, as declarações e ações de De Gaulle haviam evocado um tema comum: a reconstrução de um Estado francês legítimo e poderoso, a única alternativa capaz de restabelecer a ordem após a liberação e garantir a negociação com os Aliados como iguais no estágio final do conflito contra a Alemanha. "O Estado, que presta contas à França", escreveu De Gaulle em suas memórias presidenciais, "está incumbido simultaneamente do legado de ontem, dos interesses de hoje e das esperanças de amanhã."[68] Concebendo o Estado como um pacto geracional, De Gaulle fazia eco a Edmund Burke, que definia a sociedade como "uma parceria [...] entre os vivos, os mortos e os por nascer".[69]

Essa ideia de Estado serviu para resgatar o autorrespeito francês retratando Vichy como um interregno equivocado entre um passado glorioso e um futuro brilhante — e as Forças Francesas Livres como a verdadeira continuidade do Estado. Se De Gaulle não tivesse lutado com tanta determinação pela identidade francesa durante os anos da guerra — ou se não tivesse afirmado sua liderança como uma alternativa francesa a Vichy em bases internacionais —, o mito da continuidade não teria sido plausível. Como vimos, apenas uma parcela comparativamente pequena do público francês apoiava ativamente as Forças Francesas Livres; contudo, o feitiço lançado por De Gaulle foi suficientemente poderoso para banir o fato da memória francesa. O esquecimento, paradoxalmente, pode por vezes funcionar como elemento aglutinador para uma sociedade que de outro modo não teria coesão.

Minimizar a importância de Vichy também proporcionou a De Gaulle, em outubro de 1944, flexibilidade para dissolver a Milícia Patriótica, um grupo de ex-combatentes da Resistência atuando como vigilantes contra supostos colaboracionistas. Em seu lugar ele impôs o sistema mais uniforme de justiça que concebera quando estava na Argélia. Cabia exclusivamente ao Estado deter o monopólio da violência legítima dentro de seu território; execuções sumárias não tinham lugar na França de De Gaulle.

Os desdobramentos militares vieram rapidamente. No fim de 1944, as fileiras francesas haviam inchado para 560 mil soldados. Em 23 de novembro, o Primeiro Exército Francês, comandado pelo general Jean de Lattre, retomou a cidade medieval de Estrasburgo, desse modo cumprindo a promessa de Leclerc em Kufra. Porém uma ofensiva lançada pela Alemanha em dezembro de 1944 na Alsácia — combinada ao ataque anterior a Ardenas — ameaçava agora sitiar a cidade. Esse acontecimento tocava na eterna questão de determinar se a estratégia de guerra deveria ser moldada por considerações militares ou políticas.

O comandante estadunidense no campo de batalha, general Bradley, queria estabelecer uma linha defensiva ao longo das montanhas Vosgos de onde poderia reunir forças para uma contraofensiva — estratégia que implicava a evacuação de Estrasburgo. A reação de De Gaulle foi inequívoca. As forças francesas, insistiu, não bateriam em retirada de uma cidade que mudara de mãos entre a Alemanha e a França quatro vezes no século anterior. Estabelecendo um conflito entre suas obrigações nacionais e aliadas, De Gaulle instruiu de Lattre a rejeitar as ordens de Eisenhower. Ao mesmo tempo, apelou a Roosevelt, Churchill e ao próprio Eisenhower que reconsiderassem, anunciando uma visita pessoal ao quartel-general aliado para defender seu pedido.

Ao chegar ao quartel-general em Versalhes a 3 de janeiro de 1945, encontrou Churchill no local, procurando impedir um conflito aberto entre os Aliados no meio de uma ofensiva alemã. Nesse caso, a sorte foi favorável tanto à causa deles como para o lugar de De Gaulle na história. A situação militar havia melhorado, Eisenhower já mudara de ideia e forças francesas tiveram permissão de permanecer em Estrasburgo. A resposta positiva de Eisenhower impediu o que poderia ter sido, para De Gaulle, o espetáculo de uma recusa francesa a obedecer o comandante supremo em pleno calor da batalha. Contudo, embora De Gaulle tenha prevalecido, sua vitória veio a um custo maior na disposição estadunidense de aquiescer a ele no futuro.

A fase final da guerra, em abril de 1945, suscitou outra afirmação da autonomia francesa: De Gaulle ordenou que suas forças ocupassem a cidade industrial alemã de Stuttgart, no sudoeste, ainda que ela tivesse sido designada à futura zona de ocupação americana e a propósitos operacionais do exército dos Estados Unidos. Seguindo suas táticas usuais, De Gaulle não alterou as ordens quando lhe apontaram a discrepância; tampouco, como de costume, sua iniciativa foi um convite ao diálogo.

Harry Truman, que sucedera Roosevelt na presidência em 12 de abril, não se impressionou com as explicações oferecidas por De Gaulle para sua postura desafiadora — de que, na prática, a França devia suplantar a Grã-Bretanha como principal aliada europeia dos Estados Unidos. A Grã-Bretanha, argumentava

De Gaulle, estava exaurida demais pela guerra para desempenhar esse papel. Truman, insistindo no acordo de delimitação das zonas de ocupação, ameaçou uma completa reconsideração dos compromissos existentes. Não restou outra alternativa a De Gaulle a não ser entregar os pontos, embora não sentisse a menor compulsão de fazê-lo com elegância.

Entrementes, no front doméstico, a privação imperava. "Carecemos do alimento para satisfazer as necessidades mais básicas da existência", escreveria De Gaulle sobre o período após a liberação em suas memórias da guerra.[70] As pessoas ficaram restritas a 1200 calorias por dia. O mercado clandestino oferecia algum alívio para os que podiam pagar, mas quase indiscriminadamente a escassez prevaleceu:

> Como não havia lã, algodão e quase nada de couro, muitos cidadãos vestiam roupas puídas e usavam sapatos de madeira. Não havia aquecimento nas cidades, pois a pequena quantidade de carvão minerado era reservada aos exércitos, ferrovias, usinas de energia, indústrias básicas e hospitais [...]. Em casa, no trabalho, nos escritórios e nas escolas, todos tiritavam de frio [...]. Levaria anos antes de voltarmos aos padrões da vida no pré-guerra.[71]

Os franceses viviam em um estado de penúria tanto espiritual como material. O comunismo se apresentava como uma expressão da solidariedade aos oprimidos e devia seu prestígio à sua representação desproporcional nas fileiras da Resistência — bem como às vitórias de Stálin no Front Oriental. De Gaulle portanto identificou a "tarefa imediata" do governo como a realização, em suas palavras, de "reformas pelas quais pudesse reagrupar as lealdades, obter apoio dos trabalhadores e assegurar a recuperação econômica" — todos fins salutares em si e apresentando o efeito colateral de impedir que o Partido Comunista assumisse o controle da França.[72]

Reformas que em épocas mais plácidas poderiam ter sido realizadas em décadas foram apresentadas em semanas. O governo provisório estabeleceu uma renda familiar para auxiliar famílias com crianças e revigorar a taxa de natalidade francesa. As mulheres francesas puderam exercer o direito de voto pela primeira vez, concretizando a antiga convicção gaullista de que uma sociedade moderna exigia sufrágio universal. A seguridade social se expandiu dramaticamente: "Assim desapareceu o medo, tão antigo quanto a raça humana, de que doenças, acidentes, velhice ou desemprego se abatessem com um peso esmagador sobre os trabalhadores", escreveu De Gaulle.[73] O planejamento em tempos de guerra não chegou a ponto de transigir tanto que passasse por um *rebrand* como política econômica *dirigista*. A Air France, a Renault, o carvão, o gás e a eletricidade — tudo foi nacionalizado. A Alta Comissão de Energia Atômica e a Escola Nacional de Administração, dois pilares da França no pós-guerra, foram ambas fundadas na segunda metade de 1945.

De Gaulle demonstrou que mudanças revolucionárias não exigiam uma revolução. Ele se posicionava entre comunistas e liberais do livre mercado, entre locatários e proprietários, evocando o equilíbrio exibido pelo legislador Sólon em relação aos ricos e pobres de sua sociedade: "Ergo perante ambos meu escudo do poder,/ Sem lhes permitir tocar nos direitos uns dos outros".[74]

Por mais poderoso que pudesse ser, porém, o escudo gaullista ameaçava ceder sob as tensões políticas domésticas. As instituições políticas francesas do pós-guerra continuavam embrionárias; De Gaulle não tinha uma estrutura para apoiar o que chamaria mais tarde de sua "ideia certa da França". Para conter os violentos cismas que por tanto tempo haviam dividido a França entre católicos e seculares, monarquistas e republicanos, socialistas e conservadores, uma autoridade central legítima era fundamental.

De Gaulle não defendia uma ditadura: a autoridade central poderia ser testada com expressões periódicas da vontade popular. Ele preferia um Executivo forte sob um sistema republicano com legislatura bicameral e Judiciário independente:

> a fim de que o Estado seja, como deve ser, o instrumento da unidade francesa, dos interesses mais elevados do país, da continuidade da política nacional, considerei necessário para o governo extrair legitimidade não do parlamento, em outras palavras dos partidos, mas, para além deles, de um líder diretamente determinado pela nação como um todo e capacitado a escolher, decidir e agir.[75]

A 21 de outubro de 1945, os franceses elegeram a Assembleia Constituinte, um órgão legislador provisório incumbido de esboçar a nova Constituição. Três semanas mais tarde, ela ratificou De Gaulle como chefe de governo por uma votação quase unânime, que, como ele observou ironicamente em suas memórias, estava mais para um reconhecimento por serviços prestados do que para uma compreensão de sua visão do futuro.

Assim que o governo passou a funcionar, os dilemas históricos da Terceira República voltaram à tona. A começar pela própria composição do governo em 21 de novembro, que, segundo a Constituição, precisava ser aprovada pelo parlamento. Como maior partido da Assembleia Constituinte, os comunistas exigiam as três pastas mais importantes: política externa, defesa e interior. Embora De Gaulle se recusasse a atender tal exigência, sentiu-se na obrigação de conceder aos comunistas ministérios domésticos significativos, como economia e trabalho.

Em questão de semanas, De Gaulle percebeu que perdia a luta para moldar a nova Constituição. Um líder político convencional talvez houvesse aceitado essa decepção como o preço do poder, mas De Gaulle não estava preparado para abrir mão de sua convicção em nome do pragmatismo alheio. Durante todo seu tortuoso percurso na guerra, demonstrara que o improvável podia ser transformado em realidade; se não conseguisse empreender a renovação moral de sua sociedade, desistiria do que a maioria dos líderes políticos teria considerado uma realização e do que tanto lutara e sofrera para conquistar.

A 19 de novembro, perguntou ao embaixador canadense se seu país lhe forneceria domicílio, caso renunciasse. Em um discurso a 1º de janeiro de 1946 diante da Assembleia apresentando seu orçamento de defesa, De Gaulle insinuou que podia ser a última vez que falava "neste semicírculo".[76] Cinco dias depois, saiu de férias, voltando em 14 de janeiro para confidenciar ao ministro do interior, Jules Moch:

> Acho que não fui feito para esse tipo de briga. Não quero ser diariamente atacado, criticado, contestado por homens cuja única reivindicação é se elegerem nalgum cantinho da França.[77]

Em 20 de janeiro, um domingo, nem dezoito meses após seu retorno triunfante à Paris liberada, De Gaulle convocou uma reunião especial do gabinete. Nela, leu um breve pronunciamento resumindo seu desdém pelo "regime exclusivo de partidos" e sua decisão "irrevogável" de renunciar, sem dar a menor indicação sobre futuros planos.[78] Após apertar a mão dos demais, entrou em seu carro e partiu. Seus colegas perplexos ficaram incumbidos de uma tarefa que nenhum deles poderia ter imaginado ao entrar na sala: escolher um sucessor para uma personalidade que já era mítica. Elegeram Félix Gouin, do Partido Socialista, que serviria por cinco meses.

Os historiadores quebram a cabeça para tentar entender o momento escolhido por De Gaulle para renunciar. Claramente, ele discordava dos procedimentos da Terceira República, em vigor até a Assembleia Constituinte completar seu trabalho de criar uma Constituição — que em si tendia a uma direção de que ele não gostava. Mas atacar as instituições que liderava como chefe de governo poderia ter soado uma demonstração de impotência política ou, talvez, o convite a um golpe bonapartista. Contudo, paradoxalmente, se pretendia concretizar a visão na qual depositara fé inabalável contra todas as dúvidas e adversidades — a saber, assumindo o poder de modo a infundir o governo republicano com ampla legitimidade —, De Gaulle tinha de renunciar antes que o trabalho da Assembleia houvesse sido completado e não em protesto contra uma Constituição existente.

O que esse mestre do timing talvez tenha calculado mal foi o intervalo exigido para a liderança política admitir quão indispensável De Gaulle era e aprender a se comportar.

O DESERTO

A renúncia abrupta de De Gaulle, assim como sua fuga para Londres cinco anos e meio antes, afirmava sua prontidão em romper com a França oficial quando suas convicções não pudessem mais apoiar o direcionamento do país. Ao fazê-lo, ele optava por "se retirar dos eventos antes que fossem retirados de mim".[79] Mas enquanto a mudança para Londres o elevou ao centro dos acontecimentos históricos mundiais e à tarefa épica de sustentar a França no exílio, ele agora se via envolto em uma solidão provinciana, exilado em seu próprio país.

O gesto estava de acordo com a imagem cuidadosamente cultivada de De Gaulle como um homem do destino, apartado da política costumeira, sem interesse no poder em si. A família de De Gaulle se estabeleceu em "la Boisserie", uma casa de campo do início do século XIX, na aldeia de Colombey--les-Deux-Églises, a cerca de 230 quilômetros de Paris. O chanceler alemão Konrad Adenauer a descreveria mais tarde como "uma casa muito simples que não possui mais que alguns cômodos bem mobiliados no térreo, mas de resto [...] muito primitiva".[80] Os invernos eram cinzentos e austeros, porque não havia aquecimento central. "Este não é um lugar alegre", disse De Gaulle a uma visita. "Ninguém vem aqui para dar risada."[81]

Nas memórias de guerra que escreveu durante o autoexílio, ele comentou como encontrou paz nessa existência austera:

Essa parte de Champagne é imbuída de calma — horizontes amplos, pesarosos; florestas e prados melancólicos; o friso das resignadas montanhas antigas; aldeias tranquilas e despretensiosas onde nada mudou de espírito ou de lugar em milhares de anos. Tudo isso pode ser visto da minha aldeia [...]. De uma elevação no jardim, avisto as profundezas silvestres onde a floresta envolve a terra lavrada como o mar arrebentando contra um promontório. Observo a noite cobrir a paisagem. Depois, olhando para as estrelas, mergulho na insignificância das coisas terrenas.[82]

Durante esse período, De Gaulle fez uma única intervenção pública significativa a longo prazo: um discurso a 16 de junho de 1946 em Bayeux propondo sua visão para as instituições políticas da França. Dois anos e dois dias antes, quando a cabeça de ponte aliada ainda era frágil, e apenas uma semana após a invasão, De Gaulle visitou pela primeira vez a cidade normanda. Seis meses após sua renúncia, ele recordou a importância de ter instalado um prefeito naquele lugar: "Foi aqui, no solo dos ancestrais, que o Estado reapareceu".[83] Contudo, o trabalho de reconciliar as instituições francesas com sua missão histórica estava incompleto; a constituição do que viria a ser a Quarta República estava sendo esboçada na época e De Gaulle permanecia convencido de que qualquer resultado saído da Assembleia Constituinte seria um beco sem saída.

De Gaulle fez seu diagnóstico dos males franceses com franqueza característica: "Em um período inferior a duas gerações, a França foi invadida sete vezes e passou por treze regimes". Essas "numerosas perturbações em nossa vida pública" haviam intensificado a antiga "propensão gaulesa por divisões e rixas", resultando finalmente "no desapreço dos cidadãos pelas instituições".[84] Uma presidência forte era necessária, "situada acima de partidos", que representasse "os valores da continuidade", como o próprio De Gaulle fizera enquanto líder das Forças Francesas Livres.[85]

A exemplo de Montesquieu, De Gaulle também defendia uma estrita separação de poderes. Era muito importante que o presidente não ficasse à mercê do Poder Legislativo, pois isso resultaria numa "confusão de poderes em que o governo em pouco tempo nada mais seria do que uma coleção de delegações"; em que o interesse nacional não encontraria defensor; e em que qualquer ministro de gabinete ficaria reduzido a um mero "representante do partido".[86] Uma legislatura bicameral proporcionaria aos constituintes uma câmara alta habilitada a revisar e emendar a legislação aprovada pela câmara baixa, mas também a propor leis para a Assembleia Nacional. Dessa maneira, a Constituição francesa se valeria das "férteis grandezas de uma nação livre agrupada sob a égide de um Estado forte".[87]

Esse segundo discurso em Bayeux também foi notável por uma exposição do pensamento de De Gaulle sobre a democracia, assunto sobre o qual ele raramente falava. Ao contrário de seus pares americanos, De Gaulle identificava a democracia mais comumente com sua estrutura institucional do que com uma enumeração de liberdades individuais. Foi por esse motivo que, no seminal discurso de Bayeux, ele defendeu a democracia fazendo uma ácida análise dos defeitos e da suprema futilidade das ditaduras:

> É o destino da ditadura exagerar as coisas que faz. À medida que os cidadãos vão se impacientando com suas restrições e ficando nostálgicos em relação à liberdade perdida, a ditadura deve, a todo custo, conseguir compensar com realizações cada vez mais abrangentes. A nação se torna uma máquina na qual o condutor impõe um regime de aceleração descontrolada. No fim, algo tem de ceder. O edifício grandioso desmorona no sangue e no infortúnio. A nação termina alquebrada e em pior situação [...].[88]

Em suma, o governo republicano servia como o melhor bastião entre o caos e a tirania. O apelo de De Gaulle em Bayeux pouco fez para impedir a redação final da Constituição da Quarta República, que conservou a supremacia parlamentar e o Executivo fraco de sua predecessora. Ela foi ratificada por um referendo em outubro de 1946.

A despeito da expectativa de De Gaulle de que o país logo voltasse a chamá-lo, nada aconteceu. Ele lutou contra acessos de melancolia com um estoicismo ostensivo, atingindo por vezes estados de espírito apocalípticos. Em 1947, tentou lançar um movimento político nacional que se diferenciasse dos partidos estabelecidos; a iniciativa suscitou breve entusiasmo antes de perder o gás.

Entrementes, as condições domésticas gerais estabilizaram e melhoraram. Embora a França se sujeitasse a um carrossel de primeiros-ministros, fontes de vitalidade voltaram a emergir. A economia, com ajuda do Programa de

Recuperação Europeia (Plano Marshall) conduzido pelos Estados Unidos, começou a se recuperar, e, no início da década de 1950, a escolarizada força de trabalho francesa, o conhecimento técnico e a integração em um sistema de livre comércio sob os auspícios estadunidenses combinaram-se para atingir a prosperidade histórica.

A Quarta República entrou em colapso em 1958 menos por desafios domésticos que por sua incapacidade de estabelecer uma política em relação aos territórios coloniais. Ela gastou em excesso os dividendos políticos da recuperação econômica nas três crises coloniais: o esforço de manter a Indochina, a intervenção em Suez e, acima de tudo, a crise argelina.

FRACASSO NA INDOCHINA E FRUSTRAÇÃO NO ORIENTE MÉDIO

A Indochina foi o primeiro de uma série de testes no pós-guerra que pôs à prova a reivindicação feita pela Quarta República das antigas esferas de influência geopolítica francesas. Conquistada pedaço a pedaço pela França de 1862 a 1907, a colônia ficara duplamente sob a ocupação japonesa e o governo de Vichy desde a queda da França em junho de 1940. Em março de 1945, temendo uma invasão aliada e suspeitando que os colonos franceses armariam uma revolta, os japoneses derrubaram os antigos colaboradores e estabeleceram um governo direto.

Na época da rendição japonesa, em agosto de 1945, duas poderosas forças se preparavam para explorar o vácuo: a insurgência comunista Vietminh de Ho Chi Minh, que se opusera igualmente a franceses e japoneses durante a guerra; e uma campanha militar aliada para retomar a colônia — envolvendo tropas chinesas, britânicas e indianas, bem como um corpo expedicionário francês sob comando do general Leclerc.

No início de 1946, as forças francesas pareciam ter, em larga medida, reafirmado o controle sobre a Indochina. Mas os enérgicos esforços da França conquistaram apenas um breve interregno de tranquilidade. Na noite de 19 de dezembro de 1946, o Vietminh realizou dramáticas explosões em Hanói, sinalizando o início de mais uma guerra longa e sangrenta.

Em 1954, o governo colonial no Vietnã ficara insustentável. O Laos e o Camboja haviam conquistado sua independência da França no ano anterior.

O governo Eisenhower, saindo da Guerra da Coreia, não estava disposto a dar respaldo militar à França no Vietnã. A estratégia do general Henri Navarre de atrair o general vietminh Võ Nguyên Giáp para combate aberto, concentrando forças no vale em forma de caldeirão de Dien Bien Phu, terminara em fiasco. No decorrer de oito semanas, forças norte-vietnamitas supridas pelos chineses haviam encurralado os franceses e o início de maio trouxe sua rendição.

Na sequência dessa catástrofe, Pierre Mendès France, o único premiê da Quarta República por quem De Gaulle mais tarde expressaria respeito, agiu rapidamente para concluir as negociações em Genebra sobre o futuro do Vietnã. Segundo o acordo resultante, a França abandonaria a colônia, que seria dividida ao longo do paralelo 17 entre o norte comunista e o sul anticomunista.

De Gaulle, fora do governo durante esse drama, nunca esqueceu a lição. Encontrando o presidente Kennedy em maio de 1961, advertiu o jovem presidente estadunidense contra o envolvimento na região. Como registrado em um memorando oficial,

> o presidente De Gaulle relembrou a guerra travada pela França na Indochina. Expressou seu sentimento de que uma nova guerra não levaria a lugar algum nem se travada pelos Estados Unidos. Se eles sentirem que sua segurança ou honra obrigou-os a intervir, os franceses não se oporão a tal intervenção, mas não participarão dela, exceto é claro se levasse a uma guerra mundial, e nesse caso a França estaria sempre ao lado dos Estados Unidos.[89]

O segundo choque do pós-guerra para a França resultou de uma operação militar conjunta franco-britânica para restabelecer a posição do Ocidente no Oriente Médio, invadindo em 1956 a região do canal de Suez juntamente com Israel, que perseguia objetivos nacionais particulares.

Em 1954, Gamal Abdel Nasser assumira o controle do Egito, depondo o general Muhammad Naguib, que dois anos antes substituíra a monarquia. Nasser criou um regime nacionalista que progressivamente avançou em direção ao apoio econômico da URSS e se muniu de armamentos soviéticos. Em julho de 1956, ele nacionalizou o canal de Suez, antes sob controle francês e britânico. A Grã-Bretanha foi assim confrontada com o fim de sua proeminência na região e a França, com a perspectiva de que um Nasser encorajado pudesse redobrar seu apoio aos nacionalistas insurgentes em suas possessões norte-africanas, especialmente a Argélia.

Em outubro de 1956, em uma coordenação secretamente combinada, forças britânicas e francesas avançaram para tomar o canal de Suez dias após as forças israelenses terem invadido a península do Sinai. O governo Eisenhower, vendo a Guerra Fria como uma disputa ideológica pela lealdade do mundo em desenvolvimento, ficou aterrorizado de que a União Soviética aproveitasse a ocasião para cooptar o Oriente Médio. Por esse motivo, a 30 de outubro, 24 horas após o ataque inicial de Israel, os Estados Unidos submeteram uma resolução ao Conselho de Segurança ordenando que as forças armadas israelenses "recuassem imediatamente [...] para trás das linhas de armistício estabelecidas". Quando essa resolução foi vetada pela Grã-Bretanha e pela França, Eisenhower levou a questão à Assembleia Geral. Em 2 de novembro, a Assembleia Geral exigiu o fim das hostilidades com a votação esmagadora de 64 a cinco. Em uma sessão noturna de 3 a 4 de novembro, ela aprovou uma resolução ainda mais firme e iniciou discussões para uma força de pacificação das Nações Unidas no canal. A 6 de novembro, uma desvalorização da libra esterlina tomou proporções alarmantes. Contrariamente ao costume anterior, os Estados Unidos ficaram à parte e se recusaram a intervir e acalmar o mercado.[90] Essas medidas convenceram a Grã-Bretanha e a França a cancelar a operação.

O repúdio de Washington à ação anglo-francesa em Suez expôs os limites da Otan como aliança militar intergovernamental — e dos compromissos estadunidenses com seus aliados. Londres e Paris extraíram lições antitéticas de suas desventuras. A Grã-Bretanha, chocada com o declínio de seu papel histórico e castigada pela ruptura com Washington, lutou por restabelecer sua relação especial com os Estados Unidos. Ela voltaria a modificar elementos de políticas históricas em troca de fortalecer sua influência sobre a tomada de decisão estadunidense. Por outro lado, a França, com muito menos perspectiva de conquistar esse tipo de influência nas decisões dos Estados Unidos, corroeu-se de frustração — gerando uma fratura de percepção no interior da Aliança Atlântica que alcançaria sua plena expressão após a volta de De Gaulle.

Antes que isso pudesse ocorrer, porém, as instabilidades crônicas da Quarta República se fundiram à crise colonial no Norte da África.

A ARGÉLIA E A VOLTA DE DE GAULLE

Conquistada pela França em 1830, a Argélia detinha um status especial entre os territórios franceses no além-mar. Nas décadas subsequentes à anexação, ondas de colonos franceses e da Europa meridional se estabeleceram ao longo de sua costa. Na década de 1950, havia aproximadamente 1 milhão deles, a maioria franceses, conhecidos como *pieds-noirs*.

O litoral norte-africano, como vimos, desempenhou um papel crucial na estratégia militar aliada durante a Segunda Guerra Mundial; a Argélia, em particular, promoveu a estratégia pessoal gaullista de obter poder. Ao contrário da Tunísia, do Marrocos ou das colônias francesas subsaarianas, o litoral argelino era constitucionalmente tratado como um componente integral da França metropolitana, com status comparável ao da Córsega. A Argélia era vista de tal forma como parte da metrópole francesa que, ainda em 1954, o primeiro-ministro Mendès France planejava mudar para lá as fábricas de armas francesas, fora do alcance soviético.

A ideia da Argélia como uma espécie de refúgio não sobreviveria a esse ano. Em novembro de 1954, o território foi sacudido por uma onda de ataques guerrilheiros organizados pela Frente de Libertação Nacional (FLN), exigindo um Estado independente, "soberano, democrático e social, estruturado nos princípios do islã".[91] Em resposta ao desafio, Mendès France declarou: "Nenhum governo francês jamais cederá no princípio de que a Argélia é a França".[92] Embora o governador francês, Jacques Soustelle, entre outros, acreditasse que iniciativas de desenvolvimento econômico pudessem erradicar a insurgência nascente, as convicções se exacerbaram nos meses seguintes.

A CIA previra inicialmente um "acordo argelino" em um ano.[93] Após alguns meses, seus analistas voltaram atrás e argumentaram que a humilhação da França em Dien Bien Phu e sua relutância em "encarar as realidades" — nunca definidas — estavam alimentando o conflito na Argélia. Até governos de inclinação à esquerda viram-se arrastados para um ciclo de escalada militar. François Mitterrand, futuro líder do Partido Socialista e presidente francês, que nesta época atuava como ministro de interior de Mendès France, falou em nome de muitos na esquerda quando reiterou a afirmação do primeiro-ministro: "A Argélia é a França". Mas agora acrescentava, "a única negociação é a guerra".[94]

O que fora originalmente conquistado como uma cabeça de ponte para a projeção do poder francês estava se transformando em um câncer que corroía o país de dentro para fora. Os *pieds-noirs*, furiosos com a incapacidade do governo francês em Paris de protegê-los, formaram grupos de vigilantes, desafiando a autoridade eleita. O exército francês ficou cada vez mais ressentido com a classe política, atribuindo o impasse à sua indecisão. À medida que os governos caíam — seis deles ruíram entre os ataques da FLN em novembro de 1954 e a volta de De Gaulle em junho de 1958 —, a opinião pública francesa ficava cada vez mais exasperada com a crise aparentemente insolúvel. Com elementos centrais da sociedade francesa revoltados com a autoridade do Estado, o que começou como uma insurreição de nacionalistas árabes contra o colonialismo francês ameaçava se alastrar como uma guerra civil francesa.

A Argélia foi o último ato na saga da retirada imperial francesa e o primeiro ato no regresso de De Gaulle para salvar a França uma segunda vez. De Gaulle viera observando a crescente paralisia de Colombey. Primeiro, esperava que sua indispensabilidade fosse prontamente reconhecida. Mas nenhum líder de partido assumiu a responsabilidade por encorajar, muito menos apoiar, uma revisão da Constituição compatível com a lista pública de De Gaulle das precondições para sua volta.

Em maio de 1958, a situação doméstica atingira a fase crítica estipulada por De Gaulle. Um grupo de generais, incluindo o general Jacques Massu, comandante dos paraquedistas, em um apelo quase golpista ao presidente francês René Coty, exigia que De Gaulle fosse nomeado chefe de um governo de segurança nacional. Enquanto isso, a Assembleia Nacional estava à procura de um premiê forte. Decidiram-se por Pierre Pflimlin, membro do Partido Democrata-Cristão, que se provou inicialmente hesitante e depois incapaz de formar uma maioria estável. A Argélia continuava a ferver.

De Gaulle manobrou com maestria entre as facções em disputa, recusando-se a escolher um lado. Só se declarou pronto para o cargo quando todas as partes haviam chegado a um impasse devido a seus objetivos incompatíveis. A Assembleia temia cada vez mais um golpe militar e procurou De Gaulle para evitá-lo; os militares ficaram atraídos pela ideia da volta de De Gaulle porque o antigo soldado defendia um Estado forte, o que o exército interpretava como uma determinação para esmagar os insurgentes argelinos. Para ampliar o medo de paraquedas descendo sobre Paris, oficiais das unidades argelinas tomaram pacificamente a Córsega, prontificando a renúncia de Pflimlin.

De Gaulle foi, até certo ponto, incompreendido por cada um de seus apoiadores. Ele usou a pressão do exército como ferramenta, mas não procurou tomar o poder à ponta de arma. Seu propósito na verdade não era um neobonapartismo, mas um Estado constitucional forte o bastante para devolver o exército ao quartel. Por esse mesmo motivo, De Gaulle buscou ser requisitado outra vez para o cargo de uma maneira constitucional e abolir, e não servir, o sistema político existente.

De Gaulle não propôs nenhuma exigência específica; em vez disso, manteve uma engenhosa ambiguidade e se dipôs a ser explorado por cada facção sem limitar sua flexibilidade, parecendo a cada uma a melhor solução definitiva para seus piores temores. Manobrando cada uma das forças em disputa para uma posição suplicante, negociou sempre de uma posição de determinação.

Como De Gaulle bem compreendia, a constelação política na primavera de 1958 trouxera a essa altura o que provavelmente seria sua última oportunidade de cumprir o que acreditava ser a tarefa atribuída à França pela história. Mas ele teve a sabedoria de jogar isso como uma partida de Wei-Ch'i, ou Go chinês, que começa com o tabuleiro vazio, cada lado possuindo 180 peças, e no qual o sucesso é obtido mediante paciência e uma compreensão superior da situação tática em evolução.

Se tivesse compartilhado seu programa último, ele teria corrido o risco de alienar todas as facções ou levá-las a uma ação precipitada. Em vez disso, convenceu cada uma de que a promoção de sua candidatura era a melhor maneira de frustrar os rivais. No fim, a 29 de maio de 1958, o presidente Coty convidou De Gaulle para vir a ser o último primeiro-ministro da Quarta República, estendendo-lhe o convite por meio do secretário da presidência.

Durante todo esse período, De Gaulle deu apenas uma coletiva de imprensa, a 19 de maio — perto do fim da crise —, na qual se descreveu como um "homem que não pertence a ninguém e que pertence a todos" e afirmou que só regressaria ao poder mediante uma lei excepcional da Assembleia Nacional que o convocasse de volta ao cargo com o propósito de introduzir uma nova Constituição.[95] Ele tinha uma resposta para todas as preocupações. Para o exército, disse que seu papel normal era ser um servo do Estado, sob a condição de que houvesse Estado. Para quem se preocupava que ele pudesse representar uma ameaça à democracia, observou que havia restabelecido as instituições democráticas na França em 1944. "Para que iria começar, com a idade de 67 anos, uma carreira como ditador?"[96] Encerrou a coletiva de imprensa dizendo: "Disse tudo o que tinha a dizer. Agora voltarei a minha aldeia e ficarei à disposição do país".[97]

Em 1º de junho, as inúmeras consultas chegaram ao fim e De Gaulle compareceu diante da Assembleia Nacional pela primeira vez desde sua renúncia, em janeiro de 1946. Sem emoção, leu o decreto que dissolvia a câmara e lhe dava plenos poderes por seis meses para esboçar a nova Constituição, que seria depois submetida a um referendo. O debate durou apenas seis horas. A votação final foi de 329 a 224 para a investidura de De Gaulle como primeiro-ministro, um trampolim temporário para sua presidência constitucional.

De Gaulle assumira a liderança da França duas vezes em sua vida: a primeira em 1940 para resgatar o país das consequências de uma catástrofe nacional; a segunda em 1958 como o único meio de evitar a guerra civil. Na primeira vez, o outrora desconhecido general de brigada levou quatro anos entre sua visão solitária e sua culminância com a liberação de Paris. Na segunda, já uma figura lendária, foi chamado do exílio interno para salvar o governo constitucional de si mesmo e liderar o povo francês em um contexto mundial pós-imperial, mas ainda assim dinâmico e independente. Nessa grande missão, De Gaulle concebeu quatro fases: restabelecer a estrutura constitucional da França de modo a criar um governo com autoridade; encerrar as aventuras coloniais francesas para removê-las como um tumor do corpo político; elaborar uma estratégia militar e política que patenteasse a indispensabilidade internacional da França tanto na defesa como na diplomacia; e, finalmente, defender esse conceito estratégico contra os aliados, especialmente os relutantes Estados Unidos.

A QUINTA REPÚBLICA

De Gaulle atribuiu o processo pelo qual a Quarta República foi derrubada a três fatores. A fim de "salvar o país e ao mesmo tempo preservar a República", era essencial primeiro "mudar um sistema político desacreditado"; segundo, devolver o exército "ao caminho da obediência sem demora"; e terceiro, colocar-se em um papel de liderança como a única pessoa capaz de concretizar as mudanças necessárias.[98]

Ao assumir o cargo, De Gaulle precisava transformar sua ambiguidade tática deliberada em um plano estratégico para superar o tumulto revolucionário que herdara. Os críticos domésticos de esquerda imaginavam a dissociação radical francesa da Argélia como uma tarefa simples e inequívoca; na realidade, os processos de governo e povoamento franceses que haviam durado mais de um século, bem como a guerra transcorrida desde 1954, não podiam ser transformados com a brusquidão de alguém mudando o canal da TV. O compromisso do exército em manter a Argélia francesa levara De Gaulle ao cargo; agora ele agia na convicção de que restituir os militares a seu papel como instrumento da política nacional não era praticável mediante uma única decisão dramática. Exigiria um processo que, reduzindo gradualmente o papel militar na ordem civil, impossibilitaria a perspectiva de dominação militar.

Governando por decreto, De Gaulle recebera seis meses para desenvolver uma nova Constituição. De acordo com princípios expostos em seu discurso de 1946 em Bayeux, a nova Constituição substituiu a supremacia parlamentar da Terceira e da Quarta Repúblicas, e sua tendência concomitante ao sectarismo, por um sistema em grande parte presidencial. Na Quinta República, o controle da defesa e da política externa ficaria reservado ao presidente, que seria eleito para um mandato de sete anos por sufrágio indireto (modificado para eleição direta em 1962). Para supervisionar o funcionamento do governo, o presidente nomearia um primeiro-ministro, representando uma maioria na Assembleia Nacional eleita por voto popular. Mas, para prevenir um impasse entre os ramos Executivo e Legislativo, o presidente também tinha o direito de dissolver a Assembleia e convocar eleições parlamentares.

Nas questões de importância preponderantemente nacional, o presidente podia recorrer a referendos populares — método que De Gaulle, quando não seus sucessores, empregou com prazer. Em outubro de 1962, ele liderou a campanha de referendo permitindo eleição direta para presidente. Enquanto desenredava a França da Argélia, empregou dois referendos como uma demonstração de que a maioria no país endossava seu programa.

É provável que no início da presidência, De Gaulle não fizesse uma ideia precisa de seu destino final na Argélia, embora estivesse determinado a encerrar uma guerra que impedia a França de cumprir suas missões internacionais e domésticas. De volta ao cargo, ele empreendeu diversas estratégias simultâneas, cada uma compatível com esses dois objetos de desejo que haviam lhe granjeado sua posição, tudo isso sem se comprometer com um resultado específico.

A engenhosa ambiguidade de De Gaulle ficou plenamente visível durante sua visita à Argélia em junho de 1958, pouco após ele se tornar chefe do governo. Falando a uma multidão enlevada de *pieds-noirs*, que o tomavam por seu salvador, De Gaulle disse: "*Je vous ai compris*" ("Eu vos compreendi"). A frase encorajava a fé daqueles cujo compromisso com a Argélia francesa ajudara a conduzi-lo à presidência, ao mesmo tempo que não limitava em nada suas opções. A escolha de palavras possivelmente também salvou sua vida: um suposto assassino se escondia em um prédio próximo enquanto De Gaulle falava, mas recolheu o rifle ao escutar suas palavras.[99]

Como primeira medida, De Gaulle ordenou que o general Maurice Challe, general comandante, lançasse uma ofensiva total para eliminar os rebeldes da zona rural. O propósito era cristalizar suas duas opções: integrar a Argélia à França por meio da vitória militar ou, caso isso falhasse, desacreditar o argumento do exército contra um acordo político.

Ao mesmo tempo, De Gaulle aliou a força das armas a uma reforma doméstica abrangente. Seu Plano Constantino, nome da cidade argelina em que foi anunciado, em outubro de 1958, marcou uma ambiciosa tentativa de desenvolvimento humanitário e econômico para industrializar e modernizar a Argélia. Desse modo, ele calava simultaneamente as vozes da esquerda e da *Algérie française*.[100]

Na implementação de sua orientação estratégica, De Gaulle voltou-se ao procedimento do referendo, dessa vez brilhantemente conectando a ratificação da nova Constituição a um novo arranjo para as possessões coloniais francesas. Tanto a metrópole como as colônias foram convidadas a votar na nova estrutura constitucional por sufrágio universal. Promovendo o conceito de uma "Comunidade Francesa", De Gaulle conseguiu substituir um espinhoso debate constitucional entre dois líderes da África colonial francesa: Léopold Sédar Senghor (mais tarde presidente do Senegal), que preferia uma solução federal em que africanos obtivessem cidadania francesa plena e as colônias fossem fundidas em dois agrupamentos regionais, e Félix Houphouët-Boigny (ex-ministro da saúde francês e mais tarde presidente da Costa do Marfim), que preferia uma confederação mais informal.

Para cada colônia, havia uma escolha: aprovar a Constituição e integrar a Comunidade Francesa ou ganhar independência imediata. Todas, exceto a Guiné de Sekou Touré, optaram por permanecer na Comunidade Francesa — uma instituição com vagas funções de segurança. Mas os ventos da independência política sopravam pela África e o arranjo da Comunidade sucumbiu em dois anos. Em 1960, o "Ano da África", catorze estados francófonos obtiveram a independência, desse modo evitando em boa parte as guerras de libertação nacional. As duas exceções foram Camarões, no qual uma disputa sangrenta entre insurgentes nacionalistas e militares franceses durou nove anos, e a Argélia, que conservou status intermediário compatível com um desfecho tanto militar como diplomático.

Para assegurar o apoio africano à Comunidade, De Gaulle empreendeu uma campanha de cinco dias pelo continente em agosto de 1958, durante a qual falou em tons atipicamente arrebatados sobre a nova missão da França. Na capital de Madagascar, apontando para o antigo palácio nas proximidades, declarou: "Amanhã sereis um Estado uma vez mais, como o fostes quando o palácio de vossos reis era habitado!".[101] Suas *Memórias da esperança* registram a recepção na capital congolesa-francesa de Brazzaville: tanto nas "ruas cobertas por bandeiras do centro da cidade" como nos "subúrbios fervilhantes do Bas--Congo e Poto-Poto", a multidão "delirava de entusiasmo" pelo referendo.[102]

Em um memorando de maio de 1969 ao presidente Richard Nixon, descrevi a importância do extraordinário referendo constitucional de De Gaulle:

Havia mais do que simpatia pelos nacionalistas africanos ou uma inclinação pragmática pela maré anticolonial [no referendo]. A política africana de De Gaulle espelhava seu conceito de grandeza tanto quanto o de gratidão. Suas memórias mostram claramente uma obsessão com a missão civilizatória francesa e ele qualificou a independência das colônias com laços políticos, econômicos e pessoais que mantiveram a dominação da influência e da cultura francesas. Os africanos francófonos, por sua vez, passaram a depender de seu estilo particular de apadrinhamento. O resultado foi que na África, quando não em toda parte, De Gaulle fez da França uma grande potência.[103]

O FIM DO CONFLITO ARGELINO

Tendo completado a estrutura constitucional, De Gaulle conduziu sua política argelina para a conclusão. Um dos que perceberam claramente os apuros franceses foi Mao Tsé-tung, que previu para o líder da FLN, Ferhat Abbas, que a França não seria capaz de sustentar um compromisso militar no conflito em sua presente escala: "Você vai ver como eles enfrentam muitas dificuldades. A França precisa manter um exército de 800 mil homens e gasta 3 bilhões de francos por dia. Se continuar assim por muito tempo, irão ao colapso".[104]

De Gaulle não deixou registro do momento preciso em que chegou à mesma conclusão. Tampouco era atípico dele. Com sua maneira dramática de proclamar os objetivos últimos, ele em geral os apresentava de modo a obscurecer a natureza da jornada.

Dois exemplos ilustram esse aspecto de sua conduta, um deles relatado a mim por Paul Stehlin, na época comandante da Força Aérea francesa. Em uma reunião para discutir a estratégia nacional francesa, De Gaulle pedira a opinião dos participantes sobre sua política em relação à Otan. Pouco depois, Stehlin, que permanecera em silêncio, foi convidado à sala de De Gaulle. "Seu silêncio era uma expressão de discordância?" Stehlin indicou então seus motivos para o desacordo, aos quais De Gaulle respondeu cripticamente: "E como você sabe que não viajo para o mesmo destino, só que por minha própria rota?".[105]

Um segundo exemplo do estilo reservado das decisões gaullistas veio à tona em dezembro de 1958, durante a elaboração de seu programa de reforma fiscal doméstica. O plano proposto, obra de Jacques Rueff, funcionário de alto escalão e economista, revelou-se altamente controverso. Enquanto o considerava, De Gaulle convocou o assessor financeiro Roger Goetze a sua sala e observou que, ao avaliar as perspectivas de uma proposta, por mais bem elaborada que fosse, era sábio que o estrategista econômico reservasse um elemento de dúvida de um terço. "O especialista é você", afirmou De Gaulle. "Me diga amanhã se considera que o plano tem dois terços de chance de sucesso. Caso afirmativo, eu o adotarei."[106] Na manhã seguinte, Goetze afirmou sua confiança no plano de Rueff e ele foi aceito por De Gaulle. Proclamado por decreto e apresentado ao público francês em um pronunciamento no rádio, o plano proporcionaria a base econômica para a presidência de De Gaulle, que começou oficialmente a 8 de janeiro de 1959.

Em 16 de setembro de 1959, De Gaulle cristalizou abruptamente as opções argelinas perante a França em um pronunciamento televisionado. Ele propôs três opções sem se comprometer em definitivo com nenhuma. Como escreve seu biógrafo Julian Jackson:

> A primeira foi a independência ou "secessão" (*scission*), como De Gaulle a chamou [...]. Uma segunda opção foi o que descreveu com o neologismo de "francesação", que era sua maneira de descrever o que defensores da *Algérie française* chamavam de "integração" [...]. A terceira opção foi "o governo da Argélia pelos argelinos, mantido com a ajuda da França e em estreita união com ela", com um sistema federal interno na Argélia em que as diferentes comunidades coabitariam pacificamente.[107]

De Gaulle preferia a terceira opção, que chamou de "associação", mas ele privadamente refletia que poderia ser tarde demais para evitar a primeira, a total ruptura entre Argélia e França.[108] A primeira e a terceira opções envolviam um substancial elemento de autodeterminação para a população majoritariamente muçulmana do país, enquanto a segunda concebia a gradual fusão de franceses e argelinos em um só povo.

Quatro meses mais tarde, em janeiro de 1960, sem melhora significativa da situação militar, ativistas *pieds-noirs* incomodados com as opções de De Gaulle começaram a construir barricadas em Argel. Quando a notícia foi anunciada pela primeira vez, eu estava em Paris, tendo passado a parte inicial do dia com um grupo de oficiais militares franceses que haviam me convidado para discutir meu livro *Armas nucleares e política externa*. Compreensivelmente, o impacto das barricadas superou a preocupação com estratégias nucleares. Diversos de meus interlocutores (a maioria com patente de coronel ou general de brigada) culpavam seu presidente pela simpatia das tropas pelos rebeldes *pieds-noirs*, argumentando que sempre que De Gaulle aparecia em cena, ele dividia a França, e que por isso ele precisava ser afastado.

No mesmo dia, almocei com Raymond Aron, o grande filósofo político francês. Em um café na Rive Gauche, ele expressou sua consternação com as barricadas: "Sinto-me envergonhado por ser francês; estamos agindo como os espanhóis, em um estado de revolução permanente". A essas palavras, um homem a uma mesa próxima se levantou, veio até a nossa, identificou-se como oficial da reserva e exigiu um pedido de desculpas em nome do exército francês.

A 29 de janeiro, muitos na França — e todos meus conhecidos por lá — antecipavam um golpe militar, talvez até paraquedistas descendo do céu de Paris. De Gaulle foi à TV ao fim do dia, vestindo seu uniforme da guerra. Após uma austera descrição da situação em Argel, dirigiu-se ao exército francês, ordenando que as barricadas fossem incondicionalmente destruídas: "Devo ser obedecido por todos os soldados franceses. Nenhum soldado deve, em momento algum, e nem mesmo passivamente, associar-se à rebelião. No fim, a ordem pública deve ser restabelecida".[109] No dia seguinte, as barricadas vieram abaixo. Foi uma demonstração extraordinária de liderança carismática.

Em abril de 1961, um golpe abortado do exército marcou a última revolta dos colonos argelinos contra o que De Gaulle via como sua missão histórica: a desmobilização. Mais uma vez, ele foi à TV denunciar ações militares isoladas na Argélia:

> Agora o Estado está menosprezado, a Nação desafiada, nosso poder degradado, nosso prestígio internacional em baixa, nosso papel e nosso lugar na África ameaçados. E por quem? Ai de nós! Ai de nós! Por homens cujo dever, honra e *raison d'être* era servir e obedecer.[110]

O golpe fracassou, mas os sentimentos adversos não desapareceram. Em 22 de agosto de 1962, De Gaulle e sua esposa Yvonne escaparam incrivelmente de morrer nas mãos de assassinos armados com metralhadoras da Organização Armada Secreta (OAS), no subúrbio parisiense de Petit-Clamart. (Como no caso do disparo de um atirador durante a missa na catedral de Notre-Dame em 26 de agosto de 1944, De Gaulle recusou-se a se abaixar.) Outros não tiveram tanta sorte: cerca de 2 mil cidadãos franceses foram mortos pela OAS em atentados a bomba e assassinatos planejados em dois anos.*

Em agosto de 1961 — com três anos de presidência — De Gaulle iniciou o processo de preparar o povo francês para o resultado final. Ele começou retirando tropas da Argélia com a justificativa de que eram necessárias para a defesa da Europa. Para os colonos franceses, subordinar a segurança do que era legalmente uma província francesa à defesa europeia representou um golpe em sua autoimagem e uma mudança revolucionária nas prioridades da

---

* Como dramatizado em *O dia do chacal*, romance de Frederick Forsyth de 1971.

França. O público francês podia estar farto das guerras coloniais, mas o pior do sacrifício sobrou para os colonos e, acima de tudo, para o exército, e eles se sentiram profundamente tapeados.

A jogada final veio na forma dos Acordos de Evian, negociados em segredo entre os ministros de De Gaulle e os representantes da FLN no início de 1962. Esse documento de 93 páginas criava um Estado independente, ao mesmo tempo que salvaguardava direitos estratégicos franceses em seu território, incluindo acesso a instalações militares e tratamento preferencial para suas companhias de energia. Das três opções consideradas anteriormente por De Gaulle, essa era a "secessão light". De Gaulle anunciou em abril um referendo sobre o pacto na França metropolitana. Ele venceu com mais de 90% — um apoio esmagador, incentivado pela insatisfação do público com os atentados terroristas cometidos pelos remanescentes da OAS que tentavam arruinar o acordo. Uma votação subsequente na própria Argélia em 1º de julho endossou os Acordos de Evian com 99,72% de apoio. Dois dias depois, a França reconheceu o novo Estado. Contudo, os prometidos direitos minerais não se materializaram, e a França conduziria seu último teste nuclear no deserto argelino quatro anos depois, em 1966.

De Gaulle transformara a *Algérie française* de um fato da vida em meados dos anos 1950 em um slogan extremista proclamado fundamentalmente pelos *pieds-noirs* cinco anos depois. Mas, a essa altura, as amplas forças integracionistas que em 1958 haviam ajudado a levar De Gaulle à presidência estavam reduzidas a um movimento terrorista periférico. Oitocentos mil colonos franceses foram expulsos da Argélia pelo novo regime — que combinava aspectos do islamismo, socialismo e nacionalismo árabe — ou deixados à própria sorte pouco após a assinatura dos acordos de paz. Receando a violência, 150 mil dos 200 mil remanescentes decidiram emigrar em 1970.[111] Quanto aos muçulmanos argelinos que haviam permanecido leais à França — os *harkis* —, a saída do exército francês deixou-os indefesos contra as represálias da FLN, que os considerou traidores. Cerca de 40 mil conseguiram fugir para a França, mas dezenas de milhares permaneceram na Argélia e foram massacrados.[112]

De Gaulle viu sua ação como um serviço patriótico prestado ao restabelecimento do autorrespeito nacional francês e da voz francesa nos assuntos internacionais. O desengajamento argelino disponibilizou mais recursos para o desenvolvimento econômico francês e sua modernização militar. Uma vez envolvido no processo, De Gaulle exibiu o mesmo caráter implacável que o impelira adiante desde sua chegada a Londres em 1940.

De Gaulle nunca respondeu às diversas sugestões de que expressasse compaixão pelos colonos franceses tendo de fugir do que viam como sua pátria; tampouco há registro de que tenha alguma vez discutido o próprio impacto pessoal de sua política argelina. Embora ocasionalmente manifestasse emoções em público — os discursos em Bayeux e Paris em junho e agosto de 1944, por exemplo —, De Gaulle tinha por hábito nunca permitir que sentimentos pessoais se sobrepusessem ao seu senso de dever ou às exigências do processo histórico, tal como o via. No seu entender, a Argélia se tornara um peso para a França, isolando-a entre nações aliadas e proporcionando à União Soviética e outras forças radicais uma oportunidade irresistível para a intervenção. A amputação da Argélia salvou a vitalidade da Quinta República; foi o preço que a França precisou pagar para conduzir sua própria política externa independente e consumar a visão gaullista de seu papel na emergente ordem mundial. Estava longe de ser uma hipérbole quando, de maneira privada, ele caracterizou sua política argelina, em pleno desenrolar em 1959, como "talvez [...] o maior serviço que terei prestado à França".[113] De Gaulle desafiara a história a fim de canalizá-la em uma direção diferente.

A ALEMANHA COMO CHAVE PARA A POLÍTICA FRANCESA: DE GAULLE E ADENAUER

A 14 de setembro de 1958, três meses após virar primeiro-ministro, De Gaulle deu um passo importante para promover a política de reconciliação com a Alemanha iniciada por seus predecessores na Quarta República. Desde a Guerra dos Trinta Anos, um país tratara o outro como inimigo hereditário. Só no século XX a França e a Alemanha haviam se enfrentado em duas guerras mundiais.

Implementando essa tradição, De Gaulle, em sua visita de 1944 a Moscou, defendera que a Alemanha derrotada fosse dividida em seus estados componentes e que a Renânia se tornasse parte do domínio econômico francês. Ele submeteu um plano similar a seus aliados europeus em 1945.

Mas em 1958, voltando do exílio, De Gaulle reverteu essa política de séculos ao iniciar uma parceria franco-alemã. De modo a liberar energias para tarefas mais amplas e criar um bloco que pudesse levar à autonomia europeia, De Gaulle convidou o chanceler alemão Konrad Adenauer a se hospedar por uma noite em la Boisserie, em Colombey-les-Deux-Églises. Nenhum outro líder, estrangeiro ou doméstico, jamais recebeu convite comparável; quando Jean Chauvel, embaixador francês no Reino Unido, sugeriu uma visita paralela ao primeiro-ministro Harold Macmillan, De Gaulle audaciosamente informou-lhe que Colombey era pequena demais para um encontro adequado.[114]

As cortesias estendidas a Adenauer — como lhe mostrar pessoalmente a casa — foram emblemáticas da importância que De Gaulle atribuía ao novo relacionamento. Outro gesto estendido a Adenauer, não menos único, foi realizar as discussões sem a presença de assessores, e principalmente em alemão. Na verdade a etiqueta toda da reunião foi habilidosamente orquestrada para apelar à psicologia do convidado e permitir a dois senhores idosos, ambos nascidos no século XIX, ficarem à vontade entre si para praticar cortesias tradicionais.

Nenhum acordo concreto entre eles foi proposto ou concluído. Em vez disso, meros treze anos após o fim da Segunda Guerra Mundial, De Gaulle procurou realizar uma completa reversão das antigas relações entre seus países. Ele não propôs uma supressão mútua de memórias, muitas das quais necessariamente permaneceriam. Mas, em lugar de séculos de hostilidade, ofereceu apoio francês à reabilitação da Alemanha e à sua busca por uma identidade europeia. Além do mais, sugeriu que um relacionamento próximo fosse estabelecido para promover o equilíbrio de poder e a unidade da Europa. Em troca, requisitou a admissão alemã das fronteiras europeias existentes (incluindo a Polônia) e o fim da tentativa alemã de dominar a Europa. Como escreveria mais tarde em suas memórias:

A França de sua parte nada tinha a pedir à Alemanha com respeito a unidade, segurança ou status, ao passo que podia ajudar a reabilitar sua antiga agressora. Ela faria isso — com que magnanimidade! — em nome da entente a ser estabelecida entre os dois povos e do equilíbrio de poder, da unidade e da paz europeias. Mas, para justificar seu apoio, insistiria que certas condições fossem cumpridas do lado alemão. Entre elas: admissão das fronteiras existentes, uma atitude de boa vontade nas relações com o Leste, a completa renúncia dos armamentos atômicos e paciência infinita em relação à reunificação [alemã].[115]

O que De Gaulle exigiu como *quid pro quo* por essa reconfiguração revolucionária da política externa francesa foi um abandono da política externa tradicional da Alemanha nacional que De Gaulle encontrara em sua juventude. Adenauer consentiu com as principais tendências da Otan por abrirem caminho para a Alemanha entrar em um sistema europeu. Para ambos esse foi um passo rumo ao futuro.

DE GAULLE E A ALIANÇA ATLÂNTICA

Uma transformação comparável de tendências políticas estabelecidas com impacto ainda maior para a ordem mundial ocorreu com a criação da Aliança Atlântica. No fim da Segunda Guerra Mundial, os Estados Unidos emergiram de seu isolamento histórico para um papel global sem precedentes. Seus 6% da população mundial eram economicamente relevantes; o país detinha metade da capacidade industrial global do mundo, além de um monopólio em armas nucleares.

Até então, o comportamento internacional dos Estados Unidos fora do hemisfério ocidental ficara restrito a se mobilizar apenas contra ameaças estratégicas e isolar-se quando o perigo diminuísse e fosse aparentemente seguro fazê-lo. Agora, entre 1945 e 1950, em duas grandes iniciativas — a Otan e o Plano Marshall —, Os Estados Unidos abandonavam seu modo de conduta anterior e assumiam um papel permanente nos assuntos mundiais. Às margens do rio East, no coração de Manhattan, a nova sede modernista das Nações Unidas simbolizava que os Estados Unidos passaram a ser parte de uma ordem internacional.

As novas iniciativas continuavam partindo de premissas sobre a natureza das relações internacionais que eram tão únicas, na verdade tão idiossincráticas, quanto a própria história estadunidense: que a cooperação entre as nações era natural, que a paz universal era o resultado inerente das relações internacionais e que uma divisão do trabalho baseada em princípios forneceria a motivação e os recursos adequados para a conduta da Aliança Atlântica.

A experiência histórica de De Gaulle produzira conclusões diametralmente diferentes. Ele liderou um país cauteloso após entusiasmos excessivos que foram estraçalhados, cético após sonhos que se revelaram frágeis e condicionado por uma percepção não de poder ou coesão nacional, mas de vulnerabilidade latente. Tampouco acreditava que a paz fosse a condição natural entre os estados: "O mundo está cheio de forças opostas [...]. A competição de esforços é a condição da vida [...]. A vida internacional, como a vida em geral, é uma batalha".[116]

Confiante na dominação estadunidense, Washington concentrou-se em tarefas imediatas, práticas; urgia uma estrutura de aliança que, em nome da integração, encorajasse a ação aliada conjunta e impedisse iniciativas autônomas. De Gaulle, governando um país atormentado por gerações de conflito internacional e civil, insistia que o *modo* de cooperação era tão importante quanto o objetivo. A França, se pretendia recuperar sua identidade, tinha de garantir que a percebessem agindo deliberadamente, não por compulsão, e portanto precisava preservar sua liberdade de ação.

Imbuído dessas convicções, De Gaulle rejeitou qualquer visão da Otan que sujeitasse as forças francesas ao comando internacional ou uma visão da Europa que dissolvesse a identidade francesa em instituições supranacionais. Ele advertiu contra a instauração de um tipo de supranacionalismo (como se a "autorrenúncia fosse doravante a única possibilidade e até a única ambição") que ia no sentido contrário do caráter e dos propósitos nacionais franceses.[117]

Paradoxalmente, De Gaulle considerava esse ponto de vista compatível com uma Europa unida — "de modo que gradualmente talvez seja estabelecido de ambos os lados do Reno, dos Alpes e talvez do canal da Mancha o complexo mais poderoso, próspero e influente do mundo".[118] Mesmo que sempre afirmasse a importância prática da aliança estadunidense, ele duvidava que se aplicasse a todos os desafios relevantes para a França. Especificamente, questionava se os Estados Unidos podiam, ou queriam, conservar indefinidamente seu compromisso total com a Europa — sobretudo na questão das armas nucleares.

O estilo assertivo de De Gaulle resultava de uma combinação de confiança pessoal e experiência histórica, moderado pela consciência do pesadelo em que o inesperado constituíra uma experiência francesa central. Por outro lado, líderes estadunidenses, embora pessoalmente modestos em sua conduta, baseavam seus próprios pontos de vista sobre a confiança em seu controle do futuro.

Durante uma visita a Paris em 1959, o presidente Eisenhower tocou abertamente no problema das reservas francesas: "Por que duvidam que os Estados Unidos identificariam seu destino com o da Europa?".[119] Era uma pergunta estranha à luz da conduta de Washington em relação tanto à Grã-Bretanha quanto à França durante a crise de Suez alguns anos antes. Evitando a tentação de trazer Suez à baila, De Gaulle lembrou Eisenhower que na Primeira Guerra Mundial os americanos acorreram em resgate somente após a França ter sobrevivido a três anos de um perigo mortal e que entraram na Segunda Guerra Mundial somente após a França já ter sido ocupada. Na Era Nuclear, ambas as intervenções teriam vindo tarde demais.[120]

A vulnerabilidade geográfica da França também preocupava De Gaulle. Ele se opôs a vários esquemas para negociar o desengajamento das forças estadunidenses na Europa Central, dos quais o mais notável foi o proposto por George Kennan nas Palestras Reith de 1957. De Gaulle rejeitava qualquer retirada simétrica da linha divisória na Europa porque isso deixaria as forças estadunidenses distantes demais e o exército soviético perto demais: "se o desarmamento não cobrisse uma zona tão próxima dos Urais quanto do Atlântico, como a França se protegeria?".[121]

A avaliação gaullista do antagonismo soviético foi explicitada quando, em 1958, o premiê soviético Nikita Khrushchev repetiu um ultimato ameaçando o acesso aliado a Berlim. De Gaulle foi irredutível na recusa em negociar sob ameaça. Com eloquência característica, atribuiu a postura antagônica à volatilidade do sistema doméstico soviético:

Há nesse alvoroço de imprecações e exigências organizado pelos soviéticos algo tão arbitrário e artificial que somos levados a atribuí-lo seja ao desencadeamento premeditado de ambições frenéticas, seja ao desejo de desviar a atenção de grandes dificuldades. Esta segunda hipótese parece-me ainda mais plausível uma vez que, a despeito das coerções, do isolamento e dos atos de força em que o sistema comunista envolve os países sob seu jugo [...] na verdade suas disparidades, seus períodos de escassez, suas falhas internas e, acima de tudo, seu caráter de opressão desumana são sentidos cada vez mais pelas elites e pelas massas, que ficam cada vez mais difíceis de enganar e subjugar.[122]

Com base nessa avaliação, De Gaulle estava preparado para cooperar sempre que, na sua opinião, os interesses franceses e americanos genuinamente convergissem. Assim, durante a Crise dos Mísseis em Cuba de 1962, oficiais dos Estados Unidos ficaram perplexos com o total apoio gaullista à enérgica reação contra a instalação soviética de mísseis balísticos na ilha-nação; na verdade, nenhum outro líder aliado estendera apoio tão incondicional. Quando Dean Acheson, ex-secretário de Estado atuando como emissário especial do presidente Kennedy, confirmou uma ação iminente para bloquear Cuba e propôs a ele uma visita à Casa Branca para se inteirar da situação, De Gaulle declinou, afirmando que, quando um grande aliado age em uma hora de necessidade, essa urgência é justificativa suficiente por si mesma.

O DIRETÓRIO NUCLEAR

Ao assumir o cargo, De Gaulle acelerou o programa nuclear militar francês já existente. Em questão de meses, inaugurou sua política atlântica com uma proposta para reorganizar a Otan em relação à estratégia nuclear. Os Estados Unidos tinham sérias reservas quanto às forças nucleares europeias independentes, a princípio; no entender de Washington, tais forças não eram necessárias e deveriam ser integradas aos planos e comandos conjuntos da Otan;[123] elas eram tratadas como distrações das forças convencionais preferidas pelos Estados Unidos. De Gaulle considerou se abster de desenvolver uma grande capacidade militar como uma forma de abdicação psicológica. Em 17 de setembro de 1958, enviou uma proposta a Eisenhower e Macmillan para um arranjo tripartite entre a França e as duas potências nucleares da Otan na época: a Grã-Bretanha e os Estados Unidos. Para impedir seus países de serem arrastados para uma guerra nuclear contra a vontade, De Gaulle propôs dar a cada um poder de veto sobre o uso de armas nucleares, exceto em resposta a um ataque direto.[124] Além disso, o diretório tripartite também elaboraria uma estratégia comum para regiões globais específicas fora da Europa.[125]

Teria De Gaulle concebido o diretório como um expediente até o arsenal nuclear francês estar forte o bastante para uma estratégia autônoma? Ou ele visava uma relação nova e sem precedentes com Washington e Londres que proporcionasse à França um papel de liderança especial no continente baseado em armas nucleares? Nunca saberemos, pois, inacreditavelmente, a sugestão de um diretório nunca foi respondida.[126]

Eisenhower e Macmillan haviam lidado com De Gaulle em Argel quando ele ainda era apenas um candidato a líder — e portanto sem condição de implementar unilateralmente suas visões. Acharam assim que podiam se permitir ignorá-lo. Mas suas táticas faziam sentido apenas sob o pressuposto de que De Gaulle exibia uma grandiloquência frívola e não tinha nenhuma alternativa prática. Ambas suposições se revelaram equivocadas.

Para De Gaulle, o problema tocava no coração do papel francês mundial. Sua determinação de manter o controle sobre decisões que afetassem o destino do país era a característica central de sua estratégia.

De Gaulle reagiu ao silêncio estadunidense e britânico demonstrando que, na realidade, tinha opções. Em março de 1959, retirou a frota mediterrânea francesa do comando integrado da Otan; em junho do mesmo ano, ordenou a remoção de armas nucleares americanas do solo francês; em fevereiro de 1960, a França conduziu seu primeiro teste nuclear no deserto argelino; e, em 1966, a França foi completamente retirada da estrutura de comando da Otan.[127] Sua avaliação deve ter sido de que a Grã-Bretanha e os Estados Unidos não teriam escolha a não ser apoiá-lo no caso de um ataque soviético enquanto ele conservasse liberdade de decisão.

Em um discurso televisionado a 19 de abril de 1963, De Gaulle explicou os motivos de agir rápido para estabelecer uma dissuasão nuclear independente:

de modo a nos despersuadir, as vozes da imobilidade e da demagogia sempre se erguem simultaneamente. "É inútil", diz um. "É custoso demais", dizem outros [...]. Mas dessa vez não deveremos permitir que a rotina e a ilusão convidem à invasão de nosso país. Além do mais, nesse mundo tenso e perigoso em que vivemos, nosso principal dever é sermos fortes e sermos nós mesmos.[128]

Em 24 de agosto de 1968, a França conduziu seu primeiro teste termonuclear (bomba de hidrogênio). O país era agora tecnologicamente uma potência nuclear consumada.

137

RESPOSTA FLEXÍVEL E ESTRATÉGIA NUCLEAR

Em 1961, o recém-empossado presidente John F. Kennedy ordenou uma revisão da política de defesa estadunidense. Ele estava especialmente preocupado em modificar a então predominante doutrina da retaliação em massa (proposta originalmente por John Foster Dulles, secretário de Estado de Eisenhower), a qual proclamava que os Estados Unidos resistiriam à agressão mediante uma retaliação nuclear esmagadora em locais de sua própria escolha.

Enquanto os Estados Unidos possuíam um arsenal nuclear vastamente superior, a doutrina conservava considerável plausibilidade, embora mesmo na época se levantassem dúvidas sobre eventual prontidão em de fato empregar tais armas numa eventual contingência.[129] Com a expansão da capacidade nuclear soviética, a credibilidade da retaliação massiva diminuiu; os aliados concluíram com base em sua própria hesitação no uso de armas nucleares que os Estados Unidos ficariam igualmente inibidos.

Ao mesmo tempo, a Grã-Bretanha, cujas armas nucleares tinham de ser lançadas principalmente por avião, temia que as defesas antiaéreas soviéticas pudessem ameaçar a capacidade britânica de retaliação. Assim, o país buscou adquirir uma arma estadunidense em processo de desenvolvimento: um míssil balístico lançado do ar chamado Skybolt. Inicialmente Kennedy ignorou a resistência de seu secretário de defesa, Robert McNamara, que se opunha por princípio a capacidades nucleares autônomas.

Mas Kennedy não tardaria a mudar de ideia. A operação simultânea de diferentes forças autônomas lhe parecia, e, acima de tudo, a McNamara, perigosa demais e ele pressionou os países aliados a descontinuar completamente seus programas nucleares. Em julho de 1962, McNamara deu uma declaração opondo-se a forças nucleares independentes: "capacidades nucleares limitadas, operando de maneira autônoma, são perigosas, dispendiosas, propensas à obsolescência e carecem de credibilidade como elemento de dissuasão".[130]

Preocupações com a utilidade de uma força nuclear independente britânica nunca tinham vindo à tona antes; a relação especial com os Estados Unidos parecia impedir ações nucleares autônomas da Grã-Bretanha. Mas, em novembro de 1962, McNamara cancelou o programa anglo-americano Skybolt — alegadamente por motivos técnicos. Na Grã-Bretanha, o cancelamento do Skybolt foi recebido com ultraje como a erradicação de seu status de potência nuclear e o enfraquecimento da posição especial britânica entre as alianças dos Estados Unidos.

Em uma reunião em Nassau em dezembro de 1962, o presidente Kennedy e o primeiro-ministro Macmillan elaboraram um acordo: os Estados Unidos ofereceriam assistência à Grã-Bretanha para construir submarinos Polaris, cujos mísseis seriam capazes de superar as defesas aéreas soviéticas. Os submarinos ficariam sob o comando da Otan, mas, em casos envolvendo o "supremo interesse nacional", a Grã-Bretanha poderia empregá-los autonomamente. Um arranjo similar foi oferecido à França.

Macmillan concordou, baseando-se na cláusula de escape do "supremo interesse nacional" para proporcionar certa liberdade de ação à Grã-Bretanha, pois o uso autônomo de armas nucleares ocorreria, por definição, apenas quando um supremo desafio nacional estivesse envolvido.

A reação de De Gaulle foi completamente oposta. Ele tratou o acordo de Nassau como uma afronta, ainda mais porque lhe fora comunicado publicamente sem qualquer tentativa prévia de consultá-lo. Em uma coletiva de imprensa a 14 de janeiro de 1963, ele rejeitou o oferecimento estadunidense tão publicamente quanto o recebera, observando com acidez: "Claro que só falo sobre essa proposta e esse acordo porque foram divulgados e seu conteúdo é sabido".[131]

No processo, De Gaulle rejeitou também a opinião de Kennedy de que as relações atlânticas deveriam se basear em um conceito de dois pilares e que o pilar europeu deveria ser organizado em linhas supranacionais: "tal sistema sem dúvida se veria impotente para cativar e liderar as pessoas e, antes de mais nada, nosso próprio povo, nos domínios onde suas almas e seus corpos estão em jogo".[132]

Por fim, na mesma coletiva de imprensa, e a despeito de ter sido assiduamente cortejado por Macmillan nos dois anos anteriores, De Gaulle vetou a participação britânica na Comunidade Econômica Europeia (CEE), desse modo solapando a estratégia grandiosa de Macmillan e o conceito estadunidense de uma parceria de dois pilares.

O QUE É UMA ALIANÇA?

As alianças sempre foram historicamente formadas para estabelecer congruência entre a capacidade de uma nação e suas intenções de cinco maneiras: 1) reunir forças adequadas para derrotar ou deter um possível agressor; 2) comunicar essa capacidade; 3) proclamar obrigações além do cálculo de uma relação de poder — se fossem inequívocas, nenhuma expressão formal do tipo teria sido necessária; 4) definir um *casus belli* específico; e 5) dirimir, como expediente diplomático numa crise, qualquer dúvida sobre as intenções das partes.

Todos esses objetivos tradicionais mudaram com o surgimento das armas nucleares. Para os países dependentes das garantias nucleares americanas, nenhuma mobilização de forças além das já empregadas era significativa; tudo dependia da credibilidade das garantias estadunidenses. Portanto, a tentativa de fortalecer a Otan estabelecendo as forças convencionais dos aliados nunca cumpriu seu objetivo. Os aliados não consideravam que armas convencionais tivessem muito a acrescentar ao poderio comum e nunca chegaram a acordos de armas convencionais em parte pelo medo de que, ao fazê-lo, pudessem tornar o poderio nuclear dos Estados Unidos dispensável. Quando efetivamente participaram da ação militar estadunidense — por exemplo, no Afeganistão e no Iraque — foi menos em busca de seus interesses estratégicos nesses países do que como um recurso para continuar se abrigando sob o guarda-chuva nuclear dos Estados Unidos.

De Gaulle operava nos interstícios dessas ambivalências. De modo a justificar um dispositivo nuclear francês independente, ele invocou a incerteza intrínseca das garantias nucleares. Mas teria persistido na via da autonomia nuclear independentemente do fraseado das garantias estadunidenses. Para De Gaulle, a liderança era a elaboração do objetivo nacional com base na análise cuidadosa da malha das relações de poder existentes com a evolução histórica. A dependência francesa de "unidades estrangeiras" para sua própria segurança, escreveu em suas *Memórias de guerra*, "envenenaria a alma e a vida da nação por muitas gerações".[133] Na década de 1960 ele tentou reconstruir um exército poderoso complementado por um sistema nuclear independente, capacitando o país a cumprir seu dever de moldar o futuro.[134] Um papel coadjuvante jamais seria apropriado para a França. E isso era um problema moral, não técnico:

Quanto ao futuro imediato, em nome do que alguns filhos [da França] seriam levados a travar uma luta que não era mais sua? De que adiantava abastecer com forças auxiliares as forças de outra potência? Não! Para o esforço valer a pena, era essencial trazer de volta à guerra não meramente alguns franceses, mas a França.[135]

Da perspectiva gaullista, obrigações internacionais eram inerentemente contingentes por dois motivos: as circunstâncias em que podiam se desenrolar eram, por definição, imprevisíveis; e as próprias obrigações seriam modificadas conforme o ambiente geopolítico ou a percepção dos líderes. Como resultado, De Gaulle estava, por um lado, entre os apoiadores mais sólidos da Aliança Atlântica quando havia um efetivo desafio soviético à ordem internacional, como durante a Crise dos Mísseis em Cuba, em 1962, ou o ultimato soviético sobre o status de Berlim. Mas, por outro lado, ele nunca abandonou a insistência na liberdade de seu país para julgar as consequências das ocasiões conforme surgissem.

O conceito americano da Otan preservou a paz mundial por mais de meio século. Os presidentes dos Estados Unidos trataram as alianças como uma forma de contrato legal a ser implementado com base em uma análise quase legal dos termos da Aliança. A essência do contrato reside na uniformidade da resposta prometida a um desafio visto como indiscriminado no que diz respeito à Aliança como um todo. Para De Gaulle, a essência das alianças residia na alma e nas convicções de seu país.

O presidente Nixon pôs um fim às controvérsias teóricas sobre o controle de armas nucleares, e as tensões entre a França e Estados Unidos cederam substancialmente. Depois disso, as forças nucleares francesas autônomas foram desenvolvidas sem a oposição americana e com ocasional assistência quando compatível com as leis dos Estados Unidos. Embora a Quinta República francesa tenha lançado uma série de operações militares convencionais — especialmente na África e no Oriente Médio —, jamais ameaçou usar suas armas nucleares de forma independente, e as políticas nucleares estadunidenses e francesas variaram de compatíveis a coordenadas. Continuando no caminho aberto por De Gaulle, a França preservou a autonomia gaullista de sua estratégia nuclear e a estreita coordenação com os Estados Unidos.

O FIM DA PRESIDÊNCIA

No fim da década de 1960, De Gaulle fizera a França renascer, reerguera suas instituições, eliminara o estorvo da guerra argelina e fizera do país um participante central na nova ordem europeia. Ele deixara o país em posição de evitar políticas internacionais com as quais se sentisse desconfortável, ao mesmo tempo promovendo uma série de acordos cuja condução dependia imprescindivelmente da França. Richelieu originou esse estilo de estadismo no século XVII; no XX, De Gaulle o revivera.

Após dez anos na presidência, De Gaulle realizara as tarefas históricas a seu dispor e só lhe restara administrar os acontecimentos cotidianos. Mas não eram essas questões maçantes que haviam motivado sua jornada legendária. Observadores começaram a notar como estava dominado pelo tédio, quase uma melancolia. Em 1968, o então chanceler da Alemanha, Georg Kiesinger, contou-me de uma conversa em que De Gaulle insinuara renunciar: "Por séculos, nós e os alemães cruzamos o mundo, em geral competitivamente, à procura de um tesouro escondido, para descobrir apenas que não existe tesouro escondido algum, e só o que nos resta é a amizade". Surgiam especulações sobre nova retirada da vida pública e uma possível sucessão.

Mas a história não permitiria que a odisseia de De Gaulle simplesmente minguasse. Em maio de 1968, uma revolta estudantil que assumiu as proporções de protesto generalizado — expressão de um movimento europeu abrangente — tomou grande parte de Paris. Os estudantes ocuparam a Sorbonne, pendurando cartazes maoístas nas janelas e colunas.[136] Grafites por toda parte proclamavam as sensibilidades anárquicas dos manifestantes: "É proibido proibir".[137] Encorajados pelos estudantes, e percebendo o nervosismo do governo, os sindicatos trabalhistas lançaram uma investida nacional.

O fim da presidência de De Gaulle parecia iminente. François Mitterrand e Pierre Mendès France — duas eminências de regimes prévios — iniciaram conversas exploratórias para a sucessão, considerando o primeiro como candidato a presidente e o segundo, a primeiro-ministro. O primeiro-ministro Georges Pompidou deu início às negociações com os manifestantes, embora sua finalidade — se para arranjar uma transição ou substituir De Gaulle — nunca tenha ficado clara. Em Washington, o secretário de Estado Dean Rusk informou o presidente Johnson que De Gaulle estava com os dias contados.

Mas De Gaulle não concebera o Estado como elemento central do renascimento francês para permitir que sua autoridade fosse rescindida em manobras ao estilo da Terceira República. A 29 de maio, uma quarta-feira, ele subitamente deixou Paris com a esposa e viajou a Baden-Baden para se encontrar com o general Jacques Massu, comandante da guarnição francesa da Guerra Fria na Alemanha Ocidental.

Massu fora comandante dos paraquedistas franceses na Argélia e tinha todos os motivos para sentir-se traído por De Gaulle. Além do mais, De Gaulle na verdade o destituíra do comando por afirmar publicamente que não pretendia seguir as ordens do chefe de Estado de maneira automática. Mas na Argélia ele também fora exposto ao mito nacional com que De Gaulle investira suas ações e que se provou suficientemente poderoso para recuperar a lealdade de Massu. Quando De Gaulle aludiu à renúncia, Massu respondeu que era seu dever não abandonar a arena, e prevalecer. O presidente não tinha o direito de fugir quando a frente de batalha era dentro da própria França. O tempo de renunciar talvez chegasse, mas não era agora; o dever exigia que ele seguisse na luta — uma empreitada em que contava com o total apoio de Massu.*

Munido dessa tranquilização, De Gaulle voltou a Paris e restabeleceu a autoridade do governo — na maior parte sem o uso de força. Como durante sua ascensão à liderança da França uma década antes, optou por desafiar a estrutura política fazendo um apelo ao seu público — dessa vez convocando uma nova eleição nacional, sem assumir poderes emergenciais —, e mesmo que o apoio de Massu houvesse lhe oferecido como último recurso o exército (que ele nunca precisou invocar).

---

* Um mistério permanece acerca da viagem a Baden Baden. De Gaulle ordenara que o governo alemão fosse notificado de sua presença. E testemunhas confiáveis afirmaram que a bagagem da família estava no avião. Na eventualidade de não conseguir persuadir Massu, teria De Gaulle planejado permanecer por algum tempo enquanto permitia que a negociação de Pompidou prosseguisse? É inconcebível que fosse para o exílio permanente na Alemanha. É mais provável que, sem Massu, ele tivesse aguardado o resultado da negociação de Pompidou e regressasse depois para lidar com o caos ou o exílio interno (caso Pompidou a levasse a cabo). Ver "Secrecy Marked de Gaulle's Visit" [Discrição marca a visita de De Gaulle], *New York Times*, 2 jun. 1968; Henry Tanner, "Two Tense Days in Élysée Palace" [Dois dias tensos no Palácio do Eliseu], *New York Times*, 2 jun. 1968.

No dia seguinte, De Gaulle se dirigiu a uma imensa manifestação na praça da Concórdia, compreendendo pelo menos 400 mil pessoas que haviam se reunido em nome da ordem pública. Líderes das Forças Francesas Livres, da Terceira e da Quarta Repúblicas e da Resistência se reuniam atrás de De Gaulle e, por extensão, em apoio à ordem constitucional da Quinta República. Paris não presenciava tal expressão de unidade desde a marcha de agosto de 1944 que De Gaulle havia liderado pela Champs-Élysées um dia após a liberação da cidade.

Pompidou, interpretando os sinais no dia seguinte ao comício, ofereceu prontamente sua renúncia. Então, um dia depois, tentou voltar atrás — mas foi informado por um ajudante de De Gaulle que Maurice Couve de Murville acabara de ser nomeado para seu lugar, uma hora antes. Na eleição subsequente, os apoiadores de De Gaulle alcançaram uma maioria esmagadora — a primeira maioria absoluta de um grupo político em toda história das repúblicas francesas.[138]

O único desafio remanescente para De Gaulle era como conduzir sua saída. Afirmar que o cargo estava cobrando um preço alto demais seria incompatível com a postura que o levara de um general de brigada comum aos domínios do mito. Mas aposentar-se após uma derrota política era igualmente incompatível com esse mito.

De Gaulle escolheu como seu veículo uma questão técnica. Fora convocado um referendo nacional relativo a duas medidas de reforma provincial que haviam, por algum tempo, sido proteladas no calendário legislativo. Embora nenhuma das duas fosse constitucionalmente significativa, De Gaulle anunciou preferências na redação de cada medida difíceis de serem conciliadas entre si. O referendo estava marcado para 27 de abril de 1969, um domingo. Antes de sair para seu regular retiro de fim de semana em Colombey-les-Deux-Églises, De Gaulle ordenou que seus pertences e documentos fossem encaixotados.

De Gaulle anunciou a De Colombey que estava renunciando à presidência um dia após perder o referendo, sem oferecer explicação. Ele jamais voltaria ao Palácio do Eliseu nem faria outro pronunciamento público. Quando lhe perguntaram posteriormente por que escolhera essas questões particulares como ocasião para deixar o cargo, De Gaulle respondeu: "Devido à trivialidade".

Meu último encontro com De Gaulle ocorrera quatro semanas antes, em relação ao enterro do presidente Eisenhower em março de 1969. De Gaulle anunciou sua intenção de comparecer, e Nixon pediu-me para ir a seu encontro no aeroporto em nome do presidente. Ele chegou por volta das oito da noite, correspondendo às duas da madrugada pelo fuso de Paris. Parecia muito cansado. Informei-o sobre alguns arranjos técnicos providenciados por Nixon para facilitar as viagens, especialmente quanto às comunicações. Falei em inglês e ele respondeu em inglês, que empregava apenas em raríssimas ocasiões: "Por favor, agradeça ao presidente pela acolhida e por todas as cortesias que me estendeu". Fora isso, nada mais foi conversado.

No dia seguinte, De Gaulle passou uma hora com Nixon e depois foi a uma recepção na Casa Branca para os líderes estrangeiros e dignitários de Washington que compareceram ao enterro. Cerca de sessenta chefes de Estado e primeiros-ministros estavam presentes, além de congressistas e outros líderes americanos. Boa parte do contingente de Washington era composto de liberais, em princípio não muito entusiasmados com a presença De Gaulle.

Quando a recepção já estava em pleno andamento, De Gaulle chegou vestido com o uniforme de um general de brigada francês. Sua presença transformou o caráter do evento. Uma cena de grupos dispersos ocupados em intercâmbios aleatórios convergiu em um círculo ao redor de De Gaulle, e comentei com um assessor que seria melhor ele não se aproximar da janela, senão a sala se adernaria. Parecia responder educadamente aos comentários e perguntas, mas com um mínimo de interesse; estava ali para prestar os respeitos franceses a Eisenhower, não para bater papo. Depois de no máximo quinze minutos, aproximou-se de Nixon para expressar suas simpatias, deixou a recepção e foi para o aeroporto.

Um mês depois, se aposentou.

A NATUREZA DA HABILIDADE DE DE GAULLE COMO ESTADISTA

De Gaulle é frequentemente lembrado pelos americanos hoje — se é que é lembrado — como uma caricatura: o líder francês egocêntrico com delírios de grandeza, perpetuamente ofendido por desfeitas reais e imaginadas. Na maioria das ocasiões, foi uma pedra no sapato de seus pares. Churchill ficava furioso com ele com alguma frequência. Roosevelt maquinou para marginalizá-lo. Na década de 1960, os governos Kennedy e Johnson brigaram constantemente com ele, acreditando que suas políticas estavam em crônica oposição aos objetivos americanos.

As críticas não eram sem fundamento. De Gaulle podia ser arrogante, frio, desagradável e mesquinho. Como líder, irradiava mística, não calor humano. Como pessoa, inspirava admiração, até mesmo reverência, mas raramente afeto.

Contudo, na capacidade de estadista, De Gaulle permanece excepcional. Nenhum líder do século XX demonstrou maiores talentos de intuição. Em toda grande questão estratégica perante a França e a Europa durante pelo menos três décadas, e contra um consenso esmagador, De Gaulle fez as avaliações corretas. Sua extraordinária presciência era igualada pela coragem de agir segundo sua intuição, mesmo quando as consequências pareciam ser o suicídio político. Sua carreira validou a máxima romana de que a sorte favorece os corajosos.

Desde meados dos anos 1930, enquanto o resto do exército francês permanecia ligado a uma estratégia de defesa estática, De Gaulle percebeu que a guerra seguinte seria decidida por forças ofensivas motorizadas. Em junho de 1940, quando quase toda a classe política francesa concluiu que a resistência aos alemães era inútil, De Gaulle declarou o parecer contrário: que mais cedo ou mais tarde os Estados Unidos e a União Soviética seriam atraídos para a guerra, que suas forças combinadas acabariam sobrepujando a Alemanha de Hitler e que, portanto, o futuro estava do lado dos Aliados. Mas, insistiu, a França só poderia desempenhar um papel no futuro da Europa se recuperasse sua alma política.

Após a liberação da França, ele voltou a romper com seus conterrâneos, reconhecendo que o sistema político emergente não estava à altura do desafio. Desse modo, se recusou a seguir à testa do governo provisório, renunciando de súbito à posição preeminente que construíra com tanto cuidado durante o serviço em tempos de guerra. Refugiou-se em sua casa em Colombey-les-
-Deux-Églises na expectativa de que voltaria a ser chamado caso a paralisia política que previu se concretizasse.

O momento oportuno levou doze anos para chegar. Em plena ameaça de guerra civil, De Gaulle engendrou uma transformação no Estado francês, restabelecendo a estabilidade que faltara durante toda sua vida. Simultaneamente, a despeito de toda sua nostalgia pelas glórias históricas da França, amputou sem piedade a Argélia do corpo político, concluindo que conservá-la seria fatal.

De Gaulle era dotado de habilidades de estadista singulares. Incansável em seu compromisso com o interesse nacional francês, transcendente em seu legado, sua carreira produziu poucas lições formais na criação de políticas, e nenhuma orientação detalhada a ser seguida em circunstâncias específicas. Mas o legado da liderança necessita ser inspirador, não exclusivamente doutrinário. De Gaulle liderou e inspirou seus seguidores pelo exemplo, não pela prescrição. Mais de meio século após sua morte, a política externa francesa ainda pode ser adequadamente descrita como "gaullista". E sua vida é um estudo de caso sobre como grandes líderes podem dominar as circunstâncias e forjar a história.

DE GAULLE E CHURCHILL COMPARADOS

O capítulo de abertura deste livro contém reflexões sobre como categorizar grandes líderes enquanto profetas ou estadistas. O profeta é definido por sua visão; o estadista, por sua capacidade analítica e habilidade diplomática. O profeta está em busca do absoluto e para ele o compromisso pode ser uma fonte de humilhação. Para o estadista, o compromisso representa um estágio em uma estrada composta de ajustes comparáveis e acúmulo de nuances, mas guiado pela visão do destino final.

De Gaulle definia suas metas ao modo visionário do profeta, mas sua execução se dava ao modo do estadista, férreo e calculista. Seu estilo de negociação era agir unilateralmente para criar um *fait accompli* e conduzir as conversas principalmente em função de modificações em seus objetivos, e não de alterações deles. Ele adotou esse estilo até em relação a Winston Churchill, de cujo apoio financeiro e diplomático dependia totalmente em 1940 e a quem devia sua posição e continuidade no cargo.

Foi uma medida da grandeza de Churchill ter reconhecido a capacidade de De Gaulle imediatamente após sua chegada à Inglaterra sem recursos, armas, eleitorado ou mesmo domínio da língua e tê-lo aceito como líder das Forças Francesas Livres, que na época existiam como força política basicamente na imaginação desse francês. Churchill não tardou a descobrir que essa visão abraçava uma memória de séculos de rivalidade militante entre suas duas nações, e que De Gaulle considerava lamentável e até ofensiva a dominação britânica nos teatros de operações adjacentes à Europa, como o Oriente Médio ou a África.

Não obstante, e a despeito dos conflitos ocasionalmente sérios entre os dois, Churchill permaneceu ao lado de De Gaulle nas questões cruciais. Sem seu apoio, De Gaulle não teria sobrevivido à oposição de Roosevelt — que se estendia aos portões de Paris.

Churchill apoiou a formação das Forças Francesas Livres como um vestígio de sua experiência seminal e romântica na aliança franco-britânica na Primeira Guerra Mundial, que culminara na oferta britânica de fundir formalmente os dois estados quando a França estava à beira do desastre na Segunda Guerra Mundial. Churchill manteve e fortaleceu seu compromisso conforme De Gaulle evoluía de uma conveniência à grandeza.

Esses líderes gigantes possuíam ambos dotes analíticos incomuns e um senso especial para as nuanças da evolução histórica. Contudo, deixaram diferentes legados e beberam de diferentes fontes. Churchill cresceu fora da política britânica; assim como De Gaulle, compreendeu sua época e suas perspectivas melhor — e correu maiores riscos — do que praticamente todos seus contemporâneos. Como sua perspectiva estava além da compreensão de sua nação, ele teve de aguardar pelo cargo mais alto até que as mudanças enfrentadas por seus contemporâneos confirmassem suas previsões. Quando enfim chegou o momento, ele liderou seu povo na hora mais sombria por força de seu caráter, que atraía tanto respeito como afeição, mas também porque percebia o esforço que eram levados a fazer como parte de uma continuidade com a história britânica, algo que foi capaz de evocar com maestria sem igual. Ele se tornou o símbolo de sua resiliência e triunfo.

Enquanto Churchill via sua liderança como algo que capacitava o povo britânico a florescer e atingir o auge de sua história, De Gaulle se portava como um evento singular destinado a alçar seu povo a uma posição de eminência considera-velmente dissipada. Desafiadoramente fora de sintonia com os tempos em que vivia, De Gaulle lutou por consenso proclamando a importância moral e prática de uma grandeza desaparecida; ele apelava menos para uma continuidade histórica do que para o que havia existido, séculos antes, e poderia voltar a existir. Mediante essa narrativa, ele ajudou a França a se recuperar da ruína e depois liderou o país rumo a uma nova visão de si mesmo. Como André Malraux o descreveu, era "um homem do dia anterior a ontem e do dia depois de amanhã".[139]

A política de um grande Estado fora divisada por Richelieu no século XVII, mas ele fez isso em nome de um rei que precisava ser persuadido de seu curso correto. De Gaulle teve de definir sua visão quando estava no processo de implementá-la e foi o povo francês que precisou ser convencido em estágios distintos. Suas declarações, portanto, não têm o caráter de máximas; estão destinadas menos a dirigir que a inspirar. Além disso, De Gaulle sempre se referia a si mesmo na terceira pessoa, como se as opiniões não fossem suas, mas devessem ser percebidas como expressões do destino.

Embora tanto Churchill como De Gaulle tenham salvado suas sociedades e seus povos, havia uma diferença fundamental em seus estilos de liderança. Churchill refletia a quintessência da liderança britânica, que se baseia em um nível alto mas não excepcional de desempenho coletivo em meio ao qual, com um pouco de sorte, uma personalidade excepcional pode surgir num momento de grande necessidade. A liderança de Churchill era uma emanação extraordinária de uma tradição, adequada a suas circunstâncias; seu estilo pessoal era entusiástico e temperado por um senso de humor encantador. A liderança de De Gaulle não veio da elaboração de um processo histórico, mas foi a expressão única de uma personalidade e de um conjunto de princípios especial. Seu humor era sardônico, destinado a enfatizar a distinção, bem como a singularidade, do assunto tratado.* Enquanto Churchill via sua liderança como a culminação de um processo histórico e uma realização pessoal, De Gaulle tratou seu encontro com a história como um dever, a ser assumido como um fardo separado de qualquer satisfação pessoal.

Em 1932, aos 42 anos, De Gaulle, então servindo como major no exército francês, muito longe de uma eminência pessoal previsível, esboçou um conceito de grandeza que não era para os fracos de coração:

> Altivez, caráter e a personificação da grandeza, essas qualidades [...] cercam de prestígio os preparados a carregar um fardo pesado demais para os reles mortais. O preço que eles têm a pagar pela liderança é autodisciplina incessante, correr riscos constantemente e uma luta interior perpétua. O grau de sofrimento envolvido varia segundo o temperamento do indivíduo; mas fatalmente não é menos suplicante que o cilício do penitente. Isso ajuda a explicar aqueles casos de afastamento que, de outro modo, são tão difíceis de entender. Acontece constantemente de

---

* Uma distinção comparável pode ser vista nas residências de campo de Churchill e De Gaulle. Chartwell era um refúgio onde uma vida relaxada e sociável favorecia a realização intelectual e o ambiente agradável encorajava a conversa com amigos de confiança. Colombey-les-Deux--Églises era um refúgio austero para a solidão e a reflexão.

homens com um histórico irretocável de sucesso e aplauso público de repente tirarem seu fardo dos ombros [...]. O contentamento, a tranquilidade e as alegrias simples que atendem pelo nome de felicidade são negados aos que ocupam uma posição de poder. A escolha deve ser feita, e é uma escolha difícil: de onde esse vago senso de melancolia que paira em torno da majestade [...]. Certo dia, alguém disse a Napoleão, quando contemplavam um antigo e nobre monumento: "Como é triste!". "Sim", foi a resposta, "tão triste quanto a grandeza."[140]

POR TRÁS DO MISTÉRIO

Charles de Gaulle atraiu admiradores, que lhe foram úteis, mas a relação com ele não implicava reciprocidade nem permanência. Esse homem caminhou pela história como uma figura solitária — reservado, profundo, corajoso, disciplinado, inspirador, exasperante, totalmente comprometido com seus valores e sua visão e se recusando a detratá-los pela emoção pessoal. Quando foi feito prisioneiro de guerra pela Alemanha na Primeira Guerra Mundial, ele escreveu em seu diário: "É preciso ser um homem de caráter. O melhor modo de triunfar em ação é saber como se autodominar constantemente".[141]

Contudo, refletindo sobre a passagem das estações em Colombey, em meados da década de 1950, De Gaulle encerrou suas memórias da guerra com um poema em que, pela única vez nas coisas que escreveu, usou a primeira pessoa: "Conforme a idade triunfa, a natureza fica mais próxima de mim. A cada ano, nas quatro estações que trazem tantas lições, encontro consolo em sua sabedoria". A primavera deixa tudo brilhante, "até uma neve ligeira", e deixa tudo jovem, "até as árvores murchas". O verão proclama as glórias da pródiga natureza. A natureza se retira no outono, ainda bela em seu "manto aurirroxo". E até no inverno, quando tudo é "estéril e gelado [...] um labor secreto é realizado", preparando o solo para um novo crescimento, talvez até a ressurreição:

A velha Terra, desgastada pelas eras, assolada pelas chuvas e pela tempestade, exaurida porém sempre pronta a produzir o que a vida precisa ter para prosseguir!

A velha França, oprimida pela história, prostrada por guerras e revoluções, vacilando incessantemente da grandeza ao declínio, mas revivida, século após século, pelo gênio da renovação!

O velho homem, exaurido pela provação, desinteressado dos feitos humanos, sentindo a aproximação do frio eterno, mas sempre atento nas sombras a um vislumbre de esperança![142]

A armadura aparentemente impenetrável de De Gaulle mascarava uma profunda reserva de emoção e até bondade, que podemos enxergar mais claramente na sua relação com a filha Anne.

Anne tinha síndrome de Down, mas Charles e Yvonne De Gaulle decidiram criá-la em casa, desafiando a prática da época de internar os filhos com deficiência em um hospital psiquiátrico. Uma foto de 1933 capta a ternura de seu relacionamento: De Gaulle e Anne sentados na praia, ele com 42 anos, vestindo terno e gravata escuros, a cartola depositada a seu lado — uniformizado até em roupas civis — e ela em um traje de banho branco. Parecem brincar de bater palmas e cantar.

Anne morreu de pneumonia em 1948 com vinte anos. "Sem Anne, talvez nunca tivesse feito o que fiz. Ela me proporcionou a coragem e a inspiração", declarou posteriormente De Gaulle a seu biógrafo Jean Lacouture.[143] Após sua morte, ele carregou um foto dela no bolso do peito pelo resto da vida.

De Gaulle morreu de aneurisma menos de dois anos após renunciar à presidência, em 9 de novembro de 1970. Estava, muito apropriadamente, jogando paciência. Foi enterrado ao lado de Anne no cemitério paroquial de Colombey-les-Deux-Églises.

3. Richard Nixon:
A estratégia do equilíbrio

O MUNDO ENCONTRADO POR NIXON

Richard Nixon foi um dos presidentes mais controversos da história estadunidense e o único obrigado a renunciar ao cargo. Também exerceu um impacto seminal sobre a política externa de seu período e a subsequente na condição de presidente que remodelou uma ordem mundial esfacelada no auge da Guerra Fria. Após cinco anos e meio no cargo, Nixon havia encerrado o envolvimento dos Estados Unidos no Vietnã; estabelecido seu país como potência externa dominante no Oriente Médio; e imposto uma dinâmica triangular à previamente bipolar Guerra Fria mediante a abertura para a China, em última análise deixando a União Soviética em uma decisiva desvantagem estratégica. A partir de dezembro de 1968, quando Nixon me instou a servir como seu assessor de segurança nacional, até o fim de sua presidência em agosto de 1974, fui um colaborador próximo em sua liderança e tomada de decisões. Permanecemos em contato regular durante os vinte anos restantes de sua vida.

Aos 99 anos, volto a Nixon não para reviver as controvérsias de meio século atrás (que tratei em três volumes de memórias), mas para analisar o pensamento e o caráter de um líder que assumiu seu cargo em meio a um tumulto cultural e político sem precedentes e que transformou a política externa de seu país abraçando um conceito geopolítico de interesse nacional.

A 20 de janeiro de 1969, quando Nixon fez o juramento de posse, a Guerra Fria atingira plena maturidade. Compromissos que os Estados Unidos haviam assumido no exterior durante seu período de poderio aparentemente ilimitado no pós-guerra começavam a se revelar além de sua capacidade material e emocional. O conflito doméstico envolvendo o Vietnã se aproximava do clímax, instigando o clamor de alguns setores pela retirada militar e pelo recuo político estadunidenses. Tanto os Estados Unidos como a União Soviética haviam passado a empregar mísseis caracterizados por carga útil ampliada, maior precisão e alcance intercontinental. A União Soviética se aproximava de igualar os Estados Unidos na quantidade de armas nucleares de longo alcance e, segundo alguns analistas, podia até obter a superioridade estratégica, levando a preocupações quanto a um ataque súbito apocalíptico e um período ampliado de chantagem política.

Nos meses que precederam a eleição de Nixon em novembro de 1968, os desafios que sua presidência enfrentaria começaram a tomar forma em três importantes teatros de operações estratégicas: a Europa, o Oriente Médio e o Leste Asiático.

Em agosto de 1968, a União Soviética, junto a seus países-satélites do Leste Europeu, ocupou a Tchecoslováquia, cujo pecado fora liberalizar seu sistema dentro da órbita soviética. Na Alemanha, a ameaça soviética a Berlim Ocidental — iniciada pelo ultimato de 1958 do premiê Nikita Khrushchev às potências de ocupação ocidentais para que removessem suas forças em seis meses — persistia, voltando periodicamente na forma da ameaça de Moscou de bloquear a cidade sitiada. A Europa e o Japão, que haviam se recuperado da devastação da guerra sob o guarda-chuva de segurança americano, começaram a competir economicamente com os Estados Unidos e a acalentar suas percepções às vezes divergentes acerca da evolução da ordem mundial.

Ao mesmo tempo, a República Popular da China passara ao quinto lugar entre os países detentores das armas mais devastadoras do mundo — atrás de Estados Unidos, União Soviética, Reino Unido e França —, depois de um teste nuclear bem-sucedido em outubro de 1964. Beijing oscilava entre o envolvimento e o distanciamento em relação ao sistema internacional, treinando e financiando guerrilheiros maoístas pelo mundo, embora também tenha retirado, na primavera de 1967, seus embaixadores de quase todos os países do mundo em meio ao tumulto da Revolução Cultural.[1]

No Oriente Médio, Nixon se deparou com uma região na plena agonia do conflito. O Acordo Sykes-Picot de 1916, pelo qual a Grã-Bretanha e a França haviam concordado em absorver os territórios do vacilante Império Otomano sob suas respectivas esferas de influência, levara à formação de entidades políticas, sobretudo árabes e muçulmanas, que pareciam, na superfície, integrar um sistema estatal comparável ao criado pela Paz de Vestfália. Mas apenas na superfície: ao contrário dos territórios europeus ainda sob um sistema essencialmente vestfaliano, os estados do Oriente Médio em meados do século XX não refletiam identidades ou histórias nacionais comuns.

Apesar da proeminência histórica francesa e britânica no Oriente Médio, ambos os países foram cada vez menos capazes de projetar seu poderio na região após o derramamento de sangue das duas guerras mundiais. Revoltas locais, inicialmente geradas por movimentos anticoloniais, eram varridas por conflitos maiores dentro do mundo árabe — e entre países árabes e o Estado de Israel. Este, tendo sido reconhecido pela maioria dos países ocidentais menos de dois anos após sua independência, em 1948, agora buscava reconhecimento dos vizinhos que o viam como inerentemente ilegítimo e ocupando um território que lhes pertencia por direito.

Durante a década que precedeu a posse de Nixon, a União Soviética começou a explorar esse turbilhão em formação no Oriente Médio e a exacerbá-lo, estabelecendo laços com os regimes militares autoritários que haviam substituído a estrutura de governo amplamente feudal deixada pelo Império Otomano. Reequipados com armas soviéticas, os exércitos árabes estenderam a Guerra Fria a um Oriente Médio antes dominado pelo Ocidente, intensificando as disputas na região e aumentando o risco de que desencadeassem um cataclismo global.

Ofuscando todas essas preocupações, quando Nixon assumiu a presidência havia o sangrento impasse no Vietnã. O governo anterior de Johnson despachara mais de 500 mil soldados americanos para uma região tão distante dos Estados Unidos cultural e psicologicamente quanto geograficamente. Outros 50 mil e tantos estavam a caminho de lá na época da posse de Nixon. A tarefa de desvencilhar os Estados Unidos de uma guerra inconclusiva — e de fazê-lo sob as circunstâncias domésticas mais turbulentas desde a Guerra Civil estadunidense — recaiu sobre Nixon. Os cinco anos que precederam sua eleição também haviam testemunhado uma controvérsia política doméstica de intensidade inédita na história do país no pós-guerra: os assassinatos do presidente John F. Kennedy, de seu irmão (e na época o candidato presidencial democrata liderando a corrida eleitoral) Robert e do revolucionário líder dos direitos civis Martin Luther King Jr. Protestos violentos por causa do Vietnã e manifestações contra o assassinato de King tomaram as ruas americanas e paralisaram Washington por dias a fio.

A história estadunidense está repleta de controvérsias domésticas ruidosas, mas a situação perante Nixon era inédita no sentido de que, pela primeira vez, uma elite nacional emergente se convencera de que a derrota na guerra era tanto estrategicamente inevitável como eticamente desejável. Tal convicção implicava uma ruptura do consenso de muitos séculos de que o interesse nacional representava um fim legítimo e até mesmo moral.

Em alguns aspectos, esse conjunto de crenças marcou o ressurgimento de um ímpeto isolacionista anterior, segundo o qual o "enredamento" estaduni-dense em problemas estrangeiros era não só desnecessário para o bem-estar do país como também corrosivo para o caráter nacional. Mas agora, em vez de argumentar que os valores da nação eram elevados demais para permitir o envolvimento em conflitos distantes, esse novo veio de isolacionismo sustentava que os próprios Estados Unidos se tornaram corruptos demais para servir como um farol moral no além-mar. Defensores dessa posição, tendo assegurado uma base de apoio — e no fim uma influência quase dominante — nas instituições de ensino superior, viam a tragédia do Vietnã não dentro de uma estrutura geopolítica nem como uma luta ideológica, mas como o prenúncio de uma catarse nacional que levaria a uma tão aguardada reflexão interna.

UM CONVITE INESPERADO

Enquanto lecionava na Universidade Harvard, atuei também como assessor de política externa em meio período para o governador de Nova York, Nelson Rockefeller, principal rival de Nixon na nomeação republicana tanto em 1960 como em 1968. Assim, não esperava um convite para servir na equipe do novo presidente eleito. E contudo a ligação veio, e foi-me oferecido o cargo de as-sessor de segurança nacional, o segundo escalão mais elevado de indicação presidencial isento de confirmação pelo Senado (atrás do chefe de gabinete da Casa Branca). A decisão de Nixon de conceder tal responsabilidade a um professor de Harvard conhecido por fazer oposição a ele ilustrava tanto a generosidade de espírito do presidente eleito como sua predisposição a romper com o pensamento político convencional.

Pouco após sua vitória eleitoral em novembro de 1968, Nixon me convidou para nossa primeira reunião de fato em seu quartel-general da transição em Nova York, no Pierre Hotel. (Eu o encontrara apenas uma vez antes, brevemente, em uma festa de Natal promovida pela formidável Clare Boothe Luce.) O encontro proporcionou a oportunidade para um exame da situação internacional do momento fazendo um giro meditativo e relaxado pelos principais desafios da política externa, durante o qual Nixon compartilhou suas opiniões e pediu meus comentários. Ele não ofereceu nenhum indício de que o encontro estava relacionado à formação de sua equipe, muito menos destinado a avaliar minha adequação para um cargo particular.

Quando eu estava indo embora, Nixon me apresentou a um californiano alto e magro que identifiquei como seu chefe de gabinete, H. R. Haldeman. Sem explicação, Nixon ordenou a seguir que Haldeman providenciasse uma conexão telefônica direta com minha sala em Harvard. Haldeman anotou a ordem do presidente eleito em um bloco amarelo, mas não tomou providência alguma — proporcionando, desse modo, junto com minha introdução à personalidade multifacetada do novo presidente, uma lição antecipada sobre a natureza da conduta burocrática na Casa Branca sob Nixon: algumas declarações presidenciais eram simbólicas, sugerindo um direcionamento, mas não uma convocação imediata à ação.

Intrigado mas meio em dúvida, voltei a Harvard e aguardei os desdobramentos. Alguns dias mais tarde, John Mitchell, sócio na mesma empresa de advocacia que Nixon e prestes a ser nomeado advogado-geral, telefonou-me para perguntar: "Vai aceitar o trabalho ou não?". Quando respondi, "Que trabalho?", ele murmurou algo que soou como "mais uma trapalhada" antes de me convidar para me reunir com o presidente eleito outra vez no dia seguinte.

Dessa vez, o cargo de assessor de segurança nacional foi-me oferecido explicitamente. Constrangido, solicitei algum tempo para refletir e consultar colegas familiarizados com minhas posições políticas prévias. Outros presidentes ou chefes de Estado que eu conhecia, ao receber uma resposta tão hesitante, teriam me dispensado da necessidade de reflexão encerrando a conversa ali mesmo. Em vez disso, Nixon disse-me para tirar uma semana e — de forma comovente — sugeriu que eu consultasse Lon Fuller, seu antigo professor de direito contratual na Duke, que na época lecionava na Faculdade de Direito de Harvard e estava a par do modo de pensar e da conduta de Nixon.

No dia seguinte, consultei Nelson Rockefeller, que acabara de voltar de uma viagem a seu rancho na Venezuela. A reação de Rockefeller não apenas pôs fim a qualquer ambivalência, como também demonstrou que ainda havia unidade subjacente no país. Ele me censurou por protelar a decisão e me exortou a aceitar a oferta de Nixon naquele instante; quando o presidente convida alguém para um serviço importante, observou, adiar não é uma reação apropriada. "Tenha em mente", acrescentou Rockefeller, "que Nixon corre um risco muito maior com você do que você com ele." Telefonei à tarde para Nixon e disse que ficaria honrado em servir em seu governo.

Nixon e eu acabaríamos desenvolvendo um relacionamento que, em seu caráter operacional, talvez pudesse ser descrito como "parceria" — embora uma parceria verdadeira raramente exista quando o poder é distribuído de maneira tão desigual entre os dois lados. O presidente pode demitir seu assessor de segurança sem procedimento ou advertência e tem autoridade para impor suas preferências sem aviso formal ou discussão. E seja qual for a contribuição que o assessor de segurança possa dar, cabe ao presidente a responsabilidade final pelas decisões.

A despeito desses fatos, Nixon nunca me tratou como subordinado em questões de segurança nacional e de política externa; na verdade me tratava mais como uma espécie de colega acadêmico. A mesma consideração não se estendia, porém, à política doméstica ou eleitoral. Nunca fui convidado para reuniões sobre esses assuntos (exceto durante o episódio dos "Documentos do Pentágono", quando vazaram documentos confidenciais do Departamento de Defesa).

Nossa relação assumiu essa forma respeitosa desde o início. Em todo seu decorrer, Nixon sempre evitou fazer referências depreciativas a minha ligação prévia com Nelson Rockefeller. Mesmo sob grande pressão, sua conduta em relação a mim era invariavelmente educada. Essa elegância consistente era ainda mais notável porque, ao lado do Nixon decisivo e reflexivo descrito nestas páginas, havia um outro Nixon — inseguro com sua imagem, em dúvida de sua autoridade e atormentado por uma insistente falta de autoconfiança. Esse outro Nixon vinha acompanhado de uma versão do "espectador imparcial" de Adam Smith: ou seja, um segundo "você", situado fora de você mesmo, observando e julgando suas ações. Parecia-me que Nixon fora assombrado por essa autoconsciência crítica durante sua vida toda.

Essa parte de Nixon envolvia uma busca incansável por aprovação — recompensa muitas vezes negada a ele justamente pelos grupos com os quais mais se importava. Mesmo em seus relacionamentos mais sólidos, uma certa reserva era palpável, enquanto encontros fora de seu círculo íntimo — particularmente os que envolviam figuras de estatura — tendiam a ser tratados como se exigissem uma espécie de performance. O objetivo de Nixon nem sempre era transmitir uma informação; sua linguagem muitas vezes destinava-se a comunicar uma impressão sobre algum propósito que não necessariamente fora revelado ao interlocutor.

Haja vista essas complexidades, Nixon ocasionalmente dava declarações que não refletiam todo o escopo de seus projetos. Tal conduta não deve ser confundida com indecisão. Ele tinha clareza de suas metas e as buscava com determinação e sutileza. Mas muitas vezes procurava também preservar suas opções selecionando o momento e o local mais vantajosos para debatê-las.

A combinação dessas qualidades produziu as características especiais do governo Nixon. Extremamente bem informado, em especial sobre questões de política externa, e altamente eficaz em apresentar suas análises, Nixon não obstante se furtava a confrontos face a face. Avesso a dar ordens diretas a membros discordantes do gabinete, convocava Haldeman ou Mitchell para a tarefa — ou eu, em questões de política externa.

Trabalhar como assessor de Nixon exigia uma conscientização sobre seu modus operandi: nem todo comentário ou ordem emitida pelo presidente deveria ser interpretado ou obedecido literalmente. A instrução a Haldeman para instalar uma linha telefônica direta com minha sala ao final de nossa primeira reunião é um exemplo disso: ele queria comunicar à equipe que tentava me acrescentar a ela, mas ainda não estava pronto para me oferecer a posição em circunstâncias em que eu pudesse recusá-la ao alcance de ouvidos alheios.

Outro exemplo mais significativo: em agosto de 1969, um avião comercial estadunidense na rota de Roma a Israel foi sequestrado por terroristas palestinos e levado para Damasco. Quando comuniquei a notícia a Nixon, que estava no meio de um jantar de sábado com velhos amigos na Flórida, ele respondeu,

"Bombardeie o aeroporto de Damasco". Mais do que servir como diretiva oficial, a intenção dessa declaração era impressionar tanto seus assessores como seus convivas com a determinação de dar um basta aos sequestros de aviões.

Mas como Nixon sabia perfeitamente, para empreender tal ação militar é preciso muito mais do que uma simples ordem presidencial. É necessário haver a seguir uma diretiva com instruções operacionais para os departamentos de implementação. Antecipando isso, Melvin Laird, secretário da defesa, o general Earle Wheeler, presidente do Estado-Maior Conjunto, e eu passamos boa parte da noite assegurando que medidas preliminares para o ataque fossem tomadas — especificamente, deslocar um porta-aviões da Sexta Frota até o Chipre e posicioná-lo para levar a ordem a cabo. Embora a equipe do presidente faça o juramento de executar suas ordens, também tem obrigação de lhe dar plena oportunidade para refletir sobre as implicações de seus atos.

Nesse caso, Nixon resolveu o problema na manhã seguinte. Como parte de meu relatório matinal, atualizei-o sobre a situação dos reféns no aeroporto de Damasco, informando que os navios da Sexta Frota estavam agora próximos ao Chipre. "Aconteceu mais alguma coisa?", ele perguntou. Quando respondi que nada mais acontecera, ele reagiu com uma única palavra "Ótimo" — emitida sem que movesse um único músculo facial. Nada mais foi dito ou feito sobre o ataque aéreo.[2]

Assim, a comitiva imediata de Nixon aprendia que declarações vagas não necessariamente estavam destinadas a resultar em ações explícitas. Com frequência transmitiam um estado de espírito ou eram usadas para aferir as opiniões do interlocutor. De modo a adiar ações irreversíveis até que o presidente pudesse tomar uma decisão refletida, Haldeman estabeleceu um sistema de equipe fazendo com que as reuniões de Nixon na Sala Oval ocorressem na presença de um assistente presidencial. Os assessores seniores, por sua vez, eram obrigados a passar diretivas adiante por meio do chefe de gabinete da Casa Branca. Quando pessoas sem contato regular com o presidente estavam presentes no momento em que ele debatia consigo mesmo suas opções sobre alguma questão, podiam surgir problemas. Ilustrativa disso é a explicação sucinta de um ex-assessor de Eisenhower — e amigo de Nixon —, Bryce Harlow, para o fiasco de Watergate: "Algum maldito idiota esteve na Sala Oval e fez o que lhe foi ordenado".

Não surpreende que a avaliação de Nixon sobre as próprias qualidades fosse menos oblíqua do que o relato acima possa sugerir. Pouco após minha visita secreta de julho de 1971 à China — e o anúncio do presidente de que faria essa viagem pessoalmente no ano seguinte —, Nixon me enviou recomendações para os comunicados à imprensa. Referindo-se a si mesmo na terceira pessoa, escreveu:

> Uma linha eficaz que você pode usar nas suas conversas com a imprensa é como RN está unicamente preparado para esse encontro e como é irônico que, em muitos aspectos, ele tenha características e história parecidas [com o premiê chinês Zhou Enlai]. Listo aqui alguns itens que podem ser enfatizados.
>
> 1) Convicções fortes.
> 2) Triunfar na adversidade.
> 3) É nas crises que mais se destaca. Frio. Imperturbável.
> 4) Um líder duro, ousado e forte. Disposto a correr riscos quando necessário.
> 5) Um homem que enxerga a longo prazo, nunca se preocupando com as manchetes do dia seguinte, e sim como suas políticas serão vistas daqui a muitos anos.
> 6) Um homem com um modo de pensar filosófico.
> 7) Um homem que trabalha sem fazer anotações — em reuniões com 73 chefes de Estado e chefes de governo, RN manteve horas de conversas sem qualquer anotação...
> 8) Um homem que conhece a Ásia e fez particular questão de viajar pelo continente e estudá-lo.
> 9) Um homem que em termos de estilo pessoal é muito forte e muito firme quando necessário — tem vontade férrea —, mas que também é sutil e quase bondoso. Em geral, quanto mais firme sua posição, menos eleva a voz.[3]

Que esse bilhete evidencia tanto uma significativa insegurança como uma autopromoção obstinada dispensa maiores explicações. Mas a autoavaliação de Nixon estava essencialmente correta: ele de fato tinha muita experiência em política externa; era mais efetivo nas crises; era ousado, mas dado a uma cuidadosa e ocasionalmente excruciante deliberação e análise; tinha um enorme apetite por informação; enxergava a longo prazo, empreendia cuidadosas reflexões sobre os desafios nacionais e estava com frequência em sua melhor forma nas reuniões tensas e programáticas com outros líderes mundiais — pelo menos naquelas envolvendo mais uma apresentação que uma negociação. O fato de que se preocupasse em sempre passar a aparência de estar no comando — a ponto de às vezes enfeitar a narrativa — não depõe contra as realizações de seu governo.

Considerando os interesses nacionais e a pressão do tempo sob a qual as decisões em geral precisavam ser tomadas, nenhuma relação de alto escalão na Casa Branca pode ficar inteiramente livre de atrito. No meu caso, as inseguranças de Nixon ocasionalmente levaram ao ressentimento presidencial quando a mídia enfatizava minha contribuição para a política nacional em detrimento da dele. O filósofo francês Raymond Aron — meu amigo muito antigo e mentor intelectual — certa vez comentou que a cobertura proeminente do meu papel no governo serviu como álibi para a hostilidade da imprensa contra Nixon. As tensões resultantes eram abordadas explicitamente apenas em raras ocasiões — e, mesmo então, nunca pelo próprio Nixon, mas por colegas como Haldeman ou John Ehrlichman, assessor de política doméstica.

Mesmo assim, nunca presenciei o tipo de linguajar que, conforme soube depois, Nixon ocasionalmente impingia aos outros. Quando as transcrições das conversas de Nixon na Sala Oval se tornaram públicas, liguei para George Shultz (que servira como diretor de orçamento e secretário do Tesouro) para perguntar se eu ficara tão acostumado às profanidades que não me lembrava de ter escutado Nixon proferindo-as. As lembranças de Shultz eram parecidas com as minhas; em nossos contatos, Nixon falava de forma educada e escrupulosa.

As falhas de Nixon — sua ansiedade, as inseguranças que o motivavam a buscar o máximo de respeito, sua relutância em confrontar as discordâncias face a face — acabaram prejudicando sua presidência. Mas as realizações da carreira de Nixon exigem reconhecimento como um esforço estupendo de transcender inibições que teriam derrotado um líder menor.

DECISÕES DE SEGURANÇA NACIONAL NA CASA BRANCA DE NIXON

Todo novo governo na Casa Branca estabelece uma estrutura de tomada de decisão para facilitar as escolhas que apenas o comandante-chefe está em posição de fazer. Assim que foi nomeado chefe de gabinete, Haldeman criou uma organização interna que possibilitou a Nixon equilibrar suas convicções e inibições, ocultando as fraquezas conforme alcançava uma considerável dose de coerência.

O acesso ao presidente, via de regra, dava-se na presença de um dos dois assistentes presidenciais: Ehrlichman para a política doméstica, eu para questões de segurança nacional. Nossos escritórios eram responsáveis por preparar o presidente para cada reunião, esboçando as questões que poderiam ser levantadas e as potenciais respostas a oferecer. Nixon estudava essas recomendações cuidadosamente antes das reuniões, mas nunca tinha anotações diante de si durante uma conversa.

Quando Nixon e eu estávamos ambos em Washington, eu em geral era seu primeiro compromisso do dia. Acompanhava-o nas viagens ao exterior e comparecia a todas as reuniões oficiais. Quando um de nós estava em viagem pelo país, normalmente nos comunicávamos por telefone pelo menos uma vez ao dia. O primeiro assunto em nossa agenda era geralmente o Boletim Presidencial Diário, preparado pela CIA. Na ausência de alguma crise, Nixon passava relativamente pouco tempo debruçado sobre questões cotidianas e bem mais se aprofundando na história ou na dinâmica de uma particular região ou situação. Ele mantinha o foco sempre no que constituíam potenciais pontos de virada ou iminentes decisões cruciais. Durante essas discussões, que com frequência se estendiam por muitas horas, era moldado o pensamento estratégico do governo Nixon.

Tendo servido como vice-presidente de Eisenhower, Nixon buscou reproduzir os procedimentos de segurança nacional de seu predecessor, adaptando-os a suas exigências. Com esse intuito, ele pediu ao general Andrew Goodpaster, que coordenara por algum tempo o Conselho de Segurança Nacional (CSN) de Eisenhower, para trabalhar comigo na elaboração de uma estrutura comparável.[4] Sob Eisenhower, a equipe do CSN essencialmente costumava se preparar para as reuniões colhendo opiniões departamentais. Nos períodos subsequentes de Kennedy e Johnson, a equipe de Goodpaster foi transformada por McGeorge Bundy e Walt Rostow em um grupo com cerca de cinquenta profissionais, incluindo acadêmicos, que participavam de preparativos substanciais para as reuniões do CSN. No governo Nixon, ela conservou tamanho similar; no período contemporâneo, chegou a quatrocentos membros.[5]

Quando Goodpaster e eu, no início da transição presidencial, visitamos Eisenhower, então paciente de cardiopatia terminal no Hospital Walter Reed, eu ainda acalentava a ideia (herdada de meus tempos de Harvard) de que a mente do ex-presidente era tão vaga quanto a gramática que ele de vez em quando empregava em suas coletivas de imprensa. Não demorei a descobrir que não era nada disso. Ele estava familiarizado com as questões de segurança nacional tanto em sua essência como em suas ramificações administrativas. As feições de Eisenhower eram vívidas e expressivas, exsudando uma autoconfiança resultante de décadas de comando. Seu modo de falar era enérgico, direto e eloquente.

Após dar as boas-vindas a Goodpaster, Eisenhower não perdeu tempo em expor o que tinha a dizer. Eu deveria entender que ele não apoiara minha indicação como assessor de segurança, afirmou, porque não considerava acadêmicos preparados para grandes decisões. Mesmo assim, me daria toda ajuda que pudesse. Sua avaliação era que a abordagem do presidente Johnson, na qual o Departamento de Estado presidira o aspecto interdepartamental do processo de segurança nacional, não havia funcionado porque o Departamento de Defesa resistira à liderança do Departamento de Estado e, em todo caso, a equipe do Departamento de Estado era mais indicada para o diálogo do que para a tomada de decisão estratégica.

Eisenhower a seguir delineou suas recomendações, cuja essência era pôr a operação de segurança nacional sob a responsabilidade do assessor de segurança da Casa Branca. O assessor de segurança ou seu designado presidiria vários subcomitês regionais e técnicos. Um comitê no nível de vice-secretário deveria então selecionar as deliberações dos grupos para o Conselho de Segurança Nacional.

Goodpaster esboçou essas recomendações e Nixon as adotou. A estrutura permanece essencialmente intacta desde então. Dentro de qualquer governo, entretanto, é inevitável que aspectos de personalidade intangíveis afetem a efetiva distribuição do poder.

Durante as reuniões do CSN em que os funcionários de gabinete designados (secretários de Estado, defesa e tesouro, bem como o diretor da CIA) estavam presentes, Nixon era ótimo em formulações que implicassem um objetivo desejado sem se comprometer com uma implementação específica. A exploração de opções se tornou sua maneira de extrair informação sobre potenciais estratégias sem envolver um confronto acerca de uma decisão; essa abordagem possibilitou ao presidente separar a política de longo alcance dos processos cotidianos. Também lhe permitiu captar o leque de opções como se estivesse lidando com um problema intelectual abstrato, independentemente de preferências pessoais ou prerrogativas departamentais. Sempre que possível, a efetiva decisão de Nixon seria comunicada depois, quando — não me lembro de nenhuma exceção — não tivesse de confrontar em pessoa nenhuma discordância.

Adotar o plano do CSN de Eisenhower facilitou a antiga determinação de Nixon de controlar da Casa Branca a política externa. Um Memorando de Decisão emitido em seu nome anunciaria o plano. Em situações particularmente controversas — como na incursão de 1970 pelo Camboja à procura de divisões norte-vietnamitas estacionadas no país —, Haldeman ou o advogado-geral John Mitchell reforçavam pessoalmente a decisão final para o secretário de gabinete relevante, indicando que não estava mais aberta a discussões.

As inibições de Nixon não refreavam sua determinação. Em momentos de crise, ele conduzia o processo, ainda que indiretamente, por meio da minha equipe. E em diversos acontecimentos cruciais — como durante a resposta de 1972 à "Ofensiva de Páscoa" do Vietnã do Norte contra o do Sul ou o transporte aéreo estratégico de armas e suprimentos para Israel durante a Guerra do Yom Kippur —, ele interveio emitindo uma ordem direta.

Em janeiro de 1969, quando Nixon assumiu o cargo, a natureza do debate americano sobre o Vietnã passava por uma reviravolta. As antigas disputas domésticas sobre o Sudeste Asiático haviam permanecido tradicionais: elas diziam respeito a discordâncias quanto aos meios de se chegar a resoluções em que ambas a partes estivessem de acordo. As universidades debatiam o Vietnã nos *"teach-ins"* [seminários], que pressupunham sem questionar a boa-fé dos dois lados. No governo Johnson, as avaliações da conduta estadunidense no Vietnã voltaram-se precisamente à questão da boa-fé. Os oponentes declararam a guerra imoral e contrária aos valores tradicionais dos Estados Unidos. Sua resposta era um desafio tanto às políticas estabelecidas como à legitimidade moral dos sucessivos governos — ao ponto de alguns ativistas antiguerra buscarem minar a própria operacionalidade do governo com manifestações públicas gigantescas, às vezes por dias a fio. Outra tática foi o vazamento em massa de informação confidencial, justificada por uma definição de governo aberto incompatível com qualquer elemento de sigilo.

"O sigilo", admitiu Nixon em suas memórias, "inquestionavelmente cobra alto preço na forma de um intercâmbio de ideias menos livre e criativo dentro do governo." Mas, acrescentou, em certa dose é sempre necessário nos assuntos de Estado: "Posso afirmar de maneira inequívoca que sem sigilo não haveria abertura para a China, acordo SALT com a União Soviética, nem acordo de paz para encerrar a guerra no Vietnã".[6]

Em relação a isso, Eisenhower me ensinou uma lição essencial sobre o serviço público em Washington. Em meados de março de 1969, quando o ex-presidente estava claramente debilitado, Nixon me convidou para participar de um briefing com seu predecessor sobre uma reunião recente do CSN relativa ao Oriente Médio, na qual se debateu a crescente presença militar soviética na região e o equilíbrio em nossa resposta entre medidas diplomáticas e outras. Como estava no processo de chegar a uma decisão, Nixon pediu-me que delineasse para Eisenhower as opções discutidas pelo CSN.

Na manhã seguinte, o conteúdo da reunião do CSN apareceu na mídia. O general Robert Schulz, assessor militar de Eisenhower, ligou bem cedo naquela manhã para me pôr em contato com o ex-presidente. Despejando uma torrente de expletivos não comumente associados a sua persona pública benigna, Eisenhower admoestou-me pela restrição às opções de Nixon ocasionada pelo vazamento das deliberações do CSN. Quando lhe perguntei se achava que o vazamento viera do meu escritório, ele desfiou novo catálogo de invectivas para frisar que era minha incumbência proteger o sigilo da informação por todo o sistema de segurança nacional. Eu não dera conta dela se considerava que se aplicasse apenas à segurança do meu próprio escritório.

Minha resposta — que estávamos no governo havia apenas dois meses e fizéramos de tudo para controlar o vazamento durante esse período — não foi recebida mais favoravelmente. "Meu jovem" — eu estava com 46 anos — "deixe-me dar um conselho básico a você", disse Eisenhower num tom quase paternal. "Nunca diga a alguém que você é incapaz de realizar a tarefa que lhe foi confiada." Essas foram as últimas palavras que escutei de Eisenhower. Ele faleceu duas semanas depois.

A VISÃO DE MUNDO DE NIXON

As avaliações de Nixon sobre o passado e suas intuições sobre o futuro derivavam tanto de sua substancial experiência internacional enquanto figura política como de seus anos de reflexão fora do cargo. As viagens internacionais na posição de vice-presidente — e supostamente futuro candidato presidencial

— o puseram em contato com líderes mundiais que buscavam compreender o pensamento estadunidense e aferir suas próprias perspectivas futuras. Nesses círculos, ele era tratado como uma figura séria — uma atitude nem sempre evidenciada entre adversários ou jornalistas domésticos.

As convicções de Nixon sobre política externa não se encaixavam muito bem nas categorias políticas que existiam à época. Em sua carreira de congressista, ele se envolvera conspicuamente no debate sobre o julgamento do ex-funcionário do Departamento de Estado e suposto agente soviético Alger Hiss, que o establishment político enxergava como vítima de uma "caça às bruxas" — até (e mesmo após) sua condenação por perjúrio e prisão. De modo que no momento em que Nixon tomava posse, tanto conservadores como liberais tinham um conceito bem formado a seu respeito. Os conservadores o viam como um anticomunista ferrenho e um negociador inflexível na Guerra Fria, esperando que exibisse um estilo confrontador de diplomacia. Os liberais se preocupavam com ele poder iniciar um período de exercitação dos músculos estadunidenses no exterior e de controvérsia doméstica no país.

As opiniões sobre política externa de Nixon eram muito mais nuançadas do que seus críticos percebiam. Moldadas pelas experiências de serviço público na marinha, durante a Segunda Guerra Mundial, no Congresso e como vice-presidente, ele estava inabalavelmente convencido da legitimidade fundamental do estilo de vida americano, em particular as oportunidades de mobilidade social, personificadas em sua própria vida. Condizente com as realidades da política externa na época, ele acreditava na responsabilidade excepcional dos Estados Unidos de defender internacionalmente a causa da liberdade, em especial a liberdade das alianças democráticas estadunidenses. Buscando pôr um fim ao conflito no Vietnã, que herdara, ele era motivado pelo espectro do impacto de uma retirada dos Estados Unidos sobre a credibilidade da nação não só enquanto aliada, mas também enquanto potência e uma presença no mundo em geral.

A visão de Nixon sobre os deveres internacionais americanos foi promovida durante um discurso a 6 de julho de 1971, quando explicou as obrigações dos Estados Unidos no Vietnã em termos essencialmente apartidários, sem culpar nem seus predecessores democratas, nem a esquerda antiguerra. Ele reconheceu e especificou as críticas à política norte-americana predominantes na época:

o poder não pode ser confiado aos Estados Unidos; os Estados Unidos deveriam se retirar da cena mundial e cuidar de seus próprios problemas, deixando a liderança do mundo para algum outro, porque na condução de nossa política externa cometemos imoralidades.[7]

Admitindo que os Estados Unidos haviam incorrido em equívocos iniciais no Vietnã, assim como em outras guerras, ele fez então a pergunta central: "Qual outra nação no mundo gostariam de ver na posição de potência suprema?".

[Os Estados Unidos] não buscavam a posição mundial suprema. Ela nos veio devido ao que ocorreu na Segunda Guerra Mundial. Mas eis aqui uma nação que ajudou seus antigos inimigos, que é generosa agora com aqueles que poderiam ser seus oponentes [...] que o mundo é muito afortunado [...] por ter em uma posição de liderança mundial.[8]

Embora Nixon reiterasse sua visão pós-guerra de uma liderança global americana, ele desafiava os pressupostos vigentes da política externa dos Estados Unidos. Na época, como hoje, uma importante escola de pensamento sustentava que a estabilidade e a paz eram o estado normal dos assuntos internacionais, enquanto o conflito era consequência de mal-entendidos ou más intenções. Uma vez decisivamente superadas ou derrotadas as potências hostis, a harmonia ou a confiança subjacente voltaria a emergir. Nessa concepção quintessencialmente americana, o conflito não era inerente, mas artificial.

A percepção de Nixon era mais dinâmica. Ele via a paz como um equilíbrio frágil e fluido entre as grandes potências, um precário meio-termo que, por sua vez, constituía um componente vital da estabilidade internacional. Em uma entrevista para a *Time* em janeiro de 1972, ele enfatizou o equilíbrio de poder como um pré-requisito para a paz:

É quando uma nação se torna infinitamente mais poderosa em relação a sua potencial competidora que surge o perigo da guerra. Assim, acredito em um mundo em que os Estados Unidos sejam poderosos. Acho que será um mundo mais seguro e melhor se tivermos Estados Unidos, Europa, União Soviética, China, Japão fortes e saudáveis, um contrabalançando o outro, nenhum jogando ninguém contra ninguém, um equilíbrio preciso.[9]

Qualquer um dos grandes estadistas britânicos do século XIX teria feito afirmação comparável sobre o equilíbrio de poder na Europa.

Ainda que a Europa* e o Japão nunca tenham se materializado como potências de capacidade comparável durante o tempo de Nixon no cargo, a "triangulação" entre China e União Soviética se tornou um princípio da política estadunidense do mandato de Nixon até o fim da Guerra Fria e além; na verdade, ela teve importante contribuição para o desfecho bem-sucedido do conflito.

Nixon situou sua estratégia em um contexto estadunidense específico. No alvorecer do século XX, o presidente Theodore Roosevelt (1901-9) expressara a opinião de que um dia os Estados Unidos herdariam o papel britânico na manutenção do equilíbrio mundial — que por sua vez era baseado na experiência de manter um equilíbrio de poder no continente europeu.[10] Mas presidentes posteriores se furtaram a esse tipo de análise. Foi a visão defendida por Woodrow Wilson (1913-21) que se tornou dominante — a saber, que a estabilidade internacional devia ser buscada por meio da segurança coletiva, definida pela aplicação conjunta do direito internacional: nas palavras de Wilson, "não um equilíbrio de poder, mas uma comunidade de poder; não rivalidades organizadas, mas uma paz comum organizada".[11]

Nixon procurou reinstaurar o pensamento de Theodore Roosevelt sobre equilíbrio de poder na política externa estadunidense. Como Roosevelt, ele considerava que o interesse nacional era o objetivo definidor na busca de uma estratégia nacional e política externa. Admitindo que os interesses nacionais são muitas vezes conflitantes e nem sempre conciliáveis com resultados vantajosos para todas as partes, ele via como tarefa do estadista identificar e administrar essas diferenças; isso poderia ser obtido mitigando-as ou, quando necessário e como último recurso, superando-as por meio da força. Nesses casos extremos, ele tendia a empregar uma máxima que gostava de apresentar aos colegas: "Paga-se o mesmo preço por conduzir políticas com desinteresse ou hesitação quanto por fazê-lo de forma correta e convicta".

Na visão de política externa de Nixon, os Estados Unidos deveriam ser o principal modelador de um sistema fluido de equilíbrios em mutação. Esse papel não tinha um ponto-final definível, mas se seu país renunciasse a ele,

---

* Embora a Europa fosse *cumulativamente* poderosa, não era uma *unidade* poderosa.

acreditava Nixon, seria o caos global. Era uma responsabilidade estadunidense permanente participar do diálogo internacional e assumir a liderança desse diálogo quando apropriado. Em seu primeiro discurso de posse, Nixon portanto proclamou uma "nova era de negociações".

DIPLOMACIA E VINCULAÇÃO

A política externa de Nixon enfatizava uma abordagem dupla em relação aos adversários: de um lado, desenvolver o poderio e as alianças estadunidenses, sobretudo a Aliança Atlântica; de outro, manter um diálogo constante com os adversários, como a União Soviética e a China, por meio da "era das negociações". Estabelecendo uma ligação entre os projetos geopolítico e ideológico, Nixon buscou superar dois obstáculos que haviam dificultado aos Estados Unidos lidar com seus desafios internacionais.

Em *Diplomacy* (1994), eu rotularia esses conceitos como a abordagem psiquiátrica versus a teológica. A primeira sustenta que as negociações são um fim em si, de modo que, uma vez que os estados adversários se veem frente a frente, sua disputa pode ser tratada como um mal-entendido controlável e potencialmente solucionável, quase semelhante a rixas pessoais. A abordagem teológica concebe os adversários como infiéis ou apóstatas e trata o próprio fato de negociar com eles como uma espécie de pecado.[12]

Por outro lado, Nixon via as negociações como um dos aspectos de uma estratégia mais geral, parte de uma rede consistente de fatores relevantes — dentre eles, diplomáticos, econômicos, militares, psicológicos e ideológicos. A despeito de ser um veterano anticomunista, Nixon não encarava as diferenças ideológicas com os estados comunistas como barreiras ao engajamento diplomático. Na verdade, a diplomacia era seu método preferido para frustrar intentos hostis e transformar as relações antagônicas em engajamento ou isolamento do adversário. Assim, a abertura para a China se baseava na convicção de que a inflexibilidade comunista de Mao Tsé-tung podia ser equilibrada pela exploração da ameaça soviética à segurança chinesa. Do mesmo modo, durante a guerra árabe-israelense de outubro de 1973, sua convicção de que os clientes de Moscou no Oriente Médio seriam incapazes de atingir seus objetivos regionais à força gerou uma abertura estratégica e psicológica para enfraquecer a influência soviética e pôr os Estados Unidos em posição de negociar a paz.

Nixon nunca foi tentado pelo conceito de que estabelecer uma relação pessoal com líderes estrangeiros pudesse transcender interesses nacionais conflitantes. "Devemos todos reconhecer que os Estados Unidos e a União Soviética têm diferenças muito profundas e fundamentais", disse Nixon durante um discurso em 1970 à Assembleia Geral das Nações Unidas, explicando que pensar de outro modo "seria uma desfeita à seriedade de nossas discordâncias. O progresso genuíno em nossas relações pede por especificidades, não meramente por atmosferas. Uma genuína détente é construída mediante uma série de ações, não por meio de uma mudança superficial no aparente estado de espírito".[13] Negociar com adversários ideológicos a partir de uma posição de força levaria a uma ordem favorável aos interesses e às aspirações de segurança estadunidenses.

Seguindo esses princípios, no começo de seu mandato Nixon obteve a aprovação do Congresso para a defesa nacional de mísseis — iniciativa que muitos encararam como uma provocação belicista a Moscou. Contudo, nas décadas seguintes, a defesa de mísseis se revelou um componente indispensável da estratégia. Similarmente, quando forças sírias apoiadas e equipadas pelos soviéticos invadiram a Jordânia em 1970, Nixon invocou um alerta regional; e quando o premiê soviético Leonid Brezhnev ameaçou a intervenção no fim da Guerra do Yom Kippur em outubro de 1973, ele fez um alerta global. Embora inflexível em conter a União Soviética, seu objetivo final era construir uma estrutura para a paz. Explicando seu ponto de vista durante a Assembleia Geral das Nações Unidas de 1970, Nixon afirmou, "O poder é um fato da vida internacional. Nossa obrigação mútua é disciplinar esse poder, buscando junto a outras nações assegurar que seja usado para manter, não ameaçar, a paz".[14]

Mesmo assim, como a "paz" seria definida e conquistada? George Kennan, o visionário arquiteto da política de contenção após a Segunda Guerra Mundial — junto com os secretários de Estado Dean Acheson e John Foster Dulles — parecia se satisfazer em aguardar a União Soviética enquanto o poderio estadunidense crescia, confiante de que a história acabaria por levar a URSS a uma transformação ou colapso. Mas duas décadas marcadas pelo tenso impasse termonuclear, combinado ao trauma do Vietnã, deixaram os Estados Unidos necessitados de uma estratégia mais eficaz. A política de Nixon objetivava fazer Moscou e Beijing aceitarem a legitimidade do sistema internacional e se comportarem segundo princípios compatíveis com os interesses de segurança e os valores estadunidenses, explorando suas diferenças por meio da diplomacia.

Nixon se descrevia como um negociador hábil. O que era correto com respeito às discussões de cenário mais amplo voltadas a atrair o interlocutor para um diálogo estratégico. Mas sua relutância em lidar com confrontos o desencorajava a se engajar no equilíbrio recíproco e ajuste de nuances pelos quais a diplomacia opera.

Em todo caso, negociar acordos diplomáticos detalhados é uma arte da qual presidentes fariam por bem se abster. Haja vista a vasta autoconfiança necessária para atingir sua eminência, enquanto negociadores os presidentes tendem a se revelar condescendentes demais ou confrontadores demais (ou ambos) — no primeiro caso, quando se fiam em sua capacidade de manipulação mediante charme pessoal; no segundo, quando, valendo-se das pressões que possibilitaram sua ascensão doméstica, igualam diplomacia a confronto.

Um impasse diplomático entre líderes de primeiro escalão complica qualquer ajuste *dentro* da governança interna de ambos os lados — mais um motivo para questões detalhadas serem tratadas em níveis inferiores, onde o conhecimento técnico é mais concentrado e a acomodação, pessoalmente menos ameaçadora. Se apenas algumas questões permanecerem para a fase final, os líderes ficarão livres para coroar um resultado significativo com ajustes simbólicos e um floreio celebrativo.

Os pontos fortes de Nixon como estadista residiam nos dois extremos da estratégia geopolítica: rigor analítico de planejamento e grande ousadia na execução. Ele exibia sua melhor forma em diálogos sobre objetivos e esforços de longo prazo para atrair o interlocutor ao limiar de uma empreitada estratégica. Embora incansável durante as negociações frente a frente sobre as minúcias das limitações de armas estratégicas com Brezhnev na cúpula de Moscou de 1972, Nixon estava ansioso para discutir princípios da geopolítica EUA-China com Zhou Enlai (e o fez com eficácia) durante a cúpula de Beijing desse mesmo ano, lançando as bases de uma estratégia sino-americana paralela para deter o ímpeto soviético pela hegemonia global.

Nixon combinava sua atitude nas negociações a uma estratégia incompatível com o establishment da política externa: a vinculação. Em 4 de fevereiro de 1969, ele enviou uma carta ao secretário de Estado William Rogers e ao secretário de defesa Melvin Laird enfatizando a abordagem do novo governo.[15] A essência da carta era um gesto dramático de afastamento da tendência do governo anterior de compartimentalizar questões aparentemente díspares:

> Percebo que, segundo a perspectiva do governo anterior, quando notamos um interesse mútuo em uma questão com a URSS devemos buscar o acordo e tentar isolá-lo tanto quanto possível dos altos e baixos de conflitos em outras partes. Isso pode muito bem ser sensato em numerosas questões bilaterais e práticas, como intercâmbios culturais ou científicos. Mas, nas questões cruciais de nosso tempo, acredito que devamos procurar avançar numa frente no mínimo ampla o bastante para deixar claro que enxergamos certa relação entre as questões políticas e militares.[16]

O memorando causou desconforto, para dizer o mínimo, entre os defensores da visão predominante, que era negociar as questões à medida que apareciam para impedir que contaminassem áreas de potencial cooperação. Tal abordagem espelhava a estrutura departamental do governo em que setores e escritórios diferentes faziam lobby por sua "linha de esforço" preferida. Nixon reconheceu que tal segmentação corria o risco nesse período de capacitar a União Soviética a determinar as pautas e a usar as negociações como fachada para promover seus objetivos imperiais.

No fim, a abordagem de Nixon alterou profundamente o cálculo soviético. Três semanas após o anúncio, a 15 de julho de 1971, da intenção de Nixon de visitar a China, ele foi convidado para uma cúpula em Moscou. Em maio de 1972 — apenas três semanas depois de ter ordenado o bombardeio do Vietnã do Norte e a instalação de minas no porto de Haiphong, e três meses após a cúpula em Beijing —, uma cúpula EUA-URSS com duração de uma semana em Moscou demonstraria a impaciência soviética em estabilizar as relações com os Estados Unidos. O Tratado de Limitação de Armas Estratégicas (SALT I), o Tratado de Mísseis Antibalísticos (ABM) e o Acordo de Incidentes no Mar foram assinados por Nixon e Brezhnev durante o encontro como passos para a meta proposta por Nixon em seu discurso de posse: fortalecer a "estrutura da paz". O Tratado de Limitação de Testes Nucleares Subterrâneos de 1974 deu prosseguimento ao processo, assim como os Acordos de Helsinque de 1975, firmados no governo subsequente de Gerald Ford.

Esses acordos enfatizaram outro termo — détente — que veio a ser associado à política externa de Nixon e evocava controvérsia. Derivado do infinitivo francês *détendre* ("afrouxar"), e portanto envolto em implicações inescrutáveis, o termo sugeria um relaxamento das tensões entre as superpotências. A principal objeção a ele era a alegação de que a diplomacia estadunidense deveria se concentrar em solapar e eventualmente destruir o sistema soviético e dos demais adversários. Nixon e eu argumentamos que, muito pelo contrário, declarar como objetivo determinante a derrubada do sistema todo eclipsaria qualquer controvérsia, sob o risco de um confronto supremo numa era de armas de destruição em massa e tecnologia revolucionária em outras áreas. Éramos a favor da alternativa de uma posição militar forte associada a uma diplomacia que obtivesse a defesa dos interesses estratégicos estadunidenses via múltiplas opções.

Outro propósito da détente era proporcionar aos soviéticos uma participação em aspectos-chave da relação EUA-URSS. As relações deveriam ser promovidas quando a conduta soviética se mostrasse responsável e reduzida ou modificada em períodos de tensão. As abordagens da força e da diplomacia foram mantidas simultaneamente na mesa e executadas como parte de uma mesma estratégia. Como veremos, os Estados Unidos responderam fortemente a desafios de alto risco, oferecendo máximo incentivo à moderação do outro lado — como na crise da Jordânia em 1970, no conflito da Ásia Meridional de 1971 e na guerra no Oriente Médio em 1973. Ao mesmo tempo, sempre mantiveram aberta uma visão de coexistência com os adversários.

UMA VIAGEM À EUROPA

A primeira viagem de Nixon ao exterior como presidente teve lugar um mês após a posse, entre 23 de fevereiro e 2 de março de 1969. O propósito declarado era "restabelecer um novo espírito de cooperação" depois que as diferenças em relação à política para o Vietnã e o Oriente Médio haviam prejudicado o relacionamento americano com seus aliados europeus.

Mas o propósito elevado da viagem esbarrava nas complexidades da crescente busca europeia por uma nova identidade. Embora o continente estivesse com a economia em boa parte recuperada da devastação da Segunda Guerra Mundial, mal iniciava o processo de criar instituições compartilhadas e permanecia distante do objetivo expresso de divisar uma estratégia geopolítica comum. Por quatro séculos, a proficiência militar e as contribuições à filosofia política dos europeus haviam moldado o mundo. Mas agora as nações da Europa temiam acima de tudo as pressões soviéticas baseadas na força militar. Como resultado, embora os aliados considerassem o apoio militar estadunidense via Otan indispensável, também se esforçavam para obter maior autonomia em moldar seu futuro político e, especialmente, econômico.

A primeira incursão de Nixon pela política externa fora como congressista no Comitê Herter, em 1947 — um precursor do Plano Marshall de 1948. A viagem europeia do comitê no outono de 1947 ajudou a moldar o compromisso duradouro de Nixon com um elo orgânico entre os Estados Unidos e o continente. Na época, a Europa ansiava por uma conexão mais profunda. Um quarto de século depois, quando Nixon chegou à presidência, os líderes europeus continuavam preocupados com a evolução interna do continente, enquanto se comprometiam em aprimorar sua parceria política com os EUA apenas nominalmente.

Para complicar a situação, um ano após a visita de Nixon os principais governos europeus seriam trocados por motivos domésticos. Dois meses depois, Charles de Gaulle — que por duas vezes vetara a participação britânica na Comunidade Europeia, predecessora da União Europeia — aposentou-se e foi sucedido por Georges Pompidou. De modo similar, o chanceler Kurt Georg Kiesinger, nosso anfitrião na Alemanha, que basicamente seguia o curso de Adenauer, seria substituído antes do fim do ano por Willy Brandt, que adotaria uma política mais flexível em relação à União Soviética sob a égide da Ostpolitik.* O primeiro-ministro Harold Wilson, nosso anfitrião britânico, perderia a eleição para o líder conservador Edward Heath, que procuraria distanciar Londres de Washington dando maior prioridade a assegurar sua condição de membro em uma Europa unida do que em promover os elos estabelecidos entre Reino Unido e Estados Unidos. Nixon assim viu-se em uma jornada para transmitir as tranquilizações de longo prazo estadunidenses a um grupo de líderes focados em seus horizontes políticos domésticos.

Essas tampouco foram as únicas ironias presentes em sua visita de oito dias. Mesmo encorajando-o a iniciar conversas sobre o controle de armas nucleares com a União Soviética e o encerramento da Guerra do Vietnã, seus anfitriões

* Ver capítulo 1, pp. 68-70.

ficaram cada vez mais incomodados quando ele acatou suas recomendações em uma base abrangente. "No devido tempo, e com a preparação adequada, os Estados Unidos abrirão negociações com a União Soviética sobre um amplo leque de questões", declarou Nixon em comentários feitos na sede da Otan, em Bruxelas, admitindo que tais conversas "afetarão nossos aliados europeus", embora viessem a ser conduzidas apenas pelos Estados Unidos. Com isso em mente, Nixon enfatizou a importância de manter a cooperação e a unidade: "Faremos isso baseados na plena consulta e cooperação com nossos aliados, pois reconhecemos que as chances de negociações bem-sucedidas dependem de nossa unidade".[17]

O pronunciamento gerou ambivalência. Os aliados europeus acolheram o apoio contra a ameaça soviética, mas continuavam incomodados com o que as negociações EUA-URSS pudessem de fato acarretar. A suposta intenção de Nixon de injetar fluidez diplomática em uma situação internacional paralisada gerou um misto de aprovação e ansiedade, enquanto sua exortação a uma "genuína consulta antecipada aos aliados" levantou questões sobre a coesão da aliança que continuam até o presente momento.

Sob o governo de Nixon, a relação dos Estados Unidos com a Europa evoluiu para um nível cooperativo e consultivo, em que o compromisso pessoal de Nixon com a Otan foi dominante. Questões estruturais ainda mais profundas foram exploradas mas não resolvidas: que grau de cooperação era necessário fora da área do Tratado, como no Oriente Médio ou na Ásia? De quanta unidade a Aliança precisava em meio a um mundo em fragmentação e a uma explosão tecnológica? Quanta diversidade ela era capaz de aguentar?

Parte da ambivalência pode ser atribuída à Guerra do Vietnã, que os líderes europeus em geral percebiam como uma distração de seus principais interesses de segurança. Avaliações diferenciais de risco global entre os Estados Unidos e a Europa produziam desafios extras, como a Ostpolitik alemã, que defendia uma abordagem política progressista para a União Soviética.

Uma transformação significativa das relações atlânticas ocorreu durante o terceiro ano da presidência de Nixon no campo econômico. O acordo de 1944 de Bretton Woods estabelecera taxas de câmbio fixas entre as moedas estrangeiras e o dólar e permitira aos governos trocar dólares por ouro a 35 dólares a onça. Isso funcionara bem por duas décadas, mas, no fim dos anos 1960, estava sob crescente pressão.[18] À medida que a Europa Ocidental e o Japão se recuperavam da Segunda Guerra Mundial, acumulavam reservas em dólar — 40 bilhões em 1971 em comparação às reservas de ouro americanas, de 10 bilhões. Sem confiar na capacidade estadunidense de sustentar a convertibilidade do ouro, os governos estrangeiros, liderados pela França, passaram a exigir cada vez mais que dólares fossem cambiados por ouro.[19]

Nixon reagiu com determinação característica. Durante três dias em Camp David, em agosto de 1971, conferenciou com seus assessores econômicos. O presidente da Reserva Federal, Arthur Burns, buscava preservar o sistema Bretton Woods, enquanto o secretário do Tesouro John Connally e o diretor do Departamento de Gestão e Orçamento, George Shultz, preferiam encerrar a ligação dólar-ouro; Shultz inclusive chegou a ponto de propor um novo sistema de taxas de câmbio flutuantes.[20] Alinhando-se a Connally e Shultz, Nixon considerou que a convertibilidade dólar-ouro não podia ser mantida e que qualquer tentativa de fazê-lo seria um convite aos ataques especulativos contra o dólar. Ele anunciou uma suspensão temporária da convertibilidade dólar-ouro num domingo, 15 de agosto.*

Tanto sua decisão como o modo unilateral com que foi tomada preocuparam alguns aliados. A França se opunha fortemente à suspensão da ligação. Valéry Giscard d'Estaing, ministro das Finanças (e futuro presidente) francês, ficou apreensivo de que, sem a restrição do vínculo dólar-ouro, a inflação da economia americana pudesse se alastrar por todo o sistema financeiro mundial.[21] De sua parte, a preocupação da Alemanha Ocidental era que a mudança súbita e unilateral prenunciasse o ressurgimento de um nacionalismo econômico.[22] Para dissipar essas ansiedades e desenvolver os contornos de um novo arranjo monetário de longo prazo, o subsecretário do Tesouro, Paul Volcker, reuniu-se com seus pares europeus.

Esses esforços culminaram no Acordo Smithsoniano de dezembro de 1971, que desvalorizou o dólar e estabeleceu novas taxas de câmbio. Mas as taxas de câmbio fixas se revelaram difíceis de sustentar sem o padrão-ouro e o acordo foi por água abaixo em fevereiro de 1973, levando as principais economias a adotar taxas de câmbio flutuantes.[23] A despeito dos medos iniciais, o sistema ainda perdura. As decisões dramáticas de Nixon em Camp David alteraram a

---

* Nesse domingo, eu estava em Paris para negociações com os norte-vietnamitas, descritas no capítulo 3, pp. 185-7.

ordem monetária mundial para um equilíbrio mais flexível — mas, no fim das contas, mais sustentável.

Em 1973, Nixon reagiu aos contínuos debates sobre o sistema monetário, bem como ao desconforto europeu com as armas nucleares e a Guerra do Vietnã, propondo o "Ano da Europa". Isso envolveu uma declaração de parceria de longo prazo entre a Europa e os Estados Unidos na sequência da iminente conclusão da Guerra do Vietnã.

Em um discurso feito em Nova York em abril de 1973, propus, em nome de Nixon, que os Estados Unidos e seus parceiros europeus elaborassem no final do ano uma declaração de propósitos comuns tanto no plano político como estratégico — criada nos moldes da Carta do Atlântico assinada por Franklin Roosevelt e Winston Churchill em 14 de agosto de 1941. A intenção era atualizar os esforços de segurança comuns com o desenvolvimento tecnológico e definir propósitos políticos compartilhados à luz da evolução da crise em diferentes partes do mundo. A proposta se revelou prematura. Nossos aliados foram receptivos a uma reafirmação dos objetivos estratégicos que envolviam sua segurança imediata, mas resistiram a definições globais de unidade política transatlântica.

Nixon apoiou a estrutura da Otan, defendeu vigorosamente a liberdade de Berlim e obteve uma melhoria no status da cidade, pondo fim a mais de uma década de crises e ameaças ao acesso berlinense. Ele também manteve um diálogo político contínuo com a Otan e os principais líderes da Europa. Após sua presidência, iniciativas estadunidenses fora da alçada da Otan — como as operações de contrainsurgência no Afeganistão ou no Iraque, por exemplo — receberam o apoio europeu, mas antes para manter o compromisso estadunidense de defesa europeia contra a Rússia do que para expressar um propósito global comum. O objetivo último de Nixon de uma relação orgânica com a Europa em questões mundiais assim permanece na agenda até hoje.

A GUERRA DO VIETNÃ E SUA CONCLUSÃO

Quando Nixon assumiu o cargo, o envolvimento dos Estados Unidos no Vietnã completava quase duas décadas; na altura em que ele tomava posse em janeiro de 1969, 30 mil soldados americanos já haviam morrido na batalha e inúmeros protestos antiguerra, alguns deles violentos, aconteciam por todo o país. Em minha primeira reunião com Nixon após a eleição no Hotel Pierre, ele frisou que estava determinado a pôr um fim à Guerra do Vietnã durante seu primeiro mandato. Prometeu às famílias dos soldados mortos em combate um resultado compatível com a honra estadunidense. Buscaria obtê-lo mediante uma diplomacia de vinculação com a União Soviética. Era possível que sua ideia de abertura para a China também desempenhasse papel relevante. Mas ele não se venderia. A segurança dos povos livres, bem como a paz e o progresso internacionais, dependiam do restabelecimento e da posterior renovação da liderança estadunidense. Os esforços militares e políticos tinham de permanecer convergentes.

Os Estados Unidos se juntaram à defesa do Vietnã do Sul contra os insurgentes comunistas enviando assessores militares já na presidência de Harry Truman. Eisenhower ampliou a ajuda americana e aumentou a quantidade de assessores militares adidos à embaixada dos Estados Unidos em Saigon de 35 para quase setecentos em 1956.[24] Perto do fim da sua presidência, Eisenhower concluiu que as novas rotas de suprimento abertas pela invasão norte-vietnamita no Laos e no Camboja, dois países fracos e neutros na fronteira do Vietnã do Sul, constituíam crescente ameaça à segurança de Saigon e precisavam ser impedidas.

Esse sistema de suprimento, mais tarde chamado de Trilha Ho Chi Minh, estendia-se por selvas acidentadas ao longo dos mil quilômetros da fronteira oeste sul-vietnamita, dificultando que fosse descoberto, atacado ou interceptado. Minar e finalmente derrubar o governo sul-vietnamita tornara-se a estratégia-chave do Vietnã do Norte.

Durante a transição presidencial de 1960, Eisenhower aconselhou seu sucessor, John F. Kennedy, a empregar forças de combate estadunidenses na região e, se necessário, resistir a incursões de países fronteiriços neutros. Kennedy não seguiu imediatamente o conselho de Eisenhower, procurando em vez disso negociar uma solução política com Hanói. O resultado foi o Acordo Internacional sobre a Neutralidade do Laos de 1962. Mas depois, quando Hanói violou a neutralidade laosiana com infiltrações cada vez mais frequentes, Kennedy respondeu designando 15 mil soldados estadunidenses para oferecer treinamento e consultoria às unidades de combate sul-vietnamitas. Acreditando que o soberano autocrático do Vietnã do Sul, Ngo Dinh Diem, carecia tanto de um amplo apoio como da vontade política de vencer, o governo Kennedy encorajou os militares do país a substituí-lo. Esse golpe, que levou ao assassinato de Diem a 2 de novembro de 1963, esvaziou o governo sul-vietnamita em meio a uma guerra civil na qual, por definição, o governo sitiado é o prêmio principal. Os norte-vietnamitas aproveitaram a oportunidade e introduziram unidades de combate regulares para reforçar suas forças guerrilheiras.

Após o assassinato de Kennedy, em 22 de novembro de 1963, Lyndon B. Johnson procedeu a uma escalada da presença militar no Vietnã por conselho da equipe de segurança nacional que herdara do presidente anterior (a única voz dissidente sendo a de George Ball, subsecretário de Estado).*

A própria escala da mobilização americana em um local tão remoto criava um imperativo para os Estados Unidos encerrarem a guerra rapidamente. Mas a estratégia de Hanói era prolongar o conflito de modo a exaurir psicologicamente os estadunidenses. Em uma disputa entre um exército mecanizado e forças guerrilheiras baseadas na selva, estas últimas desfrutaram de vantagem, na medida em que, para elas, não perder já foi uma vitória. Em janeiro de 1969, o Vietnã do Norte consolidara o terço ocidental do Laos e porções do Camboja fora de alcance do poderio estadunidense como bases de onde enviava a maioria de seus suprimentos para o Vietnã do Sul — ameaçando a região mais meridional do Vietnã do Sul, incluindo Saigon. O Vietnã do Norte ficou, assim, em posição logística de testar a resistência doméstica estadunidense aplicando uma estratégia — como o premiê norte-vietnamita Pham Van Dong afirmara ao correspondente do *New York Times* Harrison Salisbury — fundamentada na convicção de que os norte-vietnamitas estavam

---

* Johnson seguia a escola de pensamento predominante, segundo a qual os desafios comunistas na Ásia eram de mesma natureza que os da Europa durante as décadas de 1940 e 1950 e, portanto, podiam ser enfrentados traçando linhas seguras atrás das quais a população ameaçada pudesse se juntar em busca de sua liberdade. Infelizmente, havia uma diferença crítica entre os dois casos: as sociedades europeias eram essencialmente coesivas e desse modo capazes, uma vez providenciada a segurança, de reconstruir suas identidades históricas. A Indochina, por outro lado, estava etnicamente dividida e dilacerada pela guerra civil. A agressão desse modo tinha lugar não só através das linhas de divisão geográficas, mas também dentro da sociedade civil. Em 1965, o delegado de Mao, Lin Biao, publicou um manifesto exortando o campesinato mundial a se insurgir triunfalmente contra a cidade. Tanto o governo Kennedy como o de Johnson interpretaram essa ameaça comunista como uma cruzada global em que a Indochina representava o primeiro estágio.

mais profundamente comprometidos com o Vietnã do que os norte-americanos — em essência, que haveria mais vietnamitas preparados para morrer pelo Vietnã do que estadunidenses.[25]

A paralisia no campo de batalha e as crescentes baixas geraram uma fratura cívica no front doméstico dos Estados Unidos. Ela teve início nos campi universitários durante o governo Johnson como um debate sobre objetivos e viabilidades. Quando Nixon fez o juramento do cargo, explodira em um confronto quanto à relação entre os valores americanos e os métodos americanos: A guerra era justa? Se era injusta, não seria melhor abandonar toda a empreitada? Embora esta última posição fosse inicialmente considerada radical, não tardou a se tornar um chavão entre amplas fatias da elite do país.

O excepcionalismo americano ficou de cabeça para baixo; o idealismo virtuoso que inspirara e sustentara o pressuposto das responsabilidades internacionais após a Segunda Guerra Mundial era agora, à luz do Vietnã, invocado num repúdio indiscriminado ao papel global estadunidense. A crise de fé deflagrada pelo Vietnã se estendeu, muito além da guerra, para o próprio caráter e essência dos objetivos estadunidenses.

Conforme os debates universitários eram dissolvidos nas manifestações de massa, chegou-se a um ponto em que, no ano eleitoral de 1968, o presidente Johnson ficou impedido de aparecer publicamente a não ser em bases militares. Mesmo assim, a retirada unilateral da guerra permanecia polêmica entre o público geral, e tanto Hubert Humphrey, candidato presidencial democrata, como seu adversário republicano, Richard Nixon, rejeitavam a ideia, mas na campanha prometeram procurar um modo de encerrar a guerra pela negociação.

Nixon não foi explícito sobre o método, exceto por dizer que seria uma nova abordagem; a plataforma de *protesto* democrata falava em retiradas sem especificar muita coisa. A questão que dividiu o partido democrata e gerou tumulto em sua convenção presidencial de agosto deveu-se a um dos pontos do programa defender enfaticamente a retirada *mútua* de ambas as forças militares (americanas e norte-vietnamitas) do Vietnã do Sul. O tamanho da retirada estadunidense proposta, como concebida pelo senador Edward "Ted" Kennedy e outros democratas pacifistas, era especificado apenas como sendo "em número significativo".[26]

Desde nosso primeiro encontro, Nixon insistia em um desfecho honrado no Vietnã como um componente da liderança mundial estadunidense. Durante o período de transição após a eleição, definimos "honrado" como proporcionar ao povo da Indochina, que combatera pela liberdade, a oportunidade de determinar o próprio destino. A essa altura, o protesto doméstico passara a insistir na retirada unilateral; Nixon a rejeitava terminantemente. A seu ver, o interesse nacional exigia um caminho intermediário entre a vitória e a retirada. A retirada incondicional, na opinião de Nixon, era a estrada para a abdicação espiritual e geopolítica; em outras palavras, um sério prejuízo para a relevância estadunidense na ordem internacional.

Uma vez empossado, Nixon encontrou razões práticas para rejeitar a retirada unilateral. O Estado-Maior Conjunto estimou que levaria dezesseis meses para preparar a remoção de meio milhão de soldados e seus equipamentos. Mesmo admitindo que a estimativa dos chefes militares fosse afetada por seu repúdio completo à ideia, a experiência caótica de tirar 5 mil tropas estadunidenses do Afeganistão em 2021 demonstra a potencial desordem de uma retirada unilateral em condições de guerra. No Vietnã, em 1969, forças norte-americanas de mais de 150 mil combatentes enfrentaram pelo menos 800 mil norte-vietnamitas — e quantidade comparável de sul-vietnamitas, cuja postura, caso se sentissem traídos, podia ir da hostilidade ao pânico.

Assim Nixon, como afirmara durante a campanha, resolveu implementar uma diplomacia de vinculação com a União Soviética. Ele seguiu essa estratégia mesmo diante de uma ofensiva norte-vietnamita iniciada três semanas após sua posse — antes que tivesse tomado qualquer atitude militar importante —, levando a mais de 6 mil baixas estadunidenses nos seis primeiros meses de sua presidência.[27]

Nixon utilizou uma combinação de diplomacia e pressão para induzir Moscou a cortar seu apoio a Hanói. Minha equipe produziu um plano diplomático preliminar pelo qual submeteríamos as concessões que estávamos preparados a fazer aos norte-vietnamitas, possivelmente via Moscou. Ao mesmo tempo, também desenvolvemos opções para uma escalada militar (consistindo essencialmente de um bloqueio e da retomada do bombardeio) sob o codinome "Duck Hook".* Se nossa oferta fosse rejeitada por Moscou, Nixon procuraria se impor pelo uso da força militar. (Tal como se deu, as partes militares do

---

* Não tenho nenhuma lembrança nem registro do motivo ou de quem escolheu esse codinome.

plano seriam em grande parte implementadas três anos depois, em maio de 1972, em resposta à ofensiva total de "Páscoa" de Hanói.)

Cyrus Vance, que negociara com o Vietnã do Norte para o governo Johnson, pareceu receptivo à ideia de ser nomeado negociador especial na eventualidade de nossa proposta ser bem recebida. Com a aprovação de Nixon, expus o conceito (sem entrar em detalhes) a Anatoly Dobrynin, embaixador soviético nos Estados Unidos. A resposta de Moscou nunca veio, mas, em uma reunião de agosto de 1969 — minha primeira com os norte-vietnamitas —, o vice-ministro de relações exteriores Xuan Thuy voluntariamente mostrou ter consciência da proposta, rejeitando-a com base no argumento de que Hanói jamais negociaria por intermédio de uma terceira parte.

Enquanto a via diplomática era considerada, Nixon expunha perante o mundo um conceito estratégico abrangente para o Sudeste Asiático a 25 de julho de 1969.[28] Como local de seu pronunciamento, escolheu a improvável ilha de Guam no Pacífico Sul ao fazer uma parada vespertina em sua viagem ao redor do mundo — pouco após receber os astronautas estadunidenses recém-regressados da Lua.

Numa declaração aparentemente improvisada em uma coletiva de imprensa — na verdade cuidadosamente preparada na Casa Branca e aprimorada no caminho —, Nixon apresentou sua política para o Sudeste Asiático como uma maneira de enfatizar as relações estadunidenses com os parceiros regionais. Invocando os perigos representados pelo comunismo de China, Coreia do Norte e Vietnã do Norte, Nixon argumentou a seguir que os Estados Unidos "devem evitar o tipo de política que tornara países na Ásia tão dependentes de nós que somos arrastados a conflitos como o que temos no Vietnã". A imprensa presente inevitavelmente pediu mais detalhes, que Nixon estava preparado para fornecer. Ele respondeu:

> Creio que chegou a hora de os Estados Unidos, nas relações com *todos nossos amigos asiáticos*, serem razoavelmente enfáticos em dois pontos: um, que manteremos nossos compromissos com os tratados, mas, dois, que no respeitante aos problemas de segurança interna, aos problemas de defesa militar, exceto pela ameaça de uma grande potência envolvendo armas nucleares, que os Estados Unidos vão encorajar e têm o direito de esperar que as próprias nações asiáticas cada vez mais lidem com eles e assumam a responsabilidade por eles.[29]

O que veio a ser conhecido como a "doutrina Nixon" continha três princípios essenciais:

- Os Estados Unidos manteriam todos seus compromissos com tratados.
- Os Estados Unidos forneceriam um escudo se uma potência nuclear ameaçasse a liberdade de uma nação aliada ou de uma nação cuja sobrevivência considerassem vital para sua segurança e a segurança da região como um todo.
- Em casos envolvendo outros tipos de agressão — ou seja, a agressão convencional por potências não nucleares — os Estados Unidos forneceriam assistência militar e econômica quando requisitados. Mas caberia à nação ameaçada diretamente assumir a responsabilidade principal de fornecer o contingente para sua defesa.[30]

Sob a "vietnamização", como veio a ser chamada, os Estados Unidos, de acordo com esse terceiro princípio, forneceriam equipamento e treinamento militar, bem como apoio aéreo contínuo que capacitasse Saigon a aguentar até estar forte o bastante para se defender sozinha. O propósito da doutrina Nixon era demonstrar a determinação estadunidense e evocar suficiente capacidade sul-vietnamita para possibilitar a Hanói concordar com um desfecho político que permitisse ao povo do Vietnã do Sul determinar seu próprio futuro.

Nixon jurou respeitar os compromissos estadunidenses com aliados firmados por tratado, como a Coreia do Sul e a Tailândia, mas também defender outras nações asiáticas ameaçadas por potências nucleares, implicitamente China e União Soviética. No que ele se diferenciava de seus predecessores era em vincular o nível de assistência americana à suposição de responsabilidade das nações ameaçadas por sua própria defesa. Um propósito subjacente consistia em tranquilizar países cuja sobrevivência se baseava na fé no papel dos EUA de que as negociações para terminar a guerra no Vietnã não marcariam uma retirada estratégica da Ásia.*

---

* Em junho, pouco antes de Nixon partir em sua viagem ao redor do mundo, fora anunciada uma retirada de 30 mil soldados. Tal redução destinava-se a preparar o terreno para o pronunciamento de Guam, mas provavelmente veio cedo demais na estratégia.

Nesse ínterim, uma negociação formal com o Vietnã do Norte fora estabelecida no finalzinho do governo Johnson e continuou sob Nixon. Nela, representantes de Hanói, dos Estados Unidos, do governo de Saigon e da Frente de Libertação Nacional sul-vietnamita se reuniriam para sessões semanais no Hotel Majestic em Paris. Hanói nunca tratou tal diálogo como parte de um processo diplomático, mas antes como mais um estágio em sua estratégia psicológica de minar a vontade estadunidense e derrubar o governo "ilegítimo" do Vietnã do Sul.

Nessas conversas, anunciadas com tamanha esperança pelo presidente Johnson nos últimos dias da campanha presidencial de 1968, Hanói tinha um duplo objetivo: em relação ao governo do Vietnã do Sul, deslegitimá-lo, negando a ele um lugar à mesa e insistindo a seguir que a Frente de Libertação Nacional comunista o substituísse como negociadora sul-vietnamita. Após uma concessão permitindo que ambos os pretendentes à legitimidade sul-vietnamitas se juntassem às negociações formais, Hanói se recusou terminantemente a discutir quaisquer questões substantivas. Seu objetivo continuou sendo procrastinar até a exaustão ou até que a discordância doméstica forçasse os Estados Unidos a abandonar o aliado sul-vietnamita. O foro oficial no Hotel Majestic, onde os norte-vietnamitas eram liderados por Xuan Thuy, conseguiu a incomum proeza de, em quatro anos das assim chamadas negociações, não obter o menor progresso, deixando em seu rastro apenas uma sucessão de vãs declarações formais.

No verão de 1969, Nixon explorara o canal de Moscou para obter o que considerava um desfecho honrado. Mas, antes de optar por aumentar a pressão, o presidente decidiu fazer uma nova tentativa de pôr as negociações em movimento. Era um plano em duas partes, convocando-me de uma viagem ao redor do mundo para uma reunião em Paris a 4 de agosto de 1969 com Xuan Thuy. Foi uma primeira reunião clandestina, que em abril seguinte transformara-se num canal secreto entre mim e Le Duc Tho.

A França era o único país da Otan a manter relações diplomáticas com Hanói, e a reunião fora arranjada por Jean Sainteny, embaixador francês em Hanói. A esposa de Sainteny se tornara uma amiga pessoal após frequentar por três meses o seminário internacional que lecionei na escola de verão de Harvard. Como resultado, a primeira reunião secreta entre a Casa Branca de Nixon e funcionários vietnamitas teve lugar no elegante apartamento de

Sainteny, na rue de Rivoli. Ele nos apresentou aos vietnamitas com a recomendação de não quebrarmos nenhum móvel.

Sobreveio uma discussão que antecipava as três décadas seguintes de impasse. Xuan Thuy fez um discurso sobre a natureza épica da luta vietnamita por independência e a determinação de Hanói de buscar esse fim. Isso seria repetido incontáveis vezes ao longo dos anos seguintes, concluindo com uma declaração das precondições de Hanói. De minha parte, expliquei nossa disposição de negociar com base em um processo político em que todos os grupos — incluindo os comunistas — pudessem participar.

Nixon me instruíra a usar a ocasião para um passo ousado: deveríamos comunicar que se não recebêssemos uma resposta significativa para nossa proposta em nenhum canal de negociação até 1º de novembro, teríamos de considerar outras medidas que não as diplomáticas — ou seja, força militar. Xuan Thuy, que como todo negociador vietnamita que conheci se portou com uma cortesia impecável, respondeu repetindo as requisições de Hanói: a retirada de todas as forças estadunidenses e a derrubada do governo de Saigon antes de quaisquer negociações significativas.

Uma vez que Nixon não tinha a menor intenção de discutir tais termos, ele decidiu repetir o ultimato para o embaixador soviético Dobrynin na Casa Branca em 20 de outubro. Pegando um bloco amarelo em sua escrivaninha na Sala Oval, Nixon entregou-o ao embaixador, dizendo, "É bom tomar nota".[31] Dobrynin fez algumas perguntas e alegou ignorância quanto ao conteúdo. Para ressaltar o prazo a Moscou e Hanói, Nixon chegou a ponto de marcar um pronunciamento sobre o Vietnã para 3 de novembro, enfatizando o prazo final. Acabou se revelando seu discurso mais eloquente.

Desafiando os protestos que haviam paralisado Washington por semanas, Nixon apelou à "grande maioria silenciosa" nos Estados Unidos que batesse o pé por uma paz honrada:

> Que os historiadores não escrevam que no momento em que os Estados Unidos eram a nação mais poderosa do mundo, nós passamos ao outro lado da estrada e permitimos que as derradeiras esperanças de paz e liberdade de milhões de pessoas fossem sufocadas pelas forças do totalitarismo.
>
> E assim, esta noite — a vocês, a grande maioria silenciosa de meus compatriotas estadunidenses —, peço seu apoio.[32]

Mas a seguir, pela primeira vez em minha ligação com Nixon, ele recuou de uma estratégia declarada. Quando nos aproximávamos do prazo final de novembro sem uma mudança de atitude por parte de Hanói nem qualquer decisão presidencial de monta, redigi dois memorandos segundo o princípio de que o assessor de segurança deve ao presidente uma análise de questões com decisões consequentes.

O primeiro memorando questionava se a vietnamização podia de fato atingir os objetivos almejados. O segundo, um dia depois, analisava os incentivos para uma solução diplomática na estratégia existente.[33] Nixon decidiu continuar desconsiderando sua posição inicial.

Evitando a escalada militar que ele ameaçara e para a qual sua equipe se preparava, mas igualmente a retirada unilateral exigida por Hanói e pelas manifestações domésticas, ele essencialmente optou pelo processo de "vietnamização" que delineara em sua coletiva de imprensa em Guam. Em seu pronunciamento de 3 de novembro, ele descreveria sua estratégia como uma retirada progressiva de soldados estadunidenses conforme as negociações continuavam — aguentando firme até que Saigon estivesse suficientemente forte para um resultado político que permitisse ao povo do Vietnã do Sul determinar seu próprio destino. A vietnamização tal como desenvolvida pelo secretário de defesa Melvin Laird — e anunciada por Nixon — envolvia um processo de retirada gradual das forças estadunidenses e sua substituição por tropas sul-vietnamitas. Na época do pronunciamento, a retirada de cerca de 100 mil soldados já estava sendo implementada.

Na hora, fiquei preocupado com a decisão de Nixon. Ao longo dos anos, refletindo sobre as alternativas, concluí que o presidente tomara a decisão mais ajuizada. Tivesse seguido seus instintos iniciais, teria havido uma crise no gabinete, agravada pela paralisia nacional de manifestações nas principais cidades. A abertura à China continuava apenas uma ideia; a primeira resposta de Beijing ainda não viera.* A União Soviética ainda não havia sido confrontada no Oriente Médio ou em relação a Berlim e as negociações com o país continuavam em um estágio preliminar. Além do mais, um pouco antes nesse ano crucial, nossos aliados europeus haviam manifestado seu repúdio pela guerra no Sudeste Asiático durante a viagem de Nixon à Europa.

* Ver capítulo 3, pp. 200-2.

Desse modo, a despeito das minhas reservas iniciais, implementei convictamente a decisão de Nixon em anos vindouros. Tanto o presidente como eu estávamos convencidos de que a estabilidade da estrutura internacional em evolução tinha de ser reforçada pela credibilidade da estratégia estadunidense — e não desperdiçada, sobretudo quando se tratava de China e Rússia. A despeito do menosprezo das elites, Nixon tentou cumprir suas promessas à "maioria silenciosa" dos Estados Unidos não só para evitar uma derrota humilhante no Vietnã, *mas também* para que parassem de enviar seus filhos a um combate inconclusivo. A eventual compatibilidade desses objetivos estava no coração de um debate nacional do momento, prontificando restrições impostas por uma atmosfera de revolta nos campi universitários e nas ruas, bem como uma constante reflexão na comitiva de Nixon.

Quanto a Hanói, a guerra contra a França e os Estados Unidos não fora travada por décadas em nome de um processo político ou de um compromisso negociado, e sim para alcançar uma vitória política total. Explorando todas as vias de negociação, Nixon agora retomava as conversas políticas secretas com Hanói. Hanói enviaria Le Duc Tho, seu principal negociador e membro do Politburo, a Paris, onde eu entraria em contato com ele a cada três meses, mais ou menos. Mas esses encontros eram substantivos apenas em comparação com as negociações formais e, mesmo na época, não de forma significativa. Em todas as sessões Le Duc Tho leria uma declaração listando supostas transgressões estadunidenses contra o Vietnã. Os termos mínimos e máximos de Hanói permaneciam idênticos: de que o governo de Saigon fosse substituído por personalidades amantes da paz e que todas as tropas estadunidenses fossem retiradas como um prelúdio para as negociações. Quando exploramos sua definição de "amantes da paz", revelou-se que nenhuma figura política sul-vietnamita estabelecida atendia a seus critérios.

Nixon não cedeu um milímetro. Dois anos depois, em 25 de janeiro de 1972, para o espanto da mídia, que por muito tempo o acusara de negligenciar o processo de paz, ele publicou o registro de meus dois anos de negociações secretas com Le Duc Tho. Em um discurso nessa mesma noite, propôs o que era essencialmente a oferta final, combinando um cessar-fogo, o autogoverno sul-vietnamita e a retirada estadunidense, estratégia adotada em silêncio desde o pronunciamento de 3 de novembro de 1969.[34]

A resposta de Hanói foi lançar, a 30 de março de 1972, a "Ofensiva de Páscoa" contra o Vietnã do Sul, mobilizando todas suas divisões de combate, menos uma, durante a qual uma capital provincial, Quang Tri, foi tomada pela primeira vez desde a posse de Nixon. Os norte-vietnamitas devem ter calculado que os Estados Unidos não arriscariam uma cúpula programada para Moscou em maio em plena escalada militar durante um ano eleitoral.

Nesse estágio, porém, estávamos nos aproximando de nossos objetivos com a vietnamização: no fim de 1971, todas as unidades de combate haviam sido retiradas. No fim de 1972, havia menos de 25 mil soldados estadunidenses remanescentes no país, mais de meio milhão a menos do que no dia em que Nixon assumiu a presidência. Forças terrestres sul-vietnamitas, com apoio aéreo americano, agora conduziam a batalha inteira repelindo a mais recente ofensiva de Hanói. As fatalidades estadunidenses haviam caído drasticamente de 16 899 em 1968 para 2414 em 1971 e 68 em 1973, quando os Estados Unidos retiraram seus últimos homens após os Acordos de Paz de Paris.[35]

O momento da Ofensiva de Páscoa aumentou os riscos de qualquer medida que Nixon pudesse tomar como resposta. Sua visita de Estado à China fora um primeiro passo histórico na transformação da Guerra Fria; as reuniões de cúpula em Moscou no fim de maio seriam outro evento marcante. O consenso em Washington defendia a moderação militar. Como também era de prever, Nixon rejeitou a abordagem.

Durante uma reunião do CSN na Casa Branca na manhã de 8 de maio de 1972, o presidente admitiu que a escalada da retaliação podia ameaçar a cúpula de Moscou e todos os meses de trabalho preliminar. Mas deixar de agir ou ser expulso do Vietnã era uma garantia de entrarmos nas negociações com Moscou ostentando um recorde de abdicação nacional.

Dirigindo-se nesse espírito à nação, Nixon delineou a posição estaduni-dense — em essência, uma reiteração da oferta de paz que fizera em janeiro: cessar-fogo e a retirada de soldados estadunidenses em troca de Hanói aceitar um governo de Saigon reunido mediante um processo político pacífico. Nixon explicou:

Restam apenas duas questões para resolvermos nesta guerra. Primeiro, em face de uma invasão massiva, devemos aguardar, arriscar a vida de 60 mil estadunidenses [incluindo as equipes de funcionários civis] e abandonar os sul-vietnamitas a uma longa noite de terror? Isso não vai acontecer. Faremos o que for necessário para salvaguardar vidas americanas e a honra americana. Segundo, em face da completa intransigência à mesa de conferências, devemos nos juntar ao inimigo para instalar um governo comunista no Vietnã do Sul? Isso também não vai acontecer. Não cruzaremos a linha da generosidade para a traição.[36]

Seguindo a máxima que evocava com frequência — de que o preço por algo feito sem muita convicção era o mesmo a ser pago por fazê-lo de corpo e alma —, Nixon agora ordenava o pacote de medidas originalmente planejado em 1969, incluindo a instalação de minas nos portos do Norte e o bombardeio de suas linhas de suprimento onde quer que estivessem localizadas, desse modo abolindo o acordo de interromper os bombardeios, em vigor desde 1968.

Moscou escolheu ignorar essas medidas e a cúpula teve lugar como programado. Embora os soviéticos condenassem tanto a escalada como o bloqueio, limitaram sua crítica a um jantar na datcha de Brezhnev, sem fazer ameaças e encerrando com a retomada das discussões do SALT entre mim e o ministro de relações exteriores Andrei Gromyko nessa mesma noite. Pouco após a cúpula, o chefe de Estado titular dos soviéticos, Nikolai Podgorny, visitou Hanói. Nenhuma ação retaliativa foi tomada; Moscou concluíra que não podia abandonar sua tentativa de contrabalançar nossa atuação na China.

Em julho, nossos aliados sul-vietnamitas recapturaram Quang Tri. Hanói estava ficando isolada; nem União Soviética nem China acorreram em seu resgate, a não ser através de protestos públicos. Nesse mesmo mês, as negociações com Le Duc Tho foram reiniciadas. Embora suas posições formais permanecessem inalteradas, o tom passara a ser um pouco mais conciliador. Ele levantava as questões investigando a velocidade com que um acordo final podia ser negociado, presumindo-se que fizéssemos algum avanço importante. Então, durante uma reunião a 8 de outubro, subitamente apresentou um documento formal que descreveu como a anuência de Hanói à oferta final de Nixon de janeiro, afirmando: "Essa nova proposta é exatamente o que o presidente Nixon propôs em pessoa: cessar-fogo, fim da guerra, liberação dos prisioneiros e retirada das tropas".[37]

Isso estava essencialmente correto, embora muitas armadilhas emergissem nas negociações. Mesmo assim a aceitação do governo de Saigon como uma estrutura de continuidade ia ao encontro de um de nossos principais objetivos.

Quando Tho finalizou, solicitei um recesso. Assim que ele deixou a sala, virei para Winston Lord, meu amigo e assistente especial, apertei sua mão e disse, "Acho que conseguimos".*

Tendo procrastinado por quase três anos, Le Duc Tho se comportava diferente agora que Hanói ansiava por concluir as negociações antes da iminente eleição presidencial dos Estados Unidos, após a qual o regime temia ter de lidar com um presidente reeleito por maioria esmagadora.

Nixon tinha consciência de que em seu segundo mandato provavelmente enfrentaria um Congresso hostil já então no processo de cortar a verba para o esforço de guerra. Por um breve momento, cálculos estratégicos de parte a parte foram feitos em paralelo; o conflito enfim chegara ao momento que os estudiosos de acordos negociados chamam de "maduro". Como resultado, Le Duc Tho e eu passamos três dias e noites rascunhando um texto final (sujeito à aprovação de Nixon e de Saigon). A paz estava tentadoramente perto, com Hanói nos pressionando a concluir nosso trabalho imediatamente.

Mas Nixon e eu não encerraríamos a guerra impingindo-a a um povo que combatera ao nosso lado por vinte anos. E Saigon, ciente de que sua luta pela sobrevivência não terminaria em um acordo de paz, insistiu em negociações prolongadas sobre os detalhes — no processo provando que a capacidade de resistência não se restringia ao Norte. Mas a procrastinação de Saigon na verdade tinha um significado mais profundo: o medo de ser deixado a sós com um inimigo determinado e para quem a palavra "paz" tinha um significado meramente tático.

A situação era agora exatamente o contrário do que fora durante quase todo o primeiro mandato de Nixon. Hanói, pressionando-nos a concluir um acordo que evadira por uma década e a nos comprometermos com o que fora discutido, publicou o texto inteiro do ponto onde as negociações se encontravam. Em uma coletiva de imprensa a 26 de outubro de 1972, expliquei o status das negociações, enfatizando que permanecíamos comprometidos com o fim de jogo negociado, que apresentei (com a aprovação de Nixon) usando

---

* Winston fora convencido a não renunciar em protesto contra a incursão americana em 1970 contra as bases de Hanói no Camboja por meu argumento de que ele devia escolher entre carregar um cartaz de protesto diante da Casa Branca e continuar até o momento em que encerraríamos essa operação juntos.

a frase "A paz está próxima". Encerrei com um parágrafo destinado a refletir tanto nossa urgência como nossos limites:

> Não nos deixaremos apressar por um acordo até que suas disposições estejam certas. Não nos deixaremos demover de um acordo quando suas disposições estão certas. E com essa atitude e alguma cooperação do outro lado, acreditamos poder restabelecer a paz e a unidade dos Estados Unidos muito em breve.[38]

Após a reeleição de Nixon em 7 de novembro, Le Duc Tho, agora julgando que o tempo estava a seu favor, retomou suas táticas protelatórias de antes, quando a negociação ainda não avançara. No início de dezembro, Nixon concluiu que Hanói tentava arrastar as conversas por seu segundo mandato e ordenou uma campanha aérea de bombardeiros B-52 contra alvos militares. O gesto foi amplamente criticado pela mídia, pelo Congresso e por muitas nações. Mas, duas semanas depois, Hanói voltou à mesa e concordou com as modificações solicitadas por Saigon. Os Acordos de Paz de Paris foram assinados a 27 de janeiro de 1973; incluíam os principais termos que Nixon propusera um ano antes.

Nove nações — bem como os governos de Saigon e Hanói e os comunistas sul-vietnamitas — endossaram formalmente os acordos, marcando o pináculo da política vietnamita de Nixon.[39] Em março, porém, e numa flagrante violação do pacto, Hanói voltou a utilizar a Trilha de Ho Chi Minh para infiltrar imensas quantidades de equipamento militar no Vietnã do Sul. No início de abril de 1973, Nixon decidiu retomar o ataque aéreo contra as linhas de suprimento de Hanói.[40] A investida foi planejada para o início de abril, quando todos os prisioneiros americanos teriam voltado do cativeiro norte-vietnamita.

Mas, em meados de abril, o conselheiro da Casa Branca, John Dean, começou a cooperar com os promotores federais nas alegações da participação de seu escritório em escutas e outras atividades que estavam sendo investigadas. Isso evoluiu rapidamente para o escândalo hoje conhecido como Watergate. Sob seu impacto, as reservas do Congresso se transformaram em proscrições indiscriminadas da ação militar na Indochina.

O acordo do Vietnã sempre dependera da boa vontade e destreza para implementar suas disposições. Baseava-se no pressuposto de que, durante

192

a ofensiva norte-vietnamita de 1972, Saigon demonstrara sua habilidade de enfrentar as capacidades militares norte-vietnamitas contanto que recebesse os suprimentos permitidos sob o tratado (a saber, reposições um para um); e que, em caso de um ataque total, o poderio aéreo estadunidense seria disponibilizado.*

Em meio à investigação de Watergate, o público exausto não apoiaria um conflito adicional na Indochina. O Congresso cortou totalmente a ajuda militar ao Camboja, condenando o país ao governo do cruel partido Khmer Rouge; reduziu a assistência econômica e militar ao Vietnã do Sul em 50%; e proibiu toda e qualquer ação militar "no Vietnã do Norte, Vietnã do Sul, Laos ou Camboja e seus arredores ou ao largo deles".[41] Nessas circunstâncias, aplicar as limitações do pacto do Vietnã se tornou impossível e as restrições a Hanói desapareceram.

Com os Acordos de Paris, Nixon levara os Estados Unidos a um resultado que unia honra e geopolítica, ainda que o país ficasse posteriormente oprimido pelo desastre doméstico. Em agosto de 1974, ele renunciou à presidência. Oito meses depois, Saigon caiu para uma invasão das forças armadas norte-vietnamitas completas, incluindo todas as divisões de combate. À parte os Estados Unidos, nenhum outro dos nove avalistas internacionais do pacto sequer protestou.

A Guerra do Vietnã iniciou uma cisão interna na sociedade estadunidense que persiste até hoje. O conflito introduziu um estilo de debate público gradativamente conduzido menos em torno do conteúdo que das motivações e identidades políticas. A raiva substituiu o diálogo como modo de resolver disputas e a discordância virou um choque de culturas. No processo, os estadunidenses correm o risco de esquecer que as sociedades se tornam grandes não mediante o triunfo de alguma facção ou a destruição de adversários domésticos, tampouco pelas vitórias de umas sobre as outras, mas mediante o propósito comum e a conciliação.

---

* Pressupostos comparáveis haviam regido, e sustentado, o Acordo de Armistício Coreano de 1953.

DIPLOMACIA DAS GRANDES POTÊNCIAS E CONTROLE DE ARMAS

A importância de Nixon enquanto estadista deriva de sua abordagem fundamentalmente geoestratégica. Após a sua viagem no início de 1969 à Europa, ele iniciou uma ofensiva diplomática para enfraquecer o controle de Moscou sobre seus satélites do Leste Europeu, atraindo-os individualmente para a órbita da diplomacia estadunidense.

Em agosto desse mesmo ano, tendo proposto uma reunião com Nicolae Ceauşescu, o líder autocrático da Romênia, tornou-se o primeiro presidente estadunidense a visitar um membro do Pacto de Varsóvia. Ceauşescu estava tão ansioso pelo simbolismo de uma presença presidencial dos Estados Unidos que adiou o Congresso do Partido Comunista previamente programado para a data proposta por Nixon e cancelou uma visita do líder soviético Leonid Brezhnev, que planejara comparecer ao Congresso. Cartazes dando as boas-vindas a Brezhnev à Romênia foram removidos ou repintados.

Nixon foi saudado por um público entusiasmado, em parte ensaiado para promover a tentativa de Ceauşescu de conquistar autonomia da órbita soviética, mas também refletindo o desejo do povo romeno por liberdade nacional. (Como parte da comitiva de Nixon, beneficiei-me dos luxos da liderança comunista: uma grande suíte com piscina.) Nixon encorajou essas emoções positivas em seu brinde, em comentários públicos e, acima de tudo, em suas conversas com Ceauşescu. Também usou Ceauşescu como um meio de abrir um diálogo com a China, contando-lhe de seu interesse em tal projeto. Cinco meses depois, descobrimos que a mensagem fora transmitida a Beijing, que ocasionalmente a partir daí usou — parcimoniosamente — a Romênia como um canal alternativo com Washington.

O objetivo estratégico de Nixon era aumentar o custo para os soviéticos manterem seu império europeu a um ponto em que, para continuarem a fazê-lo, necessitariam desviar fundos e atenção de outros objetivos cruciais. No decorrer de sua presidência, Nixon visitaria outros países do Leste Europeu buscando autonomia de Moscou, incluindo a Iugoslávia em 1970 e a Polônia em 1972. Quando Willy Brandt se tornou o primeiro chanceler social-democrata da Alemanha Ocidental, a Casa Branca aquiesceu aos contornos da Ostpolitik, sua iniciativa voltada a normalizar as relações com a Alemanha Oriental, os satélites soviéticos e, em última instância, a própria União Soviética. Nixon consentiu com esse afastamento da política de Adenauer nos dias iniciais da chancelaria de Brandt, conforme o envolvia nos processos de consulta aliada. Buscamos manter a Ostpolitik compatível com os objetivos da Otan e obter uma vantagem sobre os intentos soviéticos. Essa estratégia se provou efetiva tanto para os Estados Unidos como para a República Federal.

No fim de seu primeiro mês de presidência e pouco antes de sua viagem à Europa, Nixon convidou o embaixador Anatoly Dobrynin à Sala Oval e transmitiu sua disposição de tratar diretamente com os líderes soviéticos. Alguns dias depois, fui indicado pelo presidente como o principal canal de comunicações com o embaixador soviético para temas delicados.

Esse arranjo estabeleceu um padrão pelo período que Nixon permaneceu no cargo. O contato direto com Moscou ficou estabelecido no que foi rotulado como "O Canal", uma linha direta Kissinger-Dobrynin indo de Nixon à liderança soviética. Um dos temas principais acabou sendo o impacto dos vastos depósitos de armas nucleares dos dois países na ordem mundial — e como impedir uma catástrofe global, fosse preventivamente, fosse na escalada de um conflito entre eles.

Na posição de vice-presidente durante o governo Eisenhower, Nixon refletira sobre o impacto da tecnologia nuclear na questão da estratégia — considerando não só como reagir a ameaças nucleares, mas também como armas tão temíveis teoricamente podiam ser empregadas. Ele herdou a doutrina da retaliação em massa, que baseava a dissuasão nuclear na capacidade de infligir danos considerados inaceitáveis a um adversário. Modificado posteriormente para "destruição mútua assegurada", esse conceito procurava reduzir o dilema paralisante a um cálculo sóbrio de parte a parte sobre os riscos de uma piora da situação. Na prática, contudo, essa teoria — como um cálculo de destruição "aceitável" versus "inaceitável" — implicava pesar baixas que, em questão de horas, podiam exceder o total das duas guerras mundiais.

Nixon certa vez afirmou a um jornalista que a liderança executiva na era nuclear exigia, entre outras qualidades, a disposição de insinuar estar preparado para realizar atos irracionais em nome do interesse nacional.[42] Embora essa declaração fosse um exemplo mais de Nixon tentando impressionar um interlocutor do que transmitindo uma mensagem operacional, não obstante suscitou intensas críticas por sua suposta temeridade. E contudo em sua essência refletia uma verdade fundamental e duradoura sobre o poder destrutivo nas mãos das potências nucleares.

Como vimos em capítulos anteriores, Charles de Gaulle e Konrad Adenauer eram ambos precavidos contra basear sua segurança em armas nas mãos de aliados que não ofereciam nenhuma maneira crível de resolver o conflito sem uma destruição cataclísmica. Três questões haviam surgido com relação ao uso de armas nucleares: seria possível convencer um adversário ou um aliado sobre a disposição em empreender um tipo de guerra que provavelmente enfraqueceria sua ordem civil? Seria possível introduzir o cálculo racional em um ato, em última análise, irracional? E seria possível atingir um equilíbrio entre a autodestruição e a diplomacia?

Esses dilemas, emergindo quase oito anos após o início da era nuclear, permanecem por ser resolvidos. Desde Nagasaki, nenhuma arma nuclear foi detonada operacionalmente. Mesmo quando envolvidas em conflitos com países não nucleares, as potências nucleares preferiram sofrer as baixas de guerra convencional do que apressar o triunfo recorrendo a armas nucleares. Os exemplos da União Soviética no Afeganistão — bem como dos Estados Unidos na Coreia, no Vietnã e no Iraque — dão testemunho disso.

Nixon compreendia que, na época em que assumiu o cargo, a capacidade nuclear estadunidense virara um tema controverso no procedimento orçamentário do Congresso. Portanto nomeou Melvin Laird como secretário de defesa, que servira por vários anos como presidente do subcomitê de defesa do Comitê Orçamentário da Câmara. Nixon estava determinado a impedir uma situação na qual algum agressor pudesse oferecer uma ameaça estratégica plausível desenvolvendo uma capacidade nuclear superior. Laird ajudou a tocar no Congresso o compromisso de Nixon com a defesa de mísseis e seu objetivo de uma maior variedade no projeto e na capacidade das armas estratégicas. Laird contribuiu também para a flexibilidade e a invulnerabilidade das forças estratégicas estadunidenses desenvolvendo mísseis de cruzeiro e armamentos móveis baseados em terra.

Além disso, Nixon levava o controle de armas a sério. O Tratado da Proibição de Testes, assinado por Kennedy e Brezhnev em 1963, representou a primeira medida formal no controle de armas nucleares. Quatro dias após o assassinato do presidente Kennedy, o presidente Johnson propôs uma retomada das negociações de armas estratégicas com a União Soviética.[43] As conversas preliminares para acertar a pauta se revelaram tão inibidas pelas controvérsias rotineiras, porém, que somente no verão de 1968 — pouco antes de Nixon ser eleito — ambos os partidos concordaram sobre os termos para permitir o início das negociações.[44] O planejamento dessa cúpula foi, entretanto, abandonado após a invasão soviética da Tchecoslováquia em agosto de 1968.

Assim, um problema inicial para Nixon passou a ser simplesmente decidir se deveria prosseguir nas negociações de controle de armas com a União Soviética. A decisão se tornou simbólica da orientação mais ampla de seu governo. Aplicando a vinculação, Nixon concordaria formalmente em abrir as Conversas de Limitação de Armas Estratégicas (SALT) com os soviéticos apenas depois de ter se decidido sobre uma estratégia no Vietnã. O acesso estadunidense a negociações de controle de armas, anunciado em outubro de 1969, exigiu a adaptação de instituições administrativas existentes. Para o Pentágono, o controle de armas era um assunto inédito: a ênfase anterior do departamento fora desenvolver capacidades nucleares, não restringi-las. As negociações de controle de armas envolvendo militares de alto escalão, que estavam por sua vez sendo apresentados à questão, exigiu estruturas de comando inéditas.

A proposta de Nixon, feita no início de sua presidência, de construir um sistema de *defesa* de doze silos cobrindo o país todo também desafiara o consenso intelectual predominante de que o equilíbrio estratégico seria atingido exclusivamente mediante a destruição mútua assegurada. Uma iniciativa de defesa, disseram os críticos, solaparia a dissuasão erodindo a vulnerabilidade mútua. Essa crítica, bem como as preocupações com o custo e a eficácia do programa, levou muitos no Congresso a se opor e buscar reduzir sua verba.

Do outro lado da Guerra Fria, a União Soviética tinha em alta conta nossas capacidades emergentes de mísseis antibalísticos (MAB) e temia que as defesas estadunidenses erodissem a capacidade ofensiva soviética. Se, como resultado da defesa de mísseis, os Estados Unidos tivessem menos a temer de um segundo ataque soviético, raciocinavam os soviéticos, o país talvez estivesse mais propenso a lançar um ataque surpresa concebido para desarmar preventivamente seu adversário. O início das negociações do SALT terminou em impasse quanto ao procedimento e à sequência. Os soviéticos defenderam negociar primeiro as restrições sobre armas defensivas, e só então passar às armas ofensivas. Nixon insistiu em conservar a opção defensiva para fornecer a pressão necessária para negociar limitações ofensivas — e fornecer proteção para nossa população civil.

A iminência das negociações de limitação de armas nucleares produziu um novo conjunto de debates domésticos. O consenso liberal favoreceu primeiro a rápida abertura das negociações do SALT, depois sua aceleração como maneira de aliviar as tensões. Mas agora, à medida que o controle de armas se estabelecia na agenda internacional, uma combinação emergente de liberais e conservadores começou a criticá-lo com o argumento de que o controle de armas lidava apenas com os sintomas e não com suas causas subjacentes: a natureza autoritária do sistema comunista e suas violações dos direitos humanos.

Além do mais, as características dos sistemas de armas nucleares adversários complicavam qualquer definição prática de equilíbrio. Os sistemas estratégicos soviéticos eram grandes e imprecisos; as armas estadunidenses, mais móveis e precisas. Esse equilíbrio seria perturbado se os Estados Unidos acrescentassem capacidade de carga a sua precisão ou se os soviéticos turbinassem sua capacidade de carga com precisão.

Após meses de disputas, Nixon interveio diretamente. Estabelecendo um objetivo inicial de quatro pontos defensivos, a 11 de março de 1971 ele descartou o pedido soviético de "zero" e pediu-me que solucionasse o impasse da relação entre armas defensivas e ofensivas na agenda por meio de conversas privadas com Dobrynin.[45] Ele não revelou essas conversas — em parte para impedir que o Congresso acabasse com o sistema de defesa de mísseis no intervalo e nos fizesse perder esse item de barganha.

A decisão de Nixon de tomar parte nas conversas acelerou as negociações. No fim de março de 1971, ativei o canal Dobrynin, propondo em nome de Nixon que tanto as limitações ofensivas como defensivas fossem negociadas simultaneamente. Os diálogos seguintes estabeleceram um processo — por meio de negociações conduzidas por Gerard Smith no lado americano e Vladimir Semenov no lado russo, em Viena —[46] que levou ao acordo SALT I, concluído entre Nixon e Brezhnev na cúpula de Moscou em maio de 1972.

Embora central na elaboração das negociações, Nixon tinha menos interesse nos detalhes. No início de cada ciclo, minha equipe e eu esboçávamos um sumário das deliberações internas, incluindo projeções de potenciais desdobramentos. Nixon faria comentários marginais, na maior parte restritos a questões gerais de princípio. Durante as negociações, eu enviaria a ele toda noite um resumo do ponto em que estávamos. Ele iria, em geral, reservar suas opiniões a momentos em que um progresso radical fosse iminente. Embora fosse difícil que discussões técnicas de equilíbrios de armas atraíssem sua atenção, era sempre cristalino em seus três objetivos principais: impedir um adversário de conquistar capacidade de primeiro ataque; evitar um processo automático de escalada em caso de conflito; e demonstrar para o público estadunidense seu compromisso de terminar, ou ao menos mitigar, a corrida armamentista.

A cúpula de Moscou resultou nos primeiros acordos de controle de armas estratégicas da era nuclear. Os acordos confinaram a defesa de mísseis balísticos a dois pontos (tratado MAB), limitaram a quantidade de armas estratégicas ofensivas aos níveis existentes (SALT I) e estabeleceram protocolos para lidar com incidentes no mar e acidentes nucleares. Como um efeito colateral dessas conversas, os Estados Unidos (junto com a França e o Reino Unido) assumiram a liderança nas negociações com a União Soviética para produzir um novo acordo, que manteria o acesso a Berlim incontestado até a queda do Muro de Berlim, em 1989.

Pelo resto da vida, Nixon viu o controle de armas como um componente essencial da ordem internacional. E, de uma forma ou de outra, negociações substantivas sobre o assunto foram conduzidas durante toda presidência subsequente até o governo Trump. O governo Ford, em 1975, completou os Acordos de Helsinque, cujas negociações haviam sido iniciadas por Nixon, em que todas as nações europeias, exceto a Albânia, junto com a União Soviética e os Estados Unidos concordavam com princípios comuns em segurança, economia e direitos humanos. O governo Carter concluiria o segundo acordo SALT, nunca ratificado pelo Senado, embora respeitado em sua essência. O governo Reagan obteria o único acordo de controle de armas com a União Soviética para eliminar toda uma classe de armas — as de alcance intermediário. Finalmente, o governo George H. W. Bush negociou o Tratado de Redução de Armas Estratégicas (START I), que levou Washington e Moscou a reduzirem seus arsenais nucleares estratégicos em quase 60%, de um total combinado de 48 mil ogivas nucleares em 1991 para cerca de 20 mil em 2001.[47] O que começou como uma novidade sob Nixon se tornou corriqueiro depois dele.

EMIGRAÇÃO DA UNIÃO SOVIÉTICA

Quando Nixon assumiu o cargo, não mais que apenas algumas centenas de judeus emigravam da URSS todo ano.[48] Nixon autorizou-me a apresentar a questão a Dobrynin em termos práticos, não ideológicos. Informei ao embaixador que prestávamos muita atenção nas práticas migratórias soviéticas; o respeito soviético por nossas preocupações teria um reflexo na maneira que tratávamos suas prioridades. Em outras palavras, uma melhora nas condições para a emigração de judeus promoveria a cooperação estadunidense.

Dobrynin nunca ofereceu uma resposta formal, mas concordou em discutir casos complicados. Em 1972, no fim do primeiro mandato de Nixon, a emigração judaica anual da União Soviética chegara a mais de 30 mil.[49] Nixon jamais reivindicou o crédito por isso em suas campanhas eleitorais nem anunciou o aumento dos números; os soviéticos nunca admitiram qualquer acordo nesse resultado.

As políticas domésticas estadunidenses minaram esse arranjo tácito. Henry "Scoop" Jackson, senador por Washington, um estudioso sério dos assuntos internacionais, que como democrata contribuíra com credenciais bipartidárias para os esforços do governo Nixon para adequação dos gastos com defesa, recontextualizou a questão da emigração judaica em termos ideológicos. Argumentando que a promoção da emigração deveria se tornar uma parte formal da diplomacia estadunidense, ele promoveu uma emenda à Lei de Comércio de 1974, condicionando as relações comerciais dos Estados Unidos com o bloco oriental ao desempenho migratório soviético. A partir daí, a emigração entrou em firme retração, caindo de cerca de 35 mil em 1973 para menos de 15 mil em 1975.[50]

Os objetivos de Nixon relativos à emigração judaica eram análogos aos de seus sucessores, mas seus métodos foram mais abrangentes e mais sutis, subordinando confrontos ideológicos a arranjos práticos ad hoc.

A ABERTURA PARA A CHINA

Em 1967, Nixon — na época fora da presidência — publicou um artigo pioneiro na *Foreign Affairs*, levantando a possibilidade de que a China não fosse deixada "eternamente de fora da família das nações".[51] Ele contextualizou a proposta em termos estratégicos grandiosos, enfatizando os benefícios para a paz global caso os chineses restringissem seu apoio a insurgências revolucionárias pelo mundo e fossem trazidos um dia para um relacionamento diplomático com o Ocidente. O ensaio de Nixon, porém, não definia nenhuma maneira específica de se obter uma eventual abertura diplomática.

Dois anos depois, quando Nixon virou presidente, a abertura foi posta em prática. A China estava em pleno tumulto da Revolução Cultural. Como parte de um grande plano de purificação ideológica, Mao Tsé-tung mandara chamar os embaixadores chineses em todos os países exceto o Egito. (Embora em um punhado de países, como a Polônia, diplomatas chineses abaixo do posto de embaixador permanecessem.) A primeira investida partiu do próprio Nixon. Durante a visita à Romênia, em junho de 1969, como vimos, ele transmitiu sua intenção de promover o engajamento chinês através de Ceauşescu, que deu a entender que passaria a sugestão adiante. Nenhuma resposta veio, provavelmente porque os chineses temiam a penetração soviética em um país-satélite, mesmo um tão desafiadoramente autônomo como a Romênia.[52]

Durante a Conferência de Genebra de 1954, ao fim da guerra francesa para manter o Vietnã, a embaixada de Varsóvia fora designada como ponto de contato entre Washington e Beijing. Na realidade 162 reuniões de embaixadores haviam sido conduzidas. Terminaram com um lado rejeitando a exigência do outro: os Estados Unidos se recusaram a discutir a devolução incondicional de Taiwan à China; Beijing se recusou a dar garantias de tentar atingir seu objetivo apenas por meios pacíficos. Por vários anos, nem encontros pro forma como esse aconteceram. Mas, em janeiro de 1970, decidimos ativar o canal. Instruí o embaixador na Polônia, Walter Stoessel, a abordar algum diplomata chinês com nossa oferta de diálogo na primeira ocasião social que se apresentasse. Presumindo que a instrução fosse uma iniciativa particular minha, Stoessel a ignorou — um símbolo das rivalidades entre a Casa Branca e o Departamento de Estado. Convocado para uma reunião na Sala Oval, Stoessel recebeu suas instruções diretamente do presidente. Com isso, o embaixador apresentou a oferta em um evento social iugoslavo, onde um diplomata chinês a princípio fugiu dele, mas, quando finalmente encurralado, escutou a proposta.

Duas semanas mais tarde, o embaixador chinês na Polônia apareceu sem aviso na embaixada do Estados Unidos com instruções de iniciar um diálogo.

Houve quatro reuniões. No lado estadunidense, o progresso encontrou obstáculos no sistema de permissões oficiais formal da burocracia, primeiro dentro do governo e depois com o Congresso, e Nixon a certa altura exclamou: "Vão matar esse bebê antes de nascer".

Em todo caso, pouco após a incursão estadunidense ao Camboja em maio de 1970, os chineses interromperam o canal de Varsóvia em protesto. Mas, em outubro desse ano, Nixon repetiu seu interesse em estabelecer contato direto com Yahya Khan, o presidente paquistanês, que o visitara na Casa Branca para tratar de uma ida às Nações Unidas.

Dessa vez, Nixon recebeu uma resposta diretamente do premiê chinês Zhou Enlai, escrevendo em nome de Mao. A 9 de dezembro de 1970, em quatro sentenças crípticas, Zhou elevou a conversa entre Nixon e Yahya Khan ao status de uma mensagem formal, caracterizando-a como a primeira vez que os Estados Unidos se aproximaram da China no nível presidencial, "de um chefe por intermédio de um chefe a um chefe".[53]

Zhou deu a entender que a China estava preparada para negociar com os Estados Unidos sobre a devolução de Taiwan à mãe-pátria. Respondemos, cripticamente, que para o diálogo prosseguir, as partes deveriam ficar livres para tocar em questões que lhes dissessem respeito. Mensagens subsequentes foram trocadas sem cabeçalho ou assinatura para minimizar o risco de divulgação, de uma reação em Moscou e de incerteza no resto do mundo. Numa volta aos métodos diplomáticos históricos, elas eram levadas por mensageiro de Washington à capital paquistanesa de Islamabad e daí pelo Paquistão a Beijing — as respostas chinesas faziam a mesma rota.

O ritmo desse diálogo ficou lento devido à determinação dos envolvidos em não permitir que nenhum lado explorasse a impaciência do outro e para ocultá-lo ao máximo do Kremlin. Assim o diálogo entre Nixon e Mao foi conduzido por um período de muitas semanas mediante meus diálogos com Zhou, transmitidos sempre em poucas sentenças. Um erro de cálculo soviético ajudou a acelerar a questão.

Durante a primavera de 1971, nossos diálogos secretos davam frutos e ficara combinada uma visita minha a Beijing. Estávamos negociando com ambos os adversários simultaneamente nas cúpulas. Nixon resolveu o dilema tático com instruções de estender ofertas a ambos, a começar pelos soviéticos. Caso fossem aceitas, nós as cumpriríamos de acordo com a ordem de suas respostas.

Submeti nossa proposta de cúpula a Dobrynin em Camp David em junho de 1971. Os soviéticos resolveram o problema por nós condicionando a aprovação ao nosso apoio nas negociações com a República Federal da Alemanha, Grã-Bretanha e França sobre um novo acordo berlinense. Por outro lado, durante minha visita secreta a Beijing em julho de 1971, Zhou Enlai propôs a visita de Nixon à China sem nenhuma condição prévia. Três dias depois que voltei da China, Nixon aceitou o convite de Beijing. Dentro de um mês, Dobrynin estendeu um convite incondicional a Moscou. Como planejado, nós o apresentamos três meses após o convite considerado por Beijing.

A viagem secreta foi arranjada programando uma visita minha a Vietnã, Tailândia, Índia e Paquistão. Uma vez em Islamabad, o tempo para a última volta nessa corrida foi providenciado com o anúncio de uma indisposição pessoal que explicaria minha ulterior ausência de dois dias como uma estadia em uma estância montanhosa para me recuperar. O processo todo — da conversa de Nixon com Yahya Khan em 25 de outubro de 1970[54] a minha chegada a Beijing em 9 de julho de 1971 — levou oito meses. A viagem propriamente dita, da partida de Washington à chegada a Beijing, levou oito dias. Apenas 48 horas foram passadas em Beijing.

Como usar aquele breve período da melhor maneira? Para as conversas de embaixadores em Varsóvia, o governo estadunidense tinha uma agenda bem definida. Entre os itens na lista figuravam Taiwan, reivindicações e recursos financeiros oriundos da expropriação de propriedade estadunidense, prisioneiros e a navegação no mar do Sul da China. Mas Nixon e eu concluímos que esses e outros tópicos comparáveis tendiam a levar a atalhos técnicos ou entraves ideológicos capazes de obstruir o progresso rumo ao objetivo de uma continuidade em nossa relação. Fui instruído a expressar a disposição de discutir Taiwan, mas especificamente apenas em referência ao relacionamento geral sino-americano com o fim da guerra no Vietnã.

Como parte dessa ênfase na geopolítica, Nixon discursou em Kansas City, Missouri, a 6 de julho de 1971, quando eu estava em trânsito. Elaborando sua visão da ordem mundial baseada no equilíbrio entre as grandes potências e omitindo qualquer referência a Taiwan, ele disse:

Em vez de apenas os Estados Unidos serem número um no mundo de um ponto de vista econômico, a potência mundial predominante, e em vez de haver apenas duas superpotências, quando pensamos em termos econômicos e potencialidades econômicas, existem [...] cinco grandes superpotências econômicas: Estados Unidos, Europa Ocidental, União Soviética, China continental e, é claro, Japão.[55]

O único acordo alcançado durante a visita secreta foi um convite para Nixon visitar a China. Ambos os lados se concentraram em delinear sua abordagem geral como uma base para a discussão posterior. Aprofundei o discurso de Nixon; Zhou iniciou uma conversa citando Mao: "Há um tumulto sob o céu, mas a situação é excelente".

Um diálogo diplomático mais específico foi aberto durante minha segunda visita, três meses depois, em outubro de 1971. O propósito era preparar a cúpula e esboçar um comunicado oficial para ela. O intervalo de quatro meses entre minha segunda visita e a cúpula de Nixon refletia nossa convicção de que não podíamos arriscar um impasse entre Nixon e Mao num primeiro encontro frente a frente, em que a conversa seria limitada pelas exigências domésticas de cada parte e pela mídia aguardando do lado de fora.

Eu trouxera comigo um comunicado-padrão afirmando nossas intenções gerais, que carecia de concretude. Zhou regressou na manhã seguinte com uma mensagem explícita do presidente chinês: tendo evitado contatos de alto escalão por tantos anos, nossos países não deveriam fingir que estávamos perto de uma harmonia geral. Mao sugeriu que uma declaração completa de nossas discordâncias sobre questões específicas integrasse o comunicado junto com alguns acordos afirmados claramente. Em tal contexto, o comunicado atrairia muito mais atenção para os acordos do que reiterações padronizadas de boa vontade. Uma declaração compartilhada relativa ao futuro de Taiwan foi deixada para os principais participantes na cúpula iminente, mas, como um alerta para a União Soviética, Zhou e eu combinamos de fazer uma oposição conjunta à hegemonia na Ásia.

O envolvimento súbito de Beijing sem dúvida foi moldado pela pressão exercida pelas mais de quarenta divisões blindadas soviéticas que haviam sido mobilizadas ao longo das fronteiras chinesas com a Manchúria e Xinjiang. A cooperação de alto escalão com a China no estabelecimento de um equilíbrio global agora seria anunciada explicitamente e transformaria a natureza da Guerra Fria.

Não havia precedente para o rascunho pré-cúpula que emergiu; tampouco haveria qualquer sucessor comparável para ele. Como fora decidido, ambos os lados expressaram longas listas de suas discordâncias, aliadas a algumas afirmações de acordo. Cada lado se responsabilizou pelas próprias formulações. Como nenhum de nós pediu por um veto ao outro lado, essa abordagem nos deu a oportunidade de declarar os pontos de vista estadunidenses sobre Taiwan explicitamente como parte de um comunicado conjunto. O rascunho foi então submetido à aprovação de Nixon e Mao.

Na cúpula, Mao se mostrou disponível por apenas 45 minutos, devido — como fomos informados posteriormente pelos médicos chineses — a uma grave crise médica na semana anterior. Mas ele aprovara o comunicado esboçado em outubro, que afirmava a posição completa dos Estados Unidos sobre Taiwan e outras questões. À luz disso, uma declaração que ele voluntariamente fez em sua breve reunião com Nixon assumiu significado especial: a China não queria Taiwan de imediato, explicou, porque os taiwaneses "eram um bando de contrarrevolucionários [...]. Podemos nos virar sem eles por ora e deixar que a ilha venha daqui a cem anos".[56]

Eliminar a urgência da questão que por tanto tempo frustrara as negociações entre os dois países possibilitou uma declaração expressando o que permaneceu o princípio dominante das relações EUA-China por cinquenta anos desde então: "Os Estados Unidos reconhecem que todos os chineses de ambos os lados do estreito de Taiwan sustentam haver apenas uma China e que Taiwan é parte da China. O governo dos Estados Unidos não contesta essa posição".[57]

Acompanhando uma proposta formal de Nixon na cúpula, essa linguagem foi acrescentada ao que é hoje chamado de Comunicado de Shanghai, que foi emitido no fim de sua visita.

Nem Nixon nem eu inventamos essa linguagem; na verdade, nós a extraímos de uma declaração esboçada durante o governo Eisenhower como preparativo para negociações com Beijing que nunca aconteceram. A declaração teve a virtude de apresentar com precisão os objetivos declarados tanto de Taipei como de Beijing. Abandonando o apoio estadunidense de uma solução de "Duas Chinas", o comunicado permanecia ambíguo acerca de *qual* China concretizaria os desejos postulados pelo povo chinês.

Após alguns dias, Zhou aceitou nossa formulação. A ambiguidade do texto liberou as partes para conduzir uma política de cooperação estratégica que faria o prato da balança internacional pender desfavoravelmente à União Soviética. A declaração dava a entender que Taiwan seria tratada como autônoma no futuro próximo. Ambos os lados afirmariam o princípio da China única, enquanto os Estados Unidos abster-se-iam de oferecer declarações ou ações sugerindo um resultado de duas Chinas, e nenhum dos dois buscaria impor sua preferência. A perseverança estadunidense por uma solução pacífica foi explicitada na sua seção do comunicado. Dois comunicados adicionais acordados durante os governos Carter e Reagan detalharam esses entendimentos. Juntos, permaneceram a base das relações no estreito de Taiwan. Fossem contestados por algum dos lados, os riscos de confronto militar aumentariam significativamente.

Por vinte anos após a visita de Nixon, os Estados Unidos e a China conduziram uma política colaborativa de amplo alcance para conter o poderio soviético. Ao longo desse período, a cooperação EUA-China estendeu-se até ao campo da inteligência, embora de maneira limitada. Demonstrando o comprometimento da China, durante uma visita subsequente em fevereiro de 1973, Mao exortou-me a compensar o tempo que passei na China com tempo devotado ao Japão, de modo que os japoneses não se sentissem negligenciados e se tornassem menos dedicados à defesa comum contra a União Soviética: "Mais do que o Japão ter relações próximas com a União Soviética", disse Mao, "preferiríamos que melhorassem as relações com vocês".[58]

No mês seguinte, o primeiro-ministro de Cingapura, Lee Kuan Yew, usou uma palestra na Universidade Lehigh na Pensilvânia como ocasião para refletir sobre o significado da diplomacia do governo Nixon:

> Vivemos numa época empolgante. Fazia algum tempo que o mundo não testemunhava mudanças tão dramáticas na relação entre as grandes potências como nos dois últimos anos. Temos presenciado as mudanças no equilíbrio de poder conforme se altera o peso de cada uma. E as grandes potências estão aprendendo a conviver pacificamente entre si [...].
>
> As antigas divisões fixas da Guerra Fria pareciam fluidas e nebulosas. Washington passara da confrontação às negociações tanto com Pequim como com Moscou. Independentemente de seus diferentes motivos, ambas as potências comunistas queriam que a guerra no Vietnã fosse descontinuada e os Estados Unidos pudessem se retirar honradamente [...].
>
> A China, de sua parte, mostra maior cordialidade em relação aos Estados Unidos e ao Japão capitalistas do que à Rússia comunista [...].

As divisões ideológicas aparentam ser menos relevantes. Por ora, os interesses nacionais parecem o guia mais confiável para as ações e políticas dos governos.[59]

Nixon não poderia ter desejado melhor avaliação de sua política.

Mao faleceu em 1976. Dois anos depois, Deng Xiao Ping voltou de seu segundo expurgo e instituiu a política reformista que iniciara em 1974, após regressar de seu primeiro expurgo. A partir desse ponto até a chegada do governo Trump em 2017, a política da América para a China repousou nos princípios essencialmente não partidários estabelecidos durante esse período.

Hoje, a China se tornou um competidor econômico e tecnológico formidável para os Estados Unidos. Nas atuais circunstâncias, às vezes é questionado se Nixon, caso ainda estivesse vivo, ficaria arrependido da abertura à China. O desafio foi antecipado por ele. Seu discurso de julho de 1971 em Kansas City revela uma aguda consciência do potencial chinês para impactar o sistema internacional:

> O mesmo sucesso de nossa política para encerrar o isolamento da China continental significará um imenso aumento de seu desafio econômico não só para nós como também para outros no mundo [...]. Oitocentos milhões de chineses, abertos para o mundo, com toda a comunicação e o intercâmbio de ideias que inevitavelmente ocorrerão como resultado dessa abertura, tornar-se-ão uma força econômica mundial de enorme potencial.[60]

O primeiro-ministro Palmerston deu uma famosa declaração: "Não temos aliados eternos nem inimigos perpétuos. Nossos interesses são eternos e perpétuos, e temos o dever de seguir esses interesses". Construir a cooperação com a China para conter a União Soviética foi um interesse americano preponderante durante a Guerra Fria; hoje, qualquer política dos Estados Unidos em relação à China deve ter lugar no contexto de sua vasta economia — comparável à dos Estados Unidos —, seu poderio militar crescente e sua habilidade em uma diplomacia talhada para preservar milhares de anos de cultura singular.

A abertura para a China, portanto, como qualquer sucesso estratégico, foi não apenas uma resposta a problemas contemporâneos, mas também um "ingresso" para desafios futuros. O mais mencionado dentre eles é o seguinte: à medida que a tecnologia moderna continua a aprofundar a capacidade destrutiva da guerra nuclear com o advento de uma variedade de armas high--tech e de aperfeiçoamentos radicais em inteligência artificial, China, Rússia e Estados Unidos passaram a modernizar seus arsenais militares. Com armas dotadas da capacidade de buscar o próprio alvo e aprender com a experiência e ciberarmas capazes de obscurecer a rápida determinação de sua origem, estabelecer um diálogo permanente paralelo ao desenvolvimento tecnológico é imperativo para assegurar a estabilidade da ordem mundial — e quem sabe a sobrevivência da civilização humana. (Mais sobre isso na Conclusão.)

O ORIENTE MÉDIO EM TUMULTO

Nixon se deparou com um par de questões a um só tempo permanentemente relacionadas e aparentemente contraditórias no início de sua presidência: como manter a posição do Ocidente no Oriente Médio (de predominância árabe) e ao mesmo tempo respeitar o compromisso estadunidense com a segurança de Israel. Como seus predecessores, Nixon abraçou ambos os objetivos, mas começou também a buscá-los a partir de uma nova perspectiva estratégica.

O último ano do governo Johnson definiu o formato da crise do Oriente Médio que Nixon herdaria. A guerra de 1967 entre Israel e seus vizinhos árabes — Egito, Síria e Jordânia — terminou com Israel ocupando a península do Sinai egípcia, as colinas de Golã sírias e a Margem Ocidental palestina jordaniana. Essas conquistas transformaram a posição de barganha dos dois lados. Israel daria início a um processo de paz — se é que era possível fazê-lo — de posse do prêmio territorial tangível, concebido para ser usado em objetivos estratégicos intangíveis: a saber, o reconhecimento de sua legitimidade e existência, bem como fronteiras seguras que implicassem um ajuste das linhas de armistício de 1949.

As Nações Unidas procuraram criar uma estrutura internacional para esse processo por meio da Resolução 242 do Conselho de Segurança. Adotada em 1967, ela continha todas as palavras consagradas — "paz", "segurança", "independência política" —, mas numa sequência que as esvaziava de significação operacional, possibilitando que cada lado aplicasse as próprias definições. Dizia:

O Conselho de Segurança [...]

1. *Afirma* que o cumprimento dos princípios da Carta [das Nações Unidas] exige o estabelecimento de uma paz justa e duradoura no Oriente Médio que deveria incluir a aplicação de ambos os seguintes princípios:

(i) Retirada das forças armadas israelenses dos territórios ocupados no recente conflito;

(ii) Encerramento de todas as reivindicações ou estados de beligerância, e respeito e reconhecimento à soberania, integridade territorial e independência política de cada Estado na região e a seu direito de viver em paz dentro de fronteiras seguras e reconhecidas livres de ameaças ou atos de força [...].[61]

A extensão dos territórios dos quais Israel deveria se retirar permaneceu ambígua, assim como a definição de uma "paz justa e duradoura", condição que em um mundo de estados soberanos se revelou difícil de sustentar em todos os casos. Como consequência, cada parte fez sua interpretação segundo o contexto das próprias convicções.

Em março de 1969, o presidente egípcio, Nasser, tentou acelerar o processo bombardeando as posições israelenses ao longo do canal de Suez com artilharia pesada. Israel retaliou com ataques aéreos de longo alcance que atingiram o interior do Egito. Nixon tomou uma série de decisões imediatas: atribuiu as negociações do Oriente Médio ao secretário de Estado William Rogers, ao mesmo tempo incumbindo-me de ensejar uma sequência em que a diplomacia do Oriente Médio viesse à tona somente após nossas tentativas em relação ao Vietnã, de modo a evitar controvérsia doméstica simultânea por duas questões diferentes.

Os esforços de mediação de Rogers produziram com o aval das Nações Unidas um acordo de cessar-fogo ao longo do canal de Suez, estabelecendo uma zona desmilitarizada de cinquenta quilômetros de largura dos dois lados do canal. Rogers fez a proposta em 19 de junho de 1970 e a anunciou em 7 de agosto. Nasser e os soviéticos a violaram imediatamente, colocando cinquenta baterias de mísseis antiaéreos avançados fornecidas pelos soviéticos na zona desmilitarizada ao longo da margem ocidental do canal.*

---

* Isso possibilitou ao Egito reunir forças, criando as condições para a Guerra de Outubro três anos depois sob a proteção dos mísseis terra-ar.

Um conflito militar no canal, assim, parecia iminente e um subgrupo do Conselho de Segurança Nacional concluiu que Israel era o candidato mais provável a iniciá-lo. Nixon discordou da avaliação. Ele não acreditava que os israelenses fossem iniciar um conflito tão longe de suas fronteiras; uma ação como essa, argumentou, podia desencadear um confronto com a União Soviética ou uma guerra mais ampla. Um conflito ao longo do canal de Suez envolvia interesses de segurança estadunidenses; se necessário, as forças dos Estados Unidos deveriam ser envolvidas de modo a produzir a máxima dissuasão da União Soviética. Ele reservou para si iniciar tal ação e proibiu análises enquanto não a aprovasse. A questão assim se acalmou por algumas semanas até o centro de gravidade na crise do Oriente Médio mudar do canal de Suez para o futuro do Estado jordaniano.

Durante esse período, a busca de Nixon por uma abordagem abrangente se concentrou em diminuir o papel crucial que a assistência militar soviética desempenhava como estímulo dos planos árabes radicais.[62] Nas discussões matinais diárias na sala privada de Nixon na Casa Branca, raciocinamos que o Egito e a Síria mudariam a pressão assim que percebessem que os Estados Unidos estavam preparados para frustrar a assistência soviética, que fornecia desde aviões MiG e artilharia pesada até cerca de 20 mil consultores militares para as forças terrestres no local. Como complemento para impedir essa estratégia e restringir as baterias antiaéreas, planejamos apoiar negociações sérias para a paz no Oriente Médio contanto que os estados árabes tratassem diretamente com Israel.

Entusiasmado com essa abordagem, Nixon instou-me a começar a me referir a ela publicamente; assim, durante uma conversa com um jornalista no início do governo Nixon, expliquei: "Estamos tentando expulsar a presença militar soviética, não tanto os consultores, mas os pilotos militares e o pessoal de combate, antes que fiquem firmemente estabelecidos".[63]

O primeiro teste da estratégia veio em setembro de 1970, quando a Organização para a Libertação da Palestina (OLP), um grupo terrorista anti-Israel formado no Cairo em 1964, sequestrou quatro aviões comerciais do Ocidente e aterrissou três deles na Jordânia. (O quarto, que desceu no Cairo, foi explodido pouco após a libertação dos passageiros.)[64] Com a ação, dando início à série de eventos que no mundo árabe viriam a ser chamados de "Setembro Negro", terroristas palestinos estavam prestes a transformar a Jordânia soberana numa base operacional.

O rei Hussein, um bravo monarca que enfrentara décadas de hostilidade dos vizinhos árabes, assim como as inquietações israelenses de segurança, com habilidade diplomática e coragem, partiu para a briga. Ele fechou os campos de refugiados palestinos em solo jordaniano, que haviam se tornado bases da OLP, e expulsou os residentes, que foram principalmente para o Líbano.

Em meio às tensões crescentes, os exércitos sírio e iraquiano passaram a concentrar forças em suas fronteiras com a Jordânia. Uma série de reuniões do Grupo de Ação Especial de Washington (WSAG) se seguiu do nosso lado. (O WSAG era um grupo interagências flexível no nível de vice-secretário que coordenava a gestão de crises sob a presidência do consultor de segurança.) Concluímos que Hussein não cederia e que Israel não toleraria um ataque militar de seus vizinhos à Jordânia. Quando essas opiniões foram levadas a Nixon, ele repetiu enfaticamente suas instruções sobre a crise de Suez: a Jordânia precisava ser preservada, mas a ação israelense nesse sentido não deveria ser empreendida sem aprovação dos Estados Unidos, e a ação militar estadunidense não podia ter lugar ou ser especificamente ameaçada sem seu consentimento.

Em 18 de setembro, uma divisão blindada síria atravessou a fronteira jordaniana e avançou sobre a cidade de Irbid. O rei Hussein resistiu e pediu apoio estadunidense.

A crise evoluíra para um desafio estratégico direto. Caso a Jordânia se desintegrasse e exércitos árabes aparecessem na fronteira leste de Israel, poderia resultar numa guerra que atrairia forças soviéticas à região para apoiar os consultores soviéticos que já estavam com as forças armadas síria e iraquiana. A oposição militar israelense era assim provável, e o apoio estadunidense a ela, ao menos diplomaticamente, essencial.

Gestões de crise às vezes produzem incongruências. Quando, num domingo à noite,[65] cheguei trazendo as notícias da invasão síria da Jordânia a Nixon, ele estava jogando boliche no porão do Edifício do Gabinete Executivo Eisenhower (coisa muito rara). Era importante impedir uma piora da crise jordaniana, mas tampouco podíamos permitir que uma ocupação síria de partes estratégicas da Jordânia, obtida com armas e consultores soviéticos, virasse um *fait accompli*. Quando lhe apresentei essas questões, Nixon autorizou os primeiros passos para conter a crise e reverter a aventura síria. Em sua presença — ainda na pista de boliche —, telefonei para Yitzhak Rabin, na época embaixador israelense em Washington, para informá-lo que não deixaríamos a invasão síria por isso mesmo. Apoiaríamos a mobilização de forças israelenses para ameaçar o flanco sírio, mas a *ação militar* deveria aguardar novas discussões. Então liguei para o secretário de Estado Rogers para informá-lo sobre a opinião do presidente. Ele respondeu que estava desconfortável com a ação militar, mas que pediria a Joe Sisco, assistente do secretário de Estado, para comparecer à Sala de Crise na Casa Branca e ajudar a coordenar a diplomacia. A seu modo típico, Nixon não estava preparado para administrar uma crise na Casa Branca em roupas de boliche. Ele desapareceu por alguns minutos para vestir um terno e se juntar a Sisco e a mim na Sala de Crise.

A diplomacia convencional sugeriria apelar a ambas as partes por moderação e providenciar algum tipo de conferência diplomática para resolver questões excepcionais. Mas nas circunstâncias da época, tais gestos provavelmente teriam acelerado a crise, proporcionando ao agressor tempo para ampliar suas conquistas. A convocação para uma conferência internacional *antes* de uma retirada síria teria recompensado tanto o sequestro dos aviões como a invasão.

Também teria estabelecido uma presença militar síria profunda em território jordaniano. E mais do que apartar os regimes árabes de seus apoiadores soviéticos, como nossa política imaginava, tal ação estadunidense provavelmente teria reforçado sua dependência de Moscou.

Quanto maior a conferência, mais difícil chegar a um consenso. A recusa em reconhecer o direito de Israel de existir estava embutida na diplomacia árabe desde a fundação do Estado. Embora, de sua parte, a maioria dos países europeus apoiasse a legitimidade de Israel, opunham-se a sua insistência em negociações diretas antes de um cessar-fogo. E mesmo que tudo isso não viesse ao caso, o ritmo da diplomacia ainda assim teria sido inerentemente mais lento que o avanço das forças armadas sírias com seus consultores soviéticos mobilizados na Jordânia.

Assim, Nixon decidiu na Sala de Crise que quaisquer apelos por moderação de outros países fossem dirigidos em primeiro lugar aos invasores sírios e a seus apoiadores soviéticos. Insistiríamos na retirada síria da Jordânia como condição prévia para as negociações. Essa política exigia certa demonstração do compromisso estadunidense. Nixon assim elevou o nível de alerta das forças dos Estados Unidos na Europa em um grau. Marinheiros da Sexta Frota foram chamados de volta a seus navios no Mediterrâneo, e nos Estados Unidos a 82ª Divisão Aerotransportada ficou a postos para a potencial ação.[66]

O alerta — quase exclusivamente para forças convencionais — destinava-se a advertir as partes envolvidas, especialmente a União Soviética e a Síria, de que a ação militar estadunidense estava sendo considerada.

Tendo determinado a estratégia, Nixon seguiu sua prática usual de deixar a implementação para os subordinados. Ele saiu da Sala de Crise, deixando Sisco, o general Alexander Haig (na época meu vice) e eu para cuidar dos detalhes. Uma mensagem para a primeira-ministra israelense Golda Meir, em nome de Nixon, declarava que os Estados Unidos resistiriam à intervenção de potências externas — querendo dizer a União Soviética — e exortava-a a não ir além da mobilização existente a fim de proporcionar a nossa estratégia tempo para se estabelecer. A mensagem para o rei Hussein indicava que podia contar com nosso apoio para restaurar o status quo. Também foram enviadas mensagens a aliados da Otan notificando-os sobre as decisões de prontidão e o raciocínio por trás delas.

Diante dessa demonstração da recusa estadunidense em tolerar a pressão militar síria apoiada pela União Soviética, Moscou deu por encerrada sua parte na crise. Procurando-me durante uma recepção diplomática em uma embaixada na manhã seguinte, 21 de setembro, o vice de Dobrynin chamou-me de lado para informar que os consultores soviéticos haviam deixado as forças sírias quando penetravam na Jordânia. Com o apoio soviético substancialmente removido, as tropas sírias voltaram enfim a suas bases e Hussein retomou o controle de seu país.

Essa estratégia de lidar com a crise jordaniana refletia um padrão que seria recorrente na gestão de crises subsequente de Nixon: um período de reflexão, seguido de um movimento súbito e amplo o bastante para convencer o adversário de que a nova situação oferecia um risco inaceitável. Em ambos os aspectos, a experiência de setembro de 1970 seria uma prévia da crise ainda mais significativa no Oriente Médio em outubro de 1973.

A GUERRA DO ORIENTE MÉDIO DE 1973

Mesmo enquanto a União Soviética começava a explorar a coexistência com os Estados Unidos, ajuda e armas fluíam de Moscou para os estados clientes árabes, elevando a possibilidade de mais um confronto. Nos Estados

Unidos, mudanças significativas também haviam ocorrido. Em novembro de 1972, Nixon foi reeleito pela segunda maior margem de votação popular na história estadunidense. Ele pretendia substituir o secretário de Estado Rogers, mas ainda não se decidira por um sucessor, o que explicava em parte o ritmo vagaroso da diplomacia no Oriente Médio. Mas o motivo básico era que Nixon estava determinado a evitar um debate doméstico simultâneo sobre o Vietnã e o Oriente Médio e, portanto, a postergar a diplomacia do Oriente Médio para depois da eleição. Em agosto de 1973, Nixon decidiu nomear-me secretário; fui confirmado em 21 de setembro.

Duas semanas depois, em 6 de outubro, uma guerra no Oriente Médio teve início quando o Egito e a Síria invadiram o Sinai e as colinas de Golã. Ao mesmo tempo, a crise de Watergate se acelerara rapidamente depois que John Dean, o conselheiro da Casa Branca, denunciou irregularidades no governo (e seu próprio papel nelas) ao advogado-geral.

No Oriente Médio, o equilíbrio dos incentivos árabes se alterara sob o impacto da crise jordaniana e a morte, em setembro de 1970, de Gamal Abdel Nasser, do Egito, que fora a força motriz por trás da política de confrontação árabe. Seu sucessor foi Anwar Sadat, que a princípio buscou a estratégia do predecessor de recorrer aos soviéticos para provocar a pressão estadunidense sobre Israel para se retirar do Sinai. Mas a seguir, no verão de 1972, Sadat expulsou abruptamente os mais de 20 mil consultores militares soviéticos que haviam sido mobilizados no Egito e ordenou a apreensão de suas instalações e equipamento pesado.* Em fevereiro de 1973, ele enviou seu assessor de segurança à Casa Branca para sondar a atitude estadunidense em uma nego-ciação renovada.

Os termos de Ismail permaneciam essencialmente os mesmos que antes haviam produzido o impasse com Israel: o recuo israelense para as fronteiras de 1967 como requisito para o reconhecimento e as conversas diretas. Um novo aspecto da mensagem era a sugestão de que o Egito poderia empreender esses passos em uma base nacional separada de seus aliados árabes.

Nixon recebeu Ismail na Sala Oval e lhe contou que empreenderíamos um esforço de paz após as eleições israelenses em novembro, cumprindo um acordo a que Nixon chegara em 1972 com Golda Meir. Reiterei as garantias de Nixon

---

* Para um relato mais completo desses eventos, ver capítulo 4, pp. 263-7.

em um encontro privado subsequente e esbocei as possíveis aplicações. Para Sadat, seria uma perspectiva incerta demais, na medida em que as eleições israelenses eram (e são) em geral seguidas por semanas — às vezes meses — de negociações para formar um gabinete. Em vez disso, a 6 de outubro — Yom Kippur, o dia mais sagrado no calendário judaico, quando a maioria dos israelenses está nas sinagogas —, Sadat guardava uma surpresa chocante tanto para Israel como para os Estados Unidos. Forças egípcias atravessaram o canal de Suez e forças sírias avançaram pelas colinas de Golã. O ataque súbito pegou israelenses, estadunidenses e o resto do mundo desprevenidos e despreparados.

Naquele exato momento, Nixon lidava com Watergate e suas consequências. A 6 de outubro, o primeiro dia da guerra, ele enfrentava a iminente renúncia do vice-presidente Spiro Agnew, que fora acusado de corrupção em seu cargo anterior como governador de Maryland. Em 20 de outubro, no que a mídia apelidou de "Massacre do Sábado à Noite", Nixon demitiu o advogado-geral Elliot Richardson e seu vice, William Ruckelshaus, que relutavam em demitir o promotor especial Archibald Cox. O advogado-geral interino Robert Bork cuidou disso, levando à abertura do processo de impeachment contra Nixon na Câmara dos Representantes.

A despeito dessa sucessão de desastres políticos domésticos, os Estados Unidos assumiram um papel central em trazer o cessar-fogo e iniciar um processo de paz no Oriente Médio que duraria por muitas décadas. Nixon nunca perdeu de vista os objetivos estratégicos centrais: continuar uma diplomacia criativa com os estados árabes, manter a segurança de Israel, enfraquecer a posição da União Soviética e sair da guerra com uma diplomacia estadunidense sustentável operando pela paz. Essa característica central da diplomacia fora prefigurada na crise da Jordânia, três anos antes: para evitar impasses e a multiplicação das tensões, estávamos determinados a prevenir uma desastrada conferência de todas as partes cobrindo todas as questões. A alternativa era uma abordagem passo a passo que envolvia partes genuinamente preparadas para se mover em direção à paz. A exequibilidade dessa abordagem seria determinada pelos resultados das batalhas travadas na época.

O ataque surpresa desestabilizara o establishment militar israelense. De modo similar, a falta de preparo dos nossos próprios serviços de inteligência fora exposta em sua avaliação inicial sugerindo ter sido *Israel*, não Egito e Síria, que lançara o ataque surpresa, e que uma debandada dos exércitos árabes era iminente. Na verdade, as forças armadas egípcias atravessaram o canal de Suez e estabeleceram um cinturão dezesseis quilômetros adentro na península do Sinai, que mantiveram diante dos numerosos contra-ataques israelenses devidos à cobertura dos mísseis terra-ar soviéticos, que neutralizaram a força aérea israelense. O exército sírio, enquanto isso, capturou parte das colinas de Golã; a certa altura, um grande avanço sírio por Israel propriamente dito pareceu possível.

Mas, no quarto dia, 9 de outubro, as reservas israelenses haviam sido plenamente mobilizadas e suas forças se deslocavam. Em Washington, no início daquela manhã, uma vitória israelense era considerada próxima.

Em busca de nossos objetivos, Nixon havia liberado, a partir do segundo dia da guerra, equipamento militar high-tech para transporte por aviões comerciais israelenses. O desafio passou a ser a maneira de repor as extensas perdas de tanques e aviões de Israel. O adido militar israelense, general Mordechai Gur, contatou-me a 9 de outubro com um pedido urgente. As perdas israelenses haviam sido inesperadamente grandes — tamanhas, de fato, que a primeira-ministra estava preparada para viajar a Washington e fazer o pedido em pessoa. Afirmei que tal visita iria transmitir uma impressão de desespero. Acima de tudo, Nixon estava lidando com a renúncia iminente do vice-presidente Agnew. No fim desse dia, Nixon autorizou-me a assegurar ao embaixador israelense que substituiríamos todas as perdas israelenses após a guerra e que os israelenses deveriam usar suas reservas enquanto o reabastecimento estivesse sendo organizado e conduzido.

Disso seguiu-se quase um impasse técnico e político. A capacidade de transporte aéreo estadunidense em períodos de paz é ampliada pela autoridade do Pentágono em requisitar aeronaves civis. Mas as linhas comerciais relutavam em operar em uma zona de combate e um obstáculo técnico se transformou em político: para chegar a Israel saindo dos Estados Unidos, aviões civis precisavam descer para reabastecer, e Portugal e Espanha — as paradas mais adequadas — se recusavam a permitir o reabastecimento por sua preocupação com as reações árabes e a pressão soviética.

Quando essas complicações se estenderam pelo sétimo dia da guerra (12 de outubro), Nixon tomou uma decisão característica: ordenou o uso de transporte aéreo militar, que não exigia reabastecimento, para levar o que fosse necessário. Mais do que mera decisão tática, ele forneceu aos israelenses os meios de reverter seus reveses iniciais, o que representou um importante aumento do envolvimento estadunidense na guerra. Durante uma reunião na Casa Branca para discutir a crise na manhã de 12 de outubro, Nixon rejeitou sugestões de uso limitado de aviões militares, observando, "Seremos criticados tanto por três aviões como por trezentos". Em última análise, notou o presidente, nossa estratégia seria julgada por seu resultado político, e explicou, "nosso objetivo deve ser tal que possamos desempenhar um papel construtivo nas iniciativas diplomáticas para obter um genuíno acordo". Concordei, acrescentando, "Se pudermos manter nossa postura, estaremos numa posição melhor do que jamais estivemos em contribuir para um acordo".[67]

O objetivo prioritário continuava a ser a retomada do equilíbrio de forças primeiro no campo de batalha e então como prelúdio para a diplomacia. Nixon afirmou esse princípio geral durante um telefonema para mim dois dias depois:

A ideia é basicamente — a finalidade dos suprimentos não é apenas abastecer a guerra, a finalidade [é] manter o equilíbrio [...] pois somente com o equilíbrio nessa área pode haver um acordo justo que não se preste a um lado nem ao outro.[68]

A DIPLOMACIA DO CESSAR-FOGO

Enquanto o abastecimento aéreo era debatido em Washington, o embaixador israelense Simcha Dinitz me informou de uma nova iniciativa sugerida por Jerusalém. Golda Meir recebera as propostas de seu ministro da defesa, Moshe Dayan, e do chefe do estado-maior geral, David Elazar, para pedir por um cessar-fogo. Eles argumentavam que a nova linha egípcia ao longo de Suez seria difícil demais de ultrapassar até Israel ter encontrado maneiras de derrotar os mísseis antiaéreos soviéticos. Ela estava preparada para ir em frente, mas somente após uma contraofensiva israelense nas colinas de Golã ter feito progressos em ameaçar Damasco. Afirmei que veria se a Grã-Bretanha apoiaria uma resolução do Conselho de Segurança nesse sentido e programei-a para sábado, 13 de outubro.

O fim das operações no campo de batalha foi acelerado pelo transporte aéreo estadunidense e ajudado por um erro de cálculo de Sadat. Quando a ofensiva israelense nas colinas de Golã se dirigia a Damasco, o presidente sírio

Hafez al-Assad apelou a ele por ajuda. Baseado em seu compromisso com o aliado sírio, e superestimando o feito egípcio de atravessar o canal, Sadat rejeitou a proposta de cessar-fogo explorada pela Grã-Bretanha. Sua alternativa foi ordenar um ataque de duas divisões blindadas ao Sinai com o objetivo de dominar os desfiladeiros nas terras altas centrais. Mas essa ofensiva deslocou as forças blindadas egípcias para além do cinturão de mísseis terra-ar ao longo do canal, desse modo expondo-as a todo o poderio da força aérea israelense. No domingo, 14 de outubro, 250 tanques egípcios foram destruídos. Isso possibilitou aos blindados israelenses romper com o impasse ao longo do canal de Suez — que seus próprios comandantes haviam considerado insolúvel três dias antes — e cruzar o canal para o Egito a 16 de outubro.*

Na terça-feira, 18 de outubro, Sadat falou em cessar-fogo, e Dobrynin explorava a linguagem do cessar-fogo em Washington. Na sexta, 19 de outubro, os soviéticos me convidaram a Moscou para completar o processo com Brezhnev.

A situação militar egípcia a essa altura era suficientemente difícil para dissuadir os soviéticos de explorar nossas lides domésticas. Em Moscou, uma proposta de cessar-fogo foi finalizada com a aprovação de Nixon no domingo, 21 de outubro, e aprovada pelo Conselho de Segurança das Nações Unidas na segunda-feira, 22 de outubro.[69] O cessar-fogo, programado para entrar em vigor doze horas após aprovado, incluía também disposições para iniciar negociações entre as partes para um arranjo político.

Embora houvesse nos pedido para propor um cessar-fogo três dias antes, a liderança israelense hesitou em aceitá-lo, buscando explorar um pouco mais seu avanço pelo canal de Suez. Como resultado, voltei de Moscou para Washington via Israel, e durante meu percurso Israel aceitou o cessar-fogo. Chegando a Washington no mesmo dia em que começara em Moscou, descobri que o cessar-fogo se provara mais fácil de declarar do que de implementar. Ele foi quebrado quase imediatamente. Em negociações assim, as partes com frequência buscam linhas de cessar-fogo favoráveis para si mesmas. Essa quebra particular, porém, não foi tática, mas estratégica. Afinal, as forças israelenses que avançavam rumo à cidade de Suez estavam prestes a encurralar o Terceiro Exército egípcio a leste do canal.

---

* Para um relato completo, ver capítulo 4, pp. 267-73.

Para Moscou, tal acontecimento ocorrer alguns dias após terem trabalhado em conjunto em uma proposta de cessar-fogo soou como uma afronta direta e deliberada. No anoitecer da quarta-feira, 24 de outubro, as comunicações de Moscou eram cada vez mais ameaçadoras, culminando em uma mensagem ominosa de Brezhnev por volta das nove da noite. Após contar a versão soviética dos eventos desde as negociações no fim de semana anterior, ele propôs que forças militares soviéticas e estadunidenses empreendessem uma ação conjunta para implementar o cessar-fogo. E advertiu:

> Vou logo dizendo que se acha impossível agir em conjunto conosco nesse assunto, devemos estar diante da necessidade urgente de considerar a questão de dar os passos apropriados de forma unilateral. Não podemos permitir arbitrariedade por parte de Israel.[70]

Enfrentávamos o período mais dramático e humanamente desafiador da presidência de Nixon. A inteligência nos informou que as divisões aerotransportadas soviéticas estavam sendo preparadas e que armas high-tech soviéticas entravam no Mediterrâneo por mar. Convoquei uma reunião WSAG de alto escalão na Sala de Crise. (Na época eu servia simultaneamente como secretário de Estado e assessor de segurança nacional.) O desafio era simultaneamente rejeitar a proposta de mobilização militar conjunta dos soviéticos no Oriente Médio dirigida contra um importante aliado (algo que, dadas as circunstâncias, alteraria o equilíbrio político de maneira drástica) e impedir uma ação militar unilateral de Moscou.

A reunião teve lugar numa atmosfera de dramaticidade. Semanas de estresse pessoal e internacional haviam levado Nixon à exaustão, obrigando os médicos da Casa Branca a insistir que se recolhesse antes da chegada da mensagem de Brezhnev. Logo, foi necessário tomar decisões de uma maneira incomum. O CSN estava convencido de que os Estados Unidos não podiam considerar a mobilização de forças como um tampão entre Israel, um aliado estadunidense, e o Egito, país cujas operações militares eram propiciadas por armamentos soviéticos e que era abastecido mediante transporte aéreo soviético. Mas os Estados Unidos tampouco podiam tolerar forças de combate soviéticas na região executando planos estratégicos de maneira unilateral. As opiniões eram unânimes nessas questões.

O CSN chegou ao consenso de que precisávamos para rejeitar a proposta de Brezhnev. Mas ainda restava dissuadir os soviéticos de tomar medidas unilaterais. A reunião então prosseguiu na ausência do presidente, com o general Haig (que substituíra Haldeman como chefe de estado-maior) atuando como seu oficial de ligação enquanto eu lidava com os contatos diplomáticos. Liguei da reunião para o embaixador Dobrynin e o adverti sobre a ação soviética unilateral, informando que uma resposta formal à nota de Brezhnev estava sendo preparada. Seguindo procedimentos criados a partir de decisões prévias e da experiência com a crise da Jordânia, o CSN recomendou medidas para impedir ações soviéticas imediatas, incluindo elevar o nível de alerta nuclear para DEFCON 3, significando uma crise séria, mas sem preparação para a guerra nuclear.

Em uma resposta à carta de Brezhnev em nome do presidente, rejeitamos a proposta de uma mobilização americano-soviética conjunta no Egito, mas reiteramos o compromisso estadunidense com a consulta diplomática sobre o processo de paz. Seguramos a carta por algumas horas para permitir que o impacto do alerta fosse absorvido e consultas internas e aliadas tivessem lugar. No intervalo, atualizei embaixadores da Otan e outros aliados, especialmente Israel.

Devido às frequentes interações entre as partes envolvidas, permaneci na Sala de Crise enquanto o general Haig saía de tempos em tempos para coordenar com o presidente. Desse modo, com a convicção unânime do CSN — nunca contestada em vazamentos ou memórias — de que o tempo era crucial para prevenir um movimento soviético irreversível, os propósitos estratégicos de Nixon foram cumpridos.

Ao amanhecer, Nixon voltou à Sala Oval e endossou os detalhes da recomendação do CSN. Ao meio-dia, Brezhnev, em plena retirada, respondeu ao presidente, alterando seu pedido por uma intervenção militar conjunta com uma contraproposta de que ambas as nações enviassem quantidade limitada de observadores para fazer relatórios sobre o cessar-fogo. Em uma coletiva de imprensa, Nixon resumiu o ocorrido, enfatizando a oposição estadunidense à introdução de forças soviéticas no conflito existente, bem como nossa disposição de desempenhar um papel central na busca pela paz.

O que motivara o recuo de Brezhnev? Sua decisão estava de acordo com um padrão geral de conduta da União Soviética durante toda a crise de 1973, que fora cuidadosa em apoiar seus parceiros do Oriente Médio diplomática e materialmente com transporte aéreo, mas também em evitar a détente comprometedora confrontando os Estados Unidos com seu poderio militar. Também pode ter antecipado o enfraquecimento da determinação soviética e um declínio econômico e social mais geral, que culminaria dezoito anos depois na queda do império.

O PROCESSO DE PAZ DO ORIENTE MÉDIO

Para que um processo de paz na região tivesse alguma chance de progredir, a primeira tarefa era harmonizar as exigências aparentemente irreconciliáveis das partes beligerantes. Israel insistia no reconhecimento diplomático como condição para cessar as hostilidades; o pré-requisito de Egito e Síria era que Israel concordasse em voltar às fronteiras de 1967. Um lado não aceitava os requisitos do outro e ambos rejeitavam um acordo provisório como ponto de partida.

As complicações não paravam por aí. Se todas as partes do cessar-fogo, incluindo a União Soviética, fossem participar de um processo de paz, as mais intransigentes dariam seu veto na conferência resultante — proporcionando aos soviéticos ou estados árabes radicais uma oportunidade de frustrar o Ocidente na busca de seus objetivos na Guerra Fria. Não obstante, decidimos legitimar as negociações por meio de uma conferência multilateral envolvendo todas as partes. Caso um impasse surgisse, porém, transformaríamos o processo em um empreendimento passo a passo com os partidos que estivessem preparados para prosseguir.

A conferência foi marcada para 22 de dezembro de 1973, em Genebra, convidando todas as partes a um cessar-fogo. Assad se recusou a comparecer. Sadat — não querendo ficar sujeito a um veto soviético — assumiu a liderança diplomática ao exortar uma abordagem passo a passo. Israel insistiu em uma estratégia paralela baseada numa série de concessões mútuas, processo mais tarde descrito pelo primeiro-ministro Yitzhak Rabin como trocar "um pouco de terra por um pouco de paz". Não havia possibilidade nesse estágio de um acordo geral, e esse foi o único encontro. Seguiu-se uma abordagem passo a passo.

Uma série de acordos para o Oriente Médio foram obtidos com a mediação estadunidense durante o governo Nixon. Em janeiro de 1974, Egito e Israel chegaram a um acordo de retirada que criou uma zona-tampão ao longo do canal de Suez, apartou as forças militares e impôs restrições a suas movimentações e arsenais em cada zona. Em junho de 1974, um acordo de retirada essencialmente militar foi obtido entre Síria e Israel. Suas disposições técnicas e observáveis baseavam-se em proibir a mobilização de armas pesadas de parte a parte no raio de alcance da linha de frente adversária. Essa limitação se revelou suficiente para manter coibições mútuas essenciais entre os dois países no meio século transcorrido desde que o acordo de retirada foi negociado — incluindo durante a guerra civil síria iniciada em 2011.

Esses acordos só foram possíveis porque as partes envolvidas aceitaram a abordagem passo a passo, bem como porque confiaram aos Estados Unidos o papel de mediação. Todas elas tiveram que fazer sacrifícios para aceitar essa via: Egito e Síria, modificar a exigência de devolução dos territórios que consideravam seus como preço para ingressar nas negociações; Israel, abrir mão do território no Sinai e de suas posições avançadas na Síria em troca de promessas de paz que seriam, por definição, reversíveis.

Em 1975, esses acordos foram ampliados por outro acordo egípcio-israelense em que as forças israelenses deixariam os desfiladeiros do Sinai em troca de concessões políticas por parte do Cairo que abririam o canal de Suez e incluiriam nele o tráfego israelense. O acordo seria supervisionado por um posto de radar estadunidense no Sinai. No fim de 1976, Egito e Israel negociavam a cessação de seu estado de beligerância em troca de um novo recuo israelense dos desfiladeiros no centro do Sinai para uma linha indo de Ras Mohammad a El-Arish, a trinta quilômetros da fronteira egípcia-israelense.

A aquiescência do Kremlin nesse processo constituiu uma imensa transformação geopolítica numa região estrategicamente importante onde a URSS muito recentemente parecera prevalecer. Ao mesmo tempo, a vinculação e a abordagem de Nixon às negociações foram validadas. Durante a crise, a diplomacia da détente ensejou um canal de comunicação constante com Moscou, servindo para impedir colisões desnecessárias. Ainda mais importante, essa abordagem diplomática proporcionou aos soviéticos uma participação em outras questões com as quais relutavam em se comprometer, incluindo dialogar sobre o status de Berlim e o que fazer dos Acordos de Helsinque de 1975.

Em 1979, um acordo de paz formal entre Israel e Egito foi assinado numa cerimônia dramática no gramado da Casa Branca conduzida pelo presidente Carter, pelo primeiro-ministro israelense Begin e pelo presidente Sadat. O processo de paz, esboçado em 1974 em encontros ao café da manhã na sala privada de Nixon, fora consumado.[*]

BANGLADESH E AS INTERLIGAÇÕES DA GUERRA FRIA

Na segunda metade do século XX, o sistema internacional baseado no equilíbrio europeu do século XIX foi mais uma vez transformado. Em um desdobramento previsto um século antes pela ascensão de um Japão em processo de industrialização, civilizações asiáticas tradicionais como Índia e China começaram a ingressar no sistema internacional como grandes potências por direito próprio. Mais do que se fiar na disputa de alianças, que no século XIX caracterizara a competição pela preeminência na Europa, essas potências emergentes exibiam a capacidade de desafiar o equilíbrio global de maneira autônoma. Se a descolonização da Ásia e da África havia, pela primeira vez, estendido o sistema estatal vestfaliano ao resto do mundo, agora o crescimento do poderio indiano e chinês diminuía ainda mais a relativa força das antigas potências imperiais. A ordem internacional — até então definida pelas relações entre as potências ocidentais — passava a uma ordem mundial.

A decisão de Nixon de introduzir a China no sistema vestfaliano — negociando com o país não como um adjunto do bloco liderado pelos soviéticos, mas como seu contrapeso e um novo ator devidamente credenciado a receber atenção verdadeira — liberou o palco para combinações estratégicas inéditas. Explorando a crescente hostilidade entre as duas principais potências comunistas, seu gesto fez da busca pela ordem mundial um empreendimento verdadeiramente multipolar.

Em março de 1971, essa realidade incipiente se afirmou. Quase no exato momento em que diálogos com Zhou Enlai traziam a China ao sistema internacional — embora por ora ainda fosse um segredo —, o que começara como uma perturbação essencialmente regional na Ásia Meridional entre Paquistão

---

[*] Para um relato completo, ver capítulo 4, pp. 296-303.

e Índia rapidamente envolveu Estados Unidos, China e Rússia. O problema emergente no Paquistão Ocidental desse modo representou algo inédito: uma crise envolvendo três grandes potências nucleares, todas competindo como iguais em soberania.

As origens da crise remontavam às mais de duas décadas da partilha do subcontinente indiano em meio a um estarrecedor derramamento de sangue. Governado no período colonial como uma unidade vasta e singular, o Raj britânico em 1947 foi dividido pela descolonização em dois estados soberanos, a Índia e o Paquistão; este último foi, por sua vez, dividido em duas entidades, ambas sob a soberania paquistanesa, mas separadas entre si por 2 mil quilômetros de território indiano.

Dos dois estados, a Índia era de orientação secular e população amplamente hinduísta, embora tivesse um crescente e substancial elemento muçulmano. O Paquistão era explicitamente muçulmano, mas suas metades, étnica e linguisticamente diversas e geograficamente desconectadas, incluíam povos para os quais uma fé islâmica comum não fornecia um senso compartilhado de unidade, muito menos de coesão política.

Esse Estado paquistanês dividido era governado de Islamabad, no Paquistão Ocidental, onde a pluralidade punjabi dominava o exército nacional e outras instituições governamentais significativas. Historicamente, a população amplamente bengali do Paquistão Oriental fora dividida em uma variedade de facções que o governo central em Islamabad regularmente jogava umas contra as outras. Mas em janeiro de 1969, um protesto imenso explodiu no Paquistão Oriental levando à declaração de um novo Estado independente, Bangladesh, em 26 de março de 1971.

O início da crise não provocou uma reação estratégica imediata de nenhum grande ator internacional, com exceção da Índia. Em outubro de 1970, o presidente Yahya Khan, do Paquistão, visitou Nixon aproveitando uma sessão da Assembleia Geral das Nações Unidas, na mesma ocasião em que se encarregaria de repassar a Beijing o interesse de uma abertura para a China manifestado pelo presidente. Ele nos contou que pretendia realizar uma eleição em dezembro, da qual esperava que o Paquistão Oriental emergisse dividido em facções, permitindo-lhe continuar a explorar as divisões entre os bengalis.

Mas as eleições de dezembro de 1970 produziram o oposto das expectativas de Yahya Khan. No Paquistão Oriental, a Liga Awami, um partido político dedicado à autonomia de Bangladesh, obteve maioria absoluta. Em março seguinte, a ordem no Paquistão Oriental se desfizera e sua independência — ou, na visão do Paquistão Ocidental, secessão — fora proclamada sob a liderança do xeque Mujibur Rahman.

Procurando restabelecer o controle no Paquistão Oriental mediante a violência sistêmica, Yahya Khan agora abolia o sistema eleitoral e declarava lei marcial. O resultado foi um apavorante derramamento de sangue e uma torrente de refugiados saindo do Paquistão Oriental, a maioria pelas fronteiras indianas. Enquanto Islamabad tratava a questão toda como um assunto doméstico e rejeitava a interferência estrangeira, a Índia viu na crise uma oportunidade de encerrar seu cerco estratégico. Alegando que a quantidade cada vez maior de refugiados bengali em seu território minguava as finanças, começou a organizá-los como guerrilheiros antipaquistaneses.

Nos Estados Unidos, notícias do devastador preço humano do conflito causavam um impacto imediato à medida que a luta na remota Ásia Meridional se fundia ao debate doméstico existente sobre o caráter do poderio estadunidense e as questões morais suscitadas pelo Vietnã. O governo Nixon foi sujeito a críticas apaixonadas porque sua resposta não envolvia, como muitos desejavam, uma intensa condenação pública do Paquistão Ocidental. O discurso dos Estados Unidos sobre a situação no Paquistão Oriental seguiu sendo dominado pelos defensores dos direitos humanos, que por vezes usavam as páginas dos principais jornais para cobrar de Nixon a adoção de gestos na maior parte simbólicos.

As propostas iam de apoiar a formação de uma comissão de inquérito das Nações Unidas e a presença da Cruz Vermelha no Paquistão Oriental até de suspender toda ajuda militar e econômica estadunidense ao Paquistão Ocidental.[71] Mas para os tomadores de decisão dos Estados Unidos na época o cálculo era bem mais complexo. O Paquistão Ocidental já estava amplamente armado e, tragicamente, um embargo sobre as armas ou uma suspensão da ajuda não impediriam os líderes paquistaneses de usar seu exército contra o povo do Paquistão Oriental. Sem dúvida, tais medidas comunicariam a desaprovação estadunidense das indignidades paquistanesas, mas, ao mesmo tempo, diminuiriam a influência dos Estados Unidos e ameaçariam a nascente abertura para a China — da qual o Paquistão era nosso principal intermediário.

Paradoxalmente, os críticos compararam a reação do governo a essa mais nova crise com sua conduta no Vietnã — mas em termos diametralmente opostos: no Paquistão Oriental, a culpa foi atribuída à *ausência* de uma intervenção estadunidense numa crise distante, descrita como se os Estados Unidos compactuassem com a iniquidade; no Vietnã, os Estados Unidos foram condenados por seu envolvimento contínuo.

A reticência de Washington em se envolver publicamente na crise tinha pouco a ver com insensibilidade (embora algumas discussões internas não refletissem qualquer elevação moral); a Casa Branca de Nixon estava focada na abertura à China, e a tragédia se desenrolando no Paquistão Oriental coincidiu com isso e complicou nossas comunicações sobre a data e a agenda de minha viagem secreta a Beijing. Além do mais, o Paquistão era um aliado estadunidense devido ao acordo SEATO (Organização do Tratado do Sudeste Asiático), negociado pelo secretário de Estado John Foster Dulles em 1954.

Nenhuma outra política de Nixon foi considerada tão unidimensional quanto a que nos foi atribuída durante a evolução da crise paquistanesa, cuja culpa recaiu sobre sua aversão à primeira-ministra indiana, Indira Gandhi. Sem dúvida, suas críticas veementes da política estadunidense na Guerra Fria e, especialmente na Guerra do Vietnã, por muito tempo constituíram motivo de irritação — mas nada além disso. Em todo caso, a política na realidade era bem mais complexa. Assim que a crise começou, no início de março, a equipe do CSN concluiu que o desfecho provável — e desejável — era a autonomia e posterior independência do Paquistão Oriental. Mas ele esperava alcançar essa meta sem desafiar o Paquistão diretamente nem arruinar nosso canal com a China.

A Casa Branca aprovou uma imensa ajuda alimentar para socorrer os refugiados do Paquistão Oriental. Também conduzimos discussões secretas da CIA com representantes da Liga Awami com vistas à criação de contatos para possíveis negociações oficiais seguintes. O Departamento de Estado foi similarmente autorizado a estabelecer contatos entre a Liga Awami e a Índia; essas tentativas, porém, foram rejeitadas pelos indianos, cujo objetivo era encorajar o Paquistão Oriental não meramente a buscar autonomia política, e sim a se separar. No todo, a essência da política estadunidense durante a primeira fase (aproximadamente de março a julho de 1971) foi impedir uma crise regional de se tornar global e manter a possível transformação da Guerra Fria mediante a abertura para a China.

Ambos os intentos foram complicados por minha visita secreta à China. Na rota para Beijing, em julho de 1971, via Saigon, Bangcoc, Nova Delhi e Islamabad — e especialmente nestas duas últimas capitais —, fui exposto a uma série de opiniões sobre a crise na Ásia Meridional. A atitude indiana — particularmente da primeira-ministra Gandhi — era menos voltada à questão dos refugiados do que ao estabelecimento do Paquistão Oriental como país independente. Quando estava na Índia, delineei o apoio estadunidense ao problema dos refugiados, em especial o fornecimento de alimentos, e nossas tentativas de encorajar um diálogo com a Liga Awami. Embora atenciosos e educados, meus interlocutores indianos estavam acima de tudo — e enfaticamente — dedicados a transformar o que era na época metade de um adversário declarado em sua fronteira oriental num novo país que fosse neutro, ou até amigável, em relação à Índia. Em meu relatório a Nixon, levantei a possibilidade de que a Índia pudesse agir de acordo com suas professadas posturas geopolíticas e solucionar a crise mediante uma intervenção militar decisiva no Paquistão Oriental — um passo agressivo que podia convidar a uma resposta da China, aliada de longa data do Paquistão.[72]

Em minha parada seguinte, Islamabad, de onde partiria para a China na manhã seguinte, encontrei-me com o presidente Yahya Khan e o secretário de relações exteriores Sultan Khan. Meu relatório para Nixon sintetizou minhas discussões sobre a questão do Paquistão Oriental:

Enfatizei a importância de tentar apaziguar essa questão [do Paquistão Oriental] ao longo dos meses seguintes. Uma maneira de fazer isso, sugeri, talvez fosse tentar separar o máximo possível, ao menos aos olhos internacionais, a questão dos refugiados da questão de reconstruir a estrutura política do Paquistão Oriental. Se essa tentativa fosse feita, seria aparentemente importante o Paquistão reunir uma coleção de passos fundamentais em um pacote destinado a ter importante impacto tanto sobre os refugiados como sobre a comunidade mundial e talvez internacionalizar o esforço.[73]

Nossa recomendação foi, assim, combinar as várias medidas de reforma em que insistíamos em um pacote único para ajudar a reconstruir a estrutura política do Paquistão Oriental. O efeito prático seria a autonomia.

A abertura para a China foi anunciada em julho de 1971, com a viagem de Nixon a Beijing programada para fevereiro seguinte. Nesse verão, a crise de Bangladesh entrara em sua segunda fase. No Paquistão Oriental, os sistemáticos abusos dos direitos humanos haviam sido substancialmente reduzidos.* Gandhi, para se contrapor ao potencial realinhamento do sistema internacional mediante uma abertura estadunidense à China, não tentava mais disfarçar seu intento de promover a secessão do Paquistão Oriental. Ela acelerou o apoio indiano à campanha guerrilheira em Bengala e em agosto tomou outra medida para um confronto concluindo um acordo de amizade e assistência militar com a União Soviética.

Esse tratado marcou a primeira iniciativa soviética em uma estratégia para a Ásia Meridional que envolveria expandir substancialmente a ajuda militar e o apoio diplomático para a Índia.[74] Era uma resposta direta tanto à China como à estratégia estadunidense, transformando o conflito em Bangladesh de um desafio regional e humanitário em uma crise de dimensões estratégicas globais, nos moldes exatos do que procuráramos ansiosamente evitar. Se o Paquistão se desintegrasse sob a pressão soviético-indiana tão pouco tempo depois de ter facilitado nossa abertura à China, não só a iminente cúpula de Nixon em Beijing correria risco, como também ficaria abalada a mera premissa da estratégia chinesa, que era contrabalancear a União Soviética.

Nixon estava sob extraordinária pressão doméstica para se aliar à Índia, cuja democracia era amplamente admirada. A questão para a Casa Branca, porém, nunca fora a estrutura doméstica do Paquistão Oriental, mas a manutenção de um equilíbrio internacional apropriado. Enfatizei esse ponto para o embaixador indiano Lakshmi Jha durante uma série de reuniões no verão de 1971. Em 9 de agosto, relatei a Nixon a seguinte conversa com Jha:

> O interesse estadunidense era em uma Índia forte, autoconfiante, independente [...]. Bengala Oriental ganharia autonomia mesmo sem a intervenção indiana. Nós, de nossa parte, não tínhamos qualquer interesse no subcontinente a não ser ver uma Índia forte e desenvolvida e um Paquistão com independência. A Índia era uma potência mundial emergente; o Paquistão sempre seria uma potência regional.

---

* Embora nos últimos estágios do governo paquistanês algumas das antigas atrocidades houvessem se repetido.

Por todos esses motivos, o problema se resolveria por si só se separássemos a questão do auxílio da questão dos refugiados e a questão dos refugiados da questão da acomodação política. O embaixador afirmou que não tinha dificuldade em separar o auxílio dos refugiados, mas não via como separar os refugiados da acomodação política.[75]

A 11 de setembro, com o crescimento das tensões, repeti a posição estadunidense para o embaixador Jha:

> Não nos interessava manter Bengala Oriental como parte do Paquistão. Nosso interesse era prevenir o início de uma guerra e impedir que essa questão se transformasse em um conflito internacional. De resto, não assumiríamos nenhuma posição ativa tanto num sentido como no outro.[76]

À medida que a crise se agravava, começava a mostrar certos paralelos com as semanas que precederam o início da Primeira Guerra Mundial, em que duas coalizões de grandes potências entraram em confronto devido a um conflito regional que, inicialmente, não as afetava. Do ponto de vista estadunidense, mantínhamos que seria indesejável humilhar o Paquistão tão imediatamente após o país ter possibilitado nossa iniciativa com Beijing. Também era importante preservar o plano estratégico por trás da visita de Nixon à China — a saber, aliviar a pressão soviética sobre o mundo e reequilibrar a ordem internacional. Permitir à União Soviética penetrar na Ásia Meridional mediante sua nova aliança com a Índia solaparia esse segundo objetivo.

Mas nossa meta imediata, primordial, era impedir a deflagração da guerra no subcontinente. Em outubro de 1971, Yahya Khan voltou a visitar Washington e Nixon tocou na questão da autonomia para o Paquistão Oriental. Abalado pelas mobilizações militares por todo o Paquistão e pela desaprovação internacional, Yahya Khan prometia autonomia para o Paquistão Oriental após o estabelecimento de uma Assembleia Constituinte, planejada para março de 1972. Interpretamos a autonomia para o Paquistão Oriental como um prelúdio ao surgimento de uma Bangladesh independente.

Após Yahya Khan, seguiu-se uma desastrosa visita de Gandhi a Washington em 3-6 de novembro de 1971. A intratabilidade das questões foi agravada pelas reservas pessoais dos líderes em relação um ao outro. Quando Nixon informou

Gandhi que Khan concordara em trocar a lei marcial por um governo civil e a autonomia de Bangladesh, a primeira-ministra pouco se interessou. Estava engajada em uma Bangladesh independente, não numa região autônoma sob os auspícios estadunidenses. Ela era uma realista dura e brilhante, e chegara à conclusão de que o equilíbrio de forças existente lhe possibilitaria impor o desfecho estratégico indiano preferido.

A 4 de dezembro, na sequência dessas reuniões friamente formais na Casa Branca, a Índia invadiu o Paquistão Oriental, remodelando o conflito uma vez mais e conduzindo-o a sua terceira e última fase. Como Sadat, dois anos antes, Gandhi compreendeu que o uso unilateral de força poderia transformar os termos de um eventual acordo. Enquanto o Paquistão Oriental se afastava inexoravelmente rumo à autonomia, que ao que tudo indicava levaria à independência sob o impacto das forças indianas superiores, Nixon restringira sua crítica pública a declarações dadas nas Nações Unidas sobre o desrespeito da Índia por fronteiras internacionalmente reconhecidas. Mas quando Gandhi decidiu solucionar as disputas territoriais ao longo da fronteira *ocidental* da Índia por meio de medidas contra a região de ocupação paquistanesa da Caxemira — a província himalaia que fora por sua vez dividida em 1947, com a Índia detendo a porção maior e historicamente mais significativa —, Nixon se tornou cada vez mais ativo. A Índia, apoiada pelo exército soviético e pela ajuda diplomática, conseguiu desmembrar o Paquistão de província em província. E se o Paquistão estivesse à beira da dissolução como resultado de uma aliança indiano-soviética, a China talvez se envolvesse diretamente no combate, levando a uma guerra tremenda que dilaceraria a ordem global. Em todo caso, tal sequência de eventos demonstraria uma espécie de irrelevância estadunidense enquanto região estrategicamente importante.

Nixon havia se preparado para deixar a evolução doméstica do Paquistão Oriental à liderança interna de Bangladesh, que buscava independência. Mas ele pôs um limite ao conluio indiano-soviético que ameaçava a existência do Paquistão Ocidental. Caracteristicamente, não permitiu qualquer ambiguidade quanto à posição estadunidense. Para transmitir que os Estados Unidos tinham um compromisso com o equilíbrio estratégico na Ásia Meridional, ordenou que uma força-tarefa da Sétima Frota, liderada pelo porta-aviões USS *Enterprise*, se deslocasse para a baía de Bengala. Também autorizou-me a sugerir quando apresentasse meu relatório sobre a situação que o sucesso na cúpula iminente de Moscou dependeria da conduta soviética na crise da Ásia Meridional, insinuando estar pronto para suspender a cúpula no caso de contestações soviéticas. Querendo chegar a uma solução pública, Nixon fez uma proposta formal a todas as partes para um cessar-fogo imediato.

Um dramático momento de decisão havia chegado — dois meses antes da cúpula de Beijing e cinco meses antes da de Moscou. Na noite de sexta, 10 de dezembro de 1971, reuni-me com Huang Hua, primeiro embaixador de Beijing nas Nações Unidas. Durante o encontro, que fora solicitado pela China, o embaixador advertiu que seu país não ficaria quieto caso as atuais tendências militares continuassem. Na manhã de domingo, a tensão aumentou quando ele solicitou nova reunião, elevando as preocupações de que o propósito chinês pudesse ser nos informar de alguma movimentação militar chinesa. O pedido chegou quando Nixon e eu estávamos prestes a embarcar num voo para os Açores, onde nos encontraríamos com o presidente francês Georges Pompidou para discutir o recente abandono estadunidense do padrão-ouro. Nixon achou que não podia cancelar o encontro tão em cima da hora sem causar pânico financeiro e pediu-me que o acompanhasse caso houvesse um agravamento da situação no subcontinente.

Assim Alexander Haig, na época meu vice, representou os Estados Unidos no segundo encontro com Huang Hua. O que dizer se a China anunciasse a ação militar? E se a União Soviética respondesse? Nixon instruiu Haig a usar a fórmula que empregáramos para Israel durante a invasão síria da Jordânia, em 1970: Haig não deveria fazer comentários específicos, mas estava autorizado a dizer que os Estados Unidos não ficariam *indiferentes* a um movimento militar soviético.

No episódio, as instruções não precisaram ser usadas. A mensagem chinesa basicamente repetiu a mesma advertência de dois dias antes, agora suavizada pelo apoio de nossa proposta de cessar-fogo. Na terça, 16 de dezembro de 1971, a Índia proclamou o cessar-fogo no teatro ocidental, ao menos em parte como resposta ao apelo de Nixon.[77]

A resolução do conflito se revelou um ponto de virada na Guerra Fria, embora na época, assim como para a maioria hoje, não fosse reconhecida como tal. A oferta de cessar-fogo da Índia resultou em parte da disposição de Nixon em usar sinalização militar e diplomacia de alto escalão para trazer um equilíbrio estratégico e desse modo apaziguar a crise. Sua conduta punha em risco cúpulas planejadas tanto com Beijing como com Moscou. Ao mesmo tempo, demonstrava a disposição de usar o poderio estadunidense com determinação para propósitos geopolíticos — lição que não passou despercebida de tradicionais aliados.

A crise de Bangladesh é com frequência descrita em termos dos debates da década de 1960 sobre os deveres morais estadunidenses no mundo. Também pode ser vista como a primeira crise no formato da primeira ordem genuinamente global na história do mundo. Em ambos os aspectos, moral e estratégico, a conclusão relativamente rápida para a crise do Paquistão Oriental — menos de um ano — de uma maneira favorável à ordem mundial e aos valores humanistas contrasta de maneira nítida com a guerra civil síria, que durou mais de uma década a partir de 2011 — para não mencionar os conflitos em andamento na Líbia, no Iêmen e no Sudão.

Em Bangladesh, os Estados Unidos agiram a partir de uma definição cuidadosamente considerada do interesse nacional. Ela focou seus principais objetivos estratégicos, ajustando-os às circunstâncias em evolução e às capacidades estadunidenses. Além de levar considerações humanitárias a sério e adotar medidas exequíveis significativas em prol delas.

A crise de Bangladesh representou um passo importante na transformação da Guerra Fria de uma estrutura bipolar rígida em um equilíbrio global mais complexo envolvendo a Ásia como um elemento emergente. Graças à combinação de diplomacia, audácia e refreamento exercidos nos momentos apropriados, as chances de uma guerra mundial por causa de Bangladesh foram de possíveis a inconcebíveis. Em última análise, cada participante na crise ganhou o suficiente — ou, no caso do Paquistão, perdeu suficientemente pouco — para que décadas depois nenhum país tenha perturbado o arranjo.

Dentro de dois meses, a cúpula com Mao prosseguiu tal como programado, resultando no Comunicado de Shanghai, em que tanto China como Estados Unidos declararam sua oposição a qualquer potência que tentasse alcançar a hegemonia na Ásia. Bangladesh conquistou sua independência; os Estados Unidos reconheceram o novo status de Bangladesh menos de quatro meses após o cessar-fogo.[78] Embora as relações dos Estados Unidos tanto com a Índia como com a União Soviética houvessem ficado tensas, a cúpula de Moscou ocorreu em maio de 1972 segundo o cronograma estabelecido antes da crise na Ásia Meridional e no fim das contas levou a resultados que puseram o futuro da Guerra Fria nos trilhos de um desfecho pacífico. As relações estadunidenses com a Índia começaram a melhorar em dois anos e permaneceram numa trajetória positiva desde então. Durante minha visita a Nova Delhi em 1974, os dois países criaram a Comissão de Cooperação EUA-Índia, que veio a ser a base institucional para uma sincronização dos interesses que continuam a se acelerar até o momento presente.[79]

NIXON E A CRISE ESTADUNIDENSE

A memória histórica com frequência é dotada da aparência de inevitabilidade; apagam-se a dúvida, o risco e a natureza contingente dos eventos que acompanham — e, por vezes, ameaçam esmagar — os participantes do momento. A liderança de Nixon consistiu na perseverança para superar seu próprio senso latente de fatalismo e, em meio à angústia da incerteza, fundir tendências geopolíticas complexas em uma definição ampla de interesse nacional e mantê-la em face da adversidade. Nixon trabalhava na convicção de que a paz era a consequência frágil e perigosamente efêmera da atuação diligente do estadista em um mundo onde a tensão e o conflito eram quase predeterminados. Cabia ao estadista procurar resolver os conflitos com base numa visão inspirada do futuro.

No enterro de Richard Nixon, em 1994, comentei que ele havia "promovido a visão de paz de sua juventude quacre". Isso é verdade num sentido óbvio e imediato: ele trouxe as tropas estadunidenses de volta do Vietnã, ajudou a encerrar guerras no Oriente Médio e na Ásia Meridional e introduziu incentivos para conter a competição entre superpotências com os soviéticos mais por meio de iniciativas diplomáticas que de concessões unilaterais. Mas sua visão da paz também se manifestou no modo como remodelou a ordem mundial ao introduzir a multipolaridade no sistema global com a abertura para a China, promovendo ao mesmo tempo os interesses estadunidenses e a estabilidade geral.

Ao ajustar o papel dos Estados Unidos de uma dominação hesitante para uma liderança criativa, Nixon foi, por algum tempo, bem-sucedido. Mas o colapso de seu governo devido à tragédia de Watergate em agosto de 1974, agravado pela queda de Saigon oito meses depois, impediu que sua abordagem da política externa conquistasse a influência sobre o pensamento estadunidense que merecia. Como resultado, o triunfo final dos Estados Unidos na Guerra Fria e o desmoronamento do império soviético foram amplamente percebidos em termos antes ideológicos que geopolíticos e compreendidos como uma justificativa das confiantes verdades estadunidenses sobre o mundo.

Essas verdades, por sua vez, orientaram boa parte da abordagem dos Estados Unidos no período pós-Guerra Fria. Entre elas a crença de que os adversários entram em colapso devido a sua própria dinâmica ou podem ser esmagados; que esse atrito entre países é no mais das vezes resultado de mal-entendido ou malevolência, mais do que de interesses ou valores divergentes que cada lado veja como válidos; e que, com um empurrãozinho dos Estados Unidos, uma ordem mundial baseada em regras naturalmente evoluirá como expressão do inexorável progresso humano.

Hoje, meio século após a presidência de Nixon, esses impulsos levaram os Estados Unidos a uma situação extraordinariamente similar à herdada por Nixon no fim da década de 1960. Mais uma vez, é uma narrativa primeiro de confiança exuberante gerando expansão excessiva e então de expansão excessiva gerando uma debilitante falta de autoconfiança. Mais uma vez, em quase todas as regiões do mundo, os Estados Unidos enfrentam tremendos desafios interligados tanto a suas estratégias como a seus valores. A paz universal, longamente antecipada, não chegou. Em vez dela há um renovado potencial para confrontos catastróficos.

E, mais uma vez, as oscilações entre o triunfalismo inconsequente e a abdicação justificada sinalizam perigo para a posição estadunidense no mundo. Uma flexibilidade à la Nixon, a um só tempo realista e criativa, faz-se necessária para a política externa dos Estados Unidos. A despeito de muitas diferenças importantes entre o período de Nixon no governo e hoje, três princípios familiares de sua habilidade como estadista continuariam a beneficiar os Estados Unidos: o caráter central do interesse nacional, a manutenção do equilíbrio global e o estabelecimento de discussões contínuas e intensas entre os principais países para construir uma estrutura de legitimidade dentro da qual o equilíbrio de poder possa ser definido e observado.

Certas qualidades da liderança de Nixon ajudariam a concretizar esses princípios: compreensão de como diferentes aspectos do poder nacional se relacionam entre si; conscientização de alterações minúsculas no equilíbrio global e agilidade para compensá-las; imaginação para a ousadia tática; facilidade para aliar a gestão dos problemas regionais a uma estratégia global; e visão para aplicar valores históricos estadunidenses aos desafios contemporâneos da nação.

Administrar a ordem global exige uma sensibilidade americana aguçada para eventos em evolução e com frequência ambíguos. Exige também capacidade para identificar prioridades estratégicas. Devemos nos perguntar: quais ameaças e oportunidades necessitam de aliados? E quais são tão centrais para os interesses nacionais e a segurança estadunidenses que lidaremos sozinhos com elas, caso necessário? Em que momento o compromisso multilateral contribui para a força, e quando multiplica vetos? Para atingir o objetivo da paz, formas de competição envolvendo confronto devem dar lugar a um senso de legitimidade compartilhada. Juntos, o poder equilibrado e as legitimidades consentidas oferecem a estrutura mais sólida para a paz.

Próximo ao fim de seu primeiro mandato, Nixon se dirigiu a uma sessão conjunta do Congresso em que apresentou os resultados em política externa obtidos por seu governo até aquele momento, contextualizando-os como sendo a um só tempo uma realização nacional e uma missão mundial:

> Uma oportunidade sem paralelos foi entregue nas mãos do Estados Unidos. Nunca houve época em que a esperança fosse mais justificada — ou a complacência, mais perigosa. Tivemos um bom começo. E por termos começado, a história agora deposita sobre nós uma obrigação especial de providenciar sua consecução.[80]

A essência da diplomacia de Nixon residia em sua aplicação disciplinada do poderio e do propósito nacional estadunidenses, após o país ter ficado prestes a ser consumido por controvérsias domésticas. Existia, após a eleição de 1972, a possibilidade de que os métodos e o pensamento por trás das conquistas diplomáticas do primeiro mandato pudessem se traduzir em uma "escola" duradoura de política externa estadunidense — numa recalibragem não só da estratégia, mas também da mentalidade. Nesse cenário, o excepcionalismo americano seria tido como devedor tanto do exercício destro e calculado de sua força inerente quanto de sua determinação de validar seus princípios fundadores.

Mas, apenas duas semanas após Nixon fazer esse discurso, o prédio de Watergate foi invadido.

4. Anwar Sadat:
A estratégia da transcendência

A QUALIDADE ESPECIAL DE ANWAR SADAT

Os seis líderes discutidos neste livro assemelham-se em seu compromisso de assegurar um novo propósito a suas respectivas sociedades e procurar em cada caso relacionar esse propósito a uma tradição significativa. Mesmo quando tiveram legados controversos, cinco deles ganharam o reconhecimento da posteridade e foram incorporados à história de seus países.

Com Anwar Sadat, presidente do Egito de 1970 a 1981, foi diferente. Seus triunfos tiveram uma natureza mais conceitual e a implementação deles foi truncada por um assassinato; seus herdeiros regionais, em número escasso, adotaram antes os aspectos práticos que visionários de seus esforços e não exibiam a coragem determinada que ele lhes infundira. Consequentemente, sua grande realização — a paz com Israel — é lembrada por poucos, e seu propósito moral mais profundo, ignorado por quase todos, ainda que tenha formado a base dos Acordos de Oslo entre Israel e Palestina, a paz entre Israel e a Jordânia e a normalização diplomática israelense com os Emirados Árabes Unidos, Bahrein, Sudão e Marrocos.

Durante um período de conflito regional e impasse diplomático aparentemente intratáveis, a contribuição de Sadat foi uma ousada visão da paz, inédita em sua concepção e audaciosa em sua execução. Inexpressivo no começo da vida, um revolucionário em seus anos formativos, aparentemente apenas uma figura secundária mesmo após alcançar um alto cargo nacional e levado pouco a sério em sua ascensão à presidência, Sadat propôs um conceito de paz cuja promessa continua por ser cumprida. Nenhuma outra figura contemporânea no Oriente Médio professou aspirações comparáveis ou demonstrou a capacidade de realizá-las. Seu breve episódio permanece, assim, um impressionante ponto de exclamação na história.

Como presidente do Egito, Sadat não se encaixava no perfil de seus contemporâneos regionais: líderes nacionais dedicados a unir o Oriente Médio e o Norte da África árabes sob uma bandeira única. Ao contrário de seu carismático predecessor, Gamal Abdel Nasser, de seu histriônico vizinho líbio, Muammar Gaddaffi, ou do sisudo realista militar Hafez al-Assad da Síria, Sadat, após investigar o modo utilizado por eles para abordar o sistema internacional, passou drasticamente aos métodos diplomáticos praticados no Ocidente. Sua estratégia priorizava a soberania nacional e o alinhamento com os Estados Unidos na questão do pan-nacionalismo árabe e do não alinhamento, na época varrendo o mundo árabe e islâmico. À imaginação estratégica, Sadat somava qualidades humanas extraordinárias: perseverança, empatia, audácia e uma dignidade a um só tempo prática e mística. Suas políticas fluíam organicamente de suas reflexões pessoais e de suas próprias transformações internas.

Este capítulo é uma tentativa de rastrear essas evoluções, procurando compreender como ele se vacinou contra os lugares-comuns de seu tempo e desse modo transcendeu ideologias que, por décadas, haviam desfigurado o Oriente Médio e exaurido o Estado egípcio.

O IMPACTO DA HISTÓRIA

A história do Egito dotou o país de um excepcional senso de continuidade e integridade civilizacional. Por milênios, Assuã, vale ao norte do Nilo, foi considerado o coração do território nacional. E apesar dos 23 séculos de governo estrangeiro nominal — primeiro sob os Ptolomeus e depois sob romanos, bizantinos, uma sucessão de califas, mamelucos, otomanos e finalmente britânicos —, o país normalmente sempre conseguiu retomar o poder local das mãos de seus aparentes conquistadores. Embora nunca completamente independente desde a época de Alexandre, o Grande, o Egito também nunca aquiesceu por completo enquanto colônia; na verdade, era uma civilização praticando a eternidade em um disfarce faraônico. Um caráter tão distintivo sempre proclamaria mais do que mera estatura provincial. Nesse sentido, a missão primordial de Sadat, antes e durante sua presidência, foi uma expressão do anseio da civilização egípcia de assegurar a independência duradoura.

A despeito de sua continuidade, o Egito tem oscilado por séculos entre duas identidades civilizacionais. Uma se originou com o antigo reino mediterrâneo, baseado no Egito, da dinastia ptolomaica, que era orientada para Grécia e Roma. Dentro desse contexto, o Egito manteve um lugar de proeminência durante o período helenístico e o Império Romano inicial. Alexandria servia como entreposto central do mundo antigo e as férteis margens do Nilo produziam grande parte dos cereais da bacia mediterrânea.

A segunda identidade do país, mais recente — de Estado islâmico orientado para Meca —, foi rejuvenescida por expansionistas dos séculos XVIII e início do XIX, como o mameluco Ali Bey e o comandante militar otomano Muhammad Ali, que tinham como objetivo influenciar e conquistar a Arábia e o Levante. Em 1805, após a breve incursão de Napoleão pelo Egito, Muhammad Ali se estabeleceu como o primeiro quediva — essencialmente, um vice-rei sob a soberania otomana — e iniciou uma dinastia que governaria o Egito pelos próximos 150 anos; seus descendentes também seriam conhecidos como quedivas. A moderna visão egípcia foi desse modo filtrada em larga medida, embora não inteiramente, pela lente islâmica.[1]

Ao longo de todo o século XIX, o espírito da independência egípcia esteve entremeado a ideais ocidentais. O Egito experimentou uma profusão de pensamento árabe liberal (al-nahda, o Renascimento egípcio), em grande parte inspirado por traduções de textos liberais e revolucionários franceses.[2] No fim da década de 1870, os otomanos, administradores do país desde o século XVI, estabeleceram temporariamente uma Constituição escrita que endossava a representação política e abria uma experimentação de governo parlamentar.

Nesse momento de inspiração, as identidades do Egito sobrepuseram-se umas às outras para produzir uma fusão intelectual exemplificada nos grandes filósofos reformistas Jamal al-Din al-Afghani e seu aluno Muhammad Abduh, que articularam um islã revigorado e compatível com os princípios das estruturas políticas ocidentais.[3] Mas esses visionários se provaram exceções à regra.

O país aguardaria três quartos de século por outro visionário que pudesse se elevar acima das divisões no pensamento egípcio.

Os quedivas, que na segunda metade do século XIX haviam obtido independência efetiva do debilitado domínio otomano, oneraram o país com dívidas, levando em 1875 à compra britânica da participação egípcia no canal de Suez e à cessão de seus direitos de operação. Dessa forma, a começar por 1876, Paris e Londres decretaram o controle das finanças egípcias. Em 1882, a Grã-Bretanha ocupou o Egito e se nomeou "protetora" do país.[4] Doravante, o nacionalismo egípcio passou a se expressar contra as mesmas potências europeias cujos escritores outrora o haviam inspirado. O nacionalismo, recém-combinado a um sentido de solidariedade árabe e nutrido por um ressentimento contra a contínua interferência britânica, caracterizou a mentalidade de grande parte do Egito na primeira metade do século XX.

Foi nesse ambiente que Anwar Sadat nasceu, em dezembro de 1918.

INFÂNCIA

Anwar Sadat era um dos treze filhos de um pai com parcial ascendência turca e funcionário governamental para o exército e de uma mãe cujo pai sudanês fora levado à força ao Egito e escravizado.[5] A família viveu em Mit Abu al-Kum, um vilarejo rural no delta do Nilo, até Anwar completar seis anos, quando então se mudaram para um subúrbio do Cairo.

O período no Cairo foi difícil: o pai de Sadat arrumou outra esposa, relegando à mãe de Sadat e seus filhos um status secundário na família. Havia muitas bocas para alimentar, e a família às vezes não tinha dinheiro nem para comprar pão.[6] Sadat quase nunca se referia publicamente a essa época, preferindo evocar a infância rural idílica àquela vivida num comum apartamento urbano abarrotado.[7] Em aparições públicas no fim da vida costumava se apresentar frequentemente como um filho do Nilo e um fazendeiro.[8]

Na juventude, Sadat revelou um patriotismo instintivo que antedatava qualquer teorização ou ideologia política. Quando criança em Mit Abu al-Kum, idolatrava o ícone anticolonialista Mahatma Gandhi, vestindo-se com um lençol branco e "fingindo que não queria comer".[9] Tinha consciência do poderio britânico contínuo porque era o que determinava a natureza das atribuições de seu pai; por exemplo, depois que os britânicos forçaram a retirada de tropas egípcias do Sudão em 1924, o pai de Sadat veio para casa.

O jovem Anwar ocasionalmente furtava damascos do pomar real.[10] Aos oito anos, uniu-se às manifestações pela remoção dos ministros pró-britânicos do Egito. Na adolescência, desprezava o policial britânico rodando de motocicleta por seu bairro no Cairo.

A família punha forte ênfase na educação: o avô paterno de Anwar era alfabetizado (uma raridade nas aldeias egípcias da época) e seu pai fora a primeira pessoa em Mit Abu al-Kum a obter uma qualificação de ensino.[11] Apesar das finanças apertadas, a família conseguiu pagar os estudos de Anwar e de seu irmão mais velho. Criado como muçulmano devoto, ele aprendeu tanto a tradição corânica como a cristã estudando em duas diferentes escolas de classe média. Lia de tudo e vorazmente.

Sadat adquiriu uma consciência mais aguda das particularidades de sua diferença de classe quando foi admitido na Real Academia Militar, no Cairo, que apenas recentemente começara a aceitar alunos de classe média e baixa.[12] Para conseguir ser admitido, foi preciso passar pelo processo laborioso e aviltante de pedir uma indicação a conhecidos distantes de suficiente hierarquia estatal para ter alguma influência.

Quando jovem adulto, seus instintos patrióticos começaram a evoluir para uma filosofia política e um senso de identidade. Na parede do apartamento no Cairo havia um retrato de Kemal Ataturk; ele lera a biografia do herói turco na academia militar.[13] Posteriormente, passou a frequentar livrarias para manter os conhecimentos atualizados.

O jovem Sadat sempre se sentiu inferior, tanto na família como na escola. As circunstâncias de seus anos iniciais o treinaram na sobrevivência, fosse pelo furto, fosse pelas pequenas ilusões da conformidade. Essas habilidades de adaptação lhe seriam úteis como revolucionário e no início de sua presidência.

Embora inteligente, e manifestando inclinação espiritual desde pequeno, o jovem Sadat estava longe de estar plenamente formado, e não principiou com as ideias que só desenvolveria mais tarde. Mesmo assim, já estava aberto a novas compreensões e era genuinamente curioso. Sua franqueza natural lhe permitia captar um amplo leque de possibilidades. E era dotado da persistência para levar a efeito o que novos pensamentos implicavam.

A adolescência e o início da vida adulta de Sadat se desenrolaram contra um pano de fundo de tendências políticas contraditórias. De 1882 a 1914, o Império Otomano manteve o Egito como província autônoma, embora o controle britânico efetivo houvesse tornado o país um "protetorado velado".[14] Em 1914, com a irrupção da Primeira Guerra Mundial, a Grã-Bretanha declarou o Egito um sultanato sob a proteção britânica e encorajou a revolta árabe contra os vestígios de dominação otomana.[15] Em 1922, após anos agitados com a marginalização britânica do popular Partido Wafd,* ao Egito era concedida, a contragosto, a tão prometida independência formal do país, transformando-o de protetorado e sultanato em um reino. O sultão Fuad I, nono da dinastia Ali, sagrou-se rei Fuad I. A mudança no início foi apenas nominal; a Grã-Bretanha ainda reservava para si o direito de operação do canal de Suez, a prevenção de interferência estrangeira no Egito e a "proteção" da segurança, dos assuntos externos e das comunicações internacionais do Egito.[16]

A independência simbólica gradualmente levou a ganhos reais em autogoverno, como no Tratado Anglo-Egípcio de 1936, fortalecendo parte dos poderes do governo egípcio e reduzindo a presença militar britânica no país. Mas o otimismo com esse progresso foi contrabalanceado pela crescente frustração popular com o fracasso do Partido Wafd em trazer a plena independência ou o restabelecimento do controle egípcio sobre o Sudão, que permanecia sob domínio britânico.[17]

O desespero público com a reforma e a oposição aos britânicos chegaram a seu ponto alto em fevereiro de 1942, quando tropas e tanques britânicos cercaram o palácio Abdeen, forçando o rei Faruk, sucessor de Fuad, a aprovar um governo escolhido pelos britânicos.[18] Os nacionalistas egípcios mais tarde consideraram a humilhação do rei uma causa direta da revolução na década seguinte.[19]

Os princípios desposados pelos grupos revolucionários no Egito apelavam às convicções religiosas e políticas mais antigas de Sadat. Acreditando em um Egito islâmico,[20] ele idolatrava o xeque Hassan al-Banna, fundador da Irmandade Muçulmana, e se encontrava com ele.[21] Al-Banna também mantinha uma

---

* O Partido Wafd era o principal partido político do Egito e a ponta de lança do movimento pela independência. Era atípico por seu secularismo, adotando o slogan de "a religião cabe a Deus e a nação, a todos".

posição irredutível na obtenção de uma real independência. Devido a sua herança sudanesa, Sadat veio a encarar o domínio britânico duradouro no Sudão como uma afronta pessoal. Para ele, os britânicos eram intrusos criminosos e Winston Churchill um "ladrão" e um "inimigo odiado que humilhara o Egito".[22]

Em 1939, quando era um tenente de dezenove anos recém-egresso da academia, Sadat conheceu outro jovem oficial chamado Gamal Abdel Nasser. Nasser formara os Oficiais Livres, um grupo revolucionário clandestino dentro do exército egípcio. Como a Irmandade Muçulmana, os Oficiais Livres planejavam pegar em armas para obter a independência. Sadat aceitou com ansiedade o convite de Nasser para integrar o movimento.

O fervor antibritânico de Sadat levou-o a enveredar pela violência revolucionária. Em junho de 1940, com o colapso da França e o crescente apetite italiano pela expansão, o Norte da África virou um campo de batalha da Segunda Guerra Mundial. Sadat, obcecado em expulsar os britânicos apesar de seu país teoricamente combater ao lado deles, tirava inspiração de Aziz al-Masri, um líder proeminente da Revolta Árabe contra o Império Otomano durante a Primeira Guerra Mundial. Al-Masri se associara aos britânicos para expulsar os otomanos da península Árabe.[23]

Seguindo o exemplo de al-Masri — tratar o inimigo do seu inimigo como amigo — Sadat começou a se corresponder e apoiar forças alemãs operando no Norte da África. Postado junto a soldados britânicos, Sadat acalentava ideias de rebelião. Em suas memórias, escreveria que "na época, no verão de 1941, na verdade esbocei o primeiro plano para uma revolução".[24]

Assim, no verão de 1942, ele tentou enviar mensagens para colegas do general Erwin Rommel, que liderava no Egito a ofensiva nazista da Líbia. Não estava sozinho: em fevereiro de 1942, uma multidão no Cairo bradara seu apoio a Rommel e suas tropas.[25] Mas as mensagens de Sadat haviam sido interceptadas; e ele foi detido pelos britânicos e aprisionado.

CONTEMPLAÇÕES NA PRISÃO

Nos seis anos seguintes, durante e depois da guerra, Sadat entrou e saiu da prisão (1942-4 e 1946-8). Escapou algumas vezes durante o primeiro período, vivendo nesses interlúdios como fugitivo e permanecendo ativo no movimento dos Oficiais Livres. Em janeiro de 1946, foi indiciado sob acusações de envolvimento no assassinato do ministro das finanças pró-britânico Amin Osman. Aguardou julgamento por 27 meses, frequentemente em confinamento solitário, até sua absolvição final — embora tenha admitido mais tarde que de fato estivera envolvido.

Por todo o tempo que permaneceu preso e em isolamento prolongado, os demais Oficiais Livres continuavam suas atividades. Transformaram o incipiente movimento em uma organização bem financiada e hierarquizada. A maioria, conforme a revolução era secretamente planejada, permanecia nas fileiras comuns do exército egípcio. Aguardava-os um choque que transformaria seus objetivos: a fundação do Estado de Israel a 14 de maio de 1948. Depois que a declaração de independência do novo Estado foi divulgada, na leitura de David Ben-Gurion em um encontro em Tel Aviv, e com o reconhecimento imediato de Israel pelo presidente norte-americano Harry Truman, estados árabes vizinhos entraram na guerra civil que viera consumindo os árabes e os judeus do Mandato Palestino. Egito, Transjordânia, Síria e Iraque participaram da invasão, o início de uma campanha fracassada de dez meses que tentou impedir a formação de um Estado israelense independente. Sobreviriam 25 anos de guerra intermitente.

Em outubro de 1948, as forças egípcias registraram pesadas perdas; em janeiro de 1949, foram rechaçadas e cercadas na Faixa de Gaza; em fevereiro, haviam assinado um armistício — os primeiros, mas não últimos, combatentes árabes a fazê-lo.[26]

A derrota foi um constrangimento para a Liga Árabe por seu fracasso em coordenar os desiguais exércitos nacionais de seus países membros. Veteranos da guerra de 1948-9, incluindo os futuros presidentes egípcios Naguib e Nasser, acreditavam que a derrota acachapante resultara da desunião árabe. Isso catalisou um novo projeto pan-árabe: uma união militar de estados árabes incumbidos de confrontar Israel e combater a influência ocidental. Talvez porque o estabelecimento de Israel fosse visto por muitos egípcios como mais uma imposição europeia à região, uma identificação egípcia ainda maior com as causas árabes e um ressentimento ainda mais feroz contra o Ocidente se seguiram.

Quando Sadat deixou a prisão e voltou a se encontrar com os Oficiais Livres (agora como membro do grupo de líderes, o Conselho Constituinte), permanecia em alguns aspectos à parte deles. Muitos Oficiais Livres haviam combatido na guerra de 1948. Sadat, nesse ínterim, tivera uma relação apenas indireta com a guerra, e seu entusiasmo pela unificação árabe era similarmente diluído.

Além do mais, na prisão ele passara por uma transformação profunda. Mais do que definhar em seu confinamento solitário, desenvolvera o que mais tarde recordou como uma "força interior". Tendo crescido no ritmo vagaroso da infância rural, professou ter encontrado uma serenidade ainda maior na prisão. Mas não uma serenidade que se prestasse à imobilidade. Era, antes, "uma capacidade [...] para a mudança".[27] Em suas memórias, Sadat refletiria: "Minha contemplação da vida e da natureza humanas naquele lugar isolado me ensinaram que quem é incapaz de mudar a trama do próprio pensamento jamais será capaz de mudar a realidade e, portanto, jamais fará progresso algum".[28]

Quando foi finalmente libertado, em agosto de 1948, Sadat continuava comprometido com a causa revolucionária, mas já não era um adepto acrítico das ideias de seus compatriotas. Ele cultivara a confiança de questionar suas antigas convicções.

A INDEPENDÊNCIA DO EGITO

A desgraça do monarca egípcio, as tensões da Segunda Guerra Mundial e o constrangimento pela derrota de 1948 contribuíram para o sentimento antibritânico entre o público egípcio. Em outubro de 1951, o parlamento do país aboliu de forma unilateral o Tratado Anglo-Egípcio de 1936, que, apesar de todas as suas aparentes vantagens para a soberania egípcia, servira de base para uma presença militar britânica contínua ao redor do canal de Suez. Quando os britânicos se recusaram a partir, os egípcios bloquearam as tropas remanescentes no canal.

O confronto degringolou para escaramuças ativas. Em 25 de janeiro de 1952, tanques britânicos demoliram a delegacia de polícia egípcia em Ismailia, matando 43 homens. Dois dias depois, milhares de cairotas indignados tomaram as ruas. Os tumultos que se seguiram deixaram boa parte do centro da cidade sob uma cortina de fumaça; o episódio ficou conhecido como "Sábado Negro".[29] Nos meses seguintes, o governo por maioria parlamentar se tornou impossível; três governos sucessivos foram formados e depois, dissolvidos.

Os Oficiais Livres viram que a situação atingira seu ponto crítico: o povo estava pronto e o governo, sem sorte. Na esperança de "neutralizar os britânicos" convencendo o aliado estadunidense da Grã-Bretanha de um *fait accompli*, os Oficiais mandaram a notícia para a embaixada dos Estados Unidos de que uma grande ação era iminente.[30] Em 23 de julho de 1952, efetuaram um golpe bem-sucedido contra Faruk, que abdicou em favor de seu filho pequeno, o rei Fuad II.

Foi Sadat quem redigiu o pronunciamento da abdicação do rei e declarou o triunfo dos Oficiais no rádio. Seu anúncio discreto enfatizava a reconstituição interna do governo e do exército egípcios, a expulsão da influência estrangeira e o estabelecimento em pé de igualdade de relações diplomáticas com outros estados.[31]

Um conselho de regentes foi reunido para administrar a monarquia, como era costume com um rei infante. Mas o real poder agora estava com o Conselho do Comando Revolucionário (CCR), do qual o general Naguib era o chefe. O CCR proclamou uma nova Carta Constitucional, pela qual governaria por um período de transição de três anos. No verão de 1953, o CCR aboliu a monarquia, declarou o Egito uma república e nomeou Naguib como presidente e primeiro-ministro. Nasser foi nomeado vice-primeiro-ministro.

Não tardou a surgir uma disputa pela liderança entre Nasser e Naguib. Este gozava de amplo apoio nacional, mas era de uma geração mais velha; entrementes, o carisma de Nasser continuou a inflamar a imaginação dos Oficiais Livres. Na primavera de 1954, este último convenceu importantes oficiais do exército, uma base de apoio central para Naguib, de que o compromisso do seu líder com o pluralismo e o parlamentarismo levara o Egito a um passo da anarquia.[32]

Ganhando o exército, Nasser ficou livre para perseguir suas ambições. Em outubro de 1954, quando discursava em um pódio, dispararam oito tiros contra ele. Todos milagrosamente erraram o alvo. Incólume, Nasser finalizou seu discurso: "Vão em frente, atirem", improvisou. "Não podem matar Nasser porque todos os egípcios serão um Nasser."[33]

Alguns afirmam que o atentado foi encenado. Verdade ou não, teve um efeito profundo. Em novembro de 1954, Nasser aproveitou a subsequente onda de popularidade da presidência sob a Constituição transicional de três anos e assumiu a liderança do CCR, expulsando no processo Naguib.[34]

A disputa entre Nasser e Naguib era também uma batalha pelo futuro da democracia no Egito.[35] Em 1954, a ala de Naguib no CCR esboçara uma Constituição dando poderes significativos para o parlamento. Mas essa facção era dominada por apoiadores de Nasser e, em junho de 1956, a primeira Constituição republicana do Egito criou um Executivo relativamente livre da prestação de contas — expressando o desconforto militar em dividir o poder.[36] Simultaneamente, Nasser foi reeleito presidente.

Com manobras astuciosas e verve extraordinária, Nasser se livrara de seu principal competidor. O Conselho conquistara desde o início a acolhida dos egípcios comuns com uma série de políticas populares: investimento na industrialização e na educação, reforma agrária (que enfraqueceu a aristocracia) e a eliminação de títulos (a maioria ostentados pelas elites turco-circassianas). Respondendo a provocações violentas da Irmandade Muçulmana, o Conselho também banira os partidos políticos no inverno de 1953. Dessa forma, Nasser e seus aliados políticos puderam substituir a revolução pela autoridade autocrática.[37]

PORTA-VOZ DA REVOLUÇÃO

Sob o presidente Nasser, Sadat foi a força por trás da mídia estatal egípcia, fundando o diário *al-Gumhuriah* ("A República") em dezembro de 1953 e atuando por vários anos como seu gerente editorial e colunista renomado.[38] Chefiado por ele, o jornal continuou a denunciar o imperialismo[39] e, durante esse período, Sadat também escreveu três livros sobre a Revolução Egípcia, incluindo um volume em inglês, *Revolt on the Nile* (1957), com prefácio de Nasser.

De setembro de 1954 a junho de 1956, Sadat atuou como ministro de Estado (sem uma pasta) no gabinete de Nasser e, ainda que não tivesse formação legal, tornou-se membro do Tribunal Revolucionário do CCR, um órgão judicial. Inicialmente dedicado a erradicar monarquistas e leais aos britânicos, o tribunal acabou se voltando contra a Irmandade Muçulmana.[40]

Em pouco tempo, Sadat assumiria maiores responsabilidades. Em 1957, após a consolidação do poder de Nasser e a reintrodução de partidos políticos dentro da Assembleia Popular (o parlamento egípcio), Sadat virou secretário-geral da União Nacional (o partido mais poderoso do Egito) e membro do parlamento.[41] Em 1960, passou a porta-voz da Assembleia. A despeito das posições elevadas, Sadat mantinha a discrição.

Ao longo da década seguinte, mesmo chegando à vice-presidência em 1969, continuaria a evitar chamar a atenção para si. Mais tarde, depois de se tornar presidente, um jornalista perguntaria se sua estatura relativamente menor fora o motivo de seu bom relacionamento com Nasser. O jornalista, observa Sadat em suas memórias, deve ter concluído que ele era "absolutamente irrelevante" ou por outro lado muitíssimo "astucioso" de evitar o atrito que geralmente acompanhava uma colaboração prolongada com Nasser. Sadat respondeu:

Não fui irrelevante durante a vida de Nasser tampouco tímido ou astucioso em nenhum momento da minha. A questão é muito simples. Nasser e eu viramos amigos aos dezenove anos. Depois veio a revolução. Ele se tornou presidente da República. Fiquei contente, pois o amigo em quem eu confiava se tornara presidente, e isso me deixou feliz.[42]

Sadat observou corretamente que seria difícil que tivesse algo de irrelevante. Mesmo quando evitava a publicidade, ele desempenhou papéis centrais nos programas de Nasser, particularmente na política externa, antecipando inúmeros dos esforços que perseguiria como presidente.[43]

Nasser buscou deslegitimar e aprisionar a Irmandade Muçulmana porque ela representava uma ameaça política, mas queria também manter o apoio entre a população majoritariamente muçulmana do Egito. Com esse fim, em 1954, formou o Congresso Islâmico, uma organização para desenvolver relações entre o Estado e os proeminentes imames.[44] Ele nomeou Sadat como seu diretor.

Sendo ele próprio dotado de profunda fé e tendo se correspondido no passado com líderes da Irmandade Muçulmana, Sadat estava unicamente equipado para servir de ponte entre o governo secular de Nasser e a Irmandade, além de outras lideranças islâmicas. Em momentos posteriores de sua carreira, ele tentaria mais uma vez mesclar secularismo e espiritualismo na sociedade egípcia — em ambos os casos com resultados parciais.

O Congresso Islâmico serviu também para um importante propósito no exterior: alinhar o Egito à Arábia Saudita contra o Pacto de Bagdá firmado sob os auspícios britânicos, uma aliança defensiva antissoviética (encorajado também pelos Estados Unidos).[45] Nasser via o pacto como um complô ocidental para cooptar o mundo árabe — e fortalecer o Iraque como oposição ao Egito — e, em 1954, recusou-se a participar.[46] Nesse mesmo ano, Sadat atrapalhou os planos da Jordânia de integrar o pacto pressionando alguns de seus ministros para assegurar o fracasso do combinado. Um observador ocidental o acusou de ser "uma das causas diretas do colapso das negociações".[47] Sadat obteve resultado similar no Líbano usando métodos parecidos.

No fim da década de 1950, Sadat se tornara ao mesmo tempo indispensável e uma parte relativamente inconspícua do governo egípcio. Controlava grupos de apoiadores domésticos centrais e gozava de relacionamentos cordiais com outros legisladores. Havia se provado também um diplomata capaz, com uma particular qualidade de empatia.[48] Era uma figura pública profissional aderindo à linha do presidente Nasser.

Contudo, dentro dessas coibições, já começara a formular uma visão original dos rumos por onde conduzir seu país.

NASSER E SADAT

Nasser exercia uma influência hipnótica sobre o Egito e a imaginação popular do mundo árabe. Durante seu período no cargo, destacou-se particularmente ao lidar com confrontos — primeiro contra a Grã-Bretanha, depois Israel —, mas demonstrou menor habilidade em questões práticas de governo. Como escreveu um especialista em Oriente Médio em 1967, Nasser tinha um

> talento notável para saber o que quer em dado momento, e como mudar sua postura e buscar conciliações com adversários quando está passando dos limites [...]. Mas é evidente que ele não aprecia fazer acordos definitivos de longo prazo, talvez em parte devido a seu temperamento, mas mais essencialmente porque a revolução egípcia, como outras revoluções árabes, continua tateando à procura de um sentido claro para seus propósitos.[49]

Em meados da década de 1950, Nasser prosseguia no que para Sadat era o veio original da revolução: a defesa das prerrogativas nacionais do Egito. Em outubro de 1954, Nasser negociou um novo acordo com a Grã-Bretanha para substituir formalmente o nulo Tratado Anglo-Egípcio de 1936: os soldados britânicos se retirariam em dois anos, livrando o solo egípcio de tropas estrangeiras pela primeira vez desde a ocupação em 1882.[50] Logo no início, Nasser manteve canais abertos tanto com os Estados Unidos como com a União Soviética. Ele se tornou, por ocasião da Conferência de Bandung em 1955, um ícone do Movimento Não Alinhado.

Nasser sabia que, para defender a soberania egípcia, precisava promover sua autossuficiência econômica. Nesse espírito, promoveu a construção da represa de Assuã, um projeto marcante que, uma vez completado, controlaria o fluxo do Nilo, reduzindo as cheias, aumentando as terras aráveis e gerando energia hidrelétrica. Em dezembro de 1955, Estados Unidos, Grã-Bretanha e o Banco Mundial concordaram em financiar a construção da represa.

Porém, logo ficou claro que o Egito não seria capaz de pagar o empréstimo. O investimento privado e o desenvolvimento estavam lentos desde a revolução. As implicâncias de Nasser com o Ocidente — a propaganda antiamericana; o apoio às forças antiocidentais no Congo, Líbia e Argélia; um tratado de armas com a Tchecoslováquia;[51] o reconhecimento da República Popular da China —[52] levaram os Estados Unidos e a Grã-Bretanha a acreditar em que o país estava do lado soviético. Washington cancelou seu aporte financeiro para a represa de Assuã em 19 de julho de 1956. O Reino Unido e o Banco Mundial rescindiram seus contratos pouco depois.

Esquentando ainda mais os ânimos, os Estados Unidos anunciaram publicamente como motivo para o cancelamento as inadequações econômicas do Egito. "Ninguém gosta de ver seu pedido de empréstimo recusado pelo banco", comentou o presidente do Banco Mundial, Eugene Black, acrescentando que "as pessoas ficam [especialmente] irritadas quando leem no jornal no dia seguinte que foram recusadas porque seu crédito não prestava".[53] Para Nasser e Sadat, a questão ia além da credibilidade financeira. Os líderes egípcios viram as potências ocidentais usando o débito para humilhar e impedir o crescimento egípcio — exatamente como haviam feito setenta anos antes, quando ocuparam o país.

Em questão de dias, Nasser retaliou. A Companhia do Canal de Suez, cujos acionistas eram majoritariamente franceses e britânicos, havia operado o canal desde o fim do século XIX. Em 26 de julho de 1956, Nasser anunciou a nacionalização da Companhia e, em seu lugar, estabeleceu a Autoridade do Canal de Suez, estatal. Cabia ao Egito, não aos colonizadores do Egito, colher frutos dos lucrativos pedágios no canal, a rota marítima mais rápida e utilizada da Europa à Ásia. Essas novas receitas, alegou Nasser, custeariam a represa de Assuã.[54]

A nacionalização do canal desafiava toda a posição britânica no Oriente Médio. Em agosto de 1956, o primeiro-ministro britânico Anthony Eden escreveu ao presidente Eisenhower: "A remoção de Nasser, e o estabelecimento de um regime menos hostil ao Ocidente no Egito, deve [...] figurar entre nossos principais objetivos". Eden estava convencido de que Nasser era um novo "Mussolini", cujas ambições deixavam a mera existência da Grã-Bretanha "à sua mercê".[55]

Em outubro do mesmo ano, após um conluio secreto, Grã-Bretanha, França e Israel invadiram o Egito para retomar o canal. Uma intervenção diplomática estadunidense levou a uma votação na Assembleia Geral das Nações Unidas contra Grã-Bretanha e França — aliados formais dos Estados Unidos. Houve uma depreciação da libra esterlina e os Estados Unidos impediram o FMI de ajudar a moeda. Abandonado pelo principal aliado da Grã-Bretanha, com a saúde debilitada e humilhado, Eden suspendeu o projeto e renunciou em janeiro de 1957.

A salvação estadunidense não alterou a hostilidade de Nasser em relação ao Ocidente. Na verdade ele aproveitou a ocasião para apostar ainda mais fichas. Com o fim do conflito, manteve o canal fechado por mais cinco meses, interrompendo o fornecimento asiático para a Europa e prejudicando as economias da Grã-Bretanha, França e outros países europeus.

O fechamento do canal foi um desafio também para os israelenses; eles haviam sofrido perdas militares diretas na invasão e agora enfrentavam uma suspensão da ajuda estadunidense, interrupção no fornecimento de petróleo e a proibição de seus navios de trafegarem no canal.[56] Pressionado por Eisenhower e sob ameaça de sanções dos Estados Unidos, Israel se retirou do Sinai — dando a impressão, aos olhos de alguns egípcios, de que Washington podia ditar as políticas israelenses. Ao mesmo tempo, uma série de ações punitivas do governo Nasser domesticamente ocasionaram a expropriação indiscriminada e o êxodo forçado de cerca de três quartos dos 60 mil judeus egípcios.[57]

Embora o fechamento do canal tenha impulsionado a celebridade de Nasser e ajudado a catapultar o Egito para o palco internacional, foi algo como uma vitória de Pirro. Posteriormente à crise de Suez, França, Grã-Bretanha e Estados Unidos bloquearam os ativos que o governo egípcio detinha em seus respectivos países.[58] Danificado na invasão, o canal exigia reparos dispendiosos e nesse ínterim não estava gerando receita alguma para seus novos operadores egípcios. O turismo diminuiu, os negócios foram embora — feridas que ficaram ainda mais dolorosas quando Nasser desapropriou, em novembro, a Companhia Petrolífera Anglo-Egípcia, diversos bancos e companhias de seguros e outras entidades europeias.[59] O capital estrangeiro fugiu do Egito.

Os soviéticos aproveitaram a ocasião para erigir um novo alinhamento internacional, solidificando a alienação egípcia em relação ao Ocidente. Ao longo dos oito anos seguintes, o premiê soviético Nikita Khrushchev prometeria vultosos empréstimos em termos favoráveis: 325 milhões de dólares para a represa de Assuã, seguidos de quase 175 milhões para outros projetos industriais.[60] Assessoria, equipamento militar e consultores militares da União Soviética foram despejados às dezenas de milhares no Egito.[61]

No mundo árabe, a nacionalização da Companhia do Canal de Suez e a defesa contra as operações militares europeias e israelenses fizeram de Nasser um herói. Ele se comprazia em seu papel de liderança e o cultivou com slogans de solidariedade árabe. Mas, uma vez coroado líder dos árabes, os árabes queriam que ele liderasse. Para o Egito, dependente da ajuda estrangeira — alimentação dos Estados Unidos, armamentos da União Soviética —, carregar o fardo alheio era um projeto inoportuno e inexequível.

Quando a Síria se aproximou do Egito com um pedido de união, contudo, Nasser não pôde recusar. Fazê-lo teria sido revelar os limites de seu compromisso com o mundo árabe. Assim nasceu a República Árabe Unida (RAU), um malfadado experimento de unificação árabe que durou apenas três anos, de 1958 a 1961. O crescimento das aspirações pan-árabes levou Nasser a envolver o Egito na guerra civil do Iêmen, um conflito exaustivo e improdutivo, posteriormente chamado de "Vietnã do Egito". As forças egípcias seriam completamente extraídas do Iêmen apenas em 1971.

Tendo já forçado os limites dos compromissos estrangeiros do Egito, Nasser, em 1967, decidiu desafiar Israel. Com base em informação soviética — que se revelou falsa — de que Israel estava prestes a atacar a Síria, Nasser fechou o estreito de Tiran e deslocou seu exército para a península do Sinai, que desde a crise de Suez fora, na prática, desmilitarizada. Na guerra resultante, a força aérea israelense destruiu a egípcia, enquanto tropas israelenses ocupavam a Cisjordânia, a Faixa de Gaza, as colinas de Golã, Jerusalém Oriental e todo o Sinai. A Guerra dos Seis Dias, travada em junho de 1967 do lado árabe por forças conjuntas de Egito, Síria e Jordânia — auxiliadas em certos teatros por contingentes sudaneses e em outros, por guerrilheiros palestinos — terminou com Israel mais do que triplicando seu território, mobilizando suas forças no canal de Suez e deixando os vizinhos árabes humilhados.

Nasser ficou tão constrangido com a derrota que renunciou à presidência em 9 de junho. Reconduzido ao cargo por manifestações populares, tentou restabelecer seu prestígio lançando uma guerra de desgaste contra Israel. Mas, em vez de retomarem a antiga glória do Egito, a guerra no Iêmen, a Guerra dos Seis Dias e a Guerra de Atrito (que durou até 1970) tiveram o efeito cumulativo de sugar os recursos egípcios e aumentar ainda mais sua dependência da União Soviética.

Em 1967 e 1968, a economia egípcia se retraiu.[62] O desenvolvimento doméstico estagnou. A produtividade continuou baixa. Um segundo fechamento do canal de Suez, que persistiria por oito anos, privou o Egito das mesmas receitas que haviam motivado a nacionalização do canal. Além do mais, o programa de industrialização de Nasser convertera terra arável em espaço de manufatura, deixando o Egito dependente da importação de grãos.

A União Soviética, que patrocinava os projetos domésticos grandiosos de Nasser, em pouco tempo se provou mais mercenária do que aliada. A queda de Khrushchev em 1964 precipitara uma abordagem nova e pragmática sob Leonid Brezhnev, Alexei Kosygin e Nikolai Podgorny. Em 1966, a ajuda econômica começava a secar —[63] assim como a cooperação soviética. Os líderes soviéticos passaram a defender políticas egípcias de austeridade; em maio de 1966, Kosygin negou um pedido do Cairo para adiar o pagamento da dívida.[64] A União Soviética manteria sua influência como fornecedora de armas e ocasional financiadora, mas deixaria de ser a grande potência benfeitora do Egito.

Em junho de 1967, o líder egípcio rompeu relações com os Estados Unidos devido à ajuda militar estadunidense a Israel. Em 1970, os soviéticos haviam parado de responder aos apelos de Nasser por auxílio, empréstimos e alívio da dívida.[65] Na busca do pan-arabismo, Nasser causara o isolamento do Egito.

A PERSPECTIVA DE SADAT

Mesmo em seu auge, a amizade entre o Egito e a União Soviética fora formal ao ponto da frieza. Sadat testemunhou em primeira mão o desdém soviético pelo que viam como uma dependência egípcia. Em junho de 1961, quando atuava como porta-voz da Assembleia Nacional egípcia, ele se hospedou em Moscou com o premiê soviético, Nikita Khrushchev. Durante o jantar, Khrushchev teria dito a Sadat: "É difícil mantermos a confiança em seu Nasser quando ele está perdendo o controle do país, sem resolver seus problemas". Sadat deixou o jantar imediatamente e partiu de Moscou sem se despedir de seus anfitriões.[66]

Por outros nove anos, à medida que observava Nasser simultaneamente mostrar dependência, e enfrentar a rejeição, dos soviéticos, Sadat ficou convencido de que esse alinhamento era desastroso. Em 28 de setembro de 1970, três meses após um malogrado apelo final a Moscou por mais ajuda, Nasser sofreu um ataque cardíaco e morreu. Em suas memórias, Sadat cita Zhou Enlai, o premiê da República Popular da China, dizendo-lhe que a saúde de Nasser havia sido arruinada pelos soviéticos. O próprio Sadat tinha certeza de que o tratamento abusivo havia acelerado seu fim: "Foi sem dúvida um motivo importante de sua deterioração moral, precipitando assim uma cardiopatia terminal e o diabetes. Como e quando um homem morre está certamente predeterminado por Deus — mas Zhou tinha razão".[67]

Nasser acreditara que o Egito se situava na sobreposição de três círculos — o árabe, o islâmico e o africano —[68] e percebia "um destino compartilhado" com o mundo árabe como um todo.[69] Considerava sua missão liberar o mundo árabe do jugo do colonialismo. Encarava a unidade árabe como um primeiro passo essencial — a derrota de 1948 para Israel havia sido uma demonstração dos riscos de países árabes agirem sozinhos — e via-se como seu unificador e líder carismático.

Mas, se 1948 foi o conflito formativo de Nasser, 1967 foi o de Sadat; para ele, a Guerra dos Seis Dias ilustrara o perigo de pôr a solidariedade pan-árabe acima do interesse nacional. De sua parte, Sadat sentia "a atração do Mediterrâneo" e desejava a completa "iniciação [do Egito] no sistema mundial".[70] Um elevado grau de engajamento no mundo árabe era uma obrigação tática, mas não civilizatória. Na longa história do Egito, os laços árabes compunham uma das muitas influências; propostas de pan-arabismo podiam portanto ser julgadas com base em seus méritos práticos imediatos.

A morte de Nasser ocorreu poucos dias após sua tentativa de varrer para baixo do tapete o divisionismo árabe entre o rei Hussein da Jordânia e Yasser Arafat, presidente da Organização para a Libertação da Palestina (OLP), entidade que em setembro de 1970 sequestrara quatro aviões comerciais e tentara derrubar Hussein, que por sua vez a baniu.[71] Mesmo sem atribuir a morte dele às tensões envolvidas nessas tentativas, Sadat percebia que Nasser estava acuado. O rompimento das relações com os Estados Unidos após 1967 deixara o Egito dependente da exclusiva ajuda soviética. Na visão em evolução de Sadat, o alinhamento com a União Soviética trouxera poucas recompensas e causara a paralisia da posição egípcia. Mas qualquer futuro alinhamento com os Estados Unidos teria de ser compatível com a autonomia do Egito.

Mesmo antes da morte de Nasser, Sadat começou a seguir seus instintos. Quando Nasser pendeu para os soviéticos, Sadat se aproximou dos Estados Unidos com declarações baseadas em cálculos inequívocos do interesse nacional. Em 1959, ele afirmou ao embaixador dos Estados Unidos no Egito que as posições estadunidense e egípcia na África deviam ser vistas como compatíveis.[72] Em 1962 e 1963, quando o Egito ficava atolado no Iêmen, associando-se a uma insurreição militar contra o imame no poder, Sadat se manteve em contato com Washington, exortando os Estados Unidos a não intervirem pela facção dos realistas; seu propósito era evitar o conflito direto entre os Estados Unidos e o Egito.[73] Mas, em 1964, a despeito dessas tentativas, as relações entre o Egito e os Estados Unidos passaram a ser de total hostilidade, estremecidas devido ao Congo, ao Iêmen e à política de assistência estadunidense.[74] Não obstante, em 1966 Sadat se tornou o egípcio com maior visibilidade desde a revolução a visitar os Estados Unidos em caráter oficial. Dessa vez, esperava convencer os Estados Unidos a fazerem o papel de intermediário honesto conforme o Egito tentava chegar a um acordo com a Arábia Saudita em relação ao Iêmen.[75]

Esses eram apelos impassíveis baseados em considerações racionais de interesse mútuo. Caso Sadat, na condição de funcionário mais elevado do Egito, sinalizasse algum tipo de cordialidade incomum, um de seus interlocutores estadunidenses certamente teria notado. Em seus anos como ministro do governo, e em sua década como o líder do Legislativo, a atitude de Sadat em relação aos Estados Unidos nunca foi considerada pelos funcionários estadunidenses como particularmente amistosa.

255

A essa altura, Sadat ainda não desenvolvera ideias visionárias sobre a paz. Ele provavelmente percebia, no outono de 1970, a futilidade prática de uma guerra perene com Israel: o combate intermitente era dispendioso, e o Tesouro egípcio já estava exaurido. Reides aéreos, ameaçando o Cairo, paralisaram a economia egípcia.[76] O conflito — que colocara o Egito contra o Ocidente — impedia o país de operar no sistema internacional mais amplo. Como ministro de Nasser, ele gravitara em torno de estruturas governadas antes pela soberania estatal que pela hegemonia imperial ou solidariedade regional. E compreendia as possibilidades da neutralidade como Nasser não fora capaz de fazê-lo. Mas não encaixara essas peças numa visão consistente e de longo prazo para o futuro do Egito ou de si próprio como seu timoneiro.

Tampouco havia evidência pública na época de seu potencial para se tornar um pacificador. Na verdade, quase todos os sinais a seu respeito apontavam em outra direção. Apesar de seus contatos com os Estados Unidos, era um crítico frequente e veemente do país — tendência que persistiu, ao menos na esfera pública, nos anos iniciais de sua presidência. Em seu livro de 1957, *Revolta no Nilo*, afirmou que Israel devia sua existência ao fato de que "o Departamento de Estado sonhava em impor sua autoridade sobre o mundo islâmico, do Cáucaso ao oceano Índico".[77] E em 1970 rejeitou categoricamente a possibilidade de reconhecer Israel: "Jamais! Jamais! Jamais! Isso é algo que ninguém pode decidir [...]. Nosso povo esmagaria qualquer um que tomasse tal decisão!".[78] Ele tratava Israel como uma ponta de lança do imperialismo estadunidense: "Israel é a primeira linha de defesa dos interesses dos Estados Unidos e os estadunidenses deram ao país sinal verde para a Agressão a Gaza".[79]

Essas críticas volúveis aos Estados Unidos eram a materialização de seu pendor pelo impacto dramático. Sadat acreditava que, "No Egito, personalidades sempre foram mais importantes que programas políticos".[80] No começo de sua presidência, convocou um importante consultor soviético para passar-lhe uma descompostura. Com o uniforme de comandante supremo das forças armadas egípcias, advertiu-o: "Sou Stálin, não Kalinin [o presidente nominal da União Soviética]. Se não executar minha ordem, vou tratá-lo exatamente como Stálin o faria".[81] Seu modo de falar era de ênfase tendendo à exuberância; ocasionalmente mencionava confrontos e ações intrépidas para os quais a evidência subjacente era ambígua. Às vezes, isso fazia com que parecesse antes um retórico operando nos níveis do drama e do status do que uma figura com determinação política.

Nos primeiros dois anos de sua presidência, a oposição aos Estados Unidos pareceu um componente central da política de Sadat. Assim, ele comparava os supostos benefícios da parceria egípcia com a União Soviética à mesquinhez do Ocidente, que havia se "recusado a nos fornecer uma única pistola, nem se pagássemos seu preço em moeda estrangeira"[82] ou pretendido "nos auxiliar e depois voltou atrás, esperando assim abalar a confiança de nosso povo em si mesmo, seus sonhos e sua liderança revolucionária".[83] No início de 1971, ele se referiria às propostas apresentadas por Golda Meir, então primeira-ministra de Israel, como "uma fantasia, baseada no complexo de vitória".[84] Em um estágio mais avançado de sua presidência, Sadat fora considerado pelos estrategistas políticos estadunidenses uma versão menos dramática de Nasser.

A REVOLUÇÃO CORRETIVA

A política de líderes carismáticos como Gamal Abdel Nasser baseia-se em lançar um feitiço. Suas retóricas inspiradoras e seus comportamentos são concebidos para abafar as verdades mais sombrias da vida cotidiana. A recalcitrante realidade só entra em foco quando a personalidade singular, ofuscante, desaparece.

Tal era a atmosfera em outubro de 1970, após a morte de Nasser. Sadat, o vice-presidente, assumiu o cargo como um líder transicional de acordo com a Constituição egípcia e sujeito à confirmação pelo parlamento. Sua posse foi eclipsada pelo enterro de Nasser, quando milhões foram às ruas prestar seus respeitos. Uma procissão tão maciça que deixou Sadat com receio de que a multidão pudesse impedir um enterro adequado e levasse o corpo de Nasser embora.[85]

Apesar de ter passado quase duas décadas nos escalões superiores da política nacional, sua recusa em aparecer perante os holofotes significava que Sadat ainda não era suficientemente conhecido entre o povo egípcio e menos ainda no mundo exterior.[86] Durante seu progresso pela escada política, Sadat nunca fora tido em grande consideração por Washington. Em dezembro de 1969, quando ocorreu sua nomeação como vice-presidente, era uma crença comum não só na imprensa como também em Washington e em nossa embaixada no Cairo que Sadat devia sua promoção principalmente ao fato de ser irrelevante e que portanto não estava em posição de ameaçar a liderança de Nasser.[87]

No fim de setembro de 1970, Nixon soube da morte de Nasser e da sucessão automática de Sadat à presidência quando estava a bordo do porta-aviões USS *Saratoga*, no Mediterrâneo.[88] A intuição compartilhada pela maioria dos presentes — bem como pelos relatórios de inteligência disponíveis — era de que Sadat não duraria muito no cargo. Parecia encarnar uma continuidade com a ideologia agressivamente nacionalista de Nasser e, ainda por cima, passava a impressão de ser um homem de pouca influência ou substância.[89] Um assessor sênior deu-lhe seis semanas, sua avaliação sendo de que a sucessão nada mais fora que "um modo conveniente de impedir a escolha de um rival mais forte".[90] Do mesmo modo, um relatório da CIA na época não incluía Sadat entre "os homens mais importantes no entorno de Nasser por ocasião de sua morte" e previa que era "o que tinha a menor probabilidade de tentar uma tomada permanente do poder".[91]

As qualidades pessoais de Sadat contribuíam para sua relativa obscuridade. Embora ocasionalmente passasse assertividade, como em sua descompostura do consultor soviético ou em suas diatribes contra os Estados Unidos, essas performances se destinavam a demonstrar o que pensava. Na realidade era dotado de uma calma sobrenatural. O atributo de algum modo o isolara das pressões da ambição e do frenesi da vida política. Em seus dezoito anos no governo, ele permanecera longe do olho do furacão. Foi um dos poucos membros do CCR que não obteve logo de início uma posição ministerial. Às vezes, o distanciamento era intencional: ao menos em uma ocasião, ele suspendera sua participação como membro do CCR por ser avesso às posturas presunçosas e rivalidades internas da entidade.[92]

A combinação entre sua personalidade quietista e sua amizade com Nasser limitara os usuais incentivos para desenvolver uma base política própria — e ele nunca foi um político nato. Passava mais tempo em reflexões, e em certo sentido orando, do que em um palanque. Sua tendência para a solidão o dotava de perspicácia e pensamento independente, mas também o marcou como um lobo solitário.

Como os estrangeiros, muitos observadores egípcios também achavam que Sadat nada mais seria que um líder de transição. Seus colegas no CCR, particularmente o poderoso grupo encabeçado por Ali Sabri, Sharawi Gomaa, Sami Sharaf e o general Mohamed Fawzi, viam-no como alguém fácil de controlar.[93] Sabri era membro da aristocracia egípcia e fora considerado um sucessor lógico de Nasser em virtude de ter servido como seu vice-presidente, primeiro-ministro e chefe de inteligência. Gomaa fora ministro de assuntos internos de Nasser, Fawzi, seu ministro da defesa, e Sharaf um assessor próximo do presidente — na verdade, seu conselheiro. (No início de sua presidência, Sadat manteria esses três, o último como ministro de Estado.)

Para triunfar formalmente, Sadat precisava ser indicado à presidência pelo comitê executivo da União Socialista Árabe, partido político único do Egito. Esse grupo, com o apoio do influente Conselho de Ministros, concordou em lhe dar seu assentimento a 7 de outubro de 1970.[94] Sua aquiescência se deveu em parte ao fato de não conseguirem chegar a um acordo entre si sobre quem poderia assumir o papel de Nasser e considerarem Sadat fraco demais para constituir um desafio pessoal. De modo a assegurar a manutenção do controle, apresentaram cinco condições a sua nomeação, incluindo a promessa de governar em parceria com os líderes da União Socialista Árabe e a Assembleia Nacional, com destaque para os aliados de Sabri e Gomaa. Na prática, esse grupo se reservara o poder de veto sobre a política presidencial. Sadat concordou, foi nomeado e devidamente eleito.

A despeito das armadilhas encontradas pelo falecido presidente em seus esforços relativos à unidade árabe, ao estado inadequado das forças militares e à má gestão econômica, que enfraquecera tanto o setor privado como o público, Nasser permaneceu como um estimado ícone para o povo egípcio. Os que estavam decepcionados com a situação econômica e política deixada por ele procuravam algum outro para culpar. O fardo recaiu sobre os ombros do novo presidente, Sadat.

Suceder um líder carismático é, na melhor das circunstâncias, uma tarefa desagradável; embora políticas possam ser transmitidas, o carisma é intangível. Capturar a imaginação do povo, que continuava a prantear Nasser, era pouco provável. E sem controle do funcionamento de seu governo, Sadat sabia que seria um títere. Acima de tudo, ele precisava se afirmar.

Seis meses após sua eleição, tomou uma série de decisões unilaterais que contrariavam as opiniões dos que esperavam exercer veto sobre ele. Aboliu por decreto a apreensão e o confisco da propriedade privada, sinalizou com um gesto de paz a Israel e declarou um acordo de federação com Síria e Líbia.[95]

Chocados em ver o novo presidente se aventurando além dos limites combinados, e ameaçados pela diluição de seu poder na Assembleia Nacional, Sabri e Gomaa planejaram um golpe militar.[96] Sadat descobriu o complô e os exonerou. Os conspiradores, a seguir, pediram demissão em massa, na tentativa de instigar uma crise constitucional. Mas Sadat, com ajuda dos relacionamentos acumulados na Assembleia desde 1952 e em seu período como porta-voz, trabalhou noite e dia e encontrou substitutos para cada um dos cargos vagos em seu governo recém-reconstituído.

Em vez de se curvar às exigências de seus adversários como esperavam, ele se livrou de todos em uma tacada só, medida que ficaria conhecida como a "Revolução Corretiva". Em 24 horas, aprisionara a maioria dos conspiradores; 91 deles enfrentariam julgamento. Essa determinação não se evidenciara antes na carreira de Sadat, mas viria a ser a marca registrada de sua presidência. Cada uma de suas ousadas e inesperadas medidas era deliberadamente calculada para servir a um objetivo estratégico mais amplo. Como afirmou um diplomata sênior na época: "Cometeram um terrível erro de cálculo se acharam que o homem seria complacente [...]. Esqueceram que carregava bombas no bolso quando jovem revolucionário".[97]

PACIÊNCIA ESTRATÉGICA

A Revolução Corretiva consolidou o poder de Sadat e o libertou do controle dos colegas. Mas ele continuava preso ao legado de Nasser e à realidade do Egito, além de estar limitado por dois imperativos contraditórios: para conservar a legitimidade popular precisaria manter o nasserismo e sua vinculação à imagem de Nasser; para reverter o destino do Egito, precisaria se livrar de diversos elementos da conduta de Nasser. Portanto, decidiu reafirmar o programa nasserista ao mesmo tempo que o conduzia, gradual e, de início, imperceptivelmente, por uma nova direção. Perseguindo o que parecia ser a rota estabelecida, ele ocultaria suas reais intenções.

Em um discurso à Assembleia Nacional pouco após sua nomeação em 7 de outubro, Sadat anunciou que continuaria a "trilhar o caminho de Gamal Abdel Nasser, fosse qual fosse o caso ou a posição em que estivesse". Reafirmando a política externa de Nasser, especialmente em relação a Israel, buscaria liberar terras árabes da ocupação israelense, incrementar a unidade árabe e "salvaguardar, plenamente, os direitos do povo palestino".[98]

Embora a política doméstica desempenhasse um papel importante no restabelecimento do papel histórico egípcio, Sadat estava convencido de que sua capacidade de ressuscitar um Egito verdadeiramente independente exigiria, em última análise, uma nova política externa. Mas quando chegou à presidência, não deu o menor indício de qualquer alteração seminal na política exterior. Como sucessor e herdeiro de Nasser, ele não podia se arriscar a uma dissociação dramática, nem se a considerasse nos recessos mais íntimos de sua mente.

A primeira medida de Sadat foi assinar um Tratado de Amizade com a União Soviética em maio de 1971 — um passo político em relação à medida tecnicamente econômica de Nasser em aceitar a ajuda soviética para a represa de Assuã em 1956. Em setembro do mesmo ano, ele também acenou ao legado pan-árabe de Nasser, levando adiante a formalização de uma federação com Líbia e Síria. Por todo esse tempo, repetiu o usual bombardeio de críticas nasseristas a Israel e aos Estados Unidos:

A principal parte interessada é o guardião [de Israel], os Estados Unidos. Ele nos transmite uma postura desafiadora em tudo: desafia nossa existência, desafia nossa dignidade, nossa independência, nossa vontade, tudo de valor que nós e as gerações passadas lutamos para conquistar após a Revolução de 23 de julho.[99]

Como tantas medidas de Sadat, esta tinha um propósito duplo: aplacava as inquietações soviéticas com o afastamento e a prisão do pró-soviético Ali Sabri numa época em que o Egito ainda dependia de equipamentos militares soviéticos. Além disso, também oferecia um meio de testar se a aliança soviética podia ser explorada para induzir os Estados Unidos a pressionar Israel por um acordo no Oriente Médio com base em exigências árabes.

Na cúpula de Cartum em 1967, os líderes árabes haviam jurado nunca reconhecer Israel, nunca acordar a paz com Israel, nunca negociar com Israel. Em seus primeiros anos no cargo, a posição doméstica de Sadat não permitiu que ele se desviasse nem um pouco das diretrizes de Cartum. Nesse intuito, ele agora prosseguia com — e, se alguma coisa mudou, explicitava ainda mais — os ataques nasseristas a Israel e aos Estados Unidos. Em seu discurso à Assembleia Nacional em 1972, asseverou: "O colonialismo armado, do tipo que testemunhamos em Israel, desaloja as pessoas de sua terra [...] o meio utilizado para fazer isso é o genocídio e a destituição". De sua parte, os Estados Unidos, embora "poderosos, imensos e tirânicos", também estavam não obstante "impotentes".[100] Fossem quais fossem suas ambições em seu primeiro ano no cargo, Sadat se limitou aos caminhos da política externa mapeados por seu predecessor, como despachar diplomatas das Nações Unidas para confrontar Israel indiretamente na negociação de pactos provisórios de cessar-fogo ao longo do canal de Suez.

Contudo, conforme operava sob esse disfarce de continuidade, Sadat embarcava também numa gradual "denasserização". Cautelosamente, ele acelerou a transição egípcia para o capitalismo. Também liderou a proposta de uma nova Constituição, que, embora conservasse a estrutura institucional básica de um comando presidencial forte estabelecida na revolução de 1952, acrescentava maior ênfase aos direitos democráticos e maior leniência com os grupos religiosos, em particular os membros da Irmandade Muçulmana, muitos dos quais mandou soltar da prisão.

Na política externa, de sua perspectiva íntima na comitiva de Nasser e a seguir como vice-presidente, Sadat interpretou o fim de seu predecessor como uma lição sobre a importância de apreciar os limites. Com o fechamento de Suez, e tendo em vista o envolvimento egípcio no mundo árabe, Nasser assumira tarefas além da sua capacidade e não enxergara o valor do incrementalismo, inclusive (ou especialmente) na perseguição a objetivos ideológicos. Estes haviam incorrido em custos reputacionais, econômicos e militares – bem como afetado a flexibilidade de Nasser, deixando-o amarrado a compromissos impraticáveis e à rigidez ideológica.

Percebendo tudo isso, Sadat deu início a uma sondagem de paz com Israel, ambígua demais para trazer resultados dramáticos. Em fevereiro de 1971 — apenas cinco meses após chegar à presidência —, ele propôs a reabertura do canal de Suez contanto que Israel se retirasse das imediações.*[101] Pode-se

---

* A reabertura ainda não ocorrera porque, embora viesse a proporcionar o dinheiro que o Egito tão desesperadamente necessitava, exigia um equipamento que o país não tinha e representava uma concessão significativa a Israel e à Europa, que dependiam do canal para baratear o transporte de petróleo.

afirmar que isso marcou uma volta atrás nas exigências egípcia e árabe de um recuo israelense completo às fronteiras pré-1967.

Israel interpretou o oferecimento como uma manobra para comprometer a Linha Bar-Lev, seu conjunto de aterros fortificados na margem leste do canal de Suez. O país também objetou ao método de negociação indireto de Sadat envolvendo funcionários das Nações Unidas como intermediários, em geral um mediador indicado pelo secretário-geral das Nações Unidas. Para manter abertos os canais com Israel, Sadat aceitou os pactos de cessar-fogo ao longo do canal de Suez e, mesmo quando foram rompidos, furtou-se a ordenar uma retomada das hostilidades.[102]

Pouco mais de um ano depois, em julho de 1972, o gradualismo de Sadat deu lugar a um lance dramático: a expulsão abrupta de aproximadamente 20 mil consultores soviéticos do Egito sem notificar Moscou nem fazer consulta prévia a qualquer país ocidental, incluindo os Estados Unidos, sobre a medida ou suas consequências.[103] Embora as plenas implicações dessa mudança de estratégia levassem um tempo para se revelar, ela viria a ser um ponto de virada na diplomacia do Oriente Médio.

Em retrospecto, parece que Sadat impusera-se um prazo de dois anos para determinar se a dependência nasserista de Moscou produziria resultados tangíveis. Foi por esse motivo que, após a assinatura em maio de 1971 de um Tratado de Amizade entre a União Soviética e o Egito, Brezhnev começou a insistir com Nixon para a aceleração dos esforços de paz no Oriente Médio.

A sugestão de Brezhnev foi feita durante as fases finais da Guerra do Vietnã e antes das cúpulas de 1972 em Beijing (fevereiro) e Moscou (maio), que redesenhariam o mapa diplomático global. Tendo isso em mente, a resposta estadunidense era a mesma dada às partes envolvidas no Oriente Médio: que estávamos preparados para discutir princípios de um eventual acordo, incluindo a cúpula de Moscou. O início de um processo formal se basearia no progresso dessas conversas.

A estratégia adotada no começo do governo Nixon envolvera a criação de incentivos para o Egito se abrir à diplomacia estadunidense. A cúpula de Moscou se encerrara com uma declaração conjunta de princípios, inclusive o compromisso compartilhado de manter a estabilidade no Oriente Médio, omitindo qualquer conclamação a uma retomada imediata das negociações ativas. Aliado à recusa da União Soviética de abastecer Sadat com armas num nível que ele considerasse adequado, isso parece ter consolidado sua avaliação sobre a falta de utilidade da parceria com os soviéticos.

Todo estadista importante que conheci — com a possível exceção De Gaulle — teria implementado uma nova estratégia gradativamente, em estágios que lhe permitissem meios de recuar caso se revelasse ineficaz. Sadat, por outro lado, deu uma guinada radical que só poderia ser mantida com o movimento adiante.

A tensão entre os funcionários egípcios e soviéticos viera se acumulando por anos.[104] A visão de estrangeiros impondo indignidades aos egípcios desde a infância mexera profundamente com Sadat. Em 1972, quando o líder soviético Leonid Brezhnev exigiu os motivos para a expulsão dos consultores soviéticos, Sadat lhe escreveu: "Vocês nos consideram um país atrasado, mas nossos oficiais estudaram nas suas academias".[105] Em suas memórias, Sadat reflete: "Gostaria de dizer aos russos que a vontade do Egito era inteiramente egípcia; gostaria de dizer ao mundo todo que somos sempre senhores de nós mesmos".[106]

O Egito continuaria a aceitar ajuda econômica soviética — e os soviéticos, com intenção de manter um mínimo de influência, continuaram a fornecê-la. Mas Sadat consumara seu intento de demonstrar que o Egito tinha capacidade para ação autônoma e não era apenas vassalo de uma superpotência distante.

Expulsando do Egito o pessoal soviético, Sadat removera o principal obstáculo à participação estadunidense em um processo de paz. Com a influência soviética minguando, a rota diplomática via Estados Unidos parecia um caminho natural a seguir.

Mas a política externa é tão influenciada por coisas intangíveis quanto por circunstâncias objetivas. Sadat continuava desfrutando de baixa estima em Washington. Seus passos públicos iniciais como presidente contradiziam suas ações privadas, que eram em todo caso indiretas e sutis demais para sugerir uma potencial abertura a um diálogo transformativo. Minha avaliação pessoal não melhorara substancialmente desde a época de sua ascensão à presidência. Em fevereiro de 1973, como parte da abertura inicial de Sadat, seu assessor de segurança nacional Hafiz Ismail visitou Washington e me convidou ao Cairo — caso nossas conversas avançassem. Rabisquei um bilhete para um colega: "Seria indelicado perguntar qual é o segundo prêmio?".

O gesto era pouco atraente em muitos níveis. À luz das frequentes declarações antiamericanas de Sadat em 1971 e 1972, o Cairo não parecia um local promissor para negociações. Além disso, a visita de Hafiz Ismail a Washington deu-se menos de um mês após o Acordo de Paris pôr um fim à Guerra do Vietnã. Mais ou menos na mesma época, Nixon prometera à primeira-ministra israelense Golda Meir que uma nova negociação com Israel sobre uma série de questões aparentemente tão intratáveis quanto essa não ocorreria senão após as futuras eleições israelenses, programadas para o fim do outubro seguinte. O objetivo óbvio de Sadat era recrutar os Estados Unidos para a elaboração de um novo arranjo no Oriente Médio nos termos árabes existentes, começando pela retirada incondicional de Israel às fronteiras de 1967 como um prelúdio para negociações envolvendo o reconhecimento do Estado. Os soviéticos haviam fracassado em produzir esse resultado para Nasser e uma série de líderes árabes, incapazes de obtê-lo pela força, recusaram-se a buscá-lo pelo diálogo.

A mudança fundamental apresentada pelo processo de paz árabe-israelense prevalecente era que ambos os lados exigiam uma concessão irrevogável como condição para simplesmente participar das negociações. Os países árabes queriam que Israel concordasse em voltar às fronteiras pré-guerra de 1967; Israel insistia em negociações diretas, que seus adversários recusavam alegando que constituiriam um reconhecimento.

A despeito desses obstáculos, Nixon concordou em ter uma conversa preliminar com Hafiz Ismail. Na reunião, que aconteceu a 23 de fevereiro de 1973, Ismail explicitou as implicações da expulsão dos soviéticos por Sadat: o Egito estava pronto para normalizar as relações com os Estados Unidos. Nixon declarou sua intenção de explorar essa possibilidade de boa-fé, e encerrou resumindo seu entendimento sobre as dificuldades da negociação no Oriente Médio como "a força irresistível encontrando o objeto inamovível". Sugeriu que um acordo teria de satisfazer tanto a demanda por soberania egípcia como o imperativo da segurança israelense. Considerando o que chamou de "abismo entre as partes", porém, sentia que seria sensato buscar uma abordagem passo a passo, tentando soluções provisórias e parciais, e não uma solução abrangente (embora sem excluir de maneira categórica e precipitada esta última como opção).[107]

Como passara a ser o procedimento operacional padrão, Nixon enfatizou que a efetiva negociação deveria ser conduzida por meio do escritório do assessor de segurança e que Ismail e eu deveríamos iniciar a fase exploratória imediatamente — e de fato nossas discussões começaram no dia seguinte. Para permitir conversas prolongadas e enfatizar seu caráter informal, confidencial, tinham lugar em uma casa particular num subúrbio de Nova York.

Em nossas conversas, Hafiz Ismail repetiu o que já contara a Nixon: que o Egito estava farto da situação de "sem guerra, sem paz" e que Sadat estava preparado para restabelecer as relações diplomáticas com os Estados Unidos. Ele exortou os Estados Unidos a participar ativamente do processo de paz, desviando-se dos termos árabes estabelecidos apenas quando aludiu à prontidão em explorar uma paz separada com base na retirada israelense total. Atendo-me à abordagem passo a passo sugerida por Nixon, delineei alguns detalhes de como isso poderia funcionar.

Comentei que era uma mudança significativa em relação aos métodos que haviam caracterizado a diplomacia do Oriente Médio até então. A abordagem predominante à questão da paz no Oriente Médio era abrangente, envolvendo a resolução de todas as fronteiras contestadas entre Israel e seus vizinhos, bem como as fronteiras com os árabes palestinos. Também previa uma conferência de paz inclusiva que reunisse os principais atores regionais, além de representantes palestinos, com os Estados Unidos e a União Soviética participando como grandes potências responsáveis por intermediar e avalizar o acordo projetado.

Uma abordagem passo a passo, por outro lado, buscaria separar a disputa Israel-Palestina da possibilidade de progresso regional em questões particulares. Algumas dessas questões estavam relacionadas à soberania (arranjos jurídicos e administrativos, normalização das relações e reconhecimento mútuo no final), enquanto outras, à segurança (criar regimes signatários da não proliferação nuclear, combater redes terroristas e assegurar o livre fluxo de recursos energéticos). Dar passos para avançar em questões práticas como essas, em vez de vinculá-las à solução definitiva de um problema psicológico e histórico de peso, poderia gerar um ímpeto orgânico ao aparelhar os atores regionais mais interessados na resolução das questões individuais a manterem o resultado.

As conversas com Ismail foram inconclusivas em termos de decisões imediatas, em boa parte porque na época, primavera de 1973, uma abordagem passo a passo estava fora de cogitação devido a acordos interárabes. Não obstante descrevi para Ismail como dar alguns passos — por exemplo, separando critérios de soberania egípcios e israelenses de acomodações nas questões de

266

segurança mútua. Ismail não recebeu um programa nosso abraçando seus objetivos declarados, mas um retrato detalhado e preciso da alternativa proposta por nós (que, no fim, seria aceita por Sadat).

Isso foi em fevereiro. No outono — 6 de outubro, para ser preciso —, Sadat decidiu, antes de voltar à diplomacia, causar um choque que alterou a percepção de todos os países a respeito dele.

A GUERRA DE 1973

Em julho de 1971, em uma sessão do Congresso da União Socialista Árabe, Sadat havia declarado que não iria "aceitar essa situação sem guerra nem paz".[108] Ele identificara o problema — a estase com Israel —, mas era improvável que tão no início de sua presidência houvesse tomado alguma decisão sobre como resolvê-lo. Em vez disso ainda estava explorando várias maneiras de melhorar sua posição na negociação.[109]

Apenas em algum momento de 1972 ele decidiu alterar essa estratégia, mas, na época, não podia se mover em direção a uma abordagem passo a passo no mundo árabe e conservar um apoio mínimo da União Soviética sem algum ato dramático para estabelecer sua própria autenticidade.

Sadat decidiu entrar em guerra. Talvez houvesse esperado conquistar seus objetivos declarados de uma só tacada. Bem mais provavelmente, estava iniciando hostilidades na expectativa de conseguir legitimar opções diplomáticas alternativas. Jehan Sadat, sua extraordinária esposa, recordou que Anwar descreveu a situação para ela como exigindo "mais uma guerra a fim de vencer e entrar nas negociações de uma posição de igualdade".[110] As discussões da Casa Branca em 1973 com Ismail confirmaram para Sadat a disposição estadunidense de se envolver — bem como os limites dela. Elas o convenceram de que, na ausência de uma vitória egípcia total, a abordagem passo a passo podia oferecer uma posição alternativa.

Por mais de um ano, Sadat se preparou para a constelação certa de forças para "alcançar uma paz de verdade".[111] Esse período foi descrito em agosto de 1972 pelo jornalista egípcio Mohammed Heykal como "uma hemorragia constante para o Egito, uma morte sem heroísmo que está a ponto de sufocar o país".[112] Jehan Sadat relembrou o período:

Soldados egípcios e combatentes da liberdade continuavam a ser mortos nas batalhas esporádicas ao longo do canal de Suez. As janelas de todas as casas e os faróis de todos os carros na Zona do Canal continuavam a ser pintados de azul--escuro para bloquear qualquer luz durante os ataques aéreos. No Cairo, sacos de areia continuavam sendo empilhados diante dos prédios, enquanto as janelas dos museus e lojas eram tampadas para minimizar os danos das bombas. A atmosfera foi muito deprimente durante essa época que os historiadores viriam a chamar de "sem guerra nem paz". Nós todos a odiamos e queríamos que chegasse ao fim. Especialmente Anwar.[113]

Determinado a aguardar até a situação ter evoluído, de modo que sua guerra fosse "a última guerra",[114] Sadat garantiu cuidadosos preparativos. Em meados de 1972, após a expulsão dos consultores soviéticos, ordenou que fossem feitos planos militares. Em outubro de 1972, quando perguntou sobre o progresso, descobriu que seus generais, talvez sem acreditar nas perspectivas, não haviam conseguido nem começar a tarefa. Após exonerar o ministro da guerra, Sadat alocou fundos adicionais e adquiriu mais armas dos soviéticos.[115] Também elaborou secretamente um plano de guerra conjunto com o presidente sírio Hafez al-Assad.[116]

Enquanto preparava seu exército, Sadat confundia o de Israel. Durante a primavera e o verão de 1973, ele instigava os israelenses com ameaças de agir, depois os levava a se preparar para um ataque. Duas vezes as forças de defesa israelense foram mobilizadas, a um alto custo; duas vezes descobriram ser alarme falso. Em seis ocasiões diferentes o Egito realizou exercícios militares aparentemente rotineiros que pareciam uma operação real. No dia anterior à efetiva invasão, aviões soviéticos no processo de evacuar seus diplomatas — gesto que deveria ter alertado os israelenses e os Estados Unidos — foram tomados como parte de um treinamento soviético.[117] Após a guerra de 1973, o ministro da defesa na época, Moshe Dayan, respondendo por que não mobilizara suas forças em outubro, diria que Sadat "me levou a fazer isso duas vezes, a um custo de 10 milhões de dólares cada. Assim, quando chegou a terceira vez, achei que não fosse sério. Mas ele me tapeou!".[118]

No outono de 1973, Sadat passara quase dezoito meses moldando a paisagem internacional para uma guerra iminente. A flexibilidade pública acerca do tráfego no canal abrilhantara sua reputação internacional. Expulsar os soviéticos aumentara suas opções diplomáticas e assegurara que os consultores não impedissem nem subvertessem seus planos. Conversas preliminares com a Casa Branca implicavam que ele ingressava num relacionamento cordial com Washington. Deve ter calculado que os Estados Unidos ajudariam a limitar as consequências de um revés militar e poderiam participar das negociações.

Com base em considerações como essas, a 6 de outubro de 1973 o Egito e a Síria lançaram uma ofensiva coordenada contra Israel. Sadat já exortara o povo egípcio, em janeiro de 1972, a se preparar para o "confronto" e abraçar uma ética de paciência:

> Perante nós apresentam-se inúmeras adversidades e dificuldades. Mas, com a ajuda de Deus, suportaremos seus fardos e sacrifícios. Nosso povo dará na batalha um exemplo vivo de que é um grande povo, assim como sua história, sua longa civilização e sua humanidade e ideais [...]. Nosso Senhor! Faça nossa fé triunfar e permaneça conosco até a vitória.[119]

No primeiro dia da guerra, Sadat comunicou a mim, enquanto secretário de Estado, que seus objetivos eram limitados e que pretendia fazer uma tentativa de intermediar as negociações de paz após cessar as hostilidades. No segundo dia da guerra, respondi: "O senhor está fazendo a guerra com armas soviéticas. Tenha em mente que para fazer a paz precisará da diplomacia estadunidense".[120]

Conseguindo alcançar o tipo de sucesso militar que se furtara a Nasser, as forças egípcias construíram pontes flutuantes através do canal de Suez e cruzaram a Linha Bar-Lev. Avançaram mais de quinze quilômetros Sinai adentro, reconquistando o território que fora tomado por Israel em 1967. Ao mesmo tempo, forças sírias penetraram em posições israelenses nas colinas de Golã. Conforme as duas forças árabes seguiam avançando, equipadas sobretudo com armas soviéticas,[121] Israel sofria baixas e perdas de equipamento significativas.

O sucesso egípcio-sírio inicial deixou o mundo perplexo, fazendo todos os lados confrontarem situações inesperadas. Paradoxalmente, porém, com a guerra em pleno andamento, o Conselho de Segurança das Nações Unidas, que tinha a responsabilidade de preservar a paz, recuou da proposta de um cessar-fogo. Dos dois membros mais poderosos do conselho, a União Soviética se opunha por não querer deter o aparente avanço árabe, enquanto os Estados Unidos relutavam para não impedir um contra-ataque israelense.

Os demais membros hesitavam por uma mistura de medo e incerteza. Neste caso, o Conselho de Segurança não se reuniria para votar um cessar-fogo até os Estados Unidos e a União Soviética terem concordado com um texto em 22 de outubro, mais de duas semanas após o início da guerra.

Durante essas semanas, a crise doméstica de Nixon chegou ao clímax. No mesmo dia em que teve início a guerra de 1973, o vice-presidente Spiro Agnew começou o processo de sua renúncia, como resultado das atividades conduzidas enquanto servia como governador de Maryland (1967-9). Isso foi concluído em 10 de outubro, coincidindo com outra onda de audiências de Watergate sobre quais conversas gravadas de Nixon deveriam ser liberadas. As tentativas de Nixon de barrar a liberação das fitas culminariam em 20 de outubro, duas semanas após o início da guerra no Oriente Médio (e enquanto eu estava em Moscou, negociando um cessar-fogo), quando Nixon exigiu a renúncia do advogado-geral e exonerou o promotor especial. Os protestos resultantes levaram ao início do processo de impeachment contra Nixon.

Apesar das dificuldades domésticas, Nixon manteve o controle dos assuntos externos. Bem no começo da guerra, ele estabeleceu dois objetivos primários: cessar as hostilidades assim que possível e, como afirmei publicamente em seu nome, fazê-lo "de maneira que nos possibilitasse dar uma importante contribuição para eliminar as condições que [haviam] produzido quatro guerras entre árabes e israelenses nos [últimos] 25 anos".[122]

No local do conflito, a situação mudava quase diariamente. Na terça-feira, 9 de outubro — quarto dia da guerra e o dia em que a renúncia formal de Spiro Agnew como vice-presidente chegou a Nixon —, o embaixador israelense Simcha Dinitz e o adido militar, general Mordechai Gur, apareceram na Sala de Mapas da residência da Casa Branca para me informar que Israel perdera centenas de tanques e muitas dezenas de aviões nas batalhas iniciais ao longo do canal de Suez. Requisitavam reabastecimento imediato e uma visita a Washington da primeira-ministra Meir para pleitear sua causa.

Após concluir a renúncia de Agnew, Nixon concordou em atender às necessidades imediatas com algum apoio de emergência. Ordenou o reabastecimento imediato de três aviões por dia e uma avaliação da exequibilidade de mobilizar nossa frota aérea civil. Para possibilitar o uso das armas de reserva de Israel, Nixon prometeu repor todas as perdas após a guerra.

Na quinta-feira, 11 de outubro, Dinitz reapareceu na Casa Branca com outra mensagem dramática: o chefe de estado-maior israelense, David Elazar, e o ministro da defesa Moshe Dayan haviam convencido a primeira-ministra que novos ataques israelenses ao longo do canal de Suez seriam dispendiosos demais perante o cinturão de mísseis terra-ar na margem oeste do canal para fornecer cobertura aérea para o território entre 24-32 quilômetros a leste do canal. Israel estava, portanto, preparado para aceitar um cessar-fogo e pedia que o providenciássemos.[123] Para melhorar sua posição de barganha, Israel abriria uma ofensiva no front sírio, mais vulnerável, desse modo proporcionando um incentivo à União Soviética para apoiar um pedido de cessar-fogo no Conselho de Segurança. Nixon concordou, e procuramos a Grã-Bretanha para introduzir tal resolução.

O governo britânico — representado pelo secretário de relações exteriores Sir Alec Douglas-Home — empreendeu a iniciativa. Mas Sadat, quando seu assentimento foi requisitado no sábado, 13 de outubro, espantou a todos com sua recusa a menos que Israel se comprometesse em voltar às fronteiras anteriores a junho de 1967. Outra tentativa de abordá-lo por intermédio da Austrália teve o mesmo desfecho.

No domingo, 14 de outubro, os motivos de Sadat para essas recusas ficaram óbvios: ele decidira se aprofundar pelo Sinai com duas divisões blindadas. Fosse impelido pela confiança excessiva em sua capacidade militar após a travessia do canal, por um desejo de aliviar as pressões sobre o aliado Assad, por uma breve perda de seu senso de proporção, aventurar-se além do território coberto pelo cinturão de mísseis terra-ar resultou num desastroso revés. Pegos entre a força aérea de Israel — agora livre das limitações impostas pelo cinturão — e os contra-ataques dos tanques israelenses, cerca de 250 tanques egípcios foram destruídos. Isso por sua vez possibilitou aos tanques israelenses empurrar o Terceiro Exército egípcio de volta para o canal. Dois dias após o início da batalha, em pesados combates, as forças israelenses haviam feito uma travessia do canal por conta própria e começaram a destruir as bases de mísseis terra-ar soviéticas na margem oeste do canal. Nesse ínterim, forças israelenses blindadas, somando 10 mil veículos, avançaram contra a retaguarda do Terceiro Exército, ameaçando cercá-lo e até sitiar o Cairo.

Nessas circunstâncias, o general Saad Shazli, comandante de campo egípcio, insistiu que Sadat transferisse o Terceiro Exército da margem leste para o oeste do canal de modo a proteger a população egípcia. Mas isso teria frustrado o plano mais amplo de Sadat. Ele respondeu rispidamente — "O senhor não entende a lógica dessa guerra" — e ordenou a Shazli que aguentasse firme. O Egito precisava de apenas "quatro polegadas" do Sinai, argumentou Sadat, para transformar a situação diplomática.[124]

Na quinta-feira, 18 de outubro, com duas divisões egípcias batendo em retirada do Sinai, Sadat subitamente pediu um cessar-fogo. A maré da batalha tendo se voltado contra ele, precisava de uma pausa enquanto ainda retinha uma posição assegurada no Sinai.[125] Mesmo ao pedir o cessar-fogo, alegou uma vitória psicológica: "O inimigo perdeu o equilíbrio e permanece desequilibrado até esse momento. A nação ferida recuperou sua honra e o mapa político do Oriente Médio foi alterado". No mesmo discurso, exortou os Estados Unidos a se unirem ao Egito em um projeto pela paz.[126] Por pior que fosse a situação militar de Sadat, sua análise das opções políticas continuava acertando em cheio.

A crise se espalhou pela economia global em 17 de outubro, quando a Organização dos Países Exportadores de Petróleo (OPEP) anunciou um embargo de petróleo, no intuito de obrigar os Estados Unidos e seus aliados europeus a forçarem Israel a um acordo. O preço do barril subiu vertiginosamente, chegando a 400% de seu nível pré-crise.[127]

No dia seguinte, o embaixador Anatoly Dobrynin e eu começamos a discutir o texto de um cessar-fogo para uma possível apresentação conjunta ao Conselho de Segurança. Em 19 de outubro, Brezhnev me convidou a Moscou para completar as negociações de cessar-fogo, e dois dias depois os Estados Unidos e a União Soviética apresentaram um rascunho conjunto ao Conselho de Segurança, que em 22 de outubro foi adotado de forma unânime.

A guinada rumo a uma cessação das hostilidades foi temporariamente impedida quando romperam com o cessar-fogo e Israel não resistiu à tentação de bloquear a rota de suprimentos do Terceiro Exército, cercando a cidade de Suez. Tensas 48 horas se seguiram. Os soviéticos protestaram contra essas violações do cessar-fogo que havíamos negociado em Moscou alguns dias antes, exigiram sua reconstituição conjunta pela ação estadunidense e soviética e ameaçaram ação militar unilateral para voltar a impô-lo. Sadat poderia ter usado a pressão soviética para seus próprios fins, mas nunca recorreu a ela. Após uma robusta recusa estadunidense, os soviéticos apresentaram no lugar uma proposta possibilitando-lhes participar com observadores não combatentes para supervisionar o cessar-fogo. O resultado foi a Resolução 340 das Nações Unidas, que estipulou uma Força de Emergência das Nações Unidas composta de observadores internacionais escolhidos entre membros não permanentes do Conselho de Segurança.*

Sadat usou a oportunidade para um gesto simbólico, expressando seu compromisso com uma nova abordagem do conflito. Desde o armistício de 1948-9, funcionários egípcios e israelenses nunca haviam negociado pessoalmente. Para surpresa de todas as partes, Sadat agora informava os israelenses que estava enviando oficiais do exército ao quilômetro 80 da estrada Cairo-Suez a fim de discutir os detalhes da Resolução 340 e providenciar um reabastecimento para o Terceiro Exército egípcio encurralado. (Por diversos motivos técnicos, a negociação efetiva foi transferida do quilômetro 80 para o 101.) Isso não resultou em reconhecimento formal de Israel, tampouco diplomático; foi, antes, um símbolo da determinação de Sadat em lançar o Egito num novo caminho.

MEIR E SADAT

Após a guerra, a 1º de novembro de 1973, a primeira-ministra Meir veio a Washington. De todos os líderes israelenses com quem tratei, nenhum foi mais difícil — e nenhum me comoveu mais.

Ela era autêntica. Seu rosto enrugado dava testemunho da turbulência de uma vida inteira como pioneira de uma nova sociedade em um ambiente estranho e proibitivo. Israel, formado de um minúsculo pedaço de terra — precário, marginalizado, ameaçado por vizinhos implacavelmente hostis —, extraíra a sobrevivência de sua história apenas por estreita margem. O olhar cauteloso de Meir parecia eternamente precavido contra desafios inesperados, especialmente de seus impetuosos aliados estadunidenses. Ela via como sua missão proteger o que fora investido com esperança tão fervorosa por um povo que durante 2 mil anos suportara uma existência precária na Diáspora. Minha própria infância na Alemanha de Hitler proporcionou-me uma compreensão de suas apreensões endêmicas.

---

* Detalhes da diplomacia da crise estão no capítulo 3, pp. 217-21

Eu também admitia uma certa justiça em sua presente atitude em relação a nós. Como vítima de um ataque militar, seu governo agora enfrentava uma situação em que se multiplicavam as demandas por um processo de paz vindas do aliado estadunidense — do qual ela dependia, mas que nunca pareceu entender inteiramente seus traumas.

Por eu ser judeu, fui tratado como um sobrinho favorito que, ao discordar, decepcionou-a profundamente. Nosso relacionamento era familiar o bastante para me habituar a chamá-la de Golda, coisa que continuo a fazer em pensamento. Minha esposa, Nancy, costumava dizer que as discussões entre mim e Golda em jantares na casa dela em Israel estavam entre os espetáculos teatrais mais dramáticos que já presenciara. Nancy não mencionava como geralmente terminavam: Golda e eu nos retirando para a cozinha e chegando a uma solução.

Meir desembarcou em Washington na primeira oportunidade após o cessar-fogo. Sua principal fonte de descontentamento fora nossa insistência no reabastecimento — embora de suprimentos não militares — do Terceiro Exército egípcio. Ela protestava, na prática, não contra políticas específicas, mas contra a mudança de realidades estratégicas: a demonstração da vulnerabilidade israelense e o aparente surgimento do Egito como um parceiro de negócios aceito pelos estadunidenses. Ela foi exortada a mostrar moderação para permitir que o país que os atacara evoluísse numa direção mais pacífica. Isso, para Meir, não era um proposição óbvia:

Meir: Não começamos a guerra, contudo...
Kissinger: Primeira-ministra, estamos enfrentando uma situação muito trágica. A senhora não começou a guerra, mas está diante de uma necessidade de decisões ajuizadas para proteger a sobrevivência de Israel. Essa é a questão. Essa é minha avaliação honesta como amigo.
Meir: O senhor está dizendo que não temos escolha.
Kissinger: Enfrentamos a situação internacional que lhe descrevi.[128]

Uma nação fingir total autonomia é uma forma de nostalgia; a realidade determina que toda nação — até a mais poderosa — adapte sua conduta às capacidades e propósitos de seus vizinhos e rivais. Que Meir em última análise agisse de acordo constitui um tributo a sua liderança.

Em sua visita a Washington, a primeira-ministra Meir buscava dois resultados simultâneos: um consenso com seu aliado indispensável e um consenso com seu povo, cuja maioria continuava em choque com a mudança de suas circunstâncias e muitos permaneciam obstinadamente beligerantes. A supervisão do reabastecimento pelas Nações Unidas significou que ele podia ser realizado sem a cooperação direta dos combatentes. Em um jantar na embaixada israelense, ela empreendeu algumas críticas parcialmente públicas ao governo estadunidense (feitas talvez para os ouvidos dos assistentes, ministros e consultores israelenses presentes). Ignorando tais críticas, procurei-a no dia seguinte na Blair House (residência dos hóspedes oficiais) para uma reunião privada, restrita a assessores, onde ela sinalizou sua abertura ao reabastecimento sob seis condições delineadas por mim, incluindo o início de conversas sobre desmobilização.* Os seis pontos também proporcionaram a troca de prisioneiros de guerra bem no início do processo, uma evidente preocupação de Israel.

Com a proximidade das eleições israelenses, o gabinete de Meir inicialmente se recusou a autorizar que ela aceitasse esses termos enquanto estivesse em Washington. Mas a essa altura compreendíamos a política israelense bem o bastante para perceber que a primeira-ministra não teria promovido tal programa caso julgasse o rascunho inaceitável. Seu gabinete não poderia a desautorizar quando era ela quem estava efetivamente no comando.

A visão de Sadat de uma nova negociação não teria prevalecido sem a participação de Meir. Só de participar das negociações, ela aceitava a possibilidade de ceder território pela primeira vez na história de Israel. Ao concordar com o

---

* Os seis pontos eram: A. Egito e Israel concordam em observar escrupulosamente o cessar-fogo convocado pelo Conselho de Segurança das Nações Unidas. B. Ambas as partes concordam que discussões entre elas começarão de imediato a resolver a questão do recuo às posições de 22 de outubro no contexto do acordo sobre a desmobilização e a separação de forças com os auspícios das Nações Unidas. C. A cidade de Suez receberá suprimentos diários de comida, água e remédios. Todos os civis feridos da cidade de Suez serão evacuados. D. Não haverá empecilho à movimentação de suprimentos não militares à Margem Leste. E. Os postos de controle israelenses na estrada Cairo-Suez serão substituídos por postos de controle das Nações Unidas. No lado da estrada que fica em Suez, oficiais israelenses podem colaborar com as Nações Unidas para supervisionar a natureza não militar da carga na margem do canal. F. Assim que os postos de controle das Nações Unidas forem estabelecidos na estrada Cairo-Suez, haverá uma troca de todos os prisioneiros de guerra, incluindo os feridos. (Kissinger, *Years of Upheaval*, p. 641.)

reabastecimento não militar do Terceiro Exército, abria mão da possibilidade israelense de obter uma vitória militar decisiva. Ao mesmo tempo, criava o contexto para um grande avanço nas negociações. Ela superou os próprios instintos em nome de um possível gesto pela paz. Nem Sadat nem Meir teriam dado esse primeiro passo sem o outro.

A REUNIÃO NO PALÁCIO TAHRA

Em 7 de novembro de 1973, apenas quatro dias após a visita de Meir, encontrei-me com Sadat pela primeira vez. Ele deixara o terreno preparado para a diplomacia estadunidense ao excluir a ação militar soviética na crise pela erosão do cessar-fogo. O objetivo estratégico do Egito ao começar a guerra, descobrimos mais tarde, era transformar psicologicamente a situação de modo a construir uma paz sustentável. A abertura de Sadat à negociação assim transformou a visão que tínhamos a seu respeito. A nossos olhos, não era mais um radical.

A partir daí as ações de Sadat foram mais simbólicas que fundamentais. Lidávamos com uma abordagem genuinamente nova ou uma variação tática do padrão estabelecido? A exigência árabe de um regresso imediato às fronteiras pré-junho de 1967 permanecia na mesa como um requisito para a negociação. O reconhecimento da legitimidade do Estado de Israel ainda nem fora aludido. O encontro poderia levar a um progresso gradativo ou a um impasse, caso Sadat insistisse num acordo geral.

Questões de suma importância precisavam ser resolvidas durante nossas discussões. A mais imediata era o reabastecimento do Terceiro Exército, ocorrendo em uma base ad hoc. Em segundo lugar vinha a meta das negociações de paz no Oriente Médio, solicitadas no cessar-fogo mas nunca formalmente definidas. Em terceiro estava o futuro das relações egípcio-americanas, tecnicamente ainda baseadas na ruptura de Nasser com os laços diplomáticos no fim da guerra de 1967.

O encontro teve lugar no palácio Tahra, em um subúrbio outrora elegante do Cairo, agora esforçando-se por manter as aparências. Fui apressadamente conduzido a uma varanda onde se reunia uma turma de jornalistas, acompanhados de quantidade significativa do pessoal de Sadat. Não havia precauções de segurança visíveis.

Em meio a esse caos, um barítono profundo pronunciou as palavras, "Bem--vindos, bem-vindos". Sem qualquer cerimônia formal, Sadat chegara. Usava um uniforme militar cáqui e o casaco sobre os ombros (novembro no Cairo pode ser bem frio). Dispensando qualquer pronunciamento de abertura e parando apenas brevemente para ser fotografado pelos repórteres, conduziu-me a um salão com portas duplas com vista para um extenso gramado, onde haviam sido colocadas cadeiras de vime para nossos assessores.

Sentamo-nos em um sofá de frente para os jardins, ambos afetando despreocupação, embora bem cientes de que a natureza das relações egípcio--americanas e provavelmente árabe-americanas num futuro imediato poderiam depender do resultado daquela conversa. Parecendo extremamente relaxado, Sadat encheu o cachimbo, acendeu-o e iniciou a conversa dizendo que ansiava havia algum tempo por um encontro pessoal: "Tenho um plano para o senhor. Batizei-o de Plano Kissinger".

Dizendo isso, atravessou a sala até um cavalete no qual havia mapas da situação. Parando diante deles, referiu-se a minhas conversas prévias com Hafiz Ismail. Como observado antes, eu respondera à proposta de Ismail para uma retirada israelense completa do Sinai sugerindo arranjos provisórios, que permitissem o ajuste para um processo de paz antes de tomar as decisões finais. Ismail rejeitara nossa proposta gradual; Sadat agora a aceitava, chamando-a de Plano Kissinger. Ele sugeriu como um passo inicial a retirada israelense de dois terços do Sinai para uma linha de El-Arish (cidade a cerca de trinta quilômetros da fronteira israelense e 150 quilômetros do canal de Suez) ao Parque Nacional Ras Mohammed, no extremo sul da península do Sinai.[129]

Foi um começo impressionante para uma negociação que esperávamos ser prolongada e difícil — não porque a sugestão dele fosse tão sem precedentes (era na verdade pouco realista), mas porque ele articulava uma disposição para explorar fases provisórias de desmobilização. Nunca em minha carreira eu me deparara com um oponente que cedesse o campo em seu movimento de abertura. Todo líder árabe com quem aventáramos a ideia de um acordo provisório a rejeitara. Sadat a aceitara mesmo antes de ser proposta.

Mas Sadat devia saber que seria impossível convencer os líderes israelenses a um recuo tão amplo, incluindo a retirada dos desfiladeiros estratégicos no centro do Sinai, ao fim de uma guerra iniciada pelo Egito. Evitando começar o diálogo com Sadat por um impasse, convidei-o a explicar as considerações que o conduziram ao ponto em que nos encontrávamos.

Sadat, de início deliberadamente, e depois com crescente intensidade, descreveu seus propósitos. Estava desiludido com os soviéticos; haviam se mostrado incapazes ou relutantes em trabalhar com os Estados Unidos para obter uma paz no Oriente Médio compatível com a dignidade do Egito. O fraseado do comunicado encerrando a cúpula de Moscou de 1972 eliminara qualquer dúvida sobre as prioridades soviéticas: eles não arriscariam tensões com os Estados Unidos por causa do Egito. A decisão de expulsar cerca de 20 mil consultores soviéticos fora tomada como um primeiro passo para restaurar a dignidade egípcia e a guerra era sua expressão adicional. Ele não dera qualquer alerta antecipado da expulsão e depois dela não pedira nenhuma recompensa aos Estados Unidos.

Sadat falava um inglês excelente, embora um pouco empolado, e era preciso e formal — talvez porque tivesse aprendido sozinho lendo jornais, contos e livros quando estava nas prisões britânicas durante a guerra.[130] Expôs seu pensamento de maneira enfática, com os olhos ligeiramente estreitados, como se observando um horizonte distante. Chegara à conclusão, afirmou, que nenhum progresso poderia ser obtido sem a boa vontade estadunidense de longo prazo. Assim, procuraria a conciliação com os Estados Unidos e uma paz duradoura para o Oriente Médio. Sua busca era por uma mudança nas atitudes fundamentais, não nas linhas de um mapa.

Esse era seu Plano Kissinger. Qual era o meu?, quis saber.

O objetivo do diálogo, afirmei, era uma paz duradoura. Mas essa durabilidade dependeria de as partes conquistarem a confiança mútua em estágios, desse modo aumentando a confiança no próprio processo. Era impossível num primeiro gesto obter a paz ou a confiança. No presente momento, continuei, o Plano Kissinger de Sadat era ambicioso demais. Uma linha de retirada mais realista para as forças israelenses ficaria muito aquém de sua proposta, em algum ponto a oeste dos desfiladeiros de Mitla e Gidi. Provavelmente exigiria vários meses de negociações. Faríamos todo o possível para atingir o processo de desmobilização, com vistas a continuá-lo, e basear nisso um processo de paz.

As conversas com Sadat eram frequentemente interrompidas por pausas para reflexão. Agora, depois de uma dessas pausas, ele respondia com apenas duas palavras: "E Israel?". Minha resposta, similarmente críptica, foi entregar-lhe os seis pontos elaborados com a primeira-ministra Meir.

Sadat olhou para o papel por alguns minutos e o pegou sem discutir. Fora uma insensatez de Nasser, resumiu ele, tentar fazer os Estados Unidos cooperarem pela intimidação. O Terceiro Exército não era o coração da matéria entre o Egito e os Estados Unidos. O objetivo do próprio Sadat, por outro lado, eram relações de confiança com os americanos e paz com Israel. Para expressar isso simbolicamente, ele anunciaria após nossa reunião o que ainda não havíamos nem proposto: um fim ao boicote diplomático egípcio dos Estados Unidos, em vigor desde 1967, mediante o estabelecimento de uma seção de interesse egípcio em Washington, chefiada por um embaixador. O embaixador seria indicado em dezembro de 1973. (Era o mesmo procedimento que havíamos seguido antes nesse mesmo ano ao estabelecer relações com a China.) Relações diplomáticas plenas se seguiriam à conclusão de um acordo de desmobilização.

Essas observações foram propostas não de forma condicional, nem como uma exigência de reciprocidade, mas antes como a descrição de um curso desejável. Indo contra o que mais tarde descobrimos ser um sentimento quase unânime de seus assessores, Sadat decidira tentar a sorte baseado na palavra de um secretário de Estado estadunidense de que os Estados Unidos facilitariam um progresso significativo nas negociações territoriais egípcio-israelenses por um período de três meses. Ao longo disso, o Terceiro Exército permaneceria encurralado. Se alguma coisa desse errado, seria a ruína de Sadat e, para o Egito, uma humilhação.

Um passo aparentemente menor — suprimentos não militares para o Terceiro Exército após ter ficado sitiado — criou uma oportunidade para a cooperação preliminar e se tornou um símbolo para o progresso rumo à paz. Enquanto eu continuava no Cairo, os seis pontos elaborados com Meir em Washington e agora aceitos por Sadat eram colocados em um linguajar de tratado pelo secretário de Estado assistente, Joe Sisco, e pelo ministro de relações exteriores egípcio, Ismail Fahmy.

Ao fim da visita, Sadat conquistara o propósito inicial de sua aposta ousada: rompera com o status quo de modo a abrir a possibilidade de negociação com Israel sob os auspícios estadunidenses. Seu propósito último era encerrar o conflito com Israel, que sugara a energia e a confiança egípcias desde a guerra de junho de 1967. No seu entender, a existência de Israel não era uma ameaça à existência do Egito; a *guerra* com Israel, sim. Essa ameaça podia ser reduzida e em última análise eliminada mediante um novo conceito de segurança baseado antes em um processo de paz com o adversário do Egito do que em sua aniquilação.

Mesmo negociações bem-sucedidas às vezes deixam na memória dos negociadores vestígios desconfortáveis de seus acordos, lançando uma sombra sobre futuros esforços. A visão de Sadat sobre esse encontro está contida em suas memórias:

> Nossa primeira sessão de conversas levou três horas. A primeira hora me fez sentir que lidava com uma mentalidade inteiramente nova, um método político novo [...]. Qualquer pessoa que nos visse após essa primeira hora no palácio al-Tahirah teria pensado que éramos amigos de muitos anos. Não houve dificuldade em compreendermos uns aos outros e assim concordamos com um programa de seis pontos para a ação, incluindo a promessa estadunidense de voltar à linha de cessar-fogo de 22 de outubro dentro do contexto da desmobilização de forças.[131]

A disposição de Sadat em aceitar a desmobilização, junto com os seis pontos, constituiu uma rara ocasião em que um lado na negociação abandona unilateralmente sua prerrogativa de barganhar. Ele intuiu que estabelecer a confiança e a boa vontade seria mais importante, no fim, do que assegurar concessões imediatas. Essa confiança mútua se provaria essencial, pois as partes haviam dado apenas o primeiro passo na longa jornada que escolheriam percorrer.

DE GENEBRA À DESMOBILIZAÇÃO

Após o encontro no palácio Tahra, o gesto óbvio seguinte teria sido continuar a abordagem gradativa imediatamente. Mas isso foi obstado pela obrigação de Sadat com seu aliado Assad de não compactuar em separado. Além disso, os Estados Unidos, nas conversas de cessar-fogo em Moscou, haviam concordado em tentar uma negociação geral de comum acordo com a União Soviética. Assim, uma Conferência de Paz do Oriente Médio foi realizada em Genebra, em dezembro de 1973.

A conferência deveria oferecer um foro para legitimar o prosseguimento das negociações. Todas as partes regionais foram convidadas para discussões iniciais em Genebra, além dos Estados Unidos e da União Soviética como intermediadores do processo de paz. O Egito sofria uma pressão política, que beirava a obrigatoriedade, de participar: o país se unira à declaração de Cartum em 1967, que rejeitara negociações árabes separadas com Israel, como o haviam demonstrado os pronunciamentos do próprio Sadat antes e durante a guerra de 1973. Sadat, percebendo o ímpeto do Egito e seus aliados pela conferência de Genebra, decidiu assegurar seu abandono unilateralmente.

Escaldado contra as disputas interárabes e desconfiado dos soviéticos, Sadat rejeitou uma abordagem geral, temendo que a multiplicação de vetos frustrasse um acordo e que as rivalidades da Guerra Fria esmagassem as prioridades árabes. E, de fato, toda perspectiva de um acordo em Genebra se desmanchou rapidamente. Assad, da Síria, recusou-se a comparecer. A participação da Jordânia, que controlava a Cisjordânia, tornou-se uma questão controversa. A União Soviética estava mais preocupada com a evolução da détente do que com a negociação regional (ou então tolerava uma abordagem passo a passo porque estava convencida de que fracassaria). Assim a Conferência de Genebra dos Estados Unidos, União Soviética, Israel, Egito e Jordânia foi suspensa pelos próprio participantes para permitir a exploração de questões componentes separadas, algo que em todo caso era a intenção tanto de Sadat como dos Estados Unidos.

Tudo dependia agora de Egito e Israel conseguirem transformar discussões preliminares em algo tangível. Isso exigia um acordo sobre a extensão da retirada israelense; a definição entre as partes de zonas de limitações de armamentos; o fim dos boicotes árabes; e maneiras de controlar e legitimar quaisquer acordos.

A disposição de Israel em empreender sua primeira retirada de um território ocupado determinaria o desfecho. Por esse motivo, Moshe Dayan veio a ser um ator fundamental. O mais próximo de um militar profissional que o sistema israelense do cidadão-soldado permitia, distinguindo-se pelo alcance e flexibilidade de seu intelecto, Dayan parecia a pessoa perfeita para guiar o emergente processo de paz em Israel. Mas a oportunidade o pegou melancólico. Fora surpreendido pelo início da guerra, tapeado pelas simulações de Sadat, e sabia que pagaria um preço político alto por ter avaliado mal a mobilização. Tanto ele como Meir estariam fora do governo em junho de 1974.

E contudo Dayan desempenhou sua tarefa com dignidade. Ele compreendia o profundo significado da primeira retirada territorial israelense das fronteiras de 1967. E sabia que, embora sua participação pessoal chegasse ao fim, estava no começo de um processo que, assim se esperava, desenvolveria um ímpeto próprio.

A 4 de janeiro de 1974, em Washington, para dar início às negociações, Dayan propôs uma linha de retirada de vinte a trinta quilômetros partindo do canal de Suez — bem menos do que fora proposto por Sadat em seu "Plano Kissinger". Mas, segundo Dayan, era a máxima concessão praticável: um pouco mais para leste e Israel perderia o controle da única estrada norte-sul no Sinai a oeste dos desfiladeiros. Dayan não tinha interesse em assumir uma postura mais dura para propósitos de barganha e queria evitar manobras políticas. Em sete horas de discussão que se estenderam por dois dias, delineou sua proposta em um mapa elaborado de novas linhas divisórias, incluindo zonas de armamentos limitados.[132]

Na semana seguinte, entreguei a Sadat o meticuloso mapa de Dayan. Nossas reuniões sobre os detalhes da desmobilização haviam sido marcadas para Assuã, uma cidade no deserto, 684 quilômetros ao sul do Cairo, onde Sadat passava o inverno. Em nossa primeira reunião em 11 de janeiro, ele propôs duas coisas surpreendentes. Aceitaria as linhas de retirada israelenses se eu permanecesse na região para acelerar o resultado, empreendendo uma ponte diplomática entre Egito e Israel. Sadat então obrigou a si mesmo (e a equipe estadunidense) a um prazo final. Para o fim de semana seguinte, 18 de janeiro, agendara uma visita a seus irmãos árabes para discutir o embargo do petróleo que a OPEP impusera aos Estados Unidos durante a Guerra de Outubro. Se um acordo de desmobilização fosse concluído na época — e Sadat esperava que fosse — ele insistiria pelo fim do embargo. Embora sentisse que parte das propostas israelenses envolviam um comprometimento inadmissível da soberania, essas questões poderiam ser levantadas em um estágio posterior das negociações.

A ponte acelerou as negociações de um modo sem precedentes. Sete pontes diplomáticas tiveram lugar entre 11 e 18 de janeiro;[133] durante uma delas (12-13 de janeiro), Dayan apresentou um complicado esboço da substância da desmilitarização dentro das zonas de desmobilização.

A 14 de janeiro, Sadat, na única ocasião de que tenho conhecimento, mudou o arranjo de uma reunião face a face para uma conferência, com a equipe estadunidense (o embaixador Hermann Eilts e Joe Sisco) diante dele e os ministros do exterior, Fahmy, e da defesa, Gamasy, do outro lado mesa — talvez numa tentativa de dividir a responsabilidade pelas decisões dolorosas.

Essa ocasião se transformou em um confronto dramático entre Sadat e seus colegas. A linha de retirada foi reafirmada sem controvérsia, mas a proposta de Dayan para zonas de armamentos limitados em um território evacuado por forças israelenses suscitou oposição apaixonada. Sadat expressara a mim anteriormente sua firme convicção de que um país estrangeiro, em especial um país estrangeiro em guerra com o Egito, não podia receber permissão de determinar a mobilização de forças egípcias para defender o Egito em solo egípcio. Fahmy e Gamasy agora objetavam com argumentos similares, e em particular quanto ao limite proposto de trinta tanques egípcios através do canal de Suez. Gamasy encerrou enfaticamente sua argumentação com, "Nenhum oficial egípcio que se dê ao respeito assinará um acordo contendo tal disposição".

Sadat permaneceu em silêncio por alguns momentos. Emergiu desse estado contemplativo com uma pergunta esquisita para mim: "Podemos formar um comitê de trabalho com os dois lados aqui?". (Queria dizer todos ao redor da mesa exceto ele e eu.) Quando concordei, sugeriu que o grupo desenvolvesse limitações para armamentos, reservando a questão dos tanques a nós dois. Ele então me convidou a acompanhá-lo a sua sala anexa.

Uma vez a sós, perguntou (referindo-se ao limite de tanques no canal de Suez): "Ela [a primeira-ministra Meir] fala sério?".

Respondi: "Está negociando. Mas o senhor precisa decidir quanto tempo quer gastar nessa questão".

Sadat respondeu: "Vamos nos juntar aos demais", sem me informar qual fora sua decisão. À mesa de conferência, resolveu a controvérsia: "Aceitei trinta [como limite para os tanques egípcios do outro lado do canal]. O dr. Kissinger vai conseguir mais para mim e o sr. Gamasy vai assinar".

Sadat evitara a ameaça do impasse. O grupo de trabalho concordou com limites para quatro categorias importantes de armas. Eles foram a seguir repassados para o grupo técnico do quilômetro 101, estabelecido ao final da guerra para a implementação de uma linguagem negociada. Meir então elevou o número de tanques egípcios permitidos na margem leste do canal para mais de cem.

O procedimento da ponte diplomática não só acelerou as decisões, mas também possibilitou a Sadat aprofundar e avançar o diálogo. Meir, afirmou ele, compreenderia que o tamanho do contingente de tanques do outro lado do canal era em boa parte de significação simbólica:

> Se quiser atacar, ponho mil tanques do outro lado do canal em uma noite. Assim, como um sinal de meu compromisso com a paz, pode transmitir a [Meir] minha garantia de que não porei nenhum tanque do outro lado do canal. Mas quero que a primeira-ministra compreenda que o futuro todo do acordo depende de fatores psicológicos. Israel não deve ofender a dignidade das forças armadas egípcias com exigências opressivas. Pode dizer a ela que me comprometi com estratégia.[134]

Durante a ponte seguinte (16 de janeiro), Sadat pediu um mapa das zonas de limitação de armas propostas entre as forças egípcias e israelenses no Sinai. Ele riscou sumariamente as inúmeras subdivisões delas. Em seu lugar, traçou uma linha simples, dividindo as zonas em duas partes: uma israelense e a outra egípcia. As limitações, afirmou, deviam ser expressas como distâncias dessas linhas ao canal, não em termos de forças nacionais.

Também teve uma ideia engenhosa para evitar discussões sobre quem cedera a quem. Israel e Egito, em vez de descrever o acordo como uma série de obrigações recíprocas, deveriam pensar nelas como compromissos mútuos com o presidente estadunidense. Desse modo, o acordo seria indiretamente garantido por Washington. Para enfatizar o papel dos Estados Unidos na supervisão, ele propôs duas unidades de inspeção técnica das Nações Unidas usando tecnologia e pessoal estadunidenses ao longo do canal de Suez.* Foram necessárias apenas mais duas pontes para pôr o primeiro acordo de desmobilização em sua forma final.

---

* O acordo ficou mais complexo conforme era elaborado em linguagem formal. Isso foi demonstrado pelo modo como Sadat e eu descrevemos o grande progresso do grupo de trabalho. Sadat pediu-me que falasse em seu nome:
"*Sadat*: Por favor, o senhor é muito mais inteligente.
Kissinger: Mas não tão sábio. O presidente e eu tivemos discussões não apenas sobre as disposições técnicas, mas também sobre os prós e contras de nos movermos mais rápido ou mais devagar em Genebra. As disposições técnicas poderiam ser melhores se feitas em Genebra, mas avaliamos as vantagens de nos mover rápido.
Sadat: Essa é nossa avaliação.

Após meses de guerra e manobras táticas, Sadat precisara de apenas uma semana de diálogo para construir um momento em que ambas as partes ousassem pronunciar a palavra "paz". Após aprovar o documento final do grupo de trabalho para a transmissão a Israel, acrescentou uma mensagem para Meir sobre sua dedicação a uma paz genuína; era análoga ao que afirmara na discussão sobre limitações de tanques dias antes:

> Deve levar minha palavra a sério. Quando tomei minha iniciativa em 1971, falava sério. Quando ameacei entrar em guerra, falava sério. Quando falo de paz agora, falo sério. Nunca tivemos contato antes. Agora temos os serviços do dr. Kissinger. Vamos usá-lo e conversar entre nós por intermédio dele.[135]

Ainda faltava um passo para o diálogo direto. A primeira-ministra israelense me recebeu quando estava acamada com gripe. "É uma boa coisa", disse laconicamente. "Por que ele está fazendo isso?" Um dia depois, decidiu-se sobre uma resposta formal. Levei o texto final do acordo a Sadat, junto com a resposta de Meir — seu primeiro contato oficial, direto, com um chefe do governo israelense. A carta particular dela dizia em parte:

> Tenho profunda consciência da significação de uma mensagem recebida pela primeira-ministra de Israel vinda do presidente do Egito. É de fato uma fonte de grande satisfação para mim e sinceramente espero que esses contatos entre nós por intermédio do dr. Kissinger continuem e se revelem um importante ponto de virada em nossas relações.

Kissinger: A linha egípcia defende o Egito; a linha israelense não defende Israel. Assim, para os egípcios voltarem para sua linha defensiva no território egípcio é politicamente inaceitável. Devo dizer que acho este um argumento muito convincente. Assim, estou preparado para voltar a Israel com algo que eu nunca ouvira — abandonar todas essas distinções entre as zonas. As forças israelenses se moverão de volta para essa linha, e as forças egípcias se moverão de volta para essa linha, e a linha egípcia é definida aqui — de modo que nenhuma retirada egípcia será exigida. Assim vamos descrever quaisquer limites não em termos de retirada, mas em termos da distância entre a linha egípcia e o canal e a linha israelense. O segundo ponto levantado pelo presidente Sadat é que é muito difícil para o Egito assinar um documento de limitações de forças em seu próprio território.
Sadat: Isso mesmo."
(Kissinger, *Years of Upheaval*, p. 826.)

Eu, de minha parte, farei meu melhor para estabelecer a confiança e a compreensão entre nós.

Ambos os nossos povos necessitam e merecem a paz. É minha convicção mais forte de que a paz é o objetivo para o qual devemos direcionar todas nossas energias.

Permita-me reiterar o que o senhor disse em sua mensagem: "Quando falo em paz permanente entre nós, falo sério".[136]

Sadat acabara de ler e dobrar a carta quando um assistente entrou na sala e sussurrou alguma coisa em seu ouvido. Sadat se aproximou e me beijou em ambas as bochechas: "Acabam de assinar o acordo de desmobilização no quilômetro 101. Hoje vou tirar meu uniforme militar — espero nunca mais voltar a usá-lo, a não ser em ocasiões cerimoniais".

Sadat acrescentou que partiria naquele mesmo dia para as capitais árabes, onde explicaria o que fora negociado. Disse-lhe que estava de partida para Damasco naquela noite para continuar o processo gradual com Assad, aliado de Sadat na guerra e parceiro no acordo árabe de 1967 de jamais negociar a paz com Israel. Era importante para a posição de Sadat no mundo árabe que algum progresso fosse feito em prol da Síria.

Sadat, embora aprovando a diplomacia, tinha outra ideia: "Seria bom para o senhor passar um dia em Luxor e vivenciar a grandiosidade da história — assim como", acrescentou, em uma de suas pausas, "sua fragilidade".

A DIMENSÃO SÍRIA

Dos indivíduos biografados neste livro, Sadat foi o único cuja visão filosófica e moral constituiu uma grande inovação em sua época e contexto. O presidente sírio Hafez al-Assad, por outro lado, adotou uma abordagem puramente prática. Impiedoso e muito inteligente, ele aspirava à liderança no mundo árabe mesmo tendo consciência de sua incapacidade de conquistá-la.

A Síria, ao contrário do Egito, tinha uma história de autogoverno relativamente breve. Séculos de conquista e divisão, alternando realizações com catástrofes, haviam reduzido a magnitude e a autoconfiança necessárias para a Síria agir autonomamente. Sem a fé de Sadat nas capacidades internas de seu país, Assad sustentou a Síria nos confrontos com seu ambiente internacional por meio da tenacidade, força de vontade e astúcia.

Damasco é ao mesmo tempo a fonte do moderno nacionalismo árabe e um estudo de caso sobre sua frustração nas mãos de estrangeiros. Assad afirmou para mim certa ocasião que antes da Primeira Guerra Mundial a Síria fora traída pela Turquia, depois disso pela Grã-Bretanha e a França, e depois da Segunda Guerra Mundial pelos Estados Unidos em seu apoio ao Estado de Israel. Ele, desse modo, não tinha incentivo algum para formar um relacionamento de cooperação com os Estados Unidos e não fazia o menor esforço para incluir a Síria nas propostas ocidentais pela paz. Assad ficou ultrajado com as tentativas separadas de Sadat, a ponto de se recusar a receber o presidente egípcio em Damasco após o acordo de desmobilização, aceitando apenas o relato de Sadat da primeira ponte diplomática no aeroporto.

Mas Assad estava disposto a promover os interesses específicos da Síria. Em particular, queria retomar o território ao longo da estrada para Damasco, que fora conquistado por Israel em sua ofensiva final da Guerra de Outubro, e aplicar a desmobilização militar do acordo do Sinai às colinas de Golã, ocupadas por Israel desde 1967.

Nosso diálogo, assim, consistiu em discussões altamente detalhadas sobre arranjos militares. Linguajar elevado algum estimulou o processo. Foi uma progressão prática que de tempos em tempos tinha de ser resgatada das interrupções provocadas pelo próprio Assad. Certa vez descrevi a tática de negociação de Assad como andar até a beira de um precipício e ocasionalmente saltar, contando com a presença de uma árvore para impedir sua queda e possibilitar sua escalada de volta.

Usando como modelo os princípios do Sinai sobre a separação de forças, mas sem o elemento acelerador da visão moral de Sadat, Assad sujeitou a ponte diplomática síria a 35 dias de negociações de ponta a ponta. Toda reunião em Damasco envolvia três estágios, sempre presididos por Assad: uma discussão inicial, extensa, somente com Assad, usando apenas meu intérprete; uma sessão com os assessores militares dele; e uma reunião com seus ministros civis. (Ele excluiu até seu intérprete da primeira reunião de modo a limitar o que seus subordinados descobriam com meu relatório de Jerusalém.) Era um estilo tortuoso de tomada de decisão, mas permitia a Assad distribuir a informação conforme julgasse apropriado. Também gerava reuniões prolongadas para cuja demora os líderes israelenses não conseguiam encontrar explicação e que os deixava apreensivos.

Na noite do 34º dia, Assad levou as questões a um ponto em que uma ruptura parecia inevitável. Já havíamos rascunhado o comunicado anunciando o fim das negociações — literalmente no momento em que me dirigia à porta em nossa suposta reunião final —, quando Assad encontrou um modo de retomá-las. Ele então passou cinco horas com negociações em cima de negociações e no fim nos levou a debater até anoitecer.

No fim, os sírios conseguiam extrair leite de pedra: a linha demarcatória foi ajustada em algumas centenas de metros numa direção geral neutra. Finalmente, Israel se retiraria dos territórios dezesseis quilômetros ao sul de Damasco e da cidade de Quneitra. As forças de oposição e suas armas ficariam separadas por cinquenta quilômetros, de modo que armas pesadas não pudessem chegar à linha de frente do adversário.* Garantias de respeitar o acordo, como no caso egípcio, foram dadas numa carta das partes ao presidente estadunidense.

É desnecessário dizer que a ponte diplomática síria não terminou com o mesmo sentimento elevado da ponte egípcia. O acordo entre Síria e Israel foi uma barganha brutal entre adversários que ajustaram apenas sua posição relativa. Assad optou por seguir as soluções práticas de Sadat ao mesmo tempo que rejeitava seu arcabouço moral. Mas, embora não houvesse menção à natureza da paz, Assad estava disposto a fazer acordos específicos que deixassem o desencadeamento de uma guerra muito mais difícil. Essas disposições realistas, livres do fermento das emoções, eram tanto práticas como observáveis.

---

* A complexidade desse objetivo é revelada por essa proposta em um estágio final dos Estados Unidos: "Toda a Quneitra ficaria sob administração síria.
"Uma linha seria traçada duzentos metros a oeste de Quneitra, medida da linha de prédios no lado oeste da estrada ocidental. Essa linha seria demarcada por uma barreira física. A área a oeste dessa linha seria desmilitarizada. As Nações Unidas assegurariam a observância. Civis israelenses teriam permissão de cultivar os campos nessa área.
"A linha militar israelense ficaria na base Oriental das duas colinas principais, mas nenhuma arma seria permitida na crista das colinas que pudesse abrir fogo contra Quneitra numa linha reta. Essa garantia estaria contida em uma carta do presidente Nixon para o presidente Assad. A linha ao norte e ao sul de Quneitra seria endireitada de modo que Quneitra não ficasse cercada por posições israelenses." (Kissinger, *Years of Upheaval*, p. 1087.)

No caso, as disposições do assim chamado Acordo de Golã perduraram — em parte porque, embora Assad pudesse tê-las quebrado, nunca o fez. A despeito de todo seu orgulho e astúcia, ele finalmente aceitou — na prática — uma forma indireta e silenciosa do reconhecimento de Israel. Deve ter sido um processo traumático para um radical admitir tal possibilidade. Suas convicções de inimizade com Israel eram mais fortes que as de Sadat; assim sua jornada foi mais difícil e seu progresso, mais curto. Mas, como Meir na outra ponta do telescópio, ele captara um vislumbre da virtude de pôr um fim ao conflito.

Assad nunca teria atingido seus propósitos externos nem sua mudança interna se não fosse por iniciativa de Sadat. Mas ele contribuiu substancialmente, ainda que na busca de objetivos mais mundanos, para a resolução passo a passo das disputas regionais. E, de maneira paradoxal, a capacidade de Assad de eliminar todo o idealismo de uma negociação possibilitou politicamente a Sadat continuar no caminho de concretizar sua visão.

MAIS UM PASSO RUMO À PAZ: O ACORDO DO SINAI II

Após o acordo de desmobilização sírio, Sadat esperava uma retomada do processo de paz com Israel. O passo lógico seguinte teria sido um acordo sobre a margem oeste do rio Jordão, ocupada por Israel na guerra de junho de 1967. Mas esse caminho foi obstruído pela política interna árabe.[137] Embora a Cisjordânia estivesse efetivamente sob a governança da Jordânia, não era parte da Jordânia nem soberana em si. E, a 28 de outubro de 1974, pouco após o acordo sírio, a Liga Árabe designou a OLP como única representante legítima dos palestinos. Isso assegurou que qualquer tentativa israelense de desmobilização na Cisjordânia negociando com o rei Hussein da Jordânia teria levado ao conflito civil imediato no mundo árabe. E Israel não estava preparado para lidar com a OLP, que jurara sua destruição.

A Cisjordânia foi desse modo retirada da diplomacia passo a passo. Outra negociação Egito-Israel, sobre a posterior retirada israelense do Sinai, pareceu o único curso exequível para o progresso.

Isso, porém, teve de esperar até o impacto da renúncia de Nixon, em agosto de 1974, ser absorvido. Era preciso dar tempo para que o presidente Gerald Ford efetivasse a transição interna e montasse sua própria equipe na

Casa Branca. Em seu primeiro pronunciamento público, ele me nomeou seu secretário de Estado, desse modo assegurando a continuidade.

Na verdade, a garantia de continuidade mais significativa residia na personalidade do novo presidente. Criado e formado em Michigan, Ford encarnava as qualidades mais estelares da América Média: patriotismo, fé no companheirismo, confiança nos propósitos estadunidenses, extraordinário bom senso. De acordo com os princípios de paz para o Oriente Médio que haviam sido desenvolvidos durante o mandato de seu predecessor, ele estava comprometido acima de tudo em superar as divisões internas dos próprios Estados Unidos.

Israel também passara por uma mudança de líderes. A primeira-ministra Meir sobrevivera às eleições anteriores em dezembro, mas a crítica pública contra suas supostas falhas no prelúdio da guerra de 1973 a convenceu a se afastar. Seu sucessor foi Yitzhak Rabin, o primeiro *sabra* (nascido em Israel) a se tornar primeiro-ministro da nação. Rabin fora comandante do exército israelense na guerra de 1967 e suas vitórias haviam feito dele um herói nacional. Como Sadat, era um soldado que mudou suas aspirações para transcender a guerra. Em um pungente discurso como primeiro-ministro, afirmou:

> Como ex-militar, sempre me lembrarei da calma do momento anterior: o silêncio quando os ponteiros do relógio parecem girar para a frente, quando o tempo está se esgotando e dentro de uma hora, um minuto, o inferno vai entrar em erupção.
>
> Nesse momento de grande tensão antes que o dedo aperte o gatilho, antes que o pavio comece a queimar — na terrível quietude do momento, ainda há tempo para se perguntar, solitariamente: É de fato imperativo agir? Não há outra escolha? Nenhuma outra maneira?[138]

Rabin era tão diferente de Meir quanto se poderia imaginar. Ela fora a Israel como uma pioneira. Para Meir, cada palmo do território israelense fora conquistado com sangue e era, portanto, sagrado; segundo esse raciocínio, trocar terra por paz era trocar o absoluto pelo muito possivelmente efêmero. Para Rabin, nascido no país, o caráter extraordinário da existência de Israel figurava com menos destaque do que as necessidades de sua sobrevivência. A visão de Rabin, informada por milênios de história judaica, era de que a precariedade histórica de Israel só poderia ser superada vinculando seu povo a seus vizinhos árabes. Altamente inteligente e instruído, Rabin via o processo de negociação por uma lente analítica. Para ele, a abordagem passo a passo era uma preferência que expressava como "um pouco de terra por um pouco de paz".

A versão cerebral de Rabin da abordagem passo a passo ainda não fora manifestada plenamente no início de 1975, quando ele e Sadat começaram a explorar negociações hesitantes nas linhas do modelo de Sinai com a mediação estadunidense.* Os primeiros estágios foram suaves: os dois homens estavam comprometidos com a ideia de paz e concordaram com uma abordagem gradual, em múltiplos estágios. Para o passo seguinte, ambos gravitaram em torno de outra retirada israelense — Sadat, a fim de prosseguir com a jornada individual do Egito rumo à paz, Rabin de modo a familiarizar seu indócil gabinete com os fatos da vida internacional.

Em março de 1975, Rabin enviou uma carta a Sadat por meu intermédio. Ele expressou a seu próprio modo convicções similares às escritas por Meir em janeiro de 1974:

> Sempre fui da firme convicção que o Egito, em virtude de sua herança cultural, sua força, seu tamanho e sua influência, constitui uma voz de liderança com respeito aos esforços de obter a paz em nossa região. Com base no que o dr. Kissinger me transmitiu, assim como em suas declarações públicas, sinto com confiança que o senhor está determinado a fazer tentativas vigorosas de conseguir um acordo. Eu, de minha parte, estou determinado a me empenhar ao máximo para promover a paz entre nós, e é nesse espírito que expresso a aspiração de que ainda conseguiremos ser bem-sucedidos em chegar a um acordo que faça jus a nossos dois povos.[139]

Quando entreguei a carta, Sadat me perguntou de quem fora a ideia. Admiti que eu a encorajara. Ele perguntou em seguida: "Foram eles que escreveram a carta? Isso é até mais importante". Respondi com franqueza que a carta fora elaborada por Rabin. No dia seguinte, Sadat pediu para me ver a sós e me deu a seguinte resposta pessoalmente:

> Minha atitude é de que o poder nunca mais vai desempenhar papel outra vez nas relações de nossos dois povos. Tentarei lidar com o povo árabe se Rabin lidar com

---

* Ela ganhou plena expressão nos Acordos de Oslo israelenses-palestinos de 1993, com suas três fases de retirada da Cisjordânia e de Gaza.

o povo israelense. Minha determinação é concretizar a retirada final para as linhas combinadas apenas por meios pacíficos. Se uma conferência em Genebra for reunida após a assinatura desse acordo, não mexerei nesse acordo nem mudarei nada entre nós em Genebra. Certifique Rabin que, de minha parte, não estou sonhando em resolver isso em Genebra. Sejam quais forem os problemas, não recorrerei à força. Estou disposto a me encontrar com Rabin assim que a ocupação israelense do território egípcio estiver encerrada.[140]

O conceito sobre a mesa agora era outra retirada israelense, dessa vez além dos desfiladeiros no Sinai central. Em troca, Rabin esperava uma declaração egípcia de não beligerância. Um problema então emergiu com a fórmula "um pouco de terra por um pouco de paz": a saber, que a paz não era divisível como a terra. Sadat não estava preparado para declarar um fim geral da beligerância, mas estava disposto a concordar em se abster de uma lista de atos beligerantes delimitados. Os passos para a paz propostos pelo Egito para a retirada israelense além dos desfiladeiros se provaram controversos em Israel e precisavam ser mais do que uma sintaxe emotiva. Na medida em que palavras fossem capazes de realizá-la, nenhuma tranquilização adicional contra os pesadelos israelenses podia ser imaginada além da comunicação de Sadat com Rabin via mediação estadunidense. Mas a história judaica nos ensinara que apenas palavras de tranquilização não eram uma garantia contra a tragédia; a fragilidade dos intentos humanos exigia disposições legais ou constitucionais para assegurar sua eficácia.

Um acordo precisava ser aprovado pelo gabinete e pelo parlamento israelenses, em que Rabin, como todos seus predecessores, detinha apenas uma minúscula maioria — 65 de 120.[141] Divisões dentro do gabinete — expressas sobretudo pelo ministro da defesa Shimon Peres (que depois se tornou o pacifista proeminente de Israel, mas na época era um linha-dura) — podiam similarmente pôr em risco qualquer plano de paz. Em março de 1975, existia um rascunho do tratado. Mas ele continuava a conter elementos vagos que precisavam ser explicitados, especialmente sobre o estado de beligerância. A 18 de março, em resposta às objeções de Rabin, Sadat e Fahmy obtiveram do Egito a promessa de não se valer da força mesmo se o processo de paz vacilasse. Sadat também prometeu, tanto para Israel como em uma carta ao presidente estadunidense, não atacar Israel contanto que Israel fizesse a mesma promessa ao Egito. E Sadat aceitou explicitamente que os desfiladeiros no Sinai dos quais Israel se retiraria deveriam ser controlados por forças das Nações Unidas, não entregues ao Egito.

Não obstante, o gabinete israelense ainda não estava pronto para abraçar o que antes da guerra de 1973 teria sido considerado a realização de seus desejos. Yigal Alon, o ministro de relações exteriores, opusera-se terminantemente às negociações com o Egito, preferindo manter conversas com a Jordânia sobre a Cisjordânia. O ministro da defesa, Peres, antigo rival de Rabin, continuou a defender a linha-dura, rejeitando de maneira categórica a ideia de ceder o controle dos desfiladeiros do Sinai em troca de qualquer outra coisa que não um compromisso explícito de não beligerância. Uma vez que Sadat sentia que não podia prometer formalmente o fim da beligerância sem romper os laços egípcios com o mundo árabe, os negociadores israelenses buscaram em seu lugar uma lista cada vez maior de contingências. Seguindo esse caminho, Sadat podia fazer concessões à substância da "paz" item por item, embora sem utilizar a expressão.

No caso, esse tanto de paz se revelou insuficiente para o tanto de terra que era esperado. Naufragando nessas nuances, as negociações foram interrompidas no fim de março de 1975. A ponte diplomática foi suspensa. Nas palavras ditas a mim por Rabin, era "uma tragédia grega".[142]

O presidente Ford nunca se envolvera na diplomacia do Oriente Médio, mas estava familiarizado com os elementos militares por ter servido na Comissão de Forças Armadas da Câmara. Ele se reuniu com Rabin e com Sadat. O encontro com Sadat pareceu afligido pela maldição das reuniões presidenciais com líderes árabes quando as questões domésticas de repente se sobrepunham às questões de ordem do Oriente Médio. Na primeira vez que Sadat encontrou Nixon, era o auge de Watergate, e seis semanas mais tarde Nixon renunciou. No final de semana em que foi apresentado a Sadat, Ford se sentiu obrigado a dispensar seu secretário de defesa, James Schlesinger, e o diretor da CIA, William Colby, limpando o terreno para a campanha presidencial de 1976. Uma quantidade substancial de tempo teve que ser devotada às garantias presidenciais para Sadat relativas à confiabilidade do governo Ford.

A suspensão da ponte diplomática foi dura para Ford. Embora não fizesse segredo de sua inquietação, compartilhada por mim, ele decidira dar tempo a Rabin para concluir o debate israelense interno. Isso foi facilitado por Peres, que mudara de ideia e apoiava o passo seguinte, contanto que o sistema de inspeção das Nações Unidas fosse aperfeiçoado ficando próximo ao centro do Sinai. Sadat voluntariou outro incentivo, propondo que os postos de alerta no Sinai fossem controlados por estadunidenses, e instruindo seu ministro do exterior: "Essa é uma proposta importante. Os estadunidenses seriam testemunhas. Seria uma garantia completa para os israelenses".[143]

Um acordo veio à luz em 1º de setembro de 1975. Não resultou no júbilo do primeiro acordo de desmobilização, mas foi substantivamente mais significativo. Egito e Israel estavam equilibrando necessidades militares contra as condições políticas. Ambos os lados declararam que, em questões definidas, a força não seria empregada. Israel abriu mão dos desfiladeiros.* O Egito renunciou ao uso de força contra Israel em uma série de circunstâncias, inclusive se comprometendo a não apoiar a Síria em outros ataques contra Israel. Essas medidas definiriam as percepções mútuas de Israel e Egito. Sadat e Rabin estavam chegando a uma solução abrangente, não para toda a região, mas em essência entre si.

As opções de parte a parte eram restringidas por suas realizações pessoais: no caso de Sadat, por seu movimento cada vez maior rumo ao limite do que seu povo podia compreender ou suportar e, no de Rabin, por seu movimento gradual para uma nova definição da paz que não mais dissesse respeito a um pouco de terra.

A VIAGEM DE SADAT A JERUSALÉM

Tanto Israel como o Egito compreendiam que restava pouca margem para outro acordo provisório no Sinai. Mas, no fim de 1976, com a iminente eleição estadunidense, começaram a explorar outro passo, que teria sido traçar uma linha de El-Arish para Ras Muhammad a menos de trinta quilômetros da fronteira israelense: na verdade a mesma "linha Kissinger" proposta por Sadat em nosso primeiro encontro, quase três anos antes. Caso Ford houvesse vencido a eleição, a linha de El-Arish a Ras Muhammad, em troca de pôr um fim à beligerância, teria sido sua primeira medida de política externa após a posse.

---

* A definição sobre a extensão dos desfiladeiros, inicialmente controversa, foi resolvida levando consultores das Nações Unidas e representantes israelenses e americanos para caminhar por eles.

Ao longo do último ano do governo Ford e do primeiro ano de Jimmy Carter, Sadat tentou manter os Estados Unidos engajados em sua visão de uma paz mais ampla. Em agosto de 1976, contou ao embaixador estadunidense Hermann Eilts que esperava que chegasse logo uma nova proposta dos Estados Unidos — e se não chegasse encorajaria os israelenses a "pôr todas as cartas na mesa".[144]

Durante a campanha eleitoral de 1976, a equipe de Carter se comprometera com um acordo geral entre Israel e todos seus vizinhos árabes, a ser firmado em uma conferência de todas as partes, com o futuro da Palestina como tema central. A posse do presidente Carter em janeiro de 1977, assim, pôs um fim ao processo passo a passo como uma estratégia estadunidense.

A 3 de abril de 1977, acreditando que "os estadunidenses estão com mais de 99% das cartas em jogo", Sadat apresentou um plano para a paz ao recém--empossado presidente Carter.[145] Reiterando a necessidade de um Estado palestino e da retirada israelense para as fronteiras de 1967, Sadat afirmou que estava preparado também para reconhecer formalmente Israel e não objetaria à ajuda dos Estados Unidos ou a garantias para o futuro Estado palestino.[146]

Nada podia estar mais longe da mente de Sadat — ou dos israelenses — do que uma conferência multilateral do Oriente Médio, muito menos a tentativa de um acordo abrangente. Para começar, qualquer encontro desses seria um convite a propostas de voltar às fronteiras pré-Estado de 1947, que nenhum partido político israelense aceitava, pelo menos no que dizia respeito à Cisjordânia: o plano de partilha de 1947 previa uma linha na Cisjordânia a menos de dezesseis quilômetros da estrada entre as duas principais cidades de Israel, Tel Aviv e Haifa, e ainda mais perto do aeroporto de Ben-Gurion, o único aeroporto internacional de Israel. Além disso, uma conferência de múltiplas partes também ressuscitaria a questão da presença da OLP — que Israel se recusava a considerar — e a questão problemática da participação soviética. Sadat continuou a se opor a uma conferência abrangente porque teria reintroduzido a influência soviética no Oriente Médio, proporcionado à Síria um veto da diplomacia egípcia e ameaçado seu entendimento de uma maneira gradual de conquistar a paz.

Mas o presidente Carter não se convenceu com a proposta de abril de Sadat e ficou incomodado com a resistência egípcia a essa abordagem. Para vencer as objeções de Sadat, em 21 de outubro de 1977 Carter apelou diretamente a ele para apoiar a conferência.[147] Receoso de que o outro presidente pudesse forçá-lo a uma diplomacia em que soviéticos hostis e aliados árabes desconfiados conseguissem frustrar seus esforços, Sadat pulou direto para os objetivos últimos. Se um rearranjo duradouro da relação Egito-Israel fosse obtido, exigiria novo choque no sistema. Sadat escreveu posteriormente que a defesa de Carter pela paz "direcionou meu pensamento pela primeira vez para a iniciativa que eu estava prestes a tomar".[148]

A título de resposta à carta de Carter, Sadat, em seu discurso na inauguração do novo parlamento egípcio a 9 de novembro de 1977, fez insinuações familiares de "ir até o fim do mundo" pela paz.[149] Dessa vez, porém, incluiu uma breve menção a uma visita hipotética a Israel: "Israel ficará surpreso em me ouvir dizer que não recusarei uma visita a sua casa, ao próprio Knesset, para discutir a paz com eles".[150]

Sadat encobriu a referência ao Knesset entre menções positivas à conferência de Genebra proposta por Carter —[151] algo que ele não ousava rejeitar. Em nome de Yasser Arafat, líder da OLP presente na plateia, insistiu que as partes em negociação nessa conferência incluíssem representantes palestinos — já sabendo que essa exigência não seria aceita pelos israelenses. Embora a seriedade de seu compromisso com a paz fosse evidente,[152] quase ninguém percebeu que, na verdade, ele aventava a ideia de uma visita a Israel e não tinha a menor intenção de ir a Genebra.

O primeiro-ministro israelense, Menachem Begin, porém, captara a deixa de Sadat. Begin substituíra Rabin como primeiro-ministro em maio de 1977. Tendo emigrado da Polônia em 1942, inicialmente servira como diretor do Irgun, uma unidade paramilitar clandestina, e então com três décadas na oposição política. Begin era inflexível e legalista em sua visão das negociações. Contudo, não descartava uma "paz coligada" com o Egito, contanto que não incluísse as fronteiras pré-1967.[153] Em 15 de novembro — talvez de boa-fé, ou talvez meramente para deixar Sadat em desvantagem perante a opinião mundial —, Begin aproveitou a iniciativa e convidou formalmente o presidente egípcio a Jerusalém.[154]

Pouco após escurecer em 19 de novembro, um sábado — em respeito ao Shabat —, o avião de Sadat, para estupefação mundial, aterrissou em Israel. Eu havia telefonado a Sadat no dia anterior para parabenizá-lo por sua mais recente e ousada iniciativa de paz. Encontrei-o relaxado e em paz consigo mesmo. Com qual dos líderes proeminentes de Israel, perguntou, eu imaginava que ele ficaria mais impressionado? Sadat acreditava que provavelmente seria o intrépido Ezer Weizman, antigo comandante da força aérea israelense e atual ministro da defesa do governo Begin (e em sua juventude membro do Irgun clandestino). Sugeri Dayan como uma possibilidade. Estávamos ambos errados. Acabou sendo "a velhinha" (Golda Meir); ela estava entre os líderes israelenses na fila da recepção no aeroporto.[155]

A atmosfera na chegada de Sadat estava tensa: os israelenses pareciam esperar uma emboscada, enquanto a guarda pessoal de Sadat temia por sua segurança. Radicais de um lado ou de outro poderiam ter usado esse momento dramático para sabotar seus esforços. Mas alguns eventos transcendem os cálculos ordinários. O calafrio inicial arrefeceu quando, sob uma fanfarra de trompetes, a multidão festiva de israelenses deu as boas-vindas ao presidente egípcio em uma visita que ninguém antes ousara imaginar.

Na manhã de sua chegada, um domingo, Sadat orou na mesquita de Al--Aqsa e a seguir visitou a igreja do Santo Sepulcro e Yad Vashem, o memorial e museu do Holocausto. Depois disso, seu primeiro ato oficial foi se dirigir ao Knesset. Sua mera presença nesse órgão representava um radical desafio à posição árabe histórica. O próprio discurso, em árabe clássico tradicional, descartava a retórica estabelecida de inimizade entrincheirada. Ele baseava a conquista da paz não nas táticas de décadas de recriminação, mas na alma dos adversários:

> A franqueza me obriga a lhes contar o seguinte:
>
> Primeiro, não vim aqui para fazer um acordo separado entre Egito e Israel [...] na ausência de uma solução justa do problema palestino, nunca haverá essa paz durável e justa na qual o mundo todo insiste. Segundo, não vim até vocês para buscar uma paz parcial, a saber, encerrar o estado de beligerância nesse estágio e postergar o problema todo para um estágio subsequente [...]. Do mesmo modo, não vim até vocês para um terceiro acordo de desmobilização no Sinai ou em Golã ou na Cisjordânia. Pois isso significaria que estamos meramente adiando o acender do pavio.
>
> Vim até vocês para que juntos possamos construir uma paz durável baseada na justiça, de modo a evitar o derramamento de uma única gota de sangue de ambos os lados. É por esse motivo que proclamei minha disposição em ir até os rincões mais remotos da Terra.[156]

Adotar eventuais meias medidas, disse Sadat, significaria que "somos fracos demais para carregar os fardos e as responsabilidades de uma paz durável baseada na justiça".[157] Mas ele acreditava que ambas as partes eram fortes o bastante para firmar tal paz. No clímax emocional de seu discurso, perguntou: "Por que não estendemos nossas mãos com fé e sinceridade de modo que, juntos, possamos destruir essa barreira?".[158]

Sadat definia a paz menos como um conjunto finalizado de condições do que como, acima de tudo, um estado frágil e vulnerável, a ser aperfeiçoado e defendido com toda tenacidade possível contra o ressurgimento do conflito. "A paz", proclamou Sadat, "não é um mero endosso de linhas escritas. É antes uma reescrita da história [...]. A paz é uma luta gigante contra toda ambição e capricho."[159]

Begin respondeu com um discurso que se elevou acima de sua usual abordagem legalista para suplantar a inércia do conflito e aproveitar o pleno alcance das opções diplomáticas:

O presidente Sadat sabe, e soube por nós antes de vir a Jerusalém, que nossa posição sobre as fronteiras permanentes entre nós e nossos vizinhos diferem da sua. Entretanto, conclamo o presidente do Egito e todos nossos vizinhos a não descartarem as negociações sobre qualquer tema que seja. Proponho, em nome da esmagadora maioria do parlamento, que tudo seja negociável [...]. Tudo é negociável. Nenhum lado deve dizer o contrário. Nenhum lado deve apresentar prerrequisitos. Conduziremos as negociações com respeito.[160]

A viagem de Sadat a Jerusalém foi essa rara ocasião em que o mero fato de um evento constitui uma interrupção da história e desse modo transforma o alcance do possível. Foi sua revolução final, mais consequente e autêntica para o espírito de sua liderança do que o golpe de julho de 1952, a "correção" de abril de 1971, a expulsão dos soviéticos em julho de 1972 ou a guerra de outubro de 1973 e seus desdobramentos. A visita marcou a realização do tipo de nacionalismo particular de Sadat, que expressava a paz como uma forma de libertação interna.

A TORTUOSA ESTRADA DA PAZ

A Guerra de Outubro custara ao Egito mais de 10 mil vidas, incluindo o irmão mais novo de Sadat, um piloto de combate derrubado num ataque contra um aeroporto militar israelense. Para Israel, os números foram mais de 2600 mortos e mais de 7 mil feridos.[161] Encontrando-me em um hospital militar egípcio durante uma das pontes diplomáticas, Sadat contou como seu país sofrera com a guerra, afirmando que não precisava produzir mais mártires.[162]

As quatro horas seguintes demonstrariam que Sadat impusera um obstáculo inicial elevado demais para ambos os lados. As primeiras recriminações viriam do mundo árabe. Antes da visita a Jerusalém, a última reunião entre um chefe de Estado árabe e um líder sionista ou israelense acontecera quando Emir Faisal se encontrou com Chaim Weizmann, em janeiro de 1919.[163] Desde então, quatro guerras foram travadas com base nos mesmíssimos princípios que Sadat proclamou estar pronto para abandonar.

À parte das apostas imediatas, os líderes árabes sentiam-se pessoalmente traídos por não terem sido consultados por Sadat. Em um nível prático, a preocupação era que sua presença em Jerusalém desse vantagens de negociação aos israelenses.[164] Assad, da Síria, foi completamente desdenhoso. Quando eu lhe perguntara em 1975 qual era sua alternativa, ele respondeu friamente: "Vocês estão abandonando o Vietnã; vocês vão abandonar Taiwan. E estaremos aqui quando se cansarem de Israel".[165]

Dentro do governo de Sadat também houve oposição substancial. Em 15 de novembro de 1977, o ministro das relações exteriores, Fahmy, renunciou em protesto contra a decisão de visitar Jerusalém.[166] A pressão estadunidense sobre Israel aumentou. Quando, a 19 de novembro, Begin ligou para Carter para confirmar a chegada de Sadat a Jerusalém, Carter lhe disse: "O senhor deve ter observado que Fahmy renunciou. Existe a necessidade de Sadat voltar com alguma contribuição tangível para casa. Ele correu grandes riscos".[167] Haja vista sua história, é curioso que, após a visita, Sadat seria às vezes acusado de passar por Jerusalém para chegar a Washington. Na verdade, ele procurou fazer exatamente o contrário.

Em julho de 1977, a Líbia sob Muammar Gaddaffi (por quem Sadat nutria apenas desprezo) provocara uma breve guerra com o Egito devido à insistência de Sadat em sua tentativa de paz com Israel e à rejeição das propostas de

Gaddaffi de unidade com a Líbia. Mais tarde ele descreveu as ações de Sadat como uma "traição da nação árabe".[168] A Síria e a OLP expressaram ultraje similar em um comunicado conjunto:

> [A visita de Sadat], junto ao plano Sadat-Begin, não tem outro objetivo senão impor um *fait accompli* à nação árabe e desse modo invalidar todos os esforços genuínos de alcançar uma paz justa com base na retirada total de todos os territórios árabes ocupados.[169]

Um "plano Sadat-Begin" formal era, a essa altura, apenas uma fantasia. Entretanto, em uma conferência em Trípoli em dezembro de 1977, Síria, Argélia, Iêmen do Sul, Líbia e a OLP descreveram as ações de Sadat como "alta traição".[170] Decidiram na ocasião aplicar punitivas leis de boicote anti-Israel a quaisquer entidades egípcias que comerciassem com o país.[171] Pouco depois, o Egito cortou relações com cinco estados árabes e a OLP.

Sadat alimentara a esperança de que a visita a Jerusalém complementasse o relacionamento exclusivo entre Israel e Estados Unidos e impelisse as negociações pela paz a uma nova fase, de modo a produzir um acordo mais robusto e duradouro.[172] Ele antecipou também que uma frente árabe dividida daria a Israel novas oportunidades de negociar.[173] Mas, durante o ano seguinte, os passos de Begin e Sadat rumo à paz foram, quando muito, vacilantes. Em dezembro de 1977, Begin retribuiu a visita a Jerusalém viajando à cidade egípcia de Ismailia, mas o único produto da cúpula ali foi um acordo para encontros entre especialistas militares e políticos dos dois lados, que rapidamente caiu por terra.

Begin, assim como Sadat, começara como um revolucionário. Diferente de Sadat, chefiava o governo de um país cujos vizinhos rejeitavam seu direito à existência. Ele combateu tenazmente em questões de símbolo e linguagem. Em 1975, respondendo ao argumento de que Israel necessitava ceder território a fim de ser reconhecido por seus vizinhos árabes, retrucou que o povo israelense "não precisa de legitimidade [...]. Existimos. Logo, somos legítimos".[174] Begin tinha uma preocupação ainda mais profunda do que reconhecimento; mais do que seus predecessores, temia que Sadat pusesse em perigo o relacionamento de seu país com os Estados Unidos, que garantia a existência de Israel.[175]

Em março de 1978, Sadat escreveu a Begin numa linguagem evocando a fórmula que Nixon expressara a Hafiz Ismail em fevereiro de 1973: "a segurança não deveria existir às custas da terra ou da soberania". Esse princípio, escreveu Sadat, já fora reconhecido pelo Egito com respeito à existência de Israel, e ele faria sua parte para convencer os árabes e a comunidade internacional. Mas Israel teria de agir segundo o mesmo princípio: com respeito aos árabes palestinos, não podia "levantar questões em termos de terra e soberania", e, com respeito ao Egito, não podia exigir o sacrifício de "terra e soberania" em troca da paz. Sadat deu a entender que a segurança podia ser alcançada como um equilíbrio estável, por meio do acordo, sustentada acima de tudo pela superação de fórmulas estabelecidas e fundamentada em um conceito de justiça enraizado na perspectiva do benefício mútuo e da conquista de uma visão compartilhada da paz.

Os dois lados fracassaram em se unir mesmo após a participação estadunidense renovada na primavera de 1978. A frustração de Sadat aumentou, assim como sua distância dos colegas, que sentiam que seu comprometimento com a paz se tornara prioritário demais.

Exasperado, Sadat pediu a Carter para se juntar à mesa de negociações. O presidente respondeu convidando tanto ele como Begin para uma reunião em Camp David em setembro de 1978. No início das conversas, que duraram de 5 de setembro a 17 de setembro, as negociações bilaterais entre as partes continuavam tão tensas que Carter e o secretário de Estado Cyrus Vance tiveram de agir como mediadores para que tivessem início.

Sadat enfrentou problemas até dentro de sua própria delegação. Como disse a um funcionário do Ministério das Relações Exteriores:

> Vocês no Ministério das Relações Exteriores estão sob a impressão de que compreendem a política. Na realidade, porém, não compreendem absolutamente nada. Doravante não prestarei a menor atenção a suas palavras ou a seus memorandos. Sou um homem cujas ações são governadas por uma estratégia mais elevada que vocês são incapazes de perceber ou compreender.[176]

Não surpreende que o sucessor de Fahmy, o ministro do exterior Kamel, também renunciasse, pouco antes da conclusão dos Acordos de Camp David.[177] Desde o momento em que pôs o pé em Jerusalém, Sadat se comprometera irrevogavelmente a uma paz entre Egito e Israel. Durante doze dias de negociações, ele modificou elementos do programa árabe-padrão de maneira substancial.

Três meses antes da Guerra de Outubro, em 1973, Sadat repudiara abruptamente as opiniões estadunidenses sobre a abertura do canal de Suez:

Nenhuma solução parcial, nenhuma solução separada só com o Egito, absolutamente nenhuma negociação [...]. Minha iniciativa [para a abertura do canal de Suez] não se destinava de modo algum a uma solução parcial ou gradativa, e não era um fim em si. O que falei foi: permitam-me testar suas intenções relativas ao recuo de Israel, de modo que me convença de que o país realmente completaria sua retirada [...]. Quando a data final de evacuação for determinada, aí sim eu liberaria o canal. Mas hoje, não![178]

Em Camp David, cinco anos depois, Sadat aceitou um acordo que, embora deixando a realização de seu espírito moral para o futuro, continha passos detalhados e imediatos, além de outros a serem realizados mais adiante no caminho. A despeito das insistentes diferenças, ele foi construído com base na confiança acumulada de forma gradual e mútua ao longo dos quatro anos anteriores. Os dois lados concordaram em renunciar ao uso da força, normalizar as relações, assinar um tratado de paz bilateral e permitir a presença contínua de forças das Nações Unidas em torno do canal de Suez. Israel concordou em se retirar de todo o Sinai.

A abordagem passo a passo conseguira atingir quase tudo que os defensores da abordagem abrangente haviam tentado obter numa única grande conferência. Ao mesmo tempo, os objetivos nacionais do Egito haviam sido concretizados pela estratégia de Sadat, além da definição de princípios para a paz e o equilíbrio regionais; Israel chegava a um contrato permanente com um vizinho, contrato este que o país buscara firmar com *todos* eles ao longo das décadas de sua existência. Israel concordou também em explorar negociações para um tratado de paz com a Jordânia, bem como negociações separadas sobre o status final da Cisjordânia e de Gaza; em permitir a formação de uma autoridade palestina autogovernada; e em incluir os palestinos em negociações envolvendo seu próprio futuro, de uma maneira que satisfizesse as exigências substantivas árabes e procedimentais israelenses.

Pelo acordo de Camp David, Sadat e Begin dividiram o Prêmio Nobel da Paz de 1978. Em seu discurso de agradecimento a 10 de dezembro de 1978, Sadat reiterou sua visão da paz: mesmo esse triunfo, disse, não era senão um "fim" provisório em um processo muito maior voltado à "segurança [...] liberdade e dignidade [...] para todos os povos da região". Uma paz final e duradoura — ainda não conquistada — seria "indivisível" e "abrangente". A paz que ele desejava não se resumia a "poupar o homem de morrer por armas destrutivas", mas também livrar a humanidade "dos males da carência e da miséria".[179] Ele concluiu:

a paz é uma construção dinâmica para a qual todos deveriam contribuir, cada um acrescentando um novo tijolo. Ela vai muito além de um acordo ou tratado formal, transcende uma palavra aqui ou ali. É por isso que exige políticos dotados de visão e imaginação e que, para além do presente, dirijam seu olhar ao futuro.[180]

Houve um intervalo de seis meses entre a conclusão dos Acordos de Camp David e a assinatura do tratado de paz. Nesse ínterim, as negociações continuaram, e Sadat tomou medidas adicionais para tranquilizar Israel: aceitando que o Egito não reivindicasse mais um "papel especial" em Gaza e não objetasse à garantia estadunidense de Israel pela perda de petróleo no pequeno campo petrolífero do Sinai.[181] Finalmente, em 26 de março de 1979, após a aprovação do Knesset israelense e da Assembleia Popular egípcia, o tratado de paz foi assinado no gramado da Casa Branca.

Dois meses mais tarde, Begin e Sadat se encontraram em El-Arish para transferir a cidade do controle israelense ao egípcio. Observados por eles, soldados egípcios e israelenses se abraçaram e trocaram juras pela paz. Begin recordou a cena em uma carta a Sadat:

aprendemos a transformar o Tratado em uma realidade viva de paz, amizade e cooperação. Declarando isso não posso deixar de mencionar, com o sentimento mais profundo, esse encontro que testemunhamos juntos em El-Arish entre os soldados, os inválidos de guerra de Egito e Israel que afirmaram uns aos outros e a nós: "Chega de guerra". Que cena mais única e comovente foi essa.[182]

O RETROCESSO

A invocação da antiga parceria, "a fraternidade de Ismail e Isaac", por parte de Sadat fracassou em atiçar a imaginação dos que mais precisavam consumá-la de um lado ou do outro. Logo após Egito e Israel concordarem com a estrutura de Camp David, e antes de assinarem o tratado bilateral normalizando as relações diplomáticas, ficou evidente que Israel retomaria a criação de povoamentos na Cisjordânia e em Gaza assim que expirasse a suspensão de construí-los por três meses.[183] Sadat escreveu a Begin no fim de novembro de 1978, solicitando um cronograma para transferir a autoridade "aos habitantes da Cisjordânia e de Gaza".[184] Begin respondeu com uma lista dos fracassos egípcios em cumprir as próprias promessas.

Begin interpretou que o texto do tratado de paz não exigia que as Forças de Defesa de Israel se retirassem da Cisjordânia ou de Gaza e que fosse concedido aos palestinos o status de uma entidade política, mas antes de um conselho administrativo.[185] Em 30 de julho de 1980, o Knesset mais uma vez proclamou Jerusalém como a capital de Israel. Sadat protestou, propondo em vez de uma administração unificada, a soberania compartilhada sobre Jerusalém. Begin respondeu que a cidade era indivisível.[186] Em uma carta recebida por Begin a 15 de agosto de 1980, Sadat escreveu que sob tais circunstâncias seria impossível retomar as negociações.[187]

Enquanto Israel desafiava disposições particulares, o mundo árabe se opunha à agenda toda dos Acordos de Camp David. Os estados árabes viam o tratado de paz como uma violação do acordo da Liga Árabe de 1950 pela defesa conjunta e a cooperação econômica, proibindo qualquer membro de firmar uma paz individual com Israel.[188] Líderes árabes proeminentes repudiaram os Acordos de Camp David por fracassar em estabelecer o status final da Cisjordânia e de Gaza e por não incluir a OLP nas negociações.[189] O rei Hussein da Jordânia denunciou o tratado com veemência e se descreveu como "absolutamente arrasado" com as ações de Sadat.[190] Em 31 de março de 1979, a Liga Árabe suspendeu a adesão do Egito e resolveu mudar sua sede do Cairo para Túnis. Em dezembro de 1979, a Assembleia Geral das Nações Unidas votou por 102 a 37 condenar os Acordos e outros "acordos parciais", alegando que negligenciavam direitos palestinos. Quase todos os membros da Liga Árabe que não haviam rompido relações diplomáticas com o Egito prontamente o fizeram.

A oposição árabe externa alimentou a hostilidade existente contra Sadat dentro do Egito. Após a guerra de 1973, ele obtivera legitimidade política para abandonar o legado de Nasser mediante a travessia do canal de Suez. Na primavera de 1974, introduziu a legislação doméstica que o distinguiu, a *infitah*, ou política da "porta aberta", que liberalizou a economia egípcia. A *infitah* se destinava a estimular a ajuda e o investimento estrangeiros e ocasionar um boom econômico.

A ajuda de fato veio: de 1973 a 1975, os estados árabes deram ao Egito mais de 4 bilhões de dólares. E a assistência econômica americana também se multiplicaria, chegando a 1 bilhão anualmente em 1977.[191] Esse número, aproximando-se quantitativamente da ajuda dos Estados Unidos a Israel, era maior do que a ajuda estadunidense a toda a América Latina e o restante da África combinadas.[192] Mas, embora a taxa de crescimento do PIB do Egito se acelerasse, indo de 1,5% em 1974 a 7,4% em 1981,[193] o antecipado boom de investimento e produtividade nunca veio. O Egito não desenvolveu um capital nativo.[194] Empréstimos de curto prazo levaram as taxas de juros a mais de 20%, e 90% dos fundos usados em projetos públicos vieram de fora do Egito.[195] Em janeiro de 1977, quando Sadat tentou reduzir os subsídios de alimentos básicos como o pão, explodiram tumultos por todo o país, com manifestações de 30 mil pessoas só no Cairo.[196]

As políticas econômicas de Sadat criaram também uma visível classe de estrangeiros bem de vida. Grupos islâmicos militantes, compostos na maior parte por membros da classe média ou média baixa, protestaram e se opuseram abertamente.[197] Alguns de seus antagonistas mais renhidos eram membros da Irmandade Muçulmana que Sadat libertara, sem perceber em que grau muitos deles haviam se tornado seus inimigos quando presos.[198]

Os grupos militantes islâmicos mais poderosos da época, o Penitência e Fuga Santa (*al-Takfir w'al-Hijra*) e a Organização de Libertação Islâmica (*Munazzamat al-Tahrir al-Islami*), ambos dedicados a combater a influência ocidental e o sionismo, também se opuseram aos esforços de paz de Sadat,[199] interpretando seu discurso no Knesset de novembro de 1977, em que descreveu Israel como um "fato estabelecido", como o reconhecimento do Estado israelense e assim uma contravenção da doutrina islâmica.[200] Sua proposta de construir uma igreja, uma mesquita e uma sinagoga no monte Sinai, divulgada no verão de 1978,[201] foi denunciada como blasfema. Os fundamentalistas também se opuseram apaixonadamente às tentativas legislativas de Sadat em promover os direitos das mulheres, chamadas de "leis de Jehan", em homenagem a sua jovem esposa meio inglesa que defendia o controle de natalidade e o afrouxamento das leis de divórcio.

A oposição recorreu à violência. Em julho de 1977, um grupo fundamentalista sequestrou e executou um dos ex-ministros de Sadat.[202] Como resposta, Sadat aprovou uma legislação determinando a sentença capital para qualquer um que pertencesse a uma organização armada secreta.[203] Jehan Sadat, na época estudando para o mestrado, ficou alarmada com a segurança de seu marido. Como recordaria em suas memórias,

> perguntei-me se Anwar sabia como estavam tão profundamente contra ele. Meu marido podia ter assessores e relatórios de inteligência, mas eu tinha mais acesso às pessoas [...]. Anwar ocasionalmente visitava as universidades, mas eu via os fundamentalistas com meus próprios olhos todo dia. E, ao contrário de alguns assessores, eu não tinha medo de entregar um relatório desfavorável. "O fundamentalismo está crescendo, Anwar", eu o adverti durante o outono de 1979. "Se não agir rápido eles podem conquistar força política para derrubar tudo que você defende."[204]

As tensões no Egito pioraram após a conclusão formal da paz. Em 1979, a Liga Árabe declarou o fim da ajuda econômica, bem como dos empréstimos de bancos privados e da exportação de petróleo para o Egito.[205] A Revolução Iraniana jogou Sadat contra os islâmicos, celebrando a ascensão do aiatolá Khomeini. Sadat e o xá haviam desenvolvido uma amizade pessoal enquanto aquele ainda era vice-presidente e este propiciara ajuda financeira após a guerra de 1973 e o fornecimento de petróleo durante uma escassez em 1974.[206] Ele manteve seu apoio a Sadat após a viagem a Jerusalém.[207] Em 1980, Sadat abrigaria o xá exilado no Egito quando seu refúgio no Panamá foi ameaçado pelos pedidos iranianos para sua extradição.[208]

Os desafios domésticos de Sadat foram agravados pela inquietação entre os revolucionários de 1952 que haviam desde então governado com base no prestígio do exército e na capacidade de Nasser de evocar as paixões da massa. Embora Sadat tenha empreendido algumas reformas políticas — substituindo nominalmente o sistema de partido único por eleições multipartidárias em 1976 e valendo-se de referendos para contornar a Assembleia Nacional —, ele não havia alterado a Constituição do governo dos Oficiais Livres de maneira fundamental, que fazia a apologia do controle autoritário, e também conservara o domínio da elite militar. Percebendo o crescimento da oposição, Sadat, correndo risco, seguiu sua usual tática de lidar com os adversários:

confrontando-os diretamente. Ele reprimiu a liberdade de expressão, dissolveu os sindicatos estudantis e baniu os vetores de extremismo religioso.[209]

No processo, Sadat encolheu o grupo dos que o cercavam, vendo-se em um clássico dilema. Quanto mais profundo seu conflito com a maioria ideológica, e quanto mais raso seu apoio, mais precária ficava a situação. Em setembro de 1981, após um verão de violência muçulmano-copta, Sadat executou detenções em massa, prendendo mais de 1500 ativistas.[210] Ele prendeu até o papa copta e o guia supremo da Irmandade Muçulmana.[211]

O crescimento constante do extremismo religioso proporcionou um paradoxo central para o programa doméstico de Sadat. Nas palavras de um observador contemporâneo, "quanto mais liberal e democrático [Sadat] quer ser a fim de realizar seu sonho, mais atento e receptivo deve se tornar às exigências populares para reverter a tradição do islã".[212] Sua busca do sonho da reconciliação se transformou na escolha do martírio.

ASSASSINATO

Quando criança, Sadat admirava os esforços dos patriotas egípcios em lutar pela independência. Apreciava uma lenda em particular: a de Zahran, jovem egípcio sentenciado à forca pelos britânicos. Enquanto outros caminharam cabisbaixos para seu destino final, Zahran dirigiu-se ao cadafalso de cabeça erguida, proclamando desafiadoramente: "Morro por um Egito livre". A filha de Sadat, Camelia, escreveu que durante toda a vida seu pai modelara sua conduta no exemplo de Zahran.[213]

A 6 de outubro de 1981, o Egito celebrava o oitavo aniversário da Guerra de Outubro. Sadat estava sentado no palanque assistindo ao desfile militar quando subitamente um dos caminhões parou. Um grupo de soldados — fundamentalistas do exército egípcio, incluindo um membro da Jihad Islâmica que escapara da prisão após uma medida repressiva anterior — disparou contra Sadat. Mataram o presidente e mais dez pessoas.

Sadat acreditara que a liberdade do Egito seria conquistada primeiro pela independência e então pela reconciliação histórica. Seu objetivo era ressuscitar um antigo diálogo entre judeus e árabes, a partir da compreensão de que suas histórias estavam destinadas a se entrelaçar. Era precisamente essa crença na compatibilidade e coexistência de sociedades fundadas em diferentes fés religiosas que seus adversários achavam intolerável.

Imediatamente após o ataque, o primeiro-ministro Begin elogiou a visita de Sadat a Jerusalém e declarou que ele fora "assassinado pelos inimigos da paz", acrescentando:

> Sua decisão de vir a Jerusalém e a recepção concedida a ele pelo povo, pelo Knesset e pelo governo de Israel serão lembradas como um dos grandes acontecimentos de nosso tempo. O presidente Sadat não se intimidou por abusos e hostilidades e prosseguiu com ações para abolir o estado de guerra com Israel e firmar a paz com nossa nação. Foi uma estrada difícil.[214]

O enterro de Sadat ocorreu em 10 de outubro. O presidente Reagan, tendo por sua vez sobrevivido a uma tentativa de assassinato, não pôde comparecer. Em seu lugar — como símbolo do respeito estadunidense — ele enviou os presidentes Nixon, Ford e Carter, junto com o secretário de Estado Alexander Haig, o secretário de defesa Caspar Weinberger e a embaixadora das Nações Unidas Jeane Kirkpatrick. Como cortesia especial, eu, então fora da vida pública, fui incorporado por ele à delegação.

O enterro foi um evento estranho: rigidamente organizado pelas forças de segurança e com uma sensação de choque ainda pairando no ar. As ruas estavam quietas; não se via nada como a manifestação de pesar que acompanhara o enterro de Nasser. A identidade do grupo responsável por seu assassinato ainda não fora esclarecida, mas era óbvio que se tratara de um complô de alto escalão, pelo menos dentro do exército.[215] Isso significou que convidados proeminentes na procissão funerária — entre eles os três presidentes estadunidenses, Begin, Lee Kuan Yew, o príncipe de Gales, o ex-primeiro-ministro britânico James Callaghan, o secretário de relações exteriores britânico Lord Carrington, o presidente francês François Mitterrand e o ex-presidente Valéry Giscard d'Estaing, o chanceler alemão Helmut Schmidt e o ministro do exterior Hans-Dietrich Genscher, além da presidente do Parlamento europeu, Simone Veil —[216] tiveram de ser protegidos como potenciais alvos.

Apenas dois dias antes, insurgentes haviam tentado invadir um quartel-general de segurança regional ao sul do Cairo. O governo líbio, exultante com a morte do presidente Sadat, disseminava relatos falsos de nova violência no Egito. Quando diversas centenas de enlutados tentaram se juntar à procissão, os guardas dispararam tiros no ar para afastá-los.

Os cerca de cem convidados VIP haviam sido reunidos sob uma tenda no percurso do desfile onde Sadat foi assassinado. Após uma espera de bem mais de uma hora, caminhamos atrás do caixão de Sadat pela mesma rota do desfile militar de quatro dias antes, passando pelo local de seu assassinato a caminho de enterrá-lo.

A estranheza do enterro ecoava as perspectivas instáveis do Oriente Médio. A conduta de Sadat refletira sua confiança de que seus pares talvez optassem pelo mesmo caminho que ele; sua morte simbolizou o preço que talvez tivessem de pagar. Com os regimes radicais — exemplificados pelo reino de violência política de Gaddaffi, que financiava o terrorismo da Escócia a Berlim — tomando partes do mundo árabe, os partidários da moderação ficaram em perigo. Como afirmei na noite de sua morte: "Sadat tirara de nossos ombros o fardo de muitas incertezas difíceis" —[217] fardo que agora teria de ser assumido por outros.* O epitáfio de Sadat contém um verso do Corão: "Não considerai como mortos os que foram assassinados em nome de Alá, e sim vivos e abençoados ao lado do Todo-Poderoso". Abaixo, lê-se: "Herói na guerra e na paz. Viveu em nome da paz e foi martirizado em nome de seus princípios".[218]

Por ocasião de uma visita ao Egito em abril de 1983, prestei meus respeitos no túmulo de Sadat. Eu era a única pessoa presente.

EPÍLOGO: O LEGADO IRREALIZADO

Anwar Sadat é mais conhecido pelo tratado de paz com Israel que levou ao Egito. Seu plano final, porém, por maior que fosse a realização, não era um tratado de paz, mas a modificação histórica no padrão de existência egípcio e o estabelecimento de uma nova ordem no Oriente Médio como contribuição para a paz mundial.

---

* Para exemplificar, como o finado professor e diplomata Charles Hill me escreveu certa vez: "Com o assassinato de Sadat, o Egito abandonou seu papel de negociador do Estado em prol dos palestinos junto a Israel".

Desde a juventude, ele percebia que o Egito, como consequência de sua história, poderia tanto ser uma província subjugada quanto o líder ideológico do mundo árabe. Sua força residia na aspiração a uma identidade eterna.

A localização geográfica do Egito entre o mundo árabe e o Mediterrâneo era tanto um potencial recurso como um risco. Sadat concebia o Egito como uma nação islâmica *pacífica*, forte o bastante para ser parceira do antigo inimigo do país, mais do que dominá-lo ou ser dominado por ele. Ele compreendia que uma paz justa podia ser conquistada apenas mediante uma evolução orgânica e pelo reconhecimento dos interesses mútuos, não por imposição de potências externas. E a culminação desse processo seria uma aceitação universal de tais princípios.

A visão geral de Sadat estava em excessivo descompasso com a de seus colegas e contemporâneos para se sustentar. O que sobreviveu foram os elementos práticos que ele considerava efêmeros.

A disputa crucial no Oriente Médio moderno permanece: é uma competição entre os defensores de uma ordem religiosa ou ideologicamente pluralista — que tratam suas convicções pessoais e comunais como compatíveis com um sistema baseado no Estado — e os avessos a Sadat, empenhados na articulação de uma teologia ou ideologia abrangente em todos os domínios da vida. Enquanto ambições imperiais ameaçam engolir nações inteiras — e insurgências as dividem por dentro —, a visão de Sadat de uma ordem internacional entre Estados soberanos, baseada em interesses nacionais definidos em termos morais, poderia ser um bastião contra a calamidade.

Em um discurso feito em maio de 1979 na Universidade Ben-Gurion, onde recebia um título honorário, Sadat conclamou a um renascimento do espírito de relativa tolerância da Idade de Ouro do islã medieval. E acrescentou:

O desafio diante de nós não é marcar um ponto aqui ou ali; é, antes, encontrar uma maneira de construir uma estrutura viável de paz para sua geração e as gerações seguintes. O fanatismo e a arrogância não são resposta para os problemas complexos de hoje. A resposta é a tolerância, a compaixão e a magnanimidade.

Seremos julgados não pelas duras posições por nós assumidas, mas pelas feridas sanadas, pelas almas salvas e pelo sofrimento eliminado.[219]

Um dos objetivos principais de Sadat era demonstrar a independência inerente do Egito. Em um jantar privado após o fim do nosso relacionamento oficial, observei que os estadunidenses com quem trabalhara tinham para com ele uma dívida de gratidão por nos pintar melhor do que éramos. Com certa ênfase, Sadat respondeu que sua obra não fora realizada em nome da reputação, sua nem de ninguém. Ele embarcara em uma missão para restaurar a dignidade e a esperança do povo egípcio e estabelecer padrões para a paz mundial. Como afirmou na cerimônia de assinatura do Tratado de Paz egípcio--israelense em março de 1979:

> que não haja mais guerras nem derramamento de sangue entre árabes e israelenses. Que não haja mais sofrimento ou negação dos direitos. Que não haja mais desespero nem perda de fé. Que mãe alguma pranteie a perda de um filho. Que nenhum jovem desperdice a vida em um conflito do qual ninguém se beneficia. Trabalhemos juntos para chegar o dia em que suas espadas se chocarão contra a lâmina dos arados e suas lanças contra as foices de colheita. E o chamado divino é para a morada da paz. Ele guia em Sua direção quem Lhe aprouver.[220]

Contudo Sadat não "expressou" sua civilização, meramente; ele a modificou e enobreceu. Por mais que tenha reverenciado o passado épico, sua realização marcante foi transcender o padrão da história recente do Egito. Do mesmo modo, como prisioneiro, transcendera o confinamento abrindo-se à mudança moral e filosófica. Como refletiu naqueles anos em suas memórias:

> Dentro da Cela 54, conforme minhas necessidades materiais ficavam cada vez menores, os laços que haviam me prendido ao mundo natural foram cortados, um após outro.
>
> Minha alma, tendo alijado sua carga terrena, estava livre e alçou voo como um pássaro flutuando no espaço, nas regiões mais remotas da existência, no infinito [...].
>
> Meu eu estreito cessou de existir e a única entidade reconhecível era a totalidade da existência, que aspirava a uma realidade mais elevada, transcendente.[221]

Nesse mesmo espírito, mais tarde em sua vida, conciliou as percepções egípcia e israelense e as incomensurabilidades iniciais de suas posições de negociação. Ele compreendeu que uma mentalidade de soma zero apenas paralisaria um status quo tão antitético para o interesse nacional egípcio quanto para a causa da paz. Depois, teve a extraordinária coragem de concretizar essa revolução.

Nessa jornada, contou com importantes parceiros israelenses. A geografia de Israel não se prestava a gestos heroicos. Entretanto os líderes israelenses que se associaram a Sadat — Golda Meir, Yitzhak Rabin e Menachem Begin — foram sensibilizados por sua visão da paz.[222] Rabin em particular articulava um conceito de paz análogo ao de Sadat. Por ocasião do Acordo de Paz Jordaniano em 1994, ele afirmou ao Congresso dos Estados Unidos:

Na Bíblia, nosso Livro dos Livros, a paz é mencionada, em seus vários idiomas, 237 vezes. Na Bíblia, de onde extraímos nossos valores e nossa força, no Livro de Jeremias, encontramos um lamento por Raquel, a Matriarca. Ele diz: "Abstém tua voz de se lamentar e teus olhos de verter lágrimas: pois teu trabalho será recompensado, afirma o Senhor".

Não me absterei de chorar pelos que partiram. Mas, neste dia de verão em Washington, longe de casa, sentimos que nosso trabalho será recompensado, tal como prenunciado pelo profeta.[223]

Tanto Rabin como Sadat foram mortos por assassinos hostis às mudanças que a paz poderia trazer.

Pouco após o assassinato de Sadat, escrevi que era cedo demais para julgar se ele havia "começado um movimento irreversível da história" ou se havia se devotado ao destino do antigo faraó Akhenaton, "que sonhava com o monoteísmo em meio à panóplia de deidades egípcias um milênio antes de a doutrina ser aceita entre a humanidade".[224] Quarenta anos mais tarde, o acordo de paz Egito-Israel de longa vida, o acordo israelense paralelo com a Jordânia, o acordo de desmobilização sírio e mais recentemente o Pacto Abrâmico — uma série de normalizações diplomáticas entre Israel e as nações árabes, assinado no verão e no outono de 2020 — representam uma defesa a Sadat. Além do mais, mesmo nos casos em que acordos formais ainda estão por ser concluídos, o tempo soprou para longe as areias da ilusão e expôs a dura rocha da verdade de Sadat.

Logo que nos conhecemos, às vezes me perguntava se Sadat não estaria disputando um jogo mais longo do que teria tempo de terminar. Uma vez alcançando seus propósitos imediatos, ele teria regredido a convicções anteriores ou tentado obter uma percepção diferente, ainda mais abrangente?

A única versão de Sadat sobre a qual posso falar com confiança é a que conheci. Passamos muitas horas juntos nas várias negociações descritas neste capítulo, bem como muitas noites pelo resto de sua vida em conversas mais abstratas, mas igualmente edificantes, como amigos. O Sadat com quem eu estava familiarizado mudara da visão estratégica para a profética. O povo egípcio não lhe pedia nada além do retorno às fronteiras do pré-guerra. O que ele lhes proporcionou, a começar por seu discurso no Knesset, foi uma visão da paz universal, que acredito ter sido sua encarnação definitiva e a culminância de suas convicções.

Nossa última conversa teve lugar em agosto de 1981 em um voo de Washington a Nova York após seu primeiro encontro com o presidente Reagan. A essa altura, ele havia conhecido quatro presidentes estadunidenses em sete anos, cada um com um programa modificado. Parecia visivelmente cansado. Mas, de repente, virou-se para mim e falou sobre um acalentado projeto simbólico. "Em março que vem, o Sinai nos será devolvido", afirmou. "Haverá uma grande celebração. O senhor ajudou a dar o primeiro passo, e deveria vir comemorar conosco." Então fez uma de suas longas e pensativas pausas, conforme a empatia se sobrepunha à exuberância. "Não, melhor não", prosseguiu:

Será muito doloroso para os israelenses abrir mão desse território. Magoaria demais o povo judeu vê-lo no Cairo comemorando conosco. Venha um mês depois. Então o senhor e eu poderemos ir sozinhos ao monte Sinai, onde pretendo construir uma sinagoga, uma mesquita e uma igreja. Será uma comemoração melhor.[225]

Sadat foi assassinado em um desfile para celebrar o evento divisor de águas que iniciara e que transformou o Oriente Médio. Ele não viveu para testemunhar a devolução israelense do Sinai consumada por seus esforços. As edificações religiosas no monte Sinai que concebeu ainda não saíram do papel. Sua visão da paz continua aguardando por uma encarnação.

Mas Sadat era tão paciente quanto sereno. Sua perspectiva era a do antigo Egito, que tratava a realização como o desenrolar da eternidade.

5. Lee Kuan Yew:
A estratégia da excelência

UMA VISITA A HARVARD

A 13 de novembro de 1968, Lee Kuan Yew, primeiro-ministro de Cingapura aos 45 anos, chegou à universidade de Harvard para o que descreveu como um período "sabático" de um mês.[1] Cingapura obtivera a independência apenas três anos antes, mas Lee fora seu primeiro-ministro desde 1959, ano em que a cidade ganhou autonomia no crepúsculo do domínio britânico.

Lee afirmou ao *Harvard Crimson* — o jornal estudantil — que seus objetivos eram "conhecer ideias novas, encontrar mentes estimulantes, voltar enriquecido com um uma nova dose de entusiasmo pelo que faço", acrescentando, com um toque de modéstia, "Pretendo estudar todas as coisas que tenho feito ad hoc sem uma tutoria adequada nos últimos dez anos".[2]*

Ele não demorou a ser convidado para um encontro pelo corpo docente do Centro Littauer de Harvard (atual Escola de Governo John F. Kennedy), que compreendia disciplinas como governo, economia e desenvolvimento. Na época, os estadunidenses pouco sabiam sobre Lee — ou sobre o minúsculo

---

* Como Lee escreveu: "Descobri cedo no cargo que no meu governo enfrentava alguns problemas que outros governos não haviam enfrentado nem resolvido. Assim adotei a prática de descobrir quem mais enfrentara um problema como o nosso, como lidavam com ele e até que ponto foram bem-sucedidos". (Lee Kuan Yew, *From Third World to First*. Nova York: HarperCollins, 2000. p. 687.)

país recém-fundado que ele representava. A essência do entendimento dos professores era de que nosso convidado liderava um partido semissocialista em um Estado pós-colonial. Assim, quando sentou à grande mesa oval, foi calorosamente acolhido como um espírito afim por meus colegas, em maioria liberais, reunidos para a ocasião.

Atarracado, e irradiando energia, Lee não perdeu tempo com amenidades ou comentários introdutórios. Foi logo querendo saber o que os professores pensavam da guerra no Vietnã.[3] Meus colegas, expressando oposição apaixonada ao conflito e ao papel estadunidense nele, estavam fundamentalmente divididos na opinião de o presidente Lyndon B. Johnson ser considerado um "criminoso de guerra" ou meramente um "psicopata". Depois que vários professores falaram, o deão da Littauer convidou Lee a expressar seus pontos de vista, sorrindo de uma maneira que claramente antecipava aprovação.

Com suas primeiras palavras, Lee foi direto ao ponto: "Os senhores me deixam revoltado". Em seguida, sem qualquer tentativa de agradar, explicou que Cingapura, na condição de um país pequeno em uma parte tumultuada do mundo, dependia, para sobreviver, que os Estados Unidos estivessem confiantes em sua missão de fornecer segurança global e poderosa o bastante para conter os movimentos guerrilheiros comunistas que na época, com o apoio da China, buscavam sabotar as jovens nações do Sudeste Asiático.

Sem suplicar por assistência, nem apelar à virtude, a resposta de Lee era uma análise desapaixonada das realidades geopolíticas em sua região. Ele descreveu o que acreditava ser o interesse nacional de Cingapura: conquistar viabilidade e segurança econômica. Deixou claro que seu país faria o que pudesse em busca de ambos os objetivos, ciente de que os Estados Unidos tomariam suas decisões sobre uma eventual assistência por seus próprios motivos. Convidou os interlocutores a se juntarem a ele menos numa ideologia comum do que numa exploração conjunta do necessário.

Perante o perplexo corpo docente de Harvard, Lee articulava uma cosmovisão livre do espírito antiamericano e do ressentimento pós-imperial. Ele não culpava os Estados Unidos pelos desafios de Cingapura, tampouco esperava que os resolvessem. Na realidade, aspirava à boa vontade estadunidense para que Cingapura, carente de petróleo e outras riquezas naturais, pudesse crescer com o cultivo do que afirmava ser seu principal recurso: a qualidade de seu povo, cujo potencial só iria se desenvolver se não fosse abandonado à insurgência comunista, à invasão de países vizinhos ou à hegemonia chinesa. Mais cedo no mesmo ano, o primeiro-ministro britânico Harold Wilson anunciara a retirada de todas as forças a "leste de Suez", exigindo o fechamento da imensa base da Marinha Real, que fora um pilar da economia e segurança cingapurianas. Lee estava portanto buscando apoio estadunidense para ajudar a combater as dificuldades que via no horizonte. Ele articulou essa tarefa menos em termos das categorias morais prevalecentes da Guerra Fria do que como um elemento na construção de uma ordem regional — em cuja manutenção os Estados Unidos deveriam desenvolver seu próprio interesse nacional.

Uma das qualidades essenciais do estadista é a capacidade de não se deixar arrastar pelos ânimos do momento. O desempenho de Lee nessa antiga conferência em Harvard foi instrutivo não só pela lucidez de sua análise — quanto à posição tanto dos Estados Unidos como de Cingapura no mundo —, mas também por sua coragem em remar contra a maré. Qualidade que exibiria inúmeras vezes em sua carreira.

O GIGANTE DE LILLIPUT

As realizações de Lee foram distintas das dos demais líderes descritos neste livro. Cada um deles representava um país importante com uma cultura estabelecida ao longo de séculos, quando não milênios. Para esses líderes, na tentativa de guiar sua sociedade de um passado familiar para um futuro dinâmico, o sucesso era medido pela capacidade de orientar suas experiências históricas e valores de modo que o potencial do país pudesse ser atingido.

O ofício do estadista tal como praticado por Lee Kuan Yew evoluiu a partir de diferentes origens. Ao se tornar líder da Cingapura independente em agosto de 1965, ele se encarregava de um país que nunca existira antes — e que portanto, na prática, não possuía passado político senão como súdito imperial. As realizações de Lee foram superar a experiência de sua nação, para estabelecer um conceito distinto de si mesma conjurando um futuro dinâmico de uma sociedade composta por grupos étnicos divergentes e transformar uma cidade assolada pela pobreza em uma economia altamente desenvolvida. No processo, passou de estadista mundial a requisitado consultor das grandes potências. Richard Nixon afirmou que mostrou a "capacidade de se elevar além dos ressentimentos do momento e do passado e pensar sobre a natureza do novo mundo que chegava".[4] Margaret Thatcher o considerava "um dos praticantes da arte de governar [statecraft] mais talentosos do século XX".[5]

Lee realizou tudo isso diante de desvantagens aparentemente incapacitantes. O território de Cingapura tinha "cerca de 580 quilômetros na maré baixa", como ele gostava de dizer — menor do que Chicago.[6] O lugar carecia dos recursos naturais mais básicos, incluindo água potável suficiente. Até as chuvas tropicais — principal fonte de água potável de Cingapura na época da independência — eram uma dádiva duvidosa, lixiviando os nutrientes do solo e impossibilitando a agricultura produtiva.[7] A população cingapuriana de 1,9 milhão era, pelos padrões globais, minúscula, e dilacerada pela tensão entre três grupos étnicos: o chinês, o malaio e o indiano. O lugar era cercado por estados muito maiores e mais poderosos, particularmente a Malásia e a Indonésia, que cobiçavam seu porto em águas profundas e de localização estratégica ao longo das rotas comerciais marítimas.

A partir dessa gênese pouco auspiciosa, Lee iniciou uma épica jornada de liderança que transformou Cingapura num dos países mais bem-sucedidos do mundo. Uma ilha assolada pela malária ao largo do extremo meridional da península malaia se tornou — no período de uma única geração — o país asiático de maior riqueza per capita e o efetivo centro comercial do Sudeste Asiático. Hoje, por quase qualquer medida do bem-estar humano, o país está classificado mundialmente no percentual mais alto.

Diferente de países considerados naturalmente capazes de persistir em meio às convulsões da história, Cingapura não sobreviveria a menos que exibisse um desempenho do mais alto nível — como Lee não cansava de avisar a seus compatriotas. Ele afirma em suas memórias que Cingapura "não [era] um país natural, mas artificial".[8] Exatamente por não ter um passado enquanto nação, não havia garantias de que teria futuro; sua margem de erro desse modo permanecia sempre próxima a zero. "Minha preocupação é os cingapurianos acharem que Cingapura é um país normal", diria diversas vezes ao longo da sua vida.[9] "Se não tivermos um governo e um povo que se diferenciem do resto da vizinhança [...] Cingapura deixará de existir."[10]

Na luta de Cingapura para assumir uma forma e sobreviver como nação, a política doméstica e exterior tinham de estar estreitamente entrelaçadas. As exigências eram três: crescimento econômico para sustentar a população, coesão doméstica suficiente para permitir políticas de longo prazo e uma política externa ágil o bastante para sobreviver entre titãs internacionais como Rússia e China e vizinhos cobiçosos como Malásia e Indonésia.

Lee tinha também a consciência histórica necessária para a verdadeira liderança. "Cidades-estados não possuem um bom histórico de sobrevivência", comentou em 1998.[11] "A ilha de Cingapura não vai desaparecer, mas a nação soberana na qual se tornou, capaz de abrir seu caminho e desempenhar seu papel no mundo, poderia sumir."[12] Na sua cabeça, a trajetória de Cingapura tinha de ser como a subida de uma ladeira íngreme sem um fim à vista; de outro modo, o país corria o risco de ser engolido por seu interior atrasado ou pela severidade dos desafios econômicos e sociais. Lee apregoava uma espécie de física mundial em que as sociedades deviam se esforçar constantemente para evitar a entropia. O pessimismo é uma tentação para os líderes, observou em um encontro privado de líderes mundiais em maio de 1979, quando Cingapura estava nos primeiros estágios do crescimento, mas "temos de lutar para nos afastar dele. É preciso demonstrar uma maneira crível e plausível de manter a cabeça acima da água".[13]

Em paralelo a suas funestas advertências sobre a ameaça de extinção havia uma imaginação igualmente vívida do potencial de seu país. Se toda grande conquista é um sonho antes de virar realidade, o de Lee era impressionante por sua audácia: ele concebia um Estado que não sobrevivesse simplesmente, mas que prosperasse mediante a insistência na excelência. No entender de Lee, a excelência significava muito mais que o desempenho individual: sua busca precisava penetrar em toda a sociedade. No serviço público, nos negócios, na medicina ou na educação, a mediocridade e a corrupção eram inaceitáveis. Não havia segunda chance em caso de transgressões, pouquíssima tolerância com o fracasso. Desse modo, Cingapura conquistou reputação mundial por um desempenho coletivamente extraordinário. Uma percepção de sucesso compartilhado, na opinião de Lee, poderia ajudar a unir a sociedade a despeito da falta de religião, etnia ou cultura universalmente compartilhadas.

A dádiva suprema de Lee para seu povo multiétnico foi sua fé inabalável de que as pessoas constituíam seu maior recurso, que tinham a capacidade de liberar possibilidades em si mesmas que não sabiam existir. Ele também era devotado a encorajar uma confiança comparável nos amigos e em conhecidos estrangeiros. Era persuasivo não apenas por ser um observador sutil das políticas regionais do Sudeste Asiático, mas também porque sua herança chinesa, combinada à formação na Universidade de Cambridge, proporcionava-lhe um insight excepcional da dinâmica de interação entre o Oriente e o Ocidente — um dos fulcros essenciais da história.

Ao longo de toda sua vida, Lee insistiu em descrever suas contribuições como apenas ter liberado as capacidades latentes de sua sociedade. Sabia que para ser bem-sucedida, sua busca tinha de se tornar o modelo duradouro, não ser um tour de force pessoal. "Todo aquele que se acha estadista deveria consultar um psiquiatra", afirmou certa vez.[14]

Com o tempo, o sucesso de Cingapura sob a liderança de Lee levou até a China a estudar sua abordagem e a emular seu planejamento. Em 1978, Deng Xiao Ping chegou à cidade-Estado esperando se deparar com um lugar subdesenvolvido e ser recebido por uma multidão de pessoas de etnia chinesa. Deng passara dois dias em Cingapura a caminho de Paris em 1920 e, no período entre uma coisa e outra, suas informações sobre a cidade foram na maior parte fornecidas por uma comitiva obsequiosa propensa a retratar a liderança cingapuriana como "os cães de corrida do imperialismo estadunidense".[15] Mas os chineses étnicos que Deng viu em Cingapura eram firmes em sua lealdade a sua jovem nação. Os arranha-céus reluzentes e as avenidas imaculadas que Deng encontrou lhe proporcionaram tanto um ímpeto como um projeto para as reformas pós-Mao da própria China.

JUVENTUDE IMPERIAL

Lee Kuan Yew nasceu em setembro de 1923, pouco mais de um século após Sir Stamford Raffles, vice-governador da colônia britânica em Sumatra, estabelecer um posto comercial na pequena ilha perto do estreito de Malaca conhecida entre os moradores locais como "Singa Pura", significando "Cidade Leão" em sânscrito. Fundada por Raffles em 1819, Cingapura era tecnicamente governada por Calcutá como parte da política de "promover a Índia", embora a limitada tecnologia de comunicações da época permitisse considerável margem de manobra aos administradores coloniais em Cingapura. Declarada porto livre por Londres — e enriquecida pelas exportações de recursos naturais do continente malaio —, o novo posto avançado cresceu rapidamente, atraindo comerciantes e caçadores de fortuna do Sudeste Asiático e além. A partir de 1867, Cingapura ficou submetida à jurisdição direta do Escritório Colonial em Londres como uma colônia da Coroa.[16]

Pessoas de etnia chinesa em particular acorreram a Cingapura e em pouco tempo viraram maioria — algumas vindas da península malaia e do arquipélago indonésio próximos, outras fugindo do tumulto e da pobreza de uma China assolada por crises no século XIX. Entre este último grupo estava o bisavô de Lee, que viajou para Cingapura da província chinesa meridional de Guangdong em 1863. Malaios, indianos, árabes, armênios e judeus igualmente se estabeleceram no liberal entreposto, conferindo um caráter poliglota à cidade. Na década de 1920, a Malásia produzia quase metade da borracha mundial e um terço do estanho, exportando ambos pelo porto de Cingapura.[17]

Na época em que Lee nasceu, Cingapura se tornara também uma pedra angular da estratégia militar britânica na Ásia. A Grã-Bretanha fora uma aliada do Japão desde 1902, chegando a ponto de requisitar marinheiros japoneses para ajudar a esmagar um motim do exército indiano em Cingapura em 1915.[18] Mas, em 1921, o Almirantado estava ansioso com o poder crescente do Japão e resolveu construir uma base naval significativa em Cingapura, com o objetivo de fazer dela "o Gibraltar do Oriente".[19] A despeito da ascensão japonesa, no mundo em que Lee cresceu o Império Britânico parecia tanto invencível como eterno. "Qualquer ressentimento estava fora de questão", recordou ele décadas mais tarde; "o status superior dos britânicos no governo e na sociedade era simplesmente um fato da vida."[20]

A família de Lee prosperou durante os anos de boom na década de 1920. Influenciados por um avô particularmente anglófilo, os pais de Lee também adotaram o incomum costume de dar nomes ingleses aos filhos, junto com o nome chinês. O de Lee era "Harry". A partir dos seis anos, foi educado em escolas de língua inglesa.[21]

Apesar dessas influências inglesas, a criação de Lee foi tradicionalmente chinesa. Ele cresceu com sua família estendida — incluindo sete primos — na casa do avô materno, na qual seus pais dividiam um único cômodo com os cinco filhos. Dessas experiências de infância e influências culturais confucianas, a piedade filial, a frugalidade e uma valorização da harmonia e da estabilidade foram gravadas cedo em sua mente.

Seus pais não tinham treinamento profissional e sofreram quando veio a Grande Depressão, em 1929. Lee escreveu em suas memórias que seu pai, um balconista na Companhia Petrolífera Shell, costumava "chegar em casa com um humor do cão após perder no vinte e um [...] e exigia algumas joias da minha mãe para penhorar e tentar a sorte novamente".[22] Ela sempre negava, zelando pela educação dos filhos, que, por sua vez, adoravam-na e sentiam uma eterna obrigação de atender a suas elevadas expectativas.[23]

Aluno inteligente porém às vezes rebelde, Lee, aos doze anos, terminou em primeiro lugar na escola primária, desse modo sendo admitido na Instituição Raffles, junto com 150 dos melhores alunos de todas as etnias e classes em Cingapura e Malásia admitidos exclusivamente com base no mérito — incluindo Kwa Geok Choo, a única aluna.[24] Tanto na época como agora, a Instituição Raffles era a escola secundária de língua inglesa mais rigorosa de Cingapura e campo de treinamento da futura elite da cidade. Seu objetivo era preparar os súditos coloniais mais capazes para os exames de admissão nas universidades britânicas. Mais tarde em sua vida, encontrando-se com líderes da Commonwealth do mundo todo, Lee invariavelmente "descobria que haviam passado pelo mesmo treinamento com os mesmos livros escolares e sabiam citar as mesmas passagens de Shakespeare".[25] Eram todos parte da "confortável rede informal de alunos de elite [...] mantida pelo sistema de ensino colonial britânico".[26]

Cientes das perspectivas acadêmicas promissoras de seu filho, e lamentando não terem feito mais com suas próprias carreiras, os pais de Lee o encorajavam a tentar medicina ou direito. Ele fez os devidos planos para estudar direito em Londres, ficando em primeiro em Cingapura e na Malásia nos exames seniores de Cambridge.[27] Mas, em 1940, com o início de mais uma guerra mundial na Europa, Lee decidiu que seria melhor permanecer em Cingapura e estudar no Raffles College (atual Universidade Nacional de Cingapura), onde obteve uma bolsa integral.[28]

Lee sobressaiu-se academicamente em seu primeiro ano, competindo com Kwa pelo primeiro lugar em várias disciplinas. Retornando ao sonho de estudar direito na Inglaterra, determinou-se a conseguir uma bolsa da rainha, que cobriria os custos de uma educação universitária na Grã-Bretanha. Uma vez que apenas dois estudantes nos Povoamentos dos Estreitos (Malaca, Penang e Cingapura) recebiam anualmente uma bolsa da rainha, Lee vivia angustiado com a possibilidade de Kwa e o melhor aluno de uma outra escola pegarem os dois primeiros lugares, deixando-o para trás em Cingapura.[29]

Ansiedades maiores estavam por vir. Em dezembro de 1941, os japoneses bombardearam a Frota do Pacífico estadunidense em Pearl Harbor, no Havaí, e atacaram simultaneamente a Malásia Britânica, Hong Kong e Cingapura. Dois meses depois, em fevereiro de 1942, a cidade foi conquistada pelo Japão no que Winston Churchill chamaria de "o pior desastre e a maior capitulação da história britânica". Lee, na época com dezoito anos, descreveu isso mais tarde como "o primeiro ponto de virada na minha vida", comparando a partida em pânico das famílias britânicas burguesas ao sofrimento estoico de seus súditos coloniais e dos 80 mil soldados britânicos, australianos e indianos capturados pelos japoneses. Para Lee e incontáveis outros cingapurianos, "a aura de superioridade opressiva com que os britânicos nos mantinham na servidão foi rompida para nunca mais voltar".[30]

Uma brutal ocupação se seguiu, conforme a economia cingapuriana dependente do comércio era sufocada pela guerra e sua população, desmoralizada pelas condições de quase inanição. As autoridades japonesas renomearam ruas e prédios públicos, derrubaram a estátua de bronze de Raffles da praça da Imperatriz e impuseram seu calendário imperial.[31] O próprio Lee escapou por pouco da morte após ser arbitrariamente parado por soldados japoneses em uma detenção em massa de chineses, a maioria dos quais foram sumariamente executados — em especial os de mãos macias ou de óculos, identificados como "intelectuais" cuja lealdade poderia estar com a Grã-Bretanha. Dezenas de milhares foram massacrados.[32] Lee foi poupado, fez um curso de japonês de três meses e encontrou trabalho — primeiro como funcionário de escritório em uma empresa japonesa, depois como tradutor de inglês no departamento de propaganda japonês e, finalmente, como negociante de joias no mercado clandestino.[33] Durante os anos da guerra, Lee descobriu que "a chave da sobrevivência era o improviso" — lição que moldaria sua abordagem pragmática e experimental de governar Cingapura.[34]

Com o fim da guerra, Lee finalmente conseguiu uma bolsa da rainha para estudar direito em Cambridge, formando-se com distinção máxima. Kwa, que Lee começara a cortejar durante a guerra, trilhou o mesmo caminho e, em dezembro de 1947, eles se casaram discretamente em Stratford-upon-Avon.[35] "Choo", como Lee a chamava, era uma mulher extraordinária, dotada de uma combinação incomum de brilho e sensibilidade. Tornou-se a âncora indispensável de sua vida, não apenas num sentido cotidiano, mas também acima de tudo como um apoio emocional e intelectual onipresente ao longo de todas suas atividades públicas. No Raffles College, ela se formara em literatura, lendo de tudo, "Jane Austen, J. R. R. Tolkien, a *História da guerra do Peloponeso* de Tucídides, a *Eneida* de Virgílio", como refletiu Lee mais tarde.[36] Após o sucesso em Cambridge, voltaram a Cingapura e fundaram juntos uma firma de advocacia, a Lee & Lee.

As opiniões de Lee durante seus anos em Cambridge eram firmemente socialistas e anticolonialistas, até mesmo antibritânicas. Parte disso era pessoal: ele foi por vezes recusado em hotéis na Inglaterra devido à cor da sua pele,[37] mas isso tinha muito mais a ver com o que posteriormente chamou de "fermentação no ar". As lutas de independência na Índia, na Birmânia e outras colônias levavam Lee a perguntar: "Por que não a Malásia, que na época incluía Cingapura?".[38] Convencido de que "o Estado de bem-estar social era a forma mais elevada de sociedade civilizada", Lee era um admirador das reformas no pós-guerra do primeiro-ministro do governo trabalhista Clement Attlee, bem como das políticas econômicas estatistas do primeiro-ministro indiano Jawaharlal Nehru.[39]

Lee atraiu o interesse público pela primeira vez na Grã-Bretanha, fazendo campanha em prol de um amigo do Partido Trabalhista que concorria ao parlamento. Sobre a traseira de um caminhão na cidadezinha de Totnes, em Devon, Lee fez um de seus primeiros discursos públicos, explorando sua identidade como súdito britânico para defender o autogoverno malaio. Os argumentos eram um prenúncio de seu estilo posterior, mais prático que ideológico: a independência seria mais bem-sucedida se conquistada de forma cooperativa e gradual entre o movimento de independência e a metrópole. Lee encerrou seu discurso com um apelo à razão e aos próprios interesses britânicos:

> Mesmo que não tenham o menor interesse na equidade ou na justiça social para os povos colonizados, em nome de seus próprios interesses, de seu bem-estar econômico, em nome dos dólares que recebem da Malásia e suas demais colônias, restituam um governo que tenha a confiança desses povos, que irão desse modo cooperar de bom grado e se contentar em crescer dentro da Commonwealth e do Império britânicos.[40]

CONSTRUINDO UM ESTADO

Enquanto Lee estudava na Inglaterra, Cingapura sofria dilacerantes tumultos no pós-guerra. Em plena primavera de 1947, a comida era racionada e a tuberculose se alastrava. O Partido Comunista malaio e seus aliados no sindicato organizavam greves que prejudicavam ainda mais a economia.[41]

Na época em que Lee voltou a Cingapura, em agosto de 1950, dois grandes problemas permaneciam: habitação e corrupção. Apenas um terço dos cingapurianos tinha moradia adequada, e a construção não acompanhava o ritmo da demanda. Após o comércio fechar, diariamente, era comum que funcionários dormissem no chão.[42] A corrupção, indomável sob o domínio britânico, fora exacerbada pelas condições da guerra.[43] A inflação corroeu o poder de compra do salário dos servidores públicos, criando maiores tentações para molharem as mãos.[44]

Lee regressara com a intenção de fazer uma carreira no direito, mas viu-se rapidamente atraído para a política de Cingapura. Seus talentos foram recompensados de imediato: em 1954, com a idade de 31 anos, fundou o Partido da Ação Popular (PAP); em cinco anos, galvanizado pela energia destemida de Lee, o partido dominou a paisagem política da ilha. Cyril Northcote Parkinson, professor Raffles de história na Universidade da Malásia em Cingapura, descreveu o posicionamento político de Lee durante esses anos como "o mais à esquerda possível sem ser comunismo e mais à esquerda em palavras do que em ação".[45] Com uma forte mensagem de cunho social-democrata, o PAP enfatizava o fracasso das autoridades coloniais em oferecer serviços públicos decentes e um governo limpo e eficaz. Os candidatos do PAP faziam campanha sem usar gravata, vestindo uma camisa branca de mangas curtas — na intenção tanto de um ajuste sensato ao clima tropical de Cingapura como de um símbolo de seu compromisso com a governança honesta.[46]* Em maio de 1959, Londres concedeu o autogoverno à cidade em todas as questões exceto política externa e defesa. Depois que o PAP assegurou uma maioria parlamentar nas eleições

---

* O objetivo deles, segundo o sociólogo cingapuriano Beng Huat Chua, era "igualar, quando não melhorar, o ascetismo e a atitude de autossacrifício da esquerda radical". (Ver Beng Huat Chua, *Liberalism Disavowed: Communitarianism and State Capitalism in Singapore*. Ithaca: Cornell University Press, 2017, p. 3.)

naquele mesmo mês, Lee foi nomeado primeiro-ministro, posição que deteve até renunciar em novembro de 1990, mais de três décadas depois.[47]

Imediatamente após o autogoverno, Cingapura teve três arranjos constitucionais distintos no intervalo de poucos anos: como colônia da Coroa britânica de 1959 a 1963, como parte de uma nova confederação chamada Malásia de 1963 a 1965 e como Estado soberano independente após 1965. Foi durante esse período perto do fim do domínio colonial que as fundações do moderno Estado cingapuriano foram lançadas. Lee montou um gabinete impressionante — incluindo o economista Goh Keng Swee (nomeado ministro das finanças) e o jornalista S. Rajaratnam (nomeado ministro da cultura), que delinearam planos para melhorar as condições sociais da cidade.*

A nova Junta de Habitação e Desenvolvimento logo começou a construir elevados conjuntos habitacionais em escala maciça, com o objetivo de proporcionar a todo cingapuriano uma moradia acessível, em essência do mesmo tipo; os moradores tinham o direito de adquirir seus apartamentos da junta a taxas fixas. Lee nomeou um empresário competente e dinâmico, Lim Kim San, para chefiar a junta; sob a direção de Lim, foram construídas mais moradias em três anos do que os britânicos haviam construído nos 32 anos anteriores.[48] Com o tempo, Cingapura evoluiu para uma sociedade plenamente urbana de cidadãos com imóvel próprio, proporcionando a toda família uma participação no futuro da nação na forma da propriedade.[49] Como observou Lee em suas memórias, o estreitamento dos laços entre a prosperidade econômica individual e o bem-estar estatal também "assegurou a estabilidade política", que por sua vez reforçou o crescimento econômico.[50] Ao mesmo tempo, um sistema de cotas raciais e de renda nos bairros residenciais cingapurianos primeiro limitou a segregação étnica e então progressivamente a eliminou. Vivendo e trabalhando juntos, cingapurianos de diferentes etnicidades e religiões começaram a desenvolver uma consciência nacional.

Lee agiu igualmente rápido para erradicar a corrupção. Um ano após assumir o cargo, seu governo aprovou a Lei de Prevenção da Corrupção, impondo

---

* Lee escreveu posteriormente sobre Goh, Rajaratnam e dois outros tenentes de confiança: "Eram todos mais velhos que eu e nunca se inibiam de me dizer o que pensavam, especialmente quando eu estava errado. Eles me ajudaram a permanecer objetivo e equilibrado" (Lee, *From Third World to First*, p. 686).

severas penalidades por esse tipo de crime em qualquer nível do governo e restringindo o devido processo legal para suspeitos de aceitar propinas. Sob a liderança de Lee, a corrupção foi rápida e impiedosamente suprimida.[51] Ele também submeteu todos os investimentos estrangeiros a intenso escrutínio, realizando pessoalmente parte da inflexível diligência prévia do governo. Sua aplicação rigorosa das leis cingapurianas solidificou a reputação de um país honesto e seguro para realizar negócios.

Para atingir seus objetivos, Lee recorria antes à penalização dos servidores públicos pelo fracasso do que ao estímulo de aumentos salariais; na verdade, seu governo no começo reduziu drasticamente o funcionalismo.[52] Somente em 1984, quando Cingapura se tornara uma nação mais rica, Lee impôs sua marca pessoal com a política de fixar os salários dos funcionários públicos em 80% do que se pagava em funções comparáveis do setor privado.[53] Consequentemente, os funcionários públicos cingapurianos estão entre os mais bem pagos do mundo. O sucesso contra a corrupção permanece a "base moral do governo [do PAP]", como observou um proeminente acadêmico cingapuriano.[54]

A corrupção em Cingapura é compreendida não só como um fracasso moral dos indivíduos envolvidos, mas também como uma transgressão contra o código de ética da comunidade — que enfatiza a excelência meritocrática, o fair play e a conduta honrosa.[55] Cingapura costuma ser regularmente classificada como um dos países menos corruptos do mundo, cumprindo os objetivos de Lee para seu país.[56]* Como o próprio Lee observou posteriormente: "Queremos homens de bom caráter, boa mente, convicções fortes. Sem isso Cingapura não chega lá".[57]

A redução da corrupção possibilitou o investimento em programas de governo que assegurassem substancial melhoria na vida dos cingapurianos e proporcionassem um ambiente de fair play baseado na igualdade de oportunidades. Entre 1960 e 1963, os gastos com ensino em Cingapura cresceram quase setenta vezes, enquanto a população escolar cresceu em 50%.[58] Nos

---

* A Transparência Internacional, organização sem fins lucrativos baseada em Berlim, classificou Cingapura como o terceiro país menos corrupto do mundo em 2020 (posição compartilhada com Finlândia, Suíça e Suécia. A Nova Zelândia e a Dinamarca empatam em primeiro). Ver "Corruption Perceptions Index" 2020, site da Transparency International. Disponível em: <https://www.transparency.org/en/cpi/2020/index/sgp>. Acesso em: 29 dez. 2022.

primeiros nove anos do PAP no poder, Lee alocou quase um terço do orçamento cingapuriano para a educação — uma proporção impressionante em relação aos países vizinhos, ou na verdade a qualquer país do mundo.[59]

A ênfase na qualidade de vida se transformou em um aspecto definidor do estilo cingapuriano. A começar pela campanha do raio-X contra tuberculose em 1960, Cingapura fez da saúde pública uma prioridade fundamental.[60] Como observaram George Shultz e Vidar Jorgensen, "A cidade-Estado gasta apenas 5% do PIB com assistência médica, mas apresenta resultados consideravelmente melhores na área da saúde do que os Estados Unidos, que gastam 18% do PIB com saúde. A expectativa de vida em Cingapura é de 85,2 anos, comparada a 78,7 nos Estados Unidos".[61] No intervalo de uma geração, Cingapura se transformou de um grande cortiço assolado por doenças numa metrópole de primeiro mundo —enxugando com firmeza a parcela de gastos do governo.[62]

Para orquestrar essa revolução na governança, Lee estabeleceu uma rede do que chamou de "instituições parapolíticas" de modo a servir como uma correia de transmissão entre o Estado e seus cidadãos. Centros comunitários, comitês consultivos de cidadãos, comitês de moradores e, mais tarde, conselhos municipais proporcionavam recreação, resolviam pequenas queixas, ofereciam serviços como jardim de infância e divulgavam informações sobre as políticas do governo.[63] O PAP desempenhava um importante papel nessas instituições, obscurecendo as fronteiras entre partido, Estado e povo.[64] Por exemplo, Lee criou quase quatrocentos jardins da infância que eram administrados exclusivamente por membros do PAP.[65]

Mediante uma combinação de serviço público e do que Lee descrevia como uma habilidosa "briga de rua" política, o PAP se consolidou com firmeza a partir das eleições de 1959 e depois novamente por volta das eleições de 1963.[66] Em 1968, Lee esmagara em grande parte seus competidores; a oposição boicotou essas eleições e o PAP recebeu quase 87% dos votos e todos os 58 assentos legislativos. Depois disso, o PAP se manteve praticamente incontestável. Uma fonte de sua contínua força foi o sistema eleitoral *first-past-the-post* de Cingapura, um legado britânico que dispensa a exigência de maioria absoluta. Outra foi o fato de Lee usar o sistema legal para isolar seus adversários políticos e cercear os veículos de mídia hostis.[67] Ele descrevia suas dificuldades com as figuras da oposição como "um combate mão a mão em que o vencedor levava tudo".[68]

Lee era apaixonadamente cioso da ordem pública. Na primeira vez em que chegou ao poder, a contracultura e o relaxamento geral da moralidade ainda não haviam surgido no Ocidente, mas posteriormente Lee refletiria sobre essas coisas como uma liberdade selvagem. "Como sistema total, considero partes disso totalmente inaceitáveis", afirmou a Fareed Zakaria em 1994:

A ampliação do direito do indivíduo para se comportar ou não como bem lhe aprouver veio ao custo de uma sociedade ordeira. No Oriente, o principal objetivo é uma sociedade bem-ordenada, de forma que todos possam extrair o máximo proveito de suas liberdades. Essa liberdade só pode existir em um estado ordenado e não em um estado natural de disputa e anarquia.[69]

Enquanto Lee construía Cingapura, ele não acreditava que uma cidade-Estado pudesse se manter sozinha. Seu maior esforço foi, portanto, salvaguardar a iminente independência cingapuriana dos britânicos unindo-se em uma federação com a Malásia. Acreditando que "a geografia, a economia e os laços de parentesco" criavam a base para uma unidade natural entre os dois territórios, Lee convocou subitamente um referendo sobre a aliança para setembro de 1962.[70] Convocando a população cingapuriana, ele fez uma série de 36 transmissões no decorrer de um mês: doze textos, cada um gravado em três línguas — mandarim, malaio e inglês.[71] Seus talentos oratórios resultaram num endosso avassalador de seu plano na votação popular. Um ano depois, em 16 de setembro de 1963 — aniversário de quarenta anos de Lee —, Cingapura e Malásia se combinaram na Federação Malásia.

A união foi imediatamente atacada de dentro e por fora. Cobiçoso do potencial ampliado da Malásia, sonhando em unir os povos malaios num único país e desfrutando do apoio tanto de Moscou como de Beijing, o presidente indonésio Sukarno lançou a Konfrontasi — uma guerra não declarada que envolvia combate na selva e terrorismo e que deixou centenas de mortos de ambos os lados. Para Cingapura, o evento mais dramático do conflito foi o bombardeio em 10 de março de 1965 da MacDonald House — primeiro prédio de escritórios com ar condicionado do Sudeste Asiático — perpetrado por fuzileiros indonésios, que matou três pessoas e feriu outras trinta.

Dentro da Malásia, muitos políticos malaios desconfiavam de Lee, a despeito das tentativas do PAP de reduzir as tensões comunais em Cingapura e promover o malaio como língua nacional.[72] Eles temiam que sua personalidade dinâmica e seus evidentes talentos políticos os deixassem para trás, levando à dominação de pessoas de etnia chinesa na nova federação.

Os líderes malaios de oposição a Lee incitaram violentos tumultos étnicos em Cingapura, primeiro em julho e depois novamente em setembro de 1964, resultando em dezenas de mortos e centenas de feridos. O gatilho aparente para os tumultos foi a demolição das aldeias (*kampongs*) malaias para a construção de conjuntos habitacionais, mas em operação também era claro haver o oportunismo de chauvinistas étnicos e comunistas.[73]

Consequentemente, menos de dois anos após terem se unido, Cingapura e Malásia voltaram a se separar, dilaceradas por um intenso partidarismo e por tensões étnicas. A independência de Cingapura ocorreu em agosto de 1965 não como resultado de uma luta de libertação originada domesticamente, mas devido à decisão malaia abrupta de romper os vínculos com sua minúscula vizinha do sul.

A expulsão deixou o país insular inteiramente por conta própria, resultado que Lee não havia esperado nem buscado. Anunciar o fracasso da fusão o deixou à beira das lágrimas. "Sempre que recordarmos esse momento [...] será um momento de angústia", disse ele numa coletiva de imprensa em que fazia um esforço atípico para manter a compostura, quase subjugado pela imensa tarefa diante de si. Em suas memórias, Lee escreveu que, como resultado da separação, Cingapura se tornara "um coração sem corpo". "Éramos uma ilha chinesa em um oceano malaio", continuou. "Como sobreviver em um ambiente tão hostil?"[74] Foi a memória desse ponto baixo que, pelo resto de sua vida, proporcionou a Lee a percepção de que seu país precisava se superar por andar numa corda bamba perpétua entre a sobrevivência e a catástrofe.

CONSTRUINDO UMA NAÇÃO

Em um texto de 1970, cinco anos após a independência de Cingapura, o historiador Arnold Toynbee previu que a cidade-Estado em geral havia "se tornado uma unidade política pequena demais para seguir exequível", e que Cingapura em particular dificilmente duraria como Estado soberano.[75] Por mais que Lee respeitasse Toynbee, não partilhava do fatalismo do estudioso.[76]

Sua reação ao questionamento de Toynbee foi criar uma nova nação a partir dos diferentes povos que a maré da história depositara no litoral de Cingapura.

Apenas o que Lee considerava "um povo fortemente unido, resiliente e adaptável" —[77] um povo unido pelo sentimento nacional — podia resistir aos inúmeros testes de independência e se resguardar contra seus dois atemorizantes pesadelos: a desordem interna e a agressão estrangeira. Seu desafio não era em essência uma tarefa tecnocrática. Sacrifícios podiam ser impostos pela força, mas só se sustentavam por um senso de pertencimento comum e destino compartilhado.

"Não tínhamos os ingredientes de uma nação, os fatores elementares", refletiu Lee mais tarde: "uma população homogênea, língua comum, cultura comum e destino comum".[78] De modo a consumar a nação cingapuriana, ele agiu como se ela já existisse e a reforçou com políticas públicas. No fim da coletiva de imprensa de 9 de agosto de 1965, anunciando a independência, Lee delineou uma missão elevada para seu povo:

> Não há nada com que se preocupar [...]. Muitas coisas acontecerão exatamente como de costume. Mas mantenham-se firmes, permaneçam calmos.
>
> Teremos uma nação multirracial em Cingapura. Daremos o exemplo. Não somos uma nação malaia; não somos uma nação chinesa; não somos uma nação indiana. Todos terão seu lugar [...].
>
> E finalmente, que nós, os verdadeiros cingapurianos — não posso me chamar de malaio no momento — [...] nos unamos, independentemente de raça, língua, religião, cultura.[79]

A preocupação imediata de Lee era construir um exército capaz de impedir nova agressão indonésia.[80] A separação da Malásia deixara Cingapura sem um único regimento leal próprio e o país não tinha líderes que soubessem como construir um exército a partir do zero; o capaz Goh Keng Swee, então ministro da defesa, fora apenas um cabo no Corpo Voluntário de Cingapura durante a rendição britânica para os japoneses em 1942.[81] (Quando Lee se dirigia à inauguração do primeiro parlamento cingapuriano em dezembro de 1965, foi "escoltado" por soldados malaios de seu escritório à sessão.)[82] Para piorar o cenário, a maioria chinesa da ilha não tinha tradição de treinamento militar — profissão historicamente dominada pelos malaios em Cingapura —, potencialmente transformando a defesa em um barril de pólvora racial.

Logo após a independência, Lee apelou ao presidente Gamal Abdel Nasser do Egito e ao primeiro-ministro Lal Bahadur Shastri da Índia que enviassem instrutores militares. Relutantes em antagonizar a Indonésia e a Malásia, ambos rejeitaram o pedido. Assim, Lee tomou a audaciosa decisão de aceitar a oferta de auxílio de Israel, a despeito do risco de uma reação violenta entre a significativa população muçulmana em Cingapura e na região. Para conter essa ameaça, Lee simplesmente decidiu não anunciar a presença dos israelenses. Se alguém perguntasse, os novos consultores militares de Cingapura seriam em vez disso descritos como "mexicanos".[83]

Foi uma combinação inspirada, na medida em que os dilemas de segurança cingapurianos espelhavam os de Israel. Ambos os países eram pobres em recursos, sem penetração estratégica, cercados por vizinhos maiores com tentações revanchistas. Lee adotou a prática israelense de um exército permanente pequeno mas altamente profissionalizado, mantido por uma reserva de todos os setores da sociedade, capaz de rápida mobilização. Todo jovem cingapuriano do sexo masculino, independentemente da classe social, tinha de realizar um período de serviço militar e depois se submeter a treinamento regular em um campo como reservista. Lee via "benefícios políticos e sociais" no serviço à nação, que contribuíam para um sentimento de unidade nacional e igualdade social acima das divisões étnicas.[84]

Em 1966, a Indonésia estendeu o reconhecimento diplomático a Cingapura, que se provara resiliente contra o *Konfrontasi*.[85] Em 1971, Cingapura contava com dezessete batalhões a serviço da nação e catorze batalhões adicionais de reservistas. A despeito da enorme pressão sobre o orçamento, Lee encontrou verba para adquirir rapidamente as forças aéreas e navais exigidas para uma dissuasão crível dos vizinhos de Cingapura. Em seguida, enfatizaria as tecnologias mais recentes e o treinamento rigoroso como "multiplicadores de força" para compensar o espaço e o contingente limitados da ilha. Em uma geração, as forças armadas de Cingapura emergiram como as mais capazes do Sudeste Asiático — uma fonte de orgulho e unidade nacionais, bem como de admiração no exterior, incluindo o Departamento de Defesa dos Estados Unidos.

Diferentemente de muitos outros líderes pós-coloniais, Lee não buscou fortalecer sua posição jogando as diversas comunidades do país umas contra as outras. Pelo contrário, fiou-se na capacidade cingapuriana de promover um senso de unidade nacional a partir dos grupos étnicos conflitantes. A despeito da intensa violência interétnica que precedeu a independência, ele desafiou as forças centrífugas intrínsecas na composição de Cingapura e desenvolveu uma identidade nacional coesa. Como explicou em 1967:

> Apenas quando oferecemos a um homem — sem distinções baseadas em diferenças étnicas, culturais, linguísticas e outras — uma chance de pertencer a essa grande comunidade humana é que lhe proporcionamos uma maneira pacífica de avançar rumo ao progresso e a um nível mais elevado de vida humana.[86]

A abordagem de Lee não era reprimir a diversidade cingapuriana nem ignorá-la, mas canalizá-la e administrá-la. Qualquer outra estratégia, afirmava, tornaria a governança impossível.[87]

A iniciativa mais inovadora de Lee foi sua política em relação à língua. Como governar uma cidade-Estado em que 75% da população falava dialetos chineses diversos, 14%, malaio e 8%, tâmil? Após o fracasso da fusão com a Malásia, Lee deixou de defender que o malaio fosse adotado como língua nacional. Considerar o mandarim a língua oficial porém estava "fora de questão", no entender de Lee, na medida em que os "24% da população não chinesa se revoltariam".[88] O inglês era o idioma de trabalho do governo fazia tempos, mas poucos cingapurianos o falavam como primeira língua, como Lee.[89*] Sua solução foi a política de ensino bilíngue — determinando que escolas de ensino em língua inglesa lecionassem mandarim, malaio e tâmil, determinando ao mesmo tempo o ensino de inglês em todas as demais escolas. A Constituição cingapuriana contemplava quatro línguas oficiais: malaio, mandarim, tâmil e inglês.[90] Como disse Lee em 1994:

> Se tivesse tentado impingir a língua inglesa ao povo de Cingapura teria enfrentado revolta por toda parte [...]. Mas ofereci a todos os pais a opção do inglês e da

---

* Lee falava malaio e inglês desde a infância. Ele tentou aprender mandarim no começo da adolescência, voltou a estudá-lo perto dos trinta anos e, já um octogenário, continuava se empenhando com um professor particular. Para expandir sua base política, começou a aprender e a fazer discursos em hokkien quando se aproximava dos quarenta anos. (Ver Perry, *Singapore*, p. 192; Lee, *My Lifelong Challenge: Singapore's Bilingual Journey*, p. 32-41; e Lee Kuan Yew, "Clean, Clear Prose", discurso a funcionários públicos seniores no Centro de Língua Nacional, 27 fev. de 1979, *Lee Kuan Yew: The Man and His Ideas*, p. 327.)

língua materna deles, na ordem que preferissem. Por sua livre escolha, além das recompensas do mercado durante um período de trinta anos, terminamos com o inglês em primeiro e a língua materna em segundo. Transformamos uma universidade já estabelecida na língua chinesa do chinês para o inglês. Se essa mudança tivesse sido forçada a acontecer em cinco ou dez anos, e não em trinta anos — e por livre escolha —, teria sido um desastre.[91]

Ser um país falante de inglês proporcionou também um benefício econômico. Na década de 1960, Cingapura se destacou das economias em desenvolvimento rivais por sua distinta orientação anglófila. A decisão de Lee de conservar a estátua de Raffles preservava uma figura não sectária do passado cingapuriano como símbolo nacional de unificação.[92] Também sinalizava ao mundo que Cingapura estava aberta para os negócios e não no negócio das recriminações.[93]

"QUE A HISTÓRIA JULGUE"

A ruptura com a Malásia obrigou Lee a reorientar sua abordagem inicialmente socialista em direção a um pragmatismo essencial. Para Cingapura sobreviver como Estado, sua economia tinha de crescer. Para ser bem-sucedida como nação, os frutos desse crescimento tinham de ser partilhados equitativamente entre seu povo, a despeito da origem étnica. E para o país persistir como presença internacional, tinha de aumentar sua influência entre as principais potências — especialmente os Estados Unidos e a China. "Alguns livros ensinam a construir uma casa, consertar motores, escrever um livro", recordaria Lee muitos anos mais tarde:

> Mas nunca vi um livro sobre como construir uma nação a partir de um ajuntamento díspar de imigrantes da China, da Índia britânica, das Índias Orientais Holandesas, ou como proporcionar um meio de vida para seu povo quando seu antigo papel econômico como entreposto da região está em vias de desaparecer.[94]

As experiências de Lee na Segunda Guerra Mundial, na disputa por poder político em Cingapura e na separação da Malásia proporcionaram a ele convicções sobre a governança adequada de um Estado que nenhum curso formal de instrução poderia ter lhe oferecido. Suas viagens e conversas com líderes estrangeiros foram importantes; em 1965, ele visitara mais de cinquenta países e desenvolvera opiniões firmes sobre os motivos para o variado desempenho deles.[95] "Uma nação é grande não apenas por seu tamanho", afirmou em 1963. "É a vontade, a coesão, a perseverança, a disciplina de seu povo e a qualidade de seus líderes que asseguram a ela um lugar de honra na história."[96]

Por isso Lee adotou "Que a história julgue" como sua máxima operacional. Ele rejeitou o comunismo porque significava o desmantelamento de instituições existentes que estavam funcionando. De maneira similar, sua predileção pela economia de mercado derivou da observação de que ela gerava taxas de crescimento mais elevadas.[97] Quando, anos mais tarde num jantar em minha casa, um convidado estadunidense o cumprimentou por incluir princípios feministas no desenvolvimento de Cingapura, Lee discordou. Ele trouxera as mulheres para a força de trabalho por motivos práticos, disse. Cingapura não teria sido capaz de atingir suas metas de desenvolvimento sem elas. O mesmo, acrescentou, era verdade com respeito a sua política de imigração, que buscava convencer estrangeiros talentosos a se estabelecerem em Cingapura. A finalidade não era uma concepção teórica sobre os benefícios do multiculturalismo, mas as exigências do crescimento cingapuriano e de sua demografia obstinada.

O pensamento de Lee mostra um forte veio utilitário, como ele demonstrou em seu discurso do Dia de Maio em 1981:

> Todo governo racional quer o máximo bem-estar e progresso para o maior número de seus cidadãos. Para fazer isso, o sistema ou os métodos, e os princípios ou ideologias nos quais suas políticas estão baseadas, diferem. Desde a Revolução Industrial, há dois séculos, está em operação uma espécie de darwinismo entre sistemas de governo. Ele seleciona qual sistema ideológico-religioso-político--social-econômico-militar prevalecerá devido a sua eficácia em proporcionar o máximo bem para o máximo de pessoas em uma nação.[98]

CONSTRUINDO UMA ECONOMIA

Um dos primeiros testes da adaptabilidade cingapuriana ocorreu em janeiro de 1968, quando a Grã-Bretanha, abalada pela desvalorização da libra e exaurida pelos conflitos no Oriente Médio, decidiu abandonar a presença militar a leste de Suez. No debate da Câmara dos Comuns no ano anterior, o primeiro-ministro Harold Wilson citara o poema "Recessional" de Rudyard Kipling, numa vã tentativa de defender a existência da base britânica em Cingapura; as palavras agora soavam como uma profecia sobre o declínio imperial britânico:

A um chamado distante, nossas marinhas derreteram;
Nas dunas e promontórios o fogo extingue-se:
Vede, toda nossa pompa de outrora
Corresponde à de Nínive e Tiro![99]

O fechamento da base naval e a partida das tropas britânicas, planejados para 1971, ameaçavam resultar na perda de um quinto do PIB de Cingapura.[100]

Buscando aconselhamento externo, Lee recorreu ao dr. Albert Winsemius, um economista holandês que visitara Cingapura pela primeira vez em 1960 a convite de Goh Keng Swee como parte de uma missão do Programa de Desenvolvimento das Nações Unidas.[101] Comparada a países ocidentais, Cingapura era pobre. Mas, na década de 1960, seus salários estavam entre os mais elevados da Ásia.[102] Winsemius sugeriu que, para Cingapura se industrializar, ela precisava reduzir os salários e aumentar a eficiência do setor fabril com a aquisição de tecnologia e o treinamento de trabalhadores. Ele propunha priorizar a manufatura têxtil, seguida de eletrônicos simples e dos estaleiros, um passo fundamental para a construção naval. Lee e Goh (novamente ministro das finanças de 1967 a 1970) seguiram esse conselho.[103] Com os britânicos de saída, Winsemius advertiu que Cingapura não podia aspirar a depender exclusivamente de si mesma nem de laços regionais. Impossibilitada de dispor de um mercado comum com a Malásia, como ocorreu de 1963 a 1965, ela teria de operar numa esfera mais ampla.

Ao longo dos anos seguintes, Lee, Goh e Winsemius atuaram em conjunto para recalibrar a economia cingapuriana. Enquanto líderes de países recém-independentes rejeitavam corporações multinacionais, Lee as recrutou.

Indagado mais tarde se tal investimento estrangeiro não constituiria uma "exploração capitalista", Lee redarguiu secamente: "Tudo que temos é a mão de obra [...]. Assim, se querem explorar nossa mão de obra, por que não? Sejam bem-vindos".[104] A fim de atrair investimento estrangeiro, Cingapura embarcou em um projeto para aumentar a qualidade de sua força de trabalho, providenciando ao mesmo tempo a aparência e as instalações de uma cidade de primeira classe. Como escutei de Lee em 1978: "Ninguém vai investir numa causa perdida, é preciso parecer uma causa vitoriosa".[105]

Tornar a cidade mais ecológica ganhou alta prioridade: reduzindo a poluição do ar, plantando árvores e projetando infraestrutura que incorporasse a luz natural. Lee providenciou também que serviços de alta qualidade fossem oferecidos para a visita de turistas e investidores. O governo promoveu campanhas de esclarecimento público sobre o modo apropriado de se vestir, o comportamento e a higiene. Os cingapurianos (ou estrangeiros, aliás) poderiam ser multados por atravessarem a rua de forma temerária, usar o banheiro sem dar descarga ou jogar lixo no chão. Lee exigia até um relatório semanal sobre a limpeza dos banheiros no aeroporto de Changi — que, para muitos viajantes, ofereceria uma boa primeira impressão de Cingapura.[106]

A estratégia funcionou. Décadas mais tarde, Lee contaria que uma vez tendo conseguido convencer a Hewlett-Packard a abrir um escritório em Cingapura, inaugurado em abril de 1970, outros negócios internacionais se seguiram.[107]*

Em 1971, a economia de Cingapura crescia mais de 8% ao ano.[108] Em 1972, as multinacionais empregavam mais da metade da força de trabalho cingapuriana e respondiam por 70% de sua produção industrial.[109] Em 1973, Cingapura se tornara o terceiro maior centro refinador de petróleo do mundo.[110] Dez anos após a independência, o investimento estrangeiro no setor manufatureiro passara de 157 milhões de dólares para mais de 3,7 bilhões.[111]

No início de 1968, o estado de espírito no parlamento cingapuriano era de medo e tristeza. Ninguém acreditava que a ilha pudesse sobreviver à partida

---

* A Hewlett-Packard ficou particularmente impressionada com o *"one stop service"* para ajudar a realocar os negócios da Junta de Desenvolvimento Econômico de Cingapura. "Se você pedia alguma coisa, estava na sua mesa no dia seguinte", relatou um executivo (citado em Edgar H. Schein, *Strategic Pragmatism: The Culture of Singapore's Economic Development Board*. Cambridge: MIT Press, 1966, p. 20).

militar dos britânicos. Lee admitiu posteriormente que os anos entre 1965 e a retirada programada, em 1971, foram os mais angustiantes de seu mandato.[112] Contudo, quando os britânicos foram embora, Cingapura conseguiu absorver o choque econômico; o desemprego não cresceu.[113] Contra todas as expectativas e o pensamento dominante, a determinação de Lee de se adaptar à mudança lançou Cingapura numa trajetória espantosa.

Para continuar a atrair investimento, a produtividade cingapuriana precisava continuar aumentando. Com esse fim, Lee inicialmente pediu aos trabalhadores para aceitarem uma redução salarial temporária no interesse do crescimento de longo prazo.[114] Ele deu prioridade urgente à educação. E frequentemente revisou para mais as metas industriais e sociais da nação. Como disse Lee em sua mensagem do Dia de Maio de 1981:

> A maior realização do movimento trabalhista cingapuriano foi transformar o fervor revolucionário durante o período anticolonialista (isto é, o antagonismo em relação aos empregados expatriados) da década de 1950 em conscientização da produtividade (cooperação com a gerência, tanto cingapuriana como expatriada) na década de 1980.[115]

Ao longo de três décadas, Lee conduziu Cingapura a níveis ainda mais elevados de desenvolvimento: da subsistência à manufatura, e da manufatura aos serviços financeiros, turismo e inovação high-tech.[116] Em 1990, quando Lee deixou o cargo de primeiro-ministro, Cingapura estava em uma posição econômica invejável. Em 1992, observando em retrospecto, afirmou para mim que, mesmo que eu tivesse lhe feito a pergunta em 1975 — altura em que já atraíra quantidade substancial de investimento estrangeiro para Cingapura —, ele ainda assim não teria previsto o alcance do futuro sucesso de seu país.

LEE E OS ESTADOS UNIDOS

Lee deixou meus colegas de Harvard espantados em 1968 com sua defesa do envolvimento estadunidense na Indochina. Tivesse a evolução política do Sudeste Asiático atraído antes a atenção deles, teriam notado que propunha essa mensagem havia anos. Na verdade, fora a convicção de Lee no papel indispensável de Washington para o futuro da Ásia que o levara a fazer duas importantes visitas aos Estados Unidos em dois anos.

Na primeira visita de Estado de Lee a Washington em outubro de 1967, ele foi apresentado pelo presidente Johnson em um jantar na Casa Branca como "um patriota, um líder político brilhante e um estadista da Nova Ásia".[117] Lee, direto como sempre, aproveitou a oportunidade de suas reuniões de alto escalão para instruir seus anfitriões sobre como o drama do Vietnã tinha seus antecedentes em decisões estadunidenses que remontavam a mais de uma década e meia. Para o vice-presidente Hubert Humphrey, Lee comparou a crise do Vietnã a uma longa viagem de ônibus: os Estados Unidos perderam todas as paradas em que podiam ter descido; a única opção agora era continuar até o ponto final.[118]

Nas décadas por vir, Lee seria tão admirado pela franqueza quanto pela inteligência por presidentes e primeiros-ministros do mundo todo. A sutileza e a precisão de sua análise e a confiabilidade de sua conduta fizeram dele um conselheiro para muitos dos quais ele próprio dependia. Como o líder de uma cidade-Estado pequena e vulnerável conseguiu exercer uma influência tão significativa em tantos líderes estrangeiros? Qual perspectiva ele oferecia e como tal arcabouço se aplicava a momentos de crise?

Em certo sentido, Lee Kuan Yew vivia em uma permanente busca da ordem mundial. Ele compreendia que o equilíbrio do poder mundial era produto não apenas de forças anônimas, mas também de entidades políticas vivas, cada uma repleta de história e cultura individuais, e cada uma obrigada a fazer uma avaliação de suas oportunidades. A manutenção do equilíbrio, da qual dependia o florescimento de Cingapura enquanto nação comercial, exigia não só uma relação estável entre os principais países, como também um grau de compreensão de suas identidades diversas e das perspectivas advindas delas. Por exemplo, Lee observou em 1994:

> Se você olha para as sociedades ao longo dos milênios, percebe certos padrões básicos. A civilização estadunidense, desde os Pais Peregrinos, baseia-se no otimismo e no progresso de um governo organizado. A história chinesa é de dinastias que ascenderam e caíram, de sociedades prosperando e definhando. E durante toda essa turbulência, a família, a família estendida, o clã, proporcionou uma espécie de bote salva-vidas para o indivíduo. Civilizações entraram em colapso, dinastias

foram varridas pelas hordas conquistadoras, mas esse bote capacita a civilização [chinesa] a seguir em frente e passar à fase seguinte.[119]

Lee era respeitado por líderes de Estado muito mais poderosos que o seu num grau único porque contribuía com insights que lhes possibilitavam captar seus próprios desafios fundamentais. A leitura que Lee fazia das relações internacionais estava, como sua análise das demandas domésticas cingapurianas, baseada em sua percepção da realidade objetiva. Preferências subjetivas não faziam parte de suas avaliações, que invariavelmente iam direto ao ponto. Certos líderes procuram impressionar seus interlocutores demonstrando domínio de detalhes minuciosos; Lee, por sua vez também dotado de considerável conhecimento factual, possuía uma qualidade mais preciosa: a capacidade de destilar a essência de um assunto.

Assim como os obstáculos presentes ao nascimento de Cingapura haviam sido experiências definidoras na vida política de Lee, pelo resto de sua carreira ele depositou ênfase especial na evolução doméstica de outros países em avaliar a própria relevância para a ordem mundial. Duas nações eram centrais para a avaliação da sobrevivência cingapuriana de Lee e para o lugar do país no mundo: os Estados Unidos e a China. Lee definiu o relacionamento estadunidense de forma despretensiosa em um brinde ao presidente Nixon por ocasião de um jantar na Casa Branca em abril de 1973:

Somos um país muito pequeno estrategicamente situado no extremo meridional da Ásia e, quando ocorre um estouro de elefantes, se você é um rato e não conhece os hábitos dos elefantes, o negócio pode ser bem doloroso.[120]

Um discurso de maio de 1981 também capta sua presciência e lucidez com respeito ao sistema soviético:

Trinta e seis anos após o fim da Segunda Guerra Mundial sabemos que na disputa entre a democracia ocidental de livre empreendimento e livre mercado versus a economia planificada e de distribuição controlada comunista, o sistema comunista está levando a pior. Ele é incapaz de produzir os bens [...].

A menos que essa disputa termine na destruição mútua por armas nucleares, o desfecho verá a sobrevivência do sistema que for superior em oferecer mais segurança e bem-estar econômico/espiritual a seus membros. Se o Ocidente conseguir impedir os soviéticos de obter espólios fáceis mediante sua superioridade militar, o sistema de livre mercado constituído de iniciativas e incentivos pessoais terá claramente se revelado superior ao sistema de planejamento centralizado e mercado controlado.[121]

Dez anos mais tarde, após o colapso da União Soviética, a perspectiva de Lee passaria a ser o pensamento dominante; na época, poucos percebiam a iminência do declínio soviético.

No povo estadunidense, Lee discernia uma generosidade e abertura de espírito incomuns, reminiscentes de elementos em seu próprio comprometimento confucionista. Logo após a guerra, observou ele, os Estados Unidos não abusaram de seu monopólio nuclear:

> Qualquer nação antiga e estabelecida teria assegurado sua supremacia pelo maior tempo que conseguisse. Mas os Estados Unidos se prontificaram em ajudar os inimigos derrotados a se reerguerem para rechaçar uma força maligna, a União Soviética, ensejou a mudança tecnológica transferindo tecnologia de modo generoso e livre a europeus e japoneses e capacitou-os a se tornarem competidores em trinta anos [...]. Havia uma certa grandeza de espírito nascida do medo do comunismo, além do idealismo estadunidense, que fez isso acontecer.[122]

À medida que sua atenção geopolítica mudava, após as reformas de Deng, da ameaça de subversão maoísta à interação mais complicada de grande estratégia entre China, União Soviética e Estados Unidos — e posteriormente à condução das relações com uma China de tremenda pujança econômica e força política —, as avaliações de Lee também mudaram. Mas ele nunca deixou de bater na tecla do papel indispensável dos Estados Unidos para a segurança e o progresso do mundo e, especialmente, do Sudeste Asiático.

Não que Lee acalentasse sentimentos "pró-americanos" — ele nada tinha de sentimental. Era capaz de encontrar uma quantidade salutar de coisas para criticar na abordagem política e geopolítica estadunidense. Ele descreveu suas opiniões iniciais sobre os estadunidenses como "mistas":

> Eu admirava seu otimismo diante dos desafios, mas compartilhava da visão do establishment britânico na época de que os estadunidenses eram brilhantes e

audaciosos, que dispunham de uma riqueza imensa, mas com frequência a empregavam mal. Não era verdade que tudo o que se precisava para consertar um problema fosse trazer os recursos para lidar com ele [...]. Suas intenções eram boas, mas tinham mão pesada e careciam de um sentido da história.[123]

Com a Guerra do Vietnã, Lee refinou sua opinião: passou a ser importante não apenas combinar o apoio ao poder estadunidense com a compreensão e o encorajamento dos propósitos estadunidenses; agora também era imperativo recrutar os Estados Unidos para a defesa da estabilidade asiática. A saída britânica da Ásia tornara os Estados Unidos essenciais como fiel da balança de forças complicadas e violentas prejudiciais ao equilíbrio regional. Lee, com sua formação em Cambridge, certa vez chamado pelo secretário do exterior britânico George Brown de "o melhor inglês a leste de Suez",[124] adotou uma postura em relação aos Estados Unidos que lembrava a de Churchill ao estabelecer o "relacionamento especial" britânico. Lee fez de si mesmo, até onde foi capaz, parte do processo de tomada de decisão estadunidense em questões de interesse para o Sudeste Asiático. Porém, em seu caso, essa relação era formada pelo líder asiático de uma minúscula cidade-Estado pós-colonial.

Na visão de Lee, as grandes qualidades estadunidenses da magnanimidade e do idealismo eram insuficientes em si mesmas; tinham de ser suplementadas pela percepção geopolítica para possibilitar aos Estados Unidos cumprir seu papel. Sensibilidade para a tensão entre ideais nacionais e realidades estratégicas era essencial. Lee temia que a tendência estadunidense para uma política externa moralista pudesse se transformar em um neo-isolacionismo quando o país enfrentasse uma decepção com diferentes costumes. Uma ênfase exagerada nas aspirações democráticas poderia frustrar a capacidade estadunidense de se solidarizar com países menos desenvolvidos que, por necessidade, priorizavam antes o progresso econômico que a ideologia.

Lee promoveu essas opiniões a seu estilo característico: uma combinação de história, cultura e geografia afiada em função da relevância para assuntos contemporâneos; consciência dos interesses de seu interlocutor; e um modo de se expressar eloquente, livre de amenidades, assuntos extrínsecos ou qualquer indício de súplica. Em 1994, ele insistiu que esse realismo precisava estar baseado em uma distinção moral clara entre o bem e o mal:

Algumas coisas básicas sobre a natureza humana não mudam. O homem precisa de algum senso moral de certo e errado. Há uma coisa chamada mal, e não resulta de o sujeito ser uma vítima da sociedade. Ele é simplesmente mau, propenso a maldades, e precisa ser impedido de cometê-las.[125]

Lee apresentou sua liderança ao mundo como operando dentro de seu contexto cultural e capacitada a relacionar desenvolvimentos regionais ao mundo mais amplo. Habitualmente analítico e prescritivo, utilizava os insights reunidos em sua rede de contatos e extensas viagens para responder questões e oferecer conselhos. "Quando viajo", escreveu Lee, "observo como uma sociedade, como um governo, está funcionando. Por que eles são bons?"[126]

Depois que renunciou ao cargo de primeiro-ministro em 1990, passou a ser uma preocupação para Lee refrescar a memória estadunidense sobre suas responsabilidades. Durante a Guerra Fria, sua principal preocupação fora que os Estados Unidos desempenhassem um papel importante na manutenção do equilíbrio *mundial* em face da ameaça russa. Após o colapso da União Soviética, sua atenção se voltou à importância estadunidense crucial de definir e manter o equilíbrio *asiático*. Falando em Harvard em 1992, em pleno auge do triunfalismo pós-Guerra Fria estadunidense, ele alertou que o equilíbrio geopolítico ficaria vastamente prejudicado caso os Estados Unidos se voltassem para dentro, embolsassem os "dividendos da paz" pós-Guerra Fria e relaxassem de suas responsabilidades globais:

> Minha geração de asiáticos, que passou pela experiência da última guerra, de seus horrores e sofrimentos, e que se lembra do papel estadunidense em uma ascensão das cinzas dessa guerra, qual uma fênix, para a prosperidade do Japão, das economias recém-industrializadas e da ASEAN [Associação das Nações do Sudeste Asiático], sentirá uma dura pontada de tristeza ao ver o mundo se tornar tão vastamente diferente porque os Estados Unidos passaram a ser um ator menos central no novo equilíbrio.[127]

Em 2002, ele observou que o "fogo cruzado" global não era o mesmo que os Estados Unidos compreenderem e usarem sua considerável vantagem para produzir uma estabilidade mundial duradoura.[128] Vendo a política externa em termos de plano estratégico, ele definiu o equilíbrio entre grandes potências como a chave para a ordem internacional e, acima de tudo, a segurança e a prosperidade de Cingapura. "Queremos apenas o máximo espaço para sermos nós mesmos", afirmou em 2011. "E a melhor maneira de conseguir isso é quando as grandes 'árvores' nos dão espaço, quando entre elas temos espaço. [Quando] temos uma grande árvore a nos cobrir, ficamos sem espaço."[129]

Lee admirava os Estados Unidos e ficava incomodado com suas oscilações. Ele respeitava e temia a China por sua busca determinada de objetivos. Da proximidade histórica com a China e da amizade necessária com os Estados Unidos, Lee destilava a segurança e o futuro de Cingapura.

LEE E A CHINA

Lee anteviu o potencial chinês para a hegemonia na Ásia. Em 1973 — quando a China era considerada economicamente atrasada — ele já dizia: "A China vai chegar lá. É só questão de tempo".[130] Mas, em 1979, ele ainda imaginava que a China permaneceria comparativamente fraca a médio prazo:

O mundo imagina a China como uma gigante. Está mais para uma flácida água-viva. Precisamos ver que proveito pode ser tirado de seus recursos [e] de suas duas fraquezas: o sistema comunista e a falta de treinamento e know-how. Ora, receio que talvez não sejam suficientemente fortes para desempenhar o papel que esperamos deles, de contrapeso aos russos. Não temo uma China forte; temo que os chineses sejam demasiado fracos. Um equilíbrio é necessário se queremos ser livres para escolher nossos parceiros de progresso. Levará de quinze a vinte, de trinta a quarenta anos para eles.[131]

Na época, a atitude de Lee em relação à ascensão da China era ambivalente, na medida em que Cingapura tinha "objetivos conflitantes": tornar a China forte o bastante para intimidar o Vietnã comunista (o que para Lee proporcionaria um "alívio"), mas não tão forte a ponto de querer agredir Taiwan.[132] Contudo, mesmo nesse momento de relativa fraqueza chinesa, Lee alertou sobre a determinação do país e a reviravolta que poderia desencadear: "Não sei se a liderança [chinesa] consegue compreender totalmente a natureza da transformação que os aguarda se forem bem-sucedidos. Uma coisa é certa: eles querem ser bem-sucedidos".[133] Sua previsão se alinhava muito com o modo como o grande estrategista de uma era anterior, Napoleão, teria afirmado ver a China: "Que a China continue adormecida; porque, uma vez despertada, sacudirá o mundo".[134]

Mas quando? Em 1993, as opiniões de Lee tinham evoluído. A ascensão chinesa não era mais uma possibilidade remota; tornara-se o desafio dominante da era. "A China está provocando tamanho abalo no equilíbrio mundial que o mundo deve encontrar um novo equilíbrio em trinta a quarenta anos", afirmou. "Não podemos mais fingir que se trata de apenas mais um grande ator", acrescentou. "A China é o maior ator na história da humanidade."[135] Ele elaborou essa opinião alguns anos depois:

> Tirando algum desastre enorme e imprevisível que traga o caos ou volte a dividir a China em inúmeros feudos dominados por senhores guerreiros, é só questão de tempo até o povo chinês se reorganizar, se reeducar e se treinar para tirar plena vantagem da ciência e da tecnologia modernas.[136]

Sua abordagem da China, assim como sua análise dos Estados Unidos, era despida de sentimentalismo. Se o desafio do país, no entender de Lee, residia em suas flutuações entre o idealismo insuficientemente reflexivo e as habituais crises de autoconfiança, o problema representado pela China era o ressurgimento de um padrão imperial tradicional. Os milênios ao longo dos quais a China se concebia como o "Reino do Meio" — o principal país do mundo —, classificando todos os demais como tributários, deixariam um legado no pensamento chinês e encorajariam uma tendência à hegemonia. "Nesse momento, creio que o resultado estadunidense é o melhor para nós", afirmou a um entrevistador em 2011:

> Não acho que os chineses sejam um poder benigno como os estadunidenses. Ora, eles dizem *bu cheng ba* (não seja uma hegemonia). Se você não está disposto a ser uma hegemonia, por que fica dizendo para o mundo que não vai ser uma hegemonia?[137]

Determinado a resistir às políticas desestabilizadoras da era Mao, e em seguida a rechaçar qualquer impressão de que Cingapura, com sua maioria chinesa, devesse ser vista como naturalmente alinhada ao país natal, Lee proclamara havia muito tempo que a ilha seria o último país da ASEAN a estabelecer relações diplomáticas com Beijing. (Cingapura também contou com investimentos e know-how taiwaneses para desenvolver suas indústrias, a começar por têxteis e plásticos.)[138] Após a abertura da China para o Ocidente durante a década de 1970, Lee foi fiel à própria palavra. Ele definia Cingapura como autônoma em relação tanto aos vizinhos como às superpotências. Em 1975, ignorou um convite de Zhou Enlai para visitar a China — a decisão assegurou que Lee e o debilitado Zhou nunca se encontrassem. Cingapura reconheceu oficialmente a República Popular da China apenas em 1990.

Em novembro de 1978, porém, Lee recebeu o líder máximo chinês, Deng Xiao Ping. Esse evento marcou o começo da relação contemporânea entre Cingapura e China. Para simbolizar a importância que Lee atribuía à visita, ele providenciou que um cinzeiro e uma escarradeira fossem dispostos diante do líder chinês na época, que era um ávido fumante, a despeito das leis cingapurianas contra o cigarro (e da forte alergia de Lee à fumaça).

A agenda de Deng nessa viagem era estabelecer uma oposição à União Soviética e ao Vietnã unificado entre os países do Sudeste Asiático; a principal preocupação de Lee era atenuar as tendências dominadoras da política chinesa em relação a Cingapura. Ele explicou a Deng que as transmissões de rádio chinesas visando radicalizar a diáspora chinesa no Sudeste Asiático dificultavam a cooperação com Beijing. Lee pediu a Deng que desse um basta à propaganda; dois anos depois, ela foi gradualmente descontinuada.[139] Anos mais tarde, Lee apontou Deng como um dos três líderes mundiais que mais admirava (sendo os outros dois Charles de Gaulle e Winston Churchill). Deng, na opinião de Lee, "era um grande homem porque transformou a China de um Estado depauperado, que teria implodido como a União Soviética, no que é hoje, em vias de se tornar a maior economia mundial".[140]

Segundo o renomado sinólogo e biógrafo de Deng, Ezra Vogel, Deng continuava indeciso acerca de suas políticas econômicas quando visitou Cingapura, mas a ocasião "ajudou a fortalecer a convicção de Deng sobre a necessidade de reformas fundamentais".[141] No mês seguinte, o líder chinês anunciou sua política de Portas Abertas, criando Zonas Econômicas Especiais (ZEEs) no litoral para acolher o investimento estrangeiro direto. Como observou Vogel,

"Deng viu na ordeira Cingapura um modelo atraente para a reforma" e despachou emissários "para aprender sobre planejamento urbano, gestão pública e controle da corrupção".[142]

Durante o período de preeminência de Deng, Lee passou a fazer visitas anuais à China — mesmo antes de obter pleno reconhecimento — para examinar seu desenvolvimento urbano e sua reforma agrária e fazer contato com seus principais funcionários. Lee aconselhou Zhao Ziyang, premiê chinês e mais tarde secretário-geral do Partido Comunista Chinês, de que a abertura necessária para o crescimento econômico não precisava vir às custas dos "valores confucionistas". Em uma reflexão posterior que começou por um comentário sobre a frase de Deng Xiao Ping, "cruzar o rio tateando as pedras", Zhao disse que Lee havia "abreviado essa travessia para nós".[143]

Os conselhos de Lee se manifestariam na criação de um parque industrial cingapuriano em Suzhou, uma antiga cidade chinesa perto de Shanghai famosa por seus inúmeros jardins chineses tradicionais. Aberto em 1994, o parque foi projetado para integrar as práticas de gestão cingapurianas à mão de obra local, acelerando desse modo a industrialização e atraindo capital estrangeiro para a China. Os fundos de riqueza soberanos de Cingapura, a Temasek Holdings e o GIC (antigo Governo da Corporação de Investimento de Cingapura), tornaram-se importantes investidores na China.

Em 1989, Lee se juntou à maioria no Ocidente ao condenar a repressão da liderança chinesa contra os protestos estudantis na praça Tiananmen. Ele censurou a brutalidade dos métodos e considerou o custo humano inaceitável.[144] Mas também estava convencido de que uma implosão política na China seria um terrível risco para o mundo — impondo uma variedade de perigos que a própria desintegração da União Soviética em breve ilustraria. Como afirmou Lee, comparando os dois casos:

> Deng foi o único líder chinês com status e força política para reverter as políticas públicas de Mao [...]. Um veterano da guerra e da revolução, ele via as manifestações estudantis em Tiananmen como um perigo que ameaçava mergulhar a China novamente no tumulto e no caos, prostrando-a por mais cem anos. Ele vivenciara uma revolução e reconheceu os primeiros sinais de uma em Tiananmen. Gorbachev, ao contrário de Deng, apenas lera sobre a revolução, e não reconheceu os perigosos sinais do iminente colapso da União Soviética.[145]

Após Tiananmen, as reformas econômicas chinesas pareceram vacilantes, e só foram revividas após a "Viagem ao Sul" de Deng em 1992 — a jornada épica e profundamente influente de um mês por diversas cidades meridionais em que Deng, aos 87 anos e, em tese, aposentado, reafirmou persuasivamente a meta da liberalização econômica.

ENTRE OS ESTADOS UNIDOS E A CHINA

Para os Estados Unidos, a mensagem de Lee sobre a China era preocupante e, em seu sentido mais profundo, indesejada: o país seria obrigado a dividir sua posição proeminente no Pacífico Ocidental, e talvez no mundo todo, com uma nova superpotência. "Os Estados Unidos simplesmente têm de conviver com uma China maior", disse Lee em 2011, e isso se revelaria uma "completa novidade para os Estados Unidos, uma vez que país algum jamais fora grande o bastante para desafiar sua posição. A China será capaz de fazê-lo em vinte a trinta anos."[146]

Tal evolução seria dolorosa para uma sociedade como a estadunidense e seu senso de excepcionalismo, advertiu Lee. Mas a prosperidade americana em si se devia a fatores excepcionais: "a boa fortuna geopolítica, uma abundância de recursos e energia imigrante, um fluxo generoso de capital e tecnologia da Europa e dois amplos oceanos que mantiveram os conflitos mundiais longe das costas estadunidenses".[147] No mundo que se aproximava, à medida que a China se tornava uma formidável potência militar com tecnologia de ponta, a geografia não ofereceria qualquer vantagem para os Estados Unidos.

Lee previa que a mudança iminente constituiria um desafio ao equilíbrio internacional predominante e deixaria a posição de estados intermediários precária. Julius Nyerere, o ex-primeiro-ministro da Tanzânia, advertira Lee: "Quando elefantes brigam, o capim fica amassado". E Lee, que como vimos também apreciava analogias com elefantes, respondera: "Quando elefantes fazem amor, o capim também fica amassado".[148]* As metas cingapurianas de

---

* Em 1973, Lee afirmara sobre a détente entre os Estados Unidos e a URSS: "É simplesmente de esperar que as nações médias e pequenas, cujos interesses possam ser afetados, estejam preocupadas com os perigos da diplomacia direta de superpotências, que diferenças entre superpotências sendo acertadas além de sua compreensão possam perfeitamente ser a suas custas" (Lee, "Southeast Asian View of the New World Power Balance in the Making", p. 8).

estabilidade e crescimento seriam mais bem servidas mediante uma relação cordial porém fria entre as duas superpotências, acreditava Lee. Contudo, em suas próprias interações com Washington e Beijing, Lee agiu menos como um defensor nacional de Cingapura do que como um guia filosófico para os dois extraordinários gigantes.

Em seus encontros com líderes chineses, Lee tendia a recorrer a argumentos em sintonia com seus traumas históricos e os apresentava com uma emoção em tudo o mais rara. Em 2009, ele alertou a geração ascendente de líderes chineses que não haviam passado pelas privações e cataclismos de seus antecessores, mas nutriam um ressentimento entranhado acerca de seu lugar no mundo:

Essa geração [mais velha] passou pelo inferno: o Grande Salto Adiante, a fome, a inanição, quase um conflito com os russos [...] a Revolução Cultural fora de controle [...]. Não tenho dúvida de que essa geração espera uma ascensão pacífica. Mas e os netos? Eles acham que já chegaram e que, se começarem a pôr as asinhas de fora, teremos uma China bem diferente [...]. Netos nunca escutam seus avós.

O outro problema é mais crucial: se vocês partem da crença de que o mundo foi cruel com vocês, que o mundo os explorou, que os imperialistas acabaram com vocês, saquearam Beijing, fizeram todas essas coisas, [...] isso não é bom [...]. Vocês não vão voltar para a antiga China, quando eram a única potência no mundo, até onde podiam dizer [...]. Hoje, vocês são apenas uma de muitas potências, muitas delas mais inovadoras, inventivas e resilientes.[149]

Como contrapartida a esse conselho, Lee sugeriu aos Estados Unidos não "partir do princípio de que a China é uma inimiga" para que ela não "desenvolva uma contra-estratégia para demolir os Estados Unidos na Ásia-Pacífico". Ele advertiu que, na verdade, os chineses já podiam conceber tal cenário, mas que uma inevitável "disputa entre os dois países por supremacia no Pacífico ocidental [...] não precisa levar ao conflito".[150] Por conseguinte, Lee aconselhou Washington a integrar Beijing à comunidade internacional e aceitar a "China como um Estado grande, poderoso, em ascensão" com "um lugar na diretoria". Em vez de se apresentar como inimigo aos olhos dos chineses, os Estados Unidos deveriam "reconhecer a [China] como uma grande potência, aplaudir o retorno à sua posição de respeito e restabelecimento de seu passado glorioso e propor maneiras concretas e específicas de trabalharem juntos".[151]

Lee considerava que o governo Nixon praticara esse tipo de abordagem, descrevendo o presidente americano como um "estrategista pragmático". No mundo que se apresentava, a postura dos Estados Unidos deveria ser de "engajar, não conter, a China", mas de um modo que "também discretamente deixasse as peças posicionadas para um plano alternativo caso a China não jogasse segundo as regras como uma boa cidadã global". Dessa forma, caso os países da região algum dia se sentissem obrigados a "escolher um lado, o lado estadunidense no tabuleiro deveria incluir Japão, Coreia, ASEAN, Índia, Austrália, Nova Zelândia e a Federação Russa".[152]

Estive presente às apresentações de Lee em ambos os lados do Pacífico. Seus interlocutores estadunidenses, embora em geral receptivos a sua análise geopolítica, tendiam a indagar suas opiniões sobre questões imediatas, como o programa nuclear norte-coreano ou o desempenho das economias asiáticas. Eles também estavam imbuídos de uma expectativa de que a China no fim chegasse a algo próximo dos princípios políticos e instituições estadunidenses. Os interlocutores chineses de Lee, por sua vez, saudaram seus argumentos de que a China deveria ser tratada como uma grande potência e de que as diferenças, mesmo a longo prazo, não necessitavam de conflito. Mas, sob seus modos suavemente educados, também era possível sentir o incômodo de serem instruídos por um chinês estrangeiro sobre princípios de conduta chinesa.

Lee imaginava um cenário apocalíptico no caso de uma guerra entre Estados Unidos e China. Armas de destruição em massa garantiriam a devastação; fora isso, nenhum objetivo de guerra significativo — incluindo especialmente as características de uma "vitória" — podia ser definido. Assim, não é por acidente que, perto do fim de sua vida, os apelos de Lee para a China fossem insistentemente dirigidos à geração que nunca passara pelo tumulto da sua e talvez confiasse demasiado em sua tecnologia ou poder:

> É vital que a geração mais jovem de chineses, que conheceu apenas um período de paz e crescimento e não possui qualquer experiência do passado tumultuado da China, seja conscientizada dos erros que a China cometeu como resultado da arrogância e dos excessos ideológicos. Eles precisam ser imbuídos dos valores e atitudes corretos para enfrentar o futuro com humildade e responsabilidade.[153]

Lee nunca cansava de lembrar seus interlocutores que a globalização significava que todas as nações — incluindo (talvez especialmente) aquelas que haviam criado o sistema e escrito suas regras — teriam de aprender a viver em um mundo competitivo.[154] A globalização desenvolvera sua forma máxima apenas no tempo de vida dele, com o colapso da União Soviética e a ascensão da China. Nesse mundo, grande prosperidade em estreita proximidade a grande carência geraria paixões inflamadas.[155] "O regionalismo não é mais a solução definitiva", ele disse em 1979. "A interdependência é a realidade. É um mundo só."[156] A interligação global, acreditava ele, poderia beneficiar todos, se conduzida sabiamente.

Afinal de contas, como me disse em 2002, o engajamento da própria Cingapura com o mundo era a principal razão para seu desenvolvimento ter ultrapassado o da China.[157] No entender de Lee, o fim da Guerra Fria produzira dois fenômenos contraditórios: a globalização e a potencial rivalidade estratégica entre os Estados Unidos e a China com o risco de uma guerra catastrófica. Onde muitos detectavam apenas perigo, Lee assegurou a indispensabilidade da contenção mútua. Era obrigação essencial tanto dos Estados Unidos como da China investir esperança e ação na possibilidade de um resultado bem-sucedido.

Como poucos antes dele, Lee previu em um estágio inicial os dilemas que a evolução da China representaria para o próprio país e para os Estados Unidos. Inevitavelmente ambas as nações interfeririam uma na outra. Essa nova relação levaria a um confronto crescente ou seria possível transformar a postura antagônica em uma análise conjunta das exigências para uma coexistência pacífica?

Por décadas, Washington e Beijing proclamaram este segundo objetivo. Mas hoje, na terceira década do século XXI, ambos parecem ter suspendido as tentativas de dar à coexistência uma expressão operacional e se voltado, em vez disso, à intensificação da rivalidade. Poderá o mundo enveredar para o conflito como nos eventos que precederam a Primeira Guerra Mundial, quando a Europa inadvertidamente construiu uma máquina diplomática do juízo final que tornou cada crise sucessiva mais e mais difícil de resolver até que, finalmente, explodiu — destruindo a civilização como então a compreendíamos? Ou os dois titãs redescobrirão uma definição de coexistência que seja significativa em termos do conceito que cada lado faz de sua grandeza e seus interesses fundamentais? O destino do mundo moderno depende da resposta.

Lee foi um dos poucos líderes respeitados nos dois lados do Pacífico tanto por sua perspicácia como por suas realizações. Iniciando a carreira com o desenvolvimento de um conceito de ordem para uma ilha minúscula e sua vizinhança, ele passou os últimos anos apelando por sabedoria e contenção aos países capazes de causar uma catástrofe global. Embora jamais tenha alegado tal coisa a seu próprio respeito, o velho realista assumira um papel de consciência mundial.

O LEGADO DE LEE

Após seu longo mandato, Lee renunciou ao cargo de primeiro-ministro em novembro de 1990. De modo a proporcionar uma transição firme e controlada, ele se afastou da governança no dia a dia de maneira gradual. Com o título inicialmente de ministro sênior e depois mentor ministerial, ele permaneceu influente, mas progressivamente menos conspícuo durante seus dois primeiros sucessores no cargo.*

A avaliação do legado de Lee deve começar pelo crescimento extraordinário do PIB per capita de Cingapura de 517 dólares em 1965 para 11 900 dólares em 1990 e 60 mil dólares no presente (2020).[158] A média de crescimento do PIB anual permaneceu em 8% até quase o fim da década de 1990.[159] É uma das histórias de sucesso econômico mais notáveis dos tempos modernos.

No fim da década de 1960, predominava o pensamento de que os líderes pós-coloniais deviam proteger suas economias das forças de mercado internacionais e desenvolver indústrias locais e autônomas por meio da intervenção estatal intensiva. Em uma expressão de sua recém-descoberta libertação e seguindo impulsos nacionalistas e populistas, alguns foram compelidos até a assediar estrangeiros que haviam fixado residência em seu solo durante os tempos coloniais. Consequentemente, escreveu Richard Nixon:

> Vivemos numa época em que os líderes normalmente são julgados mais pela estridência de sua retórica e pela coloração de sua inclinação ideológica do que pelo sucesso de suas políticas. Sobretudo no mundo em desenvolvimento, muita gente costuma ir para a cama à noite com os ouvidos cheios, mas a barriga vazia.[160]

---

* O segundo foi seu filho, minimizando até certo ponto o aspecto simbólico de sua aposentadoria.

Lee conduziu Cingapura na direção oposta, atraindo corporações multinacionais com a adoção do livre-comércio e do capitalismo e insistindo na obrigatoriedade de contratos de negócios. Ele valorizou a diversidade étnica do país como um recurso especial, trabalhando assiduamente para impedir forças externas de intervirem nas disputas domésticas — e também desse modo para ajudar a preservar a independência de seu país. Enquanto a maioria de seus pares adotou uma postura de não alinhamento na Guerra Fria — o que na prática muitas vezes significou uma aquiescência aos desígnios soviéticos —, Lee apostou seu futuro geopolítico na confiabilidade dos Estados Unidos e seus aliados.

Ao mapear um caminho para sua nova sociedade, Lee atribuiu importância decisiva ao caráter central da cultura. Ele rejeitava a crença — mantida tanto nas democracias liberais do Ocidente como no bloco comunista liderado pelos soviéticos — de que a ideologia política era de suma importância para definir a evolução de uma sociedade, bem como de que todas as sociedades se modernizavam da mesma forma. Pelo contrário, disse Lee: "O Ocidente acredita que o mundo deve seguir [seu] desenvolvimento histórico. [Mas] a democracia e os direitos individuais são alheios ao resto do mundo".[161] A universalidade das reivindicações liberais era tão inconcebível para ele como a ideia de que os americanos um dia resolvessem seguir Confúcio.

Mas Lee também não acreditava que essas diferenças civilizatórias fossem intransponíveis. As culturas deveriam coexistir e se acomodar mutuamente. Hoje, Cingapura continua sendo um Estado autoritário, mas o autoritarismo em si não era um de seus objetivos — e sim um meio para um fim. A autocracia familiar tampouco. Goh Chok Tong (sem parentesco com Goh Keng Swee) serviu como primeiro-ministro de novembro de 1990 a agosto de 2004. O filho de Lee, Lee Hsieng Loong — cuja competência ninguém questiona —, sucedeu Goh e atualmente está empenhado em se retirar do cargo de primeiro-ministro, de modo que um sucessor possa ser determinado no próximo ciclo eleitoral. Eles fizeram Cingapura avançar no caminho determinado por Lee.

As eleições cingapurianas não são democráticas, mas também não são destituídas de significado. Enquanto nas democracias o descontentamento se expressa pela possibilidade de mudança eleitoral, em Cingapura Lee e seus sucessores usaram o voto como uma avaliação de desempenho para informar os que estão no poder da eficácia de suas ações, desse modo proporcionando a oportunidade de ajustar políticas segundo sua avaliação do interesse público.

Havia uma alternativa? Uma abordagem diferente, mais democrática e pluralista, teria sido bem-sucedida? Lee achava que não. Ele acreditava que no início, conforme Cingapura se movia em direção à independência, o país estava ameaçado pelas forças sectárias que dilaceraram muitos outros países pós-coloniais. A seu ver, Estados democráticos com divisões étnicas significativas corriam o risco de sucumbir à política identitária, que tende a acentuar o sectarismo.* Um sistema democrático funciona capacitando uma maioria (variadamente definida) a criar um governo por meio de eleições, e depois criar outro governo quando a opinião política muda. Mas quando as opiniões — e as divisões — políticas são determinadas antes por definições imutáveis de identidade do que por diferenças políticas fluidas, as perspectivas de qualquer resultado assim diminuem na proporção da amplitude da divisão; maiorias tendem a se tornar permanentes, e minorias buscam escapar de sua subjugação por meio da violência. Na opinião de Lee, a governança operava de maneira mais eficiente como uma unidade pragmática de associados próximos livres de ligações ideológicas, valorizando a competência técnica e administrativa e buscando a excelência implacavelmente. A pedra de toque para ele era um senso de serviço público:

> A política exige algo extra da pessoa, um compromisso com o povo e os ideais. Não é um simples trabalho a ser executado. É uma vocação; não muito diferente do sacerdócio. É preciso ter sentimentos pelo povo, é preciso querer mudar a sociedade e melhorar a vida de todos.[162]

E quanto ao dia de amanhã? A questão-chave para o futuro de Cingapura é se o progresso econômico e tecnológico contínuo levará a uma transição democrática e humana. Caso o desempenho do país oscile — fazendo o eleitorado buscar proteção na identidade étnica —, as eleições no sistema cingapuriano correriam o risco de se transformar numa autenticação do governo étnico de partido único.

---

* O exemplo de Sri Lanka era instrutivo para Lee: "Assim, se você acredita no que os liberais estadunidenses ou britânicos costumavam dizer, a ilha deveria ter prosperado. Mas não prosperou. O sistema do voto individual levou à dominação da maioria cingapuriana sobre a minoria tâmil [...]" (Lee, "How Much is a Good Minister Worth?", discurso perante o parlamento, 1 nov. 1994, em *Lee Kuan Yew: The Man and His Ideas*, p. 338).

Para o idealista, o teste de uma estrutura é sua relação com critérios imutáveis; para o estadista, é a adaptabilidade à circunstância histórica. Por este último padrão, o legado de Lee Kuan Yew até o momento foi bem-sucedido. Mas os estadistas devem ser julgados também segundo a evolução de seus modelos fundadores. O escopo para a mudança popular mais cedo ou mais tarde se tornará um essencial componente da sustentabilidade. Poderia ser divisado um melhor equilíbrio entre a democracia popular e o elitismo modificado? Eis o supremo desafio de Cingapura.

Como em meados dos anos 1960, quando Cingapura passou a existir, o mundo hoje atravessa mais uma vez um período de incerteza ideológica sobre a melhor maneira de construir uma sociedade bem-sucedida. A democracia de livre mercado, que na esteira do colapso soviético se autoproclamou o arranjo mais viável, enfrenta simultaneamente modelos externos alternativos e confiança interna declinante. Outros arranjos societários afirmaram-se como mais efetivos em propiciar crescimento econômico e instilar harmonia social. A transformação de Cingapura sob a batuta de Lee contornou tais dificuldades. Ele evitou os dogmas rígidos, que deplorava como "teorias preferidas". Na verdade, concebeu o que insistia ser um excepcionalismo cingapuriano.[163]

Lee era um improvisador incansável, não um teórico de governo. Adotava políticas que acreditava terem uma chance de funcionar e, se percebia que não tinham, ele as repensava. Sua experimentação era constante, pegando ideias emprestadas de outros países e tentando aprender com os erros dos demais. Não obstante, tomava o cuidado de nunca se deixar fascinar pelo exemplo alheio; Cingapura tinha antes de se perguntar constantemente se estava atingindo as metas impostas por sua geografia única e possibilitadas por sua composição demográfica especial. Em suas próprias palavras, "Nunca fui refém de teorias. O que me guiava eram a razão e a realidade. A prova de fogo aplicada a toda teoria ou ciência era: vai funcionar?".[164] Talvez Kwa Geok Choo houvesse lhe ensinado o adágio de Alexander Pope: "Que os tolos discutam formas de governo; o melhor é o mais bem administrado".[165]

Lee fundou uma nação e delineou o padrão de um Estado. Segundo as categorias estabelecidas na Introdução, foi tanto um profeta como um estadista. Ele concebeu a nação e depois se empenhou em criar incentivos para seu Estado se desenvolver mediante performance excepcional em um futuro em transformação. Lee triunfou em institucionalizar um processo criativo. Tal processo se adaptará aos conceitos em transformação de dignidade humana?

O filósofo espanhol Ortega y Gasset afirmava que o homem "não tem natureza alguma; tem apenas [...] a história".[166] Na ausência de uma história nacional, Lee Kuan Yew inventou a natureza cingapuriana com base em sua visão do futuro e escreveu sua história conforme participava dela. Com isso, ele demonstrou a relevância de sua convicção de que o teste supremo do estadista reside na aplicação do juízo conforme ele percorre "uma estrada sem sinalização rumo a um destino desconhecido".[167]

LEE, O HOMEM

"Foram as circunstâncias que me criaram", Lee disse a um entrevistador três anos antes de sua morte.[168] Em particular, explicou, a criação em uma família chinesa tradicional explicava sua personalidade e fez dele um "confucionista involuntário":[169]

> Segundo a filosofia subjacente, para uma sociedade funcionar bem, é preciso ter os interesses da massa populacional, que a sociedade tenha maior prioridade que os interesses do indivíduo. Essa é a principal diferença em relação ao princípio estadunidense, [que frisa] os direitos primordiais do indivíduo.[170]

Para Lee, o ideal confucionista era ser um *junzi*, ou cavalheiro, "leal a seu pai e mãe, fiel à esposa, [que] cria bem os filhos, [e] trata adequadamente os amigos", mas que seja acima de tudo um "cidadão bom e leal de seu imperador".[171]

Lee se recusava terminantemente a participar do burburinho social. Acreditava que viera ao mundo a fim de obter progresso para sua sociedade e, na medida do possível, para o mundo como um todo. Não estava disposto a desperdiçar o tempo que lhe cabia. Em suas quatro visitas a nossa casa de veraneio em Connecticut, sempre trouxe a esposa e geralmente uma das filhas. Como previamente combinado, eu providenciava almoços com líderes e pensadores que atuavam em questões de seu interesse, bem como com amigos pessoais mútuos. Lee usava essas ocasiões para se informar sobre os assuntos estadunidenses. Por duas vezes, a seu pedido, levei-o a eventos políticos locais: o primeiro, uma angariação de fundos para um candidato ao Congresso; o outro, uma reunião de vereadores. Como era seu desejo, eu o apresentava apenas como um amigo de Cingapura.

Nas ocasiões em que visitei Lee, ele convidaria líderes de países vizinhos e colegas importantes para uma série de seminários. Haveria um jantar e um debate apenas com ele cuja duração dependia dos assuntos que mais mexiam com cada um de nós no momento, mas que nunca era breve. Os encontros tinham lugar na Istana, um majestoso edifício governamental no centro de Cingapura. Em minhas inúmeras viagens ao país, Lee nunca me convidou à própria casa; tampouco conheci ou ouvi falar de alguém por quem tenha feito tal gesto — uma postura similar à de De Gaulle em Colombey, a visita de Adenauer sendo a única exceção.

Nossa amizade também veio a incluir outro secretário de Estado, George Shultz, além de Helmut Schmidt, que serviu como chanceler da Alemanha de 1974 a 1982.* Os encontros ocorriam em grupo (às vezes apenas três de nós, quando a programação de Shultz ou Schmidt interferia): primeiro no Irã em 1978, e depois em Cingapura em 1979, em Bonn em 1980, e na varanda da casa de Shultz em Palo Alto pouco após sua nomeação para secretário de Estado em 1982.[172] Todos os quatro comparecemos também a um retiro nas florestas de sequoia a norte de San Francisco: Schmidt, que acontecia de partilhar o desprezo de Lee pelas amenidades, como um hóspede de Shultz, e Lee a meu convite. Embora nossas opiniões sobre políticas específicas nem sempre convergissem, tínhamos um mesmo compromisso: "Sempre dizemos uns aos outros a absoluta verdade", explicou Schmidt a um jornalista alemão.[173] As conversas com Lee eram um voto de confiança pessoal; elas sinalizavam a relevância de um interlocutor para sua existência em tudo mais monasticamente focada.

Em maio de 2008, Choo, estimada esposa e companheira de Lee por sessenta anos, sofreu um derrame que a tornou prisioneira em seu próprio corpo, incapaz de se comunicar. A provação durou mais de dois anos. Toda noite, quando estava em Cingapura, Lee sentava junto à cama dela e lia algum livro para Choo, às vezes poemas, incluindo sonetos de Shakespeare que sabia que a esposa apreciava.[174] A despeito de não ter prova alguma disto, tinha fé que ela compreendia. "Ela se mantém acordada para mim", afirmou numa entrevista.[175]

---

* Ver capítulo 1, pp. 70-1.

Nos meses subsequentes à morte dela, em outubro de 2010, Lee empreendeu o gesto sem precedentes de iniciar diversas conversas telefônicas comigo fazendo referência a seu pesar — e especificamente ao vazio deixado em sua vida pelo falecimento de Choo. Perguntei se alguma vez discutira sua solidão com os filhos. "Não", respondeu Lee, "como chefe de família, é meu dever fornecer-lhes apoio, não buscar o deles." Após a morte de Choo, a efervescência de Lee diminuiu. Sua inteligência continuou a mesma, mas sua qualidade impetuosa essencialmente desapareceu. Ele realizou até o fim o que considerava seus deveres, mas, sem sua suprema inspiração, perdera a alegria de viver.

Embora eu tenha considerado Lee um amigo por quase meio século, ele era reticente em expressar quaisquer laços pessoais. O mais perto que chegou disso foi na forma de uma dedicatória espontânea rabiscada numa foto sua e de Choo, em 2009: "Henry, sua amizade e seu apoio após nosso encontro fortuito em Harvard, em novembro de 1968, fez uma enorme diferença na minha vida. Harry". Na amizade, assim como na política, Lee deixava que as coisas significativas falassem por si mesmas; a elaboração verbal só diminuiria sua magnitude.

Quando Lee Kuan Yew morreu em março de 2015, 25 anos após deixar o cargo de primeiro-ministro, dignitários do mundo todo foram a Cingapura prestar seus respeitos finais. Muitos chefes de governo asiáticos compareceram, incluindo os primeiros-ministros de Japão, Índia, Vietnã e Indonésia, bem como o presidente da Coreia do Sul. A China foi representada pelo vice-presidente Li Yuanchao; os Estados Unidos, pelo ex-presidente Bill Clinton, o ex-assessor de segurança nacional Tom Donilon e eu. Todos nós havíamos nos encontrado muitas vezes com Lee para tratar de questões consequentes para a vida política.

O aspecto mais comovente do enterro foi sua demonstração da ligação desenvolvida entre o povo de Cingapura e o fundador da nação. Durante os três dias de velório público, centenas de milhares desafiaram as monções para entrar na fila e prestar homenagem perante o esquife. Os canais de noticiários exibiam chamadas informando os enlutados sobre quanto tempo teriam de esperar para prestar seus respeitos; nunca menos de três horas. De um amálgama de raças, religiões, etnias e culturas, Lee Kuan Yew forjara uma sociedade que transcendeu sua vida.

Lee queria que seu legado inspirasse, e não inibisse, o progresso. Por isso deixou um pedido para que sua residência na rua Oxley fosse demolida após sua morte, evitando que se tornasse um santuário em sua memória.[176] Seu objetivo era que Cingapura desenvolvesse líderes e instituições relevantes aos desafios à frente e se concentrasse em seu futuro, em lugar de venerar o passado. Como afirmou a um entrevistador: "Tudo que posso fazer é assegurar que após minha morte as instituições sejam boas, sólidas, limpas e eficientes e que haja um governo estabelecido sabedor daquilo que precisa fazer".[177]

Em relação ao próprio legado, Lee sempre foi friamente analítico. Ele admitia certos arrependimentos, incluindo por algumas de suas ações como líder nacional. "Não digo que tudo que fiz foi certo", contou ao *New York Times*, "mas tudo que fiz teve um propósito honrado. Tive de fazer algumas coisas horríveis, prender pessoas sem julgamento."[178] Citando um provérbio chinês — o homem só pode ser julgado depois que seu caixão for fechado —, Lee disse: "Fechem o caixão, depois decidam".[179]

Hoje, o nome de Lee Kuan Yew no Ocidente tem caído na obscuridade. A história contudo é mais longa do que a biografia contemporânea e as lições da experiência de Lee continuam prementes.

A atual ordem mundial vem sendo desafiada simultaneamente de duas direções: o colapso de regiões inteiras nas quais as paixões sectárias sobrepujaram as estruturas tradicionais e a intensificação do antagonismo entre grandes potências devido a reivindicações conflitantes de legitimidade. A primeira ameaça gera um campo de caos em expansão; a segunda, um derramamento de sangue cataclísmico.

A habilidade de Lee como estadista é relevante para ambas essas circunstâncias. A obra de sua vida é um testemunho da possibilidade de suscitar o progresso e a ordem sustentável a partir das condições menos promissoras possíveis. Sua conduta em Cingapura e no palco mundial é um tutorial de como promover a compreensão e a coexistência em meio a perspectivas e passados diversos.

Mais significativamente, a habilidade de Lee como estadista ilustra que os melhores determinantes do destino de uma sociedade não são sua riqueza material nem outras medidas convencionais de poder, mas a qualidade de seu povo e a visão de seus líderes. Como afirmou Lee, "se for apenas realista, a pessoa se torna pedestre, plebeia, vai fracassar. Logo, deve ser capaz de pairar acima da realidade e dizer, 'Isso também é possível'".[180]

6. Margaret Thatcher:
A estratégia da convicção

UMA LÍDER DAS MAIS IMPROVÁVEIS

Poucos líderes definem a era em que governam. Contudo, de 1979 a 1990, esse foi o feito singular de Margaret Thatcher. Como primeira-ministra do Reino Unido, ela lutou para se livrar dos grilhões que haviam limitado seus predecessores — particularmente, a nostalgia pelas glórias imperiais perdidas e o duradouro remordimento pelo declínio nacional. A Grã-Bretanha que emergiu como resultado de sua liderança foi, para o mundo, uma nação de confiança renovada e, para os Estados Unidos, uma parceira valiosa ao final da Guerra Fria.

Quando assumiu o cargo, porém, o sucesso de Thatcher estava longe de garantido; na verdade, ninguém esperava que permanecesse no poder por tanto tempo. Após tomar o controle do Partido Conservador das mãos de um establishment exclusivamente masculino que a tolerava a contragosto, ela possuía apenas uma escassa cota de capital político. Sua participação prévia no governo nada tivera de notável; o apoio que tinha na zona rural como um todo era pequeno e sua experiência em relações internacionais, ínfima. Ela foi não só a primeira mulher nomeada primeira-ministra britânica como também nessa época uma rara líder conservadora egressa da classe média. Em quase todos os aspectos, uma completa outsider.

O maior recurso de Thatcher nessas circunstâncias pouco propícias era sua abordagem única da liderança. No coração de seu sucesso residia sua determinação. Como Ferdinand Mount, líder da unidade de políticas públicas do governo britânico (1982-3) diria sucintamente ao descrever suas reformas: "O notável não é sua originalidade, mas sua implementação. A coragem política residia não em colocá-las em prática, mas *em criar as condições* para possibilitar sua prática".[1]

Embora não tenha ocupado nenhuma posição oficial ao longo do mandato de Thatcher, tive a boa sorte de testemunhar sua abordagem pelas lentes de uma amizade que durou quase quatro décadas.

THATCHER E O SISTEMA BRITÂNICO

Para apreciar sua ascensão e os anos de Thatcher no poder — bem como sua queda —, ajuda ter uma compreensão primeiro do sistema político britânico. Os estadunidenses tendem a perceber o sistema presidencial como uma sucessão de líderes individuais. Pelo menos até o recente endurecimento das diferenças partidárias nos Estados Unidos, o eleitorado em geral concebia os partidos políticos como uma expressão encarnada das preferências públicas. Presidentes chegavam ao cargo captando essas preferências, aceitando-as e projetando-as no futuro. Os partidos políticos britânicos, por outro lado, são rigorosamente institucionalizados; uma vitória eleitoral funciona primeiro para empoderar um partido no Parlamento e, como consequência, instalar um novo premiê. Como Thatcher afirmou em um discurso de 1968 à ala de ensino do Partido Conservador: "A característica essencial do sistema constitucional britânico não é uma personalidade alternativa na figura do líder de partido, mas uma política alternativa e todo um governo alternativo pronto para assumir o poder".[2] Essa política, além do mais, é geralmente elaborada no manifesto partidário, que em si figura como um elemento importantíssimo nas campanhas eleitorais britânicas.

O primeiro-ministro portanto está situado dentro e, em alguns aspectos, sob o partido político ao qual pertence. Ao contrário do sistema presidencial estadunidense, em que o legítimo poder de tomada de decisão flui de cima para baixo, o sistema de gabinete britânico eleva a importância dos ministros, que representam os escalões superiores do partido; a autoridade se move em ambas as direções entre o primeiro-ministro e o gabinete. Os ministros — embora todos nomeados pelo premiê — são a um só tempo gestores da burocracia, apoiadores (de fato ou nominais) do premiê e, às vezes, eles próprios aspirantes a líder. Dentro do gabinete, a dissensão de uma panelinha influente ou as maquinações de uma personalidade magnética singular podem limitar a capacidade do premiê de perseguir as políticas objetivadas. Em circunstâncias extraordinárias, a renúncia de um ministro do gabinete pode chegar a ameaçar a manutenção do premiê no poder.

Embora a autoridade do primeiro-ministro derive formalmente do monarca, na prática ela repousa mais na manutenção da disciplina partidária — ou seja, na capacidade do líder de conservar tanto uma maioria parlamentar como a confiança dos quadros do partido. Enquanto o sistema de separação de poderes isola o Executivo estadunidense da pressão legislativa direta, na Grã-Bretanha os ramos Executivo e Legislativo em grande medida se fundem. Além de ficarem vulneráveis durante as eleições gerais, os premiês britânicos podem ser derrubados por uma moção de desconfiança parlamentar ou por um motim partidário. A primeira é rara; se o premiê perde uma votação de desconfiança, uma eleição geral deve ser convocada, na qual os deputados têm de defender as próprias cadeiras. Menos raro é haver disputa pela liderança do partido. Se os deputados temem que seu líder partidário esteja ficando cada vez menos popular, deixando-os sob risco de perder a vaga na eleição geral seguinte, podem tentar exaltar um novo líder.

Quando o partido e o primeiro-ministro estão de acordo e desfrutam de sólida maioria, o sistema opera suavemente. Quando os primeiros-ministros divergem da ortodoxia ou parecem enfraquecidos perante o Parlamento ou a opinião pública, devem cortejar tanto o gabinete como o partido por um apoio continuado. A liderança fraca consegue sobreviver no sistema estadunidense graças ao mandato fixo de quatro anos do Executivo; no sistema britânico, porém, para se manter no posto Executivo exige-se do líder toda sua determinação, convicção, domínio da substância e poderes de persuasão. Uma vez que o fracasso em convencer os colegas a apoiarem suas políticas pode ser catastrófico, o premiê também deve ser ágil, para que a rejeição de uma política não prenuncie o fim de sua fortuna política.

Em novembro de 1974, Margaret Thatcher entrou no pleito contra Edward Heath pela liderança do Partido Conservador. Heath perdera a eleição geral de fevereiro de 1974 e, assim, a posição de primeiro-ministro. Geralmente, após uma derrota eleitoral, o primeiro-ministro de saída também renuncia enquanto líder partidário; mas Heath aguentou firme, permanecendo como líder do partido mesmo após uma segunda derrota eleitoral consecutiva em outubro de 1974, por esperar que os relacionamentos cultivados ao longo de uma década na liderança servissem como bastião contra um pleito sério. E assim, quando Thatcher concorreu, esperava-se que a disputa fosse uma mera formalidade, que terminaria por reafirmar a autoridade de Heath sobre o partido. Para surpresa de muitos, ela se saiu vitoriosa no pleito.

O apelo eleitoral de Heath carecia de brilho e a direita conservadora identificou uma oportunidade para reorientar o partido. Após dois aspirantes a líder dos conservadores, Keith Joseph e Edward du Cann, decidirem não concorrer, o primeiro endossou Thatcher, sua amiga e aliada intelectual. Ela, desse modo, se tornou a única opção da direita e a preferência relutante do centro. Superando Heath em onze votos na primeira votação, mais tarde venceu o centrista Willie Whitelaw por ampla margem no segundo turno, tornando-se a primeira líder mulher de um grande partido europeu.

Quando Thatcher conquistou a liderança do partido, um jornalista perguntou: "Que qualidade a senhora mais gostaria que o Partido Tory exibisse sob sua liderança?". Sua resposta: "Vencer [...] a qualidade vitoriosa". O jornalista insistiu: "Que tipo de qualidade filosófica?". "Só se vence sendo a favor das coisas", foi a réplica espontânea de Thatcher. "Para uma sociedade livre, com o poder bem distribuído entre os cidadãos, e não concentrado nas mãos do Estado", prosseguiu. "E o poder mantido por uma ampla distribuição da propriedade privada entre cidadãos e súditos, e não nas mãos do Estado."[3] Essas eram as crenças fundamentais que ela traduziria em políticas públicas no cargo de primeira-ministra de 1979 a 1990 e pelas quais ficaria famosa.

OS DESAFIOS ADIANTE: A GRÃ-BRETANHA NA DÉCADA DE 1970

Quando Thatcher assumiu o cargo em maio de 1979, a Grã-Bretanha enfrentava um período de declínio. Como ela afirma em suas memórias, "o recheio do país fora sugado".[4] Os desafios enfrentados pela nação, um dos principais sendo seu desempenho econômico, eram bastante reais; mas não menos real era uma deficiência psicológica: a crença disseminada de que os melhores tempos do país haviam ficado para trás.

Em 1945, o Reino Unido emergira como vitorioso após seis anos de guerra total, mas exaurido e falido. Suas relações exteriores no pós-guerra foram marcadas por uma série de decepções. No lugar da solidariedade de tempos de guerra com os Estados Unidos, presenciou-se com certo desconforto Washington suplantar a preeminência global britânica. Semanas após a vitória aliada, a Grã-Bretanha sofreu a indignidade de ver o generoso programa de Empréstimo-Arrendamento estadunidense ser cancelado e substituído por um empréstimo em termos comerciais que o país mal podia pagar.

O poder em ascensão dos Estados Unidos e a perda do status britânico se combinaram para produzir novas realidades geopolíticas. Em seu discurso histórico de 1946 em Fulton, Missouri, Winston Churchill não só falou na "Cortina de Ferro" descendo através da Europa, como também propôs um "relacionamento especial" entre o Reino Unido e os Estados Unidos. Churchill esperava consolidar uma parceria que assegurasse a influência britânica no mundo para além do que seu mero poder bruto podia permitir — na prática *tomando emprestado* o poderio norte-americano mediante um estreito relacionamento consultivo. Embora uma avaliação anglo-americana compartilhada da ameaça soviética ajudasse a pôr a aliança transatlântica em novas bases, nessa fase do pós-guerra já ficara dolorosamente óbvio que não se tratava de uma parceria entre iguais.

Em 1956, o equilíbrio do poder que emergia, já decepcionante para a Grã-Bretanha no pós-guerra, ficou conspícuo e constrangedor. Em julho desse ano, o presidente egípcio Gamal Abdel Nasser nacionalizou o canal de Suez. Três meses depois, durante a invasão anglo-francesa do Egito para a retomada do canal, a Grã-Bretanha se insurgiu contra o poderio da nova superpotência estadunidense — e capitulou. O presidente Eisenhower teve pouca paciência para as tentativas britânicas de reviver suas prerrogativas imperiais e menos ainda para a invasão de uma zona estrategicamente importante sem consulta prévia. A pressão financeira que não tardou a exercer pôs um rápido fim à aventura britânico-francesa e representou um golpe devastador para as aspirações de ambas as nações. Humilhada, a Grã-Bretanha retirou suas forças e reduziu seu papel internacional. A lição duradoura para muitos na classe governante britânica foi de nunca contrariar os estadunidenses no futuro.

O ônus da descolonização no além-mar e uma economia vacilante em casa diminuíram ainda mais o status britânico. Em 1967, o governo trabalhista de

365

Harold Wilson foi forçado a desvalorizar a libra esterlina; um ano depois, com seu país assolado por crises financeiras, Wilson anunciou a retirada de todas as forças britânicas a leste de Suez. O antigo ator mundial fora obrigado a se retirar para um palco regional. A estrofe final de "Homage to a Government" [Homenagem a um governo] (1969) de Philip Larkin capta perfeitamente o humor sombrio da Grã-Bretanha:

> *No ano que vem devemos viver em um país*
> *Que trouxe seus soldados para casa por falta de dinheiro.*
> *As estátuas estarão em seus pedestais nas mesmas*
> *Praças arborizadas, e parecerão quase como sempre.*
> *Nossos filhos não saberão que é um país diferente.*
> *Hoje só o que podemos esperar deixar a eles é dinheiro.*[5]

Conforme a influência mundial britânica retrocedia, a contínua atração do paradigma atlantista competia com a possibilidade de uma relação mais próxima com a Europa continental. O Reino Unido exibia nessa época uma confusão quanto a sua identidade mais ampla que, às vezes, parecia beirar a esquizofrenia. Antes do fiasco de Suez, o primeiro-ministro Anthony Eden rejeitara a participação britânica no que veio a ser o Tratado de Roma de 1957, que gerou o precursor da atual União Europeia. No ano seguinte, porém, o sucessor de Eden, Harold Macmillan, quando buscava manter uma relação de defesa próxima com os Estados Unidos, decidiu estabelecer a Grã-Bretanha num caminho pró-europeu.[6] Em 1963 e novamente em 1967, a Grã-Bretanha tentou tardiamente entrar para a Comunidade Econômica Europeia (CEE), mas foi barrada pelo presidente francês Charles de Gaulle. A afirmação do ex-secretário de Estado Dean Acheson em 1962 de que a Grã-Bretanha havia "perdido um império, mas ainda não encontrado um papel"[7] se tornou famosa — e feriu o orgulho britânico — por soar tão verdadeira.

Edward Heath, eleito primeiro-ministro em 1970, procurou fazer do caminho pró-europeu desenvolvido inicialmente por Macmillan o princípio orientador da política externa britânica. A entrada da Grã-Bretanha na CEE em 1973 revelou-se o coroamento das realizações de Heath. Mas também depositou um aborrecido peso às relações entre o Reino Unido e os Estados Unidos.

O presidente Nixon encantara-se com a vitória de Heath nas urnas, preferindo-o mil vezes a Harold Wilson, cujo Partido Trabalhista identificava com o Partido Democrata americano. Na verdade, o Partido Trabalhista tanto sob Wilson como sob seu sucessor, James Callaghan, honrou com generosidade o "relacionamento especial", sobretudo com respeito à Otan e às relações Oriente-Ocidente, e também acreditava na dissuasão nuclear independente britânica. Mas Michael Stewart, o primeiro secretário de relações exteriores trabalhista com quem Nixon se encontrou, o confrontara na Sala Oval devido à intervenção estadunidense no Vietnã, e o azedume permaneceu.[8]

Em seus anos fora do cargo, Nixon se aproximara de Heath e esperava que seu relacionamento pessoal cordial continuasse depois que os conservadores voltassem ao poder. Em fevereiro de 1973, Nixon ainda se referia calorosamente a Heath como "um amigo na Europa [...] o único amigo sólido com que contamos".[9] Infelizmente esses sentimentos não se revelaram recíprocos. Como resultado dos repetidos vetos de De Gaulle à participação britânica na Comunidade Europeia, Heath extraíra a lição que o primeiro-ministro britânico tinha de ser um "bom europeu". Percebendo o relacionamento especial com os Estados Unidos como um obstáculo a esse objetivo, ele se empenhou em afrouxar os laços que haviam sido nutridos por mais de uma geração — ao menos quando manifestados em público. Apenas após Heath perder a eleição de fevereiro de 1974, o governo trabalhista que chegava começou a restabelecer a parceria. Assim permanecia por descobrir se os conservadores, caso voltassem ao poder, reviveriam o distanciamento dos anos finais de Heath ou voltariam a suas raízes historicamente atlantistas.

As incertezas da política exterior britânica desse período foram agravadas pela crise doméstica estadunidense — o escândalo de Watergate — que levou à renúncia de Nixon. Na sequência, o Congresso impôs limites à autoridade executiva, complicando por sua vez os esforços de implementação da estratégia de Guerra Fria aliada. Percebendo a oportunidade, os soviéticos embarcaram em um aventureirismo renovado. Em 1975, Moscou interveio militarmente em Angola via uma guerra por procuração cubana. Os soviéticos também exercitaram seus músculos no Iêmen do Sul e no Afeganistão sem qualquer resposta ocidental efetiva.

Em 1976, a União Soviética começou a instalar mísseis nucleares de médio alcance ss-20 nos países do Pacto de Varsóvia, estabelecendo a maior ameaça à doutrina defensiva da Otan em uma geração. O sistema de armas equivalente da Otan — composto por mísseis terrestres de médio alcance — continuava em desenvolvimento; estados-membros europeus teriam dificuldade em encontrar apoio público favorável a seu eventual emprego. A Europa desse modo baseava sua doutrina de defesa em boa parte na viabilidade do "guarda-chuva nuclear" americano. Em outras palavras, os planejadores militares soviéticos tinham de presumir que os políticos estadunidenses responderiam a um conflito militar convencional no teatro europeu recorrendo ao arsenal intercontinental de longo alcance dos Estados Unidos. Que uma escalada dessa natureza naturalmente seria um convite a uma retaliação nuclear soviética não só na Europa como também no território estadunidense impôs uma séria pressão à credibilidade da dissuasão estendida — como discutido nos capítulos sobre Adenauer (página 67) e De Gaulle (páginas 135-8).

No fim da década de 1970, além disso, os europeus haviam sido cada vez mais atraídos para o movimento antinuclear, dificultando bem mais aos líderes europeus o embasamento de suas políticas de segurança na dissuasão nuclear. A resposta mais significativa foi a instalação de mísseis balísticos estadunidenses de alcance intermediário em solo europeu, um anátema para o movimento de desarmamento nuclear.[10] Os manifestantes preferiram buscar acomodação com os soviéticos e, sem dúvida, uma inclinação correlata pela neutralidade no conflito Oriente-Ocidente.

O maior desafio da Grã-Bretanha na década de 1970, porém, era sua economia moribunda. Sufocada pela baixa produtividade e pela taxação onerosa, a economia britânica ficou para trás de suas competidoras durante a maior parte da década de 1970. A alta inflação do período levou a uma disputa entre patrões e sindicatos; conforme os trabalhadores viam seus ganhos devorados pela elevação dos preços, pressionavam por aumentos salariais, intensificando o ciclo inflacionário. A escalada das tensões desse conflito entre o governo e o Sindicato Nacional dos Mineiros levou Heath a decretar uma semana de trabalho de três dias a partir de 1º de janeiro de 1974. As transmissões televisivas eram interrompidas às dez e meia da noite; o uso comercial de eletricidade ficou restrito a três dias por semana para conservar carvão enquanto os mineiros permanecessem em greve. No início de março, um novo governo trabalhista fora eleito. O primeiro-ministro Harold Wilson concordou imediatamente em aumentar em 35% o salário dos mineiros.[11]

A crise econômica, porém, estava só começando. Em 1976, a Grã-Bretanha sofreu a indignidade de precisar solicitar um empréstimo de emergência ao Fundo Monetário Internacional, no valor de 3,9 bilhões de dólares (quase 18 bilhões, atualizados para 2020). Os preços ao consumidor, que vieram subindo ao ritmo estável de 2,5% em um ano tão recente como 1967, aumentaram em 24,2% em 1975 — um recorde na história econômica britânica moderna. No ano seguinte, a economia britânica parecia haver se estabilizado, mas o alívio teve vida curta — criando uma abertura histórica para a nova líder da oposição, Margaret Thatcher.

No fim de 1978, a inflação voltara com toda força. Em novembro, as operações britânicas da Ford Motor Company concederam aos grevistas um aumento de 17% — desrespeitando o teto de 5% para aumentos salariais introduzido pelo governo trabalhista (agora liderado por James Callaghan). A estratégia do governo para combater a inflação impondo o controle de salários e de preços foi, desse modo, completamente frustrada.

No janeiro seguinte, as médias de temperatura ficaram abaixo de zero por toda a Grã-Bretanha, fazendo desse o terceiro inverno mais frio do século XX. Encorajados pelo aumento de 17% da Ford, os motoristas de caminhão iniciaram uma greve selvagem em 3 de janeiro de 1979. Além de não comparecerem ao trabalho, também usaram seus veículos para bloquear estradas, portos e refinarias de petróleo. Receando uma falta de produtos, clientes esvaziaram as prateleiras dos mercados no que veio a ser uma premonição autorrealizável da escassez.

As condições ficaram ainda piores conforme as greves se espalhavam para o setor público: os serviços ferroviários cessaram; os ônibus não circularam. A Leicester Square, no centro do bairro dos teatros londrino, foi transformada num lixão improvisado. Chamadas de emergência ficaram sem atendimento e, em mais de uma localidade, mortos permaneciam por ser enterrados.[12]

Essa foi a colheita amarga de uma geração de liderança britânica que adotara como principal missão a gestão ordenada do declínio. Para sair dessa condição lamentável, a nação se voltaria em breve a um tipo diferente de líder.

A ASCENSÃO A PARTIR DE GRANTHAM

Em 1948, Margaret Roberts, recém-formada em química por Oxford, candidatou-se a um trabalho de pesquisa na Imperial Chemical Industries (ici). Foi rejeitada. Sua avaliação interna dizia: "Esta mulher é teimosa, obstinada e perigosamente presunçosa".[13] Três décadas mais tarde, um indício dessas mesmas qualidades persuadiria o povo do Reino Unido a escolher "esta mulher" para lidar com os desafios enfrentados pela nação.

Nascida em 1925 na cidade comercial de Grantham, Margaret Roberts foi criada numa família metodista rígida que valorizava o trabalho duro, a integridade e os ensinamentos bíblicos. Os domingos eram inteiramente devotados à igreja. Margaret e sua irmã mais velha, Muriel, frequentavam a missa e a escola dominical pela manhã, muitas vezes voltando à igreja para mais uma sessão de aulas e orações à tarde e no início da noite. O pai delas, Alfred Roberts, era um pregador laico metodista. O lar dos Roberts era modesto, consistindo em alguns cômodos acima do armazém de Alfred, sem água quente nem banheiro interno.

Pouco antes de completar onze anos, Margaret se matriculou como aluna bolsista na Kesteven and Grantham Girls' School, uma escola erudita e seleta, onde se sobressaiu academicamente. Quando recebeu um título nobiliárquico mais tarde na vida, optou por se intitular "baronesa Thatcher de Kesteven", e não "de Grantham", num tributo à escola que a moldara. Foi durante esses anos formativos — em abril de 1939, para ser preciso — que a família Roberts acolheu em sua casa uma menina judia de dezessete anos vinda de Viena chamada Edith Mühlbauer, antiga amiga por correspondência de Muriel. Pouco após a ocupação nazista da Áustria, os pais de Edith escreveram a Alfred Roberts perguntando se ele poderia lhe obter um visto e ela acabou morando brevemente com eles antes de se mudar para um arranjo mais confortável com outra família de Grantham. Os pais de Edith depois conseguiram fugir da Áustria, acabando por se fixar no Brasil. Essas e outras lembranças de infância — como o hábito semanal da mãe de Margaret de assar pães para discretamente distribuir a famílias necessitadas — reforçaram a duradoura pertinência em sua criação do mandamento bíblico "amar o próximo como a ti mesmo".[14]

Com um robusto desempenho acadêmico no ensino médio, Margaret Roberts foi admitida na Universidade de Oxford, onde virou presidente da

Associação Conservadora da universidade. Após um breve período como pesquisadora em química, prestou o exame da ordem e tornou-se advogada. Contudo, mesmo aventurando-se longe da casa dos pais em Grantham, sempre levou consigo os valores inculcados por sua família e sua fé: disciplina, frugalidade, solidariedade e apoio prático.

Na Grã-Bretanha da década de 1950, o terreno político era notavelmente hostil às mulheres. Mediante pura persistência, determinação e uma dose salutar de charme pessoal, a sra. Thatcher (como passou a se chamar após o casamento em 1951 com Denis Thatcher, um homem de negócios que foi seu esteio pela vida toda) assegurou sua nomeação para um distrito conservador e em 1959 fora conduzida ao Parlamento pelo eleitorado do norte de Londres.

Em 1960, aos 34 anos, discursou pela primeira vez à Câmara dos Comuns. O propósito do discurso era duplo: primeiro, defender a legislação que estava propondo e, segundo, apresentar-se aos colegas e ao país. O segundo objetivo foi celeremente atingido por ela, omitindo qualquer introdução ou enfeites preliminares. "Este é um discurso inaugural", afirmou, "mas sei que o eleitorado de Finchley, que tenho a honra de representar, não gostaria que fizesse outra coisa senão ir direto ao ponto e apresentar minha questão à Casa".[15]

Falando sem notas de apoio, explicou o que via como um sério problema constitucional. Na época, era comum funcionários eleitos se valerem de manobras procedimentais para impedir membros do público de comparecerem a reuniões de governo locais. Tanto naquele tempo como hoje, os conselhos locais eram responsáveis por supervisionar escolas, bibliotecas, o financiamento público da moradia e a coleta de lixo — os serviços públicos essenciais da vida diária. Sem um acesso direto, Thatcher notou, o único recurso do público para obter informação era a imprensa, mas esta também era proibida de comparecer. Na opinião dela, o acesso público era uma questão de primeiros princípios:

> Na Inglaterra e no País de Gales, as autoridades locais gastaram 1,4 bilhão de libras por ano e, na Escócia, pouco mais de 200 milhões por ano. Essas somas não são insignificantes, nem em termos de orçamentos nacionais [...] o primeiro intuito em admitir a presença da imprensa é podermos saber como todo esse dinheiro está sendo gasto. Em segundo lugar, cito o Relatório da Comissão Franks: "A divulgação pública é o maior e mais eficiente controle contra a ação arbitrária".[16]

A lei foi aprovada e continua a vigorar em todo o Reino Unido. Ela voltaria à questão da responsabilidade fiscal durante toda sua carreira no serviço público.

Assim, Thatcher começou a subir a escada parlamentar; a cada degrau, sua competência e compromisso deixaram uma marca clara. Ao mesmo tempo, ela obtinha para si uma posição à direita do espectro político com frequência em conflito com a liderança conservadora de linha mais moderada. Embora sua autodescrição como uma "política de convicção" fosse surgir mais tarde, seus modos atipicamente diretos já eram evidentes. Como disse a respeito da relação entre eleitores e políticos em 1968:

Se o eleitor suspeita que o candidato faz promessas simplesmente para conseguir seu voto, ele o despreza; mas se as promessas não forem factíveis, pode rejeitá-lo. *Acredito que os partidos e as eleições são mais do que listas rivais de promessas variadas — na verdade, se não fossem, dificilmente valeria a pena preservar a democracia* [grifo no original].[17]

Com a volta ao poder do Partido Conservador sob Heath em 1970, Thatcher entrou no gabinete pela primeira vez como secretária de Estado para a educação e a ciência. Atraiu controvérsia de imediato, em parte exclusivamente devido a seu ritmo tão intenso. Numa tentativa de redirecionar fundos para investimentos educacionais mais promissores em outra área, cortou orçamentos inflados — incluindo notoriamente um programa de leite gratuito para crianças do ensino primário, donde o apelido que recebeu, "ladra de leite". Também reverteu a tentativa trabalhista de determinar o fechamento das escolas eruditas e ajudou a aprovar legislação de livre mercado para deixar a pesquisa científica mais competitiva.

A disposição de Heath em se sujeitar ao consenso estatístico, porém, desiludiu Thatcher. Convencida de que o status quo econômico era inatingível, voltou-se a amigos no Instituto de Assuntos Econômicos, um *think tank* do livre mercado, que a apresentou às contribuições de Frédéric Bastiat, F. A. Hayek e Milton Friedman. Obter tal autoeducação em economia teria sido um feito intelectual impressionante para qualquer um — para uma política estabelecida de meia-idade, foi mais ainda. Entrementes, em relação à política externa, os instintos de Thatcher também iam na contramão da priorização de Heath da

Europa no lugar de uma relação próxima com os Estados Unidos.* Tendo reconhecido as diferenças fundamentais entre eles, aguardou que Heath perdesse a eleição geral de outubro de 1974 para desafiá-lo à liderança do partido.

A decisão de Thatcher de concorrer, haja vista a expectativa de que certamente perderia, foi uma exibição notável de coragem e convicção. Os conservadores, por muito tempo dominados por patrícios, surpreenderam não apenas a si mesmos, mas também grande parte do mundo ocidental elegendo-a como sua líder em fevereiro de 1975. O partido de Winston Churchill, Anthony Eden e Harold Macmillan era agora liderado pela filha de um merceeiro.

A despeito do caráter de novidade na eleição de Thatcher, a expectativa geral era de que seu mandato se revelasse breve. Como assessor de segurança nacional do presidente Gerald Ford, dificilmente permaneci imune a esse pensamento dominante. Em maio de 1975, sublinhei as credenciais do genro de Winston Churchill, Christopher Soames, que a meu ver tendia a ser "um grande líder conservador" futuramente. Meu prognóstico sobre a líder do momento foi menos positivo: "Acho que Margaret Thatcher não vai durar".[18]

Se a perspicácia de minha avaliação sobre suas perspectivas deixava a desejar, meu parecer sobre seu caráter se revelou mais duradouro. Conheci Thatcher pessoalmente em 1973, durante seu mandato como secretária de educação. O encontro ocorreu por insistência da minha futura esposa, Nancy Maginnes, que consultara Thatcher por conta de um estudo educacional que ela estava produzindo para o governador de Nova York, Nelson Rockefeller. Impressionada, Nancy sugeriu que eu também procurasse conhecê-la.

Meu pedido encontrou considerável resistência de Heath, então no auge de seu esforço em distanciar a Grã-Bretanha dos Estados Unidos. Não obstante, consegui providenciar uma reunião sob os auspícios de um amigo. Eu me encontraria com Thatcher novamente no fim de 1973 e em fevereiro de 1975, dias após ela ter superado Heath e assumido a liderança do partido.

Desde nosso primeiro encontro, a vitalidade e o comprometimento de Thatcher marcaram seu conceito de liderança com firmeza em minha mente. Quase metade dos políticos na época argumentava que, para vencer eleições,

---

* As visões pró-americanas de Thatcher coexistiam nessa época com uma posição mais entusiasmada em relação à Europa do que ela exibiria mais tarde em sua carreira. Por exemplo, ela apoiou a permanência britânica no Mercado Comum, no referendo de 1975.

era preciso conquistar o centro. Thatcher objetou. Essa abordagem, asseverou, constituía uma subversão da democracia. A busca pelo centro era uma receita para a vacuidade; em vez disso, diferentes argumentos tinham que ser confrontados, criando opções reais para o eleitor.

Outro evento que ajudou a moldar nosso relacionamento incipiente foi a visita de Thatcher a Washington em setembro de 1977. A atitude do presidente Jimmy Carter em relação a conservadores, com c minúsculo ou maiúsculo, lembrava a de Nixon em relação ao Partido Trabalhista. Assim, o tratamento proporcionado por Carter à líder em visita do Partido Conservador foi correto, mas distanciado. O assessor de segurança nacional Zbigniew Brzezinski aconselhou Carter a "alegar um cronograma apertado" e recusar um encontro com Thatcher; Carter assentiu.[19] Como resultado, ela foi tratada com menos atenção do que havia esperado, considerando seus sentimentos cordiais em relação aos Estados Unidos.

Nancy e eu convidamos Thatcher para um jantar com personalidades importantes de Washington de ambos os partidos, numa ocasião informal que determinou o tom de nossos futuros encontros. Depois de se tornar primeira-ministra, Thatcher geralmente me convidava para discussões em privado (na época eu não ocupava nenhum posto) para uma troca de opiniões sobre tópicos internacionais — ou apenas para comparar com as opiniões predominantes em seu Ministério das Relações Exteriores. Quando havia alguma outra pessoa presente, em geral era um assessor próximo; funcionários do gabinete raramente eram convidados para nossas reuniões. A partir de 1984, uma figura-chave nessas reuniões foi o assessor de política externa de Thatcher, Charles Powell, um dos servidores públicos a quem a Grã-Bretanha devia sua preeminência.[20] Um sujeito brilhante, modesto e reservadamente patriótico, Powell fora transferido do Ministério das Relações Exteriores após uma carreira diplomática distinta que o levara a Helsinque, Washington, Bonn e Bruxelas. Ele manteve amizade com Thatcher pelo resto da vida, apoiando-a em sua difícil aposentadoria.

Pouco após Thatcher virar líder do Partido Conservador, ela delineou seu pensamento para mim numa reunião diante de um tradicional café da manhã inglês no Claridge's. Articulada e atenciosa, deixou claro que sua ambição era nada mais nada menos que transformar o país. Objetivava fazer tal coisa não perseguindo um vago meio termo, mas articulando um programa que fizesse o centro ver as coisas do modo dela. Sua retórica e suas políticas estabeleceriam um contraste genuíno com o sisudo pensamento convencional que, a seu ver, condenara a Grã-Bretanha à estagnação. Então, após vencer a eleição seguinte, empreenderia reformas fundamentais para superar o pensamento convencional, a doutrina da complacência e a passividade predominantes com respeito aos danos da inflação, ao poder dos sindicatos ou à ineficiência das estatais.

Para Thatcher, não havia instituições sagradas, muito menos obstáculos intransponíveis. Toda política estava sujeita ao escrutínio. Não era suficiente, argumentava, os conservadores apararem as rudes arestas do socialismo; eles tinham de enxugar o Estado antes que a economia britânica entrasse em colapso de maneira catastrófica. No campo das relações exteriores, foi honesta de maneira desconcertante sobre sua inexperiência, confessando que ainda tinha de formular ideias detalhadas próprias. Mas deixou claro que acreditava com paixão na "relação especial" com os Estados Unidos.

Articulando suas opiniões da forma mais clara e veemente possível, visava alterar o centro da gravidade política em sua direção. E tinha a confiança de que o povo britânico reconheceria a diferença entre princípios sólidos e modas passageiras. Como colocou em uma entrevista em 1983: "Não teria havido grandes profetas, grandes filósofos na vida, nada grande para seguir, se aqueles que propuseram a própria visão surgissem e dissessem, 'Irmãos, sigam-me, acredito no consenso'".[21]

Nossas reuniões continuaram muito após Thatcher deixar o cargo e duraram pelo resto de sua vida. Descrevo nossa relação dessa forma para provar um argumento: ao contrário do presidente dos Estados Unidos, o primeiro-ministro britânico não tem a possibilidade de ignorar o gabinete e ainda conservar seu governo. Thatcher tinha ciência dessas limitações. Como uma espécie de compensação, telefonaria discretamente a amigos na Grã-Bretanha e no mundo para debater sua visão e suas opções.

UMA ESTRUTURA PARA A LIDERANÇA

As opiniões de Thatcher sobre política externa iriam, com o tempo, ganhar um foco mais nítido, em boa parte graças a seus hábitos de estudo extraordinariamente diligentes — incluindo ler e anotar relatórios tarde da noite — e à prática de organizar seminários de fim de semana sobre tendências de longo prazo com professores universitários e outros intelectuais. Algumas de suas convicções estratégicas, como a soberania inviolável do Estado-nação, ficaram óbvias em nossas primeiras reuniões. Defensora implacável da autodeterminação, Thatcher acreditava que cabia aos cidadãos o direito de escolher sua forma de governo e aos Estados, a responsabilidade de exercer a soberania em nome deles.

A seu ver, a soberania britânica estava inextricavelmente ligada à história única do país, a sua integridade geográfica e a sua independência protegida com ferocidade. Embora raramente falasse em termos abstratos, na prática assinava embaixo da ideia mais ampla, remontando à Paz de Vestfália de 1648, de que a soberania das nações individuais era fundamental para a estabilidade entre elas. Thatcher acreditava que todo país tinha o direito de afirmar sua governança baseada em leis e de agir segundo seus interesses sem sofrer interferências ilegítimas. "Embora eu acredite firmemente na lei internacional", comentou em suas memórias, "não me agradava recorrer às Nações Unidas sem necessidade, pois isso sugeria que estados soberanos careciam de autoridade moral para agir em seu próprio nome".[22]

A lógica dessas convicções levou Thatcher a uma crença irrestrita numa defesa nacional forte. Para ela, uma dissuasão crível era a única garantia real de paz e da preservação da soberania vestfaliana. Na prática, isso significava que as capacidades militares ocidentais teriam de ser restabelecidas para a manutenção de negociações produtivas com a União Soviética.

Thatcher também era motivada por uma ferrenha convicção anticomunista — inspirada em parte na sua crença de que o expansionismo soviético oferecia uma ameaça à existência do Ocidente. Ela não hesitava em expressar sua percepção de que a sujeição comunista do indivíduo era intrinsecamente imoral. Promovendo ativamente a democracia liberal ao longo de toda sua carreira como moral e inerentemente superior, ela emergiu como uma campeã da liberdade.

O idealismo de Thatcher era restringido por limites importantes — especificamente, a existência de uma União Soviética com armas nucleares. A Grã-Bretanha agora detinha muito menos capacidade de agir de maneira unilateral no mundo do que antes da Segunda Guerra Mundial; a soberania nacional só poderia ser defendida por uma parceria próxima com os Estados Unidos. O conceito de Churchill de uma relação especial com os Estados Unidos incluía um elemento substancial de realismo: a Grã-Bretanha podia potencializar sua influência ajustando suas políticas mais intimamente às dos Estados Unidos. Tal relação não especificava uma estrutura formal, mas incluía padrões de conduta. Os Estados Unidos e o Reino Unido desenvolveram estreita cooperação de inteligência durante a Segunda Guerra Mundial e continuaram a fazê-lo durante a Guerra Fria, quando convidaram Austrália, Canadá e Nova Zelândia para o que viria a ser a aliança de inteligência dos Cinco Olhos. Privadamente, tanto líderes estadunidenses como britânicos empreenderiam intensas consultas antes de decisões importantes; publicamente, prestariam tributo à amizade histórica. Os diplomatas britânicos ficaram excepcionalmente habilidosos em se tornar parte do processo de tomada de decisão estadunidense — inclusive induzindo culpa em políticos estadunidenses caso desrespeitassem preceitos britânicos.

Nenhum primeiro-ministro britânico foi mais profundamente comprometido com essa orientação transatlântica do que Margaret Thatcher. Como líder da oposição, ela adotara como sua missão reconstruir o relacionamento com os Estados Unidos após as decepções dos anos de Heath. Ela acreditava no caráter indispensável da liderança estadunidense para o bem-estar tanto da Grã-Bretanha como do mundo. Como me disse certa vez, "Qualquer coisa que enfraquecia os Estados Unidos enfraquecia o mundo livre".[23] Além dessa avaliação prática, era uma genuína admiradora dos Estados Unidos. Ela acreditava que Estados Unidos e Reino Unido, herdeiros de tantos valores compartilhados e tanta história em comum, precisavam empreender um projeto conjunto para revigorar a Aliança Ocidental. Sob sua batuta, a Grã-Bretanha veio a ser menos uma beneficiária que uma parceira nessa co-empreitada.

Embora a liderança de Thatcher se pautasse por princípios, ela nunca permitiu que suas decisões fossem dominadas pelas abstrações. Sua força residia em sua indômita força de vontade, cuja eficácia devia-se a suas amplas reservas de carisma. Parte de seu gênio como líder era inerente à capacidade de se adaptar aos ditames da realidade sem abrir mão de sua visão mais abrangente. Em sua determinação de efetuar a mudança, aceitou resultados que em si eram apenas estágios de um processo mais prolongado. Como observado por Charles Powell, "À maneira de uma sensata oficial naval, sabia quando fazer fumaça e quando bater em retirada para evitar derrotas táticas, mas sempre mantinha o objetivo último e lutava para atingi-lo".[24] Em seu entender, agir imperfeitamente era sempre preferível do que não fazer nada.

A REFORMADORA ECONÔMICA

Fora da Grã-Bretanha, Thatcher é lembrada como uma presença dominante na cena internacional, mas os britânicos a elegeram principalmente como reformadora doméstica. Sua vitória não estava predeterminada: no outono de 1978, os eventos dramáticos que levariam à derrocada do governo trabalhista eram imprevisíveis. Graças a seu autodidatismo em economia, porém, Thatcher havia estudado para explorar as oportunidades políticas quando se apresentavam. Ela compreendeu as origens dos apuros britânicos e propôs posteriormente soluções convincentes que ganhariam apoio na eleição geral de maio de 1979.

Medido contra os padrões exigentes da teoria hayekiana, o programa econômico de Thatcher talvez fosse lento e incompleto. Considerada no contexto da política eleitoral, porém, sua abordagem foi decisiva, atipicamente aberta à experimentação e, em última análise, historicamente marcante. Determinado a combater a inflação, o novo governo de Thatcher aumentou as taxas de juros para o nível indutor de recessão de 17% — até hoje, um recorde.

E a recessão veio. Em 1980, o PIB encolheu em 2%. Centenas de milhares de trabalhadores desempregados precisaram do seguro-desemprego. Ainda que o sentimento público e o pensamento no Partido Conservador — e até dentro de seu gabinete — fossem cada vez mais céticos em relação a suas reformas, Thatcher manteve uma determinação férrea. No início, ela não se mostrou tão coerente em espaços privados quanto em suas aparições públicas, mas pouco a pouco sua determinação política levou a melhor. Ela apoiou as propostas de reforma de seu chanceler do Tesouro, Geoffrey Howe, frustrando políticos de consenso como o ministro do trabalho, Jim Prior. A despeito da intensa pressão pública por uma mudança de curso, declarou na conferência anual do Partido Conservador em outubro de 1980: "A dama não se prestará a meias-voltas". Evocando o pensamento de Hayek sobre o tema — mas infundindo-o de um aspecto mais nítido, em partes iguais moral e patriótico — Thatcher via a inflação como uma ameaça ao interesse nacional: "A inflação destrói nações e sociedades tão certamente quanto exércitos invasores", disse aos conservadores. "A inflação é a mãe do desemprego. É o ladrão invisível daqueles que pouparam."[25]

Thatcher não reverteu sua política monetária nem quando os resultados preliminares foram polêmicos. Sua perseverança foi ainda mais notável se considerarmos que, ao contrário dos Estados Unidos, onde as taxas de juros são estabelecidas por um banco central independente, na Grã-Bretanha de Thatcher a responsabilidade pela determinação das taxas de juros cabia em última instância ao Tesouro (até 1997), desse modo recaindo diretamente sobre o primeiro-ministro.*

Em 1982, a economia britânica retomara o crescimento. Mas o desemprego continuou a aumentar até boa parte de 1984, ano em que Thatcher enfrentou outra crise doméstica que exigiu toda a habilidade política, antevisão e sangue-frio que pudesse reunir.

Em março de 1984, Arthur Scargill, chefe do Sindicato Nacional dos Mineiros, decretou uma greve contra o Conselho Nacional de Carvão, corporação estatutária incumbida de administrar as minas estatais britânicas. Sob o governo de Thatcher, o conselho fechara as minas menos produtivas. Embora Scargill nunca tenha convocado uma votação de endosso de seus membros sindicais, a greve continuaria por um ano. Nesse ínterim, mais de mil policiais ficaram feridos em violentos confrontos com os "piquetes volantes" dos mineiros em greve, manifestações móveis planejadas para impedir os fura-greves de trabalhar.

Embora fosse ampla a simpatia pública pelos mineiros, era igualmente ampla a desaprovação pública tanto da violência resultante da greve como do fracasso de Scargill em realizar uma votação antes de iniciá-la. Determinada a não cair na cilada em que Heath caíra uma década antes, Thatcher iniciara uma política de estocar carvão que lhe possibilitou se manter firme. Como resultado, a rede elétrica britânica não passaria pelos blecautes ocorridos durante greves anteriores dos mineiros. Com o passar dos meses, os mineiros foram pouco a pouco voltando ao trabalho.

A certa altura durante a greve, tomei café da manhã com o ex-primeiro-ministro Harold Macmillan, um conservador tradicional e herdeiro da editora familiar. Macmillan aprovava a coragem de Thatcher durante a greve dos mineiros, disse-me, acrescentando que ela não tivera outra escolha. Contudo, "eu jamais teria tido coragem de fazê-lo", admitiu, explicando que na Primeira Guerra Mundial, como jovem oficial, lembrava-se de exortar os "pais e avôs"

---

* O Banco da Inglaterra obteve controle sobre a política monetária em 1997 — ou seja, podia determinar as taxas de juros e empregar a flexibilização quantitativa autonomamente — e só ganhou independência formal em 1998, sob o mandato do primeiro-ministro Tony Blair.

dos mineiros a lutar nas trincheiras da França.[26] Ele nunca teria tido disposição para conduzir a batalha de perseverança humana travada naquele momento por Thatcher.

Em março de 1985, após 26 milhões de dias de trabalho perdidos, a greve chegou ao fim. No *Manual do estadista* de Samuel Taylor Coleridge, um "sermão laico" para os que fazem da política sua vocação, o poeta romântico observa que: "Não é uma falha incomum daqueles honrados com a familiaridade da grandeza atribuir eventos nacionais a pessoas particulares [...] e não à causa mais próxima verdadeira, o estado prevalecente da opinião pública".[27] Contudo, no caso de Thatcher, na maioria das vezes, ela estava preparada para desafiar a opinião pública a fim de moldar os eventos e, no fim, trazer o sentimento público para seu lado.

As reformas de Thatcher mudaram irrevogavelmente a Grã-Bretanha. Durante seus anos no cargo, os conservadores acabaram com os controles cambiais, eliminaram comissões de comércio fixas e abriram o mercado financeiro aos investidores estrangeiros no que ficou conhecido como "Big Bang" — tornando a Grã-Bretanha, no fim da década de 1980, um centro financeiro internacional. As políticas conservadoras também restringiram os gastos públicos, embora sem conseguir reduzi-los por completo. Os impostos sobre a renda e os investimentos diminuíram; o imposto sobre o consumo aumentou. British Telecom, British Airways, British Steel e British Gas foram todas privatizadas. O número de britânicos com participação societária quase quadruplicou.[28]

Thatcher estava igualmente determinada a aplicar a lógica da privatização à habitação. Criou um programa do "direito de comprar" e capacitou mais de 1 milhão de inquilinos de moradias públicas a adquirir um imóvel em condições favoráveis. Traduzindo seu slogan de "democracia proprietária" em políticas operacionais, ajudou a classe trabalhadora a prosperar. Boa parte dos novos proprietários passou a votar nos conservadores, ilustrando sua máxima de que boas políticas constroem novos redutos eleitorais. Quando os críticos a acusaram de pregar valores vitorianos, Thatcher lhes devolveu a acusação:

> Ninguém o afirmou melhor que Winston [Churchill]. Queremos uma escada, para cima, que qualquer um, não importa sua origem, possa galgar, mas [também] uma rede de segurança fundamental da qual nunca passemos. Esse é o caráter britânico [...].

A compaixão não depende de acordar e sair para discursar no mercadão sobre o que os governos deveriam fazer. Depende de como a pessoa está preparada para conduzir sua própria vida e até que ponto está preparada para dar aos outros o que ela tem.[29]

Thatcher vivia segundo os princípios que defendia. Campeã declarada dos mercados livres, orgulhava-se também por ter melhorado a qualidade dos serviços sociais em seu governo. Isso ficou especialmente vívido em sua abordagem do Serviço de Saúde Nacional (NHS), a joia da coroa das reformas trabalhistas no pós-guerra do primeiro-ministro Clement Attlee. A despeito de sua forte preferência por soluções baseadas no mercado, Thatcher nunca considerou a sério privatizar o NHS. Em vez disso, conforme cortava gastos em outras partes, *aumentou* a verba do NHS. Isso só foi possível, não hesitou em comentar, graças à riqueza gerada por um empreendimento privado livre de amarras:

O Serviço Nacional de Saúde está a salvo conosco [...] esse desempenho nos serviços sociais jamais teria sido atingido sem uma indústria eficiente e competitiva para gerar a riqueza de que precisamos. A eficiência não é inimiga, mas aliada, da compaixão.[30]

Thatcher assumira o poder após anos de evidente declínio nacional. A inflação chegara a 18% em 1980, mas fora reduzida para 8% em 1990, quando a primeira-ministra deixava o cargo. De 1993 a 2020, ela permaneceu na maior parte próxima de 2%. Do mesmo modo, o desemprego fora reduzido de seu pico de quase 12% em 1984 para 7% em 1990, enquanto ao longo do mesmo período a renda mais do que dobrou, de 7805 dólares per capita para 19 095 dólares (valores atualizados em 2020). Em 1983, quase 100 mil trabalhadores deixaram a Grã-Bretanha, mas por volta de 1990 mais de 200 mil chegavam anualmente.[31] O número de dias úteis perdidos em disputas trabalhistas despencou de 29,5 milhões em 1979 para 1,9 milhão em 1990.[32] Não só a Grã-Bretanha voltava a trabalhar, como também a reviravolta econômica engendrada por Thatcher e seus capazes assessores restabelecera o status britânico no mundo.

O sucesso das reformas econômicas de Thatcher proporcionou-lhe uma mão política forte, gerando mais recursos e flexibilidade para atingir metas de política externa e aumentar os gastos com defesa. À medida que a economia melhorava, ela liderou o Partido Conservador em três vitórias eleitorais consecutivas. Por outro lado, Thatcher nunca conseguiu obter um amplo consenso para suas reformas econômicas, mesmo após começarem a mostrar resultados. Era admirada por muitos, amada por alguns, mas ressentida por grande parte da classe trabalhadora e dos intelectuais de esquerda devido às dificuldades do período da reforma. Em 1988, a percepção de Thatcher como uma mulher insensível foi revivida por sua defesa da "taxa comunitária" (um imposto fixo para financiar governos locais), que desencadeou amplos protestos e contribuiu para sua derrocada política final.

Por outro lado, Thatcher exerceu um impacto duradouro nas visões econômicas do eleitor mediano e das elites políticas. Quando o governo do "New Labour" de Tony Blair foi eleito em 1997 — sete anos após a saída de Thatcher —, escrevi a ela uma carta parabenizando-a por lançar as bases para essa importante mudança da esquerda:

> Nunca pensei que a parabenizaria por uma vitória trabalhista nas eleições britânicas, mas não consigo imaginar nada mais confirmador de sua revolução que o programa de Blair. Parece-me muito à direita do governo conservador que precedeu o seu.[33]

Embora Thatcher continuasse sofrendo pelas circunstâncias em que foi forçada a deixar o cargo, nessa ocasião conseguiu se mostrar animada. "Acho que sua análise é a correta", respondeu, "mas tornar um adversário político elegível e depois eleito não era bem a estratégia que eu tinha em mente!.[34]

Duas semanas após Blair assumir o cargo — e para grande consternação de sua ala à esquerda —, convidou Thatcher para tomar chá na sede do governo.[35] Na aparência, o propósito do encontro era ouvir seus conselhos para uma cúpula europeia próxima, mas havia também um claro elemento de admiração pessoal.[36] Igualmente, dez anos depois, o sucessor de Blair, Gordon Brown, fez questão de estender um convite similar após três meses no cargo. Nessa ocasião, Thatcher foi vista deixando a residência do primeiro-ministro com um ramalhete de flores nas mãos.[37] Era uma prova de que cumprira o objetivo que estabelecera na ominosa década de 1970: a criação de um novo centro.

EM DEFESA DA SOBERANIA: O CONFLITO DAS FALKLANDS

Thatcher considerava ser seu dever defender os interesses britânicos no mundo, onde quer que existissem, e resguardar a capacidade britânica de manter a Aliança Atlântica. Foi eloquente em expressar o ponto de vista britânico sobre esses assuntos, infatigável em buscar oportunidades de negócios para a Grã-Bretanha no exterior e inflexível em sua defesa dos súditos britânicos. Em abril de 1982, sua disposição de agir segundo essas convicções foi posta à prova quando a Argentina invadiu as ilhas Falklands [Malvinas], território britânico desde 1833. Para a soberania — ou seja, a autoridade suprema dentro de determinado território — conservar seu significado, ela tinha de agir. Como escreveu mais tarde, a agressão argentina envolvia uma "crise da honra britânica".[38]

Mas, dentro das Nações Unidas, cujos documentos fundadores haviam sacralizado a igualdade soberana e vestfaliana dos Estados, a defesa da soberania de Thatcher foi não obstante contestada. Para muitos novos membros das Nações Unidas, que haviam conquistado sua independência com a oposição ao colonialismo, a invasão argentina das Falklands parecia um mero episódio tardio de descolonização. Assim, muitos membros do sistema vestfaliano dificilmente apoiariam a opinião de Thatcher sobre o que estava em questão em algumas ilhas esparsamente povoadas no Atlântico Sul. Além do mais, a despeito da elevada consideração que Ronald Reagan nutria por Thatcher e da relação de longa data com a Grã-Bretanha, o governo estadunidense foi ambivalente e o apoio entre a Otan também foi morno. Por outro lado, o presidente François Mitterrand reconheceu a irrefutabilidade do argumento de Thatcher, assegurando a ela: "A senhora deve se dar conta de que outros compartilham de sua oposição a esse tipo de agressão".[39]

A conduta de Thatcher durante a crise das Falklands foi retratada pelos críticos como implacável, surda a qualquer sugestão de concessão e obstinada em fazer valer sua vontade. Na verdade, a conduta de Thatcher durante esse conflito foi construída sobre sua determinação de permanecer firme em princípio, mas também refletia uma compreensão perspicaz de quando a realidade objetiva exigia certa dose de flexibilidade diplomática — especialmente nas relações com Washington.

As ilhas Falklands ficam a menos de quinhentos quilômetros da costa argentina. Sua importância estratégica reside na proximidade com o cabo

Horn, extremo meridional do continente americano e, junto com o estreito de Magalhães, uma passagem histórica entre o Atlântico e o Pacífico. No século XVIII, o controle das ilhas ficou sujeito a uma disputa entre França, Grã-Bretanha e Espanha; a colônia mudara de mãos frequentemente, a depender do desfecho de várias guerras europeias. Durante o início da década de 1830, as ilhas foram governadas de Buenos Aires, capital da Argentina recém-independente. A Grã-Bretanha as ocupou em janeiro de 1833, mantendo posse contínua depois disso. No início da década de 1980, portanto, os habitantes da ilha haviam sido súditos da Coroa britânica segundo a lei internacional por quase 150 anos, ainda que a Argentina continuasse afirmando sua reivindicação de soberania.

O general Leopoldo Galtieri, que em dezembro de 1981 chegou à presidência argentina com um golpe militar em meio ao caos econômico e à substancial violência beirando a guerra civil, resolveu angariar o apoio público defendendo a antiga reivindicação argentina sobre as Falklands. Em 2 de abril de 1982, o país invadiu e logo dominou as ilhas fracamente defendidas.

A notícia da invasão chocou o governo britânico. "Não pude acreditar", escreveu Thatcher depois, insistindo, "Esse era nosso povo, nossas ilhas".[40] Mas seu instinto para a ação foi recebido com pouco apoio pelos assessores. O Ministério das Relações Exteriores não enxergava uma rota diplomática e o secretário da defesa John Nott avaliou que uma ação militar para retomar as ilhas, a mais de 11 mil quilômetros de distância, seria impossível.

Uma das principais funções da liderança é inspirar colegas além do que consideram possível. Empregando sua singular confiança íntima, Thatcher pressionou o governo a agir. "Precisamos tomá-las de volta", disse a Nott. Quando ele insistiu que não seria possível fazer isso, ela simplesmente repetiu, "Precisamos retomá-las".[41]

A recusa de Thatcher em aceitar um não como resposta foi justificada quando o primeiro lorde do almirantado Henry Leach encontrou um modo de prosseguir. Ele a aconselhou a reunir uma força-tarefa naval capaz de cuidar do problema, a despeito do risco significativo. Thatcher o instruiu assim a cuidar dos preparativos necessários. Embora a decisão de forma alguma a obrigasse a uma solução militar, preservava a possibilidade enquanto ela esgotava as opções diplomáticas propostas por membros céticos do gabinete e seus aliados estadunidenses.

Tendo estabelecido uma estratégia, Thatcher não perdeu tempo em implementá-la. Ela delineou publicamente seus princípios e fez a promessa solene de defendê-los. Um debate urgente foi convocado na Câmara dos Comuns um dia após a invasão, num sábado. Thatcher explicou seu raciocínio em termos claros: "Pela primeira vez em muitos anos, o território soberano britânico foi invadido por uma potência estrangeira [...]. Devo dizer à Casa que as ilhas Falklands e suas dependências permanecem sendo território britânico". Em suma, essa não era uma questão colonial, mas um desafio ao respeito próprio e à soberania nacional dos britânicos. Ela concluiu, em tom de desafio: "Nenhuma agressão e nenhuma invasão podem alterar esse simples fato. O objetivo do governo é providenciar que as ilhas sejam liberadas da ocupação e devolvidas à administração britânica o mais cedo possível".[42]

Thatcher comunicara inequivocamente sua determinação eliminando a própria possibilidade de retirada.

Ela esperava que a reação do aliado mais poderoso e importante da Grã-Bretanha, os Estados Unidos, fosse positiva. A posição de Washington, porém, se revelou mais do que dividida.

Incentivada pela eleição do presidente Ronald Reagan em 1980, a relação anglo-americana estava em boa situação no início de 1982. Reagan e Thatcher se encontraram pela primeira vez em 1975, pouco após ela se tornar líder do partido e enquanto ele se preparava para a campanha das primárias presidenciais republicanas de 1976. O encontro se revelou um grande sucesso. Os dois aspirantes a líder, produtos de trajetórias ideológicas comparáveis, constataram que concordavam em relação a inúmeras políticas. Também se conectaram em um nível pessoal: "Quero que saiba que possui um admirador entusiasmado aqui nas 'colônias'", escreveu-lhe Reagan pouco depois.[43]

Os laços transatlânticos ficaram ainda mais fortes durante a presidência de Reagan. Em fevereiro de 1981, Thatcher se tornou a primeira aliada europeia a visitar Washington sob o governo Reagan, comparecendo a um deslumbrante jantar oficial na Casa Branca; e, numa incomum homenagem diplomática, Thatcher retribuiu com um jantar para Reagan na embaixada britânica na noite seguinte. Recordando essa noite em seu diário, Reagan comentou que foi "uma ocasião verdadeiramente cordial e bonita", acrescentando, "Creio haver uma amizade real entre a primeira-ministra, sua família e nós — certamente nos sentimos assim e estou certo de que eles também".[44] No início do mandato, Reagan manifestou seu apoio às reformas econômicas de Thatcher, e os dois lutaram juntos por adotar uma abordagem mais assertiva nas relações Oriente-Ocidente.

Mas a despeito de toda a cordialidade rejuvenescida entre Washington e Londres, os Estados Unidos também mantinham importantes laços com a Argentina. Sob Reagan, as relações com a junta militar argentina foram aprofundadas, e Buenos Aires se uniu a Washington na tentativa aberta — e mais tarde clandestina — de ajudar as forças de oposição anticomunistas, os Contras, a derrotarem o regime sandinista apoiado pela União Soviética na Nicarágua. Alguns líderes norte-americanos temiam que qualquer demonstração de apoio à Grã-Bretanha no conflito das Falklands pudesse comprometer essa empreitada com a Argentina e enfraquecer a posição estadunidense no Terceiro Mundo subdesenvolvido. Esse panorama foi agravado pelas advertências da CIA de que se o governo Galtieri sofresse uma derrota militar, provavelmente seria substituído por "um regime militar altamente nacionalista capaz de estabelecer laços militares com a URSS".[45]

Enfrentando essas pressões conflitantes, o governo estadunidense escolheu uma estratégia ambígua e às vezes contraditória. Sob a direção de Caspar Weinberger — um conservador dedicado —, o Pentágono abasteceu a Grã-Bretanha com vasto suprimento de equipamento militar tão terrivelmente necessário desde o início do conflito. Grande parte dessa assistência aconteceu de maneira clandestina, entre outras coisas porque o Departamento de Estado, chefiado pelo secretário de Estado Alexander Haig, opunha-se ao apoio estadunidense público à Grã-Bretanha. Tentando evitar um rompimento com a Argentina, Haig realizou um esforço de mediação. Embora suas simpatias estivessem com os britânicos, Reagan aquiesceu à ponte diplomática de Haig entre Londres e Buenos Aires.

Quando Haig me informou sobre seus planos, manifestei privadamente sérias dúvidas, a despeito de meu próprio histórico de conduzir pontes diplomáticas no Oriente Médio. Na época, as pontes haviam sido entre capitais separadas por poucas centenas de quilômetros; na crise do Atlântico Sul, as capitais separavam-se em mais de 11 mil quilômetros. No Oriente Médio, as decisões não só podiam ser tomadas da noite para o dia, possibilitando ajustes em meio a contingências, como também os atores de lado a lado estavam comprometidos em obter progresso. Por outro lado, tanto Thatcher como a junta militar haviam assumido posições fixas na crise das Falklands, impedindo concessões. Com toda probabilidade, Thatcher concordou com a mediação principalmente para satisfazer os desejos estadunidenses e proporcionar a sua frota tempo de alcançar águas próximas das Falklands. Sempre que a mediação ameaçasse prejudicar sua visão da soberania britânica, ela sem dúvida a rejeitaria.

Thatcher esperava que os Estados Unidos ficassem do lado da Grã-Bretanha sem questionamentos. As tentativas de Haig, portanto, representaram um choque indesejável. Embora continuasse convencida da virtude de sua posição de que a soberania britânica devia ser restabelecida nas Falklands, ela era agora obrigada a considerar medidas para um acordo. Thatcher concordou em escutar as propostas estadunidenses de um desfecho mediado e em não insistir publicamente que a solução tinha de ser de natureza militar. Mas mesmo enquanto tais iniciativas diplomáticas eram buscadas, o envio em 5 de abril da força-tarefa naval britânica foi uma garantia de que a pressão sobre a Argentina aumentaria. Agudamente consciente da opinião pública estadunidense — para não mencionar a necessidade de manter amplo apoio e uma aparência de flexibilidade doméstica —, Thatcher estudou várias opções no sentido de transformar as Falklands em uma tutela das Nações Unidas.

No fim de abril, a ponte diplomática desmoronou devido à intransigência argentina. Conforme crescia a probabilidade de conflito militar, a pressão em encontrar uma solução negociada se intensificou. Numa visita a Londres no início de maio, testei os limites da flexibilidade diplomática de Thatcher.

Meses antes da crise das Falklands, eu fora convidado pelo secretário de exterior Lord Carrington a fazer o discurso do aniversário de duzentos anos da fundação do Ministério das Relações Exteriores britânico. Quando a data chegou, porém, Carrington não estava mais no cargo. O suposto fracasso do Ministério das Relações Exteriores em prever ou prevenir a invasão das Falklands despertara grande ira entre as bases conservadoras. Refletindo uma tradição antiga, mas de modo algum universalmente respeitada, Carrington optara por assumir a responsabilidade pelos fracassos do governo com sua renúncia, desse modo blindando o primeiro-ministro e o gabinete como um todo. Carrington, a quintessência da honra, não era pessoalmente culpado. Em sua concepção de dever, a renúncia foi o único curso de ação apropriado.*

---

* Meses mais tarde, perguntei-lhe por que nunca contara sobre o tenso estado de coisas nem a seus amigos. Ele respondeu: "Não faz sentido assumir a responsabilidade após sussurrar para os amigos que você não é de fato o responsável".

Na verdade, no ano que levou à crise, Carrington se opusera de maneira resoluta à decisão britânica, que, como se revelaria, convidara à agressão argentina: a retirada planejada do navio quebra-gelo HMS *Endurance* do teatro de guerra das Falklands, proposta pelo secretário da defesa Nott como uma medida de corte de custos para economizar cerca de 2,5 milhões de dólares anuais. Carrington argumentou que a Argentina interpretaria essa decisão "como um estágio na política britânica deliberada de reduzir o apoio às ilhas Falklands".[46] Em um debate na Câmara dos Comuns sobre o HMS *Endurance* a 9 de fevereiro de 1982, Thatcher imprudentemente expressou seu apoio a Nott, e não a Carrington. Mas o preço da dissuasão enfraquecida no Atlântico Sul se revelou alto, já que o custo da Guerra das Falklands chegou a mais de 7 bilhões de dólares no total. Como escreveu o historiador Andrew Roberts a respeito dessa escolha: "Raras vezes a verdade se manifestou de maneira tão nítida de modo que gastos relativamente altos com defesa representem um bom custo-benefício, pois o combate é sempre mais dispendioso que a dissuasão".[47]

Com Carrington fora, o bicentenário do Ministério das Relações Exteriores foi conduzido por Francis Pym, novo secretário de relações exteriores. Tendo deixado o cargo cinco anos antes, minha visita ocorreu em caráter privado, mas cortesias oficiais não obstante foram oferecidas — um almoço com Pym e funcionários seniores, seguido de um chá da tarde com Thatcher.

Durante o almoço, a discussão girou em torno das supostas concessões que haviam emergido da ponte de Haig. Não houve consenso sobre os detalhes nem indício de qualquer caminho alternativo, salvo uma espécie de concessão. Durante o chá na sede do governo, perguntei a Thatcher qual das novas abordagens preferia. "Não cederei!", esbravejou ela, "Como pode, meu velho amigo? Como pode dizer essas coisas?" Ela ficou tão furiosa que não tive coragem de explicar que a ideia não era minha, mas de seu principal diplomata.

Sua posição, explicou Thatcher, era uma questão de princípio e estratégia. Donde sua decepção pelo aliado mais próximo ter oferecido mediação em resposta a um ataque não provocado em território britânico. Em meu discurso nessa noite, intitulado "Reflexões sobre uma parceria", endossei a posição de Thatcher na crise das Falklands. Os Estados Unidos seriam insensatos de abandonar um aliado próximo, como fizeram em Suez em 1956:

A posição estratégica de autoconfiança de um aliado próximo em uma questão que ele considera de vital importância não deve ser minada. É um princípio de relevância contemporânea nada desprezível. Nesse sentido, a crise das Falklands no fim vai fortalecer a coesão ocidental.[48]

Mesmo assim, como era ocasionalmente o caso com Thatcher, ideias às quais ela resistira no início iriam mais tarde atingir um ponto de aparente aceitação. Isso não foi menos verdadeiro com respeito à posição sobre as Falklands. Ela permitiu que a postura na negociação evoluísse palmo a palmo, mesmo quando a Argentina tolamente deu poucos sinais de que responderia na mesma moeda. Na altura do que foi descrito como oferta britânica final, transmitida por meio do secretário-geral das Nações Unidas, Javier Pérez de Cuéllar, em 17 de maio,[49] Thatcher concordara em confiar a administração das ilhas às Nações Unidas em troca da retirada argentina; a soberania das Falklands propriamente dita ficaria para uma futura negociação. Essas concessões, feitas em grande parte para manter o apoio estadunidense, distanciaram-na consideravelmente de sua insistência inicial no restabelecimento do status quo ante.

Será que sua proposta "final" se baseava numa análise fria, racional? Ou haveria um elemento maquiavélico na postura de Thatcher? Tendo testemunhado a intransigência argentina ao longo das negociações, ela pode ter concluído que as chances de Galtieri aceitar sua oferta eram pequenas. A oferta também pode ter sido um plano B caso a frota que se aproximava das Falklands sofresse perdas inaceitáveis. Com um desfecho tão incerto, e na busca da posição vantajosa conferida por uma solução intermediada pelas Nações Unidas, ela assumiu um considerável risco.

Caso Buenos Aires tivesse aceitado sua proposta, ela teria enfrentado uma luta hercúlea para persuadir a Câmara dos Comuns a aceitar tal acordo ou convencer as Nações Unidas a ceder sua administração à Grã-Bretanha depois que a disputa fosse resolvida. Se isso tivesse ocorrido, creio que teria conduzido as negociações para um terreno que permitisse à força-tarefa atingir seu objetivo inicial de restaurar a soberania britânica. Felizmente para ela, contudo, a aposta compensou: em 18 de maio, os argentinos rejeitaram sumariamente a oferta da Grã-Bretanha. Três dias depois, as forças britânicas iniciaram o ataque.

Quando o confronto começou, a vitória britânica não era de modo algum uma certeza. Devido às linhas de suprimento extraordinariamente longas e aos recursos limitados no local, a força-tarefa britânica estava muito vulnerável. Além do mais, a Argentina adquirira uma série de mísseis Exocet da França, causando grande estrago nos navios britânicos. Caso um dos porta-aviões, HMS *Hermes* ou HMS *Invincible*, fosse capturado, a posição britânica teria ficado precária.

Thatcher tinha perfeito conhecimento desses perigos e do potencial preço em vidas humanas. Embora projetasse uma imagem de inabalável resistência, no íntimo sentia profundamente cada perda. Seu biógrafo autorizado relata que após a notícia de um ataque argentino, Denis Thatcher encontrou a esposa sentada na beirada da cama, às lágrimas: "Oh, não, oh, não! Outro navio! Todos os meus jovens rapazes!".[50] No fim da guerra, enviara 225 cartas de próprio punho às famílias dos combatentes caídos.[51]

O modus operandi de Thatcher como líder em tempos de guerra era estabelecer parâmetros e então deixar que os oficiais superiores conduzissem a campanha da maneira que julgassem melhor, ao mesmo tempo fornecendo apoio político firme. Um desses parâmetros foi a zona de exclusão de duzentas milhas náuticas ao redor das Falklands, decretada a 30 de abril pelo governo britânico. Dentro dessa área, qualquer embarcação argentina podia ser atacada sem advertência prévia. A regra não demorou a ser posta à prova, e uma decisão era exigida: em 1º de maio, o cruzador argentino *General Belgrano* foi avistado beirando o limite da zona de exclusão. No dia seguinte, Thatcher ordenou que o navio fosse afundado, a despeito de ter navegado a cerca de quarenta milhas da zona.[52] Mais de trezentos marinheiros argentinos morreram. Embora sua decisão gerasse enorme controvérsia, a posição do *Belgrano* representara uma ameaça latente à força-tarefa britânica que se aproximava das Falklands.

No fim de 21 de maio, primeiro dia do combate terrestre, 5 mil soldados britânicos haviam desembarcado nas ilhas. A partir daí, a postura de Thatcher endureceu, ignorando a crescente pressão internacional por um cessar-fogo. Agora com sangue britânico derramado tanto em terra como no mar, ela reverteu à posição inicial e se recusou a admitir qualquer outra coisa que não o pleno restabelecimento da soberania.

Esse posicionamento não foi bem recebido em Washington, onde o governo enfrentava uma pressão crescente dos aliados latino-americanos para dar um fim ao conflito. Por um momento, as reivindicações de soberania britânica pareciam ter transgredido os limites dos interesses nacionais estadunidenses. Em 31 de maio, com as forças britânicas avançando sobre Port Stanley, capital das ilhas, o presidente Reagan foi persuadido a ligar para Thatcher e apelar a sua magnanimidade. Ela não arredou pé: "Não entregarei as ilhas agora", afirmou a Reagan. "Não perdi alguns dos meus navios mais preciosos e das minhas vidas mais preciosas para partir em silêncio após um cessar-fogo sem a retirada dos argentinos."[53] Conforme o fogo-cruzado retórico progredia, Reagan optou por não contestar a substância do argumento. Os Estados Unidos não fizeram novas tentativas de deter o avanço britânico. Em mais um indicativo da força subjacente contida na relação entre Estados Unidos e Reino Unido, foi revelado mais tarde pelo ex-secretário da marinha das Nações Unidas, John Lehman, que Reagan concordara até que, na eventualidade da perda de um porta-aviões da Marinha Real, os Estados Unidos emprestariam o USS *Iwo Jima*, um navio de assalto anfíbio (ou porta-helicópteros), capaz de acomodar a decolagem vertical dos caças Sea Harrier britânicos. "Dê a Maggie tudo que ela precisa para seguir em frente", disse Reagan ao secretário de defesa Caspar Weinberger.[54]

Após um pesado combate, as forças de ocupação argentinas se renderam em 14 de junho. A vitória britânica foi completa e teve um valor simbólico incalculável. Obtida a reboque das decisivas reformas econômicas instituídas domesticamente por Thatcher, a vitória nas Falklands transformou a posição britânica no palco mundial de maneira efetiva. Em suas próprias palavras:

> Deixamos de ser uma nação em retirada. Em lugar disso reencontramos nossa confiança — nascida das batalhas econômicas domésticas e testada e aprovada a quase 13 mil quilômetros de distância [...] rejubilamo-nos de que a Grã-Bretanha tenha reacendido esse espírito que no passado a animou por gerações e hoje passa a arder com o mesmo brilho de antes.[55]

Nos Estados Unidos, a reação foi mais ambígua. A aquiescência de Reagan à política de Thatcher prejudicou as relações com a Argentina, que encerrou abruptamente sua cooperação com Washington. Mas para outros países, o cenário amplo foi mais favorável. Ao demonstrar credibilidade no campo de batalha, Thatcher também fortalecera a mão do Ocidente na Guerra Fria. Sua política produziu uma distinção crucial entre questões coloniais e desafios estratégicos, e claramente colocava as Falklands nesta última categoria.

NEGOCIAÇÕES POR HONG KONG

Pouco após a Guerra das Falklands, Thatcher foi obrigada a confrontar um desafio surgido do passado explicitamente colonial da Grã-Bretanha: o futuro de Hong Kong.

Embora a ilha de Hong Kong em si tenha sido estabelecida como território britânico desde 1842, os Novos Territórios que a cercavam eram governados pela Grã-Bretanha apenas como parte de um arrendamento de 99 anos junto à China — marcado para expirar em 1997. Rejeitando as reivindicações históricas britânicas relativas a esses arranjos, Beijing insistia que *ambos* os territórios revertessem ao controle chinês até 1997 — dois anos antes de o Partido Comunista da China celebrar o quinquagésimo aniversário da vitória contra as forças nacionalistas de Chiang Kai-shek.

A China via o governo britânico de Hong Kong e dos Novos Territórios como uma aberração histórica. A posição britânica se baseava em três acordos: o Tratado de Nanjing (1842), pelo qual a China cedia a ilha de Hong Kong em caráter perpétuo; a Convenção de Kowloon (1860), pela qual a China similarmente cedia uma península vizinha; e a Convenção para a Extensão do Território de Hong Kong (1898), pela qual os Novos Territórios eram arrendados por 99 anos. Sendo assim, Thatcher acreditava que as reivindicações britânicas estivessem bem fundamentadas de acordo com a lei internacional. Mas, da perspectiva chinesa, esses tratados foram firmados sob coação, fazendo as reivindicações britânicas parecerem tão legítimas quanto se Londres houvesse tomado as ilhas à força.

Eu estava familiarizado com o que os chineses pensavam da questão, tendo escutado menções a ela em conversas com Zhou Enlai, principal diplomata e chefe de governo titular sob Mao Tsé-tung de 1949 a 1975, e conversando mais com Deng Xiao Ping, líder máximo da China de 1978 a 1989. Durante essas discussões, que abordavam principalmente as relações EUA-China, o assunto Hong Kong foi mencionado de maneira apenas tangencial. Deng explicou que a China seria paciente nas negociações, mas não se comprometeria na questão da soberania, que identificava com a inviolabilidade do território chinês. Contudo, ela poderia concordar com certo grau de autonomia para Hong Kong, se com isso a reunificação com Taiwan fosse facilitada.

Em 1982, com o prazo final de 1997 para o arrendamento dos Novos Territórios se aproximando, a China comunicou publicamente sua intenção de expandir as negociações de modo a incluir a própria ilha de Hong Kong. Thatcher, empolgada com o sucesso nas Falklands, adotara uma posição irredutível contra qualquer rendição de soberania britânica — em especial no que tocava a Hong Kong propriamente dita.

Thatcher também se opunha terminantemente a relegar cidadãos britânicos ao governo do Partido Comunista. Considerando sua crença de que todo sistema comunista — chinês, soviético ou outro — subvertia a liberdade individual, sentia que Beijing não era confiável para conservar os direitos dos cidadãos de Hong Kong. Em certa ocasião, queixou-se comigo da grande crueldade de que Deng Xiao Ping era capaz;[56] durante outra reunião em Hong Kong (realizada em um avião particular para evitar ouvidos curiosos), não deixou a menor dúvida sobre sua visão negativa da liderança chinesa como um todo.

Mas as opções políticas de Thatcher eram limitadas. Ao contrário das Falklands, não havia possibilidade de uma solução militar; contra o Exército de Libertação Popular, Hong Kong era indefensável. Uma resposta teria de ser encontrada por meio da negociação; espreitando ao fundo, porém, havia o fato de que, caso as duas partes chegassem a um impasse, a China tinha o poder de resolver a questão unilateralmente.

A tática de Thatcher foi manter uma reserva de flexibilidade. Em conversas iniciais, evitou discutir soberania, em vez disso buscando uma promessa chinesa de que a Grã-Bretanha continuaria a administrar Hong Kong. Esse arranjo, argumentou, era a única maneira de preservar a confiança dos negócios internacionais, vital para a prosperidade de Hong Kong na época e que continuaria a ser essencial após 1997.

Em setembro de 1982, Thatcher carregou esses sentimentos consigo para Beijing. Mas em reuniões tensas com Deng e o primeiro-ministro (e, mais tarde, secretário-geral do Partido Comunista) Zhao Ziyang, ela recebeu uma lição sobre realidades chinesas. Tanto pública como privadamente, foi informada não só de que a questão da soberania era inegociável, como também que a continuidade da administração britânica estava fora de questão. Beijing permitiria ao sistema capitalista de Hong Kong continuar, mas apenas sob os auspícios chineses. Como um funcionário britânico comentou mais tarde, para os chineses, "No frigir dos ovos, a soberania assumia a prioridade sobre a prosperidade".[57]

Havia poucos fios de esperança aos quais Thatcher pudesse se agarrar. Saindo da reunião com Deng, ela tropeçou nos degraus do Grande Salão do Povo. Segundo a superstição chinesa, era um mau augúrio. Em dez dias, o mercado de ações de Hong Kong caíra cerca de 25%.

A reação inicial de Thatcher foi redobrar seus esforços, como testemunhei durante um jantar oficial na sede do governo britânico em novembro. O propósito do encontro era saber minhas opiniões sobre qual "deveria ser nossa melhor jogada nas negociações com os chineses sobre o futuro de Hong Kong".[58]

Segundo me recordo, porém, a substância da discussão foi um tanto diferente. Embora funcionários britânicos devessem ter informado Thatcher previamente de que, em sua opinião, a soberania de Hong Kong teria de ser cedida, ela certamente não mostrou ter ciência disso. A primeira-ministra rejeitou de imediato a cessão da soberania, asseverando terminantemente que jamais entregaria Hong Kong. Todos seus instintos iam contra a entrega da ilha, com seu modo de vida britânico-chinês único. Sua primeira mudança de posição nisso era que a Grã-Bretanha negociaria apenas quanto aos Novos Territórios, onde, ao contrário do direito absoluto sobre Hong Kong, a Grã-Bretanha mantinha apenas um arrendamento cujo prazo final se aproximava.

Nossos convivas na ocasião incluíam o secretário de relações exteriores, Pym, o subsecretário permanente do Ministério das Relações Exteriores, Sir Antony Acland, e o governador de Hong Kong, Sir Edward Youde. Os diplomatas rebateram os argumentos de Thatcher. Admirei a estudada persistência deles conforme onda após onda de veemência da primeira-ministra varria a mesa de jantar. Nem o contingente das relações exteriores, nem Youde pestanejaram. Embora não tenha participado do debate britânico interno, pude responder à pergunta de Thatcher relativa à possível autonomia. Refletindo sobre minhas discussões com Deng, notei que a China podia ter interesse em preservar certa autonomia para Hong Kong de modo a estabelecer a credibilidade do princípio "um país, dois sistemas" para o futuro de Taiwan. Mas Deng não cederia ao princípio de soberania, na minha opinião. Grande parte da noite transcorrera antes que, gradualmente, alguns sinais de retirada da primeira-ministra pudessem ser vislumbrados. Ao fim da refeição, Thatcher concedera com muita relutância que o pacote todo seria discutido, ou seja, que o futuro da ilha de Hong Kong e Kowloon podia ser negociado com o dos Novos Territórios.

Recordo desse jantar como uma essência da evolução de Thatcher durante as negociações de Hong Kong. Como na crise das Falklands, ela procurou evitar concessões de todo tipo e, contudo, no fim concordou em explorá-las. Dessa vez, a diferença foi que suas concessões não eram apenas manobras táticas contra um inimigo desastrado, e em Hong Kong frota britânica alguma salvaria o dia.

Em março de 1983, Thatcher tomou sua decisão. Escreveu em particular a Zhao que estava preparada para recomendar ao Parlamento britânico a reversão da soberania sobre toda Hong Kong à China — se um acordo pudesse ser atingido entre a Grã-Bretanha e a China quanto a futuros arranjos administrativos para garantir a prosperidade e a estabilidade de Hong Kong. Essa correspondência limpou o caminho para conversas formais que exigiriam sucessivas concessões duramente negociadas, incluindo o consentimento britânico com a condição chinesa de que a ligação administrativa britânica com Hong Kong fosse completamente encerrada em 1997.

Em suas memórias, Thatcher recordou uma conversa com Deng Xiao Ping que revela a natureza tensa das negociações:

> Ele disse que os chineses poderiam entrar em Hong Kong e retomar a cidade mais tarde nesse mesmo dia, se quisessem. Respondi que de fato podiam fazê-lo; eu seria incapaz de impedi-los. Mas isso levaria ao colapso de Hong Kong. O mundo veria então como era mudar do governo britânico para o chinês [...]. Pela primeira vez, ele pareceu surpreso.[59]

Em dezembro de 1984, Thatcher e Zhao assinaram a Declaração Sino--Britânica, ditando que a transferência da soberania ocorreria a 30 de junho de 1997. O tratado dizia respeito não apenas às condições fixas da soberania, mas, excepcionalmente, a um processo de cinquenta anos mediante o qual o território passaria de possessão britânica a um componente, em tese, autônomo do Estado chinês. Quando a devolução se consumasse, estipulava o acordo, a soberania da China sobre Hong Kong coexistiria com a condição contingente e subjetiva da "autonomia" por um período de cinquenta anos. Contudo, na eventualidade de um choque entre as duas, a soberania chinesa deveria prevalecer. O sucesso funcional do acordo de Hong Kong de cinquenta anos dependia, assim, da percepção de que todas as partes estivessem seguindo seus termos.

Mas as percepções de ambas as partes diferiram quando o acordo ainda era rascunhado, e suas diferenças apenas se solidificaram com o passar do tempo. A suavidade da transição definitiva ao final da autonomia de cinquenta anos dependia de conciliar a evolução chinesa àquela altura com o legado britânico. A China, de sua parte, dificilmente aceitaria a devolução final de Hong Kong com instituições políticas que considerava vestígios do colonialismo.

A preservação temporária das instituições de Hong Kong assegurava algum nível de participação democrática a seus habitantes e restabelecia a confiança em seu centro financeiro, a base da riqueza do território. Embora o acordo certamente não fosse o que Thatcher queria, ela julgara a situação de maneira razoável. Uma conduta mais inflexível teria arriscado consignar a Grã-Bretanha à irrelevância; uma abordagem mais obsequiosa provavelmente teria minado toda esperança de autonomia para Hong Kong.

Para os negociadores britânicos, a reputação de intransigência de Thatcher era um recurso considerável. Negociadores calejados não poderiam deixar de acolher de braços abertos uma terceira parte aparentemente inconciliável para a qual qualquer acordo deve ser de seu agrado. Thatcher desempenhou esse papel com primor, permitindo a seus negociadores tranquilizar seus colegas chineses quanto a seu próprio desejo de concordar sobre pontos particulares, citando ao mesmo tempo seu terror de contrariar uma primeira-ministra formidável — cujas convicções sobre o assunto eram bem conhecidas.

O método de Thatcher — intransigência pública para fortalecer seus negociadores, aliada a um diálogo privado para assegurar o interesse comum dos dois lados numa Hong Kong próspera — manteve certa dose de influência britânica sobre uma situação delicada. Sua postura mostrou também que, mesmo nas disputas em que a Grã-Bretanha tinha cartas muito mais fracas na mão, havia um ponto além do qual não se podia pressioná-la. Nos anos finais da administração britânica, após deixar o cargo, ela voltou a Hong Kong com frequência e deu forte apoio a Chris Patten, o último governador britânico de Hong Kong, em suas tentativas de implantar instituições e processos mais representativos na colônia antes de entregá-la à China.

Acordos diplomáticos frequentemente são complementados com garantias de sua longevidade. A evolução da autonomia de Hong Kong não cumpriu as expectativas britânicas. Thatcher e seus principais negociadores estavam profundamente comprometidos com a preservação de instituições em estilo britânico e conceitos de processo legal e os buscaram com habilidade e determinação thatcheristas. A definição de autonomia a que chegaram durou 22 dos cinquenta anos estipulados. O arranjo sobre a autonomia terminou porque a evolução doméstica chinesa divergiu cada vez mais das expectativas que haviam predominado quando o conceito de "um país, dois sistemas" foi formulado por Deng. E, em qualquer devolução de território colonial, o país recebedor está mais focado em sua própria trajetória do que num eventual legado dos colonizadores.

Nesse conflito entre soberania e autonomia, esta última ficou gravemente cerceada. As incertezas que hoje pairam acerca do futuro de Hong Kong evocam a advertência de Thatcher a Deng: quando a liberdade está ameaçada, o dinamismo econômico pode perdurar por longo tempo? Outras questões inexoravelmente se seguiram. Quando acordos são prematuramente anulados, a confiança estratégica pode permanecer? Os desdobramentos em Hong Kong agravarão ainda mais as tensões entre a China e as democracias ocidentais? Ou um caminho será encontrado pelo qual Hong Kong possa ter um lugar num diálogo sobre a ordem mundial e a coexistência política?

CONFRONTANDO UM LEGADO DE VIOLÊNCIA: IRLANDA DO NORTE

Nenhum assunto de Estado mexia de maneira mais direta com Margaret Thatcher do que o conflito na Irlanda do Norte — os seis condados que permaneceram parte do Reino Unido após a divisão irlandesa em 1921. Paradoxalmente, contudo, nenhuma grande questão durante seu período no poder provocou tamanho autoquestionamento.

Thatcher se recusava a sujeitar-se às táticas de intimidação do Exército Republicano Irlandês (IRA), frustrando sua exigência de que a Irlanda do Norte fosse absorvida pela República da Irlanda (que consistia nos 26 condados ao sul). Mediante reuniões de cúpula diplomáticas, ela sanou em alto grau as relações entre a Grã-Bretanha e a República da Irlanda. Em 1985, assinou o histórico Acordo Anglo-Irlandês, tentando pôr um fim ao período dos "Troubles": o violento conflito de muitas décadas entre os predominantemente unionistas protestantes e os predominantemente nacionalistas católicos da Irlanda do Norte.

As ações de Thatcher foram ainda mais notáveis considerando-se que, apenas semanas antes de ser eleita primeira-ministra, em maio de 1979, Airey Neave, que teria sido seu secretário de Estado para a Irlanda do Norte, foi assassinado por uma célula independente do IRA. O assassinato desse seu amigo íntimo e herói da Segunda Guerra Mundial reforçou os instintos básicos de Thatcher acerca de como lidar com a Irlanda do Norte: reforçar a segurança e, ao mesmo tempo, pressionar a República irlandesa a combater o terrorismo. Ela compreendeu que os terroristas seguiam uma lógica estratégica. Refletindo mais tarde sobre a situação, definiu seu modo de ver a abordagem deles como "o uso calculado de violência — e da ameaça de violência — para atingir fins políticos", especificando: "No caso do IRA, esses fins são a coerção da maioria do povo da Irlanda do Norte, que demonstrou seu desejo de permanecer no Reino Unido, dentro de um Estado pan-irlandês".[60]

Na Irlanda do Norte como em qualquer parte, o terrorismo era o método dos fracos. Os partidários do IRA representavam a minoria de uma minoria, buscando por meio da violência espetaculosa levar o governo britânico a fazer concessões ou reagir exageradamente com represálias brutais que empurrassem a minoria católica na Irlanda do Norte ainda mais para o lado nacionalista. O assassinato de Neave foi incapaz de demover Thatcher, cujas simpatias permaneciam firmes com a maioria protestante e unionista da Irlanda do Norte — postura reforçada por seu duradouro ressentimento contra a República da Irlanda pela neutralidade durante a Segunda Guerra Mundial.[61]

Em 27 de agosto de 1979, o IRA sujeitou o novo primeiro-ministro a dois testes adicionais, primeiro matando dezoito soldados britânicos em uma emboscada nos arredores da cidade norte-irlandesa de Warrenpoint, e depois assassinando Lord Mountbatten, primo da rainha e ex-chefe da equipe de defesa. As vítimas deste segundo ataque incluíram não só Mountbatten, como também seu neto de catorze anos, seu barqueiro de quinze anos e a viúva Lady Brabourne. Embora pranteasse os mortos, Thatcher se recusou a ser provocada. Em vez disso autorizou o governo a manter os encontros regulares com o governo irlandês na busca de um desfecho pacífico.

Um ano depois, o IRA imporia novo empecilho às negociações em andamento. Em 27 de outubro de 1980, detentos do IRA na prisão norte-irlandesa de Maze iniciaram uma greve de fome. Protestos de uma forma ou de outra vinham ocorrendo desde 1976, quando o governo trabalhista despojara esses prisioneiros do "status de categoria especial" que Heath lhes concedera dois anos antes. Talvez os prisioneiros agora esperassem que Thatcher seguiria o exemplo de seu predecessor conservador, mas ela imediatamente percebeu o que estava em jogo: consentir com sua exigência de serem tratados como "prisioneiros políticos" legitimaria sua causa e dificultaria um controle efetivo da prisão.[62]

Quando o serviço de inteligência estrangeira do Reino Unido (MI6) reativou silenciosamente sua ligação secreta com o IRA no início de dezembro de 1980, descobriu que alguns líderes do movimento eram favoráveis ao fim da greve. Essa informação foi passada a Thatcher. Embora não estivesse disposta a conversar diretamente com o IRA, ela afirmou que se a greve de fome se encerrasse estava preparada para estender concessões "humanitárias" — como a liberdade de associação nos fins de semana e usar "roupas de tipo civil" nos dias úteis — a *todos* os prisioneiros na Irlanda do Norte, fossem do IRA ou não.[63] Em 18 de dezembro, a greve foi suspensa e o governo de Thatcher anunciou as novas medidas. Nenhum prisioneiro morrera como resultado da greve e a reputação de Thatcher de firmeza sob pressão saiu reforçada.

Mas a calmaria durou pouco. Em 1º de março de 1981, Bobby Sands, líder de 26 anos dos prisioneiros do IRA na Maze, anunciou nova greve de fome, reiterando as exigências de que os prisioneiros do IRA fossem tratados como prisioneiros políticos. Thatcher não se impressionou. "Não existe tal coisa como assassinato político, bombas políticas ou violência política", ela afirmou em um discurso em Belfast a 5 de março, insistindo: "Somente assassinatos criminosos, bombas criminosas e violência criminosa. Não compactuaremos com isso. Não haverá status político".[64] As linhas da batalha estavam traçadas.

Então, em um extraordinário golpe de sorte para o IRA, um assento parlamentar ficou vago num eleitorado norte-irlandês pesadamente nacionalista. Sands lançou sua candidatura e, de sua cela, tornou-se o primeiro candidato afiliado ao partido nacionalista Sinn Féin a obter uma cadeira no Parlamento britânico desde 1955. Quando a segunda greve de fome culminou em sua morte, no dia 5 de maio, tumultos explodiram por toda a Irlanda do Norte, e a pressão sobre o governo Thatcher aumentou. Dezenas de milhares de pessoas compareceram ao enterro de Sands em Belfast.

A greve de fome de outros prisioneiros continuou ao longo de todo o verão. A despeito da pressão adicional da Igreja católica e do presidente da câmara dos Estados Unidos, Tip O'Neill, Thatcher manteve sua posição, que encontrou amplo apoio entre o público britânico. Pressionada sobre a morte de Sands durante a sessão de perguntas na Câmara dos Comuns, ela respondeu com acidez: "Sands era um criminoso condenado. Ele optou por tirar a própria vida. Sua organização não permitiu tal escolha a muitas de suas vítimas".[65] No total, dez prisioneiros morreram antes de os demais entregarem os pontos, a 3 de outubro. Com férrea determinação, Thatcher sacrificara a compaixão em nome do dever.

A Irlanda, um membro não permanente do Conselho de Segurança das Nações Unidas de 1981 a 1982, prejudicara as relações com o Reino Unido criticando veementemente a Guerra das Falklands nas Nações Unidas. Não obstante, Thatcher autorizou o serviço civil sênior a tentar negociações que aumentassem sua confiança. O irlandês Dermot Nally e o britânico Robert Armstrong, secretários de gabinete de seus respectivos países, conduziram o comitê consultivo do Conselho Intergovernamental Anglo-Irlandês, que fora estabelecido por Thatcher e pelo líder irlandês em 1981. A determinação e a dedicação de Nally e Armstrong ajudaram a manter esse relacionamento durante os períodos complicados. No início, pouco se conseguiu, mas após as eleições de junho de 1983 ampliarem a maioria conservadora no Parlamento, Thatcher e o *taoiseach* (primeiro-ministro) irlandês, Garret FitzGerald, comunicaram-se regularmente, permitindo a superação de desafios como a fuga de 38 prisioneiros da Maze em setembro e o atentado do IRA contra a loja de departamentos Harrods, no centro de Londres, em dezembro, que matou seis pessoas, incluindo três policiais, e feriu outras noventa.

Quando nova bomba plantada pelo IRA explodiu no Grand Hotel de Brighton nas primeiras horas da manhã de 12 de outubro de 1984, Thatcher estava acordada em sua suíte, tendo acabado de revisar seu discurso para a conferência do Partido Conservador no dia seguinte. Ilesa, mas coberta de pó, ela vestiu um conjunto azul-marinho e às quatro da tarde falava diante das câmeras. "A conferência prosseguirá normalmente", informou à nação.[66] Sua presença diante do atril na tarde seguinte era prova do fracasso do atentado:

400

Não foi apenas uma tentativa de tumultuar e encerrar nossa conferência; mas de paralisar o governo democraticamente eleito de Sua Majestade. Essa é a escala da indignação compartilhada por todos, e o fato de estarmos reunidos aqui agora — em choque, mas serenos e determinados — é sinal não só de que esse ataque fracassou, como também de que todas as tentativas terroristas de destruir a democracia fracassarão.[67]

Agradecendo em seguida às equipes de emergência que chegaram com rapidez à cena, Thatcher expressou sua simpatia pelos que estavam sofrendo e então, num estilo tipicamente prático, anunciou que seu discurso abordaria "o de sempre": "uma ou duas questões de relações exteriores", bem como dois tópicos econômicos "selecionados para consideração especial — o desemprego e a greve dos mineiros".[68] Imediatamente após seu discurso, ela visitou as vítimas do atentado que haviam sido hospitalizadas.

"Hoje a sorte nos faltou", afirmou o IRA no pronunciamento que reivindicava a autoria do atentado, "mas lembrem-se, só precisamos ter sorte uma vez. Vocês precisarão ter sorte sempre."[69] Cinco pessoas foram mortas no ataque, incluindo um parlamentar, e trinta ficaram feridas, algumas com muita gravidade. Se os terroristas possuíssem informações mais precisas sobre o local, a primeira-ministra provavelmente teria estado entre elas.

Thatcher se recusou a permitir que o atentado do IRA contra sua vida pusesse em risco as negociações com a República da Irlanda. Após uma breve pausa, as cúpulas foram retomadas. Em 25 de julho de 1985, o gabinete britânico aprovara um rascunho do Acordo Anglo-Irlandês. A fórmula básica era que a Grã-Bretanha permitisse que a Irlanda tivesse um papel consultivo formal nos assuntos da Irlanda do Norte, em troca do consentimento de Dublin em moderar sua ambição de reclamar a província (o que fora sistematizado nos artigos 2º e 3º da Constituição irlandesa de 1937).

Com a assinatura do acordo, FitzGerald e Thatcher admitiam a realidade. A Irlanda concordava formalmente que "qualquer mudança no status da Irlanda do Norte só viria com o consentimento da maioria do povo da Irlanda do Norte", notando que, naquele momento, essa mesma maioria era a favor de permanecer no Reino Unido.[70] A Grã-Bretanha concordava que, devido à significativa minoria católica da província, a República Irlandesa receberia

401

a oportunidade de exercer uma influência significativa na Irlanda do Norte. A importância do acordo residia em direcionar a influência da Irlanda para canais legítimos — como a nova Conferência Intergovernamental —, sem minar a soberania britânica.

A Câmara dos Comuns aprovou o acordo por uma votação de 473 a 47 — demonstrando um apoio britânico tão esmagador quanto a rejeição dos unionistas norte-irlandeses. Thatcher e FitzGerald assinaram o documento oficialmente no castelo de Hillsborough na Irlanda do Norte em 15 de novembro de 1985. Ao longo dos meses seguintes, os condados de maioria protestante de Ulster explodiram em manifestações, reservando o pior veneno a Thatcher.* Os unionistas norte-irlandeses no Parlamento britânico renunciaram coletivamente em protesto. Entrementes, os apoiadores de Dublin em Washington saudaram o papel consultivo formal concedido pela Grã-Bretanha à República da Irlanda nos assuntos norte-irlandeses. Não por acaso Thatcher confidenciou mais tarde a FitzGerald: "O senhor fica com a glória e eu, com os problemas".[71]

Embora o acordo tenha alçado permanentemente as relações anglo-irlandesas a um estrato mais amigável, ele fracassou em impedir a violência do IRA, que se intensificou durante o fim da década de 1980 e prosseguiu sem trégua no início dos anos 1990. Refletindo sobre a Irlanda em suas memórias, Thatcher caracterizou sua abordagem como "decepcionante". "Nossas concessões alienaram os unionistas sem ganhar o nível de cooperação de segurança que tínhamos o direito de esperar", escreveu em 1993, concluindo, "À luz dessa experiência certamente chegou a hora de considerar uma abordagem alternativa."[72]

A paz foi finalmente alcançada na província apenas com o Acordo da Sexta-Feira Santa de 1998. Esse pacto sucessor do Acordo Anglo-Irlandês de Thatcher, embora bem mais ambicioso, suscitou menor rancor unionista,

---

* Ian Paisley, líder do Partido Unionista Democrata de Ulster, comparou-a publicamente a "uma Jezabel que procurou destruir Israel em um dia" e rogou em alto e bom som: "Oh, Deus, vingai-vos em sua ira dessa mulher perversa, traiçoeira, mentirosa!". Até Enoch Powell, que havia admirado muito a postura de Thatcher nas Falklands, e cuja opinião favorável era importante para ela, perguntou-lhe se compreendia "que a penalidade pela traição é cair no menosprezo público". (Ver Moore, *Margaret Thatcher: At Her Zenith*, p. 333-8.)

sendo acatado por três dos quatro partidos unionistas importantes.* O acordo estabeleceu uma legislatura devoluta e um Executivo que partilhava o poder na Irlanda do Norte, garantindo que tanto nacionalistas como unionistas fossem representados no governo regional. E, respeitando sua parte no acordo, a República da Irlanda retirou a reivindicação territorial da Irlanda do Norte de sua Constituição.

O legado irlandês de Thatcher é pródigo em ironias. Ela nunca desenvolveu sua própria visão distinta para a Irlanda do Norte, permitindo que as negociações fossem conduzidas por Robert Armstrong, o secretário de gabinete para quem ela delegou a tarefa; contudo o Acordo Anglo-Irlandês foi uma grande conquista diplomática. Esse acordo não teria sido possível se ela não tivesse mantido os líderes unionistas no escuro acerca da substância das negociações — algo que, caso houvessem ficado sabendo, provavelmente teria levado a uma greve de trabalhadores protestantes e paralisado a província.[73]

No fim, a paz que ela buscava veio por meio de conversas diretas entre facções norte-irlandesas — negociações para as quais os esforços de Thatcher ajudaram a estabelecer as condições necessárias. Assim, o arrependimento que posteriormente expressou com a política de seu governo implementada do outro lado do mar da Irlanda parece injustificável. Sua visão aproximou-se dos limites do possível numa região tão profundamente dividida em suas linhas religiosas e tão indelevelmente marcada por um legado amargo de violência. A despeito dos desafios que pareciam intransponíveis, ela lançou as bases para gerar uma relativa paz na Irlanda do Norte.

VERDADES FUNDAMENTAIS: O "RELACIONAMENTO ESPECIAL" E A GUERRA FRIA

No tempo de Thatcher, as relações Oriente-Ocidente eram debatidas, na maior parte, em termos de absolutos. Para os realistas, a Guerra Fria terminaria

---

* O quarto partido unionista, os Unionistas Democratas de Paisley, opuseram-se formalmente ao Acordo da Sexta-Feira Santa, mas continuaram a participar das eleições e são o partido mais bem-sucedido nas urnas da Irlanda do Norte. Dois partidos nacionalistas, incluindo o Sinn Féin, também assinaram o acordo.

se os líderes soviéticos fossem convencidos da futilidade de suas tentativas de dividir e derrotar a aliança da Otan. Os idealistas, por sua vez, insistiam que a questão era ideológica; o comunismo seria derrotado quando sua filosofia se provasse intelectualmente falida e politicamente infrutífera.

Thatcher teve uma influência central no desfecho da Guerra Fria, sintetizando as verdades rivais dos realistas e idealistas. Ela insistia na importância preponderante da defesa nacional, de uma dissuasão nuclear independente e da coesão aliada — princípios dos quais nunca se desviou —, mas seu pensamento evoluiu para incluir a convicção de que a paz seria mais bem preservada e os valores ocidentais justificados a partir da exploração da coexistência com a URSS. A perspectiva de apaziguamento nunca a tentou; filha de uma geração que extraíra lições de Munique, ela buscou combinar uma defesa forte com negociações construtivas. Além do mais, compreendia a importância da diplomacia pública, recebendo uma entusiasmada acolhida popular em visitas oficiais a países do bloco oriental, como Hungria e Polônia.

A gestão das relações Oriente-Ocidente — o desafio de política externa central da era Thatcher — exigia uma abordagem mais ampla do que seria necessário com respeito às Falklands ou a Hong Kong, em que sua liderança objetivava, acima de tudo, proteger os interesses britânicos. Em seus primeiros dias como líder dos conservadores, a premissa de seu governo era que os soviéticos constituíam uma ameaça crescente ao Ocidente. No início de 1976, três anos antes de se tornar primeira-ministra, ela castigou os soviéticos de um modo que causou surpresa. "Os russos têm uma inclinação pela dominação mundial", insistiu ela, "e estão adquirindo rapidamente os meios para se tornarem a nação imperial mais poderosa que o mundo já viu." Em vez de buscar um relaxamento das tensões, argumentou ela, Moscou empenhava-se em aumentar o exército, expandindo sua influência pelo globo de uma maneira que "ameaça todo nosso estilo de vida". Ela prosseguiu, alertando que o "avanço soviético não é irreversível, contanto que tomemos as medidas necessárias já".[74]

Com esse inflamado grito de guerra, Margaret Thatcher esboçava um manifesto pessoal para a Guerra Fria. Ela incluiu um cáustico parecer sobre a liderança soviética:

Os homens no Politburo soviético não precisam se preocupar com as marés da opinião pública. Para eles, as armas vêm antes da manteiga, ao passo que para nós praticamente tudo vem antes das armas. Eles sabem que são uma superpotência num único sentido — o militar. Em termos humanos e econômicos, são um fracasso.[75]

O *Red Star*, jornal do Ministério da Defesa soviético, respondeu chamando Thatcher de "Dama de Ferro". A alcunha, destinada a ser uma comparação pouco elogiosa com Bismarck, saiu pela culatra; na verdade, a história da propaganda oferece poucos objetivos próprios tão espetaculares e duradouros como esse. Thatcher assumiu o pretenso insulto como um sinal de orgulho e a expressão virou um apelido definidor. Três anos antes que fosse eleita primeira-ministra, a União Soviética inadvertidamente elevara uma líder oposicionista previamente obscura a uma figura de importância mundial.

A oposição de Thatcher à União Soviética originava-se não do mero medo britânico da agressão soviética; enraizava-se mais profundamente numa objeção moral pronunciada ao controle estatal e à negação da dignidade humana que eram inerentes ao sistema comunista. Em sua juventude, ela fora muito afetada pelo imposição da Cortina de Ferro. A formação dos estados-satélites orbitando o sol soviético reforçara sua visão das relações Oriente-Ocidente como uma luta determinante entre a tirania e a liberdade. A doutrina delineada publicamente em 1968 pelo líder do Partido Comunista soviético Leonid Brezhnev afirmava o direito soviético de defender partidos comunistas onde quer que fossem atacados — e, em especial, os soberanos totalitários do Leste Europeu — contra seus próprios povos.[76] Como Thatcher gostava de lembrar a seu público, Brezhnev descrevera sua posição com brutal honestidade, mantendo que o "triunfo total do socialismo no mundo todo é inevitável".[77] Thatcher nunca hesitou em contrastar essa ambição presunçosa com a história do Ocidente:

Não almejamos a dominação, a hegemonia, em parte alguma do mundo [...]. Claro que estamos preparados para travar a batalha das ideias com todo o vigor de que dispomos, mas não tentamos impor nosso sistema aos outros.[78]

Thatcher compreendia que só a retórica não poria um fim à Guerra Fria, nem manteria o Ocidente unido. As relações Oriente-Ocidente precisariam ser remodeladas — uma tarefa inconcebível sem o apoio e a liderança dos Estados Unidos. Essa talvez tenha sido a principal razão entre muitas para seu compromisso fundamental em revigorar os laços transatlânticos — o coração de sua política externa.

Em setembro de 1975, pouco após assumir a liderança do partido, Thatcher visitou os Estados Unidos. Em solo americano, frisou os ideais compartilhados — particularmente o exercício da liberdade individual — que sustentavam sua visão do relacionamento entre os dois países. Em um discurso ao National Press Club de Washington, ela procurou afastar o pessimismo que ameaçava paralisar o mundo livre, exortando o espírito geral com uma mensagem baseada tanto na moralidade como na eficácia:

> Meu verdadeiro motivo para crer no futuro da Grã-Bretanha e dos Estados Unidos é que a liberdade sob a lei, essência de nossas constituições, é algo que tanto honra a dignidade humana como ao mesmo tempo oferece a oportunidade econômica de levar maior prosperidade a nosso povo — uma prosperidade pessoal baseada na escolha individual. Em suma, funciona incomparavelmente melhor do que outros sistemas.[79]

O principal "outro" sistema a que ela se referiu era, sem dúvida, o comunismo. Seu pensamento sobre a Guerra Fria assim combinava uma compreensão da primazia do poderio estadunidense à forte convicção de que a Grã-Bretanha, que fornecera lastro para o caráter ocasionalmente flutuante da política externa estadunidense por mais de quarenta anos, ainda podia desempenhar um papel internacional vital.

A postura internacional da Grã-Bretanha se definia havia tempos tanto por uma avaliação lúcida da natureza humana em estado bruto como por uma estimativa elevada de suas próprias contribuições para a história.[80]

Na tradição política britânica, o conceito de equilíbrio de poder era tratado como axiomático. Os líderes britânicos dos séculos XIX e início do XX — o ponto alto da influência britânica — reconheceram a importância de manter alianças ao menos em parte do continente europeu, bem como bases em outras partes do mundo. Eles não hesitaram em intervir onde julgavam necessário para justificar sua concepção multipolar da ordem internacional.[81] Isso, somado ao poderio naval preponderante da Grã-Bretanha, instilara nos cidadãos uma perspectiva global e nos políticos um éthos de envolvimento permanente no exterior.[82] Por outro lado, a perspectiva estadunidense até o fim da Segunda Guerra Mundial fora enxergar realizações de política externa como desconectadas, como "soluções" práticas sem valor prescritivo para o futuro. Com base nessa convicção se desenvolveu ali uma rejeição de responsabilidades permanentes e uma hesitação em firmar compromissos externos.

Quando assumiu o cargo, Thatcher estava determinada a reafirmar o tema anterior da parceria, mais bem exemplificado pela solidariedade anglo-americana na Segunda Guerra Mundial. Ela se preparara para apoiar os esforços diplomáticos estadunidenses na Guerra Fria, mas insistia também que o governo britânico fornecesse informações sobre a direção da política norte-americana. Com esse intuito, apoiou a resposta do presidente Carter à invasão soviética do Afeganistão em dezembro de 1979. Mas foi durante a presidência de Reagan que uma autêntica parceria se desenvolveu e prosperou.

A abordagem soviética de Reagan era a essência da simplicidade: "Nós vencermos e eles perderem".[83] A visão de Thatcher era mais nuançada, mas não obstante admirava a assertividade, energia e otimismo trazidos por Reagan ao conflito. Acima de tudo, partilhava de seu compromisso com os valores democráticos. Ela o encorajou da melhor forma que pôde, enquanto Reagan, de sua parte, compreendeu o valor de se aconselhar com uma estrangeira confiável e ideologicamente compatível.

As doutrinas comunistas continuaram a dominar a política soviética, com a invasão do Afeganistão em dezembro de 1979 servindo como lembrete do contínuo aventureirismo. Thatcher permaneceu focada na importância de uma defesa nacional forte e em estimular a coesão da Otan. Ela apoiou as tentativas de Reagan de fortalecer a credibilidade da Aliança.

Em 1982, Thatcher convenceu Reagan a fornecer à Grã-Bretanha, sob termos financeiros favoráveis, o novo míssil balístico lançado por submarino Trident II, esperando garantir o futuro da dissuasão nuclear independente da Grã-Bretanha. Com as mesmas convicções ajudou a orientar a resposta da Otan à mobilização soviética de mísseis SS-20 de alcance intermediário apontados para a Europa e o consequente debate dentro da Aliança quanto a aceitar os mísseis estadunidenses Pershing e de cruzeiro como uma contraforça. Em 14 de novembro de 1983, os mísseis de cruzeiro de alcance intermediário chegavam à Grã-Bretanha; essas armas também seriam enviadas à Alemanha Ocidental mais tarde nesse mês. A luta de Thatcher por uma contraforça efetiva para a mobilização soviética de mísseis dera frutos.

Embora o movimento antinuclear tenha sofrido uma derrota tática, encontrou um simpatizante improvável em Reagan; o presidente, que certa vez descreveu as armas nucleares como "totalmente irracionais, totalmente desumanas [e] que não servem para nada exceto matar", nutria um inabalável desprezo por elas. Sua maior obrigação como presidente, acreditava ele, era propiciar um mundo livre de armas nucleares. Em março de 1983, para perplexidade do mundo, Reagan anunciou a Iniciativa de Defesa Estratégica (SDI, na sigla em inglês), um plano para desenvolver um escudo defensivo no espaço capaz de interceptar e desativar mísseis balísticos intercontinentais soviéticos. Nas palavras de Reagan, a IDE ajudaria o mundo a "começar a cumprir o objetivo supremo de eliminar a ameaça oferecida pelos mísseis nucleares estratégicos".[84]

Thatcher tinha suas dúvidas de que o sistema da IDE fosse tecnologicamente viável ou que pudesse atingir o enorme potencial que Reagan lhe atribuía. Temia que o plano de Reagan estivesse além de um escopo razoável e direcionou seus esforços para o que via como a tarefa mais prática: assegurar a defesa da Europa. Além do mais, temia que mesmo um sistema de IDE imperfeito pudesse solapar os argumentos pela dissuasão nuclear independente da Grã-Bretanha.

Guiando-se entre o compromisso pessoal de Reagan e suas próprias dúvidas, Thatcher optou, não pela primeira vez, pela ambiguidade construtiva. Em público, não economizou elogios à IDE — embora mantendo o foco firmemente restrito ao componente da pesquisa, algo que apoiava por questão de princípio. Ela achava que o emprego efetivo da IDE, uma questão mais controversa, deveria ser relegado ao futuro distante, como um tema a ser futuramente negociado com a Aliança e a União Soviética.

Em francos diálogos com Reagan em Camp David em dezembro de 1984, ela explicitou suas preocupações. Embora Reagan não tivesse a menor intenção de voltar atrás em sua opinião fundamental, ofereceu uma concessão crucial. Em um pronunciamento à imprensa quando a reunião se encerrou, Thatcher anunciou a concordância de Reagan de que "testes e mobilizações relacionados à IDE, em virtude das obrigações do tratado, têm de ser uma questão de negociação".[85] O Pentágono se opôs veementemente a essa promessa, que ia além de qualquer coisa com a qual o governo concordara antes. Mas a medida não só proporcionou uma certa tranquilização para membros da Otan ansiosos, como também demonstrou a duradoura proximidade do relacionamento entre Estados Unidos e Reino Unido. Mais do que qualquer outro líder da Europa, Thatcher tomava como missão servir de intérprete aos aliados de ambos os lados do Atlântico. Ao mesmo tempo, continuou a apoiar o aumento doméstico com gastos de defesa.

A atitude de Thatcher em relação à IDE refletia a ambivalência dos aliados europeus combinada às circunstâncias britânicas especiais. Todos os aliados da Otan dependiam da garantia nuclear estadunidense, ao mesmo tempo temendo uma guerra nuclear capaz de arrasar seus territórios. Ficavam desconfortáveis com qualquer novo sistema de armas que pudesse limitar a prontidão estadunidense em cumprir sua garantia ou afetar a equação nuclear. A preocupação especial de Thatcher derivava de seu compromisso em proteger a dissuasão nuclear independente da Grã-Bretanha. O desenvolvimento de armas nucleares nos Estados Unidos ocorrera com a cooperação da comunidade científica britânica durante a Segunda Guerra Mundial. A Grã-Bretanha portanto tinha uma reivindicação moral à assistência americana em sua determinação de desenvolver armas nucleares próprias ou adquirir armas nucleares dos Estados Unidos. Em setembro de 1944, Roosevelt e Churchill haviam firmado um acordo secreto em Hyde Park, Nova York, para prosseguir com a cooperação em assuntos nucleares após a guerra. Enfrentando alguma turbulência na relação no período pós-guerra imediato, em 1958 os dois países concluíram o Acordo de Defesa Mútua EUA-Reino Unido, que permanece o padrão-ouro da cooperação em armas nucleares entre estados. Os Estados Unidos concordaram em fornecer armas nucleares para a Real Força Aérea até que a dissuasão nuclear britânica tivesse tamanho suficiente, cooperaram com a Grã-Bretanha na tecnologia de submarinos nucleares e permitiram a transferência de urânio e plutônio enriquecidos. O tratado permanece em vigor.

O investimento britânico em um papel nuclear foi uma constante em todo gabinete de ambos os partidos. Proporcionou à Grã-Bretanha a capacidade de resistir à chantagem nuclear, como aconteceu quando a União Soviética insinuou uma ameaça nuclear durante a crise de Suez em 1956. Assim como lhe proporcionou a capacidade de negociar competentemente em discussões sobre controle de armas. Do lado estadunidense, a atitude nem sempre foi uniformemente compartilhada, devido às preocupações dos Estados Unidos com a proliferação nuclear. Não obstante, uma minoria dentre nós acreditava que a capacidade nuclear britânica seria do interesse de longo prazo estadunidense porque fortalecia um parceiro transatlântico com uma história de objetivos compartilhados. Também aumentava a dificuldade soviética em tentar interpretar, ou antecipar, a reação da Otan numa potencial crise.

UM PROBLEMA EM GRANADA

O desejo de Thatcher de estreitar as relações anglo-americanas não estava acima da defesa dos interesses britânicos nem diante de Reagan, a despeito da alta consideração em que o tinha. Um exemplo dramático ocorreu em outubro de 1983, após a invasão estadunidense da ilha caribenha de Granada. Quando uma facção marxista linha-dura assumiu o poder na ilha, uma integrante da Commonwealth britânica, o governo Reagan tentou reverter o golpe intervindo militarmente. Como as sondagens iniciais sugeriram que os britânicos se oporiam a essa decisão, a Casa Branca optou por excluir Thatcher das deliberações. Ela foi informada dos planos estadunidenses apenas algumas horas antes de serem executados.

Granada deixara a condição de colônia britânica após optar pela independência em fevereiro de 1974. Mas, como permanecia parte da Commonwealth, a rainha continuava sendo sua chefe de Estado, e o governo britânico ainda carregava um senso de responsabilidade por sua soberania. Uma objeção mais severa era a humilhação vivida por Thatcher ao descobrir que sua aliada mais próxima agira contra uma nação da Commonwealth sem lhe fazer uma consulta significativa. Pior ainda, a invasão ocorreu apenas alguns dias antes da data programada para os mísseis nucleares de alcance intermediário dos Estados Unidos serem instalados na Grã-Bretanha. Se os Estados Unidos não eram suficientemente confiáveis para consultar a Grã-Bretanha antes de invadir uma pequena ilha caribenha, como fiar-se neles para uma discussão relativa à mobilização de mísseis em solo britânico?

Rejeitando o floreado pedido de desculpas de Reagan, ela tornou pública sua discordância: "Nós, dos países ocidentais, das democracias ocidentais, usamos nossa força para defender nosso modo de vida [e não] para invadir países alheios", disse à BBC, explicando sem papas na língua, "Se você está decretando uma nova lei de que em qualquer lugar em que reine o comunismo [...] os Estados Unidos devem intervir, teremos guerras realmente terríveis no mundo".[86] Os comentários de Thatcher motivaram uma nota do assessor de segurança nacional estadunidense, Robert "Bud" McFarlane, ao secretário de gabinete britânico, deplorando a declaração como "atipicamente dura" e frisando a "profunda decepção" do governo com a postura de Thatcher.[87]

Entrementes, os eventos em Granada se sucederam com rapidez. Quatro dias após o início da invasão em 25 de outubro, os americanos depuseram a junta militar que governava a ilha; em dezembro, os Estados Unidos haviam se retirado de Granada por completo. A Constituição pré-revolucionária fora restabelecida e eleições democráticas eram iminentes.

Tendo lembrado ao governo estadunidense que não podia subestimar a Grã-Bretanha, Thatcher optou por não permitir que o incômodo de Granada durasse. A instalação de mísseis de alcance intermediário em solo britânico teve prosseguimento.

UMA MUDANÇA ESTRATÉGICA: ENGAJAMENTO ORIENTE-OCIDENTE

Em dezembro de 1983, quatro dias antes do Natal, Thatcher me convidou para jantar na sede do governo britânico. Embora não nos detivéssemos nos eventos recentes do Caribe, ela me pareceu desanimada com a situação das relações Oriente-Ocidente. Moscou parecia "sem leme", disse, observando que mal conseguia se lembrar de "uma situação em que houvesse tanta incerteza e tão pouco contato".[88]

Em setembro daquele ano, os soviéticos haviam abatido um avião comercial civil sul-coreano (voo KAL 007) que invadira inadvertidamente seu espaço aéreo. A insensível reação de Moscou à tragédia elevou as tensões e convenceu o Ocidente de que havia pouco a ganhar em diálogos com o secretário-geral soviético Yuri Andropov, de saúde notoriamente debilitada. Em novembro, quando os mísseis de alcance intermediário estadunidenses começaram a chegar em solo europeu, os soviéticos haviam abandonado as negociações de controle de armas em Genebra. O isolamento soviético se tornara tão completo quanto sua intransigência.

Respondendo à preocupação de Thatcher nessa noite ao jantar, perguntei se pretendia insistir com um novo diálogo entre Oriente-Ocidente e, caso sim, qual a melhor forma de iniciá-lo. Como vim a descobrir, sua mente já se movia nessa direção.

Ao longo do fim de semana de 8 de setembro, Thatcher recepcionou um seminário de estudiosos soviéticos em Chequers, a casa de campo oficial do primeiro-ministro. O propósito declarado do encontro era ambicioso: "considerar a estratégia do governo nos assuntos internacionais com vistas a estabelecer metas claras para os próximos anos".[89] O Ministério das Relações Exteriores a princípio tentou enviar ao retiro funcionários experientes de seus quadros, mas Thatcher não queria nem ouvir falar nisso. Como escreveu em resposta quando lhe propuseram a lista de convidados, "Quero [...] pessoas que tenham realmente estudado a Rússia — a mente russa — e que tenham experiência em viver ali. Mais da metade das pessoas na lista sabe menos do que eu".[90] No fim, oito especialistas russos — com exceção de um, todos eles professores universitários — foram convidados. Um dos presentes, Archie Brown, professor de instituições soviéticas em Oxford, sugeriu que Thatcher fizesse contato com um líder promissor nos escalões mais jovens da liderança soviética como Mikhail Gorbachev, que descreveu como "o membro mais instruído do Politburo e provavelmente o de mente mais aberta".[91] Thatcher foi receptiva a essa proposta; no registro oficial do seminário lê-se: "Ficou combinado que o objetivo deve ser aumentar o contato vagarosamente ao longo dos próximos anos".[92]

Quando Thatcher visitou Reagan em Washington em setembro, compartilhou seu pensamento. Embora não devêssemos "nos iludir quanto ao verdadeiro caráter soviético", afirmou ao presidente, "devemos ao mesmo tempo viver no mesmo planeta que os soviéticos. Assim, a questão-chave é definir como ficarão nossas futuras relações". Ela preferia estabelecer "relações normais". Reagan respondeu que concordava com as opiniões dela.[93]

Como Thatcher, Reagan assumira o cargo determinado a confrontar os soviéticos. Mas, ao contrário de muitos de seus apoiadores — e parte de seu próprio pessoal —, sua aversão a armas nucleares o predispunha favoravelmente a negociações de controle de armas. No início de março de 1981, pouco depois de sobreviver a uma tentativa de assassinato, Reagan escrevera a Brezhnev do hospital para sugerir a abertura de um diálogo.

George Shultz, que se tornou secretário de Estado em julho de 1982, encorajou essa conexão. Fevereiro seguinte, por insistência de Shultz, e diante da oposição veemente de seu assessor de segurança nacional e secretário de defesa, Reagan concordou em se reunir com o embaixador soviético Anatoly Dobrynin. "Parte da equipe do Conselho de Segurança Nacional é por demais linha-dura e acha que nenhuma tentativa de aproximação com os soviéticos deveria acontecer", escreveu Reagan em seu diário em abril desse ano. "Creio que sou linha-dura e nunca vou amolecer", continuou Reagan, "mas quero muito tentar fazer com que percebam que existe um mundo melhor caso mostrem por meio de ações que querem se entender com o mundo livre."[94]

Thatcher, que concordava totalmente com esse sentimento, buscou cultivá--lo dentro do governo Reagan. Uma relação mais construtiva com a União Soviética, porém, exigia um parceiro disposto em Moscou. A morte de Andropov em fevereiro de 1984 levou Konstantin Chernenko à liderança, mas o apparatchik de 72 anos, que sofria de enfisema e cardiopatia, deu a Thatcher poucos motivos para sonhar com uma melhora imediata nas relações.

A percepção crucial de Thatcher foi ignorar Chernenko e sua geração e em vez disso olhar para as fileiras de seus prováveis sucessores. Por sua orientação, o Ministério das Relações Exteriores britânico desenvolveu uma lista prévia consistindo em três jovens membros do Politburo — Grigory Romanov, Viktor Grishin e Mikhail Gorbachev. Convidar Gorbachev, sobre quem já fora alertada, fazia mais sentido, haja vista sua posição como presidente do Comitê de Relações Exteriores da legislatura soviética.[95] Com Chernenko ainda no cargo de chefe de Estado, o protocolo diplomático tinha de ser observado. Thatcher providenciou que Gorbachev fosse convidado à Grã-Bretanha como chefe de uma delegação parlamentar soviética, um gesto devidamente inócuo que lhe permitiria encontrar-se com ele e avaliá-lo.

Aceitando o convite, Gorbachev desembarcou em solo britânico com sua esposa, Raisa, em dezembro de 1984. Durante o almoço em Chequers, ele e Thatcher encetaram uma robusta discussão sobre os benefícios relativos do sistema capitalista versus o comunista. O registro dessa conversa privada revela que Thatcher "não desejava o poder de determinar onde a pessoa deveria trabalhar nem quanto deveria receber". Gorbachev respondeu que "compreendia o sistema britânico, mas que o sistema soviético era superior".[96] A discussão seguiu nessa veia, sem que lado algum cedesse. Conforme o encontro se aproximava do fim, nenhuma nova iniciativa ou acordo viera à tona. Apesar do aparente impasse, contudo, o almoço se provaria um dos encontros mais importantes do governo Thatcher.

Como escreveu depois, ela admitia que embora os comentários de Gorbachev fossem um papaguear do familiar dogma marxista, "sua personalidade não poderia ser mais diferente do ventriloquismo oco do apparatchik soviético médio". Posteriormente nesse dia, Thatcher "veio a compreender que era muito mais o estilo que a retórica marxista que expressava a substância da personalidade em questão".[97] Ela sentiu que Gorbachev era inerentemente mais flexível que seus predecessores. E, como de costume, não hesitou em anunciar suas opiniões. "Sinto um otimismo cauteloso", afirmou à BBC no dia seguinte, acrescentando, em um comentário que ficou famoso, "gosto de Gorbachev. Podemos fazer negócios juntos."[98]

Mas em uma visita a Camp David com Reagan, em dezembro daquele ano, ela adotou um tom precavido. Sim, Gorbachev era encantador e "aberto à discussão e ao debate", registram as atas da reunião mantidas pela Casa Branca, mas também, cismou Thatcher, "quanto mais encantador o adversário, mais perigoso".[99] Porém essa preocupação não tirava o valor de sua conclusão central. Como Reagan disse mais tarde: "Ela afirmou acreditar que havia chance de uma grande abertura. Claro que se revelou que tinha total razão".[100]

Quando Gorbachev se tornou secretário-geral após a morte de Chernenko em março de 1985, houve um aumento do apoio à avaliação positiva de Thatcher sobre o novo líder soviético — assim como cresceu a pressão sobre Reagan para participar com ele de uma cúpula inicial. Adeptos da linha-dura no governo Reagan argumentaram veementemente contra esse curso de ação. Insistindo que a pressão incessante acabaria por levar ao colapso do sistema soviético, alegaram que com o diálogo grande parte da coesão aliada se perderia. Assumindo o outro lado da discussão, Shultz procurou reforçar o desejo instintivo de Reagan de se reunir com o novo líder soviético.

Minha opinião, tal como manifestada a Thatcher, era de que os esforços de Reagan em fortalecer os Estados Unidos e conquistar o respeito soviético durante seu primeiro mandato o deixaram em forte posição de negociar no segundo.[101] No início do verão, Reagan chegara a uma decisão, anunciando planos de uma cúpula com Gorbachev em Genebra para novembro daquele ano. Esse momento se revelou um ponto de virada. Na melhor tradição da "relação especial", Margaret Thatcher serviu como parceira de confiança e conselheira, proporcionando ao governo um parecer independente e bem informado. Reagan baseava grande parte da sua abordagem de negociações em Genebra numa carta espontânea e atipicamente detalhada de Thatcher datada de 12 de setembro de 1985, na qual oferecia conselhos sobre como travar relações com

Gorbachev.[102] Na prática uma mediadora entre Reagan e Gorbachev nesse momento, Thatcher estava no auge de sua influência internacional.

Seu entusiasmo pelo diálogo com Gorbachev cresceu durante o fim da década de 1980, quando ela embarcou num extenso programa de reforma doméstica. Para a esquerda europeia, as palavras de Gorbachev sobre reforma e abertura — glasnost e perestroika — bastavam para minar a premissa thatcherista de uma ameaça soviética contínua. O movimento antinuclear encontrou novo combustível para a causa do desarmamento total. Suas palavras foram um anátema para Thatcher, que nunca se cansava de reiterar para os colegas europeus as virtudes de combinar a flexibilidade diplomática com a necessidade de uma defesa forte e a consciência de uma ameaça soviética contínua.

Contra esse pano de fundo, uma grave crise explodiu nas relações transatlânticas. Em outubro de 1986, Reagan e Gorbachev se reuniram em Reykjavik, Islândia, onde decidiram perseguir a visão do presidente estadunidense de um mundo livre de armas nucleares. O que fora anunciado como uma reunião informal destinada a servir de preparativo para uma cúpula plena em Washington evoluiu em diálogos de uma magnitude raramente coreografada — muito menos improvisada — no palco internacional.

Gorbachev chegara a Reykjavik preparado para concordar com cortes dramáticos no arsenal nuclear soviético, na esperança de convencer Reagan não apenas a seguir seu exemplo, como também a abandonar a Iniciativa de Defesa Estratégica (IDE). A portas fechadas, os dois líderes debateram cortes cada vez maiores, culminando na sugestão de Reagan de um acordo que gradualmente eliminasse as armas nucleares por completo. "Podemos fazê-lo", confirmou Gorbachev. "Podemos eliminá-las."[103] O diálogo chegou a ponto de prepararem o rascunho para um memorando de entendimento nesse sentido.

As conversas acabaram fracassando na questão da IDE. Gorbachev insistia que a IDE fosse confinada ao laboratório por dez anos. Reagan, convencido de que a IDE era necessária como uma vantagem mesmo em um mundo não nuclear e que testá-la no espaço era essencial, recusou. O presidente estadunidense encerrou o impasse deixando a reunião abruptamente, desse modo, furtando-se ao acordo provisório de abolir todas as armas nucleares, já previamente esboçado.

Cerca de uma década mais tarde, perguntei a Anatoly Dobrynin, assessor de política externa de Gorbachev na época de Reykjavik, por que os negociadores soviéticos não haviam aceitado o item principal — interromper e depois reduzir radicalmente a quantidade de armas de parte a parte; a questão dos testes no espaço podia ter sido relegada a uma nova conferência técnica em, digamos, Genebra. "Porque não tínhamos ninguém na sala que soubesse muita coisa sobre estratégia nuclear", respondeu ele, "e porque nunca nos ocorreu que Reagan abandonaria a sala."*

Thatcher ficou profundamente inquieta. Quando insistiu que Reagan negociasse com Gorbachev, não julgava possível que esse envolvimento pudesse levar a uma completa reviravolta da política de defesa estadunidense e britânica existente. Em um encontro dois meses após Reykjavik, achei-a terrivelmente agitada com o rumo dos eventos. A cúpula fora um "terremoto" que poria em risco "todo o bom trabalho feito pelo governo Reagan" para melhorar as relações entre os Estados Unidos e os aliados europeus, disse ela. Na tentativa de sabotar o antigo acordo da Otan quanto ao papel das armas nucleares, Reagan quase deslegitimara um pilar da aliança transatlântica.

Thatcher concebia sua demanda agora para ajudar a posicionar o presidente em terreno mais firme. Segundo me contou, estava "determinada a ignorar Reykjavik".[104] Sua abordagem inicial foi embalar sua mensagem no elogio mais caloroso. Ligando para Reagan na Casa Branca um dia após a cúpula, começou afirmando de forma pouco sincera que "ele se saíra maravilhosamente em Reykjavik". A cúpula, considerou ela, "parecia uma armação soviética", e era essencial "pôr a culpa do impasse em Gorbachev". A seguir, passou à ofensiva, advertindo Reagan de que defender a eliminação completa das armas nucleares seria o "equivalente a uma rendição; assim, devemos tomar cuidado redobrado".

Reagan foi insensível a seus apelos. Quando Thatcher reiterou sua preocupação de que se as armas nucleares fossem eliminadas "os soviéticos — com sua superioridade convencional — podiam simplesmente devastar a Europa", Reagan respondeu que "tinha certeza de que seríamos capazes de desenvolver uma estratégia para derrotar os soviéticos", dando a entender que acreditava que a tarefa seria alcançada por meios militares convencionais.[105]

Nada disso era o que Thatcher queria escutar. Ela percebeu que numa questão tão entranhada na mente de Reagan quanto a abolição das armas

---

* Os soviéticos presentes incluíam Gorbachev e o ministro de relações exteriores Eduard Shevardnadze; os americanos eram Reagan e George Shultz.

nucleares, ele simplesmente não recuaria — pelo menos, não de maneira direta. Assim ela mudou de tática. Seu novo meio de persuasão foi uma visita previamente combinada a Camp David em novembro de 1986, um mês depois de Reykjavik. Por incentivo de seu antigo assessor Charles Powell, ela decidira evitar um pedido a Reagan para rejeitar tudo com que tivesse concordado em Reykjavik. Em vez disso, seu objetivo era "selecionar os elementos de Reykjavik que podíamos aceitar e argumentar que deveriam receber prioridade", disse-me na época. "Por implicação, tudo mais deve ser deixado de lado, embora não explicitamente abandonado."[106]

Para seu grande alívio, Reagan mostrou-se receptivo. Os dois concordaram que a prioridade seria dada a um acordo de Forças Nucleares de Alcance Intermediário (FNAI), que também incluiria um corte de 50% em armas ofensivas estratégicas junto com uma proibição de armas químicas. Nenhuma menção foi feita aos elementos mais abrangentes do pacote Reykjavik, que agora escapava do domínio da consideração ativa.

Essa abordagem não veio sem um preço. Ao apoiar o acordo FNAI, Thatcher parecia dar sua bênção ao objetivo último de Reagan: eliminar as armas nucleares da Europa por completo — algo longe de seu resultado preferido. Não obstante, como explicou a decisão a mim, "A fim de preservar a dissuasão nuclear, impedir os Estados Unidos de negociar suas armas nucleares estratégicas e assegurar que receberíamos [mísseis] Trident, aceitamos o mal menor de um acordo de zero FNAI".[107]

Thatcher sabia quando se aferrar a uma crença profundamente arraigada e quando aceitar uma nova realidade — e, em suas palavras, "extrair o melhor da situação".[108] A declaração conjunta produzida ao fim de sua visita a Camp David também reafirmou a fé da Otan na dissuasão nuclear efetiva e o apoio contínuo de Reagan ao sistema Trident da Grã-Bretanha. No que dizia respeito à postura pública relativa à dissuasão nuclear, essa declaração representava, na prática, uma volta retórica às normas pré-Reykjavik. Como afirmei a Thatcher na época, ela era "a única pessoa fora dos Estados Unidos que o presidente escutava".[109] Permanecia importante que continuasse a lhe oferecer seus conselhos — com simpatia, mas de modo algum sempre concordando.

Os argumentos de Thatcher também se beneficiaram do enfraquecimento do governo na esteira do escândalo Irã-Contras, em que oficiais foram denunciados por ter usado os lucros da venda não autorizada de armas estadunidenses ao Irã para financiar a insurgência contra o marxismo-leninismo do regime sandinista na Nicarágua. Como amiga e firme apoiadora de Reagan, Thatcher considerava seu papel ajudá-lo a encontrar uma maneira de seguir em frente. Ela também prestou grande serviço ao Ocidente reafirmando os fundamentos da doutrina defensiva da Otan. Mas o episódio de Reykjavik, além de ilustrar a intimidade das relações anglo-americanas, também revelou seus limites. Nas questões em que o desequilíbrio de forças entre os aliados era um fator preponderante — e as convicções presidenciais, particularmente fortes —, os laços da emoção e da história podiam se desgastar, e os Estados Unidos talvez insistissem em buscar unilateralmente suas preferências.

DEFENDENDO A SOBERANIA DO KUWAIT: A CRISE DO GOLFO

Sob a liderança de Thatcher, a voz britânica foi ouvida não só nas questões pertinentes à Otan e à Guerra Fria, mas também nas disputas pelo mundo. Quando o Iraque de Saddam Hussein invadiu e ocupou seu país vizinho, o Kuwait, em agosto de 1990, não ficou óbvio de imediato que a Grã-Bretanha tivesse um papel especial a desempenhar. A capacidade operacional britânica declinara marcadamente desde um episódio análogo em 1961, quando Abd al-Karim Qasim, brigadeiro do exército que ascendera ao poder após derrubar a monarquia iraquiana, parecia ameaçar a integridade territorial recém--independente do Kuwait. Na época, o Reino Unido conseguira mobilizar tropas e navios para impedir Qasim, cumprindo seu acordo de garantir a defesa da antiga colônia.

No entender de Thatcher, Saddam Hussein era um ditador inconsequente nos moldes do general Galtieri; como no caso do líder argentino, contemporizar com Hussein só faria encorajá-lo. Se a agressão permanecesse sem resposta, a integridade do sistema internacional ficaria gravemente ameaçada. Ela não via com bons olhos episódios da história em que a Grã-Bretanha decidira contemporizar com agressores. Refletindo sobre o Acordo de Munique de 1938, que ajudou a precipitar a Segunda Guerra Mundial, comentou: "A política externa britânica nunca desceu tão baixo quanto nas ocasiões em que cedeu território alheio, como na região dos Sudetas e na Tchecoslováquia".[110] Desde o início do conflito no Kuwait — como nas Falklands — Thatcher determinou que o único curso honrado era restabelecer o status quo ante; a clareza moral por ela empregada teve, em última análise, um impacto significativo na tomada de decisão do governo estadunidense durante a crise.

A reação inicial do presidente George H. W. Bush à crise foi de cautela. Falando à imprensa na Casa Branca na manhã de 2 de agosto, Bush parecia precavido, afirmando que "não contemplava" despachar tropas para a região, mas também "não discutiria qualquer opção militar nem se tivéssemos chegado a um acordo sobre elas".[111] Imediatamente após os comentários de Bush, o Conselho de Segurança Nacional se reuniu para discutir o assunto. As opiniões tenderam a aceitar a invasão como um *fait accompli*.[112]

Foi por um feliz acaso que, muito antes do início da crise, Thatcher aceitara um convite para aparecer ao lado do presidente Bush em uma conferência em Aspen, Colorado, na tarde de 2 de agosto. O tempo que passaram juntos em Aspen se revelaria de suma importância — para o Oriente Médio, para o relacionamento EUA-Reino Unido e para os princípios da ordem mundial. A relação entre Thatcher e Bush não era tão amistosa quanto a que fora desenvolvida com Reagan, mas Bush compreendia seu valor. Charles Powell, que acompanhou Thatcher a Aspen, notou que os dois líderes estavam "muito perto de um acordo" sobre o Kuwait, embora Thatcher parecesse mais impressionada que Bush com a urgência de organizar uma resposta militar.[113]

Em uma coletiva de imprensa conjunta com Thatcher naquela tarde, Bush falou primeiro. Com o cenho franzido, a voz controlada e as mãos enfiadas nos bolsos do terno, o presidente estadunidense projetava cautela. Contou que estivera ao telefone com líderes do Oriente Médio, expressou sua "preocupação" com a agressão iraquiana e pediu por uma "solução pacífica".[114] Depois de agradecer Bush por acolhê-la em Colorado, Thatcher não perdeu tempo em abordar a "principal questão", exatamente como fizera em seu discurso de posse perante o Parlamento trinta anos antes:

> O Iraque violou e tomou o território de um país que é membro pleno das Nações Unidas. Isso é totalmente inaceitável. E se permitirmos que continue, haveria muitos outros países pequenos que jamais se sentiriam seguros.[115]

Embora Thatcher escolhesse as palavras com cuidado, não foi tanto o conteúdo de seus comentários mas o método de fazê-los que causou uma impressão imediata. Ela falou usando frases bruscas, com grande ênfase e total convicção. Simplesmente estava em seu elemento enquanto líder.

Na altura em que Bush regressou à Casa Branca a 5 de agosto, sua opinião se endurecera significativamente: "Vejo com grande gravidade nossa determinação de reverter essa agressão", afirmou, declarando, "Ela não será tolerada".[116] Conversando com Charles Powell uma semana depois, atribuí grande parte da mudança no tom presidencial à presença de Thatcher: "O grupo da Casa Branca fora a Aspen inclinando-se pela opinião de que não havia muita coisa a ser feita, mas voltara pronto para a briga e determinado".[117]

Contando com o benefício da visão em retrospecto, creio que Bush se encaminhava para uma reação mais enérgica antes de chegar a Aspen, mas suas discussões com Thatcher ali confirmaram fortemente seus instintos. Mais tarde nesse mês, ela ofereceu a Bush encorajamento similar após a aprovação de uma resolução das Nações Unidas que permitia o uso de força para bloquear navios petroleiros que tentassem furar as sanções contra o Iraque. "Esse não é momento de ficarmos vacilantes", insistiu ela. O tom firme que Thatcher ajudou a estabelecer nos dias iniciais do conflito foi um fator importante na libertação final do Kuwait.

Embora Thatcher não perdesse tempo em defender a soberania do Kuwait, relutava em ceder às Nações Unidas um papel importante na liberação do país. Ela de fato acolheu com bons olhos a Resolução 660 do Conselho de Segurança das Nações Unidas, aprovada um dia após a invasão do Kuwait, condenando a agressão iraquiana e exigindo uma retirada imediata; entretanto, via a possibilidade de um envolvimento maior das Nações Unidas com pronunciado ceticismo. Quando ficou claro que uma retirada iraquiana não seria obtida por meios puramente diplomáticos, resistiu às tentativas de buscar uma resolução adicional do Conselho de Segurança que autorizasse o uso da força. Se fosse considerado que toda ação militar exigia uma determinação do Conselho de Segurança, argumentou ela, seria estabelecido um precedente que solaparia o direito de autodefesa inerente ao princípio da soberania nacional.

Como questão prática, também queria preservar a máxima liberdade de ação quanto ao modo de libertar o Kuwait. Acerca dessa questão, contou com o apoio inicial do presidente Bush: "Ela não quer recorrer às Nações Unidas no uso de força; eu tampouco", escreveu Bush em seu diário no início de setembro.[118]

Mas, no fim, suas intenções foram vítimas da situação doméstica nos Estados Unidos. Bush compreendia a resistência do Congresso e do público em recorrer à ação militar sem o apoio das Nações Unidas. Thatcher não enfrentava restrições equivalentes no Reino Unido e assim, de maneira privada, passou a argumentar com veemência contra uma resolução adicional das Nações Unidas. Mas as necessidades internas da política estadunidense prevaleceram. No início de novembro de 1990, ela deu o braço a torcer. Por motivos que não tinham nenhuma relação com esta crise, porém, seria forçada a deixar o cargo apenas algumas semanas mais tarde.

OS LIMITES DA LIDERANÇA: A ALEMANHA E O FUTURO DA EUROPA

Grandes estadistas operam nos limites mais remotos do que é comumente considerado possível; em lugar de papaguear seja lá qual for a ortodoxia definidora da época, eles sondam suas fronteiras. Ao longo de toda sua carreira, Thatcher desafiara os ditames do pensamento convencional, proporcionando uma liderança que alterou os termos do debate.

Em certas ocasiões, porém, sua crença na própria capacidade de alcançar o aparentemente impossível se revelou equivocada. Após a queda do Muro de Berlim, em 9 de novembro de 1989, Thatcher se desviou da prudência e da flexibilidade que de um modo geral lhe serviam tão bem. Em vez de conduzir o Ocidente na direção de uma política de unificação alemã e atrelar uma Alemanha unida à Otan, ela se viu cada vez mais às turras com suas contrapartidas atlânticas.

Para Thatcher, a queda do Muro de Berlim foi verdadeiro motivo de celebração. Da mesma maneira, o subsequente colapso dos regimes comunistas por todo o Leste Europeu representou a culminância do desmantelamento da órbita de satélites soviéticos, algo que ela trabalhara para conseguir ao longo de todo seu período no cargo. Mas Thatcher ficou profundamente perturbada com o corolário lógico do fim da Cortina de Ferro: a saber, que as Alemanhas Oriental e Ocidental, divididas de modo artificial desde a Segunda Guerra Mundial, agora deveriam ser unificadas.

Suas preocupações com a reunificação alemã tinham uma base legítima. Em 1871, a última vez que a Alemanha recém-unificada ingressara no sistema internacional, Benjamin Disraeli considerara o fato "um evento político maior" do que a Revolução Francesa.[119] O estadista britânico se revelou visionário numa série de crises surgidas após Bismarck se aposentar em 1890, culminando no início da Primeira Guerra Mundial em agosto de 1914. Uma Alemanha unida inevitavelmente voltaria a alterar o equilíbrio de poder na Europa, e Thatcher não estava sozinha ao acreditar que as implicações de tal mudança exigiam cuidadosa consideração.

Escaldada por suas experiências de infância na Segunda Guerra Mundial, Thatcher duvidava que a conduta assertiva e expansionista da Alemanha houvesse chegado ao fim com a derrota de Hitler. Ela desconfiava do que percebia como um caráter nacional alemão imutável; em seus momentos pessimistas, receava que nem todos os demônios do passado alemão houvessem sido exorcizados. "Para compreender um homem", afirma-se que Napoleão teria observado, "olhe para o mundo quando ele tinha vinte anos." Thatcher completara vinte anos em 1945.

Ela não se acanhava em dar vazão a esses sentimentos céticos. Em um jantar a que ambos comparecemos em Toronto paralelo à cúpula dos G7 em junho de 1988,[120] citei Bismarck em meu brinde a ela, sugerindo que o melhor a fazer para um estadista era segurar a barra do manto de Deus e caminhar alguns passos com Ele. Thatcher, que não prestava total atenção, perguntou de quem era o manto que eu propusera agarrar. Quando o anfitrião explicou que eu citava Bismarck, ela indagou, "Bismarck, o alemão?". À resposta afirmativa do sujeito, ela retrucou: "Hora de ir".

Conforme aumentava o ímpeto pela unificação, Thatcher se opunha resolutamente. Enquanto outros líderes hesitavam em manifestar suas dúvidas, ela assumiu uma postura contrária. Em lugar de contemplar a unificação, argumentou que a atenção deveria estar focada no estabelecimento de uma democracia genuína na Alemanha Oriental, insistindo que dois estados alemães democráticos poderiam continuar a coexistir indefinidamente. E na tentativa de ressaltar sua preocupação de que uma Alemanha unida pudesse mais uma vez aspirar à dominação europeia, acrescentou outro argumento: a unificação alemã podia arruinar o experimento histórico reformista de Mikhail Gorbachev — encorajando facções linha-dura em Moscou, que eram capazes de tirá-lo do cargo.

Esses argumentos encontraram pouco eco até entre os aliados de Thatcher. O governo Bush considerava a reunificação um desdobramento natural da vitória ocidental na Guerra Fria. Apenas alguns dias antes da queda do Muro de

Berlim, Bush não deixou dúvidas sobre sua posição: "Não partilho da mesma preocupação de alguns países europeus quanto a uma Alemanha reunificada", afirmou ao *New York Times*, "pois acredito que o comprometimento alemão com a aliança e seu reconhecimento da importância dela são inabaláveis".[121]

Líderes europeus como o presidente francês François Mitterrand, que inicialmente partilhara da hesitação de Thatcher, começaram a flertar com o consentimento à reunificação ao mesmo tempo que procuravam moldar as condições sob as quais teria lugar. Quando me encontrei com Thatcher em Londres em 10 de janeiro, insisti exatamente nessa estratégia. Ela se mostrou irredutível. O registro de nosso encontro ilustra sua posição determinada: "A primeira-ministra afirmou que nada nas relações internacionais deveria ser encarado como inevitável. Seu ponto de partida era estabelecer o que serviria aos interesses britânicos e depois tentar fazer acontecer".[122]

Esses eram sentimentos louváveis, mas em janeiro de 1990 não foram substitutos para uma política atrelada com firmeza à realidade emergente na Europa. Sua liderança, com tanta frequência marcada pela agilidade criativa e por uma análise firme da realidade, exibia agora elementos de rigidez. Sem o impulso pragmático que tão bem lhe servira em crises anteriores, restava a Thatcher uma política que correspondeu a pouco mais que oposição ineficaz. Sua proposta de deixar no país algumas forças soviéticas para estabilizar a Alemanha Oriental após a reunificação foi desconsiderada.[123] Os alemães, com o apoio estadunidense e a aquiescência francesa, foram em frente. Thatcher saiu do episódio marginalizada e diminuída.

A unificação alemã entrelaçava-se ainda ao projeto mais amplo de integração europeia. A visão predominante no continente era de que a melhor forma de conduzir uma Alemanha unificada era por meio de laços estreitos com a Comunidade Europeia. O chanceler Helmut Kohl esposava essa visão e estava preparado para contribuir com sacrifícios alemães à empreitada; seu ministro de relações exteriores, Hans-Dietrich Genscher, evocou o apelo do romancista Thomas Mann de "criar não uma Europa alemã, mas uma Alemanha europeia".[124]

Thatcher discordava fundamentalmente dessa estratégia. A grande população e o potencial econômico da Alemanha garantiriam ao país um peso substancial, quando não dominante, em qualquer estrutura europeia integrada. Ela entendia que o efetivo poderio alemão poderia ser neutralizado por meios legais ou institucionais. Contudo sentia no fundo que a integração europeia da Alemanha serviria antes para entrincheirar o poderio alemão do que para contê-lo. No fim, mostrou-se parcialmente correta, na medida em que o progresso econômico alemão permitiu ao país maior influência na UE do que qualquer outro estado-membro. Mas na questão fundamental do caráter e da política dos alemães, ela se equivocara; a Alemanha fora transformada por Adenauer e seu legado e permaneceu um membro integral da Aliança Ocidental desde a unificação, em outubro de 1990.

EUROPA, A DIFICULDADE SEM FIM

Não só a reunificação alemã, mas também toda a agenda da integração europeia ia no sentido contrário à visão de mundo de Thatcher. Como defensora da soberania parlamentar, ela encarava a transferência de poderes dos estados-nações para instituições supranacionais europeias compostas de burocratas não eleitos como uma ab-rogação dos direitos democráticos e soberanos.

A estratégia de Thatcher fora encorajar a liberalização econômica na Europa sem promover a integração política. A tentativa de manutenção desse equilíbrio passou a ser seu supremo dilema de política externa. Em 1984, após anos de excruciantes negociações, ela obtivera uma grande vitória política sobre Bruxelas, outorgando à Grã-Bretanha um "desconto" anual que reduziu a contribuição britânica ao orçamento europeu em dois terços. Em 1986, aceitara o Ato Único Europeu na busca por um mercado integrado (o documento na verdade fora rascunhado principalmente pelos britânicos). Porém falhou em prever que a lei seria usada para estender a "Votação Majoritária Qualificada" aos Conselhos Europeus, desse modo acelerando o processo de perda de poder das capitais nacionais. Como admitiu posteriormente em suas memórias:

> hoje é possível ver o período de meu segundo mandato como primeira-ministra como aquele em que a Comunidade Europeia desviou-se sutil mas firmemente de ser uma Comunidade de comércio aberto, regulamentação leve e estados-nações soberanos cooperando livremente para ir no rumo do estatismo e do centralismo.[125]

O palco fora montado para um conflito — tanto entre Londres e Bruxelas como dentro do Partido Conservador — que duraria por mais de uma geração.

A administração do relacionamento britânico com a Europa é uma questão perene e, para um líder do Partido Conservador, perigosa. De Margaret Thatcher em novembro de 1990 a Theresa May em julho de 2019, quatro governos conservadores naufragaram nos bancos de areia da relação europeia.[126]

O primeiro sinal da luta de Thatcher para administrar as divisões de seu partido em relação à Europa veio com a renúncia do ministro da defesa Michael Heseltine, em janeiro de 1986. A controvérsia em tese era sobre a Westland, única fabricante de helicópteros remanescente na Grã-Bretanha, mas em essência tinha a ver com a ambição de Heseltine de substituir Thatcher no poder. A companhia estadunidense Sikorsky manifestara interesse em se tornar uma acionista minoritária da Westland, esperando virar o jogo para a nada lucrativa fabricante britânica com uma infusão de capital — opção atraente tanto para o livre mercado de Thatcher como para suas convicções atlantistas.

Mas Heseltine preferia uma solução estatista e europeia. Segundo seu plano, a combalida empresa britânica entraria para um consórcio de empresas de defesa britânicas, francesas, alemãs e italianas. Na controvérsia que se seguiu, o gabinete procurou desacreditar Heseltine — causando uma breve turbulência que pareceu ameaçar o controle de Thatcher sobre o Partido Conservador. No fim, Heseltine renunciou e a Sikorsky socorreu a Westland.

Carismático, rico e ferozmente ambicioso, Heseltine se posicionava como um sucessor pró-europeu de Thatcher. Sua insurgência pouco sutil arderia em lenta combustão nas bases conservadoras por anos até de súbito explodir numa conflagração em novembro de 1990.

A essa altura, muita brasa havia se acumulado. Gigantes políticos conservadores ascenderam e caíram em relação a suas posturas sobre a Europa. O Reino Unido ingressara na Comunidade Econômica Europeia (CEE) sob o governo de Heath em 1973. Mas em 1979 a Grã-Bretanha rejeitou ingressar no recém-criado Mecanismo Europeu de Taxas de Câmbio (ERM, na sigla em inglês), uma espécie de precursor do euro que exigiria dos países participantes manterem suas taxas de câmbio externas dentro de certo limite do valor da Unidade Monetária Europeia (ECU, na sigla em inglês) — que por sua vez era determinada ponderando-se a moeda dos países-membros segundo o tamanho de suas economias.

O vale-tudo por causa da CEE, do ERM e da ECU deixou o gabinete britânico dividido e minou continuamente a liderança de Thatcher. Ela rejeitou a possibilidade de a Grã-Bretanha entrar para o ERM em 1985, mas no início de 1987 o chanceler do Tesouro, Nigel Lawson, encontrara uma alternativa: sem a aprovação de Thatcher, assegurou que a libra esterlina iria "acompanhar" o marco alemão ocidental a uma taxa específica. Mas em novembro de 1987 Thatcher tomou ciência do acordo tácito e cancelou a diretriz no início de 1988.[127]

Em meio a esse contexto de planos para a integração europeia cada vez mais ambiciosos, bem como a um Partido Conservador irremediavelmente cindido, Thatcher aceitou o convite para discursar sobre o futuro do continente no College of Europe em Bruges, Bélgica. Ciente de que seu público de aspirantes a eurocratas não constituía uma clientela natural para sua mensagem eurocética, aliviou o ambiente começando com uma piada. "A se acreditar em algumas das coisas ditas e escritas sobre minhas opiniões em relação à Europa", afirmou, abrindo um largo sorriso, "isto deve parecer um convite a Gengis Khan para falar sobre as virtudes da coexistência pacífica!"[128] Como Gengis Khan, porém, Thatcher viera para conquistar. A piada seria a extensão de sua gentileza.

Mais do que elogiar uma ideia de Europa, Thatcher se dispunha a prescrever seus limites. Nesse sentido, o "Discurso de Bruges" pode ser lido como uma declaração de independência de seus críticos no gabinete. Na visão de Thatcher, a Comunidade Europeia deveria buscar cinco "princípios orientadores": pautar-se pela "cooperação disposta e ativa entre estados soberanos independentes"; "lidar com problemas atuais de maneira *prática*"; "encorajar o empreendimento"; "não ser protecionista"; e "manter uma defesa segura por meio da Otan".[129]

Com "prática", Thatcher se referia a uma burocracia europeia modernizada, politicamente responsável e pró-mercado que regulamentasse com mão leve e focasse os problemas imediatos, não planos grandiosos. Alinhada a isso, sua visão da Europa estava baseada na conservação de estados-nações distintos:

Tentar suprimir as nacionalidades e concentrar energia no centro seria altamente prejudicial e colocaria em risco os objetivos que buscamos atingir. A Europa será mais forte precisamente porque tem a França enquanto França, a Espanha enquanto Espanha, a Grã-Bretanha enquanto Grã-Bretanha, cada uma com seus costumes, tradições e identidade. Seria tolice tentar encaixá-las em algum tipo de personalidade europeia forjada.[130]

Charles de Gaulle teria endossado essa passagem palavra por palavra.

O ceticismo de Thatcher quanto à centralização, tão proeminente no discurso de Bruges, surgira de seu estudo de Hayek antes de ela se tornar primeira-ministra. Na época de sua fala em Bruges, ela contava com a experiência de ter implementado reformas na Grã-Bretanha, como a privatização da indústria e da moradia pública — iniciativas que deram certo em grande parte porque devolviam o poder do Estado ao empreendimento privado. No seu entender, os promotores do projeto europeu ignoravam as principais lições econômicas da era. Ela os criticou diretamente em seu discurso, observando:

> Na verdade é irônico que bem quando esses países, como a União Soviética, que tentaram controlar tudo a partir do centro, estão aprendendo que o sucesso depende de dispersar o poder e as decisões para longe do centro, alguns na Comunidade parecem querer se mover em direção oposta. Não triunfamos em recuar as fronteiras do Estado na Grã-Bretanha para vê-las reimpostas no nível europeu com um superestado europeu exercendo uma nova dominação a partir de Bruxelas.[131]

Essa declaração era planejada para chocar, e atingiu o efeito desejado. Representou a réplica direta a um discurso feito três meses antes pelo presidente da Comissão Europeia, Jacques Delors, em que o socialista francês sugerira que, em dez anos, as legislaturas nacionais delegariam 80% de sua tomada de decisão econômica ao Parlamento europeu.[132] Thatcher dificilmente teria ficado mais inflamada.

O discurso de Bruges também proporcionava uma reflexão sábia, embora menos frequentemente evocada, sobre o significado da civilização europeia e o lugar da Grã-Bretanha nela. Tocava em duas de suas grandes convicções — a simpatia pelos que lutavam pela liberdade no Leste Europeu e a profunda admiração pelos Estados Unidos. A Comunidade Europeia era "uma manifestação da identidade europeia", observou Thatcher, mas não "a única". Passando da análise distanciada à exortação apaixonada, ela prosseguiu:

> Jamais devemos nos esquecer de que a leste da Cortina de Ferro povos que outrora usufruíram de uma plena parcela da cultura, liberdade e identidade europeias foram separados de suas raízes. Sempre olharemos para Varsóvia, Praga e Budapeste

como grandes cidades europeias. Tampouco devemos nos esquecer que os valores europeus ajudaram a fazer dos Estados Unidos da América os valorosos defensores da liberdade que vieram a ser.[133]

As palavras de Thatcher foram proféticas. Varsóvia, Praga, Budapeste e Berlim Oriental não tardaram a ser acolhidas pela Europa e a prosperidade do continente, na época e hoje, dependeu da segurança oferecida pelos Estados Unidos — em si uma grande extensão da civilização europeia.

Eis por que o discurso de Bruges de Thatcher acabaria ganhando um lugar no cânone oratório britânico: não apenas pelo lugar crucial que ocupa na sua biografia, como também por sua presciência e articulação lúcida das tensões duradouras entre a identidade britânica e a integração europeia.

A QUEDA

O efeito imediato do discurso de Bruges, entretanto, foi afastar Thatcher ainda mais de seus colegas de gabinete. Essa não era uma questão de menor importância, sugerindo um endurecimento das diferenças na política econômica não menos ominoso que episódios similares relativos às políticas externa e de defesa. Como observado anteriormente, o sistema britânico eleva membros do gabinete aos escalões mais altos do partido, significando que a autoridade se move em ambas as direções entre o primeiro-ministro e o gabinete. Um elemento de boa vontade pessoal entre os dois é, portanto, fundamental para a operação de um governo efetivo.

Em junho de 1989, horas antes de Thatcher falar perante uma cúpula da Comunidade Europeia em Madri, o chanceler do Tesouro Nigel Lawson e o secretário dos assuntos estrangeiros Geoffrey Howe visitaram-na na sede do governo em um domingo de manhã. Ali estava um espetáculo raro no governo britânico: os dois mais poderosos ministros de Thatcher ameaçando renunciar caso a primeira-ministra se recusasse a propor um prazo final para se juntar formalmente ao ERM, desse modo abrindo mão da política monetária independente de seu país. Thatcher anotou com cuidado suas exigências — e expressou disposição em melhorar sua postura em relação ao assunto —, mas recusou-se a consentir com a divulgação pública de um prazo final.

Pouco após voltar de Madri, ela rebaixou Howe a líder da Câmara dos Comuns, ao mesmo tempo suavizando o baque ao lhe conceder o título nebuloso de vice-primeiro-ministro. Thatcher foi mais misericordiosa com Lawson, permitindo que permanecesse em seu cargo. Mas ele não demorou a renunciar devido à política da taxa de câmbio, bem como à recusa da primeira-ministra em demitir seu principal assessor econômico, Alan Walters, cujas opiniões públicas no entender de Lawson minavam a autoridade dele.

Mas em outubro de 1990 Thatcher fora forçada pelo chanceler do Tesouro recém-empossado, John Major, a aquiescer à entrada da Grã-Bretanha no ERM. Em um discurso a 30 de outubro perante a Câmara dos Comuns, ela defendeu esse gesto ao mesmo tempo que rejeitava "total e completamente" a união econômica e monetária, que via como "a porta dos fundos para uma Europa federal". Furiosa com seu gabinete e determinada a evitar desafios adicionais a suas políticas, ela parecia pegar suas deixas retóricas das palavras admonitórias de Deus para Jó: "Até aqui virás, mas não mais além". Fazendo de Jacques Delors seu antagonista, Thatcher contou que "ele queria que o Parlamento europeu fosse o órgão democrático da Comunidade, que a Comissão fosse o Executivo e que o Conselho de Ministros fosse o Senado". Sua resposta foi inequívoca: "Não, não, não!".[134]

"Não, não, não", declarada de forma calma mas enfática, viria a se tornar mais uma das expressões imortais de Thatcher — mas não antes de ter ajudado a derrubar seu governo, que já perdia rapidamente apoio devido à adoção da impopular "taxa comunitária" (um imposto único arrecadado pelos governos locais).

Dois dias depois, Geoffrey Howe renunciou a seu cargo no gabinete por "questões tanto de substância como de estilo", conforme explicaria em um discurso à Câmara dos Comuns em 13 de novembro. A política de Thatcher quanto à união econômica e monetária, argumentou ele em seu discurso de renúncia, "ameaça cada vez mais desencaminhá-la tanto quanto os demais". O discurso de Howe foi uma obra-prima polvilhada de elogios duvidosos. Após saudar a "coragem e a liderança" de Thatcher diante de uma Casa cativada, ele atacou diretamente sua abordagem invocando a crença de Harold Macmillan de que a Grã-Bretanha

devia nos inserir e conservar dentro da CE. Ele percebeu ser essencial na época, assim como hoje, não nos isolarmos das realidades do poder; não nos refugiarmos em um gueto de sentimentalidade quanto a nosso passado e reduzir assim nosso controle sobre nosso próprio destino no futuro.[135]

Exaltando-se cada vez mais, Howe caracterizou a retórica de Thatcher na Europa como "trágica" e "preocupante". Então modulou a voz num tom mais de tristeza do que de raiva:

A tragédia — e para mim pessoalmente, para meu partido, para nosso povo todo e para minha mui honrada Amiga, trata-se de uma tragédia bastante real — é que a postura da primeira-ministra em relação à Europa traz riscos cada vez mais sérios para o futuro de nossa nação. Ameaça minimizar nossa influência e maximizar nossas chances de ficar mais uma vez isolados. Pagamos um pesado preço no passado por inícios atrasados e por desperdiçar oportunidades em várias ocasiões na Europa. Não ousemos permitir que isso torne a acontecer. Se nos distanciarmos completamente, enquanto partido ou nação, do meio-termo europeu, os efeitos serão incalculáveis e muito difíceis de corrigir.[136]

A conclusão de Howe deixou claro que ele não via nenhum futuro construtivo para a nação sob a liderança de Thatcher. Aludindo a um "conflito" entre sua lealdade à amiga primeira-ministra e o compromisso "com o que eu percebia serem os verdadeiros interesses da nação", ele concluiu ser impossível continuar a trabalhar no governo. Afirmando ter "se debatido" longamente com a decisão, Howe exortou outros no partido a "considerar suas próprias reações" e seguir seu exemplo em fazer o que é "certo para meu partido e meu país".[137] Esse apelo a "outros" no Partido Conservador para reconsiderarem a lealdade ao governo Thatcher serviu implicitamente como uma bênção para sua derrubada. Michael Heseltine declarou seu desafio à liderança dela na manhã seguinte.

O momento era muitíssimo inconveniente para Thatcher. A primeira-ministra tinha uma visita programada à Irlanda do Norte em 16 de novembro e uma viagem a Paris para uma conferência de três dias (marcada para 19-21 de novembro) da Organização para a Segurança e Cooperação na Europa (OSCE), período que corresponderia agora também aos últimos dias da nova campanha pela liderança do Partido Conservador. A despeito da liderança contestada, Thatcher optou por honrar seus compromissos de viagem.

Observando de longe essa surpreendente (para alguém de fora) disputa pela liderança, fiquei perplexo com a decisão de Thatcher. Provavelmente abusando de laços anteriores — o que sempre confinara meus pareceres à política externa —, liguei para Charles Powell, a essa altura um amigo próximo, e perguntei por que ela parecia estar se ausentando do campo no auge da batalha. Era verdade que a conferência representava um momento de grande expectativa pós-Guerra Fria: Bush e Gorbachev iriam se reunir com seus pares europeus e mapear o futuro do continente. Mas, para Thatcher, era certo que a estratégia mais prudente seria permanecer na Grã-Bretanha e defender seus pontos de vista junto aos apoiadores indecisos.

Minha sugestão não foi bem recebida: Thatcher acreditava que seu dever residia no palco mundial. Deixar de ir à conferência para conduzir uma disputa no Partido Conservador, a seu ver, sinalizaria uma perigosa falta de confiança. Por mais infundida de caráter que fosse sua decisão, ela se revelou desastrosa.

Thatcher confiou a gestão de sua campanha ao que só pode ser descrito como um desmotivado bando de incompetentes. Na noite de 20 de novembro, assessores chegaram à embaixada britânica em Paris com a notícia da primeira votação: "Longe de tão boa quanto esperávamos e longe de suficiente".[138] Ela obtivera 204 votos contra 152 de Heseltine, com 16 abstenções. Pelas regras arcanas do Partido Conservador, porém, ficara aquém da supermaioria exigida; apenas dois dos apoiadores de Heseltine teriam lhe bastado para vencer. Agora seria necessária uma segunda votação. Mantendo a compostura diante das câmeras, ela afirmou aos repórteres que, na verdade, contestaria essa votação.

Os eventos adversos acumulados ao longo das 48 horas seguintes guardam um ar de tragédia shakespeariana. As reservas de boa vontade acumuladas em seu gabinete ao longo dos anos chegavam ao fim; a mesma convicção, espírito combativo e carisma que antes lhe angariaram aliados agora vinham combinados a uma obstinação que lhe custava os amigos e apoiadores. Conforme Heseltine ocupava o centro das atenções na mídia, pessoas leais a Thatcher começaram a vacilar e desertar. Murmúrios circulavam no gabinete sobre a escolha de um candidato capaz de "deter Heseltine" — John Major ou o secretário de relações exteriores Douglas Hurd.

Durante toda noite e no dia seguinte, Thatcher testemunhou a maré da fortuna recuar. Ela fez reuniões com todos os membros do gabinete, que lhe afirmaram um por um que, embora sem a menor dúvida a apoiassem, lamentavelmente ela não prevaleceria em nova votação. À meia-noite de 21 de novembro, estando empacada, ela decidiu renunciar. No dia seguinte, às nove da manhã, anunciou formalmente a decisão a seu gabinete. Como afirmei a Powell na época, sua renúncia me pareceu "pior que uma morte na família".[139]

Para a maioria dos observadores americanos, a queda de Thatcher era desconcertante. A magnitude de suas realizações no palco mundial e a substancial confiança de que usufruiu nos Estados Unidos tornavam difícil compreender por que seus colegas conservadores a removeriam do posto. O presidente Bush ficou desolado quando soube da notícia durante uma viagem à Arábia Saudita, onde visitava tropas de coalizão reunidas para repelir as forças iraquianas do Kuwait. O general Norman Schwarzkopf falou em nome de muitos amigos da Grã-Bretanha quando exigiu do general britânico: "Que tipo de país vocês têm por lá para tirar a primeira-ministra no meio de uma guerra?".[140]

Igualmente notável para os observadores foi a elegância pública exibida por Thatcher, a despeito de sofrer na intimidade. Pela manhã, ela anunciara sua intenção de renunciar; nessa mesma tarde, foi obrigada a enfrentar uma moção de desconfiança no Parlamento. O Partido Trabalhista convocou a votação para tirar vantagem da desordem nos quadros conservadores. À tarde, nas palavras do líder dos Liberais Democratas, Paddy Ashdown, Thatcher mostrou "um desempenho brilhante". Fazendo a defesa exaltada de suas políticas de governo — e, por extensão, de sua própria liderança —, indagou, "Quando a vã retórica [dos trabalhistas] cai por terra, quais são seus verdadeiros motivos para trazer essa moção perante a Casa?". Sua resposta foi inflexível:

Não pode ser uma queixa sobre a posição britânica no mundo. Ela tem mérito elevado, devido principalmente a nossa contribuição ao fim da Guerra Fria e à disseminação da democracia no Leste Europeu e na União Soviética — conquistas celebradas no encontro histórico em Paris do qual regressei ontem.

Não pode ser sobre as finanças nacionais. Estamos saldando dívidas, inclusive as dívidas contraídas pelo Partido Trabalhista [...].

A verdadeira questão a ser decidida [...] é qual a melhor forma de ampliar as conquistas da década de 1980, levar adiante as políticas conservadoras durante a década de 1990 e acrescentar a três eleições gerais vitoriosas uma quarta, que certamente deveremos vencer.[141]

Nisso também Thatcher foi inteiramente presciente. John Major superaria Heseltine na disputa seguinte pela liderança e obteria uma quarta vitória consecutiva para os conservadores na eleição geral de 1992.

Na semana seguinte, Thatcher respondeu às questões do Parlamento pela última vez. O mais surpreendente em rever essa sessão são os elogios dirigidos a ela por políticos fora do Partido Conservador. Por exemplo, James Molyneaux, do Partido Unionista da Irlanda do Norte, aproveitou a oportunidade para refletir, com certo remorso, sobre a desavença anterior entre eles devido ao Acordo Anglo-Irlandês:

> A primeira-ministra se recorda de um importante debate em novembro de 1985, quando as relações entre nós estavam um pouco tensas? Recorda-se que me dirigi a ela desta forma: "Milhões de nossos conterrâneos britânicos por toda essa nação sentem que a primeira-ministra tem uma contribuição duradoura a dar para o destino nacional"? A primeira-ministra tem consciência hoje de que a vasta maioria dessas pessoas deseja que tal contribuição continue?[142]

Abrindo mão da oportunidade de levar a melhor sobre um adversário, Thatcher respondeu com graça: "O mui honrado cavalheiro é assaz generoso".

No dia seguinte, 28 de novembro de 1990, Margaret e Denis Thatcher deixaram o número 10 da Downing Street. Seu último pronunciamento como primeira-ministra foi, caracteristicamente, agradecer à equipe encarregada da residência.

EPÍLOGO

O renascimento britânico propiciado por Thatcher foi uma realização ao mesmo tempo econômica e espiritual. Quando ela se tornou primeira-ministra, o declínio nacional não se devia meramente a uma economia periclitante. Era uma crença coletiva, autorreforçadora e, em última análise, debilitante. Suas marcas registradas foram inflação alta, crescimento lento e paralisantes disputas trabalhistas. O centro político da Grã-Bretanha nos anos 1970 simplesmente não estava funcionando.

Rejeitando esse esgotado consenso, Thatcher imaginou uma visão positiva para o futuro como líder da oposição. E posteriormente, ao virar primeira-ministra, conduziu sua sociedade a uma situação em que nunca estivera antes. Isso exigiu tanto coragem como caráter: coragem para se desviar de maneira tão dramática do pensamento convencional da época e caráter para permanecer constantemente no curso mesmo quando seu remédio amargo levou o paciente a se queixar.

Repetidamente Thatcher mostrou nervos no lugar e um compromisso inabalável com suas convicções — mesmo quando as condições eram ambíguas, havia grande risco de queda dos mercados e o apoio público parecia declinar. Sua estratégia de reduzir a oferta de dinheiro para controlar a inflação no início de seu mandato não teve volta. Ela procedeu a uma resposta vigorosa à agressão nas Falklands. E assegurou o suprimento energético britânico durante a greve dos mineiros, mantendo suas políticas mesmo quando a opinião pública ameaçou se voltar contra elas.

Sem dúvida, apenas tenacidade raramente basta para o sucesso. De modo a manter sua estratégia de renovação da Grã-Bretanha, Thatcher tinha de angariar apoio no Partido Conservador — em particular para a reforma doméstica, inerentemente mais polarizadora do que a mobilização contra um inimigo externo. O impacto que sua retórica exerceu em seus apoiadores lembra a descrição feita por Isaiah Berlin das palavras de Churchill exortando a nação durante a Segunda Guerra Mundial:

> Tão hipnótica foi a força de suas palavras, tão forte sua fé, que pela pura intensidade de sua eloquência ele lançou seu feitiço sobre eles até lhes parecer que falava de fato o que havia em seus corações e mentes. Sem dúvida estava lá; mas em larga medida adormecido, até tê-lo despertado.[143]

Da mesma maneira, na época de Thatcher, o desalento com a disfunção britânica já estava no ar; seu feito foi canalizá-lo pela causa da reforma doméstica. Sua retórica mobilizou apoio suficiente em sua ala do Partido Conservador para sustentar sua agenda ambiciosa, realinhando o centro político por décadas. Ela equilibrou uma forte presença do governo na sociedade com a liberdade individual na economia — talvez não o programa que a maioria dos conservadores contemporâneos defendia, mas certamente ideais que o partido seguira em períodos anteriores da história.[144] No processo, amealhou novas coalizões de eleitores que tradicionalmente não votavam nos conservadores, possibilitando-lhe vencer três eleições seguidas e lançar a base para uma quarta vitória pouco após sua aposentadoria. Ela vira o futuro — e o fizera funcionar.

Não que lhe faltassem inimigos; até os conservadores às vezes acusavam Thatcher de trair os princípios básicos do partido. Ela era sem dúvida uma outsider: tanto por ser mulher e ter formação científica, como por provir de um ambiente de classe média, filha de um merceeiro. Contudo suas ações, embora seguramente disruptivas, mostraram um total comprometimento com seu partido. Ela não estava traindo seus princípios, mas trabalhando com firmeza para restaurá-los.

Os ideais de Thatcher ecoavam os dos maiores líderes conservadores desde Disraeli: a preservação do Reino Unido, o engajamento internacional com base em princípios democráticos e a governança doméstica com base na autossuficiência individual — suplementada pela admissão do consenso britânico no pós-guerra sobre a necessidade de um serviço de saúde estável e de um Estado de bem-estar social.

Nos assuntos internacionais, embora inicialmente visse pouco valor em um aceno diplomático à União Soviética, ela mudou de rota quando se deparou com Mikhail Gorbachev e considerou o momento apropriado para progredir. Com uma visão firme no longo prazo, lidou com os substanciais problemas de Gorbachev, acreditando que a abertura de tal diálogo acabaria fortalecendo a posição do Ocidente democrático.

Thatcher tampouco enxergava um conflito entre seus princípios de livre mercado e a obrigação de gestão ambiental. Grande defensora do Protocolo de Montreal, um raro tratado internacional não só elogiado universalmente como também altamente efetivo, Thatcher merece sua parcela de crédito pela extraordinária recuperação da camada de ozônio em décadas recentes. Perto do fim de seu governo, foi uma das primeiras líderes mundiais a falar enfaticamente sobre os perigos da mudança climática. Discursando à Real Sociedade em 1988, admitiu que a despeito de todos os benefícios da Revolução Industrial, também era verdade que a humanidade havia "inadvertidamente dado início a um experimento em massa com o sistema do próprio planeta".[145] Embora coubesse às gerações mais jovens resolver esse problema vasto e cada vez mais perceptível, Thatcher ao menos tentara mostrar o caminho.

A política externa de Thatcher foi uma amostra crucial da importância da parceria britânico-americana dentro da Aliança Atlântica. O ânimo renovado do "relacionamento especial" assegurou sua influência no palco global. Não havia nada nos recursos naturais, no desempenho econômico ou na bravura militar da Grã-Bretanha que justificasse um status de superpotência na década de 1980. Porém, mediante sua personalidade enérgica, seu apoio habilidoso nas questões importantes e seu relacionamento essencial com o presidente Reagan, Thatcher agia como se a Grã-Bretanha estivesse em pé de igualdade com os Estados Unidos. E, quase sempre, o governo Reagan reagiu com a maior boa vontade a essa narrativa.

Alguns líderes se ajustam à aposentadoria política com relativa tranquilidade e elegância. Podem até crescer em estatura, escrevendo com sucesso um capítulo novo e cativante na história de suas vidas. Lady Thatcher, como logo veio a ser conhecida, não foi um deles. Vivia para sua visão e, uma vez fora do cargo, empenhou-se em encontrar algo tão significativo quanto os desafios enfrentados durante os anos passados no número 10 da Downing Street.

Continuei a visitá-la sempre que viajava a Londres, mesmo nos anos depois de a doença ter anuviado seu espírito. A despeito de sua temível reputação, em boa parte adquirida pela conduta em debates envolvendo princípios, comigo sempre fora a personificação da bondade pessoal. Mesmo em nosso encontro final, achei-a irrepreensivelmente agradável, atenciosa e digna.

Nessas últimas ocasiões, sentado diante de uma estimada amiga de mais de três décadas, via uma líder que enfrentara as provações da vida com coragem e graça. Embora reduzida a uma mera observadora na política, para milhões de seus conterrâneos — e incontáveis admiradores no exterior — seria sempre uma figura grandiosa e histórica: uma reformadora econômica de significação duradoura, uma premiê enobrecida pela determinação e ousadia quando a soberania britânica estava ameaçada, a Dama de Ferro do mundo ocidental. Todo mundo que lidou com ela reconhecia sua solidez exterior; todos percebiam a força interior que a sustentava durante as tribulações da liderança. Em sua presença, poucos podiam se furtar a seu charme pessoal e calor humano.

Para seus críticos, a determinação de Thatcher às vezes encobria suas qualidades humanas. Mas sua excepcional vontade férrea coexistia com o atributo negligenciado que jaz no coração de sua liderança: amor pelo país. A convicção excepcionalmente forte e o ímpeto competitivo foram sem dúvida parte do sucesso de Margaret Thatcher em conquistar o poder; a disciplina e o cálculo ajudaram-na a mantê-lo. Mas apenas o amor por seu país e seu povo pode explicar como exerceu o poder e tudo o que conseguiu com ele. Que a rainha Elisabeth II tenha tomado a decisão de comparecer a seu enterro — honra que não foi estendida a nenhum primeiro-ministro, exceto Winston Churchill — é um testemunho do impacto histórico de Thatcher.

O último hino cantado em seu enterro na catedral de São Paulo, a 17 de abril de 2013, capturava seu modo de ver o mundo:

Prometo a ti, meu país, acima de todas as coisas terrenas,
Inteiro e completo e perfeito, o serviço do meu amor:
O amor que não questiona, o amor que resiste ao teste,
Que deposita sobre o altar o que há de mais caro e melhor.[146]

Conclusão
A evolução da liderança

DA ARISTOCRACIA À MERITOCRACIA

Estas páginas acompanharam o impacto recíproco de seis líderes na circunstância histórica, e da circunstância histórica no papel de cada um. Konrad Adenauer, Charles de Gaulle, Richard Nixon, Anwar Sadat, Lee Kuan Yew e Margaret Thatcher: cada um deles transformou sua respectiva sociedade e todos contribuíram para o surgimento de uma nova ordem mundial.

Os seis líderes foram profundamente afetados pelo dramático meio século em que a Europa, que por quatrocentos anos moldara o desenrolar da história conforme dominava uma porção cada vez maior do globo, consumiu grande parte de sua própria substância em duas guerras mundiais que foram, na prática, uma guerra civil europeia. Depois, eles ajudaram a moldar o mundo que veio em seguida, quando as economias tiveram que ser reorganizadas, as estruturas domésticas, redefinidas e as relações internacionais, reordenadas. Os seis também enfrentaram os desafios da Guerra Fria e as disrupções ocasionadas pela descolonização e a globalização — coisas que continuam a reverberar até hoje.

Os anos formadores desses líderes foram transformativos em um sentido cultural: tanto as estruturas políticas como as sociais do Ocidente estavam, de maneira irrevogável, passando de um modelo de liderança hereditário e aristocrático a um de classe média e meritocrático. À medida que amadureciam, o resíduo duradouro da aristocracia se combinava ao paradigma emergente do mérito, simultaneamente ampliando a base da criatividade social e expandindo seu escopo.

Hoje, os princípios e as instituições meritocráticas são tão familiares que dominam nossa linguagem e nosso pensamento. Considere, por exemplo, a palavra "nepotismo", que implica favorecer parentes e amigos, em especial em cargos de responsabilidade atribuídos por nomeação. No mundo pré--meritocrático, o nepotismo era onipresente — na verdade, um costume de vida —, contudo a prática não trazia nenhuma implicação de vantagem injusta: pelo contrário, as relações de sangue eram uma fonte de legitimidade.

Como concebida originalmente pelos filósofos da antiga Grécia, aristocracia significava o "governo dos melhores". Tal governo, enfaticamente *não* hereditário, encontrava sua justificativa moral apegando-se a um aspecto da vida humana presumivelmente dado — a desigualdade natural dos dotes de cada um — e empregando-o em prol do bem público. O "mito dos metais" de Platão retratava uma ordem política aristocrática baseada no que hoje chamamos de "mobilidade social". Em seu relato, jovens com alma de "ouro" (incluindo mulheres), mesmo que nascidos de pais de "latão" ou "prata", podiam ascender segundo seus talentos naturais.[1]

Enquanto sistema social que moldou a história da Europa ao longo dos séculos, porém, a aristocracia assumiu um significado inteiramente diferente: uma nobreza hereditária que dotava seus líderes de poder e status. As imperfeições da aristocracia no sentido hereditário — como o risco de enveredar pela corrupção e ineficiência — são facilmente evocadas hoje em dia. Menos lembradas são suas virtudes.

Para começar, o aristocrata não se via como tendo adquirido seus status por meio de esforços individuais. A posição era inerente, não conquistada. Sendo assim, embora existissem perdulários e incompetentes, o aspecto criativo da aristocracia estava ligado à ética da *noblesse oblige*, como na expressão "de quem muito recebeu, muito é esperado". Como aristocratas não conquistavam sua posição, os melhores sentiam a obrigação de contribuir para o serviço público ou o progresso social.

No domínio das relações internacionais, líderes de diferentes nações pertenciam a essa classe social e partilhavam de uma sensibilidade que transcendia as fronteiras nacionais. Portanto, concordavam de um modo geral com o que constituiria uma ordem internacional legítima. Isso não impediu conflitos, mas ajudou a limitar sua severidade e a facilitar sua resolução. Os conceitos de soberania, equilíbrio, igualdade legal dos estados e equilíbrio de poder — que foram as marcas registradas do sistema vestfaliano — se desenvolveram em um mundo de práticas aristocráticas.

As maldições da política externa aristocrática foram a excessiva confiança na intuição e uma autoestima que convidava à estagnação. Mesmo assim, em negociações nas quais a posição era sentida como um direito inato, o respeito mútuo entre competidores e até adversários era esperado (embora nem sempre garantido) e a flexibilidade não ficava coibida por um compromisso prévio de sucesso perpétuo, por mais que a questão fosse de curto prazo. As políticas podiam ser julgadas antes em termos de um conceito compartilhado do futuro que de uma compulsão em evitar reveses, até mesmo os temporários.

Consequentemente, em seu melhores momentos, a aristocracia podia manter um senso de excelência que era antitético às tentações demagógicas que por vezes afligiam a democracia popular. Na medida em que uma aristocracia observasse seus valores de moderação e serviço público desinteressado, seus líderes tenderiam a rejeitar a arbitrariedade de uma administração pessoal, governando em lugar disso por meio do status e da persuasão moral.

Ao longo do século XIX e início do XX, os pressupostos fundamentais da aristocracia hereditária foram continuamente eliminados devido à diminuição da crença religiosa, aos movimentos por maior igualdade política desencadeados pela Revolução Francesa e às mudanças de riqueza e status na incipiente economia de mercado. Então, de maneira súbita e inesperada, a Primeira Guerra Mundial revelou a incongruência entre os valores políticos aristocráticos minguando de um lado e as realidades tecnológicas emergindo de outro. Ainda que aqueles houvessem enfatizado o imperativo da moderação e da evolução pacífica, estas magnificaram a capacidade destrutiva da guerra. O sistema entrou em colapso em 1914, quando as paixões nacionais crescentes varreram as antigas salvaguardas, permitindo à tecnologia fornecer os meios para uma escalada constante dos níveis de conflito, que ao longo de mais de quatro anos de guerra solapou as instituições existentes.

Winston Churchill observou em *The Gathering Storm* (1948) que a Primeira Guerra Mundial foi um conflito "não de governos, mas de povos", no qual o sangue vital da Europa foi "vertido em ira e matança".[2] Ao final da guerra, Churchill escreveria:

Foi-se o tempo dos Tratados de Utrecht e Viena, quando estadistas e diplomatas aristocráticos, tanto vitoriosos como vencidos, encontravam-se para uma disputa respeitosa e educada e, livres do estardalhaço e da babel da democracia, podiam remodelar sistemas segundo os fundamentos com os quais todos concordavam. Os povos, arrebatados por seus sofrimentos e pelos ensinamentos em massa que eles haviam inspirado, permaneceram em torno aos milhões para exigir que o troco fosse dado na íntegra.[3]

Como os líderes da Europa haviam fracassado em prevenir a catástrofe iminente, ou contê-la após ocorrida, a Primeira Guerra Mundial erodiu a confiança na elite política — deixando em seu rasto uma liderança debilitada que em países-chave seria derrubada por soberanos totalitários. Nesse ínterim, o acordo de paz de 1918 mostrou-se, ao mesmo tempo, insuficientemente coerente com os valores estabelecidos para induzir a um compromisso com a nova ordem e estrategicamente pouco confiável por fracassar em enfraquecer os partidos derrotados a ponto de eliminar sua capacidade de vingança. Isso teve muitas consequências; a mais grave foi a Segunda Guerra Mundial.

Em ambas as guerras mundiais, a mobilização total de povos, dominando suas energias e explorando suas antipatias mútuas, representou o primeiro e mais desolador resultado da ascensão da classe média. Porém, uma vez passado o tumulto da Segunda Guerra dos Trinta Anos (1914-45), essa transformação social se revelaria compatível com a estabilidade e a capacidade estadista internacional. Um mundo de Estados-nações autoconfiantes, com a classe média detendo a principal parcela do poder político e cultural, revelou-se capaz de produzir líderes que conduzissem uma política responsável e criativa.

Duas forças sociais relacionadas, a meritocracia e a democratização, ensejaram e institucionalizaram a ascensão dos líderes de classe média. Um dos gritos de guerra da Revolução Francesa era "carreiras abertas a talentos". A partir de meados do século XIX, a adoção de princípios e instituições meritocráticos no Ocidente — como exames de admissão, escolas secundárias e universidades seletivas, além de políticas de recrutamento e promoção baseadas em padrões profissionais — criou novas oportunidades para indivíduos talentosos oriundos da classe média entrarem na política. Simultaneamente, a expansão do direito de voto alterou também o centro de gravidade social e político para a classe média.

Nenhum dos seis líderes estudados neste livro vem da classe alta. O pai de Konrad Adenauer fora suboficial no exército prussiano e depois funcionário de escritório; seu filho seguiu o caminho padrão do ensino no Império Alemão. Os avós de Charles de Gaulle tinham ambos boa formação e eram prósperos, mas seu pai era professor escolar; o filho veio a ser o primeiro em sua família a servir nos altos escalões do governo. Richard Nixon era produto de uma criação de classe média baixa no sul da Califórnia. Anwar Sadat, filho de um funcionário de escritório, enfrentou dificuldades para conseguir uma referência que o ajudasse em sua candidatura à academia militar egípcia. Lee Kuan Yew, nascido de pais sino-cingapurianos em declínio social, dependeu de bolsas em Cingapura e na Grã-Bretanha para continuar sua educação. Margaret Thatcher formou-se em uma escola de gramática e era filha de um merceeiro — e foi a segunda pessoa de classe média (após Edward Heath) e a primeira mulher a se tornar líder do Partido Conservador britânico. Nenhum deles teve um ponto de partida que sugerisse sua posterior eminência.

Suas origens humildes lhes permitiram desafiar as categorias políticas convencionais de "insider" e "outsider". Tanto Sadat como De Gaulle foram oficiais militares que chegaram ao poder graças à crise em seus países; Nixon e Adenauer eram políticos experientes e conhecidos que não obstante passaram anos no ostracismo. Dos seis, Thatcher e Lee chegaram ao cargo da maneira mais ortodoxa — por meio da política partidária em um sistema parlamentar —, mas questionavam constantemente a ortodoxia predominante. Assim como seus predecessores aristocráticos no século XIX, mas diferente de muitos de seus contemporâneos no século XX, sua principal preocupação não era a vantagem tática de curto prazo. Em vez disso, suas origens e experiências longe do poder lhes proporcionaram perspectiva, permitindo que articulassem o interesse nacional e transcendessem o pensamento convencional da época.

As instituições cada vez mais meritocráticas que lhes permitiram aproveitar seus talentos desde tenra idade haviam surgido à sombra da aristocracia — e muitas vezes como consequência da guerra. O Estado-Maior General da Alemanha e sua burocracia eficiente, não nepotista, tinham seus antecedentes nas reformas prussianas adotadas após o choque das derrotas no campo de batalha nas Guerras Napoleônicas. De Gaulle frequentou a Saint-Cyr, uma academia militar fundada por Napoleão em 1802 para desenvolver um corpo de oficiais profissional. Outra *grande école* como essa, o seletivo e elitista Institut d'études politiques (o "Sciences Po"), foi fundada após a Guerra Franco-Prussiana (1870-1) ter revelado as inadequações da política francesa e da liderança administrativa — deficiências que seriam remediadas pelo cultivo dos talentos da geração seguinte.

A revolução industrial também desempenhou papel na ênfase cada vez maior dada à educação, como argumenta o historiador David Landes: "todas as antigas vantagens — recursos, riqueza, poder — ficaram depreciadas e a mente se estabeleceu sobre a matéria. Doravante o futuro estava aberto a qualquer pessoa dotada de caráter, mãos e miolos".[4] Com o sucesso cada vez mais atribuído à inteligência e ao esforço individual, e não ao direito de nascença, a educação se tornou a estrada quintessencial do avanço.

Graças a essas mudanças, os seis líderes puderam frequentar escolas secundárias rigorosas (a maioria delas seletiva, e todas voltadas para o bem público, quando não administradas pelo governo). A competição por notas altas nos exames e nas bolsas era um importante aspecto da vida estudantil. A começar pelo ensino médio, e em alguns casos continuando até a faculdade, estudavam um amplo leque de assuntos, com destaque especial para as humanidades, como que se preparando para os desafios da liderança, em que uma percepção da história e a capacidade de lidar com a tragédia são indispensáveis. Acima de tudo, receberam uma educação que os ajudaria a compreender o mundo, a psicologia alheia e a si próprios.

A revolução meritocrática afetou quase todos os aspectos da vida, valorizando a realização e a aspiração a carreiras que transcendessem as origens familiares.[5] O ideal de excelência da era aristocrática foi preservado e recebeu uma ênfase nova e mais forte, mais individualista. Como observou Thatcher em 1975, "oportunidade não quer dizer nada a menos que inclua o direito de não ser igual e a liberdade de ser diferente".[6] Universidades e carreiras foram progressivamente (embora ainda de maneira imperfeita) abertas para mulheres, minorias étnicas e raciais e oriundos de fora de elite. As sociedades se beneficiaram da diversidade intelectual resultante, bem como da abertura a diferentes estilos de liderança.

Esses fatores possibilitaram aos líderes descritos neste livro combinar qualidades aristocráticas a ambições meritocráticas. A síntese sacramentou o serviço público como uma atividade digna, encorajando desse modo aspirações à liderança. Tanto o sistema escolar como a sociedade mais ampla em que se formaram valorizavam o desempenho acadêmico, mas ambos, acima de tudo, enfatizavam o caráter. Consequentemente, os seis líderes cresceram com prioridades além de notas e pontuações; embora essas coisas fossem importantes, não eram tratadas como um fim em si. Daí as recorrentes referências de Lee ao *junzi*, ou o cavalheiro confucionista, e o esforço de De Gaulle em se tornar "um homem de caráter". A educação não era meramente uma credencial a ser obtida na juventude para ficar guardada numa gaveta, mas um esforço incessante de dimensões intelectuais e morais.

Os valores de classe média particulares de que os seis líderes foram imbuídos desde a infância incluíam disciplina pessoal, autoaprimoramento, caridade, patriotismo e autoconfiança. A fé em suas sociedades, incluindo gratidão pelo passado e confiança no futuro, era uma condição sine qua non. A igualdade perante a lei tornava-se uma expectativa estabelecida.

Ao contrário de seus predecessores aristocráticos, esses líderes possuíam um forte senso de identidade nacional, que os inspirava a acreditar que a ambição mais altiva era servir a seus concidadãos por meio da liderança do Estado. Eles não se intitulavam "cidadãos do mundo". Era verdade que Lee se formara no ensino superior britânico e Nixon se orgulhava de suas extensas viagens antes de se tornar presidente, mas nenhum deles adotou uma identidade cosmopolita. Para eles, o privilégio da cidadania implicava a responsabilidade de exemplificar as virtudes particulares de suas próprias nações. Servir seu povo e encarnar as maiores tradições de sua sociedade era uma grande honra. Os efeitos positivos desse sistema de valores, tal como manifestado no contexto estadunidense, foram bem descritos pelo historiador e crítico social Christopher Lasch:

> Independentemente de suas falhas, o nacionalismo de classe média forneceu um terreno comum, padrões comuns, um contexto comum sem os quais a sociedade se dissolve em pouco mais que facções contenciosas, como os Pais Fundadores da América compreenderam tão bem — uma guerra de todos contra todos.[7]

Outro fator comum a todos os líderes, exceto Lee, era uma formação religiosa devota — católica no caso de Adenauer e de De Gaulle, quacre no de Nixon, muçulmana sunita no de Sadat e metodista no de Thatcher. A despeito de suas diferenças, todas essas religiões serviam uniformemente a certos propósitos seculares: treinamento do autocontrole, reflexão sobre as falhas e orientação para o futuro.* Esses hábitos religiosos ajudaram a instilar o autocontrole e uma preferência pela visão de longo prazo — dois atributos essenciais ao estadista exemplificados por esses líderes.

DURAS VERDADES

Quais foram os pontos em comum na liderança meritocrática dessas seis personalidades? Que lições podem ser extraídas de suas experiências?

Todos eram conhecidos por sua retidão e muitas vezes foram os porta-vozes de duras verdades. Não confiavam o destino de seus países a retóricas testadas em pesquisas e grupos focais. "Quem os senhores acham que perdeu a guerra?", foi a intransigente pergunta de Adenauer aos colegas de parlamento que se queixavam dos termos impostos pelos Aliados em sua ocupação da Alemanha no pós-guerra. Nixon, pioneiro no uso político de modernas técnicas de marketing, ainda podia se orgulhar de falar sem notas de apoio, baseado em seu domínio dos assuntos mundiais de um modo franco e direto. Hábeis em manter a ambiguidade política, Sadat e De Gaulle não obstante expressaram-se com excepcional clareza e vivacidade quando procuraram conduzir seus povos a objetivos últimos — assim como Thatcher.

Esses líderes tinham todos uma percepção penetrante da realidade e uma visão poderosa. Líderes medíocres são incapazes de diferenciar o significativo do ordinário; tendem a ser esmagados pelo aspecto inexorável da história. Grandes líderes intuem as exigências atemporais da arte de governar e distinguem, entre os muitos elementos da realidade, aqueles que contribuem para um futuro elevado e precisam ser promovidos acima de outros, que devem ser gerenciados e, em casos extremos, talvez apenas aturados. Assim, tanto Sadat como Nixon, herdando guerras dolorosas de seus predecessores,

---

* Como observou Alexis de Tocqueville, o devoto está acostumado "a considerar por longa sucessão de anos um objeto inamovível em direção ao qual avança constantemente e aprende com imperceptíveis progressões a reprimir 1 milhão de pequenos desejos transitórios [...]. Isso explica por que pessoas religiosas muitas vezes realizaram coisas tão duradouras. Ocupando-se do outro mundo, elas encontraram o grande segredo de triunfar neste". Ver Alexis de Tocqueville, *Democracy in America*. Trad. Harvey C. Mansfield e Delva Winthrop. Chicago: The University of Chicago Press, 2000, p. 522.

buscaram superar as rivalidades internacionais entrincheiradas e introduzir a diplomacia criativa. Thatcher e Adenauer descobriram que uma aliança forte com os Estados Unidos seria o mais vantajoso para seus países; Lee e De Gaulle optaram por um grau menor de alinhamento, que era apropriado para se ajustar a circunstâncias voláteis.

Todos os seis sabiam ousar. Agiram decisivamente em questões de máxima prioridade nacional mesmo quando as condições — domésticas ou internacionais — pareciam muito desfavoráveis. Thatcher despachou uma força-tarefa da Marinha Real para retomar as ilhas Falklands da Argentina mesmo quando muitos especialistas duvidaram da exequibilidade da expedição e a própria Grã-Bretanha estava atolada em uma crise econômica devastadora. Nixon empreendeu uma abertura diplomática com a China e negociações de controle de armas com a União Soviética antes que a retirada do Vietnã estivesse terminada e indo contra boa parte do pensamento convencional. O refrão de De Gaulle, como seu biógrafo Julian Jackson observou, era "Sempre agir como se..." — ou seja, como se a França fosse maior, mais unificada e mais confiante do que realmente era.[8]

Todos compreendiam a importância da solidão.[9] Sadat aprofundou seus hábitos reflexivos na prisão, como o fez Adenauer em um mosteiro durante seu exílio interno. Thatcher tomava algumas de suas decisões mais importantes quando examinava seus papéis sozinha nas primeiras horas da manhã. A casa de De Gaulle na remota cidade de Colombey-les-Deux-Églises se tornou parte intrínseca de sua vida. Nixon muitas vezes se distanciava fisicamente da Casa Branca, retirando-se para o o Edifício do Gabinete Executivo Eisenhower, Camp David ou San Clemente. Longe das luzes e câmeras e das imposições diárias do governo, esses líderes se beneficiaram da imobilidade e reflexão — especialmente antes de grandes decisões.

Um ponto comum extraordinário — além de um paradoxo — entre os seis líderes era seu caráter divisivo. Queriam que seus povos seguissem ao longo do caminho que conduziam, mas não lutavam por consenso, tampouco o esperavam; a controvérsia era o subproduto inevitável das transformações que buscavam. Um exemplo da presidência de De Gaulle é ilustrativo. Durante os tumultos de janeiro de 1960 na Argélia, conhecidos como a "semana das barricadas", eu estava na reunião de Paris com membros do establishment da defesa francesa. Referindo-se ao modo como De Gaulle lidou com a situação, um oficial me disse: "Sempre que ele aparece, divide o país". Contudo, no fim, caberia a De Gaulle superar a crise argelina e devolver a seu país uma visão compartilhada de propósito nacional, assim como resgatar a nação francesa da humilhante capitulação na Segunda Guerra Mundial.

Similarmente, um líder não empreende reformas econômicas fundamentais como fez Thatcher, nem busca a paz com adversários históricos como Sadat, nem constrói uma sociedade multiétnica de sucesso a partir do zero como Lee sem desagradar interesses entranhados e alienar eleitorados importantes. Quando Adenauer aceitou as restrições que acompanhavam a ocupação pós--guerra da Alemanha, foi um convite à vituperação de seus críticos políticos. De Gaulle sobreviveu a — e provocou — incontáveis confrontos, mas seu último grande ato público foi conter o aumento dos protestos estudantis e sindicais que haviam deixado a França à beira da revolução em maio de 1968. Sadat foi martirizado não apenas por trazer a paz entre seu povo e os israelenses, como também, acima de tudo, por justificar essa decisão com base em princípios que alguns consideravam heréticos. Tanto em seus anos de governo como posteriormente, nem todo mundo admirava esses seis líderes ou concordava com suas políticas. Cada um deles enfrentou resistência — muitas vezes oferecida por motivos honrados e às vezes por figuras de oposição eminentes. Esse é o preço de fazer história.

A MERITOCRACIA VACILANTE

Pelo menos no Ocidente, há indícios de que as condições que ajudaram a produzir os seis líderes retratados neste livro enfrentam seu próprio declínio evolutivo. O patriotismo cívico que outrora emprestava prestígio ao serviço público parece ter dado lugar a um sectarismo baseado na identidade e a um cosmopolitismo de rivalidades. Nos Estados Unidos, um número cada vez maior de recém-formados aspira a uma carreira que inclua viagens pelo mundo como executivo de corporação ou ativista profissional; quantidade significativamente menor concebe um papel como líder regional ou nacional na política ou no serviço público. Há alguma coisa errada quando a relação entre a classe de liderança e a maior parte do público é definida por hostilidade e suspeita mútuas.

As escolas secundárias e as universidades ocidentais permanecem muito boas em educar ativistas e técnicos; afastaram-se, porém, da missão de formar cidadãos — entre eles, potenciais estadistas. Tanto ativistas como técnicos desempenham importantes papéis na sociedade, chamando a atenção para suas falhas e os vários modos pelos quais podem ser corrigidas; mas a educação humanista ampla e rigorosa que moldou gerações anteriores de líderes saiu de moda. A educação do técnico tende a ser pré-profissional e quantitativa; a do ativista, hiperespecializada e politizada. Nenhuma das duas oferece muita história ou filosofia — as fontes tradicionais da imaginação do estadista.

Pontuações de exame excelentes e currículos invejáveis levaram a elite atual "a acreditar que fez por merecer seu poder, e que o detém antes por direito que privilégio", segundo o teórico político Yuval Levin, um sagaz observador da atual meritocracia cambaleante.* Estamos colocando uma "concepção fria e estéril de intelecto no lugar de um entendimento caloroso e entusiasmado do caráter como uma medida de valor".[10] O problema mais profundo, em sua opinião, está nos domínios da conduta da elite:

> Os estadunidenses ficaram cada vez mais céticos quanto às reivindicações de legitimidade da nossa elite não tanto por ser demasiado difícil ingressar na camada superior da vida americana (ainda que seja), e sim porque os membros dessa camada parecem ter permissão para fazer o que bem entendem [...]. O problema, em outras palavras, não necessariamente reside nos padrões desse ingresso, mas na falta de um padrão *ao* ingressar. Precisamente por não pensar em si mesma como uma aristocracia, nossa elite acredita não precisar de padrões ou restrições.[11]

Enquanto os aristocratas do século XIX compreendiam que muito se esperava deles e os meritocratas do século XX aspiravam a valores de serviço, as

---

* As virtudes e as desvantagens da meritocracia tal como ela atualmente se manifesta foram recentemente objeto de amplo debate. *The Tyranny of Merit*, de Michael Sandel, e *The Meritocracy Trap*, de Daniel Markovits, defendem que a meritocracia — seja de forma inerente, seja da forma como evoluiu — é desumanizante e exclusiva. *The Aristocracy of Talent*, de Adrian Wooldridge, contra-argumenta que a meritocracia permanece uma maneira admirável, na verdade transformadora, de organizar as sociedades, mas está esclerosada e necessita ser revigorada. *Virtue Politics*, de Jamens Hankins, e os ensaios de Ross Douthat e Helen Andrews enfatizam a importância do caráter, dos valores e dos códigos de comportamento em moldar o desempenho das elites.

elites atuais falam menos em obrigação do que em autoexpressão ou em seu próprio avanço. Além do mais, formam-se em um ambiente tecnológico que desafia essas mesmas qualidades de caráter e intelecto que historicamente sempre serviram para ligar um líder a seu povo.

LEITURA PROFUNDA E CULTURA VISUAL

O mundo contemporâneo está no meio de uma transformação da consciência humana tão difusa que passa quase despercebida. Essa mudança — impulsionada pelas novas tecnologias que fazem o intermédio entre nossa experiência do mundo e nossa aquisição de informação — se desenvolveu em boa parte sem que compreendêssemos seus efeitos de longo prazo, incluindo suas implicações para a liderança. Sob essas condições, ler cuidadosamente um livro complexo, e se envolver criticamente com ele, tornou-se um gesto tão contracultural quanto memorizar um poema épico no início da era da impressão.

Embora a internet e as inovações que a acompanham sejam inquestionavelmente prodígios técnicos, devemos prestar muita atenção ao equilíbrio entre os hábitos mentais construtivos e os corrosivos estimulados pelas novas tecnologias.[12] Assim como a transição anterior da cultura oral para a escrita ao mesmo tempo gerou os benefícios da alfabetização e diminuiu as artes da poesia falada e da narrativa de histórias, a mudança contemporânea de uma cultura impressa para visual carrega tanto perdas como ganhos.

Em uma era dominada pela imagem, o que corremos o risco de perder? Essa qualidade atende por muitos nomes — erudição, saber, pensamento sério e independente —, mas o melhor termo é "leitura profunda", definida pelo ensaísta Adam Garfinkle como o envolvimento com "um texto extenso de forma a antecipar a direção e o significado de um autor".[13] Ubíqua e penetrante, porém invisível, a leitura profunda foi a "radiação cósmica de fundo" do período em que os seis líderes retratados neste livro alcançaram a maturidade.

Para pessoas voltadas à política, a leitura profunda fornece a qualidade que Max Weber chamava de "proporção", ou "a capacidade de se permitir impactar por diferentes realidades mantendo ao mesmo tempo a calma e a compostura interiores".[14] A leitura intensa pode ajudar o líder a cultivar distância mental dos estímulos externos e uma personalidade que mantenha um senso de proporção. Combinada à reflexão e ao treinamento da memória, também oferece um arcabouço de conhecimento detalhado e refinado com base no qual os líderes podem raciocinar analogicamente. De forma mais penetrante, livros oferecem uma realidade razoável, sequencial e ordenada — uma realidade que pode ser dominada, ou ao menos gerenciada, mediante a reflexão e o planejamento.[15] E, talvez mais importante para a liderança, a leitura cria uma "meada de conversa intergeracional", encorajando o aprendizado com senso de perspectiva.[16] Finalmente, ler é uma fonte de inspiração.* Os livros registram as ações de líderes que mostraram grande ousadia, e daqueles que ousaram demais, como uma advertência.

Bem antes que o século XX chegasse ao fim, porém, a palavra impressa perdera sua antiga predominância. Isso resultou entre outras coisas em "um tipo diferente de pessoa sendo eleita como líder, capaz de apresentar a si mesmo e seus programas de uma maneira educada", como observou Lee Kuan Yew em 2000, acrescentando:

A tevê por satélite me permitiu acompanhar a campanha presidencial estadunidense. Fico admirado como os profissionais de mídia conseguem proporcionar nova imagem a um candidato e transformá-lo, ao menos superficialmente, em uma personalidade distinta. Vencer uma eleição torna-se em boa parte uma disputa de embalagens e anúncios.[17]

Assim como os benefícios da era impressa são inextrincáveis de seus custos, o mesmo se dá com a era visual. Com telas em todo lar, o entretenimento é onipresente e o tédio, uma raridade. Mais substancialmente, a injustiça visualizada é mais visceral do que a injustiça descrita; a televisão desempenhou um

---

* Charles Hill, o diplomata estadunidense veterano e conselheiro de secretários de Estado, escreveu todo um livro sobre o significado da literatura para a arte de governar: "A liberdade literária de explorar detalhes infinitos ou requintados, retratar os pensamentos de personagens imaginários e dramatizar temas amplos por meio de enredos intrincados conduz a literatura para o ponto mais próximo da realidade de 'como o mundo realmente funciona'. Essa dimensão da ficção é indispensável para o estrategista, que não pode, pela natureza da arte, conhecer todos os fatos, considerações e potenciais consequências de uma situação no momento em que uma decisão deve ser tomada, pronto ou não". Ver Charles Hill. *Grand Strategies: Literature, Statecraft, and World Order*. New Haven: Yale University Press, 2010. p. 6.

papel crucial no movimento dos direitos civis estadunidense. Contudo os custos da televisão são substanciais, privilegiando em lugar do autocontrole a exibição de emotividade, mudando o tipo de pessoas e argumentos que são levados a sério na vida pública.

A mudança da cultura impressa para a visual continua com o entrincheiramento contemporâneo da internet e das mídias sociais, trazendo consigo quatro vieses que dificultaram aos líderes o desenvolvimento das suas capacidades mais do que na era da impressão. São eles: imediatismo, intensidade, polaridade e conformidade.

Embora a internet torne as notícias e os dados mais acessíveis do que nunca, essa abundância de informação dificilmente nos deixou mais eruditos enquanto indivíduos — muito menos mais sábios. À medida que o "custo" do acesso à informação passa a ser desprezível, como no caso da internet, os incentivos para lembrá-la parecem minguar. Embora esquecer de algum fato particular possa não fazer diferença, a deficiência sistemática em internalizar informação ocasiona uma mudança na percepção e um enfraquecimento da capacidade analítica. Os fatos raramente são evidentes por si sós; sua significação e interpretação dependem de contexto e relevância. Para a informação ser transmutada em algo próximo da sabedoria, deve estar situada em um contexto mais amplo de história e experiência.

Como regra geral, as imagens "falam" em um registro de intensidade mais emocional do que as palavras. A televisão e as mídias sociais dependem de imagens que inflamam as paixões, ameaçando subjugar a liderança com uma combinação de emoção pessoal e emoção massificada. As mídias sociais em particular encorajam o usuário a se tornar um publicitário zeloso da própria imagem. Tudo isso engendra uma política mais populista que celebra declarações percebidas como autênticas em detrimento das frases de efeito polidas da era da televisão, sem mencionar a produção mais analítica da mídia impressa.

Os arquitetos da internet viram sua invenção como um meio engenhoso de conectar o mundo; na realidade, ela também gerou um novo modo de dividir a humanidade em tribos beligerantes. Polaridade e conformidade são interdependentes e autorreforçadoras; a pessoa se direciona a um grupo e então o grupo passa a policiar seu pensamento. Não admira que em muitas plataformas de mídias sociais contemporâneas os usuários se dividam em "seguidores" e "influenciadores"; não há "líderes".

Quais são as consequências para a liderança? Nas nossas presentes circunstâncias, a desanimadora avaliação feita por Lee dos efeitos da mídia visual é relevante: "Duvido que um Churchill, um Roosevelt ou um De Gaulle possam emergir de tal processo".[18] Não é que as mudanças na tecnologia das comunicações tenham impossibilitado a liderança inspirada e a reflexão profunda sobre o mundo, mas numa era dominada pela televisão e pela internet, líderes ciosos devem remar contra a maré.

VALORES SUBJACENTES

Hoje em dia, o mérito tende a ser compreendido limitadamente como intelecto combinado a esforço. Mas o conceito anterior de Thomas Jefferson de uma "aristocracia natural" repousava em uma base diferente e talvez mais sustentável: a fusão entre "virtude e talentos".[19] Para que uma elite política preste um serviço público significativo, são essenciais tanto formação como caráter.

Como vimos, líderes com impacto histórico mundial se beneficiaram de uma formação rigorosa e humanista. Tal formação começa em contexto formal e continua pela vida toda mediante a leitura e o debate com outros. Esse passo inicial raramente é dado hoje — poucas universidades oferecem cursos na arte de governar, de maneira explícita ou implícita — e os esforços de uma vida inteira são ainda mais dificultados à medida que a tecnologia erode a leitura profunda. Assim, para a meritocracia ser revigorada, o ensino humanista precisaria retomar sua significação, abarcando áreas como filosofia, política, geografia humana, línguas modernas, história, pensamento econômico, literatura e, até, talvez, antiguidade clássica, cujo estudo por muito tempo foi um celeiro de estadistas.

E como caráter é essencial, uma concepção mais profunda da liderança meritocrática também abarcaria a definição de virtude proposta pelo cientista político James Q. Wilson: "hábitos de ação moderada; mais especificamente, agir com o devido comedimento em relação aos próprios impulsos, a devida consideração pelos direitos dos outros e uma preocupação razoável com as consequências remotas".[20] Da juventude à velhice, a mera centralidade do *caráter* — a mais indispensável das qualidades — é um desafio incessante, tanto para líderes como para estudantes de liderança. Bom caráter não assegura sucesso

453

no mundo, ou triunfo na arte de governar, mas definitivamente proporciona uma base sólida na vitória e um consolo no fracasso.

Estes seis líderes serão lembrados pelas qualidades que ficaram associadas a eles e que definiram seu impacto: Adenauer por sua integridade e persistência, De Gaulle por sua determinação e visão histórica, Nixon por sua compreensão da situação internacional interligada e sua firmeza de decisão, Sadat pela elevação espiritual com que forjou a paz, Lee por sua imaginação em fundar uma nova sociedade multiétnica, Thatcher por sua liderança de princípios e sua tenacidade. Todos demonstraram coragem extraordinária. Nenhuma pessoa isolada jamais poderia possuir todas essas virtudes simultaneamente; os seis líderes as combinavam em diferentes proporções. Sua liderança veio a ser tão identificada com seus atributos como com suas realizações.

LIDERANÇA E ORDEM MUNDIAL

Desde o fim do que estas páginas descrevem como a Segunda Guerra dos Trinta Anos (1914-45), a comunicação instantânea e a revolução tecnológica se combinaram para dar um novo significado e urgência a duas questões cruciais enfrentadas pelos líderes: o que é imperativo para a segurança nacional? E o que é necessário para uma coexistência internacional pacífica?

Essas questões têm sido respondidas de diferentes maneiras ao longo da história. Embora tenha existido uma infinidade de impérios, as aspirações a uma ordem mundial ficavam confinadas tanto pela geografia como pela tecnologia a regiões específicas; isso era verdade até para os impérios romano e chinês, que abrangiam um vasto leque de sociedades e culturas em seu interior. Eram ordens regionais que se apresentavam como ordens mundiais.

A começar pelo século XVI, uma explosão em tecnologia, medicina e organização econômica e política expandiu a capacidade do Ocidente de projetar seu poder e seus sistemas de governança pelo mundo.[21] Em meados do século XVII, desenvolveu-se o sistema vestfaliano baseado no respeito à soberania e ao direito internacional dentro da Europa. Esse sistema, incorporado ao mundo inteiro após o fim do colonialismo, permitiu a ascensão de estados que — rejeitando a dominação ocidental — insistiam em seu papel de definir, e às vezes desafiar, as regras estabelecidas da ordem mundial.

Em seu ensaio *Paz perpétua*, o filósofo Immanuel Kant escreveu há três séculos que a humanidade estava destinada à paz universal devido à percepção humana ou a conflitos de tamanha magnitude e destruição que não deixariam alternativa. Tal como afirmadas, as possibilidades eram absolutas demais; o problema da ordem internacional nunca se manifestou como uma proposição do tipo uma coisa ou outra. Em toda a memória recente, a humanidade viveu um equilíbrio entre a segurança relativa e a legitimidade estabelecida por seus líderes e interpretada por eles.

Em nenhum período prévio da história as consequências de nos equivocarmos nesse equilíbrio foram mais alarmantes ou catastróficas. A era contemporânea introduziu um nível de destrutividade que capacitou a humanidade a destruir a própria civilização. Isso se reflete nas estratégias grandiosas estabelecidas no período, famosamente abreviadas e conceptualizadas na expressão "destruição mútua assegurada" (MAD, em inglês). Elas foram promovidas não tanto em função da vitória tradicional quanto da prevenção da guerra e pareciam concebidas menos para o conflito — entendido como potencialmente suicida — do que para a dissuasão. Não muito após Hiroshima e Nagasaki, os riscos do emprego de armas nucleares passaram a ser incalculáveis, uma aposta desconectada das consequências.

Por mais de sete décadas, conforme as armas avançadas aumentaram seu poderio, complexidade e precisão, nenhum país se convenceu de fato a usá-las — mesmo em conflitos com países não nucleares. Como descrito previamente, tanto a União Soviética como os Estados Unidos admitiram a derrota nas mãos de países não nucleares sem recorrer a suas armas mais letais. Esses dilemas da estratégia nuclear nunca desapareceram; na verdade, se modificaram à medida que mais estados desenvolviam armas avançadas e à medida que a distribuição essencialmente bipolar das capacidades destrutivas na Guerra Fria dava lugar a um caleidoscópio mais complicado e potencialmente menos estável de opções high-tech.

Armas cibernéticas e aplicações de IA (como sistemas de armas autônomos) exacerbam o leque de perigos. Ao contrário das armas nucleares, as armas cibernéticas e a inteligência artificial são ubíquas, relativamente baratas de desenvolver e tentadoras de usar. As armas cibernéticas combinam a capacidade para impacto massivo com a possibilidade de ocultar a autoria dos ataques. A inteligência artificial é capaz de superar até a necessidade de operadores humanos, permitindo às armas entrarem em ação por conta própria a partir dos próprios cálculos e de sua capacidade de escolher alvos com discriminação quase absoluta. Como o limiar para seu uso é tão baixo, e sua capacidade destrutiva tão alta, recorrer a tais armas — ou mesmo a sua ameaça formal — pode transformar uma crise em uma guerra ou uma guerra limitada em uma guerra nuclear graças à escalada involuntária e incontrolável. O impacto da tecnologia revolucionária faz da aplicação plena dessas armas algo cataclísmico, ao mesmo tempo dificultando seu uso limitado a um ponto inadministrável. Ainda está por ser inventada uma diplomacia que ameace explicitamente seu uso sem o risco de medidas preventivas como resposta. As tentativas de controle de armas parecem ter ficado em segundo plano ante esses obstáculos tão graves.

É um paradoxo da era da alta tecnologia que as efetivas operações militares estejam confinadas a armas convencionais ou ao emprego tático de armas high-tech em pequena escala, dos ataques com drones aos ciberataques. Ao mesmo tempo, espera-se que o uso de armas avançadas seja contido pela destruição mútua assegurada. Esse padrão é precário demais para um futuro de longo prazo.

A história permanece um capataz implacável à medida que a revolução tecnológica é acompanhada de uma transformação política. No momento em que escrevo, o mundo presencia a volta de uma rivalidade de grandes potências, magnificada pela difusão e pelo avanço de tecnologias espantosas. Quando, no início da década de 1970, a China procedeu a um reingresso no sistema internacional, seu potencial humano e econômico era vasto, mas sua tecnologia e poder efetivo, comparativamente limitados. A ascensão econômica e as capacidades estratégicas da China nesse ínterim obrigaram os Estados Unidos a enfrentar pela primeira vez na história um competidor geopolítico cujos recursos são potencialmente comparáveis aos seus — tarefa tão pouco familiar a Washington quanto a Beijing, que ao longo de sua história sempre tratou nações estrangeiras como tributárias do poderio e da cultura chinesas.

Cada lado se vê como excepcional, mas de formas diferentes. Os Estados Unidos agem com base na premissa de que seus valores são universalmente aplicáveis e acabarão por ser adotados em toda parte. A China espera que o caráter único de sua civilização e seu desempenho econômico impressionante inspirem outras sociedades a mostrarem deferência por suas prioridades.

Tanto o impulso missionário estadunidense como o senso de eminência cultural chinês implicam uma espécie de subordinação de um país ao outro. Pela natureza de suas economias e sua alta tecnologia, ambos os países têm impactado — parcialmente por embalo, consideravelmente por intenção — no que o outro considerou até o momento seus interesses centrais.

A China no século XXI parece engajada em um papel internacional ao qual se considera autorizada por suas realizações ao longo dos milênios. Os Estados Unidos agem para projetar poder, propósito e diplomacia ao redor do mundo de forma a manter um equilíbrio global enraizado em sua experiência do pós-guerra, respondendo a desafios tangíveis e conceituais a essa ordem. Para os líderes de parte a parte, essas exigências de segurança parecem óbvias em si. E são respaldadas pela opinião pública. Contudo, a segurança é apenas parte da equação. A questão crucial para o futuro do mundo é se os dois titãs podem aprender a combinar a rivalidade estratégica inevitável a um conceito e uma prática de coexistência.

Quanto à Rússia, o país carece conspicuamente do poder de mercado, da preponderância demográfica e da base industrial diversificada da China. Abarcando onze fusos horários e desfrutando de poucas demarcações defensivas naturais, a Rússia costuma agir segundo os próprios imperativos geográficos e históricos. A política externa russa transforma um patriotismo místico em direito imperial, com uma percepção permanente de insegurança derivada em essência da prolongada vulnerabilidade do país à invasão através da planície europeia ocidental. Por séculos, seus líderes autoritários tentam isolar o vasto território russo com um cinturão de segurança imposto em torno de suas fronteiras difusas; hoje, a mesma prioridade volta a se manifestar no ataque à Ucrânia.

O impacto mútuo dessas sociedades tem sido moldado por suas avaliações estratégicas, que partem da história de cada uma. O conflito na Ucrânia ilustra isso. Após a desintegração dos estados-satélites soviéticos no Leste Europeu e sua emergência como nações independentes, o território inteiro, da linha de segurança estabelecida no centro da Europa à fronteira nacional da Rússia, abriu-se a um novo desenho estratégico. A estabilidade dependia de a distribuição emergente ser capaz de acalmar os temores europeus históricos de uma dominação russa, bem como dar conta da tradicional preocupação russa com ofensivas do Ocidente.

A geografia estratégica da Ucrânia resume essas preocupações. Se a Ucrânia ingressasse na Otan, a linha de segurança entre a Rússia e a Europa seria transferida para cerca de quinhentos quilômetros de Moscou — na prática, eliminando o tampão histórico que poupou a Rússia quando França e Alemanha tentaram ocupá-la em séculos sucessivos. Se a fronteira de segurança fosse estabelecida no lado ocidental da Ucrânia, as forças russas ficariam ao alcance de um ataque de Budapeste e Varsóvia. A invasão da Ucrânia em fevereiro de 2022, numa flagrante violação do direito internacional, é assim em grande parte o desdobramento de um diálogo estratégico fracassado ou empreendido de maneira inadequada. A experiência de duas entidades nucleares se confrontando militarmente — mesmo que sem recorrer a suas armas supremas — ressalta a urgência do problema fundamental.

A relação triangular entre Estados Unidos, China e Rússia acabará por ser retomada — mas a Rússia sairá enfraquecida com a demonstração de suas limitações militares na Ucrânia, a ampla rejeição de sua conduta e a abrangência e o impacto das sanções contra ela. Porém conservará suas capacidades nucleares e cibernéticas para cenários de juízo final.

Nas relações EUA-China, o enigma é determinar se dois diferentes conceitos de grandeza nacional podem aprender a coexistir pacificamente lado a lado, e de que maneira. No caso da Rússia, o desafio é se a nação consegue conciliar a visão que tem de si própria com a autodeterminação e a segurança dos países no que ficou definido há um bom tempo como seu "exterior próximo" (sobretudo na Ásia Central e no Leste Europeu), e fazê-lo como parte de um sistema internacional, não mediante a dominação.

Parece possível atualmente que uma ordem liberal e universal baseada em regras, por mais digna que seja em sua concepção, seja substituída na prática durante um período indeterminado por um mundo ao menos parcialmente dissociado. Tal divisão encoraja a procura em suas margens por esferas de influência. Caso isso ocorra, como países que discordam das regras de conduta global serão capazes de operar em um projeto de equilíbrio compactuado? A busca por dominação suplantará a análise da coexistência?

Num mundo de tecnologia cada vez mais formidável, capaz tanto de exaltar como de desmantelar a civilização humana, não existe solução definitiva, muito menos militar, para a competição entre grandes potências. Uma corrida tecnológica desenfreada, justificada pela ideologização da política externa em que um lado se convence das intenções malévolas do outro, gera o risco de um ciclo cataclísmico de suspeita mútua como o que iniciou a Primeira Guerra Mundial, mas com consequências incomparavelmente maiores.

Hoje, todos os lados são, assim, obrigados a reexaminar seus primeiros princípios de comportamento internacional e relacioná-los às possibilidades da coexistência. Para os líderes de sociedades high-tech em particular, há o imperativo moral e estratégico de empreender, tanto em seus próprios países como em potenciais adversários, uma discussão contínua sobre as implicações da tecnologia e como suas aplicações militares podem ser contidas. O assunto é por demais importante para ser negligenciado até o surgimento de crises. Como nos diálogos de controle de armas que contribuíram para a contenção durante a era nuclear, análises de alto nível sobre as consequências das tecnologias emergentes poderiam cultivar a reflexão e promover hábitos de autocontrole estratégico recíproco.

Uma ironia do mundo contemporâneo é que uma de suas glórias — a explosão revolucionária da tecnologia — emergiu tão rapidamente, e com tamanho otimismo, que excedeu o pensamento sobre seus perigos, e tentativas sistemáticas inadequadas foram feitas para compreender suas capacidades. Os tecnólogos desenvolvem dispositivos impressionantes, mas tiveram pouca oportunidade de explorar e avaliar as implicações comparativas deles em um contexto histórico. Os líderes políticos muito frequentemente carecem de um entendimento adequado das implicações estratégicas e filosóficas das máquinas e dos algoritmos que estão à disposição. Ao mesmo tempo, a revolução tecnológica está impactando a consciência humana e as percepções sobre a natureza da realidade. A última grande transformação comparável, o Iluminismo, substituiu a era da fé por experimentos reprodutíveis e deduções lógicas. Hoje ela é suplantada pela dependência dos algoritmos, que opera na direção oposta, oferecendo resultados à procura de uma explicação. Explorar essas novas fronteiras exigirá um forte comprometimento dos líderes em limitar, e em termos ideais solucionar, as defasagens existentes entre os mundos da tecnologia, da política, da história e da filosofia.

No primeiro capítulo deste livro, o teste da liderança foi descrito como a capacidade para análise, estratégia, coragem e caráter. Os desafios enfrentados pelos líderes aqui descritos foram tão complexos quanto os desafios contemporâneos, ainda que de menor alcance. O critério pelo qual julgar o líder na história permanece o mesmo: transcender a circunstância por meio da visão e da dedicação.

Não é necessário que os líderes das grandes potências contemporâneas desenvolvam uma visão detalhada de como resolver imediatamente os dilemas aqui descritos. Devem, porém, demonstrar clareza quanto ao que tem de ser evitado e não pode ser tolerado. Um líder sábio deve tomar medidas preventivas contra seus desafios antes que se manifestem como crises.

Carente de uma visão moral e estratégica, a presente era está à deriva. A vastidão de nosso futuro por ora desafia a compreensão. A vertiginosidade cada vez mais intensa e desorientadora das cristas, a profundidade das depressões, os perigos dos bancos de areia — tudo isso exige navegadores dotados de criatividade e determinação para guiar as sociedades a destinos ainda ignorados, mas mais esperançosos.

O FUTURO DA LIDERANÇA

As duas questões que Konrad Adenauer me propôs durante nossa reunião final em 1967, três meses antes de sua morte, ganharam nova relevância: ainda existem líderes capazes de conduzir uma genuína política de longo prazo? A verdadeira liderança ainda é possível hoje?

Após explorar a vida de seis figuras importantes do século XX e as condições que possibilitaram suas realizações, o estudioso da liderança naturalmente se pergunta se desempenhos semelhantes podem ser reproduzidos. Estão surgindo líderes com o caráter, o intelecto e a solidez necessários para enfrentar os desafios oferecidos à ordem mundial?

A questão foi feita antes, e emergiram líderes à altura. Quando Adenauer propôs suas questões, Sadat, Lee e Thatcher eram praticamente desconhecidos. Do mesmo modo, poucos que testemunharam a queda da França em 1940 poderiam imaginar sua renovação sob De Gaulle em uma carreira que abrangeu três décadas. Quando Nixon abriu o diálogo com a China, poucos contemporâneos faziam alguma ideia de suas possíveis consequências.

Maquiavel, em seus *Discursos sobre a primeira década de Tito Lívio*, atribui o enfraquecimento da liderança à lassidão induzida por longos períodos de tranquilidade. Quando as sociedades são abençoadas com tempos pacíficos e condescendem com a lenta corrupção dos padrões, o povo pode seguir "um homem considerado bom por uma autoilusão comum ou alguém promovido por homens mais inclinados a desejar favores especiais do que o bem comum".[22] Mas, posteriormente, sob o impacto de "tempos adversos" — o eterno mestre de realidades — "essa ilusão é desfeita, e por necessidade o povo se volta àqueles que em tempos tranquilos ficaram quase esquecidos".[23]

As graves condições aqui descritas devem, ao final, fornecer o ímpeto para as sociedades insistirem em uma liderança significativa. No fim do século XIX, Friedrich Engels previu que o "governo das pessoas" seria substituído pela "administração das coisas".[24] Mas a grandeza na história reside na recusa de abdicar ante vastas forças impessoais; seus elementos definidores são — e devem continuar a ser — criados pelos seres humanos. Max Weber descreveu as qualidades essenciais necessárias para a liderança transformativa:

> O único homem com "vocação" para a política é aquele que está certo de que seu espírito não será esmagado se o mundo, quando visto de sua perspectiva, revelar-se estúpido ou ignóbil demais para aceitar o que deseja lhe oferecer e que, confrontado com toda essa obstinação, ainda consegue dizer, "Todavia!", a despeito de tudo.[25]

Os seis líderes aqui discutidos desenvolveram qualidades paralelas a despeito das profundas diferenças entre suas sociedades: a capacidade de compreender a situação em que suas sociedades se encontravam, a aptidão de conceber uma estratégia para gerir o presente e moldar o futuro, a habilidade em mover suas sociedades rumo a propósitos elevados e a prontidão em corrigir as falhas. A fé no futuro era indispensável para eles. Continua a ser. Nenhuma sociedade pode permanecer grande se perde a fé em si ou se impugna sistematicamente a imagem que tem de si mesma. Isso impõe, acima de tudo, a disposição de ampliar a esfera de preocupação do eu para a sociedade como um todo e evocar a generosidade do espírito público que inspira o sacrifício e o serviço.

A grande liderança resulta da colisão do intangível com o maleável, do que é dado com o que é exercido. Permanece um escopo para o esforço individual — para aprofundar a compreensão histórica, aprimorar a estratégia e melhorar o caráter. O filósofo estoico Epiteto escreveu há longo tempo, "Não podemos escolher nossas circunstâncias externas, mas podemos sempre escolher como reagir a elas".[26] É papel do líder ajudar a guiar essa escolha e inspirar seu povo em sua execução.

Agradecimentos

Este livro é o que é em boa parte devido a Stuart Proffitt, diretor editorial da Penguin Press no Reino Unido e editor extraordinário. Editores cuidadosos levantam questões vagas, desse modo inspirando as melhores reflexões de seus autores. Stuart sempre desempenhou essa tarefa com serenidade, persistência e sabedoria. Poucos compreenderam — ou desafiaram — minhas opiniões com sutileza e amplitude de conhecimento comparáveis. Em dezenas e dezenas de reuniões no Zoom por mais de dois anos, Stuart foi um parceiro indispensável na concepção e execução deste livro.

Outro colaborador notável complementou o impacto de Stuart com uma perícia editorial excepcional. Neal Kozodoy revisou todos os capítulos. Um gênio em desfazer nós górdios de prosa aglutinada e um historiador amador dedicado, ele ampliou a perspectiva e elevou a escrita.

Como em meus livros anteriores, beneficiei-me de colegas dedicados que exploraram a vastidão das fontes consultadas. Matthew Taylor King forneceu doutos conselhos tanto em termos de substância como de estilo. Deixando sua marca em cada capítulo, ele ajudou a conduzir o livro da metade adiante com comprometimento e percepção extraordinários.

Eleanor Runde, que combina entusiasmo e eficiência a um intelecto notável, realizou valiosa pesquisa na primeira fase do livro e posteriormente voltou a trabalhar nele em tempo parcial, tendo oferecido uma penetrante contribuição ao capítulo sobre Sadat. Vance Serchuk foi prestativo e incisivo no desenvolvimento e análise do capítulo sobre Nixon. Ida Rothschild ofereceu uma eficiente edição de texto e cuidadosos comentários quanto à organização do material.

Meredith Potter, Ben Daus e Aaron MacLean apresentaram sua pesquisa sobre a arte de governar em um estágio inicial. Joseph Kiernan e John Nelson empreenderam uma útil pesquisa de contexto histórico no começo. Austin Coffey foi valioso na organização dos principais capítulos para publicação.

Esses capítulos foram submetidos à revisão de autores renomados no tema da liderança cuja obra admiro. Daniel Collings, que também pesquisou a vida de Margaret Thatcher, revisou o texto completo dessa parte com Charles Powell (Lord Powell de Bayswater) e Charles Moore. O professor Julian Jackson fez uma criteriosa leitura do capítulo sobre De Gaulle e o professor Christopher Clark, do capítulo de Adenauer. Martin Indyk, diplomata e acadêmico, proporcionou perspicazes comentários para o capítulo sobre Sadat. Estou em dívida com cada um deles por sua ajuda.

O veterano diplomata Charles Hill, colaborador e amigo por meio século, contribuiu com notas incisivas e um tratamento particularmente útil do capítulo sobre Richard Nixon. Em sua carreira notável, Charlie teve uma contribuição seminal a serviço do Departamento de Estado, da Universidade Yale e da elevação de nossa sociedade.

Uma série de amigos me permitiu abusar de sua boa vontade de oferecer uma avaliação incisiva sobre questões específicas. Entre eles Ray Dalio, Samantha Power, Joel Klein, Roger Hertog, Eli Jacobs e Bob Blackwill.

Em anos recentes, Eric Schmidt ampliou minhas perspectivas apresentando-me ao mundo da alta tecnologia e da inteligência artificial. Junto com Dan Huttenlocher, colaboramos em *The Age of AI*, que influenciou as discussões estratégicas nestas páginas.

Durante a escrita deste livro — nossa sétima colaboração —, Theresa Cimino Amantea mais uma vez demonstrou seu caráter indispensável. À medida que o livro tomava forma, Theresa não só decifrou minha caligrafia e redigitou capítulos após inúmeras revisões com sua diligência e olhos de lince característicos, como também permaneceu em contato com a Penguin Press, a Wylie Agency e meus leitores e editores externos.

O auxílio na digitação durante um período crítico coube à incansável Jody Iobst Williams, mais uma confiável parceira de muitas décadas. Jessee LePorin e Courtney Glick gerenciaram minha agenda com muita competência ao longo de todo o processo. Chris Nelson, Dennis O'Shea e Maarten Oosterbaan, da minha equipe pessoal, ofereceram inestimável assistência durante os prolongados períodos de isolamento impostos pela pandemia, bem como em muitas questões administrativas.

Ann Godoff, presidente e editora da Penguin Press, retomou seu tradicional papel gerenciando importantes questões para a publicação nos Estados Unidos com profissionalismo característico. No Reino Unido, Richard Duguid, Alice Skinner e David Watson saíram-se admiravelmente bem sob a pressão do cronograma, particularmente na preparação e edição do texto, bem como no manuscrito.

Andrew Wylie, meu agente literário de muitos anos, e James Pullen, que atua no Reino Unido, representaram-me no mundo todo com comprometimento e capacidade incansáveis.

Este livro é dedicado a Nancy, minha esposa há quase meio século. Ela complementa minha vida e lhe dá significado. Como em meus livros anteriores, Nancy leu e melhorou todos os capítulos.

É desnecessário dizer que quaisquer falhas neste livro são de minha responsabilidade.

Notas

Introdução [pp. 11-23]

1. Winston S. Churchill, *Memórias da Segunda Guerra Mundial — Volume 2 (1941-1945)*. Trad. Vera Ribeiro e Gleuber Vieira. Rio de Janeiro: Casa dos Livros, 2017.

2. Citado em Andrew Roberts, *Liderança na guerra: Grandes lições de quem fez história*. São Paulo: Penguin, 2021.

3. Oswald Splenger, *The Decline of the West*. Trad. Charles Francis Atkinson. Oxford: Oxford University Press, 1932, p. 383.

4. Charles de Gaulle, *The Edge of the Sword*. Trad. Gerard Hopkins. Nova York: Criterion Books, 1960, pp. 20-1. A passagem completa é: "Existe uma analogia estreita entre o que tem espaço na mente do comandante militar quando planeja uma ação e o que acontece com o artista no momento da concepção. Este último não renuncia ao uso de sua inteligência. Ele extrai dela lições, métodos e conhecimento. Mas seu poder de criação só pode operar se ele possui, além disso, uma certa faculdade instintiva que chamamos de inspiração, pois só ela consegue proporcionar o contato direto com a natureza, do qual deve brotar a centelha vital. Podemos dizer da arte militar o que Bacon disse das outras artes: 'Elas são o produto do homem somado à natureza'".

5. Citado em Karl Joachim Weintraub, Ryerson Lecture 1984, "With a Long Sense of Time", *University of Chicago Magazine*, v. 96, n. 5, jun. 2004. Disponível em: <https://magazine.uchicago.edu/0406/features/weintraub.shtml>. Acesso em: 29 dez. 2022. Para Huizinga, ver: Johan Huizinga, *Het Aesthetishche Bestanddeel van Geschiedkundige Voorstellingen*. Haarlem: H. D. Tjeenk Willink & Zoon, 1905, pp. 31-2.

6. Isaiah Berlin, "The Sense of Reality". In: Henry Hardy (Org.), *The Sense of Reality: Studies in Ideas and Their History*. Princeton: Princeton University Press, 2019, pp. 29-30.

7. Thomas Mann, *A montanha mágica*. Trad. Herbert Caro. São Paulo: Companhia das Letras, 2016. Citado em Charles Hill, *Grand Strategies: Literature, Statecraft, and World Order*. New Haven: Yale University Press, 2010, p. 211.

8. Norman Angell, *The Great Illusion: A Study of the Relation of Military Power to National Advantage*. Nova York: G. P. Putnam's Sons, 1910, p. 186. Disponível em: <https://www.gutenberg.org/files/38535/38535-h/38535-h.htm>. Acesso em: 29 dez. 2022.

9. Ibid., p. 314.

10. Nadège Mougel, "World War I Casualties". Trad. Julie Gratz, 2011, Centre Européen Robert Schuman. Disponível em: <http://www.centre-robert-schuman.org/userfiles/files/REPERES%20%E2%80%93%20module%20111I%20%20explanatory%20notes20%E2%80%93%20World%20War%20I%20casualties%20%E2%80%93%20EN.pdf.>. Acesso em: 29 dez. 2022.

11. François Héran, "Lost Generations: The Demographic Impact of the Great War", *Population & Societies*, v. 510, n. 4, pp. 1-4, 2014.

12. W. H. Auden, "September 1, 1939". Disponível em: <https://poets.org/poem/september-1-1939>. Acesso em: 29 dez. 2022.

13. National World War II Museum — New Orleans, "Research Starters: Worldwide Deaths in World War II". Disponível em: <https://www.nationalww2museum.org/students-teachers/student-resources/research-starters/research-starters-worldwide-deaths-world-war>. Acesso em: 29 dez. 2022.

14. Roberts, *Liderança na guerra*, p. xii.

15. Essa tipologia se originou em um ensaio de 1966 para a *Daedalus*, que tem algumas de suas frases reproduzidas aqui. Ver Henry Kissinger, "Domestic Structure and Foreign Policy", *Daedalus*, v. 95, n. 2, pp. 503-29, primavera 1966.

16. Tucídides, *História da Guerra do Peloponeso — Livro 1*. Trad. Anna Lia Amaral de Almeida Prado. São Paulo: WMF Martins Fontes, 2013. [Grifos meus.]

17. Fernand Braudel, citado em Oswyn Murray, "Introduction". In: Fernand Braudel, *The Mediterranean in the Ancient World*. Londres: Penguin, 2001.

1. KONRAD ADENAUER: A ESTRATÉGIA DA HUMILDADE [pp. 25-73]

1. Eugene Davidson, *The Death and Life of Germany*. Columbia: University of Missouri Press, 1999, p. 85. Richard Dominic Wiggers, "The United States and the Refusal to Feed German Civilians after World War II". In: Béla Várdy e T. Hunt Tooley (Orgs.), *Ethnic Cleansing in Twentieth-Century Europe*. Nova York: Columbia University Press, 2003, p. 286.

2. Konrad Adenauer, *Memoirs 1945-53*. Trad. Beate Ruhm von Oppen. Chicago: Henry Regnery Company, 1965, p. 56.

3. Charles Williams, *Adenauer: The Father of the New Germany*. Nova York: Wiley, 2000, pp. 1-13, 16-7.

4. Ibid., p. 29.

5. Ibid., pp. 220-3.

6. Ibid., pp. 222-4.

7. Ibid., p. 237.

8. Ibid., pp. 232-5, 238.

9. Ibid., p. 250.

10. Joseph Shattan, *Architects of Victory: Six Heroes of the Cold War*. Washington, DC: The Heritage Foundation, 1999, p. 95.

11. Williams, *Adenauer*, pp. 284-90.

12. Ibid., pp. 304-6.

13. Ibid., p. 314. Ver também Jeffrey Herf, *Divided Memory: The Nazi Past in the Two Germanys*. Cambridge, MA: Harvard University Press, 1997. p. 213.

14. Williams, *Adenauer*, pp. 312-3.

15. O Comitê de Zona (*Zonenausschuß*) do CDU na Zona Britânica, "Aufruf!", 3 jan. 1946, Konrad Adenauer Foundation. Disponível em: <https://www.konrad-adenauer.de/download_file/view_inline/831>. Acesso em: 29 dez. 2022.

16. Henry Kissinger, memorando para o presidente, "Subject: Visit of Chancellor Adenauer — Some Psychological Factors", 6 abr. 1961, 2. Disponível em: <https://www.jfklibrary..org/asset-viewer/archives/JFKPOF/117a/JFKPOF-117a-008>. Acesso em: 29 dez. 2022.

17. *Volkszählungsergebnisse von 1816 bis 1970*, Beiträge zur Statistik des Rhein-Sieg-Kreises. Siegburg: Archivbibliothek, 1980. Band 17 [*Population Outcomes from 1816 to 1970*, Postings for Statistics of the Rhein-Sieg-Kreises, v. 17].

18. Williams, *Adenauer*, pp. 326-30.

19. "Text of Occupation Statute Promulgated on 12th May 1949 by the Military Governors and Commanders in Chief of the Western Zones". *Official Gazette of the Allied High Commission for Germany. 23.09.1949*, n. 1. Bonn-Petersberg: Allied High Commission for Germany. pp. 13-5.

20. Williams, *Adenauer*, pp. 332-3. Ver também Amos Yoder, "The Ruhr Authority and the German Problem", *The Review of Politics*, v. 17, n. 3, p. 352, jul. 1955.

21. "Speech by Konrad Adenauer, Chancellor of the Federal Republic, at a Reception Given by the Allied High Commissioners (September 21, 1949)". In: *United States Department of State, Germany 1947-1949: The Story in Documents*. Washington, DC: US Government Printing Office, 1950. p. 321. Reimpresso em Beata Ruhm von Oppen (Org.), *Documents on Germany under Occupation, 1945-1954*. Londres; Nova York: Oxford University Press, 1955. pp. 417-9. Como citado aqui, disponível em: <http://germanhistorydocs.ghi-dc.org/docpage.cfm?docpage_id=3194>. Acesso em: 29 dez. 2022.

22. Dean Acheson, *Present at the Creation: My Years in the State Department*. Nova York: Norton, 1969, p. 341.

23. George C. Marshall, "Harvard Commencement Speech", 5 jun. 1947. Disponível em: <https://www.marshallfoundation.org/marshall/the-marshall-plan/marshall-plan-speech/>. Acesso em: 29 dez. 2022.

24. Adenauer, *Memoirs 1945-53*, p. 147. O discurso ocorreu em 23 de março de 1949, em Berna.

25. Thomas Hörber, *The Foundations of Europe: European Integration Ideas in France, Germany and Britain in the 1950s*. Heidelberg: VS Verlag für Sozialwissenschaften, 2006, p. 141.

26. Ronald J. Granieri, *The Ambivalent Alliance*. Nova York: Berghahn Books, 2004, p. 34, citando Herbert Blankenhorn, *Verständnis und Verständigung: Blätter eines politischen Tagebuchs*. Frankfurt: Propyläen Verlag, 1980. Anotação de 15 nov. 1949, p. 40.

27. Citado em Hans-Peter Schwarz, *Konrad Adenauer*. Trad. Louise Willmot. Nova York: Berghahn Books, 1995, v. 1, p. 450.

28. Carta de Konrad Adenauer a Robert Schuman, 26 jul. 1949, Centre virtuel de la connaissance sur l'Europe, Universidade de Luxemburgo (doravante CVCE). Disponível em: https://www.cvce.eu/obj/letter_from_konrad_adenauer_to_robert_schuman_26_july_1949-en-a03f485c-0eeb-4401-8c54-8816008a7579.htm. Acesso em: 29 dez. 2022.

29. Ernst Friedlaender, "Interview des Bundeskanzlers mit dem Korrespondenten der Wochenzeitung". *Die Zeit*, 3 nov. 1949. Disponível em: <https://www.cvce.eu/content/publication/1999/1/1/63e25bb4-c980-432c-af1c-53c79b77b410/publishable_en.pdf>. Acesso em: 29 dez. 2022.

30. *New York Times*, 5 dez. 1949.

31. "Deutscher Bundestag — 18. Sitzung. Bonn, den 24. und 25. November 1949", Konrad Adenauer Stiftung. Disponível em: <https://www.konrad-adenauer.de/seite/24-november-1949/>. Acesso em: 29 dez. 2022.

32. Adenauer, *Memoirs 1945-53*, p. 256.

33. Robert Schuman, "Declaration of May 9, 1950". Foundation Robert Schuman, *European Issue*, n. 204, 10 maio 2011. Disponível em: <https://www.robert-schuman.eu/en/doc/questions-d-europe/qe-204-en.pdf>. Acesso em: 29 dez. 2022.

34. Adenauer, *Memoirs 1945-53*, p. 260.

35. "Entrevue du 23 mai 1950, entre M. Jean Monnet et le Chancelleur Adenauer", CVCE, 5. Disponível em: <https://www.cvce.eu/obj/compte_rendu_de_l_entrevue_entre_jean_monnet_et_konrad_adenauer_23_mai_1950-fr-24853ee7e477-4537-b462-c622fadee66a.html>. Acesso em: 29 dez. 2022.

36. Konrad Adenauer, carta a Robert Schuman, 23 maio 1950, Bonn, CVCE. Disponível em: <https://www.cvce.eu/de/obj/brief_von_konrad_adenauer_an_robert_schuman_23_mai_1950-de-7644877d-6004-4ca6-8ec6-93e4d35b971d.html>. Acesso em: 29 dez. 2022.

37. Konrad Adenauer, "Where Do We Stand Now?", discurso aos alunos da Universidade de Bonn, fevereiro de 1951, Konrad Adenauer Foundation. Disponível em: <https://www.konrad-adenauer.de/seite/10-februar-1951-1/>. Acesso em: 29 dez. 2022.

38. "Ratification of the ECSC Treaty", *From the Schuman Plan to the Paris Treaty (1950-1952)*, CVCE. Disponível em: <https://www.cvce.eu/en/recherche/unit-content/-/unit/5cc6b004-33b7-4e44- b6db-f5f9e6c01023/3f50ad11-f340-48a4-8435-fbe54e28ed9a>. Acesso em: 29 dez. 2022.

39. Ibid.

40. Michael Moran, "Modern Military Force Structures", *Council on Foreign Relations*, 26 out. 2006. Disponível em: <https://www.cfr.org/backgrounder/modern-military-force-structures#:˜:text=Division.,on%20the%20national%20army%20involved>. Acesso em: 29 dez. 2022.

41. Adenauer, *Memoirs 1945-53*, p. 193.

42. "Aide Defends Adenauer's Stand", *New York Times*, 25 nov. 1950.

43. Granieri, *The Ambivalent Alliance*, p. 56.

44. Arnulf Baring, *Außenpolitik in Adenauers Kanzlerdemokratie*. Berlim: R. Oldenbourg, 1969, pp. 161-4.

45. Ibid.

46. Ministro de Relações Exteriores à Embaixada dos Estados Unidos, Moscou, 24 maio 1952, *Foreign Relations of the United States, 1952-1954*, v. 7, parte 1, documento 102. Disponível em: <https://history.state.gov/historicaldocuments/frus1952-54v07p1/d102>. Acesso em: 29 dez. 2022.

47. Citado em Granieri, *The Ambivalent Alliance*, p. 79.

48. Gordon Alexander Craig, *From Bismarck to Adenauer: Aspects of German Statecraft*. Baltimore: The Johns Hopkins Press, 1958, p. 110, citando *Der Spiegel*, 6 out. 1954, p. 5.

49. Thomas A. Schwartz, "Eisenhower and the Germans". In: Gunter Bischof e Stephen E. Ambrose (Orgs.). *Eisenhower: A Centenary Assessment*. Baton Rouge: LSU Press, 1995, p. 215.

50. Adenauer, *Memoirs 1945-53*, p. 456.

51. Leo J. Daugherty, "Tip of the Spear: The Formation and Expansion of the Bundeswehr, 1949-1963", *Journal of Slavic Military Studies*, v. 24, n. 1, inverno 2011.

52. Williams, *Adenauer*, pp. 392-409.

53. Ibid., pp. 410-23.

54. Jeffrey Herf, *Divided Memory: The Nazi Past in the Two Germanys*. Cambridge, MA: Harvard University Press, 1997, p. 282, citando Konrad Adenauer, "Regierungserklärung zur jüdischen Frage und zur Wiedergutmachung". In: *Der deutsch-israelische Dialog: Dokumentation eines erregenden Kapitels deutscher Außenpolitik, Teil 1, Politik*. Munique: K. G. Sauer, 1987, v. 1, pp. 46-7.

55. Ibid., v. 1, p. 47.

56. Herf, *Divided Memory*, p. 288.

57. Ibid., p. 288, citando Michael W. Krekel *Wiedergutmachung: Das Luxemburger Abkommen vom 10. September 1952*. Bad Honnef-Rhöndorf: SBAH, 1996, p. 40.

58. Williams, *Adenauer*, p. 534.

59. "Adenauer Feted by Eshkol; Wants Jews to Recognize Bonn's Good Will", *Jewish Telegraphic Agency*, 5 maio 1966. Disponível em: <https://www.jta.org/archive/adenauer-feted-by-eshkol-wants-jews-to-recognize-bonns-good-will>. Acesso em: 29 dez. 2022.

60. Ibid.

61. James Feron, "Adenauer Begins 8-Day Visit to Israel", *New York Times*, 3 maio 1966.

62. "Adenauer Ferted by Eshkol".

63. Williams, *Adenauer*, p. 442.

64. Felix von Eckardt, *Ein unordentliches Leben*. Düsseldorf: Econ-Verlag, 1967, p. 466.

65. Keith Kyle, *Suez*. Nova York: St Martin's Press, 1991, p. 467.

66. Department of State Historical Office: *Documents on Germany, 1944-1961*. Washington, DC: United States Government Printing Office, 1961, p. 585.

67. Henry Kissinger, "Visit of Chancellor Adenauer", p. 4. Foi uma preparação para o primeiro encontro de Kennedy com Adenauer, que ocorreu em 12 de abril.

68. Henry Kissinger, "Remarks at the American Council on Germany John J. McCloy Awards Dinner", 26 jun. 2002. Yale University Library Digital Repository, Henry Kissinger Papers, parte II, série III: Post-Government Career, caixa 742, pasta 10.

69. Niall Ferguson, *Kissinger 1923-1968: The Idealist*. Nova York: Penguin Press, 2015, pp. 490-1, 906.

70. Ibid.

71. Walter C. Dowling, telegrama da embaixada na Alemanha para o Departamento de Estado, Bonn, 17 fev. 1962, 14 horas. *Foreign Relations of the United States, 1961-1963*, v. XIV: *Berlin Crisis, 1961-1962*. Disponível em: <https://history.state.gov/historicaldocuments/frus1961-63v14/d298>. Acesso em: 29 dez. 2022.

72. Ibid.

73. Neil Macgregor, "Where Is Germany?". In: *Germany: Memories of a Nation*. Nova York: Knopf, 2015, cap. 1.

74. Para a história definitiva da Ostpolitik, ver Timothy Garton Ash, *In Europe's Name: Germany and the Divided Continent*. Nova York: Vintage, 1994.

75. Williams, *Adenauer*, pp. 503-19.

76. Konrad Adenauer, discurso sobre as possibilidades de unificação europeia, Bruxelas, 25 set. 1956, CVCE. Disponível em: <https://www.cvce.eu/content/publication/2006/10/25/ea27a4e3-4883-4d38-8dbc-5e3949b1145d/publishable_en.pdf>. Acesso em: 29 dez. 2022.

77. Barbara Marshall, *Willy Brandt, A Political Biography*. Londres: Macmillan, 1997, pp. 71-3.

78. Helmut Schmidt, *Men and Powers: A Political Retrospective*. Trad. Ruth Hein. Nova York: Random House, 1989, p. 4.

79. Marion Gräfin Dönhoff, *Foe into Friend: The Makers of the New Germany from Konrad Adenauer to Helmut Schmidt*. Trad. Gabriele Annan. Nova York: St. Martin's Press, 1982, p. 159.

80. Helmut Schmidt morreu em 2015. Realizei um dos elogios fúnebres em um serviço de estado formal em Hamburgo. O principal orador nesse dia era a chanceler Angela Merkel, líder da União Democrata Cristã e diretora de uma coalizão CDU-SPD — combinação que ilustrava como as divisões internas na Alemanha haviam sido superadas desde a época de Adenauer. Resumi a contribuição de Schmidt como segue: "entre o passado alemão de país ocupado e dividido e seu futuro como a nação mais poderosa da Europa; entre sua preocupação com a segurança e a necessidade de participar da construção de uma ordem mundial econômica global...". Ver Henry Kissinger, "Eulogy for Helmut Schmidt", 23 nov. 2015. Disponível em: <https://www.henryakissinger.com/speeches/eulogy-for-helmut-schmidt/>. Acesso em: 29 dez. 2022.

81. Blaine Harden, "Hungarian Moves Presaged Honecker Ouster", *Washington Post*, 19 out. 1989. Disponível em: <https://www.washingtonpost.com/archive/politics/1989/10/19/hungarian-move-presaged-honecker-ouster/4c7ff7bd-c0de-4e82-86ab-6d1766abec3c/>. Acesso em: 29 dez. 2022.

82. Jeffrey A. Engel, *When the World Seemed New: George H. W. Bush and the End of the Cold War*. Nova York: Mariner Books, 2017, pp. 371-5.

83. Angela Merkel, "Speech at the Konrad Adenauer Foundation on the 50th anniversary of Konrad Adenauer's Death", 25 abr. 2017. Disponível em: <https://www.kas.de/de/veranstaltungen/detail/-/content/-wir-waehlen-die-freiheit-1>. Acesso em: 29 dez. 2022.

84. "Der Abschied", *UFA-Wochenschau*, Das Bundesarchiv-Inhalt. "Ich habe den Wunsch... getan habe". Disponível em: <https://www.filmothek.bundesarchiv.de/video/584751?q=bundeswehr&xm=AND&xf%5B0%5D=_fulltext&xo%5B0%5D=CONTAINS&xv%5B0%5D=&set_lang=de>. Acesso em: 29 dez. 2022.

2. CHARLES DE GAULLE: A ESTRATÉGIA DA VONTADE [pp. 75-151]

1. Discurso proferido pelo general De Gaulle no aeroporto de Orly, na chegada de Richard Nixon, então presidente dos Estados Unidos, em 28 fev. 1969.

2. Em 1967, o embaixador francês havia me convidado para uma audiência presidencial, mas, ao estilo típico de De Gaulle, ele deixara para mim a decisão: "Se o senhor estiver na França, o presidente estará preparado para recebê-lo". Isso foi um pouco após a retirada das tropas francesas do comando da Otan. Não querendo ofender o governo do presidente Johnson, eu fugi do convite — para meu perpétuo pesar.

3. Ver Charles de Gaulle, *Complete War Memoirs*. Nova York: Simon and Schuster, 1964, p. 80.

4. Ibid., p. 84.

5. Roger Hermiston, "No Longer Two Nations but One", *The Lion and Unicorn* blog, 4 jun. 2016. Disponível em: <https://thelionandunicorn.wordpress.com/2016/06/04/no-longer-two-nations-but-one/>. Acesso em: 29 dez. 2022.

6. Ver De Gaulle, *Complete War Memoirs*, pp. 74-80; e Hermiston, "No Longer Two Nations but One".

7. Hermiston, "No Longer Two Nations but One".

8. Julian Jackson, *De Gaulle*. Cambridge: Harvard Belknap Press, 2018, pp. 128-33. De Gaulle fez diversas transmissões atualizadas nos dias seguintes.

9. Da resposta de De Gaulle a Pétain de Londres. Ver ibid., p. 134.

10. Ibid. A fonte utilizada por Jackson é René Cassin, *Les Hommes partis de rien: Le réveil de la France abattue (1940-1941)*. Paris: Plon, 1975, p. 76.

11. Bernard Ledwidge, *De Gaulle*. Nova York: St Martin's Press, 1982, p. 76. Citado em Jackson, *De Gaulle*, p. 135.

12. Citado em Jackson, *De Gaulle*, p. 41.

13. Citado em ibid., p. 17.

14. *Vers l'armée de métier*, 1934; a primeira tradução inglesa foi publicada em 1940 como *The Army of the Future*.

15. Charles de Gaulle, proclamação datada de julho de 1940. In: *Discours et Messages*, Paris: Librairie Plon, 1970, v. 1, p. 19. Também citado em: Christopher S. Thompson, "Prologue to Conflict: De Gaulle and the United States, From First Impressions Through 1940". In: Robert O. Paxton e Nicholas Wahl (Orgs.), *De Gaulle and the United States: A Centennial Reappraisal*. Oxford: Berg, 1994, p. 19. Esse sentimento acabou sendo totalmente consistente com a convicção de Churchill, expressa no discurso "Lutaremos nas praias" em 4 de junho de 1940, de que "quando Deus o desejar, o Novo Mundo, com todo seu poderio e força", empreenderia "o resgate e a libertação do antigo".

16. Henry Kissinger, "The Illusionist: Why We Misread De Gaulle", *Harper's Magazine*, mar. 1965.

17. Charles de Gaulle, "1939, Notes sur les idées militaires de Paul Reynaud", *Lettres, Notes et Carnets, 1905-1941*. Paris: Éditions Robert Laffont, 2010. p. 886.

18. Citado em Jackson, *De Gaulle*, p. 44.

19. Walter Benjamin, *The Arcades Project*. Nova York: Belknap Press, 2002.

20. Paul Kennedy, *The Rise and Fall of the Great Powers*. Nova York: Random House, 1987, pp. 99, 199.

21. Ibid.

22. Ulrich Pfister e Georg Fertig, "The Population History of Germany: Research Strategy and Preliminary Results", working paper. Rostock: MaxPlanck-Institut für demografische Forschung, 2010, p. 5.

23. Rondo E. Cameron, "Economic Growth and Stagnation in France, 1815-1914", *The Journal of Modern History*, v. 30, n. 1, p. 1, mar. 1958.

24. Nadège Mougel, "World War I Casualties", Robert Schuman Centre Report, 2011.

25. Charles de Gaulle, *Vers l'armée de métier*, 1934. De Gaulle era tenente-coronel na época da publicação.

26. Henry Kissinger, "The Illusionist", p. 70; ver também "Address by President Charles de Gaulle on French, African and Algerian Realities Broadcast over French Radio and Television on June 14, 1960". In: *Major Addresses, Statements and Press Conferences of General Charles de Gaulle:*

May 19, 1958-January 31, 1964. Nova York: Embaixada Francesa, 1964, p. 79. Disponível em: <https://bit.ly/3rEDU8w>. Acesso em: 29 dez. 2022.

27. O Pacto Molotov-Ribbentrop.

28. Charles de Gaulle, *Memoirs of Hope: Renewal and Endeavor*. Nova York: Simon and Schuster, 1971, p. 3.

29. Ibid., p. 4.

30. Dorothy Shipley White, *Seeds of Discord*. Syracuse: Syracuse University Press, 1964, p. 87.

31. Jackson, *De Gaulle*, p. 138.

32. Charles de Gaulle, transmissão de rádio, 27 ago. 1940. Disponível em: <https://enseignants. lumni.fr/fiche-media/00000003432/le-general-degaulle-salue-ler-alliement-du-tchad-a-la-france-libre-audio.html#infos>. Acesso em: 29 dez. 2022.

33. Jackson observa que "De Gaulle insinuou posteriormente em uma ou duas ocasiões que contemplara o suicídio" (*De Gaulle*, p. 149).

34. O juramento completo é: "*Jurez de ne déposer les armes que lorsque nos couleurs, nos belles couleurs, flotteront sur la cathédrale de Strasbourg*".

35. Citado em Jackson, *De Gaulle*, p. 170.

36. Charles de Gaulle, *Complete War Memoirs*, p. 192.

37. Ibid., p. 206.

38. Ibid., p. 195.

39. Ibid., p. 206.

40. Jackson, *De Gaulle*, p. 183.

41. Ibid., p. 254.

42. Charles de Gaulle, "Télégramme au vice-amiral Muselier, à Saint-Pierre-et-Miquelon", 24 dez. 1941. In: *Lettres, Notes et Carnets*, 1360.

43. Ver Jean Lacouture, *De Gaulle, the Rebel 1890-1944*. Nova York: Norton, 1990, p. 317.

44. Benjamin Welles, *Sumner Welles*. Nova York: St Martin's Press, 1997, p. 288.

45. Jackson, *De Gaulle*, p. 209.

46. Charles de Gaulle, discurso feito em 18 de junho de 1942, no Albert Hall em Londres, no segundo aniversário da formação da França Livre. Ver *Discours et Messages*. Paris: Librairie Plon, 1970, v. 1, pp. 207-15.

47. Jackson, *De Gaulle*, pp. 210-1.

48. As Conferências em Washington, 1941-2, e Casablanca 1943. *Foreign Relations of the United States*, 4 fev. 1943.

49. Ver de Gaulle, *Complete War Memoirs*, p. 410.

50. Jackson, *De Gaulle*, p. 215.

51. Ibid., p. 277.

52. Citado em ibid., p. 266.

53. Jackson, *De Gaulle*, pp. 269-73. Ver também Lacouture, *De Gaulle, the Rebel*, pp. 446-50.

54. Ver Jackson, *De Gaulle*, p. 276.

55. Charles de Gaulle, *Complete War Memoirs*, p. 429.

56. Jackson, *De Gaulle*, p. 341.

57. Ibid., p. 315, citando Henry L. Stimson e McGeorge Bundy, *On Active Service in Peace and War*. Nova York: Harper & Brothers, 1947, p. 549 (14 jun. 1944).

58. Discurso de De Gaulle em Bayeux, 14 jun. 1944.

59. Jackson, *De Gaulle*, p. 317.

60. Charles de Gaulle, *Complete War Memoirs*, p. 648.

61. Jackson, *De Gaulle*, p. 326.

62. Citado em ibid., p. 327.

63. Ibid., p. 326.

64. Ibid., p. 331. Para mais sobre a dissolução da Resistência, ver Jean Lacouture, *De Gaulle, the Ruler 1945-1970*. Nova York: Norton, 1992, p. 25.

65. Jackson, *De Gaulle*, p. 336.

66. Ibid., p. 350.

67. Ver Jean Laloy, "À Moscou: entre Staline et de Gaulle, décembre 1944", *Revue des études slaves*, v. 54, fascículos 1-2, p. 152, 1982. Ver Jackson, *De Gaulle*, p. 350.

68. Charles de Gaulle, *Memoirs of Hope*, p. 3.

69. Edmund Burke, *Reflections on the Revolution in France* (1790), in *The Works of the Right Honorable Edmund Burke* (1899), v. 3, p. 359.

70. Charles de Gaulle, *Complete War Memoirs*, p. 771.

71. Ibid., pp. 771-2.

72. Ibid., p. 776.

73. Ibid., p. 778.

74. *Plutarch's Lives*. Trad. John Dryden. Nova York: Penguin, 2001, v. 1, "Life of Solon", p. 118.

75. Charles de Gaulle, *Memoirs of Hope*, p. 6.

76. Citado em Jackson, *De Gaulle*, p. 381.

77. Citado em ibid.

78. Charles de Gaulle, *Complete War Memoirs*, p. 993.

79. Ibid., p. 977.

80. Jackson, *De Gaulle*, p. 499.

81. Ibid., p. 418.

82. Charles de Gaulle, *Complete War Memoirs*, pp. 996-7.

83. Citado em Charles G. Cogan, *Charles de Gaulle: A Brief Biography with Documents*. Boston: Bedford Books, 1996, p. 183.

84. Ibid., p. 185.

85. Ibid., pp. 186-7.

86. Ibid.

87. Ibid., p. 187.

88. Citado em ibid., p. 185.

89. JFK Library, President's Office File, "Memorandum of Conversation, President's Visit to Paris, May 31-June 2, 1961", Memorando da conversa no Palácio do Eliseu entre Kennedy e De Gaulle, 31 maio 1961. Disponível em: <https://www.jfklibrary.org/asset-viewer/archives/JFKPOF/116a/JFKPOF-116a-004>. Acesso em: 29 dez. 2022.

90. Henry Kissinger, *Diplomacy*. Nova York: Touchstone, 1994, pp. 541-3.

91. "Proclamation of Algerian National Liberation Front (FLN), November 1, 1954". Disponível em: <https://middleeast.library.cornell.edu/content/proclamation-algerian-national-liberation-front-fln-november-1-1954>. Acesso em: 29 dez. 2022.

92. Citado em Alistair Horne, *A Savage War of Peace: Algeria 1954-1962*. Nova York: Penguin, 1978, p. 99.

93. Central Intelligence Agency, "Validity Study of NIE 71.2-56: Outlook for Algeria published 5 September 1956", CDG.P.CIA., 16 ago. 1957.

94. Citado em Jackson, *De Gaulle*, p. 447.

95. Citado em "Eyes on Allies: De Gaulle the Key", *New York Times*, 20 maio 1962.

96. *Major Addresses*, p. 6.

97. Jackson, *De Gaulle*, p. 463.

98. Charles de Gaulle, *Memoirs of Hope*, p. 26.

99. Horne, *Savage War of Peace*, p. 301.

100. Ver ibid., L6333.

101. Charles de Gaulle, *Memoirs of Hope*, p. 54.

102. Ibid.

103. Memorando de Henry Kissinger para o presidente, 16 maio 1969, "Africa after de Gaulle", Richard Nixon Library, caixa 447 [218].

104. People's Republic of China Foreign Ministry Archive, "Main Points of Chairman Mao's Conversation with Premier Abbas on September 30, 1960", trad. David Cowhig, 4 out. 1960, Wilson Center History and Public Policy Program Digital Archive. Disponível em: <http://digitalarchive. wilsoncenter.org/document/117904>. Acesso em: 29 dez. 2022.

105. JFK Library, "Staff Memoranda: Kissinger, Henry, February 1962: 13-28". Disponível em: <https://www.jfklibrary.org/asset-viewer/archives/JFKNSF/320/JFKNSF320-025>. Acesso em: 29 dez. 2022.

106. Jackson, *De Gaulle*, p. 501.

107. Ibid., p. 518.

108. Ibid., p. 519.

109. "Address Given by Charles de Gaulle (29 January 1960)", Centre virtuel de la connaissance sur l'Europe, Universidade de Luxemburgo. Disponível em: <https://www.cvce.eu/en/obj/ address_given_by_charles_de_gaulle_29_january_1960-en095d41dd-fda2-49c6-aa91-772ebffa7b26. html>. Acesso em: 29 dez. 2022.

110. "Speech Denouncing the Algiers Putsch: April 23, 1961". In: Cogan, *Charles de Gaulle*, p. 196.

111. "'Pieds-noirs': ceux qui ont choisi de rester", *La Dépêche*, 10 mar. 2012.

112. "After 40 Years of Suffering and Silence, Algeria's 'Harkis' Demand a Hearing", *Irish Times*, 31 ago. 2001.

113. Citado em Cogan, *Charles de Gaulle*, p. 119.

114. Jackson, *De Gaulle*, p. 585.

115. Charles de Gaulle, *Memoirs of Hope*, p. 176.

116. Discurso do presidente De Gaulle em 31 de maio de 1960. In: *Major Addresses*, pp. 75, 78.

117. Oito coletivas de imprensa dadas pelo general De gaulle como presidente da República Francesa [em Paris no Palácio do Eliseu em 29 de julho de 1963]. In: Ibid., p. 234.

118. *Major Addresses*, p. 159.

119. Citado em Kissinger, *Diplomacy*, p. 606.

120. Ibid.

121. Ibid., p. 605.

122. Citado em ibid., p. 575.

123. Para a política norte-americana, ver McGeorge Bundy, "NSAM 294 U.S. Nuclear and Strategic Delivery System Assistance to France", 20 abr. 1964, National Security Action Memorandums, NSF, caixa 3, LBJ Presidential Library. Disponível em: <https://www.discoverlbj.org/item/nsf-nsam294>. Acesso em: 29 dez. 2022.

124. Ver Wilfrid Kohl, *French Nuclear Diplomacy*. Princeton: Princeton University Press, 2016, p. 79.

125. Esse órgão deveria ter a responsabilidade de tomar decisões conjuntas em todos os assuntos políticos que afetam a segurança mundial, elaborando, e se necessário colocando em ação, planos estratégicos, especialmente aqueles que envolvem o uso de armas nucleares. Também deveria ser responsável pela organização da defesa, quando necessário, de regiões operacionais individuais, como o Ártico, o Atlântico, o Pacífico e o oceano Índico. Ver Kissinger, *Diplomacy*, p. 611.

126. Henry Kissinger e Françoise Winock, "L'Alliance atlantique et l'Europe", *Esprit*, n.s. 359, n. 4, p. 611, abr. 1967.

127. Mark Howell, "Looking Back: De Gaulle tells American Forces to Leave France". Disponível em: <https://www.mildenhall.af.mil/News/Article-Display/Article/272283/looking-back-de-gaulle-tells-american-forces-to-leave-france/>. Acesso em: 29 dez. 2022. Em agosto de 1958 ocorreu a primeira mobilização de armas nucleares estadunidenses em solo francês (continental), entretanto elas já haviam sido implementadas previamente no Marrocos francês. Robert Norris, William Arkin e William Burr, "Where They Were", *The Bulletin of the Atomic Scientists*, p. 29, nov./dez. 1999.

128. *Major Addresses*, p. 226.

129. Henry Kissinger, "Military Policy and Defense of the 'Grey Areas'", *Foreign Affairs*, v. 33, n. 3, pp. 416-28, 1955, DOI: 10.2307/20031108.

130. Discurso "No Cities" proferido pelo secretário de defesa McNamara, 9 jul. 1962. Disponível em: <https://robertmcnamara.org/wp-content/uploads/2017/04/mcnamara-1967-22no-cities22-speech-p.pdf>. Acesso em: 29 dez. 2022.

131. Citado em Kissinger, *Diplomacy*, p. 615.

132. Ibid.

133. Charles de Gaulle, *Complete War Memoirs*, p. 81.

134. Ibid.

135. Ibid.

136. Julia Lovell, *Maoism: A Global History*. Nova York: Knopf, 2019, p. 273.

137. Jackson, *De Gaulle*, p. 721.

138. Ibid., p. 737.

139. Citado em "World: A Glimpse of Glory, a Shiver of Grandeur", *Time*, 23 nov. 1970.

140. Charles de Gaulle, *The Edge of the Sword*. Trad. Gerard Hopkins. Westport, Conn.: Greenwood, 1960, pp. 65-6. Citado em Cogan, *Charles de Gaulle*, p. 218.

141. Citado em Jackson, *De Gaulle*, p. 41.

142. Charles de Gaulle, *Complete War Memoirs*, pp. 997-8.

143. "*Sans Anne, peut-être n'aurais-je jamais fait ce que j'ai fait. Elle m'a donné le cœur et l'inspiration.*" Pierrick Geais, "Récit: La véritable histoire d'Anne de Gaulle, la fille handicapée du Général", *Vanity Fair*, França, 3 mar. 2020.

3. RICHARD NIXON: A ESTRATÉGIA DO EQUILÍBRIO [pp. 153-235]

1. David Shambaugh, *China Goes Global: The Partial Power*. Nova York: Oxford University Press, 2013, p. 39.

2. Dale van Atta, *With Honor: Melvin Laird in War, Peace, and Politics*. Madison: University of Wisconsin, 2008, pp. 271-3.

3. "Memorandum from President Nixon to his Assistant for National Security Affairs", *Foreign Relations of the United States*, v. 17: *China, 1969-1972*, n. 147, State Department: Office of the Historian. Disponível em: ‹https://history.state.gov/historicaldocuments/frus1969-76v17/d147›. Acesso em: 29 dez. 2022.

4. Goodpaster não era assessor de segurança nacional, mas ajudou a desenvolver os procedimentos do Conselho de Segurança Nacional. Ver C. Richard Nelson, *The Life and Work of General Andrew J. Goodpaster: Best Practices in National Security Affairs*. Lanham, MD: Rowman & Littlefield, 2016.

5. "History of the National Security Council, 1947-1997", The White House Archives. Disponível em: ‹https://georgewbush-whitehouse.archives.gov/nsc/history.html#nixon›. Acesso em: 29 dez. 2022. David Rothkopf, *Running the World: The Inside Story of the National Security Council and the Architects of American Power*. Nova York: PublicAffairs, 2006, pp. 84-5. A partir de 2017, o CSN passou a ser limitado por estatuto a duzentos. Ver "The National Security Council: Background and Issues for Congress", Congressional Research Service, 3 jun. 2021, p. 8. Disponível em: ‹https://crsreports.congress.gov/product/pdf/R/R44828›. Acesso em: 29 dez. 2022.

6. Richard Nixon, *RN: The Memoirs of Richard Nixon*. Nova York: Grosset & Dunlap, 1978, p. 390.

7. Richard Nixon, "Remarks to Midwestern News Media Executives Attending a Briefing on Domestic Policy in Kansas City, Missouri", 6 jul. 1971. Disponível em: ‹https://www.presidency.ucsb.edu/documents/remarks-midwestern-news-media-executives-attending-briefing-domestic-policy-kansas-city›. Acesso em: 29 jul. 2022.

8. Ibid.

9. *Time*, 3 jan. 1972.

10. Henry Kissinger, *Diplomacy*. Nova York: Simon and Schuster, 1994, pp. 38-40.

11. Woodrow Wilson, "Address of the President of the United States to the Senate", 22 jan. 1917. Disponível em: ‹https://www.digitalhistory.uh.edu/disp_textbook.cfm?smtID=3&psid=3898›. Acesso em: 29 dez. 2022.

12. Kissinger, *Diplomacy*, p. 709.

13. "Text of President Nixon's Address at the 25th-Anniversary Session of the U.N.", *New York Times*, 24 out. 1970.

14. Ibid.

15. Henry Kissinger, *White House Years*. Boston: Little, Brown, 1979, pp. 135-6.

16. Richard Nixon to Melvin Laird, 4 fev. 1969. *Foreign Relations of the United States, 1969-1976*, v. 1: *Foundations of Foreign Policy, 1969-1972*, State Department: Office of the Historian. Disponível em: ‹https://history.state.gov/historicaldocuments/frus1969-76v01/d10›. Acesso em: 29 dez. 2022.

17. Richard Nixon, "Remarks to the North Atlantic Council in Brussels", 24 fev. 1969. Disponível em: ‹https://www.presidency.ucsb.edu/documents/remarks-the-north-atlantic-council-brussels›. Acesso em: 29 dez. 2022.

18. Jeffrey Garten, *Three Days at Camp David: How a Secret Meeting in 1971 Transformed the Global Economy*. Nova York: HarperCollins, 2021, p. 4.

19. Ibid., pp. 9-10.

20. Ibid., p. 77.

21. Ibid., p. 55.

22. Ibid., p. 250. Jornais alemães proeminentes publicaram artigos afirmando que "existe quase uma declaração de guerra comercial estadunidense" e que "o programa de Nixon [...] documenta uma recaída da maior potência econômica mundial no nacionalismo e no protecionismo".

23. Ibid., p. 308.

24. Richard H. Immerman, "'Dealing with a Government of Madmen': Eisenhower, Kennedy, e Ngo Dinh Diem". In: David L. Henderson (Org.), *The Columbia History of the Vietnam War*. Nova York: Columbia University Press, 2011, p. 131.

25. Harrison Salisbury, *Behind the Lines — Hanoi*. Nova York: Harper & Row, 1967, p. 137.

26. John W. Finney, "Plank on Vietnam Devised by Doves", *New York Times*, 24 ago. 1968.

27. Defense Casualty Analysis System (DCAS) Extract Files, criado c.2001-4/29/2008, documentando o período entre 6/28/1950-5/28/2006. Disponível em: <https://aad.archives.gov/aad/fielded-search.jsp?dt=2513&cat=GP21&tf=F&bc=,sl>. Acesso em: 29 dez. 2022.

28. Richard Nixon, "Informal Remarks in Guam with Newsmen", 25 jul. 1969, UC Santa Barbara American Presidency Project. Disponível em: <https://www.presidency.ucsb.edu/documents/informal-remarks-guam-with-newsmen>. Acesso em: 29 dez. 2022.

29. Ibid. [Grifo meu.]

30. Richard Nixon, "Address to the Nation on the War in Vietnam", 3 nov. 1969, UC Santa Barbara American Presidency Project. Disponível em: <https://www.presidency.ucsb.edu/documents/address-the-nation-the-war-vietnam>. Acesso em: 29 dez. 2022.

31. "Memorandum of Conversation", Washington, 20 out. 1969, 15h30. *Foreign Relations of the United States, 1969-1976*, v. 12: *Soviet Union, January 1969-October 1970*, n. 93, State Department: Office of the Historian. Disponível em: <https://history.state.gov/historicaldocuments/frus1969-76v12/d93>. Acesso em: 29 dez. 2022.

32. Richard Nixon, "Address to the Nation on the War in Vietnam".

33. O texto completo do memorando pode ser encontrado em *White House Years*, pp. 1480--2, junto com um aprofundamento na p. 1482, com a seguinte passagem: "Haja vista a história de relatórios superotimistas no Vietnã nos últimos anos, seria praticamente impossível convencer o povo estadunidense de que o outro lado está penando e, portanto, com paciência, *o tempo poderia estar do nosso lado*. Antes de mais nada não estamos seguros de nossa posição relativa — interpretamos mal os indicadores muitas vezes antes. Segundo, mesmo se concluirmos que a posição militar aliada é sólida, não sabemos como traduzir isso em termos políticos — e as perspectivas políticas no Vietnã do Sul são muito mais incertas. Terceiro, o governo enfrenta um público estadunidense extremamente cético e cínico — o presidente reluta corretamente em parecer otimista e assume a fissura de sua credibilidade. Por fim, para uma parcela ampla e ruidosa dos dissidentes neste país, a força da posição aliada é irrelevante — eles querem encerrar a guerra a todo custo". Ver Kissinger, *White House Years*, p. 1482, e "Memorandum from the President's Assistant for National Security Affairs (Kissinger) to President Nixon", Washington, 11 set. 1969, *Foreign Relations of the United States, 1969-1976*, v. 6: *Vietnam, January de 1969-July 1970*, n. 119, State Department: Office of

the Historian. Disponível em: <https://history.state.gov/historicaldocuments/frus1969-76v06/d119>. Acesso em: 29 dez. 2022.

34. "Address to the Nation", 25 jan. 1972, *The American Presidency Project*, UC Santa Barbara. Disponível em: <https://www.presidency.ucsb.edu/documents/address-the-nation-making-public-plan-for-peace-vietnam>. Acesso em: 29 dez. 2022.

35. "Vietnam War U.S. Military Fatal Casualty Statistics", National Archives. Disponível em: <https://www.archives.gov/research/military/vietnam-war/casualty-statistics#toc--dcas-vietnam conflict-extract-file-record-counts-by-incident-or-death-date-year-as-of-april-29-2008-2>. Acesso em: 29 dez. 2022.

36. Richard Nixon, "Address to the Nation on the Situation in Southeast Asia", 8 maio 1972.

37. Citado em Kissinger, *White House Years*, p. 1345.

38. "Transcript of Kissinger's News Conference on the Status of the Cease-Fire Talks", *New York Times*, 27 out. 1972.

39. "Act of the International Conference on Viet-Nam", *The American Journal of International Law*, v. 67, n. 3, pp. 620-2, 1973. Disponível em: <https://doi.org/10.2307/2199198>. Acesso em: 29 dez. 2022. Ver também Henry Kissinger, *Years of Renewal*. Nova York: Simon & Schuster, 1999, p. 485: "Houve doze participantes: Estados Unidos, França, China, Reino Unido, Canadá, União Soviética, Hungria, Polônia, Indonésia, República Democrática do Vietnã (isto é, Vietnã do Norte) e o Governo Revolucionário Provisório da República do Vietnã do Sul (isto é, os sul-vietnamitas comunistas)".

40. Cf. Henry Kissinger, *Years of Upheaval*. Boston: Little, Brown, 1982, pp. 316-27.

41. "Vietnam — Supplemental Military Assistance (2)", Gerald R. Ford Presidential Library, caixa 43, arquivos John Marsh, pp. 20-1, 28. Disponível em: <https://www.fordlibrarymuseum.gov/library/document/0067/12000897.pdf>. Acesso em: 29 dez. 2022. "A lei [...] proíbe nova assistência militar ou vendas (incluindo entregas) para o Camboja após 30 de junho de 1975." "Para assistência militar em FY 1974, os EUA forneceram cerca de 823 milhões de dólares (além de 235 milhões de dólares de autorizações do ano anterior), cerca de um terço da verba do ano anterior e cerca de metade do nível de 1,6 bilhão de dólares requisitados pelo Governo [...]." H. J. Res. 636 (93rd): "Joint resolution making continuing appropriations for the fiscal year 1974, and for other purposes", 1 jul. 1973. Disponível em: <https://www.govtrack.us/congress/bills/93/hjres636/text>. Acesso em: 29 dez. 2022.

42. Jeffrey P. Kimball, *The Vietnam War Files: Uncovering the Secret History of Nixon-Era Strategy*. Lawrence, KS: University Press of Kansas, 2004, pp. 57-9.

43. Hal Brands, "Progress Unseen: U.S. Arms Control Policy and the Origins of Détente, 1963-1968", *Diplomatic History*, v. 30, n. 2, p. 273, abr. 2006.

44. Em 20 de abril de 1964, um modesto acordo fora firmado para reduzir conjuntamente a quantidade de reatores nucleares estadunidenses e soviéticos e de materiais físseis, mas isso não foi uma grande realização, uma vez que não ficou preservado em um tratado e não representou quaisquer limitações às armas nucleares. Ver Brands, "Progress Unseen", pp. 257-8; "Summary" de *Foreign Relations of the United States, 1964-1968*, v. 11: *Arms Control and Disarmament*, State Department: Office of the Historian. Disponível em: <https://history.state.gov/historicaldocuments/frus1964-68v11/summary>. Acesso em: 29 dez. 2022.

45. Kissinger, *White House Years*, p. 813.

46. "Editorial Note", *Foreign Relations of the United States, 1969-1976*, v. 13: *Soviet Union, October 1970-October 1971*, State Department: Office of the Historian. Disponível em: ‹https://history.state.gov/historicaldocuments/frus1969-76v13/d234›. Acesso em: 29 dez. 2022.

47. Hans M. Kristensen e Matt Korda, "Status of World Nuclear Forces", Federation of American Scientists, última atualização em maio de 2021. Disponível em: ‹https://fas.org/issues/nuclear-weapons/status-world-nuclear-forces/›. Acesso em: 29 dez. 2022.

48. Sana Krasikov, "Declassified KGB Study Illuminates Early Years of Soviet Jewish Emigration", *The Forward*, 12 dez. 2007.

49. Mark Tolts, "A Half Century of Jewish Emigration from the Former Soviet Union: Demographic Aspects", artigo apresentado ao Project for Russian and Eurasian Jewry, Davis Center for Russian and Eurasian Studies, Harvard University, 20 nov. 2019.

50. Ibid.

51. Richard Nixon, "Asia after Viet Nam", *Foreign Affairs*, v. 46, n. 1, p. 121, out. 1967. Disponível em: ‹https://cdn.nixonlibrary.org/01/wp-content/uploads/2017/01/11113807/Asia-After-Viet-Nam.pdf›. Acesso em: 29 dez. 2022.

52. Kissinger, *White House Years*, p. 181.

53. "99. Memorandum from the President's Assistant for National Security Affairs (Kissinger) to President Nixon", *Foreign Relations of the United States, 1969-1976*, v. 17: *China, 1969-1972*, State Department: Office of the Historian. Disponível em: ‹https://history.state.gov/historicaldocuments/frus1969-76v17/d99›. Acesso em: 29 dez. 2022.

54. "Memorandum of Conversation", 25 out. 1970, *Foreign Relations of the United States, 1969-1976*, v. E-7: *Documents on South Asia, 1969-1972*, State Department: Office of the Historian. Disponível em: ‹https://history.state.gov/historicaldocuments/frus1969-76ve07/d90›. Acesso em: 29 dez. 2022.

55. Richard Nixon, "Remarks to Midwestern News Media Executives", 6 jul. 1971, *The American Presidency Project*, UC Santa Barbara. Disponível em: ‹https://www.presidency.ucsb.edu/documents/remarks-midwestern-news-media-executives-attending-briefing-domestic-policy-kansas-city›. Acesso em: 29 dez. 2022.

56. Citado em Kissinger, *White House Years*, p. 1062.

57. "Joint Statement Following Discussions with Leaders of the People's Republic of China", 27 fev. 1972, *Foreign Relations of the United States, 1969-1972*, v. 17: *China, 1969-1972*, State Department: Office of the Historian. Disponível em: ‹https://history.state.gov/historicaldocuments/frus1969-76v17/d203›. Acesso em: 29 fev. 2022.

58. "Memorandum of Conversation", 17-18 fev. 1973, *Foreign Relations of the United States, 1969-1976*, v. 18: *China, 1973-1976*, State Department: Office of the Historian. Disponível em: ‹https://history.state.gov/historicaldocuments/frus1969-76v18/d12›. Acesso em: 29 dez. 2022.

59. Lee Kuan Yew, "Southeast Asian View of the New World Power Balance in the Making", Jacob Blaustein Lecture n. 1, 30 mar. 1973, pp. 1-3.

60. Richard Nixon, "Remarks to Midwestern News Media Executives", 6 jul. 1971.

61. United Nations Security Resolution 242, 22 nov. 1967. Disponível em: ‹https://unispal.un.org/unispal.nsf/0/7d35e1f729df491c85256ee700686136›. Acesso em: 29 dez. 2022.

62. Martin Indyk, *Master of the Game: Henry Kissinger and the Art of Middle East Diplomacy*. Nova York: Knopf, 2021, pp. 162-3.

63. Kissinger, *White House Years*, pp. 579-80.

64. Ver ibid., p. 601.

65. Indyk, *Master of the Game*, pp. 66-8.

66. Ver Kissinger, *White House Years*, p. 605.

67. "Memorandum of Conversation", 10 out. 1973. Washington, 9h05-22h36, *Foreign Relations of the United States, 1969-1976*, v. 25: *Arab-Israeli Crisis and War, 1973*, n. 143, State Department: Office of the Historian. Disponível em: <https://history.state.gov/historicaldocuments/frus1969-76v25/d143>. Acesso em: 29 dez. 2022.

68. "Transcript of Telephone Conversation Between President Nixon and Secretary of State Kissinger", 14 out. 1973, *Foreign Relations of the United States, 1969-1976*, v. 25: *Arab-Israeli Crisis and War, 1973*, n. 180, State Department: Office of the Historian. Disponível em: <https://history.state.gov/historicaldocuments/frus1969-76v25/d180>. Acesso em: 29 dez. 2022.

69. UN Security Council Resolution 338, 22 out. 1973. Disponível em: <https://undocsorg/S/RES/338(1973)>. Acesso em: 29 dez. 2022.

70. National Archives, Nixon Presidential Materials, NSC Files, Kissinger Office Files, caixa 69, Country Files — Europe — USSR, Dobrynin/Kissinger, v. 20. Disponível em: <https://history.state.gov/historicaldocuments/frus1969-76v15/d146>. Acesso em: 29 dez. 2022.

71. Ver Eqbal Ahmad et al., "Letters to the Editor: Home Rule for Bengal", *New York Times*, 10 abr. 1971; Chester Bowles, "Pakistan's Made-in-U.S.A. Arms", *New York Times*, 18 abr. 1971; e Benjamin Welles, "Senate Unit Asks Pakistan Arms Cutoff", *New York Times*, 7 maio 1971.

72. Margaret MacMillan, *Nixon and Mao: The Week That Changed the World*. Nova York: Random House, 2007, pp. 222-7.

73. "Memorandum from the President's Assistant for National Security Affairs (Kissinger) to the President's Deputy Assistant for National Security Affairs (Haig)", 9 jul. 1971, *Foreign Relations of the United States 1969-1976*, v. 11: *South Asia Crisis, 1971*, n. 97, p. 242, State Department: Office of the Historian. Disponível em: <https://history.state.gov/historicaldocuments/frus196976v11/d97>. Acesso em: 29 dez. 2022.

74. Syed Adnan Ali Shah, "Russo-India Military Technical Cooperation". Disponível em: <https://web.archive.org/web/20070314041501/http://www.issi.org.pk/journal/2001_files/no_4/article/4a.htm>. Acesso em: 29 dez. 2022.

75. "Memorandum of Conversation, Washington, August 9, 1971, 1:15-2:30 p.m.", *Foreign Relations of the United States, 1969-1976*, v. 11: *South Asia Crisis, 1971*, n. 117, pp. 316-7. Disponível em: <https://history.state.gov/historicaldocuments/frus1969-76v11/d117>. Acesso em: 29 dez. 2022.

76. "Memorandum of Conversation, Washington, September 11, 1971, 9:30-10:10 a.m.", *Foreign Relations of the United States, 1969-1976*, v. 11: *South Asia Crisis, 1971*, n. 146, p. 408. Disponível em: <https://history.state.gov/historicaldocuments/frus1969-76v11/d146>. Acesso em: 29 dez. 2022.

77. UN Security Council Resolution 307, 21 dez. 1971. Disponível em: <https://digitallibrary.un.org/record/90799?ln=en>. Acesso em: 29 dez. 2022.

78. Benjamin Welles, "Bangladesh Gets U.S. Recognition, Promise of Help", *New York Times*, 4 abr. 1972.

79. "Agreement on Joint Commission on Economic, Commercial, Scientific, Technological, Educational and Cultural Cooperation", 28 out. 1974. Disponível em: <https://www.mea.gov.

in/bilateral-documents.htm?dtl/6134/Agreement+on+Joint+Commission+on+Economic+
Commercial+Scientific+Technological+Educational+and+Cultural+Cooperation>. Acesso em:
29 dez. 2022.

80. "Transcript of President Nixon's Address to Congress on Meetings in Moscow", *New York Times*, 2 jun. 1972.

4. ANWAR SADAT: A ESTRATÉGIA DA TRANSCENDÊNCIA [pp. 237-313]

1. Eugene Rogan, *Os árabes: Uma história*. Trad. Marlene Suano. Rio de Janeiro: Zahar, 2021.

2. Ver de modo geral Albert Hourani, *O pensamento árabe na era liberal: 1789-1939*. Trad. Rosaura Eichenberg. São Paulo: Companhia das Letras, 2005; Rogan, *Os árabes: Uma história*, pp. 88-9.

3. Ver John McHugo, *Syria: A History of the Last Hundred Years*. Nova York: The New Press, 2015, pp. 39-40; Tarek Osman, *Islamism*. New Haven: Yale University Press, 2016, pp. 50-2; Majid Fakhry, *A History of Islamic Philosophy*. Nova York: Columbia University Press, 2004, p. 349.

4. Rogan, *Os árabes: Uma história*, pp. 124-31.

5. Lawrence Wright, *Thirteen Days in September*. Nova York: Vintage Books, 2015, pp. 13-4.

6. Edward R. F. Sheehan, "The Real Sadat and the Demythologized Nasser", *New York Times*, 18 jul. 1971.

7. Mohamed Heikal, "Roots". *Autumn of Fury: The Assassination of Sadat*, Nova York: Random House, 1983, cap. 2, pp. 7-11.

8. Anwar Sadat, entrevistado por James Reston, *New York Times*, 28 dez. 1970.

9. Sheehan, "The Real Sadat".

10. Ibid.

11. Anwar Sadat, *In Search of Identity*. Nova York: Harper & Row, 1977, p. 4.

12. Eric Pace, obituário de Anwar Sadat, *New York Times*, 7 out. 1981.

13. Mark L. McConkie e R. Wayne Boss, "Personal Stories and the Process of Change: The Case of Anwar Sadat". *Public Administration Quarterly*, v. 19, n. 4, pp. 493-511, inverno 1996.

14. Ver, por exemplo, Sir Alfred Milner, *England in Egypt*. Londres: Edward Arnold, 1902.

15. Rogan, *Os árabes: Uma história*, pp. 151, 164.

16. Ibid., p. 169.

17. Ibid., p. 196.

18. Ibid., pp. 208-10.

19. Steven A. Cokk, *The Struggle for Egypt*. Nova York: Oxford University Press, 2012, pp. 30-1.

20. Ibid., p. 117.

21. Em 1952, Sadat recordou al-Banna como "um homem correto e honrado, que acredito que desaprovava os excessos cometidos pela irmandade". Anwar Sadat, *Revolt on the Nile*. Nova York: The John Day Company, 1952. Ver também Richard Paul Mitchell, *The Society of the Muslim Brothers*. Nova York: Oxford University Press, 1969, reimpresso em 1993, p. 24.

22. Jehan Sadat, *A Woman of Egypt*. Nova York: Simon and Schuster, 1987, pp. 92-3.

23. Sadat, *In Search of Identity*, pp. 18-9, 24-6.

24. Ibid., p. 27.

25. Raphael Israeli, *Man of Defiance: A Political Biography of Anwar Sadat*. Totowa: Barnes and Noble Books, 1985, pp. 16-25.

26. Rogan, *Os árabes: Uma história*, pp. 267-8.

27. Sadat, *In Search of Identity*, p. 303.

28. Ibid., p. 303.

29. "Egypt Tense after Cairo's Mob Riots", *Australian Associated Press*, 28 jan. 1952.

30. Sadat, *In Search of Identity*, p. 108.

31. Declaração de independência de Sadat, conforme citado em Cook, *Struggle for Egypt*, pp. 11-2.

32. Selma Botman, "Egyptian Communists and the Free Officers", *Middle Eastern Studies*, v. 22, pp. 362-4, 1986.

33. Central Intelligence Agency, "Memorandum for the Director: Subject: Thoughts on the Succession in Egypt", 29 set. 1970, p. 1. Disponível em: <https://www.cia.gov/readingroom/document/cia-rdp79r00904a001500020003-3>. Acesso em: 29 dez. 2022. Diversos membros da Irmandade Muçulmana foram executados por seu suposto envolvimento. Steven A. Cook, "Echoes of Nasser", *Foreign Policy*, 17 jul. 2013. Disponível em: <https://foreignpolicy.com/2013/07/17/echoes-of-nasser/>. Acesso em: 29 dez. 2022.

34. Cook, *Struggle for Egypt*, pp. 60-1.

35. Ver Don Peretz, "Democracy and the Revolution in Egypt", *Middle East Journal*, v. 13, n. 1, p. 27, 1959.

36. A Nova Constituição Egípcia, *Middle East Journal*, v. 10, n. 3, p. 304, 1956; ver também Mona El-Ghobashy, "Unsettling the Authorities: Constitutional Reform in Egypt", Middle East Research and Information Project (MERIP), 2003. Disponível em: <https://merip.org/2003/03/unsettling-the-authorities/>. Acesso em: 29 dez. 2022.

37. Ver Anthony F. Lang Jr., "From Revolutions to Constitutions: The Case of Egypt", *International Affairs*, v. 89, n. 2, pp. 353-4, 2013.

38. Robert L. Tignor, *Anwar al-Sadat: Transforming the Middle East*. Nova York: Oxford University Press, 2015, pp. 45-51.

39. Jon B. Alterman, "Introduction". *Sadat and His Legacy*. Washington, DC: Washington Institute, 1998. Disponível em: <https://www.washingtoninstitute.org/media/3591>. Acesso em: 29 dez. 2022.

40. Steven A. Cook, "Hero of the Crossing? Anwar Sadat Reconsidered", *Council on Foreign Relations*, 7 out. 2013. Disponível em: <https://www.cfr.org/blog/hero-crossing-anwar-sadat-reconsidered>. Acesso em: 29 dez. 2022.

41. Peretz, "Democracy and the Revolution in Egypt", p. 32.

42. Sadat, *In Search of Identity*, p. 75.

43. Ver de modo geral Joseph Finklestone, *Anwar Sadat: Visionary Who Dared*. Londres: Frank Cass, 1996, pp. 38-61; Tignor, *Transforming the Middle East*, pp. 38-59.

44. Nicholas Breyfogle, "The Many Faces of Islamic Fundamentalism: A Profile of Egypt", *Origins*, p. 15, 1993. Disponível em: <https://origins.osu.edu/sites/origins.osu.edu/files/origins-archive/Volume1Issue2Article3.pdf>. Acesso em: 29 dez. 2022.

45. Jacob M. Landau, *Pan-Islam: History and Politics*. Londres: Routledge, 2015, p. 279; Martin Kramer, "Anwar Sadat's Visit to Jerusalem, 1955". In: Meir Litvak e Bruce Maddy-Weizman (Orgs.), *Nationalism, Identity and Politics: Israel and the Middle East*. Tel Aviv: The Moshe Dayan Center for

Middle Eastern and African Studies, 2014, pp. 29-41. Disponível em: <https://scholar.harvard.edu/files/martinkramer/files/sadat_jerusalem_1955.pdf>. Acesso em: 29 dez. 2022.

46. Ver Tawfig Y. Hasou, *The Struggle for the Arab World*. Londres: Routledge, 1985, pp. 75-84; Arthur Goldschmidt Jr., *A Concise History of the Middle East*. Nova York: Routledge, 1979, p. 73. Nasser acreditava pessoalmente que o Pacto de Bagdá representava as tentativas britânica e estadunidense de controlar e influenciar o Oriente Médio. Ver "Excerpts from Interview with President Gamal Abdel Nasser of the U.A.R.", *New York Times*, 15 fev. 1970.

47. Kramer, "Anwar Sadat's Visit to Jerusalem, 1955", nota 12, citando Heath Mason, primeiro secretário, despacho de 31 dez. 1955, Foreign Office: Referência 371, Documento 121476. Disponível em: <https://discovery.nationalarchives.gov.uk/details/r/C2878966>. Acesso em: 29 dez. 2022.

48. Em 1958, em meio aos preparativos para uma visita ao Irã, Sadat memorizou um provérbio persa. Ele o recitou para o xá ao final de seu encontro; os dois se tornariam amigos pelo resto da vida. Camelia Anwar Sadat, "Anwar Sadat and His Vision", *Sadat and His Legacy*. Washington, DC: Washington Institute for Near East Policy, 1998, p. 5. Disponível em: <https://www.washington-institute.org/media/3591>. Acesso em: 29 dez. 2022.

49. Malcolm Kerr, "'Coming to Terms with Nasser': Attempts and Failures", *International Affairs*, v. 43, n. 1, p. 66, 1967.

50. Rogan, *Os árabes: Uma história*, p. 287.

51. Esse foi o resultado de um encontro entre Nasser e Zhou Enlai na Conferência de Bandung de 1955; Zhou se oferecera para fazer a mediação entre soviéticos e tchecos e Nasser. Finklestone, *Anwar Sadat: Visionary Who Dared*, excertos a respeito das opiniões e conselhos de Sadat sob Nasser, pp. 38-44, 46-7, 49, 53, 55-61.

52. Cook, *Struggle for Egypt*, p. 67

53. William J. Burns, *Economic Aid and American Policy Toward Egypt: 1955-1981*. Albany: State University of New York Press, 1985, p. 106, citando Eugene Black, John Foster Dulles Oral History Collection, Princeton University, 15. Disponível em: <https://findingaids.princeton.edu/catalog/MC017_c0024>. Acesso em: 29 dez. 2022.

54. Cook, *Struggle for Egypt*, p. 68.

55. Mensagem do primeiro-ministro Eden ao presidente Eisenhower, 5 ago. 1956, *Foreign Relations of the United States, 1955-1957*, v. XVI: *Suez Crisis, July 26-December 31, 1956*, n. 64, State Department: Office of the Historian. Disponível em: <https://history.state.gov/historical-documents/frus1955-57v16/d163>. Acesso em: 29 dez. 2022.

56. United Nations Department of Economic and Social Affairs, *Economic Developments in the Middle East: Supplement to World Economic Survey, 1956*, (1957), pp. 106-7. Disponível em: <https://www.un.org/en/development/desa/policy/wess/wess_archive/searchable_archive/1956_WESS_MiddleEast.pdf>. Acesso em: 29 dez. 2022.

57. Michael Laskier, "Egyptian Jewry Under the Nasser Regime, 1956-70", *Middle Eastern Studies*, v. 31, n. 3, pp. 573-619, 1995.

58. Ibid., pp. 103-4.

59. Ibid., pp. 106-7.

60. Karen Holbik e Edward Drachman, "Egypt as Recipient of Soviet Aid, 1955-1970", *Journal of Institutional and Theoretical Economics*, p. 154, jan. 1971 ("dependência crescente"); John Waterbury, *The Egypt of Nasser and Sadat*. Princeton: Princeton University Press, 1983, pp. 86, 397.

61. "Aswan High Dam Is Dedicated by Sadat and Podgorny", *New York Times*, 16 jan. 1971; Holbik e Drachman, "Egypt as Recipient of Soviet Aid", pp. 143-4.

62. Holbik e Drachman, "Egypt as Recipient of Soviet Aid", pp. 139-40; Banco Mundial, "GDP Growth (Annual %) — Egypt, Arab Rep.". Disponível em: <https://data.worldbank.org/indicator/NY.GDP.MKTP.KD.ZG?end=1989&locations=EG&start=1961>. Acesso em: 29 dez. 2022.

63. Waterbury, *The Egypt of Nasser and Sadat*, p. 298.

64. Ibid., p. 97.

65. Sadat, *In Search of Identity*, p. 128; Tignor, *Transforming the Middle East*, p. 64.

66. Dana Adams Schmidt, "Cairo Rules Out a Pro-U.S. Stand", *New York Times*, 7 jun. 1961.

67. Sadat, *In Search of Identity*, p. 128.

68. Peter Mansfield, "Nasser and Nasserism", *International Journal*, v. 28, n. 4, p. 674, outono 1973.

69. Fouad Ajami, "The Struggle for Egypt's Soul", *Foreign Policy*, 15 jun. 1979. Disponível em: <https://foreignpolicy.com/1979/06/15/the-struggle-for-egypts-soul/>. Acesso em: 29 dez. 2022.

70. Ibid.

71. Cook, *Struggle for Egypt*, p. 110.

72. "Telegram from the Embassy in the United Arab Republic to the Department of State, Cairo, December 17, 1959", *Foreign Relations of the United States*, v. XIII: *Arab-Israeli Dispute*, n. 252, State Department: Office of the Historian. Disponível em: <https://history.state.gov/historicaldocuments/frus1958-60v13/d252>. Acesso em: 29 dez. 2022.

73. "Telegram from the Department of State to Secretary of State Rusk in New York, Washington, September 27, 1962", *Foreign Relations of the United States*, v. XVIII: *Near East, 1962-1963*, n. 59, State Department: Office of the Historian. Disponível em: <https://history.state.gov/historicaldocuments/frus196163-v18/d59>. Acesso em: 29 dez. 2022; "Telegram from the Embassy in the United Arab Republic to the Department of State, Cairo, October 10, 1962", ibid., n. 77. Disponível em: <https://history.state.gov/historicaldocuments/frus1961-63v18/d77>. Acesso em: 29 dez. 2022; "Telegram from the Embassy in Saudi Arabia to the Department of State, Jidda, November 30, 1963", ibid., n. 372.

74. Waterbury, *The Egypt of Nasser and Sadat*, p. 320.

75. Ver "Memorandum of conversation, Washington, February 23, 1966, 11:30 a.m.", *Foreign Relations of the United States*, v. XVIII: *Arab-Israeli Dispute, 1964-1967*, n. 274, State Department: Office of the Historian. Disponível em: <https://history.state.gov/historicaldocuments/frus1964-68v18/d274>. Acesso em: 29 dez. 2022. (Nota: Sadat se encontrou com o presidente Johnson.); "Memorandum of conversation, Washington, February 25, 1966, 5:05 p.m.", *Foreign Relations of the United States, Near East Region*, v. XXI, n. 391, State Department: Office of the Historian. Disponível em: <https://history.state.gov/historicaldocuments/frus1964-68v21/d391>. Acesso em: 29 dez. 2022; "Telegram from the Embassy in the United Arab Republic to the Department of State, Cairo, May 28, 1966", *Foreign Relations of the United States, 1964-1968*, v. XVIII: *Arab-Israeli Dispute, 1964-1967*, n. 296, State Department: Office of the Historian. Disponível em: <https://history.state.gov/historicaldocuments/frus1964-68v18/d296>. Acesso em: 29 dez. 2022.

76. Jehan Sadat, *A Woman of Egypt*, p. 282.

77. Sadat, *Revolt on the Nile*, p. 103.

78. Sadat, entrevistado por James Reston, *New York Times*, 28 dez. 1970.

79. Raphael Israeli, *The Public Diary of President Sadat*, v. 1: *The Road to War (October 1970-October 1973)*. Leiden: E. J. Brill, 1978, p. 19, citando "January 8, 1971 — Address to the Faculty of Universities and Higher Institutions of Learning".

80. Sadat, *Revolt on the Nile*, p. 27.

81. Thomas W. Lippmann, "A Man for All Roles", *Washington Post*, 26 dez. 1977; James Piscatori, "The West in Arab Foreign Policy". In: Robert O'Neill e R. J. Vincent (Orgs.), *The West and the Third World*. Nova York: St. Martin's Press, 1990, p. 141.

82. Israeli, *The Public Diary of President Sadat*, v. 1, p. 11, citando "October 19, 1970 — Sadat's first public speech as president — address to military officers in the Suez Canal front".

83. Ibid., pp. 28-30, citando "January 15, 1971 — speech marking the completion of the Aswan Dam — delivered in the presence of Soviet President Podgorny, who was attending the ceremony".

84. Ibid., pp. 32-3, citando "February 16, 1971 interview with *Newsweek* Magazine — published February 22, 1971 in English".

85. Finklestone, *Anwar Sadat: Visionary Who Dared*, p. 61.

86. O material a seguir se baseia em, e em alguns casos reproduz frases de, *Years of Upheaval* e *Years of Renewal*.

87. "Nasser promoveu um rodízio na vice-presidência de candidatos não ameaçadores, e assim Sadat [...] inesperadamente se tornou presidente interino do Egito" (Kiki M. Santing, *Imagining the Perfect Society in Muslim Brotherhood Journals*. Berlim: de Gruyter, 2020, p. 119); "Antes de virar presidente, Sadat tinha sido apelidado de 'Coronel Sim Sim'" (Robert Springborg, *Family Power and Politics in Egypt*. Filadélfia: University of Pennsylvania Press, 1982, republicado em 2016, p. 187); Edward R. Kantowicz, *Coming Apart, Coming Together*. Grand Rapids: William B. Eerdmans, 2000, p. 371; David Reynolds, *One World Divisible*. Nova York: Norton, 2001, p. 370.

88. "A Gesture by U.S.: President Terms Loss Tragic — He Joins Fleet Off Italy", *New York Times*, 29 set. 1970.

89. Central Intelligence Agency, "Thoughts on the Succession in Egypt".

90. Memorando de Harold H. Saunders a Henry Kissinger, "Subject: The UAR Presidency", 8 out. 1970, p. 1. Disponível em: <https://www.cia.gov/readingroom/document/loc-hak-292-3-14-9>. Acesso em: 29 dez. 2022.

91. Central Intelligence Agency, "Thoughts on the Succession in Egypt".

92. Sadat, *In Search of Identity*, p. 125.

93. Cook, *Struggle for Egypt*, p. 114.

94. Raymond H. Anderson, "Sadat Is Chosen by Egypt's Party to Be President", *New York Times*, 6 out. 1970.

95. Raymond H. Anderson, "Showdown in Egypt: How Sadat Prevailed", *New York Times*, 23 maio 1971. Como previra Sadat, a federação nunca seria efetivada na prática.

96. Cook, *Struggle for Egypt*, p. 122.

97. Anderson, "Showdown".

98. Cook, *Struggle for Egypt*, p. 117.

99. Sadat, discurso à nação, 13 jan. 1972. Disponível em: <https://sadat.umd.edu/resources/presidential-speeches>. Acesso em: 29 dez. 2022.

100. Anwar Sadat, discurso à Segunda Seção da Assembleia do Povo Egípcio, 15 out. 1972, pp. 1-3. Disponível em: <https://sadat.umd.edu/resources/presidential-speeches>. Acesso em: 29 dez. 2022.

101. Ver Iniciativa de Paz de Sadat de 1971, 17 jan. 1971. Disponível em: ‹http://sadat.umd.edu/archives/speeches/AADD%20Peace%20Announcement%202.4.71.pdf›. Acesso em: 29 dez. 2022.

102. John L. Hess, "Deadline Comes and Cairo Waits", *New York Times*, 16 ago. 1971.

103. Martin Indyk, *Master of the Game: Henry Kissinger and the Art of Middle East Diplomacy*. Nova York: Alfred A. Knopf, 2021, p. 91.

104. Edward R. F. Sheehan, "Why Sadat Packed Off the Russians", *New York Times*, 6 ago. 1972.

105. Thomas W. Lippman, *Hero of the Crossing: How Anwar Sadat and the 1973 War Changed the World*. Sterling: Potomac Books, 2016, p. 62, citando Sadat, *In Search of Identity*, Apêndice I. Sadat, carta a Brezhnev, ago. 1972, p. 321.

106. Sadat, *In Search of Identity*, p. 231.

107. Texto na íntegra: "Do modo como o presidente vê, a grande questão fica entre a soberania egípcia e a segurança israelense. Os dois lados, sentiu ele, estavam muito distantes e suas posições eram muito duras. O presidente não achou que fosse possível resolver todo o problema do Oriente Médio de uma vez, e talvez fosse totalmente impossível. Ele expressou o que pensa do argumento de Ismail sobre soluções provisórias se transformando em soluções definitivas. O presidente jurou que seu objetivo era um assentamento permanente, mas reiterou que não achava possível, em vista do abismo entre as partes, chegar a tal acordo ao mesmo tempo. Portanto, pode ser necessário considerar medidas provisórias ao longo do caminho. Ele disse que talvez os egípcios rejeitassem tal abordagem, mas insistiu que Ismail discutisse com Kissinger e enfatizou que estávamos comprometidos com uma solução abrangente para o problema. Nenhuma possibilidade deve ser descartada em nossa busca por um modo de avançar em direção a nosso objetivo. O presidente afirmou ter esperança de que esse tenha sido apenas o primeiro, e não o último, encontro. Esse deveria ser o início de um diálogo, e se nada concreto emergisse, ele esperava que Ismail não voltasse à presença de Sadat com a informação de que a tentativa fracassara. Mais uma vez, o presidente observou sobre a sensibilidade das negociações de canal privado — devem ser feitas em silêncio e em particular, se queremos que sejam bem-sucedidas".

108. The President's Daily Brief, 24 jul. 1971, p. 3. Disponível em: ‹https://www.cia.gov/readingroom/document/0005992769›. Acesso em: 29 dez. 2022.

109. Jehan Sadat, *A Woman of Egypt*, pp. 282-3.

110. Entrevista em *Yedioth Aharonoth*, 11 jun. 1987.

111. David Tal, "Who Needed the October 1973 War?", *Middle Eastern Studies*, v. 52, n. 5, p. 748, 2016, citando Jehan Satat, entrevista em *Yedioth Aharonoth*, 6 nov. 1987.

112. Sheehan, "Why Sadat Packed Off the Russians".

113. Jehan Sadat, *A Woman of Egypt*, p. 282.

114. Anthony Lewis, "Sadat Suggests Return of West Bank, Gaza as Peace Step", *New York Times*, 11 maio 1978.

115. David Hirst e Irene Beeson, *Sadat*. Londres: Faber and Faber, 1981, p. 144; Israeli, *Man of Defiance*, p. 79.

116. Moshe Shemesh, "The Origins of Sadat's Strategic Volte-face: Marking 30 Years since Sadat's Historic Visit to Israel, nov. 1977", *Israel Studies*, v. 13, n. 2, p. 45, verão 2008.

117. Ver Elizabeth Monroe e Anthony Farrar-Hockley, *The Arab-Israeli War, October 1973: Background and Events*. Londres: International Institute for Strategic Studies, 1975, p. 17; Henry Kissinger, *Years of Upheaval*. Boston: Little, Brown, 1982, p. 465.

118. Sadat, *In Search of Identity*, pp. 241-2.

119. Ibid.

120. "Remarks by the Honorable Henry Kissinger", 4 maio 2000, Anwar Sadat Chair for Peace and Development, University of Maryland. Disponível em: <https://sadat.umd.edu/events/remarks-honorable-henry-kissinger>. Acesso em: 29 dez. 2022.

121. William B. Quandt. "Soviet Policy in the October 1973 War", Rand Corporation (1976), VI. Disponível em: <https://www.rand.org/content/dam/rand/pubs/reports/2006/R1864.pdf>. Acesso em: 29 dez. 2022.

122. "Transcript of Kissinger's News Conference on the Crisis in the Middle East", *New York Times*, 26 out. 1973.

123. Indyk, *Master of the Game*, p. 138.

124. Sadat, *In Search of Identity*, p. 244.

125. Cook, *Struggle for Egypt*, p. 131, citando Saad El Shazly, *The Crossing of the Suez*. San Francisco: American Mideast Research, 1980, p. 106.

126. "Gostaria de dizer perante os senhores e perante o mundo que esperamos que a política da détente seja bem-sucedida e promovida [...]. Gostaria de contar [ao presidente Nixon] que nossos objetivos em travar esta guerra são bem conhecidos e não necessitam de maiores esclarecimentos; e se ele quiser saber nossas exigência de paz, eu submeterei nosso projeto de paz a ele." Ver "Excerpts of a Speech Calling for an Arab-Israeli Peace Conference", 16 out. 1973, p. 91. Disponível em: <https://sadat.umd.edu/resources/presidential-speeches>. Acesso em: 29 dez. 2022.

127. US Department of State, Office of the Historian, "OPEC Oil Embargo 1973-1974". Disponível em: <https://history.state.gov/milestones/1969-1976/oil-embargo>. Acesso em: 29 dez. 2022.

128. "Memorandum of conversation, Saturday, November 3, 1973, 10:45 p.m.-1:10 a.m.", The Blair House, Washington. Disponível em: <https://nsarchive2.gwu.edu/NSAEBB/NSAEBB98/octwar-93b.pdf>. Acesso em: 29 dez. 2022.

129. Ibid., pp. 1031-8.

130. Sadat, *In Search of Identity*, p. 43.

131. Ibid., pp. 291-2.

132. "Memorandum from the President's assistant for national security affairs [Kissinger] to President Nixon, Washington, jan. 6, 1974". Disponível em: <https://history.state.gov/historical-documents/frus1969-76v26/d1#fn:1.5.4.4.8.9.12.4>. Acesso em: 29 dez. 2022.

133. Dei início à diplomacia itinerante no Egito (11-12 de janeiro); depois parti para Israel (12-13 de janeiro); depois Egito (13-14 de janeiro); depois Israel (14-15 de janeiro); depois Egito (16 de janeiro); depois Israel (16-17 de janeiro); e então finalmente Egito (18 de janeiro). Ver Department of State, Office of the Historian, "Travels of the Secretary, Henry Kissinger". Disponível em: <https://history.state.gov/departmenthistory/travels/secretary/kissinger-henry-a>. Acesso em: 29 dez. 2022.

134. Kissinger, *Years of Upheaval*, p. 824.

135. Ibid., p. 836.

136. Ibid., p. 844.

137. O acadêmico e diplomata Martin Indyk sugere que havia uma chance de obter tal acordo antes da cúpula em outubro. Ver *Master of the Game*, pp. 413-44.

138. Yitzhak Rabin, *The Rabin Memoirs*. Berkeley: University of California Press, 1979, pp. 421-2.

139. Carta de Yitzhak Rabin a Anwar Sadat, 12 mar. 1975. Disponível em: <https://catalog. archives.gov.il/wp-content/uploads/2020/02/12-3-1975-מכתב-לסאדאתרבין-HZ-5973_13.pdf>. Acesso em: 29 dez. 2022.

140. Reconstruído com base em anotações manuscritas.

141. "The Seventeenth Government", *The Knesset History*. Disponível em: <https://knesset. gov.il/history/eng/eng_hist8_s.htm>. Acesso em: 29 dez. 2022.

142. "Memorandum of conversation, Kissinger, Peres, Allon and Rabin, Saturday, March 22, 1975, 6:35-8:14 p.m., Prime Minister's Office, Jerusalem", Gerald R. Ford Presidential Library and Museum. Disponível em: <https://www.fordlibrarymuseum.gov/library/document/0331/1553967. pdf>. Acesso em: 29 dez. 2022.

143. Henry Kissinger, *Years of Renewal*. Nova York: Simon and Schuster, 1990, p. 437.

144. Ibid., p. 1054.

145. Entrevista concedida pelo presidente Anwar el-Sadat ao jornal iraniano *Etlaat*, 13 jun. 1976, p. 722.

146. Sadat, *In Search of Identity*, pp. 297-8.

147. Carta de Carter a Sadat, 21 out. 1977. Disponível em: <https://sadat.umd.edu/sites/sadat. umd.edu/files/Letter%20from%20President%20Jimmy%20Carter%20to%20Egyptian%20 President%20Anwar%20Sadat1.pdf>. Acesso em: 29 dez. 2022.

148. Sadat, *In Search of Identity*, p. 302.

149. Eric Pace, obituário de Anwar el-Sadat, *New York Times*, 7 out. 1981.

150. "Excerpts from the speech of H. E. President Mohamed Anwar el-Sadat to the People's Assembly, November 9. 1977". Disponível em: <https://sadat.umd.edu/resources/presidential-speeches>. Acesso em: 29 dez. 2022.

151. "Uma vez que 'estamos prestes a ir para Genebra', não havia necessidade de que a cúpula [árabe] determinasse uma nova estratégia", "Telegram from the Embassy in Egypt to the Department of State, Cairo, November 10, 1977, Subj: Arab-Israeli Aspects of Sadat Nov 9 Speech". Disponível em: <https://history.state.gov/historicaldocuments/frus1977-80v08/d145>. Acesso em: 29 dez. 2022.

152. "Telegram from the Embassy in Egypt to the Department of State, Cairo, November 10, 1977". Disponível em: <https://history.state.gov/historicaldocuments/frus1977-80v08/d145>. Acesso em: 29 dez. 2022.

153. Ele fez Dayan, seu ministro de exterior, transmitir para o assessor de Sadat, Tuhami, em uma reunião secreta no Marrocos antes do discurso de Sadat, que ele estaria preparado para fazer uma retirada completa do Sinai.

154. "Prime Minister Begin's Letter of Invitation to President Sadat, November 15. 1977", *Israel's Foreign Policy — Historical Documents*, v. 4-5: *1977-1979*. Acesso em: <https://www.mfa. gov.il/MFA/ForeignPolicy/MFADocuments/Yearbook3/Pages/69%20Prime%20Minister%20 Begin-s%20letter%20of%20invitation%20to.aspx>. Acesso em: 29 dez. 2022.

155. William E. Farrell, "Sadat Arrives to Warm Welcome in Israel, Says He Has Specific Proposals for Peace", *New York Times*, 20 nov. 1977.

156. Sadat, Anwar, "Egypt-Israel Relations: Address by Egyptian President Anwar Sadat to the Knesset", 20 nov. 1977. Disponível em: <https://www.jewishvirtuallibrary.org/address-by-egyptian-president-anwar-sadat-to-the-knesset>. Acesso em: 29 dez. 2022.

157. Ibid.

158. Ibid.

159. Ibid.

160. Harry Hurwitz e Yisrael Medad (Orgs.), "Begin Addresses the Knesset After Sadat", 20 nov. 1977. *Peace in the Making: The Menachem Begin-Anwar el-Sadat Personal Correspondence.* Jerusalém: Gefen Publishing House, 2011, p. 35.

161. Abraham Rabinovich, *The Yom Kippur War: The Epic Encounter That Transformed the Middle East.* Nova York: Schocken Books, 2004, pp. 497-8.

162. Henry Kissinger, "Sadat: A Man with a Passion for Peace", *TIME*, 19 out. 1981. Disponível em: <http://content.time.com/time/subscriber/article/0,33009,924947,00.html>. Acesso em: 29 dez. 2022.

163. Sabri Jiryis, "The Arab World at the Crossroads: An Analysis of the Arab Opposition to the Sadat Initiative", *Journal of Palestine Studies*, v. 7, n. 2, p. 26, inverno 1978.

164. Ibid., pp. 30-40.

165. Kissinger, *Years of Renewal*, p. 456.

166. Fahmy acreditava que "Sadat entregara sozinho tudo que o exército egípcio havia conquistado com grande esforço e sacrifício sem consultar ninguém" (Tignor, *Transforming the Middle East*, p. 144, citando Fahmy).

167. US Department of State, Office of the Historian, "Memorandum of Telephone Conversation (Carter and Begin), November 17, 1977". Disponível em: <https://history.state.gov/historicaldocuments/frus1977-80v08/d147>. Acesso em: 29 dez. 2022.

168. Joseph T. Stanik, *El Dorado Canyon: Reagan's Undeclared War with Qaddafi.* Annapolis: Naval Institute Press, 2003, p. 64.

169. Jiryis, "The Arab World at the Crossroads", pp. 29-30, citando a declaração do Congresso Geral do Povo tal como publicada em *al-Safir*, 19 e 24 de novembro de 1977.

170. Marvin Howe, "Hard-Line Arab Bloc Is Formed at Tripoli", *New York Times*, 6 dez. 1977.

171. Jiryis, "The Arab World at the Crossroads", pp. 30-5.

172. Kissinger, *Years of Renewal*, p. 1057.

173. Ibid., p. 354.

174. James Feron, "Menachem Begin, Guerrilla Leader Who Became Peacemaker", *New York Times*, 9 mar. 1992.

175. Kissinger, "A Man with a Passion for Peace".

176. Sadat, conforme citado em Finklestone, *Anwar Sadat: Visionary Who Dared*, p. 249.

177. Thomas Lippman, "Sadat Installs New Government to Lead a Peaceful Egypt", *Washington Post*, 6 out. 1978.

178. Israeli, *The Public Diary of President Sadat*, pp. 354-5, "May 1, 1973 — May Day speech at a mass rally at the Mahalla-al-Kubra stadium".

179. Anwar Sadat, Nobel Lecture, 10 dez. 1978. Disponível em: <https://www.nobelprize.org/prizes/peace/1978/al-sadat/lecture/>. Acesso em: 29 dez. 2022.

180. Ibid.

181. Finklestone, *Anwar Sadat: Visionary Who Dared*, p. 251; Wright, *Thirteen Days in September*, p. 354.

182. Begin a Sadat, 18 nov. 1979, Israel Ministry of Foreign Affairs, v. 6: 1979-1980. Disponível em: <https://www.mfa.gov.il/MFA/ForeignPolicy/MFADocuments/Yearbook4/Pages/53%20-

Letter%20from%20Prime%20Minister%20Begin%20to%20President%20S.aspx>. Acesso em: 29 dez. 2022.

183. Hedrick Smith, "After Camp David Summit, A Valley of Hard Bargaining", *New York Times*, 6 nov. 1978.

184. *Peace in the Making*, pp. 95-7, Carta de Sadat a Begin, 30 nov. 1978.

185. Ibid., pp. 85-6, 105.

186. Ibid., p. 209, Carta de Sadat a Begin, recebida a 15 ago. 1980; p. 224, Carta de Begin a Sadat, 18 ago. 1980.

187. Ibid., p. 216.

188. M. Cherif Bassiouni, "An Analysis of Egyptian Peace Policy Toward Israel: From Resolution 242 (1967) to the 1979 Peace Treaty", 12 Case W. Res. J. Int'l L. 3 (1980). Disponível em: <https://scholarlycommons.law.case.edu/jil/vol12/iss1/2>. Acesso em: 29 dez. 2022.

189. Judith Miller, "Hussein, in Egyptian Parliament, Condemns Camp David Accords", *New York Times*, 3 dez. 1984.

190. Smith, "After Camp David Summit".

191. Jason Brownlee, "Peace Before Freedom: Diplomacy and Repression in Sadat's Egypt", *Political Science Quarterly*, v. 126, n. 4, p. 649, inverno 2011-2.

192. Burns, *Economic Aid and American Policy Toward Egypt*, p. 192.

193. Banco Mundial, "GDP growth (annual %) — Egypt, Arab Rep.". Disponível em: <https://data.worldbank.org/indicator/NY.GDP.MKTP.KD.ZG?end=1989&locations= EG&start=1961>. Acesso em: 29 dez. 2022.

194. Henry F. Jackson, "Sadat's Perils", *Foreign Policy*, v. 42, pp. 59-69, primavera 1981.

195. Marvin G Weinbaum, "Egypt's *Infitah* and the Politics of US Economic Assistance", *Middle Eastern Studies*, v. 21, n. 2, p. 206, abr. 1985; entrevista concedida pelo presidente Anwar el-Sadat ao jornal iraniano *Etlaat*, 13 jun. 1976.

196. Tignor, *Transforming the Middle East*, p. 140; Brownlee, "Peace Before Freedom", p. 651.

197. Saad Eddin Ibrahim, "Anatomy of Egypt's Militant Islamic Groups: Methodological Note and Preliminary Findings", *International Journal of Middle East Studies*, v. 12, n. 4, p. 439, dez. 1980.

198. Saad Eddin Ibrahim, "Discussion". *Sadat and His Legacy*. Washington, DC: Washington Institute, 1998, p. 103. Disponível em: <https://www.washingtoninstitute.org/media/3591>. Acesso em: 29 dez. 2022.

199. Ibrahim, "Anatomy", p. 445.

200. Jiryis, "The Arab World at the Crossroads", pp. 35-6.

201. "Middle East: War of Words, Hope for Peace", *TIME*, 7 ago. 1978. Disponível em: <http://content.time.com/time/subscriber/article/0,33009,948219,00.html>. Acesso em: 29 dez. 2022.

202. Jackson, "Sadat's Perils", p. 64.

203. Ibrahim, falando em "Discussion: Sadat's Strategy and Legacy", p. 102.

204. Jehan Sadat, *A Woman of Egypt*, p. 415.

205. Jackson, "Sadat's Perils", p. 65; Don Schanche e *LA Times*, "Arab Sanctions Leave Egypt Unshaken", *Washington Post*, 2 abr. 1979.

206. "Depois que um turista transtornado incendiou a mesquita de el-Aqsa em 1969, Nasser enviara Anwar como representante egípcio para discutir com outros líderes muçulmanos quais medidas tomar para proteger os lugares sagrados sob ocupação israelense. Meu marido achara as sugestões do xá sobre a questão fracas e, em árabe, afirmou isso aos líderes. O xá respondeu

raivosamente. A altercação foi apaziguada quando Anwar, percebendo que seus comentários haviam soado mais inflamatórios quando traduzidos para o francês de modo que o xá pudesse compreendê--los, se dirigira aos membros da cúpula em persa. O xá, famoso por nunca rir e ter sorrisos raros, nessa ocasião se levantara com um sorriso para aplaudir Anwar. As sementes de uma duradoura amizade haviam sido lançadas. 'Não pode haver amor a não ser pela inimizade', Anwar gostava de dizer ao xá, citando um de nossos provérbios árabes." (Jehan Sadat, *A Woman of Egypt*, pp. 340-2.)

207. Jehan Sadat recordou: "'Irei à Arábia Saudita para perguntar ao rei Khalid e à princesa saudita por que estão adiando seu apoio a você'", o xá disse a meu marido. 'Eles devem reconhecer que você está trabalhando pela área toda, para uma paz abrangente e justa e para a volta dos direitos árabes'. A viagem do xá a Jedá se provaria inútil, mas Anwar jamais esquecera o quanto seu amigo, espontaneamente, se esforçara por ele." (Ibid., pp. 384-6.)

208. Ibid., pp. 424-5.

209. Richard L. Homan, "Opposition Parties Disbanding to Protest Sadat Crackdown", *Washington Post*, 6 jun. 1978; Brownlee, "Peace Before Freedom", p. 661; Jackson, "Sadat's Perils", p. 64.

210. William E. Farrell, "Sadat, with Anger and Sarcasm, Defends His Crackdown on Foes", *New York Times*, 10 set. 1981.

211. Brownlee, "Peace Before Freedom", p. 664.

212. Raphael Israeli, "Sadat's Egypt and Teng's China: Revolution Versus Modernization", *Political Science Quarterly*, v. 95, n. 3, p. 364, 1980.

213. Camelia Anwar Sadat, "Anwar Sadat and His Vision", Alterman, *Sadat and His Legacy*.

214. *Peace in the Making*, pp. 244-5.

215. Henry Kissinger, *ABC News Nightline*, 6 out. 1981. Disponível em: <https://www.youtube.com/watch?v=N1nCpbUKc4E>. Disponível em: 29 dez. 2022.

216. Howell Raines, "3 Ex-Presidents in Delegation to Funeral but Reagan Is Not", *New York Times*, 8 out. 1981; "Officials from Around the World Attending Sadat's Funeral", *New York Times*, 10 out. 1981.

217. Kissinger, *ABC News Nightline*, 6 out. 1981.

218. David B. Ottaway, "Body of Sadat is Laid to Rest in Tightly Controlled Funeral", *Washington Post*, 11 out. 1981. Disponível em: <https://www.washingtonpost.com/archive/politics/1981/10/11/body-of-sadat-is-laid-to-rest-in-tightly-controlled-funeral/c72f4903-7699-42a8-b0c7-77f063695e81/>. Acesso em: 29 dez. 2022.

219. Anwar Sadat, "Address at Ben-Gurion University", 26 maio 1979. Disponível em: <https://mfa.gov.il/MFA/ForeignPolicy/MFADocuments/Yearbook4/Pages/15%20Statements%20by%20Presidents%20Navon%20and%20Sadat-%20and%20P.aspx>. Acesso em: 29 dez. 2022.

220. Disponível em: <https://www.presidency.ucsb.edu/documents/remarks-president-carter-president-anwar-al-sadat-egypt-and-prime-minister-menahem-begin>. Acesso em: 29 dez. 2022.

221. Sadat, *In Search of Identity*, pp. 79, 84-5.

222. Kissinger, *Years of Renewal*, p. 458.

223. Kissinger, *Years of Upheaval*, p. 651.

224. Kissinger, *Years of Upheaval*, p. 651.

225. "Remarks by the Honorable Henry Kissinger", 4 maio 2000, Anwar Sadat Chair for Peace and Development, Universidade de Maryland. Disponível em: <https://sadat.umd.edu/events/remarks-honorable-henry-kissinger>. Acesso em: 29 dez. 2022.

5. Lee Kuan Yew: a estratégia da excelência [pp. 315-59]

1. Lee Kuan Yew, "Collins Family International Fellowship Lecture", realizada a 17 de outubro de 2000 na John F. Kennedy School of Government na Universidade Harvard. Disponível em: <https://www.nas.gov.sg/archivesonline/data/pdfdoc/2000101706.htm>. Acesso em: 29 dez. 2022. Ver também: Richard Longworth, "Asian Leader Begins Brief Sabbatical", *The Harvard Crimson*, 14 nov. 1968. Disponível em: <https://www.thecrimson.com/article/1968/11/14/asian-leader-begins-brief-sabbatical-plee/>. Acesso em: 29 dez. 2022.

2. Longworth, "Asian Leader Begins Brief Sabbatical".

3. Ver Lee Kuan Yew, *From Third World to First*. Nova York: HarperCollins, 2000, pp. 460-1.

4. Richard Nixon, *Leaders: Profiles and Reminiscences of Men Who Have Shaped the Modern World*. Nova York: Warner Books, 1982, p. 319.

5. Margaret Thatcher, *Statecraft: Strategies for a Changing World*. Nova York: HarperCollins, 2002, p. 117.

6. Lee, "Collins Family International Fellowship Lecture".

7. John Curtis Perry, *Singapore: Unlikely Power*. Nova York: Oxford University Press, 2017, p. 6.

8. Lee, *From Third World to First*, p. 3.

9. Han Fook Kwang et al. (Orgs.), *Lee Kuan Yew: Hard Truths to Keep Singapore Going*. Cingapura: Straits Times Press, 2011, p. 19.

10. Ibid., p. 18.

11. Lee, *From Third World to First*, p. 690.

12. Ibid.

13. "Aspen Meeting, May 6, 1979, 3.00 p.m., Singapore", Henry Kissinger Papers, parte III, caixa 169, pasta 4, p. 12, Yale University Library. Disponível em: <http://findit.library.yale.edu/catalog/digcoll:1193313>. Acesso em: 29 dez. 2022.

14. Han et al., *Hard Truths*, p. 390. Os entrevistadores de Lee eram dois jovens jornalistas cingapurianos, Rachel Lin e Robin Chan.

15. Ezra Vogel, *Deng Xiaoping and the Transformation of China*. Cambridge, MA: Belknap Press, 2011, pp. 290-1.

16. Perry, *Singapore*, p. 37.

17. Ibid., p. 124.

18. Ibid., p. 121.

19. Ibid., p. 124 para data. Fred Glueckstein, "Churchill and the Fall of Singapore", *International Churchill Society*, 10 nov. 2015. Disponível em: <https://winstonchurchill.org/publications/finest-hour/finest-hour-169/churchill-and-the-fall-of-singapore/>. Acesso em: 29 dez. 2022.

20. Lee Kuan Yew, *The Singapore Story*. Cingapura: Times Editions, 1998, p. 51.

21. Ibid., p. 35.

22. Ibid., p. 34. Lee abre suas memórias com a imagem indelével de seu pai o segurando pelas orelhas em um balcão após uma dessas derrotas.

23. Ibid.

24. Ibid., pp. 35-8.

25. Ibid., p. 36.

26. Ibid., p. 43.

27. Ibid., p. 38.

28. Ibid.

29. Ibid., pp. 39-40.

30. Lee, "Collins Family International Fellowship Lecture". Perry, *Singapore*, p. 146, relata sentimento similar de uma mulher malaia em Cingapura no regresso das forças britânicas após a guerra: "Certamente estávamos felizes que os britânicos houvessem voltado para nos libertar dos japoneses, mas depositamos pouquíssima fé em sua promessa de nos proteger no futuro [...] nossos deuses tinham pés de barro".

31. Perry, *Singapore*, p. 138.

32. Ibid., p. 140.

33. Ibid., pp. 61-6.

34. Ibid., p. 66.

35. Ibid., p. 115.

36. Lee Kuan Yew, "Eulogy by Minister Mentor Lee Kuan Yew at the Funeral Service of Mrs. Lee Kuan Yew", Prime Minister's Office of Singapore, 6 out. 2010.

37. Ibid., pp. 113-4.

38. Lee, "Collins Family International Fellowship Lecture", 17 out. 2000.

39. Ibid.

40. Lee Kuan Yew, "If I Were an Englishman" (discurso em favor de David Widdicombe, início de fevereiro de 1950), *Lee Kuan Yew: The Man and His Ideas*, Han Fook Hwang, Warren Fernandez e Sumiko Tan (Orgs.). Cingapura: Times Editions, 1998, p. 255.

41. Constance Mary Turnbull (C. M.), *A History of Modern Singapore*. Cingapura: National University of Singapore Press, 2020, pp. 371-2.

42. Ibid., p. 382.

43. Uma comissão de 1879 invectivara contra a prática de propinas grassando na força policial. Ver Jon S. T. Quah, "Combating Corruption in Singapore — What Can Be Learned?", *Journal of Contingencies and Crisis Management*, v. 9, n. 1, pp. 29-31, mar. 2001.

44. Ibid., p. 30.

45. Cyril Northcote Parkinson, *A Law Unto Themselves: Twelve Portraits*. Boston: Houghton Mifflin, 1966, p. 173.

46. Perry, *Singapore*, p. 157.

47. Lee, *The Singapore Story*, pp. 305-9, 319.

48. Turnbull, *Singapore*, pp. 449-50.

49. Lee, *From Third World to First*, p. 96.

50. Ibid., p. 105.

51. Quah, "Combating Corruption in Singapore".

52. Turnbull, *Singapore*, p. 429.

53. Lee Kuan Yew, "How Much Is a Good Minister Worth?", discurso perante o parlamento, 1 nov. 1994, in *Lee Kuan Yew: The Man and His Ideas*, p. 331.

54. Huat Chua Beng, *Liberalism Disavowed: Communitarianism and State Capitalism in Singapore*. Ithaca: Cornell University Press, 2017, p. 3.

55. Muhammad Ali, "Eradicating Corruption — The Singapore Experience", apresentado no Seminar on International Experiences on Good Governance and Fighting Corruption, fev. 2000, p. 2.

56. Quah, "Combating Corruption in Singapore", p. 29.

57. Lee, "How Much Is a Good Minister Worth?", p. 338.

58. Turnbull, *Singapore*, p. 450.

59. Ibid., p. 495.

60. Ibid., p. 450.

61. George P. Shultz e Vidar Jorgensen, "A Real Market in Medical Care? Singapore Shows the Way", *The Wall Street Journal*, 15 jun. 2020. Disponível em: https://www.wsj.com/articles/a-real-market-in-medical-care-singapore-shows-the-way-11592264057. Acesso em: 29 dez. 2022.

62. Meng-Kim Lim, "Health Care Systems in Transition II. Singapore, Part 1. An Overview of Health Care Systems in Singapore", *Journal of Public Health*, v. 20, n. 1, p. 19, 1988.

63. Turnbull, *Singapore*, pp. 510-1.

64. Ibid.

65. Turnbull, *Singapore*, p. 511.

66. Lee, *From Third World to First*, p. 112.

67. Perry, *Singapore*, pp. 160, 250, 252.

68. Lee, *From Third World to First*, p. 112.

69. Fareed Zakaria, "Culture Is Destiny: A Conversation with Lee Kuan Yew", *Foreign Affairs*, v. 73, n. 2, p. 111, mar./abr. 1994.

70. Lee, *The Singapore Story*, pp. 16, 401-2.

71. Ibid., pp. 394-6.

72. Perry, *Singapore*, p. 157.

73. Ibid., p. 164.

74. Lee, *The Singapore Story*, p. 23.

75. Arnold Toynbee, *Cities on the Move*. Nova York: Oxford University Press, 1970, p. 55.

76. Perry, *Singapore*, p. 197.

77. Lee, *From Third World to First*, p. 7.

78. Seth Mydans, "Days of Reflection for the Man Who Defined Singapore", *New York Times*, 11 set. 2010.

79. Lee Kuan Yew, "Transcript of a Press Conference on August 9, 1965", National Archives of Singapore, pp. 32-3. Disponível em: <https://www.nas.gov.sg/archivesonline/speeches/record-details/740acc3c-115d-11e3-83d5-0050568939ad>. Acesso em: 29 dez. 2022.

80. Lee, *From Third World to First*, p. 6.

81. Ibid., p. 14.

82. Ibid., p. 11.

83. Ibid., p. 15.

84. Ibid., p. 19.

85. Ibid., p. 228.

86. Transcrição do discurso feito pelo primeiro-ministro em um encontro da Consultation on Youth and Leadership Training, patrocinado pela East Asia Christian Conference e realizado na Queen Street Methodist Church a 10 de abril de 1967.

87. "Aspen Meeting, January 30, 1980, 3:30 p.m., Germany", Henry Kissinger Papers, parte III, caixa 169, pasta 11, pp. 10-1, Yale University Library. Disponível em: <http://findit.library.yale.edu/catalog/digcoll:1193221>. Acesso em: 29 dez. 2022.

88. Lee Kuan Yew, *My Lifelong Challenge: Singapore's Bilingual Journey*. Cingapura: Straits Times Press, 2012.

89. Ibid., p. 53.

90. Constituição da República de Cingapura, artigo 153A.

91. Zakaria, "Culture Is Destiny", p. 120.

92. Perry, *Singapore*, p. 166. Lee até mandou fazer uma cópia da estátua em *polymarble* e a colocou em um lugar proeminente no litoral de Cingapura.

93. Ver Lee, *From Third World to First*, p. 50.

94. Ibid., p. 3.

95. Lee Kuan Yew, "Make Sure Every Button Works", discurso aos servidores públicos seniores no Teatro Victoria, 20 set. 1965, *Lee Kuan Yew: The Man and His Ideas*.

96. Lee Kuan Yew, discurso feito no comício do Dia de Solidariedade da Malásia e do desfile de tropas no Padang, 31 ago. 1963, p. 4. Disponível em: <https://www.nas.gov.sg/archivesonline/speeches/record-details/740957c6-115d-11e3-83d5-0050568939ad>. Acesso em: 29 dez. 2022.

97. "Aspen Meeting, January 17, 1978", Henry Kissinger Papers, parte III, caixa 168, pasta 31, pp. 12-3, Yale University Library. Disponível em: <http://findit.library.yale.edu/ catalog/digcoll:1193335>. Acesso em: 29 dez. 2022.

98. Lee Kuan Yew, "Prime Minister's May Day Message, 1981", 1 maio 1981. Disponível em: <https://www.nas.gov.sg/archivesonline/speeches/record-details/73b03d18-115d-11e3-83d5-0050568939ad>. Acesso em: 29 dez. 2022.

99. Perry, *Singapore*, p. 152; Rudyard Kipling, "Recessional", The Poetry Foundation. Disponível em: <https://www.poetryfoundation.org/poems/46780/recessional>. Acesso em: 29 dez. 2022.

100. "British Withdrawal from Singapore", *Singapore Infopedia*, Singapore National Library Board. Disponível em: <http://eresources.nlb.gov.sg/infopedia/articles/SIP_1001_2009-02-10.html>. Acesso em: 29 dez. 2022.

101. Perry, *Singapore*, p. 165.

102. Ibid., p. 157.

103. Ibid., p. 167. Lee viajou a Malta, Grã-Bretanha e Japão para estudar estaleiros.

104. Citado em *Lee Kuan Yew: The Man and His Ideas*, p. 109.

105. "Aspen Meeting, January 18, 1978", Henry Kissinger Papers, parte III, caixa 168, pasta 32, p. 2, Yale University Library. Disponível em: <http://findit.library.yale.edu/catalog/digcoll:1193198>. Acesso em: 29 dez. 2022.

106. Perry, *Singapore*, p. 196.

107. Memcon, Cabinet Conference Room, The Istana, Cingapura, 18 jan. 2003, 15h40.

108. "World Economic Survey, 1971", UN Department of Economic and Social Affairs. Nova York: UN, 1972. Disponível em: <http://www.un.org/en/development/desa/policy/wess/wess_archive/1971wes.pdf>. Acesso em: 29 dez. 2022.

109. Turnbull, *Singapore*, p. 491.

110. Ibid., p. 491.

111. *Lee Kuan Yew: The Man and His Ideas*, pp. 111-2.

112. Lee, *From Third World to First*, p. 691.

113. Ibid., p. 63.

114. Lee Kuan Yew, "Eve of National Day Broadcast 1987", 8 ago. 1987. Disponível em: <https://www.nas.gov.sg/archivesonline/speeches/record-details/73fa03f6-115d-11e3-83d5-0050568939ad>. Acesso em: 29 dez. 2022.

115. Lee, "Prime Minister's May Day Message, 1981".

116. Transcrição da discussão do primeiro-ministro Lee Kuan Yew com correspondentes estrangeiros, gravada na SBC em 9 de outubro de 1984. Disponível em: <https://www.nas.gov.sg/archivesonline/speeches/record-details/7422b2ea-115d-11e3-83d5-0050568939ad>. Acesso em: 29 dez. 2022.

117. Lyndon Johnson, comentários de boas-vindas na Casa Branca ao primeiro-ministro Lee de Cingapura, 17 out. 1967. Disponível em: <https://www.presidency.ucsb.edu/documents/remarks-welcome-the-white-house-prime-minister-lee-singapore>. Acesso em: 29 dez. 2022.

118. Hubert Humphrey, "Memorandum from Vice President Humphrey to President Johnson: Meeting with Prime Minister Lee Kuan Yew of Singapore", 18 out. 1967, Department of State, Office of the Historian.

119. Zakaria, "Culture Is Destiny", p. 115.

120. Lee Kuan Yew, "Exchange of Toasts between the President and Prime Minister Lee Kuan Yew of Singapore", 4 abr. 1973, p. 7. Disponível em: <https://www.nas.gov.sg/archivesonline/speeches/record-details/7337d52d-115d-11e3-83d5-0050568939ad>. Acesso em: 29 dez. 2022.

121. Lee, "Prime Minister's May Day Message, 1981".

122. Zakaria, "Culture Is Destiny", pp. 124-5.

123. Lee, *From Third World to First*, p. 451.

124. Lee, *From Third World to First*, p. 451.

125. Zakaria, "Culture Is Destiny", p. 112.

126. *Lee Kuan Yew: The Man and His Ideas*, pp. 230, 233.

127. Lee Kuan Yew, "East Asia in the New Era: The Prospects of Cooperation", discurso feito na Harvard Fairbank Center Conference, Nova York, 11 maio 1992. Conforme citado em Graham Allison e Robert D. Blackwill (Orgs.), *Lee Kuan Yew: The Grand Master's Insights on China, the United States, and the World*. Cambridge: Belfer Center for Science and International Affairs/The MIT Press, 2012, p. 41

128. "Lee Kuan Yew, remarks to the U.S. Defense Policy Board, May 2, 2002", arquivos particulares de Henry Kissinger, p. 3.

129. Han et al., *Hard Truths*, p. 313.

130. Lee Kuan Yew, "Southeast Asian View of the New World Power Balance in the Making", Jacob Blaustein Lecture n. 1, 30 mar. 1973, p. 12. Disponível em: <https://www.nas.gov.sg/archivesonline/speeches/record-details/73377f87-115d-11e3-83d5-0050568939ad>. Acesso em: 29 dez. 2022.

131. "Aspen Meeting, May 7, 1979, Singapore", Henry Kissinger Papers, parte III, caixa 169, pasta 5, p. 3, Yale University Library. Disponível em: <http://findit.library.yale.edu/catalog/digcoll:1193268>. Acesso em: 29 dez. 2022.

132. Ibid., p. 6.

133. Ibid., p. 4.

134. Peter Hicks, "'Sleeping China' and Napoleon", Fondation Napoléon. Disponível em: <https://www.napoleon.org/en/history-of-the-two-empires/articles/ava-gardner-china-and-napoleon>. Acesso em: 29 dez. 2022.

135. Nicholas D. Kristof, "The Rise of China", *Foreign Affairs*, v. 72, n. 5, p. 74, nov./dez. 1993.

136. Lee Kuan Yew, "Asia and the World in the 21st Century", discurso feito no 21st Century Forum, Beijing, 4 set. 1996.

137. Han et al., *Hard Truths*, p. 310.

138. Lee, "Collins Family International Fellowship Lecture".

139. Vogel, *Deng Xiaoping*, p. 292.

140. Han et al., *Hard Truths*, p. 389.

141. Vogel, *Deng Xiaoping*, p. 291.

142. Ibid.

143. Citado em Emrys Chew and Kwa Chong Guan, *Goh Heng Swee: A Legacy of Public Service*. Cingapura: World Scientific Publishing Co., 2012, p. 17.

144. Lee, *From Third World to First*, p. 626.

145. Ibid., pp. 627-8.

146. Resumo de uma conversa entre Lee Kuan Yew e John Thornton no FutureChina Global Forum, Cingapura, 11 jul. 2001. Conforme citado em Allison e Blackwill, *Lee Kuan Yew*, p. 42.

147. Nathan Gardels, "The East Asian Way — with Air Conditioning", *New Perspectives Quarterly*, v. 26, n. 4, p. 116, outono 2009.

148. Citado em Henry Kissinger, *Years of Renewal*. Nova York: Simon and Schuster, 1999, p. 1057.

149. Sessão de perguntas e respostas com Lee Kuan Yew no jantar de gala pelos cinco anos da Lee Kuan Yew School of Public Policy, Cingapura, 2 set. 2009, conforme citado em Allison e Blackwill, *Lee Kuan Yew*, pp. 47-8.

150. Entrevista com o autor, Allison and Blackwill, *Lee Kuan Yew*, p. 43.

151. Ibid., p. 45.

152. Lee Kuan Yew, "America and Asia", discurso feito na cerimônia de premiação do Arquiteto do Novo Século, Washington, 11 nov. 1996, conforme citado em Allison e Blackwill, *Lee Kuan Yew*, p. 41.

153. Lee Kuan Yew, "Shanghai's Role in China's Renaissance", discurso feito no fórum de Shanghai de 2005, Shanghai, 17 maio 2005, conforme citado em Allison e Blackwill, *Lee Kuan Yew*, p. 48.

154. "Aspen Meeting, June 10, 1978, Iran", Henry Kissinger Papers, parte III, caixa 169, pasta 2, pp. 61-2, Yale University Library. Disponível em: ‹http://findit.library.yale.edu/catalog/digcoll:1193349›. Acesso em: 29 dez. 2022.

155. "Aspen Meeting, May 6, 1979, Singapore", Henry Kissinger Papers, parte III, caixa 169, pasta 3, p. 11, Yale University Library. Disponível em: ‹http://findit.library.yale.edu/catalog/digcoll:1193222›. Acesso em: 29 dez. 2022.

156. Ibid.

157. Lee, comentários à US Defense Policy Board, 2 maio 2002, p. 1.

158. World Bank Open Data, "GDP per capita (current US$) — Singapore". Disponível em: ‹https://data.worldbank.org/indicator/NY.GDP.PCAP.CD?locations=SG›. Acesso em: 29 dez. 2022.

159. World Bank Open Data, "GDP growth (annual %) — Singapore". Disponível em: ‹https://data.worldbank.org/indicator/NY.GDP.MKTP.KD.ZG?locations=SG›. Acesso em: 29 dez. 2022.

160. Nixon, *Leaders*, p. 310.

161. "Aspen Meeting, June 9, 1978, Iran", Henry Kissinger Papers, parte III, caixa 169, pasta 1, pp. 33-4, Yale University Library. Disponível em: <http://findit.library.yale.edu/catalog/dig-coll:1193199>. Acesso em: 29 dez. 2022.

162. Ibid., p. 336.

163. Lee, *From Third World to First*, p. 688.

164. Ibid., p. 687.

165. Alexander Pope, terceira epístola em *An Essay on Man* (1733-4).

166. José Ortega y Gasset, *History as a System, and Other Essays Toward a Philosophy of History*. Trad. Helene Weyl. Nova York: W. W. Norton & Company, Inc., 1962, p. 217.

167. Lee, *From Third World to First*, p. 9.

168. Han et al., *Hard Truths*, p. 388.

169. Tom Plate, *Conversations with Lee Kuan Yew*. Cingapura: Marshall Cavendish Editions, 2015, p. 203.

170. Colin Campbell, "Singapore Plans to Revive Study of Confucianism", *New York Times*, 20 maio 1982.

171. Tom Plate, *Conversations with Lee Kuan Yew: Citizen Singapore: How to Build a Nation*. Cingapura: Marshall Cavendish, 2010, p. 177.

172. Houve encontros no Irã em 1978 (com Kissinger, Lee e Shultz, mas não Schmidt, na primeira "Aspen Roundtable"); em Cingapura em 1979 (com Kissinger, Lee e Shultz, mas não Schmidt); na Alemanha em 1980 (com Kissinger, Lee e Schmidt, mas não Shultz); e em Tóquio em 1982 (com Kissinger, Lee e Schmidt, mas não Shultz). A primeira vez em que estivemos todos os quatro reunidos foi no verão de 1982, na Califórnia. Ver Matthias Nass, "Four Very Powerful Friends: Lee Kuan Yew, Helmut Schmidt, Henry Kissinger, George Shultz", *The Straits Times*, 21 jul. 2012. Disponível em: <https://www.straitstimes.com/singapore/4-very-powerful-friends-lee-kuan-yew-helmut-schmidt-henry-kissinger-george-shultz>. Acesso em: 29 dez. 2022.

173. Matthias Nass, "Vier Freunde", *Die Zeit*, 5 jul. 2012, p. 4. Disponível em: <https://www.zeit.de/2012/28/Vier-Freunde/seite-4>. Acesso em: 29 dez. 2022.

174. Perry, *Singapore*, p. 237; Seth Mydans, "Days of Reflection for the Man Who Defined Singapore", *New York Times*, 11 set. 2010. Isso a despeito de Lee proclamar em 1968: "A poesia é um luxo que não podemos nos permitir".

175. Seth Mydans, "Days of Reflection for the Man Who Defined Singapore", *New York Times*, 11 set. 2010.

176. Tristemente, isso se tornou a causa de uma desavença pública atual dentro da família Lee.

177. Lee Kuan Yew, entrevista com Mark Jacobson, 6 jul. 2009, conforme citado em Allison e Blackwill, *Lee Kuan Yew*, p. 149.

178. Mydans, "Days of Reflection".

179. Ibid.

180. Lee, "How Much Is a Good Minister Worth?", p. 331.

6. Margaret Thatcher: a estratégia da convicção [pp. 361-437]

1. Ferdinand Mount, "Thatcher's Decade", *The National Interest*, v. 14, p. 15, inverno 1988-9. [Grifo meu.]

2. Margaret Thatcher, Conservative Political Centre Lecture, 11 out. 1968. Disponível em: <https://www.margaretthatcher.org/document/10163>. Acesso em: 29 dez. 2022.

3. Margaret Thatcher, coletiva de imprensa após vencer a liderança conservadora, 11 fev. 1975. Disponível em: <https://www.margaretthatcher.org/document/102487>. Acesso em: 29 dez. 2022.

4. Margaret Thatcher, *The Downing Street Years*. Londres: HarperCollins, 1993, p. 5.

5. Philip Larkin, *Collected Poems*. Nova York: Farrar, Straus, and Giroux, 2003, p. 141.

6. Ver Peter Hennessy, *Having It So Good: Britain in the Fifties*. Londres: Penguin, 2007, cap. 12 e 13.

7. Citado em Kathleen Burk, *Old World, New World: The Story of Britain and America*. Londres: Little Brown, 2007, p. 608.

8. Wilson também se recusara a enviar tropas ao Vietnã, a despeito dos pedidos de Johnson.

9. Nixon Tapes, 3 fev. 1973, pp. 840-912, Richard M. Nixon Presidential Library, Yorba Linda, CA.

10. Odd Arne Westad, *The Cold War: A World History*. Nova York: Basic Books, 2017, pp. 520-1.

11. BBC News, "1974: Miners' Strike Comes to an End", *On This Day*: 6 mar. 1974. Disponível em: <http://news.bbc.co.uk/onthisday/hi/dates/stories/march/6/newsid_4207000/4207111. stm>. Acesso em: 29 dez. 2022.

12. Christopher Kirkland, *The Political Economy of Britain in Crisis: Trade Unions and the Banking Sector*. Londres: Palgrave Macmillan, 2017, p. 76.

13. BBC News, "In Quotes: Margaret Thatcher", 8 abr. 2013. Disponível em: <https://www.bbc. com/news/uk-politics-10377842>. Acesso em: 29 dez. 2022.

14. Levítico 19,18, conforme citado por Jesus, Marcos 12,31 e Mateus 22,39.

15. Margaret Thatcher, discurso à Câmara dos Comuns, 5 fev. 1960. Disponível em: <https://www.margaretthatcher.org/document/101055>. Acesso em: 29 dez. 2022.

16. Ibid. O Comitê Franks ofereceu um relatório em 1957 que enfatizava a necessidade de praticar a franqueza, a equidade e a imparcialidade nos tribunais britânicos. O comitê foi formado em resposta ao escândalo de Crichel Down e a uma falta geral de sistema na governança; a maioria das recomendações particulares do comitê foram subsequentemente implementadas na Lei de Tribunais e Inquéritos de 1958.

17. Thatcher, Conservative Political Centre Lecture, 11 out. 1968.

18. Memorando de conversa, "May 9 1975, Ford, Kissinger", caixa 11, National Security Advisor, Ford Library, Ann Arbor, MI.

19. Charles Moore, *Margaret Thatcher: From Grantham to the Falklands*. Nova York: Knopf, 2013, p. 367.

20. O irmão de Powell, Jonathan, desempenharia um papel similar para Tony Blair.

21. Thatcher, entrevista com Brian Walden para a London Weekend Television, 16 jan. 1983. Disponível em: <https://www.margaretthatcher.org/document/105087>. Acesso em: 29 dez. 2022.

22. Thatcher, *The Downing Street Years*, p. 821.

23. Ver Charles Powell e Anthony C. Galsworthy, "Prime Minister's Meeting with Dr Kissinger: Political Matters", 3 dez. 1986, National Archives of the UK, PREM 19/3586, 1. Disponível em: ‹https://discovery.nationalarchives.gov.uk/details/r/C16481832›. Acesso em: 29 dez. 2022.

24. Correspondência pessoal com Charles Powell, 4 jan. 2021.

25. Margaret Thatcher, discurso à Conferência do Partido Conservador, 10 out. 1980. Disponível em: ‹https://www.margaretthatcher.org/document/104431›. Acesso em: 29 dez. 2022.

26. Recordação pessoal do autor.

27. Samuel Taylor Coleridge, *The Statesman's Manual*. Londres: Gale and Fenner, J. M. Richardson and Hatchard, 1816, p. 16.

28. Chris Edwards, "Margaret Thatcher's Privatization Legacy", *Cato Journal*, v. 37, n. 1, p. 95, 2017.

29. Thatcher, entrevista a Brian Walden para a London Weekend Television, 16 jan. 1983.

30. Margaret Thatcher, discurso à Conferência do Partido Conservador, 12 out. 1984. Disponível em: ‹https://www.margaretthatcher.org/document/105763›. Acesso em: 29 dez. 2022.

31. World Bank Open Data.

32. UK Office for National Statistics, "Labour Disputes in the UK: 2018". Disponível em: ‹https://www.ons.gov.uk/employmentandlabourmarket/peopleinwork/workplacedisputesandworkingconditions/articles/labourdisputes/2018›. Acesso em: 29 dez. 2022.

33. Henry Kissinger a Margaret Thatcher, 6 maio 1997.

34. Margaret Thatcher a Henry Kissinger, 20 maio 1997.

35. Rachel Borrill, "Meeting between Thatcher and Blair 'worries' left wing MPs", *Irish Times*, 26 maio 1997. Disponível em: ‹https://www.irishtimes.com/news/meeting-between-thatcher-and-blair-worries-left-wing-mps-1.75866›. Acesso em: 29 dez. 2022.

36. Simon Jenkins, *Thatcher & Sons: A Revolution in Three Acts*. Londres: Penguin, 2006, p. 205.

37. Mark Tran, "Thatcher Visits Brown for Tea at n. 10", *Guardian*, 13 set. 2007.

38. Margaret Thatcher, "Memoir of the Falklands War". Disponível em: ‹https://bit.ly/3nFSvQO›. Acesso em: 29 dez. 2022.

39. Citado em Moore, *Margaret Thatcher: From Grantham to the Falklands*, p. 678.

40. Thatcher, *The Downing Street Years*, p. 179.

41. Citado em Moore, *Margaret Thatcher: From Grantham to the Falklands*, p. 666.

42. Margaret Thatcher, 3 abr. 1982, Hansard: 21/633.

43. Ronald Reagan a Margaret Thatcher, 30 abr. 1975, THCR 6/4/1/7, Churchill College, Cambridge, Margaret Thatcher Foundation. Disponível em: ‹https://www.margaretthatcher.org/document/110357›. Acesso em: 29 dez. 2022.

44. Ronald Reagan, *The Reagan Diaries*, Douglas Brinkley (Org.). Nova York: HarperCollins, 2007, 27 fev. 1981, p. 5.

45. "Monthly Warning Assessment: Latin America", 30 abr. 1982, CREST Program, CIA Archives, acessado em NARA, College Park, MD.

46. "Franks Report" (Falkland Islands Review), apresentado ao parlamento em janeiro de 1983, parágrafos 114-8.

47. Andrew Roberts, *Leadership in War*. Nova York: Viking, 2019, p. 183.

48. Henry Kissinger, "Reflections on a Partnership: British and American Attitudes to Postwar Foreign Policy". *Observations: Selected Speeches and Essays, 1982-1984*. Nova York: Little, Brown, 1985, p. 21.

49. Moore, *Margaret Thatcher: From Grantham to the Falklands*, p. 727.

50. Ibid., p. 735.

51. Roberts, *Leadership in War*, p. 193.

52. Ibid., p. 192.

53. Conversa telefônica, Ronald Reagan e Margaret Thatcher, 31 maio 1982. Disponível em: <https://www.margaretthatcher.org/document/205626>. Acesso em: 29 dez. 2022.

54. Sam LaGrone, "Reagan Readied U.S. Warship for '82 Falklands War'", *U.S. Naval Institute News*, 27 jun. 2012. Disponível em: <https://news.usni.org/2012/06/27/reagan-readied-us-warship-82-falklands-war-0>. Acesso em: 29 dez. 2022.

55. Margaret Thatcher, discurso ao comício conservador em Cheltenham, 3 jul. 1982. Disponível em: <https://www.margaretthatcher.org/document/104989>. Acesso em: 29 dez. 2022.

56. John Coles a John "J. E." Holmes, 15 nov. 1982, National Archives of the UK, PREM 19/3586.

57. Roger Bone a John Coles, "Points to Make", 11 nov. 1982, National Archives of the UK, PREM 19/1053, Margaret Thatcher Foundation. Disponível em: <https://www.margaretthatcher.org/document/138863>. Acesso em: 29 dez. 2022.

58. Roger Bone a John Coles, "Future of Hong Kong: Recent Developments and the Prime Minister's Dinner with Dr Kissinger on 12 November", 11 nov. 1982, National Archives of the UK, PREM 19/1053, Margaret Thatcher Foundation. Disponível em: <https://www.margaretthatcher.org/document/1388>. Acesso em: 29 dez. 2022.

59. Thatcher, *The Downing Street Years*, p. 262.

60. Ibid., p. 383.

61. Correspondência pessoal com Charles Powell, 4 jan. 2021.

62. Moore, *Margaret Thatcher: From Grantham to the Falklands*, pp. 597-601.

63. Esse é um ponto controverso, uma vez que Thatcher afirmava nunca negociar com terroristas, mas tolerava a ligação do MI6 com o IRA e a usou quando julgou útil. Esse relato foi retirado de ibid., pp. 599-600.

64. Margaret Thatcher, discurso em Belfast, 5 mar. 1981. Disponível em: <https://www.margaretthatcher.org/document/104589>. Acesso em: 29 dez. 2022.

65. Margaret Thatcher, Questões Parlamentares da Câmara dos Comuns, 5 maio 1981. Disponível em: <https://www.margaretthatcher.org/document/104641>. Acesso em: 29 dez. 2022.

66. Margaret Thatcher, Questões Parlamentares da Câmara dos Comuns, 5 maio 1981. Disponível em: <https://www.margaretthatcher.org/document/104641>. Acesso em: 29 dez. 2022.

67. Thatcher, discurso à Conferência do Partido Conservador, 12 out. 1984. Disponível em: <https://www.margaretthatcher.org/document/105763>. Acesso em: 29 dez. 2022.

68. Ibid.

69. Citado em Charles Moore, *Margaret Thatcher: At Her Zenith: In London, Washington, and Moscow*. Nova York: Vintage, 2015, p. 315.

70. Art. 1º do Acordo Anglo-Irlandês. Disponível em: <https://cain.ulster.ac.uk/events/aia/aiadoc.htm#a>. Acesso em: 29 dez. 2022.

71. Citado em ibid., p. 336.

72. Thatcher, *The Downing Street Years*, p. 415.

73. Ver Moore, *Margaret Thatcher: At Her Zenith*, pp. 333-8.

74. Margaret Thatcher, discurso em Kensington Town Hall, 19 jan. 1976. Disponível em: <https://www.margaretthatcher.org/document/102939>. Acesso em: 29 dez. 2022.

75. Ibid.

76. Leonid Brezhnev, discurso a 13 nov. 1968. Disponível em: <https://loveman.sdsu.edu/docs/1968BrezhnevDoctrine.pdf>. Acesso em: 29 dez. 2022.

77. "Excerpts from Thatcher's Address", *New York Times*, 21 fev. 1985.

78. Margaret Thatcher, discurso à Sessão Conjunta do Congresso, 20 fev. 1985. Disponível em: <https://www.margaretthatcher.org/document/105968>. Acesso em: 29 dez. 2022.

79. Margaret Thatcher, discurso ao Clube de Imprensa Nacional, 19 set. 1975. Disponível em: <https://www.margaretthatcher.org/document/102770>. Acesso em: 29 dez. 2022.

80. Henry Kissinger, "The Special Relationship: 'I Kept the British Better Informed than the State Department'", *Listener*, 13 maio 1982.

81. Henry Kissinger, Keynote Address, Hong Kong Trade Fair, Hong Kong, 1983.

82. Henry Kissinger, "We Live in an Age of Transition", *Daedalus*, v. 124, n. 3, The Quest for World Order, pp. 99-110, verão 1995.

83. Richard V. Allen, "The Man Who Won the Cold War", *Hoover Digest*, 2000, p. 1. Disponível em: <https://www.hoover.org/research/man-who-won-cold-war>. Acesso em: 29 dez. 2022.

84. Ronald Reagan, discurso à nação sobre defesa e segurança nacional, 23 de março de 1983, Public Papers of the Presidents, American Presidency Project. Disponível em: <http://www.presidency.ucsb.edu/ws/index.php?pid=41093&st=&st1=>. Acesso em: 29 dez. 2022.

85. Margaret Thatcher, coletiva de imprensa após a cúpula de Camp David, 22 dez. 1984. Disponível em: <https://www.margaretthatcher.org/document/109392>. Acesso em: 29 dez. 2022.

86. Geoffrey Smith, *Reagan and Thatcher*. Londres: Bodley Head, 1990, p. 131.

87. Robert McFarlane a Robert Armstrong, 7 nov. 1983, Reino Unido: v. v (11/1/83-6/30/84) [3 de 3], caixa 91331, Exec. Sec., NSC: Country File, Reagan Library, Simi Valley, CA.

88. Essa citação é da gravação britânica do nosso encontro. Ver John Coles a Brian Fall, 21 dez. 1983, National Archives of the UK, PREM 19/3586.

89. Citado em Archie Brown, *The Human Factor: Gorbachev, Reagan, and Thatcher, and the End of the Cold War*. Nova York: Oxford University Press, 2020, p. 113.

90. Citado em ibid., p. 114.

91. Citado em Moore, *Margaret Thatcher: At Her Zenith*, p. 110.

92. Ibid.

93. Memorando de conversa, Margaret Thatcher e Ronald Reagan, 29 set. 1983, "UK-1983-09/24/1983-10/10/1983", caixa 90424, Peter Sommer Files, Reagan Library, Simi Valley, CA.

94. Reagan, *Reagan Diaries*, 6 abr. 1983, p. 142.

95. Moore, *Margaret Thatcher: At Her Zenith*, p. 229.

96. Gravação de conversa em almoço privado com Mikhail Gorbachev, 16 dez. 1984, National Archives of the UK, PREM 19/1394, Margaret Thatcher Foundation. Disponível em: <https://www.margaretthatcher.org/document/134729>. Acesso em: 29 dez. 2022.

97. Thatcher, *Downing Street Years*, p. 461.

98. Margaret Thatcher, entrevista à rede de televisão BBC, 17 dez. 1984. Disponível em: <https://www.margaretthatcher.org/document/105592>. Acesso em: 29 dez. 2022.

99. Memorando de conversa, Margaret Thatcher e Ronald Reagan, 22 dez. 1984, Thatcher Visit — dezembro de 1984 [1], RAC caixa 15, NSC: EASD, Reagan Library, Simi Valley, CA.

100. *Newsweek*, 3 dez. 1990.

101. Ver Charles Powell a Len Appleyard, 31 jul. 1985, National Archives of the UK, PREM 19/3586.

102. Moore, *Margaret Thatcher: At Her Zenith*, pp. 266-8.

103. Memorando de conversa na Hofdi House, 12 out. 1986 (15h25-16h30 e 17h30-18h50), The Reykjavik File, National Security Archive, George Washington University, DC. Disponível em: <https://nsarchive2.gwu.edu/NSAEBB/NSAEBB203/Document15.pdf>. Acesso em: 29 dez. 2022.

104. Isso vem da gravação britânica de nosso encontro. Ver Charles Powell a Anthony C. Galsworthy, 3 dez. 1986, "Prime Minister's Meeting with Dr Kissinger: Arms Control", National Archives of the UK, PREM 19/3586.

105. Resumo de conversa telefônica com a primeira-ministra Margaret Thatcher, 13 out. 1986, "UK-1986-10/07/1986-10/19/1986", caixa 90 901, Peter Sommer Files, Reagan Library, Simi Valley, CA.

106. Ver Powell a Galsworthy, 3 dez. 1986, "Prime Minister's Meeting with Dr Kissinger: Arms Control".

107. Charles Powell a Anthony C. Galsworthy, 13 set. 1987, National Archives of the UK, PREM 19/3586.

108. Ibid.

109. Ver Powell a Galsworthy, "Prime Minister's Meeting with Dr Kissinger: Political Matters".

110. Citado em Charles Moore, *Margaret Thatcher: Herself Alone*. Nova York: Knopf, 2019, p. 599.

111. Citado em Jon Meacham, *Destiny and Power: The American Odyssey of George Herbert Walker Bush*. Nova York: Random House, 2015, p. 424.

112. Ibid., p. 425

113. Moore, *Margaret Thatcher: Herself Alone*, pp. 602-3.

114a. George H. W. Bush e Margaret Thatcher, coletiva de imprensa conjunta com o presidente Bush (invasão iraquiana do Kuwait), 2 ago. 1990. Disponível em: <https://www.margaretthatcher.org/document/108170>. Acesso em: 29 dez. 2022.

115. Ibid.

116. George H. W. Bush, "Remarks and an Exchange with Reporters on the Iraqi Invasion of Kuwait", 5 ago. 1990, Public Papers of the Presidents.

117. Charles Powell a Margaret Thatcher, 12 ago. 1990, National Archives of the UK, PREM 19/3075, citado em Moore, *Margaret Thatcher: Herself Alone*, p. 607.

118. Diário de George H. W. Bush, 7 set. 1990, citado em George H. W. Bush, *All the Best*. Nova York: Scribner, 2013, p. 479.

119. Benjamin Disraeli, "On the "German Revolution", 9 fev. 1871. Disponível em: <http://ghdi.ghi-dc.org/sub_document.cfm?document_id=1849>. Acesso em: 29 dez. 2022.

120. Conrad Black, *A Matter of Principle*, versão Google Books, 1966-7. Disponível em: <https://bit.ly/3wk42YL>. Acesso em: 29 dez. 2022.

121. *New York Times*, 25 out. 1989.

122. Charles Powell a Stephen Wall, conversa do primeiro-ministro com Kissinger, 10 jan. 1990, National Archives of the UK, PREM 19/3586.

123. Moore, *Margaret Thatcher: Herself Alone*, pp. 512-22.

124. Citado em Donald Edwin Nuechterlein, *America Recommitted: A Superpower Assesses Its Role in a Turbulent World*. Lexington: University Press of Kentucky, 2000, p. 187.

125. Thatcher, *The Downing Street Years*, p. 536.

126. Theresa May renunciou após o fracasso de seu acordo de retirada, e David Cameron após a campanha pela permanência na UE, no referendo do Brexit. Embora a rebelião interna não tenha forçado John Major a renunciar, seu governo ficou gravemente prejudicado após a desvalorização da libra em 1992 e, por muitos anos depois, na prática prostrado de joelhos pelos "rebeldes de Maastricht".

127. Moore, *Margaret Thatcher: Herself Alone*, cap. 4: "The Shadow of Lawson", pp. 94-111.

128. Margaret Thatcher, "Speech to the College of Europe", 20 set. 1988 Disponível em: <https://www.margaretthatcher.org/document/107332>. Acesso em: 29 dez. 2022.

129. Ibid.

130. Ibid.

131. Ibid.

132. Jacques Delors, discurso ao Parlamento Europeu, 6 jul. 1988. Disponível em: <https://www.margaretthatcher.org/document/113689>. Acesso em: 29 dez. 2022.

133. Ibid.

134. Margaret Thatcher, observações feitas à Câmara dos Comuns do Conselho Europeu de Roma, 30 out. 1990. Disponível em: <https://www.margaretthatcher.org/document/108234>. Acesso em: 29 dez. 2022.

135. Geoffrey Howe, declaração pessoal perante a Câmara dos Comuns, 13 nov. 1990. Disponível em: <https://api.parliament.uk/historic-hansard/commons/1990/nov/13/personal-statement>. Acesso em: 29 dez. 2022.

136. Ibid. As afirmações de Howe aqui quase antecipam os argumentos pela permanência na UE durante o referendo do Brexit em 2016.

137. Ibid.

138. Moore, *Margaret Thatcher: Herself Alone*, p. 683.

139. "Powell Record of Phone Conversation (Powell-Kissinger)", 22 nov. 1990. Disponível em: <https://www.margaretthatcher.org/document/149456>. Acesso em: 29 dez. 2022.

140. Citado em Moore, *Margaret Thatcher: Herself Alone*, p. 716.

141. Margaret Thatcher, observações feitas sobre a confiança no Governo de Sua Majestade, 22 nov. 1990. Disponível em: <https://www.margaretthatcher.org/document/108256/>. Acesso em: 29 dez. 2022.

142. Ibid.

143. Isaiah Berlin, "Winston Churchill in 1940". In: Henry Hardy e Roger Hausheer (Orgs.), *The Proper Study of Mankind: An Anthology of Essays*. Nova York: Farrar, Straus and Giroux, 1998, p. 618.

144. Ivor Crewe e Donald Searing, "Ideological Change in the British Conservative Party", *The American Political Science Review*, v. 82, n. 2, esp. 362-8, jun. 1988.

145. Margaret Thatcher, discurso à Real Sociedade, 27 set. 1988. Disponível em: <https://www.margaretthatcher.org/document/107346>. Acesso em: 29 dez. 2022.

146. "The Funeral Service of the Right Honorable Baroness Thatcher of Kesteven, St Paul's Cathedral, April 17, 2013". Disponível em: <https://www.stpauls.co.uk/documents/News%20stories/BTOOS.pdf>. Acesso em: 29 dez. 2022.

CONCLUSÃO: A EVOLUÇÃO DA LIDERANÇA [pp. 439-61]

1. Platão, *A república*. Nova York: Basic Books, 1991, pp. 93-6.

2. Winston S. Churchill, *Memórias da segunda guerra mundial*. Trad. Vera Ribeiro e Gleuber Vieira. Rio de Janeiro: Casa dos Livros, 2017, v. 2.

3. Ibid.

4. David Landes, *The Wealth and Poverty of Nations*. Nova York: Norton, 1998, p. 285.

5. Ver, de modo geral, Adrian Wooldridge, *The Aristocracy of Talent: How Meritocracy Made the Modern World*. Nova York: Skyhorse Publishing, 2021.

6. Margaret Thatcher, "Speech to the Institute of Socioeconomic Studies", 15 set. 1975. Disponível em: <https://www.margaretthatcher.org/document/102769>. Acesso em: 29 dez. 2022.

7. Christopher Lasch, *The Revolt of the Elites and the Betrayal of Democracy*. Nova York: Norton, 1995, pp. 48-9.

8. Julian Jackson, *De Gaulle*. Cambridge: Harvard Belknap Press, 2018, p. 772.

9. Ver William Deresiewicz, "Solitude and Leadership", *The American Scholar*, 1 mar. 2010. Disponível em: <https://theamericanscholar.org/solitude-and-leadership/>. Acesso em: 29 dez. 2022.

10. Yuval Levin, "Making Meritocrats Moral", *American Purpose*, 7 dez. 2021. Ver também Yuval Levin, *A Time to Build: From Family and Community to Congress and the Campus, How Recommitting to Our Institutions Can Revive the American Dream*. Nova York: Basic Books, 2020.

11. Ibid.

12. Ver, de modo geral, Marshall Mcluhan, *Understanding Media: The Extensions of Man*. Nova York: Signet Books, 1966.

13. Garfinkle atribui o conceito de "leitura profunda" [*deep reading*] à cientista cognitiva Maryanne Wolf, além de esmiuçá-lo. Ver Adam Garfinkle, "The Erosion of Deep Literacy", *National Affairs*, n. 43, primavera 2020. Disponível em: <https://nationalaffairs.com/publications/detail/the-erosion-of-deep-literacy>. Acesso em: 29 dez. 2022.

14. Max Weber, "Politics as a Vocation". In: David Owen e Tracy B. Strong (Orgs.), *The Vocation Lectures*. Trad. Rodney Livingstone. Indianapolis: Hackett Publishing Company, 2004, p. 77.

15. Ver Neil Postman, *Amusing Ourselves to Death: Public Discourse in the Age of Show Business*. Nova York: Penguin, 1985, p. 10. O general dos Fuzileiros aposentado e ex-secretário de defesa James Mattis também discutiu esses pontos em detalhes: "Se você não leu centenas de livros, é funcionalmente analfabeto, e será um incompetente, porque apenas suas experiências pessoais não são amplas o bastante para sustentá-lo. Todo comandante que alega ser 'ocupado demais para ler' vai se juntar aos soldados recolhendo os mortos nos sacos". James Mattis, *Call Sign Chaos*. Nova York: Random House, 2019, p. 42.

16. Garfinkle, "The Erosion of Deep Literacy".

17. Lee Kuan Yew, "Collins Family International Fellowship Lecture", feito a 17 de outubro de 2000 na John F. Kennedy School of Government, Universidade Harvard. Disponível em: <https://www.nas.gov.sg/archivesonline/data/pdfdoc/2000101706.htm>. Acesso em: 29 dez. 2022.

18. Ibid.

19. Thomas Jefferson, carta a John Adams, 28 out. 1813, In: Adrienne Koch e William Peden (Orgs.), *The Life and Selected Writings of Thomas Jefferson*. Nova York: Random House, 1944, pp. 632-3.

20. James Q. Wilson, *On Character*. Washington: The AEI Press, 1995, p. 22.

21. Niall Ferguson, *Civilization: The West and the Rest*. Nova York: Penguin, 2012.

22. Nicolau Maquiavel, *Discursos sobre a primeira década de Tito Lívio*. Trad. Edson Amaro de Souza. Lisboa: Sílabo, 2010.

23. Ibid.

24. Friedrich Engels, *Herr Eugen Dühring's Revolution in Science (Anti-Dühring)*. Nova York: International Publishers, 1966, p. 307

25. Weber, "Politics as a Vocation", pp. 93-4.

26. Epiteto, *Enchiridion*. In: *The Art of Living: The Classic Manual on Virtue, Happiness, and Effectiveness*. Trad. Sharon Lebell. Nova York: HarperCollins, 1995, p. 10.

Créditos das imagens

p. 24. Konrad Adenauer, 1954. *Arnold Newman/ Getty Images.*

p. 74. Charles de Gaulle, 1967. *Copyright © Raymond Depardon/ Magnum Photos.*

p. 152. Richard Nixon, 1967. *Copyright © Burt Glinn/ Magnum Photos.*

p. 236. Anwar Sadat, 1978. *Sahm Doherty/ Getty Images.*

p. 314. Lee Kuan Yew, 1968. *Copyright © Hulton-Deutsch Collection/ Corbis via Getty Images.*

p. 360. Margaret Thatcher, 1987. *Copyright © TASS via Getty Images.*

Índice remissivo

Abbas, Ferhat, 127

Abduh, Muhammad, 239

Acheson, Dean, 37, 60, 66, 136, 171, 366

Acland, Sir Antony, 394

Acordo Anglo-Irlandês, 398, 401-2, 433

Acordo de Bretton Woods (1944), 176

Acordo de Defesa Mútua (Estados Unidos/ Reino Unido), 409

Acordo de Golã, 289

Acordo de Incidentes no Mar, 173

Acordo Smithsoniano, 177

Acordo Sykes-Picot, 155

Acordos de Camp David (1978): assinatura do tratado de paz, 301-4, 309, 311

Acordos de Evian, 130

Acordos de Helsinque (1975), 173, 199, 222

Acordos de Oslo (1993), 237, 291n

Açores, 231

Adenauer, Johann, 28, 443

Adenauer, Konrad, 27-73, 439; na abadia de Maria Laach, 29; Brandt e, 69; caráter divisivo, 448; caráter e personalidade, 31, 54-5, 454; cinquentenário da morte (2017), 73; em Colombey-les-Deux-Églises, 51, 114, 132, 357; compromisso com os princípios democráticos, 66; comunismo e, 29; conversas de HK com, 53-63; crise de Suez e, 50-1; sobre De Gaulle, 58-9; sobre a détente com a União Soviética, 68; durante e após a Segunda Guerra Mundial, 18; eleito chanceler da Alemanha, 33-6; sobre Erhard, 67; estilo de liderança, 31; estratégia nuclear e, 196; experiência política, 443; formação, 443; fundação da União Democrata Cristã, 31; sobre o governo de coalizão alemão, 67; sobre a Guerra do Vietnã, 67; importância da solidão e, 447; Kennedy e, 55, 61-2; Khrushchev e, 51-2; Kiesinger e, 175; legado de, 424; como líder da União Democrata Cristã, 31-2; ocupação da Alemanha e, 446, 448; como orador público, 31; Otan e, 46, 133; em Paris, 46; perguntas sobre o futuro da liderança, 460; Plano Schuman e, 40-1; política de unificação alemã, 59, 63-6, 69, 71; como prefeito de Colônia, 18, 27-9, 30; preocupação com a estratégia nuclear, 55-6, 57-9, 61-3, 65, 68; preso pelos nazistas, 30; rearmamento alemão e, 42-6; rejeição a Hitler, 30-1; rejeição das propostas dos Estados Unidos em Berlim, 59, 61; sobre as relações com os Aliados,

39, 446; relações com os Estados Unidos e, 37, 45-6; sobre as relações ocidentais com a União Soviética, 55; renúncia como chanceler, 66; reparações por crimes nazistas ao povo judeu e, 47-9; reunião com Acheson, 37; sucessores para, 68-73; surgimento de, 31; Tratado de Amizade com De Gaulle, 77; visão da nova Europa, 35-6; visita a Israel, 49; visita a Washington, 45; visões e valores religiosos, 18, 28-9, 32, 60, 445

Adenauer, Max, 30

Afeganistão, invasão soviética do, 178, 196, 367, 407

África, 141, 147, 255; descolonização, 223

África Equatorial Francesa, 91

África Ocidental Francesa, 91

africanos, na batalha da França Livre, 92

Afrika Korps, 92

Agência Central de Inteligência ver CIA

Agnew, Spiro, 215-6, 270

Air France, 112

Akhenaton, faraó, 21, 312

al-Afghani, Jamal al-Din, 239

al-Assad, Hafez, 218, 238, 268, 271, 286-9; como aliado de Sadat, 280, 286; HK e, 286; negociações de HK com, 287-9; recusa em comparecer à conferência de Genebra, 221, 281; sobre Sadat, 299; sobre traições da Síria, 287

Albânia, 199

al-Banna, xeque Hassan, 242

Alemanha: nacionalismo, 31; produção industrial, 87; Rússia e, 458

Alemanha (República de Weimar), 27, 73

Alemanha, regime nazista, 17, 31, 45, 53, 63, 67, 73, 146; agressão à Noruega, 78; campos de concentração, 30, 70; colaboracionistas, 18, 80, 97, 100, 109; infância de HK em, 273; Luftwaffe, 70, 78; simpatizantes, 105; ver também Holocausto

Alemanha, República Federal da (RFA), 27, 73; Autoridade do Ruhr (1949), 34, 37, 39-41, 43; bandeiras da, 45; Bundesrat,

41; Bundestag, 34, 39, 41, 44, 46, 48, 65; Bundeswehr, 46; Conselho Econômico, 34; Conselho Parlamentar, 33; conversibilidade dólar-ouro, 177; democracia, 16; derrota na Segunda Guerra Mundial, 25; discussões em Berlim e, 203; efeitos da Segunda Guerra Mundial, 17, 26-8; escassez de alimentos e combustível, 26; estado-maior e burocracia, 443; Estatuto de Ocupação, 34, 46; governo de coalizão, 65; imperial (guilhermina), 16, 18; Lei Fundamental, 33-4; marco alemão, 34, 426; mercados clandestinos, 26; nacionalismo, 31, 35, 38-9, 48, 67, 69; Nixon e a, 194; Nixon na, 75; ocupação e divisão em quatro zonas, 26, 30, 33-4, 39, 54, 446; Otan e, 46, 69; Partido Social-Democrata (SPD), 30, 38, 64, 67; partilha da, 33-4, 41, 63; Polônia e, 70; processo de desnazificação, 47; proposta de unificação de Stálin e, 43-4; rearmamento, 42-6; reconstrução, 33-6; Região do Ruhr, 25-6, 107; Região do Sarre, 34, 38-9, 46, 107; relações com a França, 50-1; relações com Israel, 49; reparações por crimes nazistas contra o povo judeu e, 48; como república federal, 33-4, 45; reunificação, 33, 72, 421-4; transportes na, 26; unificação, pós-guerra, como objetivo, 63-6, 69, 71; unificação sob Bismarck, 27

Alemanha Oriental ver República Democrática Alemã (RDA, DDR)

Alexandre, o Grande, 238

Alexandria, 239

Ali Bey al-Kabir, 239

Aliança Atlântica ver Otan (Organização do Tratado do Atlântico Norte)

aliança franco-russa (pré-Primeira Guerra Mundial), 107

al-Masri, Aziz, 243

Alon, Yigal, 293

Alsácia, 26, 77, 106, 110

Andrews, Helen, 449n

Andropov, Yuri, 411, 413

Angell, Norman, A grande ilusão, 16

Angola, 367

"Ano da África" (1960), 126

árabes, 155; em Cingapura, 321; na Argélia, 121; nacionalismo pan-árabe, 121; *ver também* Egito; Jordânia; Síria

Arábia Saudita, 248, 255, 432

Arafat, Yasser, 255, 296

Argel, 97, 137; barricadas em, 129

Argel (departamento), 96n

Argélia, 81, 102; atividade guerrilheira, 120; Churchill ordena bombardeio de Oran, 90; crise da, 117, 120-2, 124-31, 142, 146; De Gaulle sobre, 58, 76, 128-9; forças anglo--americanas na, 96-9; tumultos (1960), 447

Argentina: crise com a invasão das ilhas Falklands, 383-92, 447; laços com os Estados Unidos, 386, 391; rendição na Guerra das Falklands, 391

aristocracia: meritocracia e, 439-50; "natural", 453

armas cibernéticas, 455-6

armas nucleares e estratégia, 55-60, 130, 134, 138-41, 195-9, 208, 350, 407-11, 455; mísseis balísticos, 407-10, 411, 417-8

armênios, 321

Armistício de Saint Jean d'Acre, 92

Armstrong, Robert, 400, 403

Aron, Raymond, 128, 162

ASEAN (Associação das Nações do Sudeste Asiático), 343, 346; Lee Kuan Yew sobre a, 350

Ashdown, Paddy, 432

Ásia, descolonização, 223

Ásia Meridional: conflito (1971), 174; guerrilheiros, 316

Aspen, Colorado, conferência (1990), 419-20

Assuã, 282; projeto da represa de, 250-1

atlantismo, 366-7

Ato Único Europeu (1986), 424

Attlee, Clement, 26, 79, 324, 381

Auden, W. H., 17

Austen, Jane, 324

Austrália, 271, 323, 350, 377

Áustria, 85, 86; anexada pela Alemanha, 25, 370; democracia na, 16; origens da Primeira Guerra Mundial e, 87

Autoridade do Canal de Suez, 250-1

Baden-Baden, 143

Bahr, Egon, 69

Bahrein, 237

Baku, 106

Ball, George, 180

Banco Mundial, 250

Bangcoc, 227

Bangladesh, 223-33; ganha independência, 232; guerrilheiros e, 225, 228; refugiados de, 225

Bastiat, Frédéric, 372

Baviera, 26, 33, 57, 107

Bayeux, 101, 115-6

BBC (British Broadcasting Corporation), 78, 80, 90, 104, 410, 414

Begin, Menachem, 223, 296-303, 312; Acordos de Camp David e, 304; discurso no Knesset em resposta a Sadat, 298; no enterro de Sadat, 308; recebe o Prêmio Nobel da Paz, 302; sobre Sadat, 308; viaja para Ismailia, 300

Beijing, 202; cúpula Nixon-Mao/Zhou (1972), 172-3, 231-2, 263; Grande Salão do Povo, 394; visitas secretas de HK a (1971), 202-5

Belfast, Irlanda do Norte, 399

Bélgica, 45, 78

Beng Huat Chua, 325n

bengalis, 224

Ben-Gurion, aeroporto, 295

Ben-Gurion, David, 244

Berlim, 33; Batalha de, 25; bloqueio pela União Soviética e transporte aéreo, 41, 154; construção do Muro, 59; Crises de 1958-62, 69; Khrushchev e, 51, 59-60, 63, 154; Nixon e, 178; Ocidental, 41; ocupação aliada de, 52, 53, 59; Oriental, 52n, 428; queda do Muro, 72, 199, 421-3

Berlin, Isaia, 15, 434

Bidault, Georges, 103-4

513

Birmânia, luta pela independência, 324

Bismarck, Otto von, 27, 77, 405, 422

Black, Eugene, 250

Blair, Tony, 379n; convida Thatcher para um chá em Downing Street, 382; governo "New Labor", 382

Bône, Argélia, 96n

Bonn, 357, 374; como capital alemã, 33; Palais Schaumburg, 46, 54, 58; Universidade de, 28

Bordeaux, 78, 80

Bork, Roberto, 215

Brabourne, Doreen, viúva Lady, 398

Bradley, Omar, 103, 110

Brandt, Willy, 52n, 68-9, 175, 194

Brasil, 370

Braudel, Fernand, 22-3

Brazzaville, Congo Francês, 91, 126

Brentano, Heinrich von, 59, 64

Bretagne (encouraçado), 90

Brezhnev, Leonid, 171-2, 194, 405, 412; acordo SALT e, 199; Egito e, 253, 263; Guerra do Oriente Médio e, 218-20; reunião com Nixon (1972), 190; Tratado de Amizade com o Egito, 263; Tratado de Proibição de Testes e, 196; visita de HK a Moscou e, 218-9, 270, 272

Brighton, bombardeio do Grand Hotel pelo IRA, 400

British Airways, 380

British Gas, 380

British Steel, 380

British Telecom, 380

Brown, Archie, 412

Brown, George, 342

Brown, Gordon, 382

Bruges, College of Europe, 426

Bruxelas, 374; sede da Otan, 176; como sede da União Europeia, 424

Brzezinski, Zbignie, 374

Budapeste, 427, 458

Buenos Aires, 384

Bulganin, Nikolai, 50

Bundy, McGeorge, 61, 163

Burke, Edmundo, 109

Burns, Arthur, 177

busca pela paz universal, 454-5

Bush, George H. W., 199, 419-21, 431-2; sobre a reunificação alemã, 422

cabo Horn, Chile, 383-4

Cairo, 92, 106, 210, 240-1, 243, 264, 271; embaixada dos Estados Unidos, 246, 258; incidente do Palácio de Abdeen (1942), 242; Palácio Tahra, 276, 280; Real Academia Militar, 241; reides aéreos, 256; "Sábado Negro", 245; sede da Liga Árabe muda-se para Túnis, 304; tumultos do pão em, 305

Calcutá, 320

Callaghan, James, 308, 367, 369

Camarões, 126

Camboja, 117, 165, 179-80, 191n, 193; incursão dos Estados Unidos no (1970), 202

Cambridge, Universidade de, Reino Unido, 320, 342

Camp David, Maryland, 177, 203, 408, 414, 447; visita de Thatcher para discutir estratégia nuclear com Reagan, 417; *ver também* Acordos de Camp David (1978)

Canadá, 113, 377

capitalismo, 262, 353

Carlos V, sacro-imperador romano, 86

Carrington, Peter Carrington, barão de, 308; convida HK para falar em Londres, 387-8; renúncia, 387

Carta do Atlântico, 178

Carter, Jimmy, 223, 374; Acordos de Camp David e, 301-3; no enterro de Sadat, 308; governo, 199, 206, 295; invasão soviética do Afeganistão e, 407; plano de paz de Sadat e, 295; posse, 295; propõe conferência de Genebra, 296; sobre a visita de Sadat a Jerusalém, 299

Cartum, cúpula da Liga Árabe (1967), 261, 281, 286

Caxemira, 230

CDU *ver* União Democrata Cristã (CDU-Alemanha)

514

Ceauşescu, Nicolae, 194, 201
CEE ver Comunidade Econômica Europeia
Cemitério Nacional de Arlington, Virgínia, 45, 50
Cézanne, Paul, 87
CFLN (Comitê Francês de Libertação Nacional), 99-100
Chade, 90-1
Challe, Maurice, 125
Chamfort, Nicolas, 105
Champanhe, França, 115
Charles, príncipe de Gales, 308
Chartwell, Kent, 149n
Chauvel, Jean, 132
Chequers, Buckinghamshire, 412-3
Chernenko, Konstantin, 413-4
Chiang Kai-shek, 392
China, 17, 55, 117, 194; abertura para a, 18, 153, 165-6, 170, 179, 187, 200-8, 224, 233, 346, 447; antigo império, 454; crescentes capacidades econômicas e estratégicas e, 456; excepcionalismo na, 456; Exército de Libertação Popular, 393; Hong Kong e, 392-7; Lee Kuan Yew e, 339, 341, 344-52; manda chamar embaixadores, 201; movimento de guerrilha maoísta e, 154; Nixon e a, 169, 179; Nixon sobre, 165-6, 183; como potência nuclear, 154, 184; protestos na Praça Tiananmen, 347-8; reformas pós-Mao, 320; como "Reino do Meio", 345; em relação triangular com a Rússia e os Estados Unidos, 458; relações dos Estados Unidos com a, 279, 457-8; como República Popular, 250; Revolução Cultural, 154, 201, 349; Cingapura e, 316, 319, 334; sistema vestfaliano e, 223; transmissões de propaganda, 346; Um País, Dois Sistemas, 394; União Soviética e, 205; Vietnã e, 344; visita secreta de HK à, 161, 227
Chipre, 160
Churchill, Winston, 21, 90, 373; Acordo de Defesa Mútua e, 409; admirado por Lee Kuan Yew, 346; "anos de desterro", 21; ataque à base naval argelina, 90; campanha norte-africana e,

97-9; Carta do Atlântico e, 178; em comparação com De Gaulle, 147-50; em comparação com Lee Kuan Yew, 342; sobre o "complexo de Joana d'Arc" de De Gaulle, 95; na conferência de Potsdam, 26; na Conferência de Teerã, 101, 106; sobre a conquista japonesa de Cingapura, 323; sobre a "Cortina de Ferro", 365; De Gaulle e, 81, 101, 145; sobre a democracia, 441-2; encontro com De Gaulle (1941), 93; enterro de, 437; França Livre e, 148; The Gathering Storm, 441; Giraud e, 97-8; Hitler e, 79; Isaiah Berlin sobre, 434; liderança de, 148-9; Memórias da Segunda Guerra Mundial, 13; Ofensiva de Ardennes e, 110; sobre a Primeira Guerra Mundial, 441; "relação especial" entre a Grã-Bretanha e os Estados Unidos e, 342, 365, 376; retórica, 434; reunião de guerra com Roosevelt, 94; Sadat e, 243; Stálin e, 106; Thatcher sobre, 380; transmissões em tempo de guerra, 19
CIA (Agência Central de Inteligência), 120, 163, 226, 258, 293, 386
Cinco Olhos, aliança de inteligência dos, 377
Cingapura: aeroporto de Changi, 337; anglofilia em, 334; ataque, captura e ocupação pelo Japão, 323; autoritarismo em, 353; campanhas ecológicas e de esclarecimento público, 337; Corpo Voluntário, 331; democracia em, 354; diversidade étnica, 317-8, 321, 332; efeito de Lee Kuan Yew sobre, 19; eleições em, 353; federação com a Malásia, 329; forças armadas, 331-2; futuro de, 354; ganha autogoverno, 315, 325; habitação, 325-6; idiomas oficiais em, 333-4; inauguração do primeiro Parlamento, 331; independência, 330; inflação em, 325; Instituição Raffles, 322; investimento estrangeiro em, 337-8, 346; Istana, 357; Junta de Desenvolvimento Econômico, 337n; Junta de Habitação e Desenvolvimento, 326; Lee Kuan Yew sobre posição no mundo, 316-7; Lei de Prevenção da Corrupção, 326; MacDonald House, 329; motim do exército indiano, 321; orçamento da educação, 327;

515

como país refinador de petróleo, 337; Partido de Ação Popular (PAP), 325-9; PIB, 336, 352; praça da Imperatriz, estátua de Raffles, 323, 334; problemas de corrupção, 325-7; produtividade, 338; Raffles College (atual Universidade Nacional de Cingapura), 322, 324; reconhecimento da República Popular da China, 346; reconstrução da economia, 336-7, 352; relações com a China, 346-8; relações com os Estados Unidos, 316-7, 334; rua Oxley, 358; saída dos britânicos e, 336, 338; saúde pública, 328; separação da Malásia (1965), 330; sistema eleitoral, 328; sob domínio britânico, 321-2, 325-6; tumultos étnicos, 330; Universidade da Malásia, 325

Cisjordânia, território da, 208, 253, 289, 295, 304

classe média, líderes de, 443

Clay, Lucius, 59

Clinton, Bill, 358

Clóvis, rei dos Francos, 85

Colby, William, 293

Coleridge, Samuel Taylor, *Manual do estadista*, 380

colinas de Golã, 208, 214-7, 253, 269, 287

Colombey-les-Deux-Églises, 51, 121, 132, 144, 146, 149n, 150-1, 447; La Boisserie, 114

Colônia, 17, 27; forças dos Estados Unidos em, 30; serviço público, 28; Universidade de, 31

colonialismo: China e, 396; em Cingapura, 19; no Egito, 18; fim do, 223, 365, 454; francês, 121; Lee Kuan Yew sobre o, 338; no mundo árabe, 254; ONU e o, 383; Sadat sobre o, 262

Comissão de Cooperação Estados Unidos- -Índia, 233

Comissão Franks (sobre direito administrativo), Relatório (1957), 371

Comitê Francês de Libertação Nacional (CFLN), 99-100

Comitê Herter, 175

Companhia do Canal de Suez, 250, 252

Companhia Petrolífera Anglo-Egípcia, 252

Comunicado de Xangai, 205, 232

Comunidade do Carvão e Aço Europeia (CECA), 40-1

Comunidade Econômica Europeia (CEE) (mais tarde Comunidade Europeia, CE, também conhecida como Mercado Comum), 47, 65, 139, 175, 366, 423-8; Grã-Bretanha junta-se à, 425; referendo sobre a adesão da Grã- -Bretanha à (1975), 373n

Comunidade Europeia de Defesa (CDE): Tratado de Paris, 43-6

comunismo: Adenauer e, 29; na Ásia, 180n; na França, 111; Lee Kuan Yew e o, 325, 335, 341; visão idealista do, 180n; *ver também* Thatcher, Margaret (nascida Roberts), como anticomunista

Concarneau, 79

conduta da elite, 449-50

Conferência de Bandung (1955), 250

Conferência de Casablanca (1943), 25, 98

Conferência de Potsdam (1945), 26, 30, 41, 106

Conferência de Teerã (1943), 100, 106

Conferência de Yalta (1945), 106

Conferência Europeia de Segurança (1975), 71

confucionismo, 321, 341, 347, 353, 356, 445

Congo, 250, 255

Congresso Islâmico, 248

Congresso Judaico Mundial, 49

Connally, John, 177

Conselho da Europa, 39-40

Conselho de Segurança Nacional (CSN-Estados Unidos), 210, 412-3, 419

Conselho Intergovernamental Anglo-Irlandês, 400

Constantina, Argélia, 96n, 125

controle de armas: na era nuclear, 459; sistemas defensivos *versus* ofensivos, 197-8; *ver também* armas nucleares e estratégia

conversibilidade dólar-ouro, 176

coptas, 307

Corão, 241, 309

Corbin, Charles, 79

Coreia, 196; Acordo de Armistício, 193n; ataque soviético ao avião civil, 411; Guerra da Coréia, 42, 118
Coreia do Norte, 183
Coreia do Sul, 42, 184, 358; Lee Kuan Yew sobre a, 350
Corneille, Pierre, 82
Córsega, 120, 122
"Cortina de Ferro", 365, 405, 421, 427
Costa do Marfim, 125
Coty, René, 121-2
Couve de Murville, Maurice, 144
Coventry, 17
Cox, Archibald, 215
crise de Suez, 50-1, 55, 58, 117-9, 135, 209, 250-3, 365-6, 388, 409
cristianismo, 31, 60, 241; ver também Igreja Católica; protestantismo
Cruz Vermelha, 225
CSN ver Estados Unidos da América, Conselho de Segurança Nacional (CSN)
Cuba: crise dos mísseis, 65, 136; intervenção soviética em Angola e, 367
cultura visual: mudança para, 450-3; vieses da, 452

Dakar, 91
Daladier, Édouard, 78, 81
Damasco, 217, 286-8; situação de refém do aeroporto, 159-60
Darlan, François, 97
darwinismo, 335
Dayan, Moshe, 217, 268, 271, 281-2
De Gaulle, Anne, 78, 82, 151
De Gaulle, Charles, 75-151, 439; aborda manifestantes em Paris, 144; Adenauer e, 51, 71, 131-2, 357; Aliança Atlântica e, 133-4, 139; antecedentes familiares, 443; ataque de atirador em Paris, 129; sobre o ataque a Mers-el-Kébir, 90; busca dissuasão nuclear independente, 140-1; busca estabelecer autoridade como líder da França, 101-5; campanha norte-africana e, 96-100; caráter divisivo,

447; caráter e personalidade, 89-90, 104, 131, 146, 150, 454; *A casa do inimigo dividida*, 83; Churchill e, 93, 95, 101, 147; coletiva de imprensa (1958), 122; em Colombey-les-Deux-Églises, 51, 114, 121, 132, 144, 357, 447; comparado com Churchill, 147-50; comparece ao funeral de Eisenhower em Washington, 144; "complexo de Joana d'Arc" de, 89, 93; confirmado chefe de governo pela Assembleia Constituinte, 112; conhecimento de alemão, 82; controvérsias com os Estados Unidos, 93-4; Cordell Hull e, 94; crise dos mísseis cubanos e, 136, 141; Cruz de Lorena e, 89; *Em defesa de um exército profissional*, 88; sobre democracia e ditadura, 116, 122-3; na derrubada da Quarta República, 123; sobre os desafios soviéticos, 135; discurso no comício de Albert Hall, 96, 105; discursos em Bayeux, 102, 115-6, 124, 131; discursos em Paris, 103, 129, 131; discussão sobre Bismarck com HK, 77; educação e experiência militar, 443; educação religiosa, 445; encontro com Massu em Baden-Baden, 143; encontros de HK com, 76-7; estabelece a Quinta República, 84; estilo de negociação, 147, 264; estratégia argelina, 121-2, 124-31, 142, 146, 447; estratégia nuclear e, 196; sobre a Europa, 76; filha Anne e, 78, 82, 151; *O fio da espada*, 14; sobre a França como potência nuclear, 137; sobre a França Livre, 105; Giraud e, 98-9, 101; sobre a Grã-Bretanha, 110-1; *grandeur*, conceito de, 85, 89, 94, 105, 126, 148; sobre a grandeza, 149; habilidade de estadista, 145-6; ideia de estado, 109, 112; sobre a Indochina, 118; Khrushchev e, 135; Lee Kuan Yew e, 346; como líder da França Livre, 21, 81, 84, 89-96, 109, 115, 144, 147; em Londres, 78, 84, 89-90, 95, 105, 114, 131; manobras em preparação para volta ao poder, 121-3; *Memórias da esperança*, 126; *Memórias de guerra*, 115, 140, 150; morte de, 145, 151; em Moscou, 106-8, 131; movimento de resistência francês e, 78-9; sobre Napoleão, 86; objetivos

para a França, 85; Ofensiva de Ardenas e, 110; como orador público, 446; ordena que forças ocupem Stuttgart, 110; ousadia, 447; parceria franco-alemã, 131-3; pareceres sobre a Segunda Guerra Mundial, 146; em Paris, 103-5; perde referendo (1969), 144; Pétain e, 80, 83; Plano Constantino, 125; plano de reforma Rueff e, 127; poema sobre a passagem das estações, 150; política da Otan, 127, 134, 136; *Por um exército profissional*, 89; premiado com a Croix de Guerre, 82; como presidente do governo provisório francês, 105-6, 108-14; na Primeira Guerra Mundial, 18, 82; como prisioneiro de guerra na Alemanha, 82, 150; procedimento do referendo e, 124-6; proposta de diretório nuclear, 136-7; propostas para a Europa Central, 107-8; proposta de fusão das soberanias francesa e britânica e, 79; protestos estudantis de maio de 1968 e, 142, 448; realizações, 142, 146, 460; referendo sobre os Acordos de Evian, 130; relações com a Alemanha, 131-2; relações com os Estados Unidos, 75-8, 102, 118, 123, 134-6, 447; relações com a Grã-Bretanha, 147; renúncia (1946), 113-4; renúncia (1969), 77, 144; reuniões com Nixon, 75-7; sobre Richelieu e seus sucessores, 85; em Roma, 102; Roosevelt e, 95, 101, 145, 148; Rússia e, 95; Segunda Guerra Mundial e, 18, 78-81, 89-96, 448; sobre a separação de poderes, 115; status de Berlim e, 52, 141; sucesso eleitoral (1968), 144; tentativa de assassinato da OAS contra, 129; transmissões da BBC, 78-80, 90, 104; tratado de assistência mútua com Stálin, 107-8; veto da adesão britânica à CEE, 64, 139, 175, 366; sobre o Vietnã, 76; visão da Europa, 427; volta ao poder como presidente, 124, 127; volta ao poder como primeiro--ministro, 51, 123; em Washington, 102, 144
De Gaulle, Isabel, 78
De Gaulle, Philippe, 78
De Gaulle, Yvonne, 78, 82, 129, 151
Dean, John, 192, 214

Declaração Sino-Britânica, 395
Delors, Jacques, 427, 429
democracia: Adenauer e, 31-3, 38, 66; na Alemanha, 65; na Alemanha Oriental, 422; aristocracia e, 442; Churchill sobre a, 441-2; em Cingapura, 354; De Gaulle sobre a, 116, 122-3; no Egito, 247; na Índia, 228; livre mercado, 353; opiniões de Lee Kuan Yew sobre a, 353-4; Partido Social-Democrata (SPD-Alemanha) e, 38; Thatcher sobre, 372, 374, 380, 401, 422, 432; União Democrata Cristã (Alemanha) e, 31-3
democratização, 442
Deng Xiao Ping, 397; em Cingapura, 320, 346; expurgos, 207; Hong Kong e, 392-3, 395; política de Portas Abertas, 346; Thatcher sobre, 393, 395; "Viagem ao Sul", 348
Dentz, Henri, 92
Der Spiegel, 65
descolonização, 223, 365
desfiladeiro de Gidi, 278
destruição mútua assegurada, conceito de, 195, 455
Dia do Armistício, 91
Die Zeit, 39
Dien Bien Phu, 118, 120
Dinamarca, 84
Dinant, Bélgica, 82
dinastia ptolomaica, 239
Dinitz, Simcha, 217, 270-1
diplomacia passo a passo, 215, 221, 265-94, 302
Disraeli, Benjamin, 422, 435
Dobrynin, Anatoly, 183, 186, 195, 198, 200, 213, 218, 220; convida Nixon a Moscou, 203; discussão com HK sobre negociações de cessar-fogo, 272; encontro com Reagan, 412; no encontro de Reagan-Gorbachev em Reykjavik, 415
Donilon, Tom, 358
Douala, Camarões, 91
Douglas-Home, Sir Alec, 271
Douthat, Ross, 449n
Doutrina Brentano, 64

Dowling, Walter, 61-2
du Cann, Edward, 364
"Duck Hook", plano para escalada militar no Vietnã, 182
Duke University, Carolina do Norte, 158
Dulles, John Foster, 60, 138, 171, 226
Dunkirk, evacuação de, 90

Éboué, Félix, 90
Eden, Anthony, 44-5, 251, 366, 373
educação: caráter e, 453-4; cidadania e, 449; classe média e, 442; humanista, 453; liderança e, 444
Egito: academia militar, 443; acordo de desmobilização com Israel, 222; adesão à Liga Árabe suspensa, 304; ajuda externa para, 305; Assembleia Nacional, 254, 259-60, 262, 306; Assembleia Popular, 247, 303; Canal de Suez e, 50, 118, 209, 240, 242; Conselho do Comando Revolucionário (CCR), 246-7, 258-9; Conselho de Ministros, 259; constituição, 257; coptas no, 307; democracia no, 247; domínio britânico, 18, 240, 242; como estado islâmico, 239; golpe contra Faruk (1952), 246, 261; guerra com a Líbia, 299; guerra do Oriente Médio (1973) e, 214-5, 218. 221-3; na Guerra da Palestina, 244; Guerra dos Seis Dias e, 253; história, 238-40; Mao e o, 201; Ministério das Relações Exteriores, 301; nacionalismo no, 119, 240, 258; negociações com Rabin, 292-4; Partido Wafd, 242; Renascimento egípcio, 239; taxa de crescimento do PIB, 305; Terceiro Exército, 271, 273-9; torna-se reino como estado independente, 242; torna-se república na abolição da monarquia, 246; Tratado de Amizade com a União Soviética, 263; União Nacional, 248; União Socialista Árabe, 259; União Soviética e, 119, 252-7; ver também Guerra Árabe-Israelense; Israel; Oriente Médio; Sadat, Anwar
Ehrlichman, John, 162-3
Eilts, Hermann, 283, 295

Eisenhower, Dwight D., 42, 44-5, 57, 160; China e, 205; conselhos para HK, 166; convida Khrushchev a visitar os Estados Unidos, 52; crise de Suez e, 119, 135, 251, 365; Darlan e, 97; De Gaulle e, 135; Eden e, 251; enterro de, 144-5; estratégia nuclear e, 136; negociações com Khrushchev sobre Berlim, 52-3; Nixon e, 75, 163, 165, 195; Ofensiva das Ardenas e, 110; procedimentos de segurança nacional e, 162-6; Vietnã e, 118, 179-80
Elazar, David, 217, 271
Elba, rio, 25-6
el-Gamasy, Mohamed Abdel Ghani, 283
Elizabeth II, rainha, 410, 437
Emirados Árabes Unidos, 237
Endurance, HMS, 388
Engels, Friedrich, 461
Enterprise, USS, 230
Epiteto, 461
Erhard, Ludwig, 34, 67
ERM ver Mecanismo Europeu de Taxas de Câmbio
Eshkol, Levi, 49
Espanha, 216; ilhas Falklands e, 384
estados hanseáticos, 27
Estados Unidos da América: acordo de controle de armas com a União Soviética, 71; Acordo de Nassau e, 139; Alemanha de Adenauer e, 36; após a Segunda Guerra Mundial, 181; Câmara dos Representantes, 215; Cingapura e, 316-7, 334; Comitê de Forças Armadas da Câmara, 293; Comitê Orçamentário da Câmara, 196; Congresso, 94, 167, 197-8, 202, 235, 367, 421, Conselho de Segurança Nacional (CSN), 163-6, 219, 226; Coreia do Norte e, 196; crise de Suez e, 50, 55, 58, 119, 251, 388; Declaração de Independência, 79; democracia e, 116; Departamento de Defesa, 158, 164, 332; Departamento de Estado, 201, 226, 256, 386; Egito e, 250-1, 255; eleição presidencial (1968), 157; eleição presidencial (1972), 191-2; estratégia nuclear e, 55-8, 71, 136, 138, 140, 154, 195-9, 368, 407-9;

excepcionalismo, 181, 235, 348, 456; exército, 30 (84ª Divisão de Infantaria, 25); forças convencionais, 140; forças em Marrocos e Argélia, 96; Guarda Nacional, 59; "guarda-chuva nuclear", 368; Guerra do Vietnã e, 18, 67, 76, 153, 174, 178-93, 196, 225-6, 367; idealismo, 60, 181, 341, 342, 345; incidente dos Documentos do Pentágono, 158; Indochina e, 338; inflação nos, 177; invasão iraquiana do Kuwait e, 419-21; Iraque e, 196; isolacionismo nos, 156; Lei do Comércio (1974), 200; liberação de Bayeux e Paris e, 102, 104; Marinha (82ª Divisão Aerotransportada, 212; Sétima Frota, 230; Sexta Frota, 160, 212); movimento dos direitos civis, 452; Nasser e, 250-1, 253; ocupação da Alemanha e, 26, 30, 33, 52; ocupação de Stuttgart, 110; Otan e, 133, 136, 141; Pais Fundadores, 445; papel global, 133; papel na Segunda Guerra Mundial, 135, 146; Paquistão e, 223-33; Partido Democrata, 156, 167, 181, 200, 367; península do Sinai e, 222; Pentágono, 216, 386, 408; no período pós-Guerra Fria, 234; Plano Marshall (Programa de Recuperação Europeia), 37, 116-7, 133; política sobre a crise de Bangladesh, 231-2; política da Guerra Fria, 226, 407; política do Oriente Médio, 174 (ver também Oriente Médio); pousos lunares, 183; pressão sobre Israel, 299; produção industrial, 87; programa de Empréstimo-Arrendamento, 365; programa Skybolt e, 138-9; projeto da barragem de Assuã e, 250; proposta sobre estratégia nuclear, 57-8; propostas de De Gaulle para a Europa Central e, 107; propostas sobre a Síria, 288n; rearmamento alemão e, 42, 45; reconhecimento do Estado de Israel, 244; em relação triangular com China e Rússia, 458; relações com a Argentina, 386, 391; relações com a China, 279, 457-8; relações com a Europa, 176, 178; relações com a França, 75-8, 106; relações com a Grã-Bretanha, 383; relações com a Índia, 232; Sadat e,

238; sistema político em comparação com a Grã-Bretanha, 362-3; status de Berlim e, 52-3, 59; transporte aéreo para Berlim Ocidental, 41; triunfalismo, 234-5, 343; União Democrata Cristã e, 64; visita de Adenauer aos, 45; ver também Watergate, escândalo de

Estrasburgo, 109-10

Euratom (Comunidade Europeia da Energia Atômica), 50

Europa: busca por uma nova identidade, 174; influência global da, 16; multilateralismo, 76; como potência mundial, 169n; relações com os Estados Unidos, 174; relações com a União Soviética, 175; unificação da, 45, 71; visita de Nixon à, 174-5

excepcionalismo: americano, 181, 235, 348, 456; chinês, 456; cingapuriano, 355

Exército Republicano Irlandês (IRA), 397-403

Fahmy, Ismail, 279, 283, 299, 301

Faisal, Emir (mais tarde rei do Iraque), 299

faixa de Gaza, 244, 253, 256, 303-4

Falklands, ilhas: crise com a invasão pela Argentina, 383-92, 395, 434; Guerra das, 390, 392-3, 400, 402n, 404, 418, 447; HK sobre as, 388; ocupação pela Grã-Bretanha, 384; zona de exclusão, 390

Faruk, rei do Egito, 242, 246

Fawzi, Mohamed, 259

FitzGerald, Garret, 400-1

FLN (Frente de Libertação Nacional, Argelia), 12-1, 127, 130

Flórida, 159

FMI (Fundo Monetário Internacional), 251, 369

Forças Nucleares de Alcance Intermediário (FNAI): acordo, 70, 417; mísseis, 410

Ford (fábrica de veículos), 369

Ford, Gerald, 71, 173, 199, 289, 373; caráter e personalidade, 290; no enterro de Sadat, 308; governo, 295; reuniões com Sadat e Rabin, 293

Foreign Affairs (revista), 200

França: aliança com a Rússia (1894), 87; Alta Comissão de Energia Atômica, 112; após as guerras napoleônicas, 36; armas de serviço, 87n; Assembleia Constituinte, 112, 114, 116; Assembleia Nacional, 45, 116, 121-2, 124; assina cessar-fogo com a Alemanha (1940), 80; colônias subsaarianas, 120; Comissão Nacional de Planejamento, 40; Comunidade Francesa, 125-6; constituição, 122, 124-5; conversibilidade dólar-ouro e, 177, 231; crise de Suez e, 50, 119, 135, 250, 365; deficiências de liderança, 444; democracia na, 16, 122-3; discussões em Berlim e, 203; eleições presidenciais, 124; Entente Cordiale com a Grã-Bretanha, 87; Escola de Guerra, 83; Escola Nacional de Administração, 112; estratégia nuclear e, 58, 140-1; exército, 88, 121, 123; Força Aérea, 127; Garde Civile, 50; governo de Vichy, 80-1, 90-2, 97, 101-2, 105, 109, 117; governo provisório, 111, 146; greve dos sindicatos, 142; Guerras Napoleônicas, 86; ilhas Falklands e, 384; Ministério da Defesa, 78; movimento de resistência, 78-81, 84, 100, 102-3, 105-6, 109, 111, 144; nacionalização sob o governo provisório, 112; negociações de controle de armas e, 199; ocupação da, 135; ocupação da Alemanha e, 26, 33-4, 143; Oriente Médio e, 155; papel na Europa, 85-9; política em relação à Alemanha, 38-9; população, 87; possessões coloniais, 117-8, 120-3; na Primeira Guerra Mundial, 88, 135; pós-Primeira Guerra Mundial, 16; Primeiro Exército, 109; privações do pós-guerra, 111; produção industrial, 87; Quarta República, 115-6, 119, 123-4, 131, 144; queda da (1940), 117, 243, 460; Quinta República, 84, 124, 131, 141, 144; realizações culturais e outras, 87; rearmamento alemão e, 43-4; região do Sarre e, 38-9, 46, 107; relações com a Alemanha, 50-1; relações com os Estados Unidos, 58, 110; relações com o Vietnã, 185, 201; reunificação alemã, 72; revolta estudantil (1968), 142, 448; Revolução Francesa, 86;

Rússia e, 458; Segunda República, 103; Síria e, 287; sob ocupação parcial, 89; sufrágio universal, 111; Terceira República, 17, 81, 87, 101, 103, 105-6, 113-4, 124, 143; testes nucleares, 130, 137; Tratado de Versalhes e, 88; unificação da Europa e, 71

França Livre, 21, 80-1, 89-96, 103, 105, 109, 115; Argélia e, 96; Comitê Nacional (CNF), 90, 94-5; *Journal officiel*, 95

Frankfurt, 33

Frente de Libertação Nacional (FLN) (Argélia), 120-1

Frente de Libertação Nacional (Vietnã do Sul), 185

Friedman, Milton, 372

Fuad I, rei (ex-sultão) do Egito, 242

Fuad II, rei do Egito, 246

Fuller, Lon, 158

Fulton, Mississippi, 365

fundamentalismo, 306

Fundo Monetário Internacional (FMI), 251, 369

Fürth, Baviera, 25

G5/G7, reuniões, 71

Gabão, 91

Gaddaffi, Muammar, 238, 299, 309

Galatea, HMS, 79

Galbraith, John Kenneth, 56n

Galtieri, Leopoldo, 384, 386, 389, 418

Gandhi, Indira, 228; invasão do Paquistão Oriental e, 230; Nixon e, 226, 229-30; União Soviética e, 228; em Washington, 229

Gandhi, M. K. (Mahatma), 21, 240

Garfinkle, Adam, 450

Genebra: Conferência de Paz no Oriente Médio (1973), 221-2, 280; Conferência sobre o Vietnã (1954), 118, 201; cúpula Reagan--Gorbachev (1985), 414, 416; negociações de controle de armas (1983), 411

General Belgrano, ARA (cruzador), 390

Gengis Khan, 426

Genscher, Hans-Dietrich, 308, 423

Giáp, Võ Nguyên, 118

Gibraltar, 97

GIC (antigo Governo da Corporação de Investimento de Cingapura), 347

Giraud, Henri, 97-101

Giscard d'Estaing, Valéry, 71, 177, 308

Gladstone, William Ewart, 20

globalização, 351

Globke, Hans, 47

Goetze, Roger, 127

Goh Chok Tong, 353

Goh Keng Swee, 326, 331, 336

Goldmann, Nahum, 49

Gomaa, Sharawi, 259-60

Goodpaster, Andrew, 163

Gorbachev, Mikhail, 347, 413-6; na conferência de Paris (1990), 431; cúpula de Genebra com Reagan, 414-6; discute sistemas políticos com Thatcher, 413, 435; *glasnost* e *perestroika*, 415; na Grã-Bretanha, 413; reunião de Reykjavik com Reagan, 415-7; reunificação alemã e, 422

Gorbachev, Raisa, 413

Gouin, Félix, 113

Grã-Bretanha: Acordo de Nassau e, 139; Almirantado, 321; Ato Único Europeu (1986) e, 424; Banco da Inglaterra, 379n; Batalha da, 19; "Big Bang" (1980) e, 380; Câmara dos Comuns, 336, 385, 389, 402, 429-31; canal de Suez e, 242, 245; cancelamento do programa de Empréstimo-Arrendamento americano e, 365; Cingapura e, 321-3, 336; conceito de equilíbrio de poder e, 406; Conselho Nacional de Carvão, 379; controle de salários e preços, 369; crise de Suez e, 50, 118-9, 250-1, 365-6, 409; crise econômica, 368-9, 379, 447; declínio nos anos 1970, 364-6, 433; defesa do Kuwait e, 418-9; democracia na, 16; desemprego na, 381, 401; desvalorização da libra, 336, 366; discussões de Berlim e, 203; efeitos da Segunda Guerra Mundial, 17; Egito e, 238, 240, 242; eleições gerais (de 1970, 372; de fevereiro de 1974, 363, 368; de outubro de 1974, 364, 373; de

1979, 378; de 1983, 400; de 1997, 382); empréstimo do FMI, 369; Entente Cordiale com a França, 87; entrada na CEE, 366; envia força naval para as Falklands, 387; estratégia militar na Ásia, 321; estratégia nuclear e, 136, 138-9, 367, 409; execução de Zahran, 307; fechamento da base naval em Cingapura, 336; forças no Marrocos e na Argélia, 96; França Livre e, 81; greve dos caminhoneiros, 369; greve dos mineiros, 368, 379, 401, 434; Guerra Árabe-Israelense e, 271; Guerra das Falklands e, 383-92; Indochina e, 117; inflação na, 368, 381, 433; junta-se ao ERM, 429; Lei dos Órgãos Públicos (Admissão às Reuniões-1960), 371-2; Liberais Democratas, 432; libertação de Bayeux e Paris e, 102, 104; Marinha Real, 391; MI6 (serviço de inteligência estrangeira), 399; Ministério das Relações Exteriores, 374, 384, 387-8, 394, 412-3; Nasser e, 249; negociações de controle de armas e, 199; negociações sobre Hong Kong, 392-7; ocupação da Alemanha e, 26, 33; Oriente Médio e, 155, 217, 271; Partido Conservador, 361, 363-4, 367, 443 (apelo de Howe ao, 430; apoio de Thatcher, 434; campanha de liderança (1990), 430-3; ceticismo sobre as reformas de Thatcher, 378; conferência (1980), 378; conferência (1984), 400; divisões no, 426; manifesto, 362; relacionamento com a Europa e, 424-5; vitórias eleitorais, 382, 400); Partido Trabalhista, 324, 365-8, 372, 381, 399, 432; perda de status após a Segunda Guerra Mundial, 365-6; PIB da, 378; política monetária, 378; pós-Primeira Guerra Mundial, 16; como potência nuclear, 154; privatização na, 380, 427; produção industrial, 87; programa Skybolt e, 138-9; proibições de participação do público em reuniões de conselho local, 371-2; projeto de barragem de Assuã e, 250; propostas de De Gaulle para a Europa Central e, 107; Real Força Aérea, 409; Real Sociedade, 435; rearmamento alemão e, 43-4; recessão, 378; rede informal de alunos de elite e, 322; "relação especial" com os Estados Unidos, 119, 138, 342, 365, 367, 371, 375, 414, 436; relações com os Estados Unidos, 383; relações com a França, 106; relações com a Índia (Raj), 224; relações com o Japão, 321; reunificação alemã e, 72; na Segunda Guerra Mundial, 84; serviço de saúde e estado de bem-estar, 435; Serviço Nacional de Saúde (NHS), 381; Sindicato Nacional dos Mineiros, 368, 379; Síria e, 287; sistema de educação colonial, 322; sistema de gabinete, 362; sistema político, 362-3, 428; soldados capturados pelos japoneses, 323; Sudão e, 241-2; "taxa comunitária", 382, 429; Tesouro, 378

Granada, invasão dos Estados Unidos a, 410-1

Grande Depressão (1929), 322

Grantham, Lincolnshire, 370

Grécia antiga, 239, 440; cidades-estados, 21

Grishin, Viktor, 413

Gromyko, Andrei, 190

Grupo de Ação Especial de Washington (WSAG), reuniões, 211, 219

Guam, declaração de Nixon sobre a política do Sudeste Asiático, 183, 184n, 187

Guangdong, China, 321

Guerra Árabe-Israelense (Guerra do Yom Kippur, Guerra de Outubro) (1973), 165, 170-1, 213-23, 267-73; cessar-fogo, 272-3; condições de reabastecimento, 275; consequências, 273-307; Meir e a, 290; oitavo aniversário da, 307; vidas perdidas na, 299

Guerra Civil Americana, 155

Guerra da Palestina (1947-9), 244, 254

Guerra de Outubro ver Guerra Árabe-Israelense (1973)

Guerra do Vietnã: Acordos de Paz de Paris, 189, 192, 265; Adenauer sobre, 67; coletiva de imprensa sobre negociações (1972), 191; conversas de Paris sobre, 185; "Doutrina Nixon" e, 183-4; fim da, 166, 175, 178, 265; importância da, 156, 196; Indira Gandhi e a, 226; Lee Kuan Yew sobre, 206, 342; Nixon e, 18, 153, 155, 165-6, 171, 209, 233, 447; pergunta de De Gaulle a HK sobre, 76; pontos de vista dos professores de Harvard sobre, 316; protestos contra, 156, 165, 179, 181

Guerra do Yom Kippur ver Guerra Árabe--Israelense (1973)

Guerra dos Trinta Anos, 20n, 86, 131

Guerra Franco-Prussiana, 77, 444

Guerra Fria, 18, 53, 108, 108n, 119, 143, 153, 189, 197, 234, 439; Alemanha e, 53; China e, 207; consequências da, 73, 169, 317, 439; estratégia aliada, 367; França e, 143; Grã--Bretanha na, 361; Índia e, 231; Indira Gandhi e, 226; Lee Kuan Yew sobre a, 343; mundo árabe e a, 155; não-alinhamento na, 353; Nixon e, 18, 153, 189; política dos Estados Unidos na, 119, 226, 234, 377; reunificação alemã e, 422; Thatcher e, 391, 403-7, 418; transformação da, 189, 204, 232, 455; União Soviética e, 108, 197-8

Guerras Napoleônicas, 443

guerrilha: anti-Paquistão, 225, 228; Argélia, 120; maoísta, 154; Palestina, 253; Sudeste Asiático, 316; Vietnã do Norte, 180

Guilherme II, Kaiser, 28n

Guiné, 126

Gur, Mordechai, 216, 270

Habsburgo, monarquia dos, 85

Haifa, 295

Haig, Alexander, 213, 220, 231, 308, 386-7

Haiphong, porto de, Vietnã, 173

Haldeman, H. R., 157, 159-60, 162, 165, 220

Hamburgo, 70

Hankins, James, 449n

Hanói: início da Guerra do Vietnã e, 117; ver também Vietnã do Norte

Hanover, 107

Harlow, Bryce, 160

Harriman, Averell, 106

Harvard Crimson (jornal estudantil), 315

Haussmann, barão Georges, 87

Hayek, F. A., 372, 378, 427

Heath, Edward, 175, 363-4, 366; CEE e, 425; confrontos com Thatcher, 372-3; crise econômica e, 368, 379; declara a semana de três dias, 368; detentos na prisão Maze e, 399; Europa e, 372-3; histórico familiar, 443; Nixon e, 366-7; perda das eleições gerais (fevereiro e outubro de 1974), 363, 367, 373; relações britânicas com os Estados Unidos e, 366-7; relações com os Estados Unidos, 366-7, 373, 377; torna-se primeiro-ministro britânico (1970), 366, 372

Helsinque, 374

Herf, Jeffrey, 48

Herford, Westphalia, congresso da CDU (1946), 31

Hermes, HMS, 390

Heseltine, Michael, 425, 430-1, 433

Hewlett-Packard, 337

Heykal, Mohammed, 267

Hill, Charles, 309n, 451n, 464

Hillsborough, castelo de, Irlanda do Norte, 402

hinduísmo, 224

Hiroshima, 455

Hiss, Alge, 167

história: indivíduos na, 22-3; verdade na, 14

Hitler, Adolf, 17, 25, 89, 146, 273; anexação da Áustria, 25; armistício buscado com, 78; atentados à vida de (1944), 29; Churchill e, 79; criticado por Adenauer, 30-1; derrota de, 422; exoneração de Adenauer como prefeito de Colônia, 27; resistência a, 30; Schumacher e, 38; sucedido por Adenauer, 35; torna-se chanceler da Alemanha, 29; totalitarismo sob, 27

Ho Chi Minh, 117

Ho Chi Minh, Trilha (rotas de abastecimento), 179, 192

Holocausto, 47, 49

Hong Kong, 323; autonomia, 393-7; convenção para extensão do território de (1898), 392; ilha de, 392, 394; negociações sobre, 392-7; Novos Territórios, 392, 394

Hospital Walter Reed, Washington, DC, 163

Houphouët-Boigny, Félix, 125

Howe, Geoffrey, 378, 428-30

Huang Hua, 231

Huizinga, Johan, 15

Hull, Cordell, 94

Humphrey, Hubert, 181, 339

Hungria, 404; alemães orientais na, 71

Hurd, Douglas, 431

Hussein, rei da Jordânia, 211, 213, 255, 289, 304

Iêmen, guerra civil, 232, 252

Iêmen do Sul, 367

Igreja Católica, 28-9, 31, 85, 400, 445

Iluminismo, 459

Imperial Chemical Industries (ICI), 370

Império Austro-Húngaro, 17, 85

Império Otomano, 17, 155, 238-9, 242; e a Revolta Árabe, 243

Império Persa, 21

Império Romano, romanos, antigos, 238-9, 454

Índia, 117, 223-4; Cingapura e, 320, 323, 332; democracia na, 228; HK na, 203, 227; invasão do Paquistão Oriental, 230-1; Lee Kuan Yew sobre, 350; luta pela independência, 324; partilha da, 224; proclama cessar-fogo, 231

indivíduos na história, 22-3

Indochina, 117-9, 180n, 182, 192; envolvimento americano na, 338

Indonésia, 318, 331; Konfrontasi, 329, 332; reconhecimento diplomático de Cingapura, 332

infitah (porta aberta) política, 304-5

inflação: em Cingapura, 325; nos Estados Unidos, 177; na Grã-Bretanha, 368, 381, 433; em Weimar, Alemanha, 27

Iniciativa de Defesa Estratégica (IDE), 408, 415

Instituto de Assuntos Econômicos (Grã-Bretanha), 372

inteligência artificial, 455, 459

internet, 450, 452; imediatismo e intensidade da, 452

524

Invincible, HMS, 390

IRA (Exército Republicano Irlandês), 397-403; assassinatos, 398; greves de fome, 399

Irã, Revolução (1979), 306, 357

Irã-Contras, escândalo, 417

Iraque, 140, 178, 196, 211, 244, 249; invasão do Kuwait, 418-21, 432

Irbid, Jordânia, 211

Irgun, 296

Irlanda, República da, 397, 399; Constituição, 401; Guerra das Falklands e, 400; na Segunda Guerra Mundial, 398

Irlanda do Norte, 430; Acordo Anglo-Irlandês, 398, 401-2; Acordo de Sexta-feira Santa, 402; Nacionalistas Católicos, 398, 403; "Problemas", 397-403; Sinn Féin (partido nacionalista), 399, 403n; Unionistas, 398, 402-3; Unionistas Democráticos do Ulster, 402-3n

Irmandade Muçulmana, 242-3, 247-8, 262, 305; guia supremo da, 307

islã, islamismo, 120, 128, 130, 155, 224, 242; no Egito, 239, 241, 248, 305; grupos militantes, 305; no Irã, 306; *ver também* muçulmanos

Islamabad, 202-3, 224, 227

Ismail, Hafiz, 214, 264, 267, 300; HK e, 265-6, 277

Ismailia, 245, 300

Israel: acordos de desmobilização com o Egito, 222, 294; Acordos de Oslo Israelense-Palestinos (1993/1995), 237; assistência militar a Cingapura, 332; conferência de Genebra (1973) e, 221; crise de Suez e, 118, 251; cúpula de Cartum e, 261, eleições (1973), 214; estabelecimento como estado, 244; força aérea, 252-3; Guerra Árabe-Israelense (1948) (*ver também* Guerra da Palestina (1947-9)), 244, 254; Guerra Árabe-Israelense (Guerra do Yom Kippur) (1973), 165, 170-1, 209n, 215; Guerra Árabe-Israelense (Guerra dos Seis Dias) (1967), 19, 208, 253-4; Jordânia e, 212; Knesset, 49, 296-7, 303-5, 313 (Acordos de Camp David, 303; debates

no, 49; discurso de Sadat no, 296-7, 305, 313; Jerusalém e, 304); processo de paz, 208-9, 265-7; propostas de desmobilização, 281-6; reconhecimento de legitimidade, 212, 244, 295, 305; reconhecimento sírio, 289; relações com os países árabes, 155, 237; reparações ao povo judeu e, 48-9; retirada do Sinai, 251; Tratado de Amizade de Sadat e, 261, 448; Tratado de paz Israel-Jordânia (1994), 312; Universidade Ben-Gurion, 310; *ver também* Egito; Oriente Médio

Itália, 91, 102, 243

Iugoslávia, 194, 201

Iwo Jima, USS, 391

Jackson, Henry "Scoop", 200

Jackson, Julian, 128

Japão, 84, 169, 177, 223, 358; ataque a Pearl Harbor, 93-4, 323; estaleiros, 336n; Europa e, 154; Grã-Bretanha e, 321; Indochina e, 117; Lee Kuan Yew sobre, 350; Mao sobre, 206

Jefferson, Thomas, 453

Jerusalém, 287; como capital de Israel, 304; igreja do Santo Sepulcro, 297; Knesset e, 304; memorial do Holocausto Yad Vashem, monte Herzl, 49, 297; mesquita Al-Aqsa, 297; Oriental, 253; viagem de Sadat a, 294-301, 306

Jha, Lakshmi, 228-9

Jihad (como movimento), 307

Jó, livro de, 429

Joana d'Arc, 21, 89

Johnson, Lyndon B.: controle de armas e, 196; crise no Oriente Médio e, 208; De Gaulle e, 77, 142, 145; governo, 164, 181, 183, 208; Lee Kuan Yew sobre, 316; Vietnã e, 155, 180-1, 185

Jordânia, 210-3, 255; Cisjordânia e, 289; conferência de Genebra e, 281; Guerra dos Seis Dias e, 253; invasão síria da, 174, 211-3, 215, 220, 231; Israel e, 208, 237; Pacto de Bagdá e, 248; tratado de paz Israel-Jordânia (1994), 312

Jordão, rio, 289
Jorgensen, Vidar, 328
Joseph, Keith, 364

Kamel, Muhammad Ibrahim, 301
Kansas City, Missouri, 203
Kant, Emanuel, 455
Kaysen, Carl, 56n
Kemal Ataturk, Mustafa, 20, 241
Kennan, George, 60, 135, 171
Kennedy, Edward, 181
Kennedy, John F.: acadêmicos no governo de,
  56n; Acordo de Nassau e, 139; Adenauer e,
  53, 55, 61-2; assassinato de, 156, 180, 196;
  CSN e, 163; De Gaulle e, 77, 118, 136, 145;
  memorando de HK sobre a Alemanha para,
  53; política de defesa dos Estados Unidos
  e, 138; política externa, 53, 56-7; status de
  Berlim e, 59; Tratado de Proibição de Testes
  e, 196; unificação alemã e, 66; Vietnã e, 180
Kennedy, Robert, 156
Khan, Sultan, 227
Khmer Rouge, 193
Khomeini, Ruhollah, aiatolá, 306
Khrushchev, Nikita, 253; cúpula sobre Berlim
  e, 52; Muro de Berlim e, 59; projeto da bar-
  ragem de Assuã e, 252; sobre Nasser, 254;
  ultimatos de Berlim, 51, 59-60, 63-4, 135,
  141; visita aos Estados Unidos, 52
Kiesinger, Kurt Georg, 67, 142, 175
King Jr., Martin Luther, 156
Kipling, Rudyard, "Recessional", 336
Kirkpatrick, Jeane, 308
Kissinger, Henry: Armas nucleares e política
  externa, 128; Diplomacy, 170; "Reflexões
  sobre uma parceria" (discurso feito em Lon-
  dres), 388-9
Kissinger, Nancy (nascida Maginnes), 274,
  373-4
Kohl, Helmut, 71-2, 423
Königstein, fortaleza, Alemanha, 97
Kosygin, Alexei, 253
Kowloon, 395; Convenção de, 392

Kufra, Líbia, batalha de, 91, 110
Kuwait, 418-21, 432
Kwa Geok Choo, 322-3, 355; casamento com
  Lee Kuan Yew, 323; morte de, 357

La Rochelle, porto, 78
Laacher See, 29
Lacouture, Jean, 151
Laird, Melvin, 160, 173, 187, 196
Landes, David, 444
Laos, 117, 179-80, 193
Larkin, Philip, "Homage to a Government",
  366
Lasch, Christopher, 445
Lattre, Jean de, 109-10
Lawson, Nigel, 426, 428
Le Duc Tho, negociações secretas com HK, 185,
  188, 190, 192
Leach, Sir Henry, 384
Leão XIII, papa, 29
Leclerc de Hauteclocque, Philippe, 91, 103,
  109-10, 117
Lee & Lee (escritório de advocacia), 324
Lee Chin Koon (pai de Lee Kuan Yew), 322
Lee Hsieng Loong (filho de Lee Kuan Yew),
  352n, 353
Lee Kuan Yew, 315-59, 439, 460; admiração
  por Churchill, 346; admiração por De Gaulle, 346; alinhamento com Estados Unidos
  e, 447; amizade com HK, 357; análise dos
  desafios enfrentados por Cingapura, 316-9;
  aquisição japonesa de Cingapura e, 323; sobre
  armas de destruição em massa, 350; sobre
  armas nucleares, 341; aversão a conversa
  fiada, 316, 342, 357; bolsa de estudos da
  rainha e, 323; sobre a campanha presidencial
  dos Estados Unidos, 451; caráter divisivo,
  448; caráter e personalidade, 317, 319, 339-
  41, 352, 356-9; casamento com Kwa Geok
  Choo, 323; sobre a centralidade da cultura,
  353; China e, 339, 341, 344-52; coletiva de
  imprensa sobre a independência de Cingapura, 331; compara Deng e Gorbachev, 347;

526

comparado a Churchill, 342; comunismo e, 325, 335, 341; confucionismo e, 321, 341, 347, 353, 356, 445; conhecido como "Harry", 321; cria instituições parapolíticas, 328; sobre o darwinismo, 335; Deng Xiao Ping e, 346-8; detenção por tropas japonesas, 323; sobre a détente entre Estados Unidos e China, 348n; sobre a diplomacia da administração Nixon, 206; discurso do Dia de Maio (1981), 335; discurso em Devon sobre autogoverno para a Malásia, 324; discurso no seminário de Harvard (1968), 315-7, 338; economia de Cingapura e, 336-7, 352; educação, 320, 322-4, 443, 445; emprego de mulheres e, 335; no enterro de Sadat, 308; estudo de japonês, 323; fala em Harvard (1992), 343; federação de Cingapura com Malásia e, 329-30; sobre o fim da Guerra Fria, 351; formado na Universidade de Cambridge, 323, 342; funcionários públicos e, 327; funda o Partido de Ação Popular (PAP), 325; fusão fracassada com a Malásia e, 330-1, 334; sobre a geração mais jovem de chineses, 350; sobre a globalização, 351; na Grã-Bretanha, 323-4, 445; sobre a Guerra do Vietnã, 339, 342; habilidade como estadista, 356, 359; herança chinesa, 320-1, 356; histórico familiar, 443; ignora o convite de Zhou Enlai para visitar a China, 346; influências britânicas sobre, 320; legado de, 352-6; línguas faladas por, 333n; memórias, 326; sobre a moralidade, 342; morte de Kwa Geok Choo e, 357; morte e enterro de, 358; nascimento e início da vida, 320-1; Nixon sobre, 317; nomeado primeiro-ministro de Cingapura, 326; sobre a nova geração de líderes chineses, 349; sobre a ordem pública, 329; Parkinson sobre, 325; planeja estudar direito, 322; política linguística, 333-4; política partidária e, 443; pontos de vista sobre os Estados Unidos, 339-44, 348; pontos de vista sobre governança dos estados, 335; realizações, 317-20, 448, 454; reformas, 326-9; sobre as relações entre Estados Unidos e China, 348-52; renuncia ao cargo de primeiro-ministro de Cingapura, 343, 352; reuniões com Schmidt, Shultz e HK, 357; sobre a Segunda Guerra Mundial, 19; sobre o sistema de livre mercado, 340; sobre sistemas democráticos, 340, 354; sobre o Sri Lanka, 354n; sucedido como primeiro-ministro por Goh Chok Tong, 353; Thatcher sobre, 318; sobre a União Soviética, 340; visitas aos Estados Unidos, 338-9, 340, 357; visões políticas nos primeiros anos, 324

Lehman, John, 391

Lei de Concessão (Alemanha, 1933), 29

leitura profunda, 450-3

Lênin, V. I., 21

Leste Asiático, 154

Levante, 92, 239

Levin, Yuval, 449

Li Yuanchao, 358

Líbano, 211; invasão do (1941), 92; Pacto de Bagdá e, 249

Líbia, 91, 232, 243, 250; guerra com o Egito, 299; Sadat e a, 260, 308

libra esterlina, 336, 366, 426

líder: atributos vitais do, 11-2, 461; como estadista ou profeta, 19-22, 147; como estrategista, 13-5; tipos de, 20-2

liderança: Andrew Roberts sobre a, 19; Churchill sobre a, 13; eixos da, 11, 12; futuro da, 460-1; mídias sociais e, 453; necessidade da, 11; ordem mundial e, 454-61; qualidades da, 446; Spengler sobre a, 14

Liga Árabe, 244, 289; cúpula de Cartum (1967), 261, 281, participação do Egito suspensa, 304; termina ajuda, empréstimos e exportações para o Egito, 306; transferência da sede para Túnis, 304

Liga Awami, 224, 226-7

Liga das Nações, 92

Lim Kim San, 326

Lin Biao, 180n

Linha Bar-Lev, 263, 269

Linha Maginot, 83, 88

Linha Oder-Neisse, 26, 43, 59

Londres: bombardeio da Harrods, 400; Câmara dos Comuns, 371; Catedral de São Paulo, 437; Claridge's, 374; comunidades emigradas em, 84; De Gaulle em, 78, 84, 89-90, 95, 105, 114, 131; estação Waterloo, 80; Finchley (distrito eleitoral), 371; Leicester Square, 369; Royal Albert Hall, 96, 105

Lord, Winston, 191

Lorena, 106

Luís XIII, rei da França, 85, 148

Luís XIV, rei da França, 76, 85-6

Luís XV, rei da França, 86

Luxemburgo, 45

Luxor, Egito, 286

Lyttelton, Oliver, 92

Macmillan, Harold, 99, 136, 366, 373; Acordo de Nassau e, 139; Comunidade Europeia e, 366, 429; De Gaulle e, 132, 137, 139; estratégia nuclear e, 139; sobre Giraud, 99; Khrushchev e, 52; sobre a Primeira Guerra Mundial, 379; relações com a União Soviética, 58; sobre Thatcher e a greve dos mineiros, 379; visita a Moscou, 52

Madagascar, 95, 126

Madrid, Cúpula da Comunidade Europeia (1989), 428

Magalhães, estreito de, 384

Magdeburg, Alemanha, 25

Maisky, Ivan, 95

Major, John, 429, 431, 433

Malaca, estreito de, 320

Malásia, 318, 321-2; expulsão de Cingapura da federação, 330-1, 336; federação da, 326, 329-30; Partido Comunista, 325; terrorismo na federação da, 329

Malraux, André, 148

Malvinas, ilhas ver Falklands, ilhas

mamelucos, 238

Manchúria, 204

Mandel, Georges, 81

Mann, Thomas, 423; A montanha Mágica, 16

Mao Tsé-tung: chama embaixadores de volta, 201; na cúpula com Nixon, 205; sobre a França como potência militar, 127; sobre o Japão e a União Soviética, 206; morte de, 207; Nixon e, 170, 202, 204; Zhou Enlai e, 392

maoísmo, 142, 154, 320, 341

Maquiavel, Nicolau, Discursos sobre a primeira década de Tito Lívio, 460

mar Cáspio, 106

mar do Sul da China, 203

mar Vermelho, 87

marco alemão, 34, 426

Maria Laach, abadia, Alemanha, 29

Markovits, Daniel, 449n

Marrane, Georges, 103

Marrocos, 96, 98, 120, 237

Marshall, George C., 37

marxismo, 38, 410, 413

Maryland, 270

Massu, Jacques, 121, 143

May, Teresa, 425

Mazarin, Jules, cardeal, 86

Maze, prisão, Irlanda do Norte, 399-400

McFarlane, Robert "Bud", 411

McNamara, Robert, 57, 61, 138

Meca, 239

Mecanismo Europeu de Taxas de Câmbio (ERM), 425-6, 429

Meir, Golda, 213-4, 216-7, 257, 265, 270, 281-6, 297; HK e, 273-6, 279, 285-6; Rabin e, 291; renúncia, 290; Sadat e, 312; em Washington, 273-5, 279

Mendès France, Pierre, 45, 118, 120, 142

Mercado Comum ver Comunidade Econômica Europeia

meritocracia, 439-50; debate sobre a, 449n; educação e, 453; vacilante, 448-50

Merkel, Angela, 73

Mers-el-Kébir, ataque à base naval de, 90

metodismo, 370, 445

Meuse, rio, 82

Michigan, 290

mídias sociais, 452

Milícia Patriótica, 109

mísseis antibalísticos (ABM), 197, 407-10, 411, 417-8; intercontinentais, 408; Pershing, 407; SS-20, 407; tratado, 173, 199

mísseis de cruzeiro, 407

mísseis Exocet, 390

mísseis terra-ar, 209n, 218, 271

míssil balístico Trident II, 407, 417-8

Mit Abu al-Kum, Egito, 240-1

Mitchell, John, 157, 159, 165

Mitla, desfiladeiro de, 278

Mitterrand, François, 120, 142, 308, 383, 423

Moch, Júlio, 113

Mogadishu, Somália, ataque antiterrorista, 70

Mohammad Reza Pahlavi, xá do Irã, 306

Mollet, Guy, 50

Molotov, Vyacheslav, 108

Molyneaux, James, 433

Monet, Claude, 87

Monnet, Jean, 40, 79

Montesquieu, Charles Louis de Secondat, barão de, 115

Montgomery, Bernard, general (mais tarde visconde), 101-2

Moscou, 52, 106-8, 131, 458; cúpula Nixon--Brezhnev (1972), 108n, 172-3, 199, 231-2, 263, 278, 280; Kremlin, 107

Mount, Ferdinand, 362

Mountbatten da Birmânia, Louis, 1º conde, 398

movimento de desarmamento nuclear, 368, 415

Movimento Não Alinhado, 250

muçulmanos: argelinos (harkis), 128, 130; egípcios, 248; sunitas, 445; ver também islã, islamismo

mudança climática, 435

Muhammad Ali (comandante otomano do Egito), 239

Mühlbauer, Edith, 370

mulheres: em Cingapura, 335; direitos das (no Egito), 305

Munique, 33; Acordo (1938), 404, 418

Murmansk, Rússia, 106

Muselier, Émile, 94

Mussolini, Benito, 251

nacionalismo: africano, 126; alemão, 31; árabe, 130, 287; classe média, 445; econômico, 177; egípcio, 118, 240, 258; pan-árabe, 121, 238, 252-4

Nações Unidas (ONU), 202; Acordos de Camp David e, 304; Argélia e, 58; Assembleia Geral, 50, 119, 171, 224, 251; canal de Suez e, 209; Conselho de Segurança, 119, 208-9, 217-8 (condições de cessar-fogo árabe-israe-lenses e, 275n; Guerra Árabe-Israelense e, 269, 271-2; Irlanda e, 400; Resolução 660, 420); crise das Falklands e, 389; embaixador chinês nas, 231; Força de Emergência de observadores, 273; Guerra Árabe-Israelense e, 275; Índia e, 230; invasão iraquiana do Kuwait e, 420; Resolução 340, 273; sede em Nova York, 133; sistema de inspeção no Sinai, 294

Nagasaki, 17, 196, 455

Naguib, Muhammad, 118, 244; como presidente e primeiro-ministro do Egito, 246

Nally, Dermot, 400

Nanjing, 17; Tratado de, 392

Napoleão I, imperador da França, 86, 114, 150, 239, 422, 443; sobre a China, 345

Nassau, Acordo de, 139

Nasser, Gamal Abdel: Bulganin e, 50; canal de Suez e, 118, 209; caráter e personalidade, 249, 257, 262, 306; conceito de unidade ára-be e, 252, 254, 259; crise de Suez e, 250-2; Eden busca remoção de, 251; enterro de, 257; Estados Unidos e, 250-1, 253, 255; falta de sucesso militar, 269; Grã-Bretanha e, 249; guerra de atrito contra Israel, 252; Guerra da Palestina e, 253; Guerra dos Seis Dias e, 252; Lee Kuan Yew apela por assistência militar a, 332; legado de, 304; como líder carismático, 238, 246, 254, 257, 259; morte de, 19, 214, 254-5, 257-8; nacionalização da Companhia do Canal de Suez, 50, 118, 250, 252, 365; Oficiais Livres e, 243; opressão dos judeus, 251; Pacto de Bagdá e, 248; pan-arabismo e, 244, 252-3, 261; política externa, 238; como presidente do Egito, 247-53, 262; programa de industrialização, 253; regime, 118; renúncia após a Guerra dos Seis Dias e volta ao cargo, 253; rompe relações com os Estados Unidos, 253, 255, 276; Sadat e, 243, 249-53, 261; Sadat sobre, 279; tentativa de assassinato de, 246; União Soviética e, 250, 253, 255, 263; como vice-primeiro-ministro do Egito, 246

Navarre, Henri, 118

Neave, Airey, 398

Negociações sobre Limitação de Armas Estratégicas *ver* SALT

Nehru, Jawaharlal, 20, 324

nepotismo, como conceito, 440

New York Times, 180, 359, 423

Ngo Dinh Diem, 179

Nicarágua, regime sandinista e contras, 386, 418

Nilo, rio, 238-40, 250

Nixon, Richard, 153-235, 439; abertura para a China e, 18, 153, 161, 165-6, 170, 172, 179, 187, 194, 200-8, 223-4, 233, 447, 460; abordagem passo a passo para a crise do Oriente Médio, 215, 265; Acordos de Paz de Paris e, 192; acusado de imprudência na estratégia nuclear, 195; Alemanha Oriental e, 194; Aliança Atlântica e, 170; como anticomunista, 170; antipatia por Indira Gandhi, 226, 229; apoio da Europa, 178; apresenta a política do Sudeste Asiático ("Doutrina Nixon"), 183-4; artigo sobre a China na *Foreign Affairs* (1967), 200; Assad e, 288n; avaliação das próprias qualidades, 160; Boletim Presidencial Diário e, 163; brinde de Lee Kuan Yew a, 340; campanha aérea contra o Vietnã do Norte, 192; caráter e personalidade, 158-62, 233, 454; sobre cinco grandes potências, 203-4; coletiva de imprensa de Guam sobre a política do Sudeste Asiático, 183, 184n, 187; Comitê Herter e, 175; conflitos do Oriente Médio

e, 155, 208-23, 233, 263, 270; controle de armas e, 195-9, 447; conversas na Sala Oval, 160, 162; conversas secretas com Hanói, 188; crítica do governo sobre a crise do Paquistão, 225-6; CSN e, 163-6; cúpula com Brezhnev (Moscou, 1972), 108n, 172-3, 199; De Gaulle e, 77; defesa antimísseis e, 171, 196-8; derrota na eleição para governador da Califórnia (1962), 75; diplomacia e negociações e, 170-4; discurso ao Congresso sobre política externa, 235; discurso em Kansas City, Missouri, 203-4, 207; discurso sobre o Vietnã (novembro de 1969), 186; educação religiosa, 445; Edward Heath e, 366-7; Egito e, 265-7; eleito presidente dos Estados Unidos, 154, 156, 197; encontro com Ceauşescu na Romênia, 194, 201; enterro de, 233; no enterro de Sadat, 308; sobre o equilíbrio de poder, 168-9; sobre a "era das negociações", 170; escalada de medidas na guerra do Vietnã, 190; escândalo Watergate e, 215, 233, 235, 270, 293; estratégia nuclear e, 141, 195-9; experiência política, 443; fala do SALT, 166, 197-9; flexibilidade, 234; Guerra Árabe-Israelense e, 270-1; Guerra do Vietnã e, 155, 165-7, 178, 181-93, 197, 233, 367; Guerra Fria e, 189; Hafiz Ismail e, 300-1; herança quacre, 233; histórico familiar, 443; importância da solidão e, 447; Índia e, 230, 231; inseguranças, 158, 162; Jordânia e, 211-3; Lee Kuan Yew sobre, 206, 350; sobre Lee Kuan Yew, 317; "Massacre do Sábado à Noite" e, 215; memorando de HK sobre De Gaulle, 126; memorandos de HK sobre a retirada do Vietnã e, 187; morte de Nasser e, 258; como negociador, 172-4; nomeia HK como canal de comunicação com a União Soviética, 195, 198-9; nomeia HK como secretário de estado, 214, 219; oferece cargo de conselheiro de segurança nacional a HK, 157; como orador público, 446; Ostpolitik e, 69, 176, 194; Otan e, 178; Partido Trabalhista Britânico e, 366, 374; plano Duck Hook e,

182; política de détente e, 174, 222; sobre política econômica, 352; política de vinculação e, 172-3, 179, 182, 197, 222; política externa, 153, 166-74; Pompidou e, 231; posse como presidente, 75, 178; problemas de saúde, 219; processo de impeachment contra, 215, 270; propõe "Ano da Europa", 178; qualidades de liderança, 234-5, 446; reeleição como presidente (1972), 192, 214; rejeição da retirada unilateral do Vietnã, 182; relacionamento de HK com, 158-60, 163, 198; relações com Israel, 265, 270; relações com a União Soviética, 170-4, 176, 190, 194-200, 210, 215, 233, 447; relatório de HK sobre visita à Índia e ao Paquistão e, 227; renúncia como presidente, 18, 193, 289, 293; reunião com HK após eleição presidencial, 157; reuniões com De Gaulle, 75-7, 144-5; sobre a Segunda Guerra Mundial, 168; sobre a Segunda Guerra Mundial e a Guerra Fria, 18, 167; sistema vestfaliano e, 223; status de Berlim e, 178; taxas de câmbio do dólar e, 176-7; trabalho de HK com, 15; uso de aeronaves militares na guerra do Oriente Médio, 216; uso de baixo calão, 162; viagem à Europa (1969), 174-5; viagens, 445; como vice-presidente, 163, 166, 195; visão da paz, 233; visão de mundo, 166-70; visita a capitais europeias, 75; visita à China (1972), 173, 189, 204-6, 229; visita a Moscou (1972), 189-90; visitas a Iugoslávia e Polônia, 194; Yahya Khan e, 224

noblesse oblige, ética da, 440

Normandia, França, desembarques aliados, 100

Norte da África, 96-101, 119, 243; desembarque aliado, 91; *ver também* Argélia; Marrocos; Tunísia

Noruega, 69; ataque alemão à, 78

Nott, John, 384, 388

Nova Delhi, 227, 233

Nova York: Pierre Hotel, 157, 179; sede da ONU, 133

Nova Zelândia, 350, 377

Nyerere, Julius, 348

O'Neill, T. P. "Tip", 400

OAS (Organização Armada Secreta, França), 129-30

Ofensiva das Ardenas, 106, 110

Oficiais Livres (Egito), 243-6, 306; Conselho Constituinte, 244

OLP *ver* Organização para a Libertação da Palestina

ONU *ver* Nações Unidas

OPEP (Organização dos Países Exportadores de Petróleo), 272, 282

Operação Tocha, 96-7

Oran, 90, 96n

Organização Islâmica de Libertação (grupo militante islâmico), 305

Organização para a Libertação da Palestina (OLP), 210, 289, 295, 300; Acordos de Camp David e, 304; sequestro de aviões ocidentais, 210, 255

Oriente Médio, 50, 76, 118-9, 141, 147, 155, 208-13; conferência da cúpula (Genebra, 1973), 221, 280; guerra no (1973) (nível de alerta nuclear, 220; propostas de cessar-fogo, 218, 220; série de acordos, 222-3; *ver também* guerra árabe-israelense (1973)); política sobre o, 174 (*ver também* diplomacia passo a passo); processo de paz *ver* processo de paz árabe-israelense

Ortega y Gasset, José, 356

Osman, Amin, 19, 244

Ostpolitik, 64-5, 69, 175-6, 194

Otan (Organização do Tratado do Atlântico Norte), 42, 46; Adenauer e, 46, 133; Aliança Atlântica, 18, 46, 50-3, 57, 59, 63, 68-9, 119, 133, 141, 170, 383, 436; conceito norteamericano da, 141; conflito das Falklands e, 383; crise de Suez e, 119; crise do Oriente Médio e, 213, 220; estratégia nuclear e, 55, 57-8, 70, 140, 367, 407, 410, 416-7; Europa e, 175; expansão dos limites, 458; França e, 76, 185; líderes soviéticos e, 404; Nixon e, 176; Ostpolitik e, 195; participação alemã na, 64, 72; Partido Trabalhista britânico e, 367;

política de De Gaulle sobre, 127; status de Berlim e, 59; Thatcher e, 407, 418; Ucrânia e, 458

Oxford, Universidade de, 370-1, 412; Associação Conservadora, 371

Pacto Abrâmico (2020), 312
Pacto de Bagdá, 248
Pacto de Varsóvia, 59, 194, 367
padrão ouro, 176-7, 231
Paimpont, Brittany, 78
Países Baixos, 84, 97
Paisley, Ian, 402-3n
Palestina: campos de refugiados na Jordânia, 211; processo de paz no Oriente Médio e, 266; terrorismo, 159, 210, 266
Palestras Reith, 135
Palmerston, Henry John Temple, 3º visconde, 207
Palo Alto, Califórnia, 357
pan-arabismo, 19, 238, 244, 252-4, 261
PAP ver Cingapura, Partido de Ação Popular
Papa, Alexander, 355
Paquistão, 202, 223-33; guerrilhas, 228; HK no, 203; ver também Bangladesh
Paquistão Oriental, 224-31
Paris: Acordos de Paz (1973), 189, 192, 265; apoio à França Livre em, 91; Arco do Triunfo, 104; ataques aéreos da Luftwaffe a, 78; bulevares, 87; Champs-Élysées, 104, 144; Comissão de Segurança e Cooperação na Europa (CSCE), 430; Comitê de Libertação, 104; cúpula sobre Berlim, 53; De Gaulle em, 101, 103-5, 129; Deng Xiao Ping em, 320; embaixada britânica, 431; Gare Montparnasse, 103; HK em, 177n; Hôtel de Ville, 103; Hotel Majestic, conversas sobre o Vietnã no, 185; liberação de, 103-6, 123, 144; Ministério da Defesa, 103; negociações com o Vietnã do Norte em, 177n, 188; Notre-Dame, 104-5, 129; Palácio do Eliseu, 75; Petit-Clamart, 129; praça da Concórdia, 104, 144; protestos estudantis de maio de 1968, 142, 448;

rue de Rivoli, 186; Sciences Po (Institut d'études politiques), 444; Sorbonne, 142; Tratado de, 93

Parkinson, Cyril Northcote, 325
Partido Comunista (Alemanha), 48
Partido Comunista (China), 347, 392-3
Partido Comunista (França), 103, 111, 113
Partido Comunista (Indochina), 117
Partido Comunista (Malásia), 325
Partido Comunista (Romênia), Congresso do (1969), 194
Partido Democrata-Cristão (França), 121
Partido Democrático Liberal (Alemanha), 31, 65
Partido do Centro (Alemanha), 31
Partido do Despertar Democrático (Alemanha Oriental), 73
Partido Popular Nacional (Alemanha), 31
Partido Social-Democrata (SPD-Alemanha), 30, 48, 64, 68, 70; democracia e, 38; no governo de coalizão, 67; unificação e, 64
Partido Socialista (França), 120
Partido Socialista Unificado da Alemanha (comunistas da Alemanha Oriental), 67
Patten, Chris, 396
Pearl Harbor, 93-4, 323
Pedra de Rosetta, 87
Péguy, Charles, 96
península do Sinai: campo petrolífero, 303; El-Arish, 222, 277, 294, 303; invasão por Egito e Síria, 214-5, 252, 271-2, 280; invasão por forças israelenses, 119; monte Sinai, 305, 313; Nações Unidas e, 293; ocupação israelense, 208, 214, 222; Parque Nacional Ras Mohammad, 277, 294; posto de radar dos Estados Unidos na, 222; propostas para a retirada israelense da, 251, 277, 302, 313; zonas de limitação de armas, 283
Penitência e Fuga Santa (grupo militante islâmico), 305
Peres, Shimon, 292-3
Pérez de Cuéllar, Javier, 389
período bizantino, 238
período helenístico, 239

Pétain, Philippe, 80, 83, 89, 94, 97
Pflimlin, Pierre, 121-2
Pham Van Dong, 180
pieds-noirs, 120-1, 125, 128, 130
Pineau, Christian, 50
Pio XI, papa, 29
Plano Marshall (Programa de Recuperação Europeia), 37, 116-7, 133, 175
Plano Pleven, 43, 45
"Plano Sadat-Begin", 300
Plano Schuman, 40-1
Platão, mito dos metais, 440
Podgorny, Nikola, 190, 253
polaridade e conformidade, 452
política da détente, 174, 221; controle de armas e, 195-9; emigração da União Soviética e, 200; Lee Kuan Yew sobre, 348n
política de consenso, 36, 67, 148, 156, 197-8, 275, 372, 378, 382, 388, 434-5, 447
política de contenção, 60, 65, 171
política de não alinhamento, 238, 353
política de vinculação, 69, 172, 179, 182, 197, 222
Polônia: Begin e, 296; Conferência de Potsdam e, 26; De Gaulle sobre, 132; embaixador chinês para a, 201-2; governo de Lublin, 107; insurreição do gueto de Varsóvia e, 70; judeus na, 70; Nixon na, 194; poloneses em Londres, 84; na Segunda Guerra Mundial, 17; Thatcher na, 404
Pompidou, Georges, 142, 143n, 144, 175, 231
ponte diplomática, 282-4, 287-8, 293, 387
Port Stanley, ilhas Falklands, 391
Portugal, 216
potências aliadas (da Segunda Guerra Mundial), 25-6, 30, 33-4; Adenauer sobre as, 38-9, 58; Alto Comissariado, 41; Argélia e, 97; Autoridade de Ocupação, 39; campanha italiana, 102; campanha no norte da África, 97-99, 101; Conselho de Controle de Quatro Potências, 63; crimes nazistas e, 47; De Gaulle e, 89; desembarques na Europa, 100; libertação

de Paris e, 103-4; propostas de De Gaulle para a Europa Central e, 107; rearmamento alemão e, 42-4; status de Berlim e, 58
potências do Eixo, 25, 83
povo judeu: árabes e, 307; crimes nazistas contra o, 47-8; Diáspora, 273; em Cingapura, 321; no Egito, 251; emigração da União Soviética, 200; família Roberts e, 370; na guerra da Palestina, 244; história do, 292; polonês, 70; reparações ao, 47-9; Sadat e, 307, 313; *ver também* Israel
Powell, Charles, 374, 377, 417, 419-20, 431-2
Powell, Enoque, 402n
Praga, 427; embaixada da Alemanha Ocidental, 71
Primeira Guerra Mundial, 15, 27, 56, 97, 242; acordo de paz, 442; aliança franco-britânica, 148; armistício, 82; campos de prisioneiros na, 97; Churchill sobre a, 441; consequências da, 16, 44, 92; Macmillan sobre a, 379; origens, 87, 422, 459; papel dos Estados Unidos na, 135; período imediatamente anterior ao início, 229; valores aristocráticos e, 441
Prior, Jim, 378
privatização, 380, 427
processo de paz árabe-israelense, 19, 208, 214-5, 220-3, 264-6, 276-8, 280-1, 289-93
programa Skybolt, 138-9
Projeto Comunidade Atlântica, 60, 62
protestantismo, 31, 86
Protocolo de Montreal, 435
Prússia, 29, 32, 45, 86, 107; abolida como estado, 33; Câmara Alta, 29; exército, 28; reformas, 443
punjabis, 224
Pym, Francis, 388, 394

Qasim, Abd al-Karim, 418
quacres, 233, 445
Quang Tri, Vietnã do Sul, 189-90
quedivas, 239
Quneitra, Síria, 288

Rabin, Yitzhak, 211, 221, 290-4, 296; assassinato de, 312; conceito de paz, 312; HK e, 291, 293

raciocínio do equilíbrio de poder, 169, 234, 365, 422, 441; conceito britânico de, 86, 169, 406, 422; De Gaulle sobre, 132; na França, 85; Lee Kuan Yew sobre, 206, 339; Nixon sobre, 168-9; Theodore Roosevelt e, 169; Woodrow Wilson sobre, 169

Raffles, Sir Stamford, 320, 322-3, 334

Rahman, Mujibur, 225

Rajaratnam, S., 326

Ras Mohammad, Egito, 222

RDA ver República Democrática Alemã

Reagan, Ronald: amizade e apoio de Thatcher, 383, 407, 414; apela a Thatcher para interromper a Guerra das Falklands, 391; aversão a armas nucleares, 408, 412, 416; Brezhnev e, 412; crise das Falklands e, 387, 391; Cúpula de Genebra com Gorbachev, 414; Dobrynin e, 412; eleição para presidente dos Estados Unidos (1980), 385; governo, 199, 206; Iniciativa de Defesa Estratégica (IDE) e, 408, 415; invasão de Granada e, 410; primeiro encontro com Thatcher, 385; relações com a União Soviética, 408; reunião em Reykjavik com Gorbachev, 415-6; Sadat e, 313; tentativa de assassinato de, 308

Red Star (jornal soviético), 405

refugiados, 25-6

Reino Unido ver Grã-Bretanha

religião e liderança, 445

Renânia, 18, 26, 30-2, 71, 88, 131

Renault, 112

Reno, rio, 27

Renoir, Pierre-Auguste, 87

República Árabe Unida, 252

República Democrática Alemã (RDA, DDR), 63, 71; constituída (1949), 34; democracia na, 422; Doutrina Brentano, 64; eleições livres, 72; governo de Berlim e, 52; negociações do SPD com, 64; Nixon e a, 194; reparações por

crimes nazistas contra o povo judeu e, 48; reunificação e, 33, 72, 422

Revolta Árabe (contra o Império Otomano, 1916-18), 243

Revolução Francesa, 422, 441-2

Reykjavik, reunião de Reagan-Gorbachev em, 415-6

Reynaud, Paul, 78-9

Rhoendorf, Alemanha, 33

Ribbentrop, Joachim von, 108

Richardson, Elliot, 215

Richelieu, Armand-Jean du Plessis, cardeal, 85, 142, 148

Roberts, Alfred, 370, 443

Roberts, Andrew, 19, 388

Roberts, Muriel, 370

Robespierre, Maximilien, 21

Rochefort, porto, 78

Rockefeller, Nelson, 156, 158, 373

Rodin, August, 87

Rogers, William, 172, 209, 212, 214

Roma, Tratado de, 366

Romanov, Grigory, 413

Romênia, 194, 201

Rommel, Erwin, 18, 92, 243

Roosevelt, Franklin D., 20, 25, 90, 93, 95; Acordo de Defesa Mútua e, 409; campanha norte-africana e, 97-9; Carta do Atlântico e, 178; De Gaulle e, 95, 145, 148; sobre De Gaulle, 101; Giraud e, 97-8; na Conferência de Teerã, 101, 106; Ofensiva das Ardenas e, 110

Roosevelt, Theodore, 169

Rostow, Walt, 163

Ruckelshaus, William, 215

Rueff, Jacques, 127

Rusk, Dean, 61, 142

Rússia: Cingapura e, 319; como Federação, 350; insegurança, 457-8; invasão de Napoleão, 86; invasão da Ucrânia, 457; Otan e, 458; política externa, 457; pré-revolucionária, 16; produção industrial, 87; Prússia e, 33; em relação triangular com a China e os Estados Unidos, 458; relações com a França, 87; revolução, 17, 88; tecnologia de armas, 458; *ver também* União Soviética

Sabri, Ali, 259-61

Sadat, Anwar, 217, 237-313, 439, 460; abdicação de Faruk e, 246; acordo de paz no Oriente Médio e, 223; Acordos de Camp David e, 301-3, 309; amizade com HK, 313; amizade com Nasser, 258; sobre a amizade com Nasser, 248; amizade com o xá do Irã, 306; antagonismo com a Grã-Bretanha, 243; assassinato de, 237, 307-9, 312; assassinato de Amin Osman e, 244; Assembleia Popular do Egito e, 247; assinatura do tratado de paz com Israel, 309, 311; Begin e, 300-3; Brezhnev e, 263; caráter e personalidade, 238, 241, 256-9, 280, 454; causa revolucionária e, 243, 245; conceito de unidade árabe e, 261; Conferência de Genebra (1973) e, 221-2, 284n; convite a HK para visitar o Cairo, 264; crítico do próprio Ministério de Relações Exteriores, 301; "desnasserização", 262; desprezo por Gaddaffi, 299; detenção e prisão pelos britânicos, 243-5, 278, 447; como diretor do Congresso Islâmico, 248; discurso no Knesset sobre o processo de paz, 297-8, 305, 308, 313; discurso sobre o recebimento do prêmio Nobel da Paz, 302-3; discurso na Universidade Ben-Gurion, 310; discussões com HK sobre a Guerra Árabe-Israelense, 269; discussões com HK sobre o acordo de desmobilização, 276-8, 284n; durante e após a Segunda Guerra Mundial, 18; sobre o encontro com HK, 280; encontros de HK com, 276-80; enterro de, 308; epitáfio, 309; experiência militar, 443; expulsa conselheiros soviéticos, 263-4, 268-9; extremismo religioso e, 307; família, 240-1; sobre Golda Meir, 257; gradualismo, 263; Guerra Árabe-Israelense e, 267-73; na guerra no Oriente Médio, 217; histórico familiar, 443; sobre

HK, 285; hostilidade árabe a após Acordos de Camp David, 304; importância da solidão e, 447; infância, 240-3; Israel e, 19, 260-2, 265-7, 448; Khrushchev e, 254; legado de Nasser e, 257-61; legislação sobre organizações secretas, 306; Líbia e, 260-1; como líder profético, 21, 313; medidas ao se tornar presidente, 260; memórias, 248, 254, 280; mídia estatal egípcia e, 247; sobre a morte de Nasser, 254; Movimento de Oficiais Livres e, 244, 306; como muçulmano, 241; Nasser e, 249-53; sobre Nasser, 279; negociações com HK, 312; negociações sobre o Canal de Suez, 262-3, 302; como orador público, 446; pede cessar-fogo na Guerra Árabe-Israelense, 272; "Plano Kissinger" e, 277-8, 282, 294; política da *infitah* (porta aberta), 304-5; políticas econômicas, 305; ponte diplomática e, 282-4; sobre o povo judeu, 313; como presidente do Egito, 248, 256-7; promoção dos direitos das mulheres, 305; propostas do Estado Palestino e, 295; qualidades de liderança, 238, 446, 448; Rabin e, 291-2; Reagan e, 313; realizações, 309-13; reformas políticas, 306; relações com os Estados Unidos, 255-7, 261, 263, 265-8, 295; relações com a União Soviética, 213-4, 256-7, 261-4, 278; relações diplomáticas com os Estados Unidos e, 278-9; *Revolta no Nilo*, 256; "Revolução Corretiva", 260; Síria e, 260-1; status de Jerusalém e, 304; torna-se presidente do Egito, 19, 257-9; Tratado de Amizade com a União Soviética (1971), 261; uso da força e, 230; como vice-presidente do Egito, 248, 257-8; visão da paz, 237, 256, 302, 309-11, 313; visita a Jerusalém, 294-8, 301, 306, 308; visões e valores religiosos, 241-2, 248, 269, 308, 445; visto como fraco e ineficaz, 259; Zahran e, 307

Sadat, Atef, 299

Sadat, Camelia, 307

Sadat, Jehan, 267; memórias, 306; preocupação com a segurança do marido, 306

Saddam Hussein, 418

Saigon, 227; embaixada dos Estados Unidos, 179; invasão de, 193; queda de, 233

Saint-Cyr, Academia militar de, França, 443

Saint-Pierre e Miquelon, 93-4

Sainteny, Jean, 185

Salisbury, Harrison, 180

SALT (Conversas sobre Limitação de Armas Estratégicas): acordo com a União Soviética, 166, 197, 199; SALT 1, 173, 199

San Clemente, Califórnia, 447

Sandel, Michael, 449n

Sands, Bobby, 399-400

São Francisco, Califórnia, 357

Saratoga, USS, 258

Scargill, Arthur, 379

Schlesinger, James, 293

Schlesinger Jr., Arthur, 56n

Schmidt, Helmut, 70, 308, 357

Schulz, Roberto, 166

Schumacher, Kurt, 30, 38-9, 43

Schuman, Robert, 38-40

Schwarzkopf, Norman, 432

SDI *ver* Iniciativa de Defesa Estratégica

Sea Harrier (caça a jato), 391

SEATO (Organização do Tratado do Sudeste Asiático), 226

Segunda Guerra dos Trinta Anos, 15, 19, 442, 454

Segunda Guerra Mundial: Airey Neave na, 398; consequências da, 17, 44, 132, 171, 174, 177, 245; De Gaulle e, 448; desenvolvimento de armas nucleares na, 409; fim da, 15, 59; início da, 17; Kennedy na, 56; Lee Kuan Yew na, 334; Nixon sobre a, 168; no norte da África, 120, 243; origens da, 442; papel dos Estados Unidos na, 135, 146; solidariedade anglo-americana na, 407; Thatcher e a, 422

Semenov, Vladimir, 198

Senegal, 91, 125

Senghor, Léopold Sédar, 125

Sérvia, 87

"Setembro Negro", 210

Shakespeare, William, 322, 357

Sharaf, Sami, 259

Shastri, Lal Bahadur, 332

Shaw, George Bernard, sobre "homens irracionais", 21

Shazli, Saad, 271

Shell, 322

Shevardnadze, Eduard, na cúpula de Reykjavik, 416n

Shultz, George, 162, 177, 357, 412, 414; na cúpula de Reykjavik, 416n; Vidar Jorgensen e, 328

Sikorsky, 425

Sinclair, Sir Archibald, 79

sionismo, 305

Síria: acordo de desmobilização, 288-9, 312; apoio do Egito, 294; conferência de Genebra (1973) e, 222; guerra civil, 232; guerra do Oriente Médio (1973) e, 214-7, 221, 269, 271, 286; na Guerra da Palestina, 244; Guerra dos Seis Dias e, 253; história da, 286-7; invadida pela pela Grã-Bretanha (1941), 92; invasão da Jordânia (1970), 171, 211-3, 231; Israel e, 208; negociações de Assad, 287-9; união com o Egito, 252; visita de Sadat a Jerusalém e, 300

Sisco, Hoseph, 212-3, 279, 283

sistema de condição de prontidão de defesa (DEFCON), 220

sistemas de livre mercado, 340, 352, 381

Smith, Adam, 159

Smith, Gerard, 198

Soames, Cristopher, 373

soberania: alemã, 34-6; argentina, 384; britânica, 79, 376, 383, 387, 389, 393, 402, 436; como conceito, 441; Conselho de Segurança das Nações Unidas e, 209; egípcia, 238, 245, 250, 256, 265-6, 282, 301, 304; das Falklands, 389; francesa, 79-80, 98, 102; de Granada, 410; de Hong Kong/chinesa, 393-7; israelense, 266; do Kuwait, 420; paquistanesa, 224; restabelecimento da, 36; Thatcher e *ver* Thatcher, Margaret (nascida

Roberts), crença na soberania dos estados-nação; *ver também* Vestfália, sistema estatal
socialismo, 130
Sólon, 112
Soustelle, Jacques, 120
Southampton, 80
SPD *ver* Partido Social-Democrata (SPD-Alemanha)
Spellman, Francis, cardeal, 98
Spengler, Oswald, 14
Sri Lanka, 354n
Stálin, Joseph, 26, 42, 90, 95, 106; Front Oriental e, 111; proposta de unificação alemã, 43; reunião com De Gaulle, 107-8
Stalingrado, batalha de, 106
Stehlin, Paul, 127
Stewart, Michael, 367
Stimson, Henry L., 101
Stoessel, Walter, 201
Strauss, Franz Josef, 57, 65
Stuttgart, 110
submarinos Polaris, 139
Sudão, 232, 237, 241-2
Sudetas, 418
Suécia, 69
Suez (cidade), 272
Suez, canal de, 87, 209, 215-8, 253; acordo de desmobilização, 222; batalhas ao longo do, 268, 270-1; criação do, 87; fechamento, 253; forças da ONU e, 209, 262-3, 302; Grã-Bretanha e, 240, 245; invasão das forças egípcias, 215-7; limite de tanques no, 283; nacionalização egípcia do, 50, 118, 250-2, 365; Nasser e o, 209; negociações de Sadat sobre, 262, 302, 304; pontes flutuantes, 269; zona tampão, 222; *ver também* crise de Suez
Sukarno, 329
Sumatra, 320
Suzhou, parque industrial cingapuriano, 347

Tailândia, 184; HK na, 203
Taiwan: 201-3, 205, 346, 393-4; estreito de, 206

Talleyrand, Charles-Maurice de, 36
tâmil: idioma, 333, 354n
Tchecoslováquia, 25, 84, 154, 197, 250, 418
tecnologia, 441, 450, 454; armas, 456, 459; das comunicações, 453; explosão da, 454, 456, 458-9
Teerã, 106
Tel Aviv, 244, 295
televisão, 451-2
Temasek Holdings, 347
Temístocles, 21
terrorismo: Gaddaffi e o, 309; IRA, 397-8, 400; na Malásia, 329
Thatcher, Denis, 371
Thatcher, Margaret (nascida Roberts), 361-437, 439, 460; como advogada, 371; Aliança Atlântica e, 383, 436; como amiga e apoiadora de Reagan, 385, 407-10, 417, 436; amizade com HK, 362, 374, 388, 436; como anticomunista, 376, 393, 404-6, 410, 421, 427; sobre o apaziguamento de agressores, 418; autodenominada "política de convicção", 372; avaliação de HK das perspectivas de, 373; bombardeio de Brighton e, 400; Brezhnev e, 405; caráter divisivo, 448; caráter e personalidade, 372, 374-5, 377, 383, 422, 434, 436, 454; casamento com Denis Thatcher, 371; caso Westland e, 425; Charles Powell e, 374; sobre Churchill, 380; compara-se a Genghis Khan, 426; sobre a Comunidade Europeia, 424-8; na conferência do Partido Conservador de 1980, 378; conversas com Haig sobre as Falklands, 387; convicções e pontos de vista políticos, 364, 375-7; "Cortina de Ferro" e, 405, 421, 427; crença na soberania dos estados-nações, 376, 383, 387, 390, 394, 402, 424, 436; na Cúpula da Comunidade Europeia em Madri, 428; como "Dama de Ferro", 405, 436; no debate sobre o HMS Endurance, 388; deixa o cargo (1990), 381, 396, 421, 433; sobre a democracia, 372, 374, 380, 401, 422, 432; desafio à liderança, 429-3; discurso de Bruges sobre o futuro da

Europa, 426-8; discussões com Reagan em Camp David, 417; discute o diálogo Oriente--Ocidente com HK em Downing Street, 411; discute Gorbachev com Reagan, 414; discute IDE com Reagan em Camp David, 408; discute liderança chinesa com HK, 393; discute a reunificação alemã com HK, 423; dúvidas sobre o caráter alemão, 422, 424; eleita deputada por Finchley e discurso de posse na Câmara dos Comuns, 371; encontra George H. W. Bush na conferência de Aspen, 419-20; encontra líderes chineses em Pequim, 393; enterro de, 437; ERM e, 425-6, 428-9; estratégia nuclear e, 376, 404, 407-10, 415; como eurocética, 426; expansionismo soviético e, 376; fala na Câmara dos Comuns sobre a moção de desconfiança, 432; formação, 443; fracasso da reunião Reagan-Gorbachev em Reykjavik e, 416-8; Gorbachev e, 413-6, 435; greve dos mineiros e, 379, 434; greves de fome do IRA e, 399; Guerra das Falklands e, 383-93, 402n, 404, 418, 434, 447; Guerra Fria e, 403-7; HK cita Bismarck para, 422; HK parabeniza pelas reformas, 382; Hong Kong e, 392-7; Ian Paisley sobre, 402n; idealismo, 376, 404, 435; implementação da IDE e, 408; importância da solidão e, 447; sobre a inflação, 378; invasão americana de Granada, 410; sobre a invasão das Falklands, 384; invasão do Kuwait e, 418-21; Irlanda do Norte e, 397-403; na Irlanda do Norte e em Paris (1990), 430-1; sobre a Irlanda do Norte, 402; no jantar de Downing Street para discutir Hong Kong com HK, 394; Jimmy Carter e, 407; laços estreitos com os Estados Unidos, 374-7, 447; como "Ladra de Leite", 372; sobre Lee Kuan Yew, 318; como líder na guerra, 390; como líder improvável, 361; mediação entre Reagan e Gorbachev, 414; sobre a mudança climática, 435; não consegue emprego na Imperial Chemical Industries (ICI), 370; nascimento e formação, 370; sobre oportunidade e igualdade, 444;

oposição à reunificação alemã, 72, 421-4; oposição à União Soviética, 404-5; como oradora pública, 420, 446; ordena o afundamento do Belgrano, 390; Otan, Aliança Atlântica e, 407; sobre o papel do Partido Conservador, 375; política externa e, 375-6, 405-6, 423-5, 436; política monetária, 378; política partidária e, 443; pontos de vista e estratégia na Europa, 372-3, 373n, 423-8; posição sobre as Falklands endossada por HK, 388; privatização e, 380, 427; programa "direito de compra", 380; Protocolo de Montreal e, 435; queda do Muro de Berlim e, 421; reações conflitantes do público britânico a, 380; recebe título nobiliárquico, 370; como reformadora econômica, 378-82, 435, 448; rejeita compromisso sobre as Falklands em discussão com HK, 388-9; "relação especial" com os Estados Unidos e, 436; relações com a União Soviética, 404-10, 435; relações com os Estados Unidos, 407-9, 436; relações Oriente-Ocidente e, 403-10, 411-8; renúncia, 432; reputação de intransigência, 396; retórica, 374, 405, 429, 434; reunião com Gordon Brown, 382; reunião com Tony Blair, 382; reuniões de HK com, 373-5; como secretária de educação e ciência, 372; na Segunda Guerra Mundial, 19; seminário em Chequers de estudiosos soviéticos, 412; Serviço Nacional de Saúde (NHS) e, 381; no sistema político britânico, 362; "taxa comunitária" e, 382, 429; torna-se primeira-ministra, 361, 434; torna-se a primeira mulher líder do Partido Conservador, 364, 373, 434, 443; sobre a violência do IRA, 399-401; visitas a Washington (em 1975, 406; em 1977, 374; em 1983, 412); visões e valores religiosos, 370, 445; vitórias eleitorais, 382; sobre a vitória nas Falklands, 380, 391

Time (revista), 168

Tiran, estreito de, 252

Tocqueville, Alexis de, 446n

Tolkien, J.R.R., 324

Toronto, cúpula do G7, 422
Totnes, Devon, 324
Touré, Ahmed Sekou, 126
Toynbee, Arnold, 330
Transjordânia, 244
Transparência Internacional, 327n
Tratado Anglo-Egípcio (1936), 242, 245, 250
Tratado de Paz Egípcio-Israelense, 309-10
Tratado de Proibição de Testes (1963), 196
Tratado de Proibição de Testes Nucleares Subterrâneos (1974), 173
Tratado de Redução de Armas Estratégicas (START I), 199
Truman, Harry S., 26, 42, 65, 110, 179, 244
Trump, Donald, governo, 199, 207
Tucídides, 21, 324
Túnis, 304
Tunísia, 92, 120
turco-circassianos, 247
Turquia, 287

Ucrânia: invasão pela Rússia, 457; Otan e, 458
União Democrata Cristã (CDU-Alemanha), 31, 72; democracia e, 31-3; Despertar Democrático e, 73; fraqueza da, 67; no governo de coalizão, 67; objetivo de unificação e, 64; programa da, 32
União Europeia (UE), 79, 366, 424
União Socialista Árabe, 259, 267
União Soviética: acordo de controle de armas com os Estados Unidos, 71; Acordos de Helsinque e, 173, 199, 222; Alemanha Oriental como satélite da, 64, 67, 71; aliança com a Índia, 229; ameaça percebida para o Ocidente, 365; armas nucleares e, 57, 71, 138-9, 154, 184, 195, 197-9, 407-10; bloqueio de Berlim, 41, 154; Brandt e, 69; China e, 55, 169, 207; coexistência com os Estados Unidos e, 213; colapso da, 66, 221, 234, 341, 343, 347, 351, 355; Comitê de Relações Exteriores, 413; conferência de Genebra e, 281; conversas do SALT e, 166, 197, 199; crise dos mísseis cubanos e, 136; crise de Suez e, 50-1, 209,
409; crise sul-asiática e, 231; De Gaulle sobre, 76, 98, 135; derruba avião coreano, 411; diplomacia Leste-Oeste, 108n; domínio no Leste Europeu, 71; efeitos da Segunda Guerra Mundial, 17; Egito e, 252-7, 278; emigração judaica da, 200; estados-satélites, 457; exército, 135; Guerra Fria e, 403-10; Indira Gandhi e, 228; instalação de mísseis nucleares, 367, 407-8; intervenção em Angola, 367; invasão da Tchecoslováquia, 197; invasão do Afeganistão, 196, 407; invasão síria da Jordânia e, 213; Jordânia e, 211-2; Nasser e, 250, 253; Nicarágua e, 386; Nixon e, 153; ocupação da Alemanha, 26, 41; ocupação da Polônia, 107; ocupação da Tchecoslováquia, 154; pacto de não agressão com a Alemanha, 89; papel na Segunda Guerra Mundial, 146; Paquistão e, 228; Politburo, 412; política de contenção ocidental e, 60, 65, 172; política de vinculação de Nixon e, 182, 222; processo de paz no Oriente Médio e, 221-2, 295; Reagan e, 407-10; rearmamento alemão e, 46; reconstrução da economia alemã e, 41-5; relações com a Índia, 228; relações com o Egito, 118, 252-3; reparações por crimes nazistas contra o povo judeu e, 48; República Democrática Alemã e, 34, 52; retirada das tropas da Alemanha Oriental, 72; status de Berlim e, 51, 58, 60, 63-4, 135, 141, 154, 222; Tratado da Amizade com o Egito, 263; tratado de assistência mútua com a França, 107; unificação alemã e, 43-4, 66; ver também Rússia
unidade árabe, como conceito, 244, 252, 254, 259, 261
Unidade Monetária Europeia (ECU), 425
Universidade Harvard, 37, 156-7, 163; escola de verão, 185; Faculdade de Direito, 158; Lee Kuan Yew na, 315-7, 338; Littauer Center (mais tarde Escola de Governo Kennedy), 315-6
Universidade Humboldt, Berlim, 72
Universidade Lehigh, Pensilvânia, 206
URSS ver União Soviética
Utrecht, Tratado de, 442

Vance, Cyrus, 183, 301
Varsóvia, 428, 458; embaixada da China, 201-3; Revolta do Gueto, 70
Veil, Simone, 308
Venezuela, 158
Verdun, ataque alemão a, 80
Versalhes: Grand Trianon, 76; Tratado de, 88
Vestfália: Paz de, 155, 376; sistema estatal, 20, 155, 223, 383, 441, 454; *ver também* soberania
Viena: Congresso de, 36; conversas Estados Unidos-União Soviética em, 198; Tratado de, 442
Vietminh, grupo, 117
Vietnã: domínio colonial no, 117; HK em, 203
Vietnã do Norte: como ameaça para os Estados Unidos, 183; bombardeio do, 173; Ofensiva da Páscoa (1972), 165, 183, 189
Vietnã do Sul, 180; captura de Quang Tri na Ofensiva de Páscoa, 189-90; conversações de Paris e, 185; defesa do, 179-80; Frente de Libertação Nacional, 185; Ofensiva de Páscoa de Hanói contra, 165, 183, 189
"vietnamização", 184, 187, 189
violência muçulmana-copta, 307
Virgílio, 324
Vogel, Esdras, 346
Volcker, Paul, 177
Vosgos, montanhas, 110
Votação por Maioria Qualificada, 424

Walters, Alan, 429
Warrenpoint, Irlanda do Norte, 398
Washington, DC, 45, 374; Blair House, 275; Casa Branca (George H. W. Bush fala na, 419; gramado da, 223; Lee Kuan Yew na, 339-40; recepção por ocasião do enterro de Eisenhower, 145; Sala de Mapas, 270; Sala de Situação, 212, 219; Sala Oval, 160, 162, 214, 220, 367; sala particular de Nixon, 210; Thatcher na, 385, 414; tratado de paz Egito--Israel assinado na, 303); Edifício Executivo Eisenhower, 211, 447; embaixada Britânica,

385; embaixada de Israel, 275; enterro de Eisenhower, 144-5; National Press Club, 406; Túmulo do Soldado Desconhecido, 45
Watergate, escândalo de, 160, 192, 214-5, 233, 235, 270, 293, 367
Weber, Max: sobre "proporção", 450; sobre a liderança, 461
Wehner, Herbert, 64, 67
Weinberger, Gaspar, 308, 386, 391
Weizman, Ezer, 297
Weizmann, Chaim, 299
Weizsäcker, Richard von, 72
Welles, Summer, 94
Westland, caso, 425
Wheeler, Earle, 160
Whitelaw, William, 364
Willkie, Wendell, 106
Wilson, Harold, 175, 317, 336, 365-6, 368
Wilson, James Q., 453
Wilson, Thomas Woodrow, 88, 169
Winsemius, Albert, 336
Wooldridge, Adrian, 449n
WSAG *ver* Grupo de Ação Especial de Washington

Xinjiang, 204
Xuan Thuy, 183; encontro com HK em Paris, 185-6

Yahya Khan, 203, 224; em Washington, 229; reunião de HK com, 227
Youde, Sir Edward, 394

Zahran (patriota egípcio executado pelos britânicos), 307
Zakaria, Fareed, 329
Zhao Ziyang, 347, 393, 395
Zhou Enlai, 161, 173, 202, 223; convida Lee Kuan Yew a visitar a China, 346; convida Nixon a visitar a China, 203; na cúpula com Nixon, 205; Hong Kong e, 392; sobre a morte de Nasser, 254; visitas secretas de HK a Beijing e, 203-5

ESTA OBRA FOI COMPOSTA PELA ABREU'S SYSTEM EM INES LIGHT
E IMPRESSA EM OFSETE PELA LIS GRÁFICA SOBRE PAPEL PÓLEN SOFT
DA SUZANO S.A. PARA A EDITORA SCHWARCZ EM MAIO DE 2023

A marca FSC® é a garantia de que a madeira utilizada na fabricação do papel deste livro provém de florestas que foram gerenciadas de maneira ambientalmente correta, socialmente justa e economicamente viável, além de outras fontes de origem controlada.